OHNE LÜGE LEBEN

Arno Placks neues Buch handelt von der Lüge und damit vom Zusammenleben in unserer Gesellschaft. Die breit-angelegte Analyse zeigt die Unaufrichtigkeit in vielen Lebensbereichen: als Manipulation und Gesinnungstüch-tigkeit, als täuschenden Idealismus und vorgetäuschtes Niveau, als moralische Heuchelei und als Glaube an Fiktionen, als gespielte Nettigkeit wie als eingefleischte Lebenslüge. Diese Formen der Verlogenheit erweisen sich als bedeutsam, aber auch als verheerender fürs Zusam-menleben als die bewußte Lüge zu einem bestimmten Zweck.

Das Buch untersucht die Lüge und die Verlogenheiten in den intimen Beziehungen der Menschen wie in ihrem öffentlichen Wirken, in ihrem Pochen auf hohe Ideale wie im Kampf für die gute Sache. Dabei wird aufge-zeigt, wie alle Verlogenheit und Heuchelei doch von der »Grundlüge unserer Kultur« bedingt ist, von der Ver-leugnung oder Umdeutung unserer vitalen Antriebe, namentlich der Sexualität. In einer Gesellschaft, die in diesem Punkte unaufrichtig, heuchlerisch sei, kann nach Plack ein natürlicher Wahrheitsdrang gar nicht zum Zuge kommen: weil hier jeder mit dem, was er im Grunde er-sehnt, sich verstecken muß. Eine Gesellschaft, in der es sich die Menschen leisten könnten, unbefangen offen zu-einander zu sein, ist die utopische Perspektive dieses Buches. Die Erkenntnis, daß dafür dem Einzelnen in seiner Gesellschaft »erleichternde Bedingungen« geschaf-fen werden müssen, ist das realistische Korrektiv. Plack hält an seiner Überzeugung fest, daß es völlig nutzlos ist, die Menschen zu Aufrichtigkeit und Mitmenschlich-keit zu ermahnen, wenn ihnen danach gar nicht der Sinn steht. Man muß ihnen die moralischen, pädagogischen und sozialen Bedingungen dafür schaffen.

ARNO PLACK

Ohne Lüge leben

*Zur Situation des Einzelnen
in der Gesellschaft*

DEUTSCHE VERLAGS-ANSTALT

Erste Auflage Dezember 1976
Zweite, verbesserte Auflage April 1978
21.–30. Tausend

© by Deutsche Verlags-Anstalt GmbH
und Dr. Arno Plack
Umschlagentwurf: Jürgen Reichert
Satz: E. C. Baumann KG, Kulmbach
Druck: aprinta, Wemding
Bindung: Hans Klotz, Augsburg
ISBN 3-421-01780-8

VORWORT

Dieses Buch handelt von der Lüge, die unsere Gesellschaft durchzieht und unsere sozialen Beziehungen vergiftet. Phänomenanalysen zeigen die Lüge in verschiedenen Lebensbereichen, aber auch zurückgebunden an die grundlegende Unaufrichtigkeit in unserer Kultur: die Verdrängung unserer Triebnatur. An ihr hängt schon die Lüge, daß Triebunterdrückung ohne schlimme Folgen bleibe, und die selbstsichere Behauptung, daß Triebbefreiung, »sexuelle Revolution« – wie die soziale – eine irreale Utopie sei, oder daß es so etwas wohl geben könne, jedoch nicht geben dürfe, weil sonst die Grundwerte unserer Kultur ins Wanken kämen. Diese Behauptungen werden unter verschiedenen Aspekten überprüft und als der Grund dessen, was landläufig Idealismus heißt, erwiesen. Seine Struktur ist Unaufrichtigkeit: Vertröstung der vital unbefriedigten Menschen auf höhere Werte, sublimere Lüste. Solche Hoffnungen werden bewußt ausgestreut oder naiv verbreitet. Von ihrer Wirkung her und auch von ihren tieferen Motiven her betrachtet, ist es unwesentlich, bewußte Lüge und unbewußte Verlogenheit zu unterscheiden. Der Unterschied ist vom Standpunkt der Abwendung von Gefahren und Mißständen so nebensächlich wie der von Vorsatz und Fahrlässigkeit im Strafrecht und genauso schädlich. Die Behauptung, nur die bewußte Lüge sei verwerflich und sie allein gelte es zu vermeiden, ist selber Ausdruck einer verlogenen Gesinnung, die sich den Ausweg der Verdrängung offenhalten möchte: um bei gleichem Effekt doch die Selbstachtung nicht zu verlieren und sozialer Verachtung zu entgehen. Die Prototypen dieser Form der Verlogenheit sind der Rentenneurotiker und der von mir so genannte Fahrlässigkeitsneurotiker.

Gegen Gesellschaftskritik, wie ich sie seit 1967 mit einigen Büchern entfaltet habe, wird – neben nachdenklichen Stimmen – eine sich gegenseitig ausschließende Kritik vorgetragen. Heißt es einmal, sie helfe nichts, wenn doch die Reformvorschläge fehlten, so bekam ich andererseits zu hören, meine Vorschläge seien wertlos, weil die Gesellschaft für sie noch nicht reif sei. Beide Vorwürfe gehen von der naiven oder ironischen Annahme aus, daß derjenige, der Mißstände aufzeigt und auch schon einige Andeutungen zu ihrer Überwindung gemacht hat, einem Zauberer gleich, bewirken müßte, worauf er allererst den Blick lenkt. Die enttäuschte Gewohnheit, von »großen Männern« sich führen zu lassen, rächt sich so an einer Kulturkritik, die der selbstsicheren Autorität mißtraut und statt dessen um solidarische Mithilfe bittet. Wenn bisher selbst leidlich nachdenkende Köpfe sich nur zu gern haben führen lassen, so lag das daran, daß alle sogenannt überlegene Führung doch in den Bahnen überkommener Werte und kollektiv eingeschliffener Lebenslügen sich bewegte. Da war leicht führen und man konnte ebenso konfliktlos akzeptieren, was »starke Persönlichkeiten« vorlebten, wenn diese nichts anderes forderten und prämierten, als was man ohnehin glaubte und für richtig hielt. Es ist aber ein Unterschied, ob man führt – und verführt, Kritik übt und fordert auf der Basis kollektiver Wertvorstellungen, oder ob man diese selber in Frage stellt und für revisionsbedürftig hält.

Traditionsgebundene Kulturkritik kann es sich leisten, scheinlogisch die »Mißstände« einer Ordnung zu geißeln, die sie doch in ihren Grundzügen aufrechterhalten wünscht. Allgemeiner Beifall für den, der moralisch räsoniert, ohne nach der Tauglichkeit seiner Moral selber zu fragen, überdeckt die Wirkungslosigkeit seiner Entrüstung. Wo viele einstimmen in das Lamentieren über »Sittenverfall«, »Kulturlosigkeit«, »Leistungsabbau« und »Niedergangserscheinungen«, da ist der Effekt der Abreaktion so groß, daß dieser bereits für eine gute Wirkung genommen wird. Die Arbeit täten die anderen[1], hörten wir, weil Leistung schon als unanständig[2] gelte: das gab ein Gefühl, das Rechte zu denken, an dem jedes Argument, das nach Zusammenhängen sucht, nur noch abprallen mußte. Alle Mißstände kämen von der »Minderprivilegierung«, meinten dagegen die jungen Marxisten; selbstsicher verstehen sie Unrecht als eine Folge der Ungerechtigkeit. Gegen solche Tautologien drangen wir nicht mehr durch, wenn wir nach den moralischen und triebpsychologischen Bedingungen ungerechter Neigungen fragten. Neuerwachte Rechte und im 19. Jahrhundert verankerte Linke konnten es sich mit ihren idealen Weltbildern leisten, als Biologismus abzuweisen, was dazu angetan gewesen wäre, die vitalen Motive von Leistungsverweigerung und Übervorteilung aufzudecken. Der Verdacht, daß beides seine kulturimmanenten Gründe haben müsse, wurde entweder als zu spekulativ abgetan oder auf den jeweiligen ideologischen Gegner beschränkt, ihm an den Kopf geworfen.

Das vorliegende Buch macht – den rechthaberischen Fronten zum Trotz – den Versuch, einige der psychischen und vitalen Motive aufzuzeigen, die den alles durchziehenden Mangel an Aufrichtigkeit in unserer Gesellschaft bedingen. Da die *Mechanismen der Lüge,* genauer: der Verlogenheit und der Heuchelei, der Manipulation und der Selbstgerechtigkeit, weithin unbewußt funktionieren, könnte Aufklärung über sie schon die Hinterlist ein wenig eindämmen.

Wir brauchen nicht mehr jedem Ideal auf den Leim zu gehen, dessen Herrschaftscharakter wir erkennen. Und wir können denen entgegentreten, die mit gespielter oder neidvoller Entrüstung uns im Sinne einer leibfeindlichen Moral zu gängeln trachten. Was den Einzelnen in unserer Gesellschaft so hilflos macht, das ist nicht die Macht des Abstraktums »Gesellschaft«, sondern das Ineinandergreifen der in Macht sich auszahlenden Lügen der Auguren und der Vertrauensseligkeit und Autoritätsgläubigkeit schlechtinformierter Bürger. Gutgläubigkeit bezieht sich dabei vor allem auf die Grundlüge unserer Kultur: die Behauptung, daß die leib- und triebfeindliche Moral ohne Schaden für die Gesundheit und ohne Verlust an Mitmenschlichkeit zu leben sei[3]. Gewiß, man kann mit Sexualunterdrückung nicht kurzschlüssig jedes soziale Phänomen und jede psychische Störung erklären. Aber in einer Kultur, in der Moral und Sexualmoral, Sittlichkeit und Enthaltsamkeit weithin als gleichbedeutend gelten, läßt sich vieles davon ableiten. Anthropologie hat mehr zu sehen als die Sexualität des Menschen. Doch in einer Kultur, die, wie NIETZSCHE sagt, dem »Eros Gift zu trinken« gab[4], kann Sozialpathologie am Leitfaden gestörter Sexualität sich bewegen. Schließlich wird die Einheit unserer christlich-abendländischen Kultur durch ein uns alle verbindendes Triebschicksal gewährleistet.

Hier hat Aufklärung im weitesten Sinne des Wortes anzusetzen. Reformen, unser Leben offener und freier zu gestalten, können wohl erst von Menschen verwirklicht, nein, entwickelt werden, die sich selber besser überblicken. Mein Buch *Die Gesellschaft und das Böse* habe ich vor fast zehn Jahren eingeleitet mit dem Satz: Fürs erste gehe es darum, »all denen, die unserer ›sittlichen Ordnung‹ sich versagen, zu einem guten Gewissen zu raten und ihnen Mut zu machen zur Aufrichtigkeit«[5]. Heute sage ich: In einem zweiten Schritt geht es darum, denen ein *schlechtes* Gewissen zu vermitteln, die durch ihre geduckte oder hochmütige Verlogenheit den konstanten Grund dafür abgeben, daß wir immer noch mit einer »doppelten Moral« leben, mit einer Moral, die als Instrument der Macht benutzt werden kann. Wer sich nur noch schlechten Gewissens der Lüge über unsere Triebnatur bedient, der wird vielleicht nicht sofort aufhören, zu seinem Vorteil zu lügen und zu heucheln. Doch es bröckelt seine Überzeugungskraft. Und das macht ihn anfällig für die Argumente derer, die sich ihm zu entwinden suchen.

Heidelberg, im November 1976   A. P.

INHALT

11

I. KAPITEL

Was heißt: ohne Lüge leben?

A. WAHRHEITSDRANG UND ILLUSIONSLOSIGKEIT

a) Der Glaube an die eigene Lüge

Nehmen wir an, wir lebten in einer Gesellschaft, in der der Mensch seine ursprünglichen vitalen Regungen von klein auf bejahen und ausleben dürfte, wo niemand ihn zwänge, Rituale der Ordnung und der Sauberkeit zu praktizieren, wo er von demütigenden Strafen verschont bliebe – was hätten wir es da nötig, uns zu verstellen, zu heucheln, zu lügen? Nicht einmal zur Aufrichtigkeit brauchte man uns noch anzuhalten, weil da, wo jeder dem anderen *offen* sich zeigte, auch keiner für seine Offenheit mit Nachteilen zu rechnen brauchte. Wir erkennen gleich, hier handelt es sich um eine Utopie, um das Traumbild einer Gesellschaft, für die der Mensch nicht geschaffen ist oder für die er noch nicht reif ist. Entweder seine Anlage oder seine Erziehung reichen da nicht hin. Die zweite Alternative ließe hoffen, daß durch Reformen der Pädagogik und der Moral, namentlich durch Verzicht auf unnütze Tugenden wie Keuschheit und Pünktlichkeit der Mensch unverkrampft dem Mitmenschen sich zuwenden könnte. Denn durch sittliche Überforderung gerät auch spontane Mitmenschlichkeit zur lästigen Pflicht. Wenn wir uns mehr um die vitalen Bedingungen der Entfaltung der sozialen Begabung des Menschen kümmerten und weniger darum, welche Kraftakte der Selbstanforderung ihm zuzumuten seien, müßten Liebe und Hilfsbereitschaft nicht erst eigens – und zumeist nutzlos – gepredigt werden. Auch in dieser Perspektive verschwände noch nicht alle Skepsis. Es blieben die Fragen: Wer erzieht die Erzieher? Wer steuert die Moral? *

---

* Siehe das IX. Kapitel D: »Läßt der Wandel der Moral sich steuern?«

Wir haben – mit der Hoffnung auf ein besseres, friedlicheres, offeneres Zusammenleben – von der sozialen Situation auszugehen, wie sie ist. Der Blick auf das Wünschenswerte muß illusionslos aus der Erkenntnis des Faktischen kommen, sonst richtet er sich wahnhaft in Luftschlössern ein, denen jede Realisierung versagt bleibt. Wir müssen erkennen, wo wir leben, ob das eine Wolfsgesellschaft ist, in der jeder jeden fortwährend überrennt, übervorteilt und belügt – dann wäre alle Hoffnung vergeblich –, oder ob es eine Gesellschaft ist, in der doch immerhin Inseln des Vertrauens und des Wohlwollens sich bilden, die nur noch nicht zu einem Festland sich zusammenschließen, weil dazwischen menschliche Abgründe gähnen und weil ein Sumpf der Unzulänglichkeit sich ausbreitet, wo betrogene Betrüger sich mühsam durchzuschlagen versuchen. Sie leben in der Hoffnung auf eine soziale Sicherheit, in der sie sich auch wieder die Freiheit eines guten Charakters leisten könnten. *Ohne Lüge leben* ist ein verschwiegenes Ideal, nicht, weil der Mensch als sogenanntes »geistiges Wesen« des Anreizes strenger Ideale bedürfte, sondern weil unverkrampfte Offenheit ihn nervlich entspannt. Er scheut nur davor zurück, weil er schon manches offene Wort hat büßen müssen.

Dem illusionslos tiefenpsychologischen Blick zeigt sich kein abgründig verlogener Mensch, sondern einer, dessen Wahrheitsdrang viel stärker ist, »als man ihn für gewöhnlich einschätzt«[1]. FREUD, der das bemerkt, verweist zur Bestätigung auf jene Fehlleistungen, die eine willentliche und bewußte Lüge durchkreuzen oder entlarven. Wer auf den insgeheim gehaßten Chef, sich versprechend, den Toast ausbringt: »Nun laßt uns alle auf das Wohl unseres hochverehrten Chefs *auf*stoßen«, der verrät damit nur, daß er unter dem Zwang der Verstellung sosehr leidet, daß es ihn – entgegen jeder klugen Erwägung – danach verlangt, dies deutlich auszudrücken. Nicht anders verhält es sich bei dem ungetreuen Ehemann, der »leichtsinnigerweise«, aber nicht einfach ungewollt, einen ihn verratenden Brief in der Jacke läßt, die er seiner Frau zum Nähen gibt. Das Leiden an der Heimlichkeit sucht ein Ventil und findet es in einer Geste der »Vergeßlichkeit«. Den Kriminalisten geläufig ist das Scheitern des perfekten Verbrechens an einer Fehlleistung, die den Täter eindeutig überführt. Der Mörder, der seine Brille am Tatort liegenließ[2], gab damit unbewußt seinen Verfolgern ein Zeichen, daß er entdeckt zu werden wünschte, sei es, daß der soziale Protestcharakter seiner Tat nach Publizität verlangte, sei es, daß der Mann aus quälendem Schuldgefühl oder masochistisch sich doch nach Strafe sehnte. Wenn sogar unbezweifelt »normalen Menschen« etwas so »Unsinniges« unterläuft, daß sie sich selber damit schaden, so ist das ein Indiz ihrer tieferen Abneigung gegen die alltägliche Lüge, die kultureller Zwang ihnen abverlangt.

Man könnte, bewußtseinspsychologisch ausgerichtet, sagen, vielfach würden dem Menschen unserer Kultur die Zwänge, denen er unterliegt, gar nicht bewußt; er vollziehe einfach, wozu man ihn drängt; und damit *lüge* er auch nicht im engeren Sinne des Wortes: er weiß es nicht besser. Aber schon, daß er sich sträubt gegen Ahnungen, die in ihm aufsteigen, gegen Aufklärung, die an ihn herangetragen wird, verwischt die Grenze zwischen unbewußter Verlogenheit und bewußter Lüge. Weder laufen Verdrängungen ganz im Unbewußten ab – sie haben ihre bewußten »Obertöne« –, noch kann einer in kühler Distanz zur Wahrheit so lügen, daß er von der Unwahrheit nicht infiziert würde. Dieses negative Ideal wird kaum je erfüllt. Der Sagengestalt des Odysseus[3] und dem Diplomaten Talleyrand wird es als etwas Besonderes zugeschrieben. Über Talleyrand lesen wir, er habe »seine wahren Gedanken hinter einem Vorhang von Allgemeinheiten verborgen«, wenn er es für angebracht hielt[4].

Wer eine Lüge glaubhaft vertreten will, muß immer selber schon ein wenig an sie glauben, sonst merkt man ihm den Schwindel an[5]. Wer vor einem unduldsamen Chef Tag für Tag eine grundsätzliche Lüge durchzuhalten hat, wer aus Gründen des sozialen Aufstiegs seine besseren Einsichten in sich verschließt, der wird, um es sich zu erleichtern, am Ende vergessen, was er weiß, und denken, wie man es von ihm erwartet. Er merkt bald, daß es sich lohnt: Er arbeitet rationeller, wenn er nicht jedesmal aus seiner Gesinnung in seine Taktik zu übersetzen braucht, wenn ihm vielmehr die taktische Linie zur sicher vertretbaren Überzeugung wird. Wer sich in den Gehirnwindungen seiner Vorgesetzten auskennt, der braucht im Zweifelsfalle gar nicht bei ihnen anzufragen, wie sie es haben wollten – er macht es so, wie es ihnen recht ist, noch ehe sie die Frage prüfen. Wer allzu häufig bescheiden Rücksprache nimmt, der empfiehlt sich gar nicht für einen höheren Posten, weil die Männer an der Spitze sich auch auf ihn verlassen möchten, wenn sie gerade nicht da sind. Der ideale Stellvertreter zaudert nicht vor Entscheidungen, sondern entscheidet sicher und bestimmt im Geiste des Chefs. Es ist immer wieder verblüffend zu erleben, wie Mitglieder eines sogenannten *teams* aus einem Sinne verfahren, auch wenn sie sich nicht vorher abgesprochen haben. Sie können dann, jeder mit der ehrlichsten Überzeugung, einem Verhandlungspartner gegenübersitzen und ihn einschüchtern: »Wir teilen alle nicht Ihre Meinung – Sie stehen da ganz allein.«

Wer sich geborgen fühlt in einer Mannschaft, dem wächst sein Ich – auch gegen ursprünglich andersgerichtete Neigungen – mit fast allem, was es denkt und fühlt, in das Gruppen-Wir hinein. Was unangepaßt war in ihm, hat er »vergessen«, jedenfalls verdrängt. Der Verdrängungsprozeß scheint jede (bewußte) Absicht, im Sinne der Gruppe zu lügen, glatt auszuschließen. Aber die Motivation für angepaßtes Verhalten reicht doch über ein bloß unbewußtes Sich-Arrangieren hinaus; sonst wüßte der perfekt Verdrängende nicht einmal mehr, woher er sein Brot nimmt und wer in der Lage ist, ihm den Brotkorb höherzuhängen.

b) Triebinteresse und soziale Fassade

Wir beginnen zu ahnen, daß die Neigung zu lügen und gar die, eine verlogene Einstellung anzunehmen, mit den vitalen Bedürfnissen des Menschen zusammenhängt, sei es, daß man seine Triebe unterdrückt oder einschränkt; sei es, daß man ihre einfache Befriedigung zur sozialen Prämie für ein Wohlverhalten erhebt. Unterstellen wir, wir lebten in einer Gesellschaft, in der schon bei den Neugeborenen vitale Bedürfnisse wie das Verlangen nach Hautkontakt unterbunden werden, wo Gewähren und Versagen Mittel einer Dressur sind, die dort »Erziehung für den Ernst des Lebens« heißt; gesetzt, wir lebten in einer Kultur, in der namentlich die Sexualität in einer Weise reglementiert wird, daß ihr, bei Strafe sozialer Diskriminierung, das Ziel erlaubten Begehrens streng vorgegeben wird – müßte da nicht der Einzelne versuchen, so gut es nur geht, sich heimlich die ersehnten Lüste zu verschaffen, und ängstlich besorgt sein, seine »Intimsphäre« zu verbergen? Tatsächlich leben wir in einer solchen Gesellschaft und brauchen uns nicht zu wundern, daß Menschen, die eine elementare Seite ihres Wesens zu verleugnen haben, auch in weniger zentraler Hinsicht zur Lüge neigen. Gegen anerzogene Hemmungen können die verpönten Triebe sich nur noch durchsetzen, indem sie sich an ihnen stoßen, wundreiben und schließlich in verbogener, verlogener Form hervorkommen. Je älter, je wacher die Kinder werden, desto mehr lügen sie auch aus klarer Überlegung, bis sie als Erwachsene, zum politischen Opportunisten oder zum beruflichen »Radfahrer« geworden, bewußte Lügen wieder verdrängen und in einem Prozeß der »Entlastung« zu unbewußter Verlogenheit werden lassen. Wir könnten so im Stile der GEHLENschen Anthropologie (aber durchaus nicht in ihrem Sinne) die Verlogenheit im Klima einer triebunterdrückenden Kultur ein »Entlastungssystem« nennen[6].

Die jungen Menschen werden zwar zur Aufrichtigkeit ermahnt, aber in einem Ton, der anzeigt, daß sich das nicht von selber versteht. Zudem werden sie auch ausdrücklich zum Lügen angehalten: »Wenn die Nachbarin kommt, sag, daß ich nicht da bin.« Doppelte Moral entwickelt sich am Leitfaden der Lüge; und es sind die Intelligentesten, die sie am »differenziertesten« in sich ausbilden. Denn zur erfolgreichen Lüge braucht man Erfindungsgabe, Überzeugungskraft und – ein gutes Gedächtnis. Das ist eine alte Weisheit[7].

Doppelte Moral ist der im Denken geglückte Versuch, sich mit einer sozialen Wirklichkeit zu arrangieren, die die Triebnatur des Menschen überfordert, aber noch denjenigen mit Sanktionen bedroht, der Ersatzlüsten (wie dem Alkoholrausch) sich allzu unbekümmert hingibt. Was man für richtig und angemessen hält und auch von anderen fordert, geht mit dem, wonach einem selber der Sinn steht, nicht mehr zusammen. Sich nicht erwischen zu lassen wird zur beides verbindenden Maxime. »Wie haben Sie diese Dinge nur über die Grenze gebracht?« fragte ich in Gesellschaft einen Amtsgerichtsrat. »Geschmuggelt«, erwiderte lachend der Richter, fast ein wenig stolz, bei soviel Würde, die er von Amts wegen zeigen muß, sich noch ein paar »menschliche Schwächen« bewahrt zu haben. Wenige Tage zuvor erst hatte er einen kleinen Schmuggler verurteilt. Rechtsprechung als Broterwerb und pfiffiges Sich-Durchfinden waren säuberlich getrennt in einem Bewußtsein, das »über den Dingen zu stehen« vorgab. Das psychische Korrelat der bewußten Trennung von Amt und Privatsphäre aber ist die Schizophrenie, die Spaltung der *einen* verantwortlichen Person in soziale Fassade und Triebinteresse. Das gilt in besonderer Weise für den Bereich der Sexualität, von dessen Tabus über unausrottbaren Neigungen die personale Spaltung sich weitgehend herleitet. Vertraute Phänomene solcher Aufspaltung sind öffentliche Entrüstung und geheime Liaison, rücksichtsloses Erwerbsstreben und ostentative Mildtätigkeit, besorgter Familiensinn und kriminelles Autorasen oder umgekehrt die Rolle des Haustyrannen, die mit der des »allseits Beliebten« auf der Straße vertauscht wird. Wo allzu kraß und allzu sozialschädlich beide Personenhälften auseinanderklaffen, da wird gelegentlich die Krankheit »Schizophrenie« auch ärztlicherseits diagnostiziert: ihre moralbedingte Struktur wird dabei übersehen.

»Doppelte Moral« heißt nicht nur, daß man das eine lauthals bejaht und das andere insgeheim tut. Zu einer *verlogenen* Moral gehört auch die Unerfüllbarkeit ihrer Forderungen. Die Auguren wissen das und herrschen mit Hilfe des schlechten Gewissens, das bei verzweifelt Bemühten darüber entsteht. So wird eine Sittlichkeit, die den Menschen überfordert, zum Instrument der Macht. Repressive Moral erreicht gar nicht ihren Zweck, wenn sie von den ihr Unterworfenen oder von den ihr Aufgesessenen widerspruchsfrei befolgt wird. Der Sinn solcher Moral ist es geradezu, in vielfachem »Versagen« oder »Straucheln« verfehlt zu werden: damit seelische Zerknirschung, Schuldgefühl und Selbstanklagen alle Spontaneität, die aufmucken könnte, brechen und niederhalten [8]. Wo die Menschen beherrscht werden, indem man sie dazu anhält, sich über ihr vitales Wesen hinwegzusetzen, da wird Lüge auch zum Kitt sozialen Zusammenhalts: die Lüge, es ließen die vitalen Antriebe sich »sublimieren«, ohne daß der Einzelne und die Gesellschaft dadurch krank würden; die Lüge vom Kampf für die gute Sache, die den Kämpfenden veredle; und die Lüge von der Unausweichlichkeit gerechter Bestrafung. Wer an diese Behauptungen glaubt, der bleibt integriert in eine Gesellschaft, die ihren vitalen Unmut über die auferlegten Verzichte projektiv auf Minderheiten und auf äußere Feinde ableitet. Entrüstung bindet die Menschen aneinander, wo Sympathie verfehlt wird. Wir werden, wenn wir über die Wirkungen einer verlogenen Moral erfolgreich aufklären, daher zunächst sogar mit einer Lockerung des sozialen Zusammenhalts rechnen müssen. Wer sich davon überzeugen läßt, daß der Kampf für hohe Ideale und gegen unangepaßte Menschen nur eigene Unzulänglichkeit überspielen und Aggressivität kanalisieren soll, der fällt schon heraus aus der negativen Solidarität der »Kämpfer« für das Gute. Und wer erfährt, wie selten rechtswidriges Verhalten seinen »gerechten Richter« findet, der gerät in Gefahr, aus der Gemeinschaft der Guten und Gerechten auszuscheiden. Das wahre Ausmaß unentdeckter und unaufgeklärter Kriminalität * hätte, allgemein bekanntgemacht, eine demoralisierende Wirkung, solange nicht positive Solidarität, aus Zärtlichkeit und Verstehen gewebt, dem Verfall gemeinsamer Feindhaltungen schon vorzuarbeiten vermöchte.

Ohne Lüge leben, das verlangte demnach eine Gesellschaft und eine Moral, in der man aufhörte, die Menschen zu gängeln, indem man sie

---

* Zum Problem der Dunkelziffer unaufgeklärter Verbrechen siehe später im VII. Kapitel den Abschnitt A,c!

bei den Ohren ihrer vitalen Antriebe zieht, und wo darum auch niemand mehr nötig hätte, sein Triebleben in Heimlichkeit sich einzurichten und durch Heuchelei in der Öffentlichkeit zu behaupten. Eine Gesellschaft, in der *man* aufhörte... wer müßte aufhören? Jene Schicht der Auguren, die in unserem Kulturkreis seit alters her für das Volk sittliche Werte herausstellt, an die sie selber nicht glaubt, und moralische Pflichten verkündet, an die sie sich selber nicht gebunden fühlt. Daß man das Volk – zu seinem Besten natürlich – belügen dürfe, wurde schon von PLATON[9] behauptet, von MACHIAVELLI später für den Hausgebrauch der Herrscher nur noch auf die Form einer Anleitung gebracht. Aufklärerische Geister wie der junge Goethe, Schiller und Madame de Staël sprachen noch vor oder kurz nach der französischen Revolution es schließlich unverblümt aus, daß die landläufigen Tugenden »nur für den geringen Stand« (GOETHE[10]) seien, daß der »erhabene Kopf« (SCHILLER[11]) andere Verzweiflungen kenne als »der gemeine«, und daß die Auguren sich der Sprache der Tugend nicht bedienen könnten, »ohne dabei zu lachen« (DE STAËL[12]). Im Zuge fortschreitender Demokratisierung wurden zwar die moralischen Kategorien, mit denen man den kleinen Mann zu messen pflegte, auch auf die Regierenden übertragen. So stürzte 1848 König Ludwig I. von Bayern über seine Mätresse, und so stürzten noch in unseren Tagen in England Minister über ein Playgirl. Im überlieferten Phänomen der Klassenjustiz kommt aber noch heraus, daß vieles von dem, was uns allen wie selbstverständlich abverlangt wird, in Wahrheit nur der Festigung von Herrschaft dient. Waren es ehedem – und sind es in totalitären Staaten noch immer – einflußreiche Ämter und Posten, die vor schlimmen Folgen privaten Versagens bewahren, so ist hier und heute das Geld zu dem Zaubermittel geworden, das in magischer Weise ruinöse Folgen unangepaßten und rechtswidrigen Verhaltens von einem Menschen, einer Familie fernzuhalten vermag.

c) Soziale Immunisierung durch Geld

Geld ist ursprünglich nicht Wert an sich, sondern Wert für das, was es repräsentiert. Es spiegelt für die Phantasie der Menschen zauberisch die Möglichkeiten, die es erschließt. Geld hatte bei den Germanen die heilende Kraft, schweres Unrecht wiedergutzumachen[13]. Wer Geld hatte, konnte sich von Strafe freikaufen, soweit die Gesetze diese

Möglichkeit einräumten. Im Mittelalter und bis in unsere Tage behielt das Geld, behielt der in Geldwert ausdrückbare Reichtum die Kraft, vor schweren Zwangsmaßnahmen des Staates zumindest befristet zu retten. Im Stellen einer Kaution, um vorübergehend in Freiheit zu kommen, ist das erhalten geblieben. Hochgestellte verstehen es immer noch, Ungelegenheiten, die sie sich selbst bereitet haben, mit Geld aus der Welt zu schaffen. Jener Staatspräsident unserer Tage, der an einem frühen Morgen des Jahres 1974, selber am Steuer sitzend, ein Milchauto gerammt hat, soll dem Fahrer des Lastwagens gleich einen 500-Franc-Schein in die Hand gedrückt haben: damit er die Sache auf sich beruhen lasse [14].

Wievielen weniger prominenten Rechtsbrechern gelingt es, durch »Schweigegelder« ihr strafbares Tun im verborgenen zu halten? Sie ernten bei denen, die sie bestechen, nicht einfach Verachtung, die durch Komplizenschaft überdeckt würde. Vielmehr wirkt die Macht des Geldes und das Ansehen, das es verleiht, unmittelbar lähmend auf jede Regung des Abscheus und der Verachtung. Gewiß, wer später von »Bestechungsskandalen« hört oder liest, wird als »Unbeteiligter« sich ehrlich entrüsten; schon die bittere Empfindung, von den Reichen und Schlauen links liegengelassen zu werden, schafft Raum für unbefangene Entrüstung. Doch wer, unmittelbar beeindruckt von der gelassenen Geste eines Menschen, der Geld reicht, es leicht benommen an sich nimmt, der ist für den Augenblick beeindruckt und schweigt noch, wenn sein überspieltes Gewissen sich rächt.

Geld ist ein Zaubermittel, das Achtung erzwingt, weil es der Maßstab ist, mit dem noch in einer vielgestaltigen arbeitsteiligen Gesellschaft jeder soziale Erfolg sich bemißt, ganz gleich ob der finanzielle Gewinn der aufgewendeten Leistung vergleichsweise entspricht. In einer Gesellschaft, in der die Menschen feindlich, weil ehrgeizig, gegeneinander stehen, ist Geld das Mittel, durch das sie auch alle wieder *miteinander verrechnet* werden können. Nichts Abwertenderes kann hier von einem Menschen gesagt werden, als daß er »kein Geld hat« [15]. Wer dagegen »Geld macht«, kann so dunkle Geschäfte gar nicht betreiben, so zwielichtige oder nichtssagende Tätigkeiten gar nicht ausüben, daß ihm nicht noch soziale Anerkennung zuteil würde. So sitzen zuletzt bei einem Bundespresseball kaum noch Künstler und Gelehrte, sondern – neben Großindustriellen – auch der »Fußballkönig« und die leicht verruchte Filmschauspielerin an der Seite des Staatsoberhaupts. Das Geld, das diese Letztgenannten verdienen, durch sportlichen oder sexuellen Körpereinsatz, kompensiert voll ihren Rang in der überkommenen Wertpyramide, wo immer noch die sogenannten geistigen Werte obenanstehen. Die verwegene Darstellung besonderer Sexualpraktiken, die man dem Dirnenmilieu vorbehalten glaubte, qualifiziert zum bewunderten Star, wenn die Kinos reichlich Geld damit einspielen. Ein sexuell frustriertes Volk zahlt zwiefach für die Verdrängungen, unter denen es leidet: mit Geld für den filmisch dargebotenen Exhibitionismus und mit Bewunderung für den feudalen Lebensstil der am Voyeurismus der Massen gut Verdienenden.

Die allgemeine Anerkennung, die der Reichwerdende findet, legt versöhnlich sich auf manch abseitige, auch anrüchige Tätigkeit. Spekulanten, die verarmte Grundbesitzer übertölpeln, stehen eines Tages doch als etablierte Bürger vor uns da. Die Magie des Geldes läßt ihre Schandtaten vergessen, besonders dann, wenn sie ostentativ wohltätig sich gebärden. Die Anerkennung, die das Geld verschafft, wirkt sozial integrierend, jedenfalls für alle, die mit ihrem Tun finanziellen Erfolg haben. Das strahlt aber auch zurück auf alle, denen das nicht so recht gelingt: sie leben im Blick auf jene, die es schon geschafft haben, voll Vertrauen in ihren Hoffnungen. Diese Hoffnungen, die durch millionenfaches Lottospielen sich ausdrücken, stützen zuverlässig eine sozial ungerechte Ordnung. Das quälende Bewußtsein, daß gar nicht nach dem Maß der erbrachten Leistung entlohnt oder honoriert wird *, erstickt in der Hoffnung, durch »Glück« vielleicht doch noch in den Kreis derjenigen zu gelangen, die sich »alles leisten können«.

Einstweilen beruhigt sich die Ungeduld durch Identifizierung mit den feinen Leuten, den *upper ten* oder dem *jet set,* wie es heute heißt. Solche Identifizierung wirkt ebenso stabilisierend auf die bestehende Ordnung wie die Anhäufung von Geld in den Händen skrupellos aggressiver, also schon krimineller Charaktere. In dem Maße, in dem diese um das Erworbene zu bangen beginnen, rücken sie automatisch auf die Seite derer, die »Eigentum und Freiheit« gegen widerrechtliche Übergriffe und revolutionäre Bestrebungen zu verteidigen gewillt sind. Aus Gaunern werden, sowie sie »Geld machen«, Stützen der geltenden Rechtsordnung.

Die Magie des Geldes hat also eine doppelte Wirkung: Sie integriert soziale Außenseiter, wenn sie »Erfolg« haben, und sie stabilisiert eine ungerechte soziale Ordnung. Diese ambivalente Wirkung

---

* Siehe später das Kapitel »Die Fiktion der Leistungsgesellschaft«!

unseres Glaubens an die Macht des Geldes läßt bereits ahnen, daß mit dem weiteren Abbau sozialer Ungerechtigkeit für eine Weile der soziale Zusammenhalt sich lockern muß. Der Anerkennung, die heute das Geld verleiht, wächst eine Wertschätzung aus gesünderen Motiven so schnell nicht nach. Achtung für einen Erfolg, der aus der Liebe zur Sache kommt, setzt den sachkundigen Bürger voraus, also eine Hebung des allgemeinen Bildungsniveaus über das im eigenen Beruf Erforderliche hinaus. Das ist – neben dem Abbau schichtenspezifischer Triebunterdrückung – die zweite Bedingung verlässiger Solidarität im Ganzen der Gesellschaft. Und das sind zugleich Bedingungen, ohne Lüge zu leben. Nur Menschen, die einige anthropologische Kenntnisse haben, können aus einer aggressiv formierten, neurotisch verspannten Gesellschaft sich herauslösen: zunächst, indem sie mit Gleichgesinnten sich zusammenfinden, hoffend, Einsicht in unsere Triebnatur, Offenheit zueinander und Ablehnung von Prestigegütern würden sich noch ausbreiten.

d) Verzicht auf Illusionen

Fürs erste müssen wir uns damit begnügen, einige Illusionen zu zerstreuen, die den psychischen Kitt einer sozial ungerechten Ordnung bilden. Wo alle nach Geld, Prestige, sozialer Anerkennung und »Erfolg« streben, da können sie solches Streben und die dazu gehörige Hoffnung auch nur durchhalten, wenn sie über den weithin fiktiven Charakter des Glückes, das sie erstreben, sich nicht im klaren sind. Der Mensch unserer Kultur strebt nach Geld, Position, Besitz, als seien damit unmittelbar Güter gegeben, die das Leben lebenswert machten. Der Volksmund sagt zwar mit Bezug auf das Geld, es mache nicht glücklich, aber es beruhige. Doch das ist mehr zur Beruhigung derer gesprochen, die in der Jagd nach Geld zu kurz kommen, von ihnen sich selber als Trost zugesprochen. Geld und materieller Besitz eröffnen dem, der zu leben weiß, zwar weitere Lebensmöglichkeiten[16]; aber soweit das Geld darauf verwandt wird, sich zu vermehren, soweit subtrahiert es sich schon von den Bedingungen des Glücks. Das kann bei dem, der den Kitzel des Gewinns kostet und sonst beinahe nichts mehr, die Glücksmöglichkeiten bis gegen Null reduzieren. Zu solcher Askese, nahezu alles Geld »arbeiten zu lassen« oder es doch als »Mitarbeiter« einzusetzen, besteht sogar ökonomischer Zwang, wo halber Einsatz bedeuten würde, daß die aggressive Konkurrenz das eigene Geschäft ruiniert.

In derart »objektiven« Zwängen kumulieren aber nur die vitalen Nöte in einer Kultur, die einfachere, körpernähere Freuden den Menschen verknappt oder doch vergällt. Für ein »Glück«, das sinnenhaft und körpernah sich greifen und schmecken ließe, müssen die fiktiven Freuden des Prestiges herhalten, die die Menschen einander entfremden. Prestige distanziert, nicht nur, weil vor dem Erfolgreichen oder Vielgerühmten selbst alte Freunde mit einem Mal respektvoll oder neidisch zurückweichen, sondern auch von seiner Seite her: weil Prestige sich nur kosten läßt im Genuß des Neides, den andere ihm entgegenbringen. Das vitale Gewissen, das *Glücksgewissen* des Arrivierten spürt sehr wohl, daß an seinem Prestige nichts ist, was unmittelbar ihn befriedigte. »Der Ruhm kann mich nachts nicht wärmen«, soll Marilyn Monroe, befragt, ob sie glücklich sei, geantwortet haben.

Wer also Ruhm, Prestige, Publizität entgegen seinen vitalen Antrieben und Neigungen genießen möchte, der muß zunächst einfach glauben, daß daran auch etwas zu genießen ist. Sonst läßt er es bleiben, überhaupt danach zu streben. Wenn er im flüchtigen Augenblick eines Erfolges, gleichsam noch auf dem Siegerpodest, leicht benommen, ebenso überzeugend wie selbstgewiß solchen Glauben ausstrahlt, werden die »Geschlagenen«, die Zurückgesetzten, nicht zögern, ihn zu beneiden. Im Mit- und Nachvollzug ihres Neides läßt sich dann um so wahnhafter an das ihnen vorgespielte Glück selber glauben, freilich nur solange, als der errungene Erfolg bei den Mitmenschen etwas gilt. Wer darauf ausgeht, sich – für was auch immer – beneiden zu lassen, der verrät damit nur, daß ihm in seiner Haut nicht so recht wohl ist. Wer ungefragt vor sich herschiebt: »Meine Arbeit macht mir ausgesprochen Freude« oder »Wir führen eine sehr glückliche Ehe«, der hat es nötig, sein emotionales Defizit durch den Neid, den er erregen und sadistisch mitkosten möchte, aufzufüllen.

Ohne Lüge zu leben, um ursprünglicheren Freuden sich aufzuschließen, das hat also zur Voraussetzung, daß wir die soziale Dialektik von Prestige und Neid durchschauen. Es gibt kein Prestigesystem ohne Neid[17], aber auch nicht ohne die Naivität, mit der vitalpsychisch unausgeglichene Menschen die öffentlich vorgestellten Idole des Glücks übernehmen, als kündigte in ihnen sich eine Erfüllung des Lebens an, für die alle Mühe sich doch gelohnt hätte. Sie treten gläubig und verehrend in die Rituale der Prestigegesellschaft ein, wie der Freiherr von Knigge in den Illuminatenorden eintrat und sich darin hervortat, bis er eines Tages von dessen Gründer erfuhr, daß es gar keine höheren Weihen und Geheimnisse des Ordens gebe[18].

Wir können nicht sagen, daß Anstrengung und sozialer Aufstieg unter gar keinen Umständen sich lohnten – bisweilen ist auch der »Erfolg« eine Frucht der Anstrengung und das Erreichte ein steter Quell der Freude. Aber für den, der illusionslos sich umblickt, kommt doch heraus, daß wie zu Zeiten Knigges seltener die verdienstvollen Leute avancieren als vielmehr diejenigen, die ein gewisses Geschick im Umgang mit Menschen entwickelt haben und in Gesinnungsgenossenschaften, die weiterbringen, sich innerlich überzeugungslos einfügen. Ein kritischer Kenner des »Establishments«, NORBERT BLÜM, kann es unbefangen aussprechen: »Was wir die Herrschaft der Tüchtigsten nennen, ist oft nur die Herrschaft der eigenen Verwandtschaft, und sei es diejenige der eigenen Gesinnung.«[19] In der Lotterie des sozialen Aufstiegs darf keiner viel einsetzen, wenn nach persönlicher Überzeugung gefragt wird. Die Naivität der ihn Ausforschenden kann, wer emporkommen will, gerade noch aufwiegen. Wer mehr bietet, ist ein Narr, der die Wahrheit sagt.

Wer sich in Wahrheitsfanatismus aufopfert, schlägt darum noch keine Bresche in die Mauer der Lüge, die uns umgibt. Ein anderer wird sie schließen. Ein allzu großer Gegensatz zwischen wahrheitsliebenden und heuchlerischen Menschen müßte erst recht das soziale Gefüge verzerren. Das leistete nur der Übervorteilung Vorschub. Die Wahrheit ist, mit MARK TWAIN[20] gesprochen, unser kostbarstes Gut – drum laßt uns sparsam damit umgehen! Aus solchem Sarkasmus ist auch die Empfehlung zu keltern, nicht durch aggressiv vorgebrachte Wahrheiten zu provozieren, nicht durch Enthüllungseifer, der selber heuchlerisch würde, »für die Wahrheit« zu kämpfen. Enthüllt, entlarvt werden muß nur das Ungesunde, das Eitle, Hohle, Überspannte und Verlogene[21]. Was Heuchelei wirklich abbaut, was ihr geradezu den Boden entzieht, das ist der Verzicht auf Illusionen, ein Verzicht, den jeder leisten kann, ohne daß andere ihn daran hindern. Aber er wird ihnen mit veränderter Haltung begegnen, in den Illuminatenorden der Ehrgeizigen gar nicht erst eintreten. Wenn er dafür ein Sachinteresse entwickelt, das immer schon seinen »Lohn« in sich selber trägt, erspart er sich Enttäuschungen. Wer dagegen noch glaubt, erbrachte Leistung werde unausweichlich belohnt, strampelt sich ab für diejenigen, die eine verbreitete Hoffnung auf sozialen Aufstieg benutzen, um andere für sich arbeiten zu lassen. Sie denken gar nicht daran, den ergeben Fleißigen aufrücken zu lassen: Wer sollte dann ihnen zuarbeiten!

Wir müssen uns illusionslos klarmachen, wie gering überhaupt, statistisch gesehen, die Chancen sind, durch pure Anstrengung ein hochgestecktes Ziel zu erreichen *. Die Ideologie des freien Aufstiegs gaukelt ehrgeizigen Leuten vor, sie könnten geradezu alles erreichen, wenn sie nur einigermaßen begabt seien und Anstrengung nicht scheuten. Diese Ideologie hat auch ihre Märchenfigur, den amerikanischen Tellerwäscher, der es zum Millionär bringt. Und sie hat ihr Ritual der Beschwörung, wenn alle allen zum neuen Jahr und bei anderen Gelegenheiten »Glück und Erfolg« wünschen. Niemand denkt daran, daß die Gleichung aller unserer Wünsche nicht aufgeht, weil das *asoziale Wesen* des sogenannten sozialen Erfolgs nicht reflektiert wird: Erfolg ist immer Erfolg auf Kosten und zu Lasten anderer.

Das Märchen vom Tellerwäscher kann auch nicht mehr Wirklichkeit werden in einer Gesellschaft, in der alle »Marktlücken« von kapitalkräftigen Firmen längst ausgekundschaftet sind, ehe ein findiger Kopf mit Mut zum Schuldenmachen sie entdeckt. Krisenzeiten und Zeiten sozialen Umbruchs mögen neu solche Gelegenheiten schaffen, sich auf dem Rücken kollektiver Bedürfnisse emporzuschwingen – sie bleiben, was sie immer waren: die Ausnahme von der Regel. Und die Regel ist, daß Eigentumsordnung oder Machtstruktur so in sich verfestigt sind, daß kaum ein Mann oder gar eine Frau aus dem Volke an die Spitze der Gesellschaft gelangt[22]. Wer meint, Tüchtigkeit und der Nachweis von Leistung seien das entscheidende Mittel, um »aufzusteigen«, der beweist damit nur, daß er auf die *Fiktion der Leistungsgesellschaft* hereingefallen ist. Ein Zyniker, der die Wahrheit als Waffe benutzt, kann ihm vielleicht eines Tages sagen, daß ein so naiver Kopf gar nicht dazu qualifiziert ist, Führungsaufgaben zu übernehmen.

In einer von Grund auf verlogenen Gesellschaft muß auch der sozialistische Kampf für »Chancengleichheit« in ein neues Prinzip der Privilegierung fehlschlagen. Man kann dabei am Leistungsprinzip und am Prüfungswesen festhalten und unversehens neue Kriterien der Bewertung einführen, oder man kann das Leistungsprinzip überhaupt aufgeben und muß dann eine nur scheinbar neue Form der Tüchtigkeit honorieren: die Gesinnungs-Tüchtigkeit. Das ist eine zwingende Konsequenz aus der Tatsache, daß nicht alle gleichzeitig aufrücken können und an die Spitze kommen. Insgeheim ahnen das wohl auch die intellektuellen Gleichheitsfanatiker, die uns vormachen, durch bloße Strukturveränderungen – ohne Befreiung der Triebnatur –

---

* Siehe das IV. Kapitel: »Die Fiktion der Leistungsgesellschaft«!

überkommene Privilegien beseitigen zu können. Privilegien werden aber bleiben – oder nachwachsen, solange ein Bedürfnis danach, das heißt ein Bedürfnis nach der Ersatzlust des Prestiges, besteht. Wer soziale Gleichheit durch allgemeinen Verzicht erreichen möchte und nicht durch genußfroheres Zusammenleben[23], der benutzt die Idee der Gleichheit bewußt ideologisch oder halbbewußt heuchlerisch nur als einen Hebel, sich selber und seine Gruppe an die Macht zu schwingen. Solange nicht Aufklärung über die Möglichkeiten eines freieren Lebens so ins Volk gedrungen ist, daß privilegierter Genuß als lächerlich erscheint, solange wird das Bündnis zwischen sogenannter linker Intelligenz und Arbeiterklasse immer auf einen Betrug an den Arbeitern hinauslaufen. Die »neue Klasse« (DJILAS) der Bonzen hat uns das in vermeintlich »sozialistischen Ländern« vorgelebt. Mit der bloßen Abschaffung des Kapitals werden besondere Dienstleistungen der neuen privilegierten Schicht nur kostenlos verabreicht.

Solche Beispiele brauchen noch nicht die Hoffnung auf eine Gesellschaft zu entmutigen, in der die Menschen sowohl freier als auch solidarischer miteinander leben könnten, ohne daß eine privilegierte Schicht ökonomischen Druck oder Gesinnungsterror ausübte. Eine Hierarchie der Funktionen muß keine Hierarchie der Unterdrückung sein. Aber der »neue Mensch«, der dafür erforderlich wäre, ist weder durch Strukturveränderungen allein, noch allein durch Triebbefreiung zu schaffen. Sozialistische Reformen reichen dazu nicht aus, weil neurotisches Prestigebedürfnis auch unter veränderten sozialen Bedingungen wieder Formen findet, sich auszuleben. Und »sexuelle Revolution« genügt nicht, weil Konkurrenzdruck und die Macht der Ämter gerade den vitalpsychisch unverkrampften Menschen scheitern lassen. Er ist, solidarisch denkend, gegenüber hinterhältigen Methoden, ihn hereinzulegen, nicht sosehr auf der Hut.

Der Weg zu sozialer Gerechtigkeit und zu einem solidarischen Zusammenleben ohne Lüge kann nur als langfristiger Prozeß wechselseitiger Verflechtung sozialer Reformen und emotionaler Befreiung gedacht und geplant werden. Der immer noch nicht recht begriffene Wesenszusammenhang von Lebensgenuß und Gemeinschaftsgefühl hätte dabei orientierend zu wirken. Die Erkenntnis dieses Zusammenhanges besagt, daß keiner des Lebens unbefangen froh wird, der genießend sich aus der Gemeinschaft zurückzieht. Der Neid des Nebenmenschen ersetzt nicht die Solidarität des Mitgenießens. Privilegierter Genuß ist insofern verminderter Genuß. Hierauf heftet sich die Hoffnung, ihn zu beseitigen. Wenn einmal in breiteren Kreisen gespürt wird, daß nichts sosehr die Lebensfreude steigert als wechselseitige Bejahung von bislang tabuiertem vitalem Genuß, dann werden jene, die durch Prestigegüter scheinbar genießend vom Volke sich absondern, immer mehr der Lächerlichkeit anheimfallen. Der fiktive Charakter des Luxus und des Prunkes wird erst offenbar, wenn ursprünglichere Freuden bei allen sich durchsetzen.

e) Leben ohne Angst

Ohne Lüge leben, das meint ein Offensein füreinander, das auf einen Schutz der Intimsphäre verzichten kann, nicht, weil einer des anderen Wächter werden soll, sondern weil keiner den anderen mehr als bösen Vormund seines Lebensstils zu fürchten braucht. Eine Intimsphäre und deren Schutz brauchen wir heute, da in gewisser Hinsicht sich jeder vor den Nachbarn, den Kollegen, den Vorgesetzten zu verstecken hat. Sie sind, wo ein Freidenkender ihren sittlichen Normen sich nicht fügt, in der Lage, ihm das Leben zur Hölle zu machen oder ihm den Brotkorb höherzuhängen. Die soziale Unterdrückung der Sexualität geht ja nicht unmittelbar handgreiflich gegen den Körper des Einzelnen vor, sondern hemmt den »störrischen Trieb« (FREUD[24]) durch einen noch stärkeren, den Nahrungstrieb. Existenzangst wird angespannt bei jedem, der sexuell über die Stränge schlägt. In seiner wohlprovozierten Nervenschwäche darf er sich selber beweisen, daß er einen Fehler gemacht, einen Fehltritt begangen hat. Noch in moralischen Selbstanklagen steckt die Lüge, die über uns herrscht.

Ohne Lüge leben können, das meint in jedem Falle auch, seine Gefühle nicht ängstlich verbergen zu müssen. Es wäre zwar eine polemische Übertreibung zu sagen, daß in unserer Gesellschaft Gefühle überhaupt nicht gezeigt werden dürften. Was nicht gezeigt werden darf, sind unangepaßte Gefühle, solche, die allgemein der Verdrängung anheimgefallen sind oder ihr zu verfallen haben. Die Liebe zu einem Sexualpartner außerhalb der Ehe oder jenseits des Weges zu ihr, die Trauer um einen nicht im Rahmen der eigenen Familie geliebten Menschen dürfen so wenig gezeigt werden wie Angst vor dem Tod, Niedergeschlagenheit oder Pessimismus. Sozial sanktioniert sind dagegen Lust an der Grausamkeit und die Freude am Horror. Solche Freude, so denkt man, ist doch immer noch ein positives Gefühl, noch dazu eines, dessen Ersatzlustcharakter »unsittliche« Regungen ausschließt. Das wird instinktiv geahnt. Wer sagt, er mache sich nichts aus Krimis und Horrorfilmen, macht sich verdächtig.

Angst, Niedergeschlagenheit, Mißmut, Enttäuschung zu zeigen ist weithin verpönt. Man liebt den heiteren, den strahlenden Menschen, dem es sichtbar blendend ergeht und der für alles Mißliche ein Gegenmittel bereithält: wie gegen Falten die Schminke, so gegen Mißerfolg eine Heiterkeit, die alles zudeckt. Das ist gewiß eine kollektiv eingeschliffene Methode, mit Widerwärtigem fertigzuwerden, indem man es überspielt und in seinem Verhalten leugnet. *Keep smiling,* das meint: Sei heiter, weil man es von dir erwartet, und du wirst es sein, weil du diese Erwartung nicht enttäuschen kannst. Man will sie nicht enttäuschen, weil der offen Ängstliche, Bedrückte, Lustlose sich keine Freunde erwirbt und Angriffe auf sich zieht. »Freunde in der Not« sind nicht nur deshalb seit jeher selten, weil keiner sich gern mit dem Schicksal eines anderen belastet, vielleicht auch an dem eigenen genug zu schleppen hat, sondern auch, weil magisch befürchtet wird, das Unglück könnte ansteckend sein.

Der allgemeine Konkurrenzdruck ist so stark geworden, daß es ebenso unklug ist, sich so ängstlich zu zeigen, wie man ist, wie es unvorsichtig ist, sich so optimistisch zu geben, wie man hofft. Beides weckt Gegenkräfte, die uns niederzuhalten suchen. Am vorsichtigsten, vielleicht auch am erfolgreichsten agiert, wer eine glatte Mimik zeigt: weder getrübt von Mißerfolgen und Ängsten, noch sonderlich aufgehellt vom Gedanken an Möglichkeiten, die sich ihm bieten. Das empfiehlt sich zumindest für den, der nicht »gewinnend zu lächeln« versteht. Es ist jedenfalls schon ein Akt der Klugheit, der einen Menschen hindert, sich eine Schwäche anmerken zu lassen. So ohne Lüge zu leben, daß man auch seine Ängste, seine Schwächen zeigen dürfte, das kann sich in unserer Gesellschaft allenfalls ein sehr Mächtiger leisten, dem auch keine Schwäche mehr schadet, weil niemand an ihn herankommt. Wer ihn als einen Menschen mit Nerven und sentimentalen Gefühlen darstellte, der hülfe nur, ihn harmloser, menschlicher zu zeigen, als die Wirkungen sind, die von ihm ausgehen. Schwäche nicht zeigen zu dürfen, das war immer nur ein Gebot für die in ihrer sozialen Stellung auch tatsächlich Schwachen. Die Lüge war und ist die Waffe der Unterdrückten. Hierauf beruht, wie RUDOLF VON JHERING gesagt hat, »die Unwahrhaftigkeit und Falschheit aller Völker, die lange unter dem Druck des Despotismus gestanden haben«[25].

Da unterdessen die staatliche Organisation unseres Zusammenlebens sich demokratisiert hat, ist es nicht mehr sosehr die klassische

Obrigkeit, vor der der Einzelne sich zu verstecken und zu verstellen hat, sondern das Establishment der wirtschaftlich Mächtigen und jener Interessenverbände, die noch dem Spitzenpolitiker scheinheilige Verbeugungen abfordern. Aufrichtigkeit wird gar nicht verlangt. Wer eine Gesellschaft nach seinem Willen zu prägen versteht, dem kann es gleichgültig sein, ob seine Macht auch von den ihr Unterworfenen anerkannt wird. Anerkennung verlangt nur, wer *von Rechts wegen* zu herrschen begehrt, und das heißt letztlich auch: wer vom Volk geliebt werden möchte. Um Anerkennung sorgt sich, wer des Vertrauens des Volkes sich nicht ganz sicher fühlt, wer als Herrschender um den Bestand seiner Herrschaft besorgt ist. Die Geschichte hat mit Ludwig XIV. und Stalin aber gezeigt, daß auch auf Furcht eine langanhaltende Herrschaft zu stützen ist.

Die Herrschaft des »neuen Adels«[26] an der Spitze der Industrie und auch der Gewerkschaften geht indessen in der Alternative »Anerkennung oder Furcht« nicht mehr auf. Nicht, weil sie persönlich geliebt oder gefürchtet würden, herrschen die großen Bosse, sondern weil sie über einen Machtapparat und ein Herrschaftswissen verfügen, die das Individuum gängeln, ob es sich dessen bewußt wird oder nicht. Dunkel ahnen vielleicht viele: daß sie in einer soziologisch und technisch hochkomplizierten Gesellschaft von Mechanismen abhängig sind, gegen die zu rebellieren selbstmörderisch für uns alle wäre. Machtzentren können wohl gestürmt, aber von denen, die nicht Bescheid wissen, nicht eigentlich *besetzt* werden. In der Hand des technisch und ökonomisch Unkundigen ist die Chefetage nichts weiter als eine leere Wohnung. Zukünftige Revolutionäre werden, wenn sie wirklich herrschen wollen und nicht nur alles zugrunde richten, sich zuvor das nötige Wissen, das *»know how«* aneignen müssen. Wenn sie das aber tun, bleibt ihnen einstweilen nichts übrig, als sich diejenigen zu Meistern und Herren zu wählen, die sie verabscheuen. Sie werden also lügen, bis »ihre Stunde« da ist.

Das revolutionäre Potential in einer triebunterdrückenden und bürokratischen Gesellschaft ist schwer abzuschätzen. Der Drang, eine Rolle zu spielen, vom Leben etwas zu haben, mag verschiedene Spuren verfolgen. Bewußte Anpassung an ein bestehendes System kann sich mit der verschwiegenen Hoffnung auf eine radikale Änderung vertragen. Konkret gesprochen: Man kann Lotto spielen aus dem Wunsch, Millionär zu werden, und doch kommunistische Überzeugungen bei sich hegen. Es ist möglich, einen Bausparvertrag abzuschließen und den Sohn studieren zu lassen und doch von einer Gesellschaft zu träumen, in der es keine Privilegien des Eigentums und der Bildung mehr gibt. Der Mensch mit seinen Widersprüchen spiegelt nur eine verzerrte soziale Ordnung wider, in der er sich nicht frei entfalten kann. Dem unbewußten Verlangen nach Befriedigung der vitalen Sehnsüchte ist es gleich, in welchem Zeichen, unter welcher Fahne sie zum Zuge kommen. Nur die Angst, zu kurz zu kommen, das Leben gar zu versäumen, nährt sich aus politischen Spannungen, die man in sich selber nachvollzieht. Das ist nicht nur die Angst vor sozialen Sanktionen, vor öffentlicher Diskriminierung, sondern auch die Angst, in unklarer Erkenntnis dessen, was weiterhülfe, sich sein Glück selber vereiteln zu können.

Wer in sich einander widerstreitende Neigungen spürt, der ist sich selbst der größte Feind. Er müßte, um sich nicht selber zu zerfleischen, sich zweiteilen können – dann könnte jede »Hälfte« auf eine andere Karte setzen und gelassen abwarten, wie es ausgeht. Geschwister, die sich in genau entgegengesetzten politischen Lagern engagieren, realisieren fast diesen Traum; es gelingt ihnen durch das Bewußtsein einer Zusammengehörigkeit, die mutigen Ehrgeiz und besonnene Rückversicherung wenigstens für die Familie im ganzen miteinander verbindet. Man unterstelle nicht, daß für die politische Option eines jeden der beiden solch bewußte Motivation bestimmend sein müßte. Wo noch Zusammenhalt in der Familie herrscht, vollzieht sich dergleichen wohl unbewußt, weil überbewußt für den Willen des Einzelnen. Was er allenfalls reflektiert, sind Spannungen innerhalb der Familie und die Neigung, auch im politischen Gespräch zu widersprechen. Das ist aber nicht die ganze Motivation, solange irgend noch ein Zsuammenhalt besteht.

Der Hinweis auf Geschwister, die sich in entgegengesetzter Richtung politisch engagieren, soll nicht speziell in bestimmten, allbekannten Familien die Aufrichtigkeit der politischen Überzeugung bezweifeln. Was da in zwei oder mehrere Personen sich auseinanderlegt, ist sonst, viel weniger durchschaubar, in der Widersprüchlichkeit des Individuums vereint, womöglich gesteigert zu Inkonsequenz und Unzuverlässigkeit. Wir wissen auch nicht, ob auf dem Grunde so mancher ostentativen Toleranz, so mancher Freundschaft mit Andersgesinnten, nicht eine Angst liegt, die sich des Wohlwollens des Gegners für alle Fälle versichern möchte.

Die Angst ist eine mächtige Quelle der Verlogenheit für Menschen, die in sozialen Zwängen lustlos dahinleben. Wir werden aber weder aufrichtiger, noch freier in unseren Regungen, wenn wir Angst vor

der Angst haben und uns jede soziale Gesinnung und politische Überzeugung als neurotische »Angstabwehr« verdächtigen. Es kann nicht
schaden, einmal bei sich selbst zu wissen, wie die Phänomene laufen.
Solche Einsichten könnten uns in einem unverkrampften Sinne toleranter machen, tolerant eben aus Einsicht in die Zusammenhänge.
Doch das Zusammenleben muß es untergraben, wenn wir fortgesetzt
einander zu psychologisieren, zu »entlarven« suchen. Wer immer nur
nach Motiven fragt, aus denen dies oder jenes geschieht, der lenkt
zwangsläufig den Blick des also Verdächtigten zurück auf sein eigenes Ich. Die Frage nach den Motiven vereinsamt, drängt zurück, verstärkt die egozentrische Motivation. Wenn wir uns dagegen über
Argumente verständigen, mögen die Motive sein, was sie wollen –
wir kommen uns näher. Das mit der Popularisierung der Freud-
schen Psychoanalyse modisch gewordene Psychologisieren hat einen
Rigorismus der Aufrichtigkeit geschaffen, der die Wahrheit als
Waffe benutzt: um sie dem Anderen an den Kopf zu schlagen. Die
instrumental, die aggressiv benutzte Wahrheit schafft nur neue
Ängste und damit die Notwendigkeit neuer Lügen. Das kann nicht
gemeint sein, wenn wir wünschen, ohne Lüge zu leben.

f) Der Glaube an Worte

Die Empfehlung, ohne Lüge zu leben, ist nicht ohne Problematik
angesichts der vielen, die vorgeben, »in der Wahrheit zu leben«.
Fanatiker aller Richtungen kommen darin überein, daß sie »nicht mit
sich reden lassen«[27], daß sie nicht zuhören können, auf Argumente
nicht eingehen, sich selber gerne reden hören. Das ist aber nicht die
Lust am Reden, die auch der Erzählfreudige hat; was den Fanatiker
treibt, ist vielmehr die Angst, jenseits der ihm geläufigen und vertrauten Beschwörungsformeln seine Selbstsicherheit zu verlieren. Es
geht ihm nicht um das Reden als solches; denn Gesinnungsgenossen
kommen bei ihm zu Wort: weil sie in seiner Überzeugung ihn bestätigen. Seine aggressive Unruhe wird ihn nur dazu treiben, sich vorwiegend mit denen zu befassen, die er seiner Meinung nach noch zu
bekehren hat.

Da in einem geschlossenen Weltbild alles seine widerspruchsfreie
Erklärung findet, ist der fanatisch Überzeugte vielfach denen, die
nachdenken müssen, überlegen. Er weiß auf alles eine Antwort, hat
festumrissene Meinungen, eine Elle, die er an alles anlegen kann. Wer

nicht wie er an dieselben magischen Worte glaubt, von dem kann er sagen, er habe das Wesentliche einer Sache nicht erfaßt, er liege schief. Daß unterschiedliche, ja scheinbar einander widersprechende Weisen, eine Sache zu sehen, sich gar nicht auszuschließen brauchen, sich sogar ergänzen können, läßt er nicht gelten. Dergleichen erscheint ihm als »Eklektizismus«, der sich zur Wahrheit nicht entschließen könne. Daß es Wahrheit unvermittelt, rein aus Kategorien, für den Menschen gar nicht geben kann, daß vielmehr immer von verschiedenen Seiten her sich die Phänomene erschließen, kann, wer im Besitze der Wahrheit ist, niemals einsehen. Wenn er andere kritisiert, wird er sich sträuben, ihre Gedanken auch nur versuchsweise mitzuvollziehen. Er wird gleich anmerken, daß die anderen, je nachdem, nicht aus christlicher Grundhaltung sprächen oder daß sie vom Marxismus nichts verstünden. Früher galt als Kriterium der Wahrheit auch die vaterländische Gesinnung.

Politische Parteien, die noch einen gewissen Bestand weltanschaulicher Überzeugungen bewahren, werden immer auf fanatische Charaktere anziehend wirken. Fanatiker werden, schon um besser die gewählte Fahne schwingen zu können, das historisch gewordene Glaubensgut eifrig reaktivieren; sie brauchen es, um sich gegen Feinde auch in den eigenen Reihen besser abgrenzen zu können. Ihre Strenggläubigkeit, ihr Wahrheitsfanatismus, aus Unsicherheit geboren, werden zur sublimen Waffe entwickelt, um andere mit Worten zu schlagen oder an Worten, die man *beherrschen* muß, scheitern zu lassen. Wenn sie damit Erfolg haben, glauben sie selber nur um so fester an die Wahrheit ihrer Worte. Der Fanatiker ist nicht mehr in der Lage, die Ideen, deren er sich im politischen Kampf bedient, instrumental zu gebrauchen. Er verwächst mit ihnen und muß, wenn sie zu Fall kommen, auch mit ihnen scheitern.

Der Glaube an Worte führt zum Streit um Worte – die Realität bleibt davon unberührt. Realpolitiker machen sich das zunutze. Sie lassen den Ideologen den Ernst ihres Spiels, den Zank um linientreue Formulierungen, und setzen selber ohne philologische Bedenken ihre Vorstellungen in die Tat um. Wer denkt, in Worten, in Wörtern die Wahrheit eingefangen zu haben, wird so vom Geschehen abgedrängt. Nur soweit seine Worte die Massen begeistern, vermag er zu wirken, in die Wirklichkeit einzugreifen. Doch die esoterische Sprache der Sektierer, das Intellektuellenchinesisch der ehrgeizig Progressiven versagt ihnen jede Wirkung auf die Ohren und die Gehirne der Menschen. Ihre pseudosoziale Gesinnung verrät sich in ihrem Stil: sie lieben nicht einmal ihre Leser. Im Streit um die »Wahrheit« haben sie nur noch Gegner vor Augen oder Menschen, die bekehrt werden müssen. Liebe, die den Anderen akzeptiert, kommt da nicht auf.

Was der Wahrheitsfanatiker uns vorlebt, lebt in unserer Kultur fast ein jeder auch für sich im allerprivatesten Bereich: den Glauben an bloße Worte. Wo die Realität uns enttäuscht, tritt um so intensiver die Zauberkraft der Worte hervor. Wir wissen oder ahnen zumeist, daß wir uns nicht recht aufeinander verlassen können, weil spontane Mitmenschlichkeit mit Appellen an unser Pflicht- und Verantwortungsgefühl uns ausgetrieben wurde und weil den vielen unzärtlich Erzogenen die Liebe zum Nächsten erst mit Worten gepredigt werden muß. Wo Gesten verpönt sind, wo körperliche Berührungen zumeist sich nur auf den Händedruck beschränken, da werden Worte zum eigentlichen Band unter den Menschen. Selbst von den Liebenden, von denen wir annehmen möchten, sie hätten sich körperlich näher entdeckt, heißt es, wenn sie gar zu sehr aneinander hängen, sie seien einander *hörig*. Und es ist wahr: in Worten wie »Ich liebe dich«, »Du bist wundervoll«, »Ich bin dein« sonnt und beruhigt sich ein vielfach verunsichertes Gemüt. Wenn die Zaubersprüche ausbleiben, keimen auch schon Zweifel an der Verläßlichkeit der Gesinnung des Partners. Immer müssen wir von Worten getragen sein, weil vitale Einfühlung, Empathie, in leibfeindlicher Erziehung nicht entwickelt wurde. Liebesbeziehungen knüpfen sich, wenn nur genügend betörende Worte gewechselt sind. Dabei wären, wie Knigge sagt, die schönsten Augenblicke der Liebe da, »wo man sich noch nicht gegeneinander mit Worten entdeckt hat, und noch jede Miene, jeden Blick versteht«[28].

Wir leben in Worten. Wir errichten aus Worten unser Haus der Geborgenheit. Es kann dahin kommen, daß ein Mensch noch an leeren Versprechungen sich wärmt, wenn sie längst überholt sind. Miterlebtes Beispiel: »Meine Chefin hat sich aber geirrt, wenn sie meinte, der junge Doktor werde mich niemals heiraten.« – »Ja, hat er Sie denn geheiratet?« – »Nein, aber er *hätte* mich geheiratet.« In diesem Hätte fand sie ihren Trost. Er hatte es ihr oft genug beteuert. Der Mensch, der an Worte glaubt, nimmt zuletzt das schön Gesagte für das stillschweigend ihm Vorenthaltene. Das innig Versprochene wird ihm zur Realität, zu der »Wahrheit«, durch die er lebt.

Wer Worte für die Realität nimmt, ist ebenso geneigt, zu lügen wie an Lügen zu glauben. Denn die Sprache sitzt dem, was ist, nicht randlos auf. Greift noch der Hebel des Wunsches dazwischen, so hebt sie sich ab als scheinbar bessere, als die »geistige Welt«. Indem von klein auf frustrierte, später »vom Leben enttäuschte Menschen« die Sprache einsetzen, um die Wirklichkeit – als das Feld der Wirksamkeit – zu überhöhen, werden sie unfähig, sich sprachlich unmißverständlich mitzuteilen und das mit Worten Benannte durch ihren Mund *sprechen* zu lassen. Es wäre nicht ganz richtig zu sagen, daß so die Sprache ihren Mitteilungscharakter *verliere*. Denn dieser kommt erst für den aufgeklärten, den innerlich befreiten Menschen rein hervor. Wer noch Illusionen, Mythen und Fiktionen braucht, um mit einem lustlosen Leben sich abzufinden, dem genügt es nicht, daß einfach gesagt wird, wie etwas ist; es muß auch »schön gesagt« sein, muß »geistiges Niveau« haben, die Eitelkeit befriedigen. Das Einfache wird so verkompliziert, daß die in Lustlosigkeit gewachsene Langeweile sich daran zerstreuen kann.

Schon die Kinder erlernen die Lüge schöner Worte, die sie in der Schule und zuhause zum Muttertag aufsagen müssen. Dabei ist es nicht einmal reine Heuchelei, was man ihnen abverlangt, weil die Gefühle an den Worten entlang sich entwickeln. Alles körperlich Unmittelbare gilt zumindest außerhalb der Familie als zudringliches Tätscheln, primitives Berühren. »Berührung« in Verbindung mit »unsittlich«, früher »unzüchtig«, markiert verbal die Abwertung leibhafter Nähe am gröbsten: sie kann einen Straftatbestand erfüllen, zumindest den der tätlichen Beleidigung. Daß hier für Blinde, denen die Möglichkeit des Augenkontaktes fehlt, von Rechts wegen eine Ausnahme gemacht werden mußte[28a], illustriert die volle Lächerlichkeit einer solchen Verpönung. Das Ergebnis aber ist, daß der vorherrschende Kontakt über die Sprache auch die Möglichkeit größtmöglicher Lügen aufrechterhält. Mit Gesten läßt sich nicht so lügen wie mit der Sprache, die nach einem bösen Wort den Menschen nur gegeben ward, um ihre Gedanken voreinander zu verbergen[29]. Das ist zwar nur eine kulturrelative Wahrheit, aber gerade im Politischen eine um so härtere. Die als Integrationsmittel überlastete Sprache bricht durch in die Hängelage der Lüge.

Die Sprache sei den Menschen nur gegeben, um ihre Gedanken voreinander zu verbergen, das Aperçu, von TALLEYRAND vermutlich mit der schwebenden Leichtigkeit des Geistreichen gesprochen, will ernst genommen werden in der Vermutung eines Philosophen unserer Tage, der gefragt hat, ob die Sprache nicht vielmehr Verkleidung als Kleid der Gedanken sei[30]. Das zunächst leichthin Gesprochene wird ernst im Ohr und im Munde der Ernsten. Es gewinnt selber Wahrheitsanspruch, auch wenn es die Möglichkeit von Wahrheit durch

Sprache bezweifelt. Hinter solch bescheidenem Zweifel steht aber die Anmaßung unserer Kultur, sich mit aller Kultur gleichzusetzen[31]. Sprache, die die Gedanken der Menschen voreinander verbirgt, weil verkleidet (oder umgekehrt!) – das ist die Sprache und die sprachbezogene Weise des Zusammenlebens in einer Kultur, in der eine triebfeindliche Moral natürliche Regungen zu unseren »geheimsten Gedanken« erklärt und wo Hirngespinste für Erfüllungen, die ausbleiben, den Menschen zu entschädigen haben. Eine solche Moral hält die Sprache auch im Stande der Magie: Der Mensch, dem die Wirklichkeit sich entzieht, der »sein Leben verfehlt«, erlernt die Fähigkeit, geradezu in den Worten, ja in den Wörtern zu wohnen. »Vor allem haltet euch an Worte«, rät hier, die Schwäche der Menschen durchschauend, der hintersinnige Mephisto. »Von einem Wort läßt sich kein Jota rauben.« Wer sich auf Worte versteht, der bietet für leicht betörbare Ohren immer ein rundes Ganzes. Die in Worten vorgespiegelte Welt kann immer vollständiger, widerspruchsfreier, heiler sein als die von Antagonismen zerrissene, von Katastrophen erschütterte Realität. Die Sprache wird in philosophisch-dichterischer Überhöhung zum »Haus des Seins« (HEIDEGGER[32]).

Die Sprache ist das bevorzugte Medium der Lüge und damit auch des Selbstbetrugs. Wir machen anderen, aber auch uns selber etwas vor – mit Worten. Wir haben mit Worten einen imaginären Himmel errichtet über einer sozialen Ordnung, die uns enttäuscht. Weil niemand hier selbstverständlich uns nahe ist, darum gieren wir nach der Beteuerung von Liebe und Treue; weil kaum einer sich als wirklich zuverlässig erweist, darum pressen wir uns gegenseitig Versprechen ab; und weil wir uns selber nicht trauen, versprechen wir ausdrücklich, was zu gegebener Stunde spontan aus uns hervorgehen müßte. Wir lassen uns von Worten betören, damit wir, für eine Weile wenigstens, unsere Angst verlieren. Ohne Lüge zu leben, das hätte demnach zur Voraussetzung, daß wir aufhören, an bloße Worte zu glauben, so als wären sie schon das Leben, das wir verfehlen.

B. WARNUNG VOR RIGORISMUS

a) Ist Höflichkeit nichts als Lüge?

Mit schönen Worten machen wir uns etwas vor, wenn wir wechselseitig einander günstig stimmen wollen, weil wir in irgendeinem Sinne miteinander ins Geschäft kommen möchten. Derjenige, dem mehr daran gelegen ist, den anderen für sich einzunehmen, kann sich dabei vor Freundlichkeit fast überschlagen. Aber auch der Abweisende kann sich, gerade um sich nichts zu vergeben, auf eine respektvolle Form zurückziehen, die der Vertrauensselige noch mißverstehen kann. *Höflichkeit* soll Kontakt schaffen und distanzieren, je nachdem, wie wir es gerade brauchen. Höflichkeit ist ein vielgestaltiges Ritual, das plumpe Vertraulichkeit ausschließt, die Härte einer Auseinandersetzung mildert, den tatsächlich ausgeübten Druck aber auch verschleiert. Besonders »demokratisch«, fortschrittlich auftretende Vorgesetzte sind bereits dazu übergegangen, ihre Anordnungen und Befehle nur noch in der Form von »Vorschlägen«, oder Empfehlungen zu geben[33]. Wehe, wer das wörtlich nimmt! Er wird bald erfahren, daß Höflichkeit im Betrieb nur solange gilt, als alle das Spiel der schönen Worte und der sanften Töne betulich mitspielen. Wer versteht, wie es gemeint ist, der wird auch nicht sagen: »Jawohl, Chef, das wird ausgeführt«, sondern vielmehr für die Anregung danken, vielleicht noch sagen, daß er sie in seine Überlegungen mit einbeziehen werde – um dann genau im Sinne der »Empfehlung« zu verfahren. Nur wenn der Chef sich offenkundig irrt, empfiehlt es sich, »die Sache stillschweigend richtig zu machen und ihm nachher das Gefühl zu geben, er selbst sei es gewesen, der alles so weise und umsichtig angeordnet habe«. So zu lesen in einem »Benimmbuch« für die junge Dame unserer Tage[34]. Der Rat geht also an die Sekretärin, und man wird wissen warum: um des Friedens willen. Rechthaber sind dicht gesät und am unerträglichsten, wenn sie einen Fehler zugeben müßten.

Nicht von ungefähr ist die überkommene Höflichkeit in Verruf geraten. Namentlich die Frauen, die sich ihrer zweitrangigen Rolle bewußt geworden sind, haben begonnen, sich gegen eine männliche Höflichkeit und »Ritterlichkeit« zu wehren, die ihnen wie Hohn auf die tagtäglich erfahrene Zurücksetzung erscheint. Es ist geradezu die Rede von »misogyner Ritterlichkeit«[35], also von einer Ritterlichkeit, die eine frauenfeindliche Einstellung ebensowohl überdeckt wie in gönnerhafter Herablassung auslebt. Es besteht in der Tat ein Mißverhältnis zwischen der Eifrigkeit, mit der ein Mann einer Frau in den Mantel, in das Auto oder in die Bahn helfen mag, und seiner Trägheit, selbst schwere körperliche Arbeiten seiner Frau im Haushalt abzunehmen. Man könnte sagen, daß dieses Mißverhältnis ein Beispiel dafür sei, wie der Mensch auch ohne Worte lügen kann. Es lügt aus einem solchen Mann jedoch – an seinem moralischen Bewußtsein vorbei – die Unehrlichkeit der von ihm vielleicht gedankenlos übernommenen geschlechtsspezifischen Rolle. Sie wird, gleichfalls wortlos, abgestützt von der Frau, die in der Öffentlichkeit ganz gern die umhegte Prinzessin spielt. Die sozialen Rollen, die wir unreflektiert übernehmen, machen uns zu Marionetten einer verlogenen Moral, die gar nicht mehr vorsätzlich zu lügen brauchen, um doch zu bewirken, was Unaufrichtigkeit durchsetzt.

Es sieht fast so aus, als verlange der Wunsch, ohne Lüge zu leben, alle Höflichkeit fahren zu lassen. Doch wir werden, wenn unsere Aggressionen ungetarnt aufeinandertreffen, uns kaum weniger tief verletzen. Nur das Moment der Täuschung fällt weg. Es gibt eine Nettigkeitsheuchelei, die Menschen mit geringer Menschenkenntnis existenzgefährdend hinters Licht führen kann. Wer im Elternhaus oder in der Ehe wenig Liebe erfahren hat, ist emotional so desorientiert, daß er leicht auf gespielte Freundlichkeiten hereinfällt. Das kann in der freien Wirtschaft ruinös sich auswirken.

Nichts gegen Höflichkeit! Sie schafft zwischen Menschen, die sich hassen, ablehnen oder verabscheuen, immerhin ein Polster weicher Abstoßung, ohne das sie sich aneinander wundreiben würden. Wenn beide Seiten sich darüber im klaren sind, daß sie allgemeine Formen nur benutzen, um sich als Personen voreinander abzuschirmen, dann kann auch keiner dabei irregeführt sein.

> Da lob ich mir die Höflichkeit,
> Das zierliche Betrügen.
> Du weißt Bescheid, ich weiß Bescheid;
> Und allen macht's Vergnügen.   WILHELM BUSCH[36]

Nichts gegen Höflichkeit! Aber es gibt eine Erfüllung konventioneller Formen der »Aufmerksamkeit«, die jede zur Schau getragene Gleichgültigkeit und Rücksichtslosigkeit im Wehetun übertrifft: durch den Stachel ihrer schon offenkundigen Verlogenheit. Wer einem Schwerkranken »gesunde und schöne Feiertage« wünscht oder ihm

»frohe Urlaubsgrüße« sendet, zeigt deutlicher, als bloßes Fernbleiben es vermöchte, daß er am Schicksal des Geplagten nicht teilhat. Teilnahmslosigkeit, »Gedankenlosigkeit« ist gewiß kein Fehler, der einfach willentlich überwunden werden könnte. Wer nicht mitfühlt, verfehlt gegenüber Leidenden und Verzweifelten unweigerlich den Ton. Es gibt Situationen, wo für einen, der mitfühlt, wie erst recht für den Fühllosen das einzig richtige – und auch einzig höfliche – Verhalten ist: zu schweigen.

In dem bekannten Anstandsbuch von PAPPRITZ und GRAUDENZ[37] wird uns nahegelegt, einfach »das Herz« sprechen zu lassen. Die beiden Experten für Höflichkeit sagen, daß »Etikette, recht verstanden, eine Frage des Herzens ist«. Das Herz meint Herzlichkeit, also Liebe zum Mitmenschen. Wenn es aber nur darum ginge, ein im Grunde liebevolles Herz von seinen Verkrustungen zu befreien und es dahin zu bringen, sich unbefangen auszusprechen – wir bedürften der Höflichkeit nicht im wechselseitigen Umgang. Wohl hat Höflichkeit mit Liebe zu tun, aber nicht so, daß sie deren unmittelbarer Ausdruck wäre; es genügt, wenn sie ein Verhalten, das aus Liebe kommt, situationsgerecht kopiert. Höflichkeit nimmt Äußerungsformen der Liebe in ein System erwünschten Verhaltens, plattet sie gleichsam ab, typisiert und formalisiert sie. Das geht nicht, ohne auch darunterliegende echte Gefühle mit zu drücken. Aber das muß wohl sein, weil anders das rechte Wort, das passende Verhalten nicht immer prompt sich einstellten, wenn wir sie brauchen. Die Rituale der Höflichkeit überbrücken auch unseren Mangel an Einfällen, unsere Schwerfälligkeit, zu sagen, was wir fühlen. Aber den Gewinn haben wir da, wo die Herzlichkeit lahmt, weil die Wahrung der Form wenigstens verhindert, daß die Dialektik von Haß und Gegenhaß voll in Gang kommt[38].

Es gibt wohl, wie GOETHE sagt, eine »Höflichkeit des Herzens«[39]. Doch wenn Höflichkeit nur darin bestünde, »das Herz sprechen zu lassen«, dann müßten die Gelegenheiten zum Streit noch zunehmen. Schließlich gibt es haßerfüllte, neidische »Herzen« so gut wie wohlwollende, mitempfindende. Höflichkeit als formalisierte Herzlichkeit gleicht aus, sie ermöglicht den miteinander Verfeindeten, sich, innerlich zunächst, voneinander zurückzuziehen, wo immer das möglich ist. Das Bedürfnis, Abstand zu schaffen oder Abstand zu halten, drückt in betonter Höflichkeit sich unmißverständlich aus. Was jeder dabei still für sich denkt, ist nebensächlich, braucht nicht zum moralischen Problem der Lüge gestellt zu werden. Wer höflich den Hut zieht, denkt vielleicht insgeheim: »Du Schwein!« Wer sich höflich wegen einer Vergeßlichkeit entschuldigt, ärgert sich gar, daß er überhaupt noch darauf angesprochen wurde. Der geradeheraus Unhöfliche, der in solchen Fällen drastisch Unlust bekundet, hat bald wieder einen Grund, sich zu ärgern: über sich selber, wenn die Beziehung zum derart Gekränkten in die Brüche geht. Unhöflichkeit als direkt angewandte »Ehrlichkeit« ist vielfach Ausdruck einer Augenblicksstimmung, nicht einer grundsätzlichen Ablehnung des Angesprochenen. Wo wir doch mit ihm weiter auskommen oder zusammenarbeiten wollen, ist Höflichkeit die rationale Brücke, die über die Untiefen momentaner Verstimmung hinwegführt.

Anders wird es, wo wir mit einem Menschen weiter zusammenarbeiten *müssen*, wo wirtschaftliche Abhängigkeit uns zwingt, Demütigungen einzustecken und dazu verbindlich zu lächeln. Hier gewinnt Höflichkeit wieder ihren mittelalterlichen Sinn: als die Tugend der Höflinge, die alle Launen ihres Herrn mit Gleichmut und Zuvorkommenheit zu quittieren haben. Wenn man ihnen ins Gesicht spuckt, sollen sie denken: »Es regnet.« Kränkungen müssen sie unbewegt hinnehmen und mehr noch als diese den Vorwurf fürchten, »empfindlich« zu sein.

Höflichkeit als zähneknirschende Unaufrichtigkeit gibt es in einem Herrschaftsverhältnis, wo der Stärkere den Schwächeren seine Abhängigkeit spüren läßt: durch Launen oder systematisches Gewähren und Versagen. So beherrscht »Lysistrata« den Mann, der ihr hörig ist; und nach derselben Methode drückt der autoritäre Vorgesetzte den Untergebenen: indem er eine Beförderung, eine Vergünstigung in Aussicht stellt – und hinauszögert. Oder indem er mit Entlassung droht. Dabei wäre Höflichkeit ihm nur hinderlich; sie ließe das Mißverständnis ein, daß es so ernst nicht gemeint sei.

Ein schlechtes Betriebsklima kann sich aber auch in Formen der Nettigkeit entwickeln. Die Vergiftung der Atmosphäre gelingt lautlos, wo Mißgunst, in wohlgesetzte Worte gekleidet, keine Widerrede duldet, sie also auch nicht erfährt. Ist Höflichkeit zu einer so leeren Hülse geworden, daß nicht mehr Schonung, sondern Bosheit sie füllt, dann ist gewiß jedes grobe Wort ihr vorzuziehen. Ob es freilich ratsam ist, dem Chef »die Meinung zu sagen«, muß in konkreter Situation der entscheiden, der seine Chancen, den Betrieb zu wechseln, realistisch einschätzt.

Untergebenen ist Aufrichtigkeit, die man laut und deutlich sagen muß, nicht leichtfertig anzuraten. Abhängige müssen höflich bitten, sich entschuldigen, Fehler zugeben. Die großen Bosse entschuldigen sich nicht mehr, wenn sie andere vor den Kopf gestoßen haben oder nicht Wort halten. Sie bitten allenfalls »um Verständnis«. Der wirtschaftlich Schwächere soll zu dem Nachteil, den er hinnehmen muß, noch ein Verständnis aufbringen, mit dem er seine eigene Verhandlungsposition weiter schwächt: durch eben ein Sich-Hineinversetzen in die Lage des Stärkeren. Der schwächere Partner wird demoralisiert, zur Weißglut gebracht, damit er »entgleist« und aus dem Betrieb, dem Geschäftsleben ausscheidet oder einer Fusion endlich zustimmt. Der Wunsch, ohne Lüge zu leben, geht so zusammen mit dem anderen, in einer sozialen Ordnung zu leben, in der die Tugend der Höflichkeit für jedermann wieder verbindlich werden kann, ohne aus Schwäche zur Lüge werden zu müssen. Eine solche Ordnung ist ohne den Abbau hierarchischer Strukturen im Staat und ohne die Auflösung wirtschaftlicher Machtzusammenballung nicht denkbar. Sie hat aber zur kontinuierlichen Bedingung, daß Menschen heranwachsen, die die Grundtatsachen des Lebens, Sexualität und Tod, nicht verdrängt haben.

b) Gespielte Besorgnis

In einer weithin aggressiven Gesellschaft wird Höflichkeit noch zum Vehikel der Mißgunst, indem sie als Fürsorglichkeit ausgibt, was als Leidvermehrung gedacht ist. So kann ein Mensch, der einen schweren Unfall erlitten hat, rundum allen Anteilnehmenden und erst recht den nicht Anteilnehmenden versichern, er wünsche ihnen von Herzen, daß sie von derlei Unbill verschont blieben; sie sollten nur ja recht auf sich aufpassen. Da sitzt dicht unter dem Ausgesprochenen sein Gegenteil, der Gedanke: »Warum soll eigentlich nur mir so etwas passieren!« Die Empfehlung, auf sich aufzupassen, sich in Acht zu nehmen, teilt sich als Verunsicherung dem derart Angesprochenen mit. Er stolpert, wenn er denkt, wie er die Beine zu bewegen hat. So kommt es noch zu dem Unfall, den der fromme Wunsch verneint.

Die Magie der Worte entfaltet ihre volle Kraft erst in der Negation. Die offen ausgesprochene Verwünschung disqualifiziert sich selbst; sie erlaubt dem Verfluchten, sich ohne nähere Erklärung von einem Freund, der ihm die Pest an den Hals wünscht, zu trennen. Damit kann der Bann gebrochen werden. Wer aber vermag von den Windmühlenflügeln der Höflichkeit, der gespielten Besorgnis sich abzusetzen oder gegen sie vorzugehen? Da greift Erbitterung vielfach ins Leere. Und doch ist es gut, ihren Mechanismus zu durchschauen, um zu begreifen, weshalb gerade auffällig wohlmeinende Menschen vielfach »Undank« ernten. Das gilt auch für Eltern, die, ihrer Überzeugung gemäß, »immer nur das Beste« für ihre Kinder wollten, aber aus Angst, von ihnen überflügelt zu werden, sie permanent verunsicherten. Alles angespannte Glückwünschen, »Daumenhalten«, etwa vor Prüfungen, dient nur dazu, die Möglichkeit des Scheiterns vor Augen zu halten. Hilfreich ist es nicht. Wer dem Anderen etwas zutraut, braucht da, wo es auf Fähigkeiten ankommt, nicht um ihn zu bangen.

Spürbares Mitbangen lähmt schon die frische Kraft des Zupackens. Kommt noch das betuliche Wort hinzu, dann fällt am Ende alle Unbekümmertheit in sich zusammen. Man braucht, um so zu empfinden, nicht besonders sensibel zu sein. Gerade anerkannt »patente Menschen« suchen die Zweischneidigkeit »guter Wünsche« zu vermeiden, indem sie knapp und herzhaft »Hals- und Beinbruch« wünschen. Hier spricht die Erfahrung, daß leicht das Gegenteil von dem geschieht, was wir ausdrücklich wünschen. Das hat mit Aberglauben nichts zu tun, solange unbewußte Mißgunst sich in das Gewand einer überbesorgten Rede hüllt.

c) Der Wunsch, belogen zu werden

Weil Worte die Wirklichkeit vertreten, glaubt der Mensch, durch Veränderung der Worte die Wirklichkeit ändern zu können. Das gelingt bis zu einem gewissen Grade sogar in den Beziehungen zu anderen Menschen, soweit diese von Worten geprägt sind und an Worten entlang sich entwickeln. Mißtrauen, das aus verräterischen Äußerungen sich nährt, kann durch Worte wieder beschwichtigt werden: »Aber, wo denkst du hin, ich liebe dich doch.« Oder: »Sie sind doch einer unserer besten Mitarbeiter.« Das verschreckte Gemüt beruhigt sich durch Worte, bereit zu glauben, was es ohnehin gerne hören wollte. Aus diesem Grunde gelingt es Kindern, die sich mit Rauschgift versorgen, oft lange Zeit, jeden Verdacht der Eltern zu zerstreuen. Froh, nicht die Wahrheit hören zu müssen, festigt sich wieder der Glaube an die Untadeligkeit der eigenen Kinder. Diese lügen nicht nur, weil sie ungeschoren bleiben möchten, sondern auch, weil sie die Erwartung der Eltern, belogen zu werden, verspüren.

»Du rauchst doch nicht etwa Haschisch?« Eine solche Frage provoziert schon ein Nein.

Nicht nur, wer Lügen vor sich herschiebt, auch wer die Wahrheit nicht verträgt, verhindert *Offenheit* im wechselseitigen Umgang. Die Lüge ist nur die eine, die moralisch kontrollierbare Seite verfehlter Aufrichtigkeit. Und sie ist ein beliebtes Spielzeug für kasuistische Kombinationen. Das ethisch Bedenkliche an der Lüge ist aber nicht, daß einer die Unwahrheit spricht, sondern daß er im Verhältnis zur Wirklichkeit vom Mitmenschen sich abtrennt. Wer »alles so genau gar nicht wissen wollte« *, leistet solcher Trennung von seiner Seite her Vorschub. Das ist die selber relative Wahrheit in dem Satz: »Man wird nie betrogen, man betrügt sich selbst.«[40]

Belogen werden will jeder, dessen Triebinteresse in seiner Umwelt keinen Widerpart findet. Heiratsschwindler haben ein leichtes Spiel bei alternden Frauen, deren aufgestaute Sehnsüchte jedes Verdachtsmoment überdecken. Zaghaft geäußerte Zweifel, Warnungen von dritter Seite werden durch ein Lügenwort leicht zerstreut, weil schon die Erwartung der Lüge dem Lügner die Hand reicht. Wenigstens die Illusion soll er nicht rauben, wenn er auch sonst allerlei an sich reißt. Wo doch die Wahrheit ans Licht dringt, kann die erste Reaktion immer noch sein: »Sag, daß es nicht wahr ist!«

»Das darf nicht wahr sein« ist die Beschwörungsformel des Menschen, der die Wirklichkeit nicht akzeptiert. Wo die Wirklichkeit nicht mehr bloß aus Gefühlen oder Überzeugungen besteht, die der Beeinflussung durch Worte zugänglich sind, ist jede verbale Beschwörung machtlos. Aber sie ist nicht einfach nutzlos. Es ist ein Selbstschutz des Organismus, eine niederschmetternde Nachricht nicht, jedenfalls nicht sofort zu glauben. Die Weigerung, sie für wahr zu halten, vermeidet lebenbedrohenden Schock. Indem wir Hiobsbotschaften anderen schonend beibringen, nehmen wir die Lüge als Gleitschiene zur vollen Wahrheit, die, unvermittelt ausgesprochen, zu völligem Zusammenbruch führen könnte.

Unverhofftes Glück steht als Grund gefährlicher Aufregung dem unerwarteten Unglück gleich. Ein hoher Lotteriegewinn muß dem Herzkranken ebenso schonend beigebracht werden wie ein Todesfall. Die Halbwahrheit »Es könnte sein, daß dies und das eintritt«, muß auf das im einen oder anderen Sinne Äußerste vorbereiten. Wahrheitsfanatiker haben es – wie die Lügner – in der Hand, mit blo-

---

* Zu dieser Maxime »sexuell betrogener« Ehefrauen siehe später im VI. Kapitel C,b!

ßen Worten einen Menschen zu töten. Eindrucksvoller kann die
Macht der Worte nicht bewiesen werden. Aber sie haben ihre Macht
von der Wirklichkeit, die sie vertreten oder vortäuschen, entlehnt.
Da alles möglich ist, gewinnt auch die Lüge einen Anspruch auf
Wahrheit: er wird zwar verfehlt vom konkreten Fall, doch er ist ab-
gedeckt durch das, was es überhaupt gibt. In diesem Sinne schreiben
wir der Dichtung eine »höhere Wahrheit« zu. Wir erkennen in ihr
das Leben in seiner Vielfalt und Unberechenbarkeit wieder. Doch im
Alltag wünschen wir »Dichtung und Wahrheit« auseinandergehalten
zu sehen. Da muß, was einer sagt, auf den konkreten Einzelfall
passen, diesen umgekehrt in die Dimension unserer Hoffnungen und
Erwartungen einordnen. Wer alles auf »ewige Wahrheiten« abstellt,
verfehlt die Wahrheit in konkreter Situation, in zeitgebundener Ver-
körperung. Er lügt in der Pose des Idealisten.

Das Bedürfnis nach höheren Werten, die eine triste Arbeits- und
Alltagswelt illuminieren, ermutigt die Schönredner, die Prediger der
Selbstlosigkeit und der Askese, anders zu reden, als sie – und wir
alle – leben. Da moralisch Entrüstete ihnen immer noch gerne zuhören, finden Sie sich motiviert zu weiterer Lüge. Dabei ist das
Thema ihres vorherrschenden Interesses auch die Sphäre, in der sie in
ihrer Triebstruktur selber am meisten anfällig sind. Was ihr Lebensneid im Gewande des Sittenrichters verfolgt, ist das Brot, nach dem
sie insgeheim hungern. Es ist daher nie bloß »dummer Zufall«, wenn
zum Beispiel ausgerechnet unser oberster Disziplinarrichter über einer
Spionin, mit der er sich eingelassen hatte, zu Fall kam[41]; oder wenn
ein Staatsanwalt, der gegen das »Dirnenunwesen« energisch durchgegriffen hatte, selber an einem Callgirl gescheitert ist[42]; oder wenn
Männer, die antreten, für Ordnung und Sauberkeit im Staat zu sorgen, unversehens in Korruptionsskandale verwickelt werden. Einen
zelotisch Eifernden, der zu einem Sittenskandal einen Artikel veröffentlicht hatte: »Dieser Sumpf muß ausgetrocknet werden«, sah ich
wenige Jahre später wegen Kuppelei vor Gericht. Es ist gut, daß die
Liberalisierung des Strafrechts solcher Heuchelei heute weniger Raum
läßt. Der Kampf gegen sexuelle Außenseiter, gegen Homosexuelle und
Prostituierte gibt sexuell Verklemmten aber noch ausreichend Gelegenheit, ihre eigenen Triebbedürfnisse im Namen von Moral und Gesetz
zu befriedigen. Wenn sie bei ihren Fahndungsmethoden straucheln,
leisten sie der Gesellschaft den einzig brauchbaren Dienst: sie erbringen den vielfach wiederholbaren Beweis, daß eine den Menschen überfordernde Moral nur um den Preis der Wahrheit zu leben ist.

d) Die Unsitte des Ausfragens

Eine Ethik, die sich vorweg an das Gewissen und den guten Willen des Einzelnen wendet, muß das Problem der Lüge in mehrfacher Weise verkürzen. Eine solche Ethik – und das ist die traditionelle – sieht nicht die sozialen und vitalen Bedingungen, unter denen es möglich wäre, risikolos aufrichtig zu sein. Sie sieht aber auch nur den, der unwahr spricht, nicht den anderen, der die Unwahrheit provoziert. Dabei ist es eine einfache Gleichung: *Wer viel fragt, muß viel belogen werden*. Ein soziales Klima der Verlogenheit ist nicht allein dadurch charakterisiert, daß es da Menschen gibt, die mit Lügen ihre geheimen Neigungen, Sehnsüchte, Pläne und Luftschlösser (einschließlich ihrer Bankkonten) gegen die Öffentlichkeit abschirmen; es ist auch bestimmt von der stets wachen Neugier derer, die, innerlich unausgeglichen, andere nicht zur Ruhe kommen lassen, sie beständig ausfragen oder überwachen. Sie greifen genüßlich die geistliche Mahnung auf, jeder sei »der Hüter seines Bruders«[43], obschon das eine Verballhornung der Bibel ist[44]. Die Neugierigen, sagt ADORNO, sind Menschen, »deren kindliches Verlangen nach Wahrheit übers Geschlechtliche nicht befriedigt wurde«[45]. Dabei wird das Sexualleben der Nachbarn oder Kollegen immer noch mit besonderem Eifer erkundet. Der dominante Gegenstand der Neugier verrät ihren Ursprung.

Das vitale Interesse für andere leibhafte Menschen hat an sittlichen Tabus sich gebrochen, sucht aber nur um so gieriger, neu-gierig, in anderer Weise als körperlich tastend sich ihnen zu nähern. Übers Ohr greift der äußerlich auf Distanz Gebrachte um so unerbittlicher, schamloser in den Mitmenschen hinein. Er will ihn buchstäblich von innen her ausholen. Nur die Oberfläche ist tabu, gegen Zudringlichkeiten besser geschützt als das »Innenleben«, das auch von der Lüge nur noch schwach verteidigt wird, seit es intellektuelle Mode geworden ist, sich gegenseitig auf Fehlleistungen zu ertappen. Es gibt Wahrheiten, die eine Beziehung zerstören können. Ein Mann will doch nicht am Gehirn berührt werden, hat GOTTFRIED BENN gesagt[46].

Die Lüge muß zu einem schweren moralischen Problem werden in einer Gesellschaft, wo die Neugier der Frustrierten und die Angst der Konkurrenten beständig Fragen vor sich hertreibt: »Was machen denn Sie hier?« – »Woran arbeiten Sie jetzt?« – »Sind Sie noch mit Fräulein Maier befreundet?« – »Wann heiraten Sie endlich?« – »Haben Sie Kinder?« – »Warum gehen Sie immer so früh aus dem

Haus?« – »Wer war denn der Herr, mit dem ich Sie neulich gesehen habe?« und so weiter bis zur Gretchenfrage »Glauben Sie an Gott?« Der so alltäglich von Fragen umlauerte, beständig ausgeforschte Mensch kann nicht immer nur ausweichend antworten oder schweigen, mit einem Scherz oder einer Gegenfrage reagieren. Wenn er nicht in den Ruf kommen will, »unfreundlich« zu sein, oder in den Verdacht, etwas Peinliches zu verbergen, muß er sagen, wie es ist – oder rundheraus lügen. Beides belastet den, der sich einen Spielraum freier Entschließung bewahren wollte. Es belastet in derselben Weise: es legt in kaum widerruflicher Weise fest. Die Lüge über Allerprivatestes bedrückt vielleicht sogar mehr als die ausgesprochene Wahrheit, weil sie Erwartungen weckt, die nicht erfüllt werden können. Das gilt besonders für die Antwort auf Fragen, die unsere Gesinnung zu erkunden suchen. Gewiß, der zudringlich Fragende ist selber schuld, wenn er in die Irre geführt wird. Aber die mit Überzeugung vorgetragene Lüge wirkt irritierend zurück auf den Lügner selber.

Es ist – in unserer Kultur – eine Machtfrage, zumindest eine Frage der sozialen Stellung, wer wem Fragen zu stellen hat. Erwachsene fragen die Kinder aus, Beamte die Antragsteller, Ärzte die Patienten, Vorgesetzte ihre Untergebenen. Selten kehrt die Frage-Richtung sich um, doch so gut wie gar nicht, wenn es ums sogenannte Privatleben geht. Man versuche einmal als kleiner Angestellter, den Firmen- oder Behördenchef nach dessen Ehenöten zu fragen. Da könnte man böse abgeschmettert werden. Dazu besteht – von seiten des Vorgesetzten – sogar betriebspsychologischer Zwang. Nicht einmal den ehrlich Anteilnehmenden darf er mit solchen Fragen an sich heranlassen – er verlöre darüber schon an Autorität. Umgekehrt wird der Untergebene es heute immer noch als leutselige Herablassung begrüßen, wenn er vom Chef gefragt wird: »Na, wie geht es denn jetzt mit Ihrer Frau? Haben Sie noch Ärger?« Hochgestellten rückt man so nicht nahe. Man respektiert ihre Intimsphäre, ehrt ihre moralische Integrität, die sich in Schweigen bekundet, und erspart ihnen den Sündenfall der Lüge. Nur die Hofnarren der Demokratie, die Journalisten, machen selbst vor höchsten Würdenträgern nicht halt und stellen ihnen die indiskretesten Fragen: weniger in der naiven Erwartung, ehrliche Antworten zu bekommen, als vielmehr in der Absicht, den Interview-Partner in Verlegenheit zu setzen. Das Spiel gewinnt, wer auch auf die heikelsten Fragen noch zu antworten weiß, ausweichend und ablenkend.

Es gibt Kulturen, zum Beispiel die chinesische, in denen es als taktlos gilt, andere Menschen unvermittelt auszufragen[47]. Man hat dort ein Gespür dafür, daß auf diesem Wege Offenheit und Vertrautheit nicht zu gewinnen sind. Wer scharf und präzise fragt, nimmt die Haltung des Verhörenden an, der hinter den Fragen eine Sanktion auf »falsche« Antworten bereithält[48]. Wer haben will, daß der andere sich ihm erschließt, ihm in immer größerer Offenheit zum Freunde wird, der darf ihn nicht drängen, aus sich herauszugehen, von sich zu berichten. Das muß sich im freien Gespräch wie von selbst ergeben. Wird ein Punkt berührt, zu dem der andere lieber schweigt, so haben wir nicht nachzustoßen. Wenn wir es tun, provozieren wir ihn zur Lüge, verprellen wir seine Neigung, sich zu gegebener Zeit zu eröffnen. Wichtiger als die willentliche Vermeidung der Lüge ist es, soziale Beziehungen aufzubauen, die forcierter Aufrichtigkeit nicht mehr bedürfen.

e) Aufrichtigkeit um jeden Preis?

Ohne Lüge leben, das soll nicht die Empfehlung eines moralischen Rigorismus sein. Im Gegenteil. Der Mensch, der frei wird von der überkommenen Verleugnung seiner vitalen Natur, kann auch frei werden von dem Zwang, in moralischen Anstrengungen das Gute: die Liebe, das Füreinander-Dasein, die Aufrichtigkeit, zu verwirklichen. Er wird auch frei von der Anforderung, Aufrichtigkeit um jeden Preis sich abzuverlangen. Ohne Lüge zu leben, das soll nicht durch kasuistische Spitzfindigkeiten *ad absurdum* geführt werden. Es ist ganz unrealistisch, von jedermann in jeder möglichen Situation jedwedem gegenüber nichts als die reine Wahrheit zu verlangen. Wer vorgibt, das zu tun, wäre der Lügner *par excellence,* freilich auch ein sehr naiver, der selber der Ethik des Idealismus auf den Leim gekrochen wäre. Kant[49] und Fichte[50] vertreten freilich allen Ernstes die Überzeugung, daß der Mensch nie und unter keinen Umständen lügen dürfe. Ohne Lüge leben, das kann aber nicht heißen, daß ein Mensch nie die Unwahrheit sagt, auch in Zwangslagen nicht; sondern nur, daß sein Leben nicht von einer Lüge und dem Hang zur Lüge beherrscht und bewegt wird. Die Grundtendenz bliebe: hin zur Wahrheit, hin zu einem Vertrauen und zu einer Illusionslosigkeit, die uns die Wahrheit nicht mehr fürchten ließen. Aufrichtigkeit hat ihre sozialen, emotionalen, ja vitalen Bedingungen. Wer unvermittelt Aufrichtigkeit von den Menschen verlangt, stellt sie moralisch auf den Kopf.

Aufrichtigkeit ist kein Wert an sich, keine willentlich sich selber abzupressende Tugend, wo Mißtrauen noch uns warnt, sondern eine Frucht des Wohlwollens oder der Liebe, die Menschen einander entgegenbringen. Da wird es als *Befreiung* empfunden, sich nicht mehr verstellen zu müssen, sagen zu können, wie es ist oder wie man etwas empfindet. Bewußtes Lügen ist anstrengend, weil wir dabei immer zweigleisig denken müssen: hinter einem Lügensatz noch den Wahrheitssatz, wie ein Linguist es beschrieb[51], stillschweigend unter der Voraussetzung, daß der wahre Sachverhalt in sprachlicher Form uns selber verfügbar ist. Man hält das nicht lange durch, ohne selbst immer mehr an das zu glauben, was man lügt. Wer sich nicht von der Wahrheit abschneiden will, muß dem hart entgegensteuern. Wir empfinden es daher als Erlösung, wenn wir einem Menschen gegenüber eine lange verborgene Wahrheit endlich aussprechen können.

Vollends Aufrichtigkeit, von Sympathie getragen, ist ein Erlebnis der Befreiung, nicht des Zwanges, sich gegen alle Vorsicht eröffnen zu müssen, sich selber oder einen uns Nahestehenden preiszugeben. Wer über einen Freund uns auszuhorchen sucht, den können wir vielleicht nur mit einer entschlossenen Lüge abwehren, wenn unser Ausweichen oder Schweigen ihm schon die Vermutung, die er hegt, bestätigen würde[52]. Falsch verstandene Moral, Aufrichtigkeit um jeden Preis, liehe noch der Gehässigkeit den Arm und zerstörte eine Insel der Solidarität im Meer der Aggressionen.

Aufrichtigkeit ist kein Wert an sich. Sie hängt ab von dem Vertrauensverhältnis, das zwischen denen, die miteinander reden, besteht[53]. Wer nur darauf abzielt, unsere Schwächen auszuspähen, dem werden wir nicht mit rückhaltloser Offenheit begegnen. Daß wir das nicht tun, ist nicht bloß ein Akt der Klugheit, der besseren ethischen Grundsätzen widerstritte. Es ist selbst eine Pflicht, gehässige Neugier abzuweisen, sie nicht durch selbstgerechte Nachgiebigkeit oder durch naive Offenheit erst recht herauszufordern. Als ethisch wertvoll bezeichne ich ein Verhalten, das den Zusammenhalt unter den Menschen fördert, als negativwertig dagegen alles, was das Zusammenleben untergräbt und Leiden ausbreitet. Wer dem Gehässigen durch schonungslose Aufrichtigkeit noch den Weg ebnet, der macht sich mitschuldig an der Vermehrung des Übels.

Die linke Backe hinzuhalten, nachdem man auf die rechte geschlagen wurde, ist eine Haltung, die darauf abzielt, den Angreifer zu beschämen. Es mag Zeiten gegeben haben, wo solche Nachgiebigkeit als wirksame Waffe eingesetzt werden konnte: weil in den Augen der größeren Gemeinschaft die frech wiederholte Demütigung den Angreifer selbst vollends bloßstellte. In einer Gesellschaft wie der unsrigen, in der »Durchsetzungsvermögen« und »Aggressivität« in den Rang von Tugenden, nämlich belobigten Tüchtigkeiten, aufgerückt sind *, ist die Methode der Beschämung durch Nachgiebigkeit wirkungslos geworden. Wer hier dem Gerissenen mit rigoroser Offenheit begegnet, der gilt nicht mehr als der schmählich Ausgenutzte, sondern einfach als der Dumme, dem nicht mehr zu helfen ist. Moralische Selbstgerechtigkeit oder mangelnde Menschenkenntnis mobilisieren nicht mehr die Hilfe der Umwelt. Und das ist nicht nur zu beklagen. Die Methode der Beschämung durch eisern durchgehaltene Tugend war – und ist – eine unaufrichtige Weise des Kampfes. Sie schielte insgeheim auf das Eingreifen der Gesellschaft oder der Mächtigen, wo man sich selber vor einem Gegner zu schwach fühlte oder die Auseinandersetzung mit ihm sich ersparen wollte.

Auch die Frage, ob Freunde, Menschen, die einander nahestehen, immer und unter allen Umständen offen zueinander sprechen sollten, ist nicht rigoristisch zu beantworten. Wer momentanen Unmut gegenüber dem Anderen in sich verschließt, der handelt wohl unaufrichtig für den Augenblick, aber dem dauernden Anspruch einer Beziehung eher gemäß. Freilich ist Verschlossenheit noch nicht Unaufrichtigkeit. Aber der Unterschied ist kein elementarer, keiner der Haltung, sondern des situativen Verhaltens. Auch im Ergebnis ist kein Unterschied: Es bleibt sich gleich, ob mein Schweigen oder meine Lüge den Anderen fehlorientieren. Schweigend nur behalte ich zumeist die Möglichkeit, die bewußt versäumte Information ohne allzu große Belastung des Vertrauens nachzuholen[54]. Wer merkt, daß man ihn schonen wollte, akzeptiert nachträglich auch eine Lüge. Das Zusammenleben ist einfacher als die Antinomien theoretischer Ethik: Wir wollen nur spüren, daß wir nicht im Stich gelassen werden, daß man sich nicht insgeheim gegen uns wendet.

Es gibt verständliche, heilsame, nicht bloß entschuldbare Lügen. Aber sie betreffen nie den Kern einer Beziehung, solange sie noch intakt ist. Ohne Lüge leben, das darf nicht meinen, daß wir dem Partner jederzeit an den Kopf werfen, was wir gerade über ihn denken. Die Lüge der Schonung (gar gegenüber dem Kranken) kann selber ein Ausdruck der Liebe sein. Wir haben, nur um uns moralisch vollkommen zu fühlen, nicht das Recht, dem Anderen mehr an Wahr-

---

* Man vergleiche hierzu das IV. Kapitel: »Die Fiktion der Leistungsgesellschaft«!

heit zuzumuten, als er ohne lebensbedrohende Erschütterung und ohne tiefgreifende Störung der gegenseitigen Beziehung verkraften kann. Nur Sadisten gehen darüber hinaus.

Wo ein Grundverhältnis wechselseitigen Wohlwollens besteht, kann freilich viel mehr Kritik aneinander geübt werden als unter Fremden oder unter Menschen, die sich mißtrauen. Wer spürt, daß Kritik nur helfen und fördern soll, der nimmt sie auch an. Wahrheitsfanatismus dagegen usurpiert ein Vertrauen, das nicht besteht, um erst recht quälen und demütigen zu können. Der eigene Sadismus ist dabei der blinde Fleck des »rückhaltlos Aufrichtigen«. Er verdeckt ihn mit dem Vorwurf besonderer »Empfindlichkeit«, den er dem Verletzten zusätzlich an den Kopf knallt. Das ist Freundschaft oder Ehe am Marterpfahl. Mit einer von Liebe getragenen Offenheit hat das nichts mehr zu tun.

Ohne Lüge leben, das heißt nicht: Aufrichtigkeit als forsche Keckheit üben und sich im Einstecken von bitteren Wahrheiten stählen, sondern das Leben so anlegen, daß Beziehungen sich herstellen, die ein Maximum an Aufrichtigkeit vertragen. Schon das Erproben der Belastbarkeit einer Beziehung durch »harte Wahrheiten« ist ein Zeichen fehlenden Takts. Der Taktvolle weiß instinktiv, wo die Verletzlichkeit des Anderen beginnt. Solches Wissen kann freilich nicht von Menschen erwartet werden, denen Mitmenschlichkeit immer gepredigt werden mußte, weil sie vollsinnlich kein Verhältnis zu anderen leibhaften Menschen haben ausbilden können. Der unsinnliche, der taktil, der im Tastsinn unentwickelte Mensch kann auch nicht ursprünglichen Takt entwickeln. Er muß Rücksichtnahme immer erst rational konstruieren.

f) Den Tod nicht verdrängen

Der Erziehung zu unbefangener Sinnlichkeit kommt für das gesamte spätere Leben elementare Bedeutung zu. Wenn moralischer Rigorismus die Forderung stellt, auch den Todkranken über seine Situation nicht im unklaren zu lassen, so ist dabei vergessen, daß ein seinem Leib entfremdetes Selbstbewußtsein auch die Konsequenz seiner Endlichkeit nicht anzunehmen bereit ist: weil unerfüllte Sehnsüchte bis zuletzt ein Weiterleben verlangen. Wir sind alle nicht in der Weise lust- und lebensbejahend erzogen, daß wir den Tod als vorgegebene Bedingung des Lebens akzeptieren könnten. Wir verdrängen den Tod, wie wir die Sexualität verdrängen: Die doppelte Verdrängung erspart uns ein waches Bewußtsein der Flüchtigkeit des eigenen Daseins. Sexualität meint tendenziell Fortpflanzung; sie weist auf kommende Generationen. Todesverdrängung und Sexualverdrängung schließen so sich zusammen zur Verdrängung der Endlichkeit des eigenen Daseins[55]. Was uns hindert, sie zu ertragen, ist ein Defizit an empfangener Liebe. Die Gelassenheit, die von lustvoller Einstimmung ins vitale Dasein sich hätte bilden können, müssen wir durch »Haltung« ersetzen. Schaudernd kommen wir nicht mehr zu einem unverkrampften Ja.

Angst vor dem Tod wie die Neigung, ihn zu verdrängen, müssen zunehmen in einer Gesellschaft, in der das Individuum sich mit seinen Hoffnungen und Erwartungen weithin auf sich selbst gestellt findet, wo einer des anderen Konkurrent ist. Da wird der Einzelne zum Vereinzelten, er kann kein Wir-Bewußtsein entwickeln, das hoffen, befürchten und planen ließe gemäß den Notwendigkeiten einer größeren Gemeinschaft. Selbst wer für das Ganze des Staates Sorge zu tragen hat, denkt selten über die Zeit seiner eigenen Laufbahn hinaus. »Nach uns die Sintflut« ist, bewußt oder unbewußt, das Prinzip, nach dem Energieprobleme und Umweltgefahren behandelt werden *. Familienegoismus ist, Ausnahmen abgerechnet, das Äußerste, was die Sorge um sich selber übersteigt. Doch in den Kindern liebt man nur sich selbst, sein »eigen Fleisch und Blut«, wie es verräterisch heißt. In ihnen sucht, wer nicht mehr an ein Jenseits zu glauben vermag, sich ein Fortleben zu imaginieren. Der geheime Bezugspunkt aller Fürsorge aber bleibt das eigene Ich. In tyrannischer Fürsorge für die eigene Familie wird nur die eigene Todesangst verdrängt.

Religiöse Einstellung, die sich dem Animismus nähert, erleichtert noch die Verdrängung des Todes. Wer an ein individuelles Fortleben nach dem Tode glaubt, der braucht die Einmaligkeit seines Lebens, jedweden Lebens, und die Endgültigkeit des Abschieds im Sterben nicht so ganz ernstzunehmen. Es gibt eine Oberflächlichkeit aus »Religiosität«. Den Tod als reale Möglichkeit erst recht verdrängen muß ein Mensch, der nicht mehr religiös genug ist, um an ein jenseitiges Leben zu glauben, aber noch nicht sittlich frei genug wurde, jeden gesunden Tag lustvoll zu erleben. Ohne Lüge leben, das hieße zuletzt: das eigene vitale Dasein in seiner Triebhaftigkeit wie in seiner zeitlichen Begren-

---

* Siehe das VIII. Kapitel: »Die psychischen Motive der Umweltzerstörung«!

zung zu bejahen. Aber das kann der unzärtlich Erzogene sich nicht willentlich als tapfere Haltung aufsetzen. Es ist von niemandem zu erwarten, daß er ausgerechnet die Schattenseite der Leibbejahung verwirklicht. Nur wer die Freuden des Leibes unbefangen zu genießen wagte, kann zuletzt ohne die Lüge irrealen Trostes auskommen.

Es ist gewiß richtig beobachtet, wenn ein Kulturkritiker sagt, die Menschen in unserer Gesellschaft überließen die Sterbenden sich selber, weil sie ihre eigenen Todesängste nicht zu ertragen wüßten, weil sie den Tod verdrängt hätten[56]. Nun läßt aber niemand durch bloße moralische Ermahnung sich dazu bewegen, eine ehrliche Einstellung zum Tod zu gewinnen. Der Mensch, der nie wirklich gelebt hat, wird durch den Vorwurf, er verdränge den Tod, nur noch ein weiteres Mal gequält, gequält zu einer Haltung, gegen die er sich sträubt, weil er nicht für sie erzogen wurde. Denn dies, letztlich, bedeutet »eine Sache nicht verdrängen«: daß wir sie akzeptieren, uns ihr in gewisser Weise befreunden. Einstimmung ins Unausweichliche, Bejahung der Endlichkeit sind durchaus Einstellungen, die der Mensch gewinnen kann. Es wäre vorschnell zu behaupten, er sei nicht darauf angelegt. Aber er kann das nur leisten als Bewußtsein der Abschattung eines vollen lichten Lebens. Und solches Bewußtsein ist eins mit der Angst, vor der der Mensch in einer prestigebesetzten Kultur sich ängstigt: um anderen und sich selber nicht als Feigling, als Weichling zu erscheinen, auch, um von tiefen Ängsten her nicht in der Sicherheit seines Auftretens irritiert zu werden, um sich vielmehr wie ein Gott im Konkurrenzkampf zu behaupten. Ein volles Bewußtsein der Unausweichlichkeit des Todes könnte daran hindern, Erfolge, Ziele, Pläne in der uns zugemessenen Zeit so ernstzunehmen, wie es nötig ist, um sie mit letztem Einsatz zu verfolgen. Sonst empfände man wie jener gebremst ehrgeizige Mann, den ich in einem schönen kleinen Haus besuchte und fragte, ob es ihm gehöre. »Nein«, antwortete er, »ich weiß doch, wozu man ein Haus braucht, wie lange der Mensch lebt.«

Ein illusionsloses Verhältnis zur Endlichkeit des Lebens ist möglich, aber nicht für Menschen, die nie in unbefangener Weise zu leben erlernten, denen man das mit »Sittenstrenge« verwehrt hat. Ein solches Leben ist Leiden schon in gesunden Tagen: Leiden an der eigenen, scheinbar »überschüssigen« Vitalität. Die Theorie vom »konstitutionellen Antriebsüberschuß« (GEHLEN[57]) des Menschen hat aber nur in einer Kultur sich herausbilden können, die ein »Sich-Ausleben« moralisch verpönt. Wer solcher Wertung scheu sich fügt, muß darüber einen vitalen Unmut entwickeln, der ihm das Leben selber als wenig lebenswert erscheinen läßt. Unbewußt schwelt aber die Erwartung eines volleren, freieren Lebens. So kommt es, daß Lebensüberdruß, Selbstmordneigung und Angst vor dem Tode, Hoffnung auf ein ewiges Leben, in einem Menschen, widersprüchlich genug, zusammengehen. Jenseitserwartung löst diese Paradoxie, die doch dem verquälten Leben entstammt, indem sie einen fiktiven Punkt außerhalb des Daseins bezieht. Aber sie erlöst damit nicht von dem Leiden, das allem Glauben zum Trotz sich durchhält und vielfältig körperlich ausformt. In den sogenannten psychosomatischen Krankheiten bringt der Körper gegen die Grundlüge unserer Kultur sich zur Geltung: gegen den Glauben, daß der Mensch seine Begierden gefahr- und folgenlos vernachlässigen könne.

g) Den Nihilismus verbergen?

Der seinem Körper entfremdete Mensch muß einen Idealismus entwickeln, der so etwas wie Glück, was immer das sei, in leibfernen Höhen vermutet. Wer an solche Kompensation nicht zu glauben vermag, der gilt in unserer Kultur leicht als Nihilist, als einer, der Sinn und Zweck kultureller Bemühung leugne und in der menschlischen Geschichte einen nur von den Menschen selber in sie hineingelegten Sinn zu erblicken vermag. Solch nüchterne Erkenntnis wird freilich von den anerkannten Kulturträgern nicht lauthals verkündet. JASPERS hat wenige Zeit vor seinem Tode bemerkt, wenn man – wie er – ohne Hoffnung lebe, so dürfe man das »nicht zeigen«[58]. Ein bedeutender Jurist, ein im übrigen ungläubiger Mann, sagte mir, das Volk brauche die Religion, weil es sonst die Gesetze nicht achte. Eine höchst private Bemerkung, nicht für die Öffentlichkeit bestimmt, sowenig wie die von Jaspers, die nur durch die Indiskretion des Gesprächspartners gedruckt wurde. GOTTFRIED BENN, der wie kaum jemand sonst seine Illusionslosigkeit bekannte, meinte, alle großen Männer der weißen Rasse hätten »seit Jahrhunderten nur die eine innere Aufgabe empfunden, ihren Nihilismus zu verdecken«[59].

Nihilismus ist nicht dasselbe wie Pessimismus; er ist kein Gefühl der Verzweiflung, der Ohnmacht oder der Nichtswürdigkeit, vielleicht bisweilen davon durchmischt, aber nicht notwendig oder beständig »pessimistisch« geprägt. Man kann Nihilist und doch ein tätiger Mensch sein – darauf hat LUDWIG MARCUSE gewiesen[60]. Wer nicht gebrochen ist in seinen vitalen Antrieben, der bedarf keiner höheren

Motivation. Er kann sogar *religiös* sein in einem noch unverfälschten Sinne: *zurückgebunden* an den Ursprung, aus dem er lebt[61]. Hoffnung auf etwas, was über das Leben hinausführte, ihm wie von außerhalb her einen Sinn gäbe, braucht nur, wer als denkendes Ich nicht oder nicht mehr so recht beheimatet ist in seinem Leib. Nihilismus als das blanke Freisein von Illusionen, Selbsttäuschungen, Jenseitserwartungen und transzendierenden Sinngebungen bedeutet alles andere als Feindschaft gegen das Leben, Parteinahme für den Tod oder das Nichtsein. Was einfach fehlt, kann als geistiges Phänomen nicht näher charakterisiert werden, nicht zum Kristallisationspunkt für ein philosophisches System gemacht werden wie jener Pessimismus, dessen SCHOPENHAUER sich angenommen hat.

Optimismus und Pessimismus sind nichts an den körperhaften Dingen und den zeitlichen Abfolgen selber; sie sind nur die polaren Weisen, in denen Wirklichkeit sich *im Gemüt* des erkennenden Subjekts zu spiegeln vermag. Wer darum seinen Pessimismus vor anderen verbirgt, wer »in Optimismus macht«, braucht noch niemanden über die wahren Sachverhalte zu täuschen. Er verbirgt vielleicht gerade nur seine schiefe, »abschüssige« Auffassung von der Sache, um deren Chancen es gerade geht. Wer aber illusionslos die von Menschen erdachten Sinngebungen und Endzeiterwartungen als Spiegelungen getäuschter Hoffnung durchschaut und sie dennoch karrierebeflissen oder machthungrig öffentlich bejaht, der lügt sogar bewußt über die realen Möglichkeiten des Menschen in dieser Welt hinweg. Er lügt, weil er weiß, daß unsere Sehnsüchte und Erwartungen nur Übertreibungen des uns Möglichen sind, die den auferlegten Beschränkungen die Waage halten müssen: damit wir es mit ihnen aushalten.

Wer den von menschlichen Hoffnungen ins Leben hineingetanen Sinn nicht anzuerkennen vermag, ist nicht im selben Sinne »pessimistisch« wie der, für den alles in Niedergang, Katastrophen und Auflösung endet, noch ehe es recht erblüht ist. Wer leugnet, daß es einen »Sinn« oder »Erfüllungen« gibt, die erst jenseits dieser körperhaften Welt sich herstellten, der hegt nur tiefe Skepsis gegenüber den von Menschen erfundenen Vertröstungen und den Verniedlichungen der Kreatürlichkeit und Endlichkeit unserer Existenz. Wer mit GOETHE davon überzeugt ist, daß es müßig ist, etwas hinter den Phänomenen zu suchen, denn sie selbst seien die Lehre[62], der kann nicht mehr an Ideen oder Wesenheiten über oder hinter dieser einen körperhaften Welt sich emporfühlen.

Solche Illusionslosigkeit kann abwertend und vorwurfsvoll als

»Nihilismus« oder Negativismus eingestuft werden, als »pessimistische« Verneinung von Sinn und Wert aller idealistischen und kulturellen Bemühung. Doch wer so getadelt wird, darf sich darüber im klaren bleiben, daß ihm als negatives Gefühl nur die Entrüstung derer angelastet wird, die mit dieser sinnenhaft erfahrbaren und sinnlich zu bejahenden Welt so unzufrieden sind, daß sie darüber eine »andere Welt«, ein Reich der Ideen und Werte, sich imaginieren müssen. Anders hielten sie es in der ihnen anerzogenen Lustlosigkeit nicht aus. Nihilismus ist ein Projektionsphänomen vitaler Unzufriedenheit: sich selber bezeichnet kaum jemals einer als Nihilist. Wer es verschmäht, den Zauber schöner Worte gequälten Mitmenschen als höhere geistige Welt anzudienen, der kann wohl zynisch-trotzig auch sich selber als Nihilisten bezeichnen. Als emotionaler Nihilist mag er gelten, wenn zudem nichts ihn erfreuen kann, wenn er, lustlos dahinlebend, dennoch die Vertröstungen auf eine andere Welt nicht an sich herankommen läßt.

Daß einer auch in Freudlosigkeit oder chronischer Krankheit sich selber nichts vormacht, dürfte freilich sehr selten sein. Der qualvoll ungestillte Trieb eines Gesunden wie das Leiden des Kranken stimulieren eine Phantasie, die das Lebensdefizit kompensiert: mit Vorstellungen, die entweder das real Mögliche übertreffen (Omnipotenzphantasien) oder nicht von dieser Welt zu sein scheinen (Glaube an Übersinnliches, jenseitige Welten). Nur die zähe Kraft eines starken Intellekts dürfte auch in erzwungenen Verzichten und in langwierigen Leiden auf Illusionen verzichten. Die – in gewissen Situationen – lebenerhaltende Wirkung von Lebenslügen soll nicht einfach verkannt werden. Daß ein Mensch in mißlicher Lage sich noch etwas vorzumachen versteht, was ihn weiter nach vorn blicken läßt, kann Ausdruck eines tieferen Lebenswillens sein und ist, wo es weiterträgt, so unwahr doch wieder nicht. Wer, in Schwierigkeiten geraten, »nicht mehr durchblickt«, nimmt instinktiv Zuflucht zu beruhigenden Illusionen. Kraft zu schöpfen aus der Freiheit klarer Übersicht und aus Einsicht noch ins Ruinöse ist nicht jedermanns Sache. Und das wird auch von sonst sehr wachen Köpfen nicht jederzeit geleistet. Es soll als moralische Forderung von niemandem streng erwartet werden. Wer behauptet, es gelänge ihm, immerfort ganz ohne falschen Trost und schönen Schein zu leben, der ist vielleicht nur ein sublimerer Heuchler.

Es könnte schon zu mehr Aufrichtigkeit im Zusammenleben hinwirken, wenn Illusionslosigkeit sich ausbreitete, wenn Einsicht in die

Mechanismen der Verlogenheit und des Glaubens an »Höheres« schlechthin kein esoterisches Wissen mehr bliebe. Glaube an Höheres umgreift alles, was Menschen sich hoffend vormachen, um damit ihren Alltag zu übersonnen. Das kann der Glaube an höhere Werte sein, der Glaube an höhere Geistigkeit, die mit Realität sich nicht mehr schmutzig machen möchte, oder der Glaube an das Glück in höheren sozialen Rängen. Wer sich weigert, des Kaisers neue Kleider zu sehen, ändert schon seine Haltung. Er wirkt allein dadurch auf seine Umwelt. Da die Worte die Domäne der Lüge sind, können Gesten, Haltungen, Handlungsweisen zum Reservat der Aufrichtigkeit werden. Das soll aber nicht zur Lüge mit Worten noch ermutigen. Wer dem Volk höhere Werte vorgaukelt, um es zu beschwichtigen, um die bestehende Ordnung in den Gehirnen zu verankern, der braucht sich nicht zu wundern, daß zuletzt nur Heuchler ihn umgeben. Die Auguren tragen immer noch die größere Verantwortung für die Lüge, die über uns herrscht.

II. KAPITEL

Erziehung zum Idealismus – Erziehung zur Heuchelei

A. VERLOGENHEIT ALS KULTURPHÄNOMEN

a) Wie man zum Heuchler wird

Das Kind beginnt zu lügen, um sich an triebfeindlichen Verboten, angedrohten Strafen, auferlegten Pflichten vorbeizumogeln und auch, um Belohnungen zu erhalten, die ihm, wenn es sagte, wie es wirklich war, nicht zufielen. Das Kind beginnt auch zu lügen, um die durch leibfeindliche Erziehung bewirkte Lustlosigkeit zu kompensieren mit jenen »Phantasielügen«, die eine kulturimmanente Pädagogik bereits als natürlich und »kindgemäß« ausgibt. Man kann das, wenn man über die Lebens- und Lerngewohnheiten unserer Kultur nicht hinausblickt. Es ist aber gar nicht selbstverständlich, daß Kinder in Phantasien schwelgen und das Erträumte mit dem Erlebten verwechseln; und daß Erwachsenwerden gleichbedeutend ist mit einem Prozeß der Ernüchterung. Es kann auch umgekehrt zugehen. Die Ethnologin MARGARET MEAD berichtet von den Manus auf Neu-Guinea, daß diese als Kinder ein sachliches, illusionsloses Verhältnis zur Wirklichkeit hätten, aber später, nach Einweihung in die überlieferten Riten ihrer Religion, zu Phantastereien neigten[1].

Unseren Pädagogen aber gilt die freischweifende Phantasie, zumal wenn sie sich in der Pubertät mit sexuellen Vorstellungen auflädt[2], als ausgesprochen natürlich. Dabei bleibt ein Widerspruch: zwischen der quasinatürlichen Lügenhaftigkeit des Kindes und der realistischen moralischen Bewertung der Lüge durch das Kind. Das Kind bewertet eine Lüge als schlimm meist einfach nach den schlimmen Folgen, nach den Wirkungen der dadurch hervorgerufenen Täuschung[3]. Es hat, obschon als »naiv« erklärt, damit schon den *juristischen Begriff der Lüge,* den KANT umreißt mit den Worten, im Recht komme es auf diejenige Unwahrheit an, »die einem anderen unmittelbar an seinem Rechte Abbruch tut«[4], also ihm einen Vermögensschaden zufügt. Gegen die am Erfolg orientierte ursprüngliche Denkweise des Kindes setzen Erzieher erst mühsam die begriffliche Unterscheidung von »absichtlich« und »unabsichtlich«, »gewollt« und »irrtümlich« durch. Sie leiten damit aber eine psychische Entwicklung ein, die zuletzt auf eine völlige Verdrängung unbewußter Tendenzen hinausläuft. Denn wenn das (etwa drei- bis sechsjährige) Kind absichtliche und irrtümliche Handlungen noch nicht so recht auseinanderzuhalten vermag, so deshalb, »weil es die unfreiwilligen, unbewußten und mechanischen Bewegungen vom bewußten Handeln nicht unterscheidet« (PIAGET[5]). Psychoanalytische Behandlung muß in krassen Fällen solche Unterscheidung später wieder weitgehend rückgängig machen, damit der Mensch befähigt wird, sich auch zu seinen Fehlleistungen und Irrtümern zu bekennen als zu Handlungen, die von ihm verursacht wurden und von ihm zu verantworten sind. Es ist die Frage, ob die kindliche Nichtunterscheidung von »vorsätzlich« und »unabsichtlich« von der Erziehung nicht ihrerseits fahrlässig zerbrochen wird. Es geschieht – an den Früchten ist es zu erkennen – jedenfalls auf eine Weise, die Verdrängungsprozesse fördert.

Mit der bedeutungsvollen Belehrung, daß es »nicht allein« auf die Folgen, sondern auch auf die »guten Absichten« ankomme, beginnt die Entwicklung zur Heuchelei. Das Kind erlernt als nächstes die Formel: »Ich habe es nicht absichtlich getan«, wenn es merkt, daß es damit glimpflicher davonkommt. Sodann beginnt es, sich selbst über seine wahren Absichten zu täuschen. Es kann dann tun, wonach ihm der Sinn steht, und sich dabei doch ein relativ gutes Gewissen bewahren. Mit anderen Worten: Es entwickelt einen heuchlerischen Charakter.

Der Heuchler lügt nicht einfach, indem er eine greifbare Realität oder eine bezeugbare Handlung abstreitet. Die Handlung mag er zugeben, doch in jedem Falle täuscht er uns hinsichtlich seiner Gesinnung und gibt damit auch ein irreführendes Versprechen für die Zukunft. Er gibt gleichsam zu verstehen: »Wenn es nur auf meine Gesinnung ankommt und nicht widrige Umstände mich behindern, werde ich so handeln, wie es dieser Gesinnung entspricht.« Der Heuchler täuscht so viel mehr als der Lügner seine Umwelt, weil dieser, auf einer Unwahrheit ertappt, weiterdenkendes Mißtrauen nicht beschwichtigen kann. »Wer einmal lügt, dem glaubt man nicht ...« Der Heuchler, der von Grund aus verlogene Mensch, entzieht sich solcher Verdammung; er täuscht aber auch sich selbst, weil Gesinnungen nur vortäuschen kann, wer sie schon ein wenig *hat*. Die glatte Lüge über die eigene Gesinnung taugt allenfalls zur Waffe der Verteidigung im Verhör, nicht aber zur Darstellung eines Lebens und einer Arbeit, die aus der echten Gesinnung folgten. Wer, etwa um Karriere zu machen, eine von ihm als falsch erkannte Gesinnung vortäuscht, der wird von ihr in dem Maße, in dem ihm das glückt, auch schon angefressen und vereinnahmt. Er verliert seine besseren Einsichten, ohne mit den vorgetäuschten narbenlos zu verwachsen. Wenn der Wind umschlägt, wenn er seinen Vorteil wieder anderswo wittert, wird der Heuchler, der Opportunist, sich umorientieren.

Wo es, schon in der Erziehung, auf die Gesinnungen ankommt, da werden die Gesinnungen selber verbogen, weil zum Gegenstand der Aufmerksamkeit des sonst nach außen gerichteten handelnden Menschen. Solche Umbiegung der natürlichen Intentionsrichtung ist aber nur möglich in einer Kultur und auf dem Boden einer Religion, die den Menschen ein Sündenbewußtsein vermittelt für triebhafte Regungen, die unwillkürlich aus ihm hervorgehen. Die Selbstreflexivität des im Sinne einer triebfeindlichen Moral unvermeidlich »sündigen« Menschen ist zugleich der Ursprung jenes Seelenbegriffes, der den *Idealismus* der Unterscheidung von Leib und Seele oder Körper und Geist als zwei einander bloß zugeordneten Substanzen begründet. Wer beständig sich selber darauf zu überprüfen hat, ob er nicht sündig geworden ist, ob er unerlaubte Triebregungen hinreichend niederzuhalten versteht, der entwickelt einen *Blick nach innen,* auf die Motive seines Tuns, so daß er diese in reiner Denkgewöhnung allmählich in den Rang einer eigenen, eben inneren oder geistigen Wirklichkeit erhebt.

Die Verteufelung der Sexualität eignet sich ganz besonders als Grundlage des Leib-Seele-Dualismus, weil jedermann von diesem Trieb bewegt wird und damit auch Regungen in sich verspürt, die unter dem Druck der lustfeindlichen Moral als unerwünscht, ja sündhaft empfunden werden müssen. Das Sündenbewußtsein ist die kulturspezifische Form unseres Selbstbewußtseins. Was im Rahmen unserer Kultur allen gleichermaßen widerfährt, gewinnt die Plausibilität einer anthropologischen Grundtatsache: daß – angeblich – der Mensch unausweichlich, »unentrinnbar schuldig« (JASPERS[6]) werden müsse. Mit anderen moralischen Verboten hätte eine so ins Allgemeine steigende und darum begriffsbildende Wirkung sich nicht erreichen lassen: weil es, zum Beispiel, nicht jedermanns Bedürfnis ist zu töten. Erst die Unterdrückung eines vitalen Antriebes wie desjenigen der Sexualität sichert einheitliche Sündhaftigkeit; denn es ist nicht möglich, den Menschen in einer elementaren Seite seines Wesens zu beschränken und zu verbiegen, ohne ihn überhaupt zu verunsichern und in vielfacher Weise zu Fall zu bringen. Eine harte Reglementierung des Nahrungstriebes (etwa nach dem Beispiel der Kleinkinderfütterung auf Bali[7] oder des mohammedanischen Ramadan) hätte wohl einen ähnlichen Effekt. Aber nur eine biologisch naturwidrige Moral kann ein allgemeines Gefühl der Versündigung und des Schuldigwerdens erzeugen. Moralische Zerknirschung ist der Punkt, wo eine die Menschen betrügende Herrschaft in jedem einzelnen mühelos ansetzt. Wenn Unterdrückung in moralischer Selbstunterdrückung ihre Erfüllung und Entlastung erfährt, braucht sie nicht den Weg über körperliche Gewalt zu nehmen. Darum liegt es gar nicht im Sinn einer triebunterdrückenden Moral, eingehalten zu werden: sie drückte dann nicht mehr, vermöchte nicht, das Individuum so zu zermürben, daß es gefügig wird[8].

b) Ventilsitten der Aufrichtigkeit

Unter dem Mantel des Idealismus aber führen die verleugneten, teils gar verdrängten Neigungen ein »intimes« Dasein. Die Rede von der Intimsphäre ist der sprachlich sanktionierte Ausdruck dafür, daß wir uns als triebhafte Wesen nicht aufrichtig voreinander geben. Das soll – in unseren Breiten – nicht nahelegen, sich nur noch nackt voreinander zu zeigen, wo auch immer. Mit Freikörperkultur wird Prüderie erwiesenermaßen nicht überwunden, der Aufrichtigkeit nicht auf die Beine geholfen. Es kommt vielmehr darauf an, sich nichts vorzumachen, vorzuspielen mit einer geistigen Ausrichtung, einem kulturellen Interesse, einem Glauben an »das Höhere« im Menschen, während Tag für Tag das Verhalten in Familie und Beruf in eine ganz andere Richtung weist.

Bisweilen kommen nach ein paar Gläsern Wein die wahren Interessen heraus. BISMARCK erlebte es, daß in leicht angeheitertem Zustand ein Mann, der später gegen ihn intrigieren sollte, ihm sagte: »In jedem Vordermanne in der Karriere sehe ich einen persönlichen Feind und behandle ihn dementsprechend. Nur darf er es nicht merken, solange er mein Vorgesetzter ist.«[9] Der Angesprochene konnte sich gewarnt fühlen. Zumeist sind es die sonst sorgfältig verborgenen aggressiven Neigungen und Eitelkeiten sowie die unangepaßten sexuellen Wünsche, die unter Alkoholeinfluß unversehens hervordringen. Es können aber auch tiefersitzende Sentimentalitäten sich herausheben. Wer in Berufs- oder Herrscherrolle sich immer hart und unnachgiebig zeigt, mag in trunkenem Zustand auch die sonst unterdrückte weiche Seite seines Wesens hervorkehren. Staunend sagt in einem Stück von BRECHT[10] der bald mit Grobheit, bald mit Vertraulichkeit traktierte Knecht von seinem Herrn:

> »Der Schlimmste bist du nicht, den ich getroffen,
> Denn du bist fast ein Mensch, wenn du besoffen.«

Die meisten werden nur einfach ehrlich. Ein mächtiger Mann des Kulturlebens sagte mir beim Wein: »Wissen Sie, wenn ich jemanden abwimmeln will, dann tue ich so, als hätte ich seinen Namen vergessen.« Sein Gedächtnis war aber wirklich schlecht. Als ich ihm nach einiger Zeit wieder sagen mußte, wie ich heiße, war es an ihm, sich zu wundern: er hatte sich gekränkten Stolz erwartet.

In vino veritas – die beim Wein geäußerte Wahrheit, welchen Inhalts sie auch sei, verrät auch etwas über die Natur des Menschen: Wenn die anerzogenen Hemmungen wegfallen, erweist er sich als unfähig zu lügen. Es ginge aber zu weit, daraus zu folgern, daß nach dem Genuß sogenannter geistiger Getränke schon die wahre Natur, die wahre Gesinnung eines Menschen sich zeige. Was da gesprochen wird, ist zumeist Übertreibung; denn es muß dem im nüchternen Zustand Behaupteten die Balance halten: eben die *Balance der Wahrheit.* Offenheit und Vertraulichkeit beim Bier oder Wein sind kein zuverlässiges Zeichen freundschaftlicher Gesinnung. Verbrüderung beim Alkohol ist eine Ventilsitte der Aufrichtigkeit in einer insgesamt »verschlossenen« Gesellschaft. Ventilsitten erlauben gerade, den zum Normalen erklärten Zustand zu verfestigen. Was wir ausnahmsweise tun, aus uns herausgehen, läßt uns um so verschlossener, mißtrauischer sonst den Mitmenschen begegnen. Diese Funktion erfüllen auch das geheime Tagebuch, die Ohrenbeichte und die Psychoanalyse[11].

Es ist ganz klar: Wer bei einem Beichtvater oder seinem säkularisierten Kollegen, dem Psychoanalytiker, sich regelmäßig aussprechen kann, der hat es nicht nötig, in der Familie, im Freundes- und Kollegenkreis sich noch besonders offen zu geben. Sein Bedarf an Verständnis und Vertrauen ist gedeckt. Die Möglichkeit, sich regelmäßig rückhaltlos frei auszusprechen, gar die, *freigesprochen* zu werden, sei es durch sakramentale Absolution oder durch umfassendes psychologisches Verstehen, solch periodische Reinigung des Gewissens macht auch im moralisch negativen Sinne *frei* zu neuen Schandtaten. Solche Funktion erfüllt sogar die ausgesprochen glückliche Ehe, die Rückhalt gewährt gegenüber einer »feindlichen Welt«, gegen die man kämpft und vor der man sich verschließt. Das monogame Ideal unserer Kultur, das Beschränkung des »intimen« Umganges auf einen einzigen Menschen fordert und weitgehend durchsetzt, ist mitverantwortlich für das wenig vertrauensvolle Zusammenleben in größerer Gemeinschaft. Unehrlich genug kehren ostentativ glückliche Paare auch den in emotionaler Stickluft entstandenen Unmut einträchtig gegen andere und demonstrieren so erneut Überlegenheit. Aggressivität und Prestigedenken prägen eine Gesellschaft im ganzen, wenn in den Familien »störende« Affekte verleugnet werden und wenn die vitalen Antriebe der Kinder gemäß der geltenden Moral gehemmt und verbogen werden.

B. DIE SITTLICH VERPFLICHTENDEN IDEALE

a) Das Ideal der Reinheit

Wir erziehen – wer sagte es nicht – unsere Kinder »zur Aufrichtigkeit«. Man kann aber nicht Aufrichtigkeit von einem jungen Menschen verlangen und ihn, nicht zuletzt durch eine *Magie des Verschweigens*[12], zur Verleugnung einer ganzen Körperzone anhalten. Der Mensch, der jeweils dieser konkrete Leib *ist*, der uns begegnet, wenngleich »Leib mit Bewußtsein«, ist aufrichtig nur in dem Maße, in dem dieses Bewußtsein von seinen ersten Regungen her als Bewußtsein der Leibhaftigkeit sich hat ausbilden können. Erziehung im Sinne einer leibfeindlichen, lustverneinenden Ethik ist folgerichtig eine Erziehung zur Unaufrichtigkeit. Dabei sind gerade die hohen Ideale der Liebe und Treue, der Reinheit und Willensfreiheit, der Unparteilichkeit, der sozialen Verantwortung und der absoluten Gerechtigkeit sowie die Rede von der »Macht des Geistes« und das Ideal der Selbstaufopferung selber noch Bestimmungsstücke einer bereits »objektiven Heuchelei«. Das sei anhand einiger dieser Ideale im einzelnen aufgezeigt.

Die Erziehung zur *Reinheit* erfolgt durch die tiefenpsychologisch längst erläuterten frühkindlichen Dressate. Diese würden aber bei einem Menschen, der geistig stark sich entwickelt, nicht vorhalten, spränge nicht ein plausibler Vernunftglaube ihnen bei. So erzieht der Sittenstrenge die klügeren Kinder auch zu einem Glauben an die Fähigkeit, sexuelle Triebenergien durch bewußte Ablenkung von ihren ursprünglichen Triebzielen zu geistiger Leistung »sublimieren« zu können. Dieser Vernunftglaube schläfert die Kritiksucht der jungen Leute schon auch deswegen ein, weil er auf SIGMUND FREUD, einen anerkannten Aufklärer, zurückgeht. Wir dürfen heute aber drei Dinge sehenlernen: einmal, daß schon der Begriff der Sublimierung, der ja vom chemischen Sublimat kommt, dem Niederschlag aus einem Destillationsprozeß, dem naturwissenschaftlichen Denken des ausgehenden 19. Jahrhunderts entstammt; zum andern, daß FREUD mit der Rede von sublimierbaren Triebenergien deutlich diesem Geiste verhaftet ist, einem Geist, der wissenschaftliches Denken nur quantifizierend sich denkt; drittens, daß mit dem Aufzeigen der vermeintlichen Möglichkeit, Triebregungen zu sublimieren, von FREUD nur noch ein Kompromiß mit jener Moral geschlossen wurde, die zur Fortpflanzung nicht verwertbare sexuelle Impulse am liebsten in Nichts aufgelöst sähe[13].

Nach FREUD sind solche Impulse immerhin »sublimierbar«, das heißt umsetzbar in kulturelle Leistung.

Da die hier vorausgesetzte Aufspaltung des leibhaften Menschen in Leib und Seele, Trieb und reinen Geist eine Fiktion ist, da vielmehr der Mensch sich leibhaft nur hemmen läßt, indem man auch geistig ihn verschüchtert, und umgekehrt, machen diejenigen, die bei sich selber an Sublimierung glauben, dann doch die betrübliche Erfahrung »unerklärlicher« Arbeitsunlust und geistiger Gleichgültigkeit. Betrüblich ist ihnen diese Erfahrung, weil sie doch ehrgeizig sind. Es muß ja die Freude über »Erfolge« die verfehlte sinnliche Lebensfreude ihnen ersetzen. Unerklärlich aber ist ihnen die eigene geistige Apathie, da sie mitsamt dem Sinn ihrer vitalen Antriebe den Trieb-Grund allen Denkens sich verschüttet haben. Die Spontaneität des leibhaften Menschen ist in ihrer Wurzel *eine*: ungeschieden nach einer triebhaften und einer geistigen Seite. Denken ist nur ein erster, zögernder Schritt zur Tat. Es mag als Zögern zum Selbstzweck werden, muß aber gerade dann – beim Bücherwurm – als Denken steril werden: historisierend.

Daß geistige und triebhafte Produktivität eng zusammengehören, belegt nicht nur der Lebensstil vieler Künstler und ursprünglicher Denker (Goethe, Max Scheler!), sondern negativ auch das erbbiologisch verwunderliche geistige Zurückbleiben der allermeisten Frauen hinter den Männern. Die intensive Triebrepression, die gerade durch mütterlich-behütende Erziehung die Mädchen verschüchtert, ist, wie schon FREUD erkannte, verantwortlich für den Anschein geistiger Minderbegabung der Frau[14]. Nur hat FREUD, unsystematisch wie er sich äußerte, mit seiner Lehre von der Sublimierbarkeit sexueller Triebregungen selber noch einer Pädagogik Vorschub geleistet, die ganz allgemein – bei Jungen wie bei Mädchen – die geistige Spontaneität verkümmert, indem sie die körperliche lähmt. Der in seinem Triebleben gehemmte und im Denken verschüchterte Mensch gewinnt einzig gelinden Trost in dem Glauben, eben dadurch schon ein wenig geistiger zu werden, daß er dem sogenannten Tierischen in ihm selber sich entfremdet. Die *objektive Heuchelei,* die uns alle an Sublimierung – oder Beherrschung – des »tierischen Erbes« (LORENZ[15]) glauben heißt, schlägt sich subjektiv nieder in Selbstbetrug, freilich einen, der das Leben in einer idealistisch-verlogenen Kultur erleichtert. Der Aberglaube, wonach das tierisch Unreine zum menschlich Reinen sich sublimieren lasse, beruht dabei auf dem anthropologischen Irrtum zu meinen, es sei der Sexualtrieb des Menschen nichts anderes als der gleichnamige Trieb irgendeines Säugetieres sonst, während doch jeder (im Menschen) bewußt gewordene vitale Antrieb sich darüber bereits verwandelt hat. Der ganze Mensch, einschließlich seiner Triebe und Affekte, ist, seiner selbst bewußt, von allen anderen Säugetieren zu unterscheiden.

b) Die Idee der Freiheit

Eng verbunden dem Glauben an die Sublimierbarkeit sexueller Triebe ist der Glaube an eine *Freiheit des Willens,* die solche Sublimierung allererst ins Werk zu setzen vermöchte. Es ist auch dies ein moderner, rational konstruierter Glaube. Die altchristliche Ethik eines AUGUSTINUS kannte solchen Irrglauben noch nicht; sie sah die Freiheit des guten Menschen, der ein liebender sein mußte, in seiner Unbefangenheit, die Liebe ungehemmt – und das heißt *frei* – aus sich hervorgehen zu lassen und dem Nächsten mitzuteilen. Mit anderen Worten: Freiheit wurde *nicht inhaltslos* gedacht, sie hatte – in der Liebe – ihr real vollziehbares Substrat. Wir haben so, inhaltlich, überhaupt Freiheit uns vorzustellen: nicht als leere »Freiheit von etwas«, von bislang quälendem Druck, nicht als aggressive »Freiheit« gegen die Triebe und auch nicht als Freiheit zu einem »höheren« Zweck (»Freiheit wozu«), sondern als Merkmal des un-gehemmten, in seinen vitalen Antrieben und im Denken unverkümmerten leibhaften Menschen. Sogenannte geistige Freiheit kann sinnvoll überhaupt erst von der Grundlage solcher Freiheit des Leibes sich lösen: weil dann nicht mehr verdrängte Triebimpulse beständig den ostentativ freien Willen unterbewußt durchkreuzen. Wir werden demgegenüber angehalten, die selbst schon gepreßten Akte der Triebunterdrückung als Akte eines akausalen Willens zu nehmen – bei Leuten, die ahnungslos den ins Unterbewußtsein greifenden Industriereklamen erliegen. Sie erliegen ihnen ja nicht, weil die Werbefachleute etwa so schamlos zu Werke gingen – denn die wollen nicht zur Lust überreden, sondern verdienen –; sie erliegen ihnen, weil die nicht zum hellen Bewußtsein ihrer Befriedigung gebrachten Triebwünsche den Schmeicheleien der Werbung gegenüber bis zur Nachgiebigkeit anfällig sind. So ist der sexuell Frustrierte anfällig gegenüber den »geheimen Verführern« (PACKARD[16]), aber auch gegenüber einer ähnlich tiefenpsychologisch vorbereiteten politischen Propaganda. Bei Bürgern, die in ihrer Mehrheit von klein auf in ihren libidinösen Ansprüchen frustriert wurden, ist darum eine wirklich freie, das heißt den Interessen der Wähler selber dienende politische

Entscheidung kaum denkbar. Nur Lobbyisten im weitesten Sinne, solche, die an ihre Weltanschauung, oder jene, die an ihre Finanzen denken, dürften ganz genau wissen, was sie wählen.

Im autoritären Osten braucht Freiheit der politischen Wahlentscheidung nicht tiefenpsychologisch manipuliert zu werden, weil es sie dort überhaupt nicht gibt. Dort wird »Freiheit« enger mit den ökonomischen Grundlagen der Gesellschaft zusammengedacht. Die Möglichkeit freier Entfaltung der Triebe wird aber von der leninistischen Auffassung der Freiheit ebenso ausgeklammert wie von der kapitalistischen. Beide Systeme bleiben fasziniert von der ökonomischen Makrostruktur der Gesellschaft – während gerade deren »sittliche« Infrastruktur, das heißt das Kleinhalten libidinöser Freude, sie als Herrschaftssystem ermöglicht. Im Osten besteht die folgerichtig nur fiktive Freiheit in der Illusion der Mitverfügung über die Produktionsmittel, von deren Beton oder Metall doch kein Arbeiter herunterbeißen kann. Im sogenannten freien Westen dürfen demgegenüber die vielen, die nicht so gewitzigt sind wie ihre Ver-Führer, zwar frei politisch agieren; sie werden jedoch über die Triebmotive ihrer eigenen Willkür bewußt im unklaren gelassen. Wie frei in ihrem politischen Willen war jene junge Amerikanerin, die mir sagte, sie habe John F. Kennedy gewählt, weil er so schöne Augenwimpern habe? (»He has so beautiful eye-lashes.«) Solange politische Führer von eben denen, die sie zur Mehrheit noch brauchen, als kollektive Ersatzobjekte verdrängter Libido gewählt werden, kann von freiem politischem Leben nirgends die Rede sein.

Geheime Triebwünsche einerseits sind es indessen nicht allein, die im kulturellen Klima der Triebunterdrückung die ohnehin problematische Idee der Freiheit vollends zur Fiktion werden lassen. Es wirken unmittelbar als bedingte Reflexe frühkindliche Dressate sich aus, etwa die in unserer Zivilisation weithin praktizierte Reinlichkeitsdressur der Kleinkinder. »Frau Saubermann« darf später von dem so millionenfach erzeugten Wahn profitieren. Die Waschmittelindustrie nimmt, ohne moralisches Recht, auch einen Tribut für die besonders in jugendlichem Alter geübte »Selbstbefleckung«, wie die Religionslehrer die unvermeidliche sexuelle Selbstentlastung zu vermiesen. So spielen sie alle zusammen: Sittenprediger, Wirtschaftsfachleute und Politiker, alle zum besten der Idee der Freiheit des Einzelnen wirkend.

Kommt uns da nicht mit Recht der Verdacht, das beständige Gerede von unserer Freiheit diene doch nur dazu, die uns auferlegten Zwänge weniger einschneidend erscheinen zu lassen? Hadernd mit uns selber, da wir sowohl unfähig sind, diesen Zwängen *ganz* zu gehorchen, als auch unfähig, aus ihrem Schatten zu treten, haben wir diese *andere* Seite unserer Unfähigkeit in eitler Selbstberuhigung noch als »sittliche Freiheit« uns zuzurechnen. Aber wie frei wir da wirklich sind, dürfen wir verspüren, wenn auch nur ein gelinder Wandel in den sexuellen Sitten uns dennoch unfrei läßt, der eigenen dabei mit gewandelten Überzeugung gemäß zu leben. Unsere aus frühen Dressaten verkrustete emotionale Starrheit hält uns dann noch im Zwange einer sittlichen Freiheit, die ethisch schon nichts mehr gilt. Gerade Zeiten moralischen Übergangs enthüllen den fiktiven Charakter unserer Willensfreiheit: Vor lauter fiktiver Freiheit, unsere Triebe zu unterdrücken, erweisen wir uns als unfrei, sie zu bejahen und ihren Impulsen gemäß zu leben.

Die Fiktion der Freiheit, deren sich die überkommene Moral bedient, um an »Einsicht« und »guten Willen« zu appellieren, ist ein rein negativer Begriff. Er dient dazu, den Menschen »geistig« gegen seine vitalen Antriebe zu stellen, ihn seinem Leib zu entfremden, ihn moralisch mit sich selber zu entzweien. Sich selber *hemmen* zu können in seinen spontanen Neigungen gilt als die höchste Leistung »sittlicher Freiheit«. Intakte »Hemmungsfunktionen« verlangt auch das geltende Schuldstrafrecht, das auf der Fiktion der Willensfreiheit sich aufbaut[17]. Das ist nur folgerichtig im Zeichen einer Moral, die die sozio-sexuelle Begabung des Menschen nicht nur nicht fördert, sondern unterdrückt und die dafür sadistisch hervordringende Libido mühsam in Schach zu halten hat. Moralisch gut ist dann nicht mehr die sich frei äußernde Liebe, sondern »das Böse, das man läßt« (WILHELM BUSCH). Da heißt es nicht mehr: »Liebe, und dann tu, was du willst!« (AUGUSTINUS[18]), sondern: »Beherrschen sollst du dich, dich aufopfern und verzichten!«

c) Das Ideal der Monogamie

Die Freiheit absoluter Selbstbestimmung ist um nichts weniger fiktiv, wo es um sogenannte Entscheidungen fürs Leben geht, wird aber in solcher Perspektive bisweilen am leichtesten geglaubt. Wir könnten zur – vorschnellen – Erklärung dafür sagen, man stecke eben in seinen großen Entscheidungen so mit Haut und Haaren, daß man sich oft schon entschieden habe, wenn man der Notwendigkeit einer Entscheidung allererst innewerde. Merkwürdig ist nur, daß bei der nicht minder lebensentscheidenden Wahl des Berufes leichter das Zufällige, oft Kurzschlüssige eingesehen wird als bei der Wahl des Ehegatten. Sonst wäre nicht gut ein Drittel aller Berufstätigen mit dem gewählten Beruf unzufrieden, während immerhin 89 Prozent der Männer (in der Bundesrepublik Deutschland) mit ihrer Ehe »zufrieden« sind[19]. Selbst die vielen unzufriedenen Ehefrauen dürften doch die Wahl ihres Gatten weithin als schicksalhaft, wenn auch nicht als unabänderlich, verstehen, wurden sie doch von klein auf – über Märchen mit Prinzen und Prinzessinnen, die sich kriegten, bis zu Filmen mit *happy end* – für die Idee einer Liebesheirat erzogen. Und die Gefühle richten auf eine so allgemeine Glücksvorstellung sich ein. Selbst diejenigen, die ein hartes Geschäftsinteresse mit Heiratsplänen verbinden, stimmen sich selber auf den kollektiven Zauber einer Verliebtheit, aus der heraus man unbedingt heiraten müsse. »In einen Partner ohne Geld verliebe ich mich gleich gar nicht«, so hörte ich ein junges Mädchen sagen. Der Glaube an ein Glück, das erst werden soll, ist schon der beste Teil dieses Glückes selber.

Der säkularisierte Glaube an eine *heile Welt* hat sich, für die jungen Menschen zumindest, verdichtet zum Glauben an eine Harmonie der trauten Zweisamkeit. Die Ernüchterung kommt jählings, fallbeilartig, aber so, daß an irgendeine emotionale Verlässigkeit bei Menschen von da an überhaupt nicht mehr geglaubt werden kann. So macht die Erziehung zum monogamen Ideal die Menschen, die ihm erliegen, zuletzt unfähig zu jedweder mitmenschlichen Bindung, weil Bindung überhaupt nach der Zielvorstellung des Einswerdens zweier Menschen gedacht wird. Philosophen brachten, als bloßes Sprachrohr der Volksmeinung, das noch in ein System. So meinen SCHELER und JASPERS fast im selben Sinne, die Verbindung von Liebe mit Sexualität gebe dieser eine ausschließliche Richtung, obschon die Liebe an sich »universal, an kein Individuum ausschließlich gebunden« sei[20]. So KARL JASPERS, damit seine Auffassung der Geschlechtsliebe dem kulturgebundenen Ideal monogamer Seelenverschmelzung angleichend. Das ist nicht lebbar, weil Liebe, die den Namen verdient, gerade jenen Abstand zum Anderen braucht, über den hinweg er als ein anderer begriffen und bejaht werden kann. Ich nenne das den *Abstand des Verstehens*[21].

Doch auch dies, das Ethos der Distanz, das zur Liebe gehört, scheint nicht lebbar. Kaum jemals gelingt es großzügig denkenden Partnern, ohne Eifersucht die Eskapaden des Gatten zu verkraften. Das gelingt mitunter selbst denen nicht, die erotisch nichts mehr für ihn empfinden. Lebbar ist weithin anscheinend nur der Streit, gleich ob als Aufbegehren gegen häusliche Enge oder als Eifersuchtsdrama entfacht. Daß beides friedlich nicht geht, ist verständlich bei Menschen, denen von Geburt an ein unbefangenes Verhältnis zum Sexus verwehrt blieb und die im Glauben an die Unerläßlichkeit sexueller Treue erzogen wurden. Es ist verständlich und doch beklagenswert; beklagenswert vom Standpunkt einer Ethik des leibhaften Daseins nicht nur, sondern auch vom Standpunkt einer Ethik der Liebe. Wir sehen, daß viele Ehepaare an einem zwanglosen Glück vorbeileben und nach ihrer individuellen Entwicklung auch vorbeileben müssen. Wir sehen auch, daß in der Enge des Zusammenlebens und der wechselseitigen Überwachung einer dem andern zum Teufel wird und noch am schwächsten Teil der Familie, dem Kinde, aggressiv seinen Unmut entlädt. So tradiert sich die repressive Gesellschaft.

Besser vorbereitet auf die emotionale Enge und Lähmung, die den Menschen in der monogamen Zwangsehe erwartet, brauchte er wenigstens nicht noch einen Unmut der Enttäuschung auszutoben. Ohne vorherige Erziehung zum romantischen Ideal der Ehe wären die jungen Leute darauf gefaßt, die Enttäuschungen, die kommen werden, leichter zu tragen, Enttäuschungen, die getragen werden müssen, solange wir – für die verschiedenen sexuellen Temperamente – nicht eine Auswahl an sozialen Institutionen oder Regelungen haben, die zwar gleichermaßen der Fortpflanzung und Erziehung den sicheren Rahmen einer Familie schafften, aber nicht im selben Maße ungebärdige Naturen einschnürten. Natürlich ist, im Blick auf unterschiedliche sexuelle Ansprüche, auch falsche Partnerwahl für so manches eheliche Ungemach heute verantwortlich. Aber wo sittliche Überwachung den Heranwachsenden die körperliche Begegnung erschwert, haben sie auch nicht die Freiheit, sich aus vitalen Motiven zu erwählen. Statt dessen eine Erziehung, die beharrlich ihnen einredet, zuerst müsse Seele an Seele sich binden, das verstärkt noch die Illusion, es genüge, um miteinander »glücklich« zu werden, es miteinander werden zu *wollen.*

Merkwürdig genug, verfechten das hohe Ideal der strengen Monogamie selbst bekannt lockere Vögel, die es zum Teil aber immerhin fertigbringen, dieses Ideal im Nacheinander mehrerer Ehen jeweils rein zu verwirklichen. Sie lügen dann gar nicht, wenn sie lauthals lobpreisen, was als bruchlose Lebensform ihnen mißlingt. Es lügt aus ihnen heraus. Die objektive Heuchelei, welche die Ehe umgibt, zeigt sich ganz allgemein darin, daß Leute, die längst hörbar unter dem sogenannten »Ehejoch« stöhnen, in der sozialen Deklassierung der Unverheirateten eifrig mitmachen. Da dieser Widerspruch dem Einzelnen kaum je bewußt ist, so finden wir ihn hier wieder als Marionette der herrschenden Moral. Er stöhnt, weil ihm so zumute ist, und rät herablassend unverheirateten Leuten zur Ehe, weil auch dies ihn affektiv entlastet. Zwischen zwei unguten Emotionen entwächst die streng monogame Ehe zum hochstilisierten Ideal. Doch wäre, da sie immerhin säkularisiert ist, schon einiges an Gelassenheit gewonnen, wenn die Jugendlichen ernüchternd auf den zivilrechtlichen Charakter der Ehe vorbereitet würden – eine freilich utopische Erwartung angesichts weitgehend noch fehlenden Rechtsunterrichts in den Schulen.

d) Der Pferdefuß hoher Ideale

Das hochstilisierte Ideal der monogamen Ehe ist zugleich ein Beispiel dafür, daß Ideale nicht einfach Projektionen sind über die Wirklichkeit hinaus. In ihnen verdichtet sich auch zur sozial geduldeten Sehnsucht die Vielfalt unserer Interessen, die breit auszuleben sittliche Zwänge verwehren. Wenn strenge Moral von uns verlangt, sich ausschließlich einem einzigen andersgeschlechtlichen Partner zuzuwenden, dann wird der Mann sich eine Frau wünschen, die ihm alles zugleich wäre: Mutter, Schwester, Geliebte, Gattin, Arbeitskameradin und angebetete Göttin. Umgekehrt muß der Mann seiner Frau alles in einem sein: Familienvater, kameradschaftlicher Bruder, Geliebter, Beschützer und Ernährer sowie der Held, zu dem man »aufblicken kann«. Wenn nicht mehr wie im Mittelalter unsere Rollenerwartungen an das andere Geschlecht auf mehrere Personen verteilt werden dürfen, dann gehen sie irreal zumindest im »Ideal«, in der Erwartung eines idealen Partners, zusammen. Wenn er sich auch nicht findet, nährt man doch bei sich selber den Glauben, ihn gefunden zu haben. Das heißt: Man stellt den Menschen, an dem man hängengeblieben ist, unter die Ansprüche seines Ideals, man überfordert ihn.

Der vielfacher Ergänzung bedürftige Mensch gefährdet dann die Ehe nicht durch »Untreue«, sondern gerade durch seine »Treue« und sein Pochen auf Ausschließlichkeit. Er pocht darauf mit der ganzen Unzufriedenheit dessen, der in einem einzigen Menschen nicht die Vorzüge versammelt findet, die eine launische Wirklichkeit über mehrere Menschen verteilt. Aus solcher Unzufriedenheit wird Überdruß, wird Haß. Es gilt hier wie allgemein der Satz von Camus: »Die Tugend kann sich von der Wirklichkeit nicht trennen, ohne ein Prinzip des Bösen zu werden.«[22] Wirklichkeit meint dabei nicht das platt Vorgefundene, es betrifft die Wirkungsmöglichkeiten des handelnden Menschen. Mit Ideen, die unsere Natur überfordern, kommt das Böse: kommen Haß, Neid, Vernichtungslust ins Zusammenleben durch eben die Lüge von der Realisierbarkeit dieser Ideen.

Wer den Ursachen nachgeht, wird finden, daß wir oft weniger unter der Untreue, der Unzuverlässigkeit, dem Wandel der Gesinnung eines Mitmenschen leiden als vielmehr darunter, daß dieser leichtfertig Zusagen gemacht hat, die ihn überfordern, und Idealen anhängt, die seinem Körperbau nicht entsprechen. Ein so edel gesinnter Mensch ist eine rechte Gefahr: Er täuscht uns nicht mit seinen Absichten, sondern, schlimmer noch, mit seinem Charakter. Das Drehmoment der Täuschung ist sein Idealismus, mit dem er sich selbst belügt.

Hohe Begriffe von Treue, Pflicht und Verantwortung füllen sich eher noch mit einer ihnen widersprechenden Gesinnung, als daß der Mensch aufhörte, an diese Worte zu glauben. Fast immer ist – mit GOETHE[23] – die Erfahrung »eine Parodie auf die Idee«. Doch eine Verantwortung, die lieblos erzogenen Menschen als sittliche Pflicht gepredigt wurde, verkehrt sich in ihr Gegenteil, in ihre zynische Groteske, wenn Terroristen für Mordanschläge »die Verantwortung übernehmen«. Sie verantworten sie aber nur vor einem relativ kleinen Kreis von Sympathisanten, in deren Augen sie als Helden erscheinen, die den Tod nicht scheuten und zum Besten aller das Verderben weniger auf sich nähmen. Verantwortung, inhaltlich so leer wie der Begriff der Pflicht, kann sich mit allem füllen, auch dem Absurdesten und Unmenschlichsten. Adolf Eichmann, Hitlers Organisator der Judenvernichtung, hat sich mit dem Bekenntnis verteidigt, für ihn als Verehrer Immanuel Kants sei immer nur der kategorische Imperativ orientierend gewesen[24]. Das ist der Pferdefuß hoher Ideale: daß sie vom sinnenhaft Lebendigen sich so abgehoben haben, daß sie mit Tod und Verderben einhergehen.

Ähnliches gilt für das Ideal der Selbstlosigkeit, von der zur Tugend stilisierten Selbstaufopferung. Sie ist lebendiger Liebe so fern, wie der Mensch, der »ganz im Dienst für andere aufgeht«, sich von sich selber, von den Empfindungen und Lüsten seines Leibes entfernt hat. Die Selbstlosen, die anderen helfen, um sich selbst – loszusein, begreifen nie, daß in aller gesunden Liebe immer auch ein Stück Selbstliebe steckt. Wie wären wir sonst in der Lage, die Liebe des Anderen zu uns mitzuvollziehen! Wir müssen uns ja auch einig sein in der Wertschätzung eines jeden von uns beiden.

Der Selbstlose opfert sich auf, er blickt – scheinbar – ganz von sich selber weg. Scheinbar: denn indem er unausgesetzt für den Anderen da ist, ihm alles Beschwerliche abnimmt, macht er ihn zunehmend abhängig von sich. Konsequent, wird er seine Fürsorge soweit treiben, daß der Umhegte keinen Schritt mehr ohne ihn tun kann, ihn bei allem um Rat fragen muß. Der absolut Selbstlose ist unehrlich: er will herrschen. Zu heldenhaftem Einsatz, zu Aufschwüngen kühner Selbstverleugnung ist er imstande, weil dazu moralischer Ehrgeiz, Erlebnishunger oder versteckter Machtwille ihn treibt. Aber zu weniger reicht es nicht: nicht zu neidloser Ermutigung, nicht zum Gewähren eines Rückhalts für den Bedrängten, nicht zu einer Hilfe, mit der weder öffentliche Anerkennung noch private Herrschaft (über den Mitmenschen) zu gewinnen ist.

In einer aggressiv formierten Gesellschaft, in der nicht nur mit brutaler Gewalt, sondern auch mit den feineren Mitteln der Lüge ein jeder seinen Weg zu machen sucht, werden zum Ausgleich Tugenden, die das Gegenteil anvisieren, besonders vorbildhaft und edel herausgeputzt. Heldenhafte Selbstaufopferung, unbedingte Treue, Aufrichtigkeit um jeden Preis und Toleranz bis zur Duldung des Widerwärtigen werden uns vorgestellt als Gesinnungen und als Verhaltensweisen, damit durch sie kompensiert werde, woran es alltäglich mangelt: an spontaner, anspruchsloser Mitmenschlichkeit. Hohe sittliche Ideale halten die Balance zu einer sozialen Wirklichkeit, die ganz anders ist. Es ist geradezu ein Indiz der in ihrem Zusammenhalt gestörten Gesellschaft, daß sie die Tugenden übertreibt. Sie übertreibt sie nicht nur in der Sphäre des bloß Vorgestellten: als Leitbild und Idee und zur seelischen Erbauung der Frustrierten; sie übertreibt sie auch in der Realität. Es ist immer noch leichter, einen Menschen zu finden, der bei Katastrophen heldenhaft zur Rettung anderer sich einsetzt, als einen, der um den kranken Nachbarn sich kümmert. So sind unsere Idealisten: Unter der Schwelle des Heldentums tun sie es nicht, einem Mitmenschen helfen. Im Bewußtsein, anerkannt »gute Menschen« zu sein, wundern sie sich, daß ihnen keine soziale Beziehung recht gelingt.

Ein hohes Ideal der Partnerschaft, ein strenger sittlicher Maßstab können unmittelbar der Grund sein, aus dem ein Mensch keine Beziehung recht aufbaut, ständig die Freunde, die Sexualpartner wechselt und sich überhaupt als unzuverlässig erweist. Da niemand seinen hohen Ansprüchen genügt, da aber doch Hoffnung auf Erfüllung diese Ansprüche trägt, muß immer weiter nach dem »idealen Partner« Ausschau gehalten werden. GOETHE hat diese Motivation heiter beschrieben:

> Du verklagest das Weib, sie schwanke von einem zum andern,
> Tadle sie nicht, sie sucht einen beständigen Mann![25]

Der Drang nach Abwechslung rechtfertigt sich durch die Unbeständigkeit der anderen: so macht die Tugend Lügner aus den Menschen. Und sie glauben sich's selbst.

Die kaum begonnene Freundschaft, die enthusiastisch entfachte Liebe scheitern an dem Ideal, das wir von Freundschaft und Liebe entwickelt haben. Die Projektion auf den Sündenbock ist aber nur das eine Mittel, eine Beziehung zu Fall zu bringen. Strenge moralische Selbstanforderung erreicht das ebensogut. Wer immer mehr verspricht, als er halten kann, sich edler gibt, als er handelt, erntet nicht nur die Unzufriedenheit des Partners; er muß auch mit sich selber unzufrieden werden. Um nicht allzusehr am eigenen Versagen zu leiden, bricht er die Beziehung, die er durch moralischen Ehrgeiz überlastet hat, lieber ab. Er nimmt – auch in der Wahl des Zeitpunktes – dabei wenig Rücksicht auf den Anderen. Ein skrupulöses Gewissen beweint sich selbst und nimmt den Mitmenschen nur so ernst, als es ihn braucht, um vor ihm, an ihm, seine Pflicht zu erfüllen. Die Außenwelt überhaupt ist dem Idealisten nur »das versinnbildlichte Material unserer Pflicht«[26]. Der Mitmensch wird abgewertet.

Wer so moralisch ehrgeizig, nur in der Absicht sich selbst zu »vervollkommnen«, sich den anderen zuwendet, ist der im Grunde bindungslose, der unsinnliche Mensch unserer Kultur. Der moralische Perfektionist läßt lieber einen Menschen, dem er sich nicht ungeteilt zuwenden kann, vollends im Stich, statt seine eigene Unzulänglichkeit zu akzeptieren. Mit jedem Neubeginn bei einem anderen restauriert er die Illusion seiner eigenen Vollkommenheit.

Ohne Lüge leben heißt demgegenüber, die Erwartungen von sich wie von anderen nicht so hoch schrauben, daß Scheitern oder Bruch der Beziehung unausbleibliche Folge wären. Wenn wir uns mit unseren kleinen Vergeßlichkeiten, Unaufmerksamkeiten und Egoismen befreunden, wird herauskommen, daß wir so unzuverlässig gar nicht sind, wie wir durch moralische Überforderung und hochgesteckte Ideale erst werden.

e) Der Glaube an absolute Gerechtigkeit

Unsere ethisch und juristisch noch reichlich unaufgeklärte Gesellschaft lebt aus moralischen und juristischen Fiktionen. Dem Glauben an akausale Willensfreiheit, die uns zum Guten und Gerechten emporreißen soll, korrespondiert ein Aberglaube an die Verlässigkeit der Justiz, der nur zu leicht in anarchistische Neigungen umkippt: aus einer Enttäuschung, die meint, daß es mit dem Recht überhaupt nichts sei, daß es käuflich sei, bloßes Machtmittel privilegierter Schichten.

Übersteigerter Idealismus war – neben aggressiv verformten Trieb-energien – mit ursächlich für jene revolutionäre Ungeduld, die seit 1968 jahrelang die studentische Jugend erfaßt hatte. Dabei ist Unge-duld nicht nur ein Ausdruck des Ungenügens, berechtigten Ungenügens, an der träge sich sperrenden herrschenden Ordnung. Ungeduld ist auch ein Symptom des Zweifelns an sich selbst, ein Zeichen der Ahnung, daß man seine »nonkonformistische« Haltung nicht mehr lange werde durchhalten können, wenn man einmal eingegliedert ist in das System der Profitwirtschaft und der Laufbahnen. Man wird dann vermutlich seine produktiven Energien, die man für eine gerechtere Ordnung ein-spannen wollte, im täglichen Konkurrenzkampf verbrauchen. Der Schlachtruf der Hippies: »Mißtraue jedem über Dreißig!« läßt trüb-selig durchblicken: »Wir werden selber so.«

Wer im Glauben an hohe Ideale, im Glauben an absolute Gerech-tigkeit, die es zu verwirklichen gelte, gut bürgerlich erzogen wurde, der kann leicht an unserer sozialen und juristischen Wirklichkeit ver-zweifeln. Es ist nötig, die jungen Menschen zum vollen Bewußtsein der Unzulänglichkeit unserer Rechtsordnung zu bringen, um sie vor Kurzschlußhandlungen der Enttäuschung zu bewahren, um sie aber auch zu Partisanen eines Naturrechts auszubilden, dessen Verwirk-lichung noch aussteht und nur in beharrlicher Bemühung zu erreichen ist. Untertäniger Glaube an die Vernünftigkeit unserer Gesetze und die Unparteilichkeit unserer Richter könnte dem Unrecht erst noch den Weg ebnen, das heißt ihm helfen, Formen gesetzten oder geurteilten Rechts anzunehmen. Nicht eine Erziehung zum Vertrauen in die Ju-stiz, einem blinden Vertrauen in die »Rechtssicherheit« schafft – ange-sichts der Mängel unserer Rechtsordnung – eine verlässige Rechtsge-sinnung. Dies leistet nur geduldige Vorbereitung auf die eingeschliffenen, oft verdeckten Formen der Klassenjustiz und der unbewußten, also im Sinne unseres Strafrechts nicht vorwerfbaren Rechtsbeugung.

Vieles, was als vorsätzliche oder zumindest fahrlässige Rechtsbeu-gung uns erscheint, entspringt womöglich allerbesten Motiven. Das macht für den, dem dadurch ein Unrecht geschieht, freilich gar keinen Unterschied. Und doch ist nur von psychologischem Verständnis für die innerlich unfreien Richter zu erhoffen, daß diese, von solchem Ver-ständnis selber berührt, sich wandeln. Die Richter, die als parteiisch erscheinen, sind es ja zumeist nicht einfach aus bösem Willen, parteiisch zu sein: sie wissen es oft nicht besser. Wer als Richter in einem Prozeß dem begüterten oder dem studierten Zeugen mehr Glauben schenkt als dem unbemittelten oder »ungebildeten«, der richtet subjektiv womöglich im besten Glauben, gerecht zu sein. Er hat als Opfer einer Erziehung zum sozialen Vorurteil gar keine Ahnung von seiner eigenen Befangenheit. Der Richter, der sich sozial geborgen fühlt in der Solidarität der Standesgenossen, hat seine Standesvorurteile immer schon im eigenen Nacken, wenn er Angehörige höherer Schichten vor Gericht bevorzugt. Da die Ausbildung der Juristen ganz ohne psychologische Schulung abgeht, ist auch keiner von ihnen angestoßen, sich über seine Maßstäbe klar zu werden.

Man soll die Fähigkeit zur Selbstanalyse freilich nicht überschätzen. Ein Richter, der seiner eigenen Selbsteinschätzung gemäß von anerzogenen Vorurteilen sich freimacht, verrät seine Abhängigkeit von ihnen womöglich erst dadurch, daß ein Vaterkomplex ihn leitet, bei jeder sich bietenden Gelegenheit Angehörige des eigenen Herkommens bewußt zu benachteiligen. Die Fälle dürften nur sich in beschränkter Zahl halten, da Gruppensolidarität überwiegt. Es ist auch vielleicht nur ein anderer Ausdruck des Standesdünkels, der Richter in Verhandlungen anheben läßt: »Sie als Akademiker hätten doch wissen müssen...« Es mag darin eine zwanghafte Abwehr eigener destruktiver Neigungen liegen: Man erklärt den gestrauchelten Akademiker zur Ausnahme, um damit kundzutun, daß einem selbst als Akademiker ein ähnliches Verhalten fernliege. Zum Nachteil straffälliger Akademiker braucht sich das nicht auszuwirken, da die überwiegende Praxis doch sein dürfte: den strauchelnden Standesgenossen zu decken, solange es geht, um ihn als »Ausnahme« erst fallenzulassen, wenn sich die öffentliche Meinung gar nicht beruhigen will. Dabei fällt noch weich, wer nicht politisch sich unliebsam gemacht hat. Bemerkenswert milde Urteile gegen Juristen bei Verkehrsdelikten verraten noch genügend Standessolidarität. Daß weniger als 1 Prozent aller westdeutschen Richter Arbeiterkinder waren[27], bezeichnet den Zusammenhang, von welchem her ändernd in die Justiz eingegriffen werden müßte. Das Justizproblem ist auch ein Schulproblem.

Hieran müssen wir erinnern wie daran, daß unsere überkommene Rechtsordnung schon kraft ihrer eigenen Schwere den Begüterten bevorzugt. Die Richter mögen noch so korrekt einem wenig Bemittelten, der mit einem Finanzkräftigen im Streite ist, rechtgeben, ihm sein Recht werden lassen: Der Minderbemittelte hat oft finanziell nicht die Kraft, sein ihm zugedachtes Recht auch durch alle Instanzen hindurch festzuhalten, wenn sein Prozeßgegner keine Ruhe gibt. Die Rechtssicherheit verlangt, daß wohlbegründeten Berufungs- und Revisionsbegehren stattgegeben wird; unsere kapitalistische Rechtsordnung schützt aber nicht den, dem dabei wirtschaftlich der Atem ausgeht. Die Folge ist eine Unsicherheit im Verhältnis zum Recht, die weniger Zweifel hegt, was recht sei, als vielmehr, ob es auch Recht bleibt. (»Was Recht ist, muß Recht bleiben«, sagt die trotzige Ohnmacht der Übervorteilten.) Rechtsschutzversicherungen finden hier noch eine Lücke des Marktes. Sie profitieren davon, daß das Recht in unserer Gesellschaft mit der wirtschaftlichen Macht geht.

Das heißt noch nicht, daß das Recht käuflich sei, aber doch, daß es dem, der einen langen Prozeß sich nicht kaufen kann, gar nicht mehr zuteil wird. Er muß sich, auch wenn er – »objektiv« – im Recht ist, in einen Vergleich fügen, um nicht vor die Hunde zu gehen. Selbst der Vorschlag, Gerichts- und Anwaltskosten allgemein aus Steuermitteln zu finanzieren, vermiede nicht den Zwang zu solchen Vergleichen, da einfach die geringere wirtschaftliche Kapazität einer Prozeßpartei sie von vornherein in einer kapitalistischen Gesellschaftsordnung benachteiligt. Wer, finanzstark, sich hundertmal selber im Unrecht weiß, kann einen wirtschaftlich Schwächeren womöglich schon dadurch in seiner geschäftlichen Aktivität lähmen, daß er überhaupt mit ihm prozessiert. Solange das Verfahren schwebt, kann zwar keine der beiden Seiten in der strittigen Sache etwas unternehmen. Aber empfindlich getroffen wird davon nur jene Partei, deren ganze Manövrierfähigkeit dadurch gebunden wird. Wirtschaftlich ruiniert durch erzwungene Untätigkeit auf dem für sie lebenswichtigen Sektor, mag ihr später sogar noch ein Recht zugesprochen werden, das sie nicht mehr benötigt.

Das typisierte Beispiel aus dem Wirtschaftsrecht zeigt, daß selbst eine noch so wohlgemeinte Justizreform und eine Gesinnungsänderung der Richter an den ökonomischen Verhältnissen der Gesellschaft ihre Grenzen finden: die Grenzen der hier möglichen Gerechtigkeit. Juridische Evolution findet ihre harten Grenzen schon an einem anderen Aberglauben, zu dem man gutgläubig uns erzog: am Glauben an den Selbstwert des Wettbewerbs in jeder Hinsicht. Alles hat, sozialdarwinistisch gesprochen, ein beständiger Kampf zu sein. Und international anerkannte Forscher, KONRAD LORENZ und ALEXANDER MITSCHERLICH, liefern dazu, »Mißverständnisse« geradezu nahelegend, eine Art Metaphysik der Aggression[28]: heute eine Sonderideologie, die uns weismacht, daß ein Trieb zum Wehetun oder wenigstens zum Demütigen[29] ein Grundtrieb alles Lebendigen sei. »Aggression ist eine Grundmacht des Lebens«, sagt MITSCHERLICH wörtlich[30].

Wer täglich in harte Konkurrenzkämpfe verwickelt ist, der bedarf wohl einer solchen Ideologie, um nicht in der Ahnung seines besseren

Wesens über dem, was aus ihm geworden ist, zu verzweifeln. Denn worauf er bewußt sich einspannt, das ist: unbegrenzte Steigerung des eigenen Umsatzes und schonungslose Konkurrenz bis zur Ruinierung des schwächeren Gegners. Die Verpflichtung aufs Handels- und Wettbewerbsrecht mildert den Vorsatz nur in der Weise, daß er lauten könnte: »Wir wollen den schwächeren Konkurrenten ruinieren, aber streng nach Recht und Gesetz.«

Dabei ist klar, daß Zivilrecht und Wirtschaftsstrafrecht als ethische Minima auch manche List gegenüber den Konkurrenten erlauben, die nicht so ohne weiteres als »Verstoß gegen die guten Sitten« oder »Verletzung von Treu und Glauben« zu ahnden ist. Die sogenannte Freiburger Schule der Wirtschaftstheorie stellt darum dem, was juristisch sich fassen läßt, eine *Moral des Wettbewerbs* zur Seite, die das Konkurrenzsystem immer noch rechtfertigen sollte. Danach ist jede *direkte* Einwirkung auf den Konkurrenten zu vermeiden; nur durch ein Mehr an Arbeit dürfe er übertroffen – und wohl auch vernichtet – werden[31]. Es ist aber psychologisch kein Unterschied, ob eigene böse Neigungen sich unmittelbar auf den Gegner stürzen oder diesen durch ein Plus an Leistung zu ersticken suchen. Auch die Wirkung bleibt dieselbe. Der vielgerühmte Fleiß der Nimmermüden ist oft nichts als eine ganz besonders zähe Form der Aggression, die nur weltfremde Psychologen als deren Sublimierung ausgeben.

f) Sozialfeindlicher Idealismus

Neben der Lüge von der folgenlosen Unterdrückbarkeit und »Sublimierbarkeit« unserer vitalen Antriebe pflegt die Erziehung in unserer Kultur einen Stil der Überredung, das Leben »herrlich« zu finden. Vorbilder, denen nachgeeifert werden soll, sind »erfolgreiche Menschen«, wahre Heroen der Leistung, auf die der Nutzen, den sie stiften, vielfach zurückstrahlt. Sozialer Erfolg wird schon benötigt, um die sittlich erzwungene Lustlosigkeit zu kompensieren. Auf die Möglichkeiten des Scheiterns sind wir nicht vorbereitet. Wir haben zu siegen gelernt und andere zu überflügeln, aber nicht, wie wir unvermeidliche Niederlagen verkraften könnten. Wir lernen nicht, auf Nackenschläge gefaßt zu sein: darum werfen sie uns jedesmal gleich nieder. Krankheit, Alter, Tod werden idealistisch verklärt – als »Prüfungen« – oder als Unglücksfälle des Lebens verharmlost, wenn nicht verdrängt. Dabei ist klar: Einen Kult der Jugend muß pflegen; wer Erfüllungen, die der

Zeit ungebrochener Kraft zugehörten, nie erfahren durfte. Und in Jugendlichkeit muß machen, wer durch Streß und Genußgifte seine Vitalität vor der Zeit verpulvert.

Dem Kult der Jugend entspricht eine Verharmlosung des Altwerdens. Neurotisierten Menschen, die im Grunde infantil geblieben sind[32], kann eingeredet werden, daß Altwerden ein Reifwerden sei. Nie ganz im Einklang mit dem, wonach uns aus vitalen Gründen der Sinn steht, müssen wir denken, daß uns im Alter noch ungeahnte Möglichkeiten erwarteten. »Das Leben beginnt mit Sechzig«, lautet eine der neuen Vertröstungen, »Man ist so jung, wie man sich fühlt«, eine ältere. Wer in jungen Jahren als leidenschaftlicher, triebstarker Mensch im Pferch unserer Sitte unter starken inneren Spannungen leidet, der mag wohl mit Recht vom Altwerden eine ihn besänftigende »Abklärung« erhoffen:

> ... doch endlich, Jugend, verglühst du ja,
> Du ruhelose, träumerische,
> Friedlich und heiter ist dann das Alter.
>
> HÖLDERLIN[33]

Friedlich und heiter: Es ist der Frieden nachlassenden Begehrens und die Heiterkeit verminderter Spannung zur Umwelt. Aber daß auch die Kraft, Spannungen zu verspüren, schwindet, bringt die versäumten Erfüllungen uns noch nicht nach. Niemand, der bei sich selber aufrichtig ist, kann erwarten, daß wir freudig mit dem Altwerden uns abfinden. In unserer Kultur verstärkt sich nur das Leiden am Altwerden durch jenen Mangel an sozialer Verbundenheit, der eine Folge unzärtlicher, lustfeindlicher Erziehung ist. Streng abgekapselt in monogame Ehen, verringert sich den allermeisten weiter der Umkreis lebendigen Mitfühlens. Überdruß an ermüdender Zweisamkeit verstärkt noch das Leiden am Altwerden. Und wenn der Ehepartner stirbt, ist man vollends allein: man hatte ja sonst keine engeren Bindungen mehr gepflegt. Die ganze Sozialfeindlichkeit strenger Monogamie zeigt sich erst im hohen Alter.

Das Alter zu ertragen, dazu muß man schon die Kinder erziehen. Unsere idealistische Erziehung führt an der Möglichkeit vorbei, solidarisch den Abgründen des Lebens sich zu nähern. »Aller Idealismus ist Verlogenheit vor dem Notwendigen«, sagt NIETZSCHE[34]. Was uns nottäte aber wäre, daß wir – mit wenngleich abflachender Lebensfreude – in größerer Gemeinschaft einander verbunden blieben, wenn wir dem unausweichlichen Ende entgegengehen.

Ist Erziehung zum Idealismus immer schon Erziehung zur Heuchelei, so ist, positiv gewendet, Erziehung zum Sehen dessen, was ist, als Erziehung zur Aufrichtigkeit eine Vorbereitung auf ein besseres Miteinandersein. Dabei darf nur der Zielbegriff der *Solidarität* nicht wiederum idealistisch überhöht werden: zum sentimentalen Gemeinschaftsgefühl, das unser schlechtes Auskommen miteinander verbrämt. Aus dieser Misere heraus führt kein willentlicher Aufschwung zur Mitmenschlichkeit; sie ist kein »Lernziel«[35], sondern immer nur das unbeabsichtigt abspringende Resultat vorwiegend lustvoller Begegnung mit anderen leibhaften Menschen. Nur wer im Mitgenuß ein vitales Band zum nächsten geknüpft hat, kann unreflektiert mit-leidend ihm nahe sein und ihm beispringen: schon aus dem begreiflichen Wunsche heraus, Leiden auch in der Form des Mitleidens von sich selber abzuwenden. Für den, der ursprünglich mit dem Anderen mitfühlt, gibt es gar keine andere Form der Leidvermeidung für sich selber als die Hilfe für den Anderen. Egoismus als Grundlage des Fühlens und Altruismus als Willensrichtung des Verhaltens widersprechen sich nicht; sie ergänzen sich. Egoismus und Altruimus geraten in einen Gegensatz (oder vielmehr: sie treten als selbständige Phänomene erst eigentlich hervor), wo der sinnlich vom Mitmenschen Abgesonderte diesem immer erst durch eine Besinnung auf Pflichten sich annähern muß. Wo keine emotionale Brücke zum Andern geschlagen ist, wird Leidvermeidung für sich selbst nur möglich durch radikales Wegsehen vom Du. So bedarf es der Mahnung, doch um Himmels willen nicht egoistisch zu sein, eine Mahnung, die wohl nicht immer wirkungslos verhallt, doch unterschwellig den Überdruß am Nächsten verstärkt. Eine neue Moral der Zwanglosigkeit muß darauf achten, daß Solidarität ihre vitalen Bedingungen hat und – wie jeder ethische Wert – unmittelbar nicht zu erstreben ist[36]. Wir können nur hoffen, daß unseren besseren Einsichten die entsprechende Haltung allmählich nachwächst.

C. KULTURHEUCHELEI

a) Idealismus als Tarnung

Junge Leute haben das Gefühl, in ein unaufrichtiges Dasein hinein-
zuwachsen. Die Entdeckung, daß Eltern, Lehrer, Vorgesetzte, daß Politiker und gar Pfarrer und Sozialreformer im eigenen Leben nicht
durchhalten, was sie hochgesinnt verkünden, eine solche Entdeckung
löst nicht nur Haß auf die Autoritäten aus, es erschüttert auch das
Vertrauen und die Hoffnung auf höhere Zielsetzungen selber. Wo denn
sonst sollen Ideale sich verwirklichen, wenn nicht in leibhaften Menschen. Die Behauptung eines Ideenhimmels mag abstrakt denkende
Gehirne befriedigen, sie vermag zu einem besseren Leben aber nicht
zu ermutigen und mitzureißen. Was mitreißt, muß sinnenhaft sich fassen
lassen. Ideale, die von niemandem mehr verwirklicht werden, repräsentieren selber die Lüge, der sie zur Tarnung dienen. Wer einen
Kulturverein gründen will, handelt klüglich nach dieser Erkenntnis:
Unter denen, die ihre Raffgier zu tarnen suchen, wird er die eifrigsten
Förderer finden.

Dient Idealismus zur Tarnung handfester, materialistischer Interessen? Es mag im Einzelfalle ungerecht sein, so zu urteilen. Es kann
auch sein, daß ein im Drange der Geschäfte und in alltäglichem Streit
verdrossen gewordenes Gemüt nach etwas Ausschau hält, wofür es sich
lohnt zu leben. Wenn der bürgerliche Jugendtraum vom Reichwerden
nicht hielt, was er versprach; wenn dabei schon die vitalen Kräfte
nachlassen, deren es zu unbefangenem Lebensgenuß bedürfte – dann
bieten geistige, kulturelle Werte sich an, dem Leben einen Sinn zu
geben. Da aber niemand aus dem Stand heraus geistige Interessen entwickelt, gibt die finanzielle Förderung kultureller Institutionen zumindest die Illusion einer Beziehung »zum Geist«. Mäzenatentum beruhigt das Gewissen, stellt das flach gewordene Gemüt in den tiefen
Raum der Kultur und erlaubt im günstigen Falle, eigene, schmerzlich
unterdrückte kreative Neigungen durch Ermutigung derer auszuleben,
die reicher an Zeit, wenngleich arm an Geld sind.

Der Mäzen ist in jedem Falle eine erfreulichere Erscheinung als jener
Verfasser sozialkritischer Romane, der nur noch »geistig« dem geplagten Volk verbunden ist, aus seinen reichlich fließenden Honoraren aber
den Schluß gezogen hat, daß es töricht wäre, sie dem Zugriff der hei-
mischen Finanzämter auszusetzen. Sozialismus will er großzügig denen

überlassen, die ihn von ihm gepredigt bekommen. Was sollen wir von einem solchen Manne halten? Hat er nicht verraten, woran er einst glaubte und immer noch vorgibt zu glauben? Oder verhält es sich nur so, daß er das bessere Leben, das er einst für uns alle wollte, heute, ethisch bescheiden geworden, nur noch für sich selber in Anspruch nimmt?

Es bleibt eine Diskrepanz zwischen dem, was einer predigt oder vertritt, und dem, was er lebt. Mit diesem Widerspruch, der nur Zynikern selber bewußt ist, könnten wir in verschiedener Weise uns abfinden. Wir könnten uns damit trösten, daß dieser Widerspruch nicht allgemein zutage trete, daß die Wirkung des schlechten Beispiels begrenzt sei; daß es dafür auch sein Gegenteil gebe: bei theoretischen Egoisten, Verfechtern der Lehre MAX STIRNERS[37], die doch spontan für andere einspringen. Wir könnten mit MAX SCHELER und LUDWIG MARCUSE auch sagen, es sei doch schon etwas, daß einer wenigstens vernünftiger denke und rede, als er handle[38]. Schließlich bedarf, so wäre zu argumentieren, der edel Denkende auch der Weggenossen, die, von ihm bekehrt, ihn selber voranbringen müssen auf einem Weg, den er gewiesen hat. Wer allein vorangeht, muß straucheln, er kann für sich die Gesetze der Konkurrenz noch nicht aufheben. Soziales Handeln ist Miteinanderhandeln.

Junge Menschen, die ein Gespür für Kulturheuchelei haben, kommen leicht in kulturrevolutionäre Stimmung, bereit, alles zu verdammen, was als edel, geistig, altehrwürdig oder idealistisch sich ausgibt. Oder sie verwerfen nur das Althergebrachte, jene Ideale, die über der Wirklichkeit schweben, und setzen dafür auf ein wahreres, schlichteres Sein. Das Ideal der Schlichtheit und der Einfachheit muß aber – schon von den jungen Leuten selber – verfehlt werden in einer sozialen Ordnung, in der die Verkomplizierung des Kreatürlichen als Niveau gilt. Wie selbstverständlich zur Verfügung stehende Luxusgüter (Plattenspieler, Sportwagen, Schmuck, Genußgifte) werden als Produkte der Konsumgesellschaft gar nicht mehr wahrgenommen, sondern benutzt oder verbraucht, während die Sehnsucht nach dem einfachen Leben von den Lippen fließt. Auch asketische Ideale erweisen sich im Verhältnis zu dem, was wir gewohnt sind, als zu hochgeschraubt. Das Einfache zu leben ist gar nicht so einfach. Es soll wohl auch gar nicht gelebt werden, sondern wie alles Ideale die Balance zur halb akzeptierten, halb verfluchten Wirklichkeit halten, damit sie bleiben kann, wo sie ist: in der Schwebe.

Wenn sittliche Ideale an der Triebnatur des Menschen vorbeigehen, oder wenn einfaches Miteinandersein gerade dank sittlicher Überforderung wieder zum hohen Ideal aufgerichtet werden muß, dann kann bei jedem körperlich gesund veranlagten und pädagogisch beeinflußbaren Menschen vorausgesetzt werden, daß er ganz ohne Heuchelei sich nicht durchfindet. FREUDS leicht resignierende Vermutung, es gebe »ungleich mehr Kulturheuchler als wirklich kulturelle Menschen«[39], wirft darum ein fast überflüssiges soziologisches Problem auf: Die größten Heuchler sind diejenigen, die behaupten, daß es ihnen mit ihren kulturellen Interessen so ernst sei, daß alle elementaren Freuden des Lebens ihnen davor wie nichts gälten. Wer dagegen in Werken der Kunst unbefangen auch den schönen Schein liebt, den wir uns vormachen, um das Leben leichter zu nehmen, der kann sich auch sonst die Freiheit des nur Spielenden erlauben; man wird ihn nicht festlegen auf einen »Idealismus«, den er notgedrungen tagtäglich verraten müßte.

Noch in einem anderen Sinne von »Idealismus« verquickt sich der Begriff mit Heuchelei. Idealismus als das Eintreten für ein besseres Leben, für soziale Gerechtigkeit, mehr Solidarität, höhere Lebensqualität, mehr Toleranz und größere Freiheit ist ein vielfach vorgetäuschtes Engagement, wenn diesen Parolen keine Begründungen, ja nicht einmal nähere Erläuterungen beigegeben werden. Sie sind modische Ausweise ostentativ progressiver Gesinnung von Leuten, die fortschrittlich auftreten aus persönlichem Ehrgeiz, Geltungsbedürfnis und nicht aus Liebe zum Mitmenschen. Ein Indiz derart motivierter Fortschrittlichkeit ist ihre strenge Begrenzung auf das, was gerade »gefragt« ist. Forderungen, mit denen man sich unbeliebt macht, zum Beispiel die Forderung, den Autoverkehr zu verringern oder das Strafrecht abzuschaffen, werden von denen, die aus Prinzip fortschrittlich sind, noch nicht aufgegriffen. Es geht ihnen nicht um die Sache und nicht um die Menschen, sondern darum, selber »richtig zu liegen«.

Idealismus als Glaube an höhere Werte, als Begeisterung für »große Männer« – und Frauen, hat schließlich die Funktion, die eigene Unzulänglichkeit abzustützen. Der friedfertige, tolerante Mensch muß ein so hohes Ideal sein, daß zwischen ihm und unserer Unduldsamkeit eine nicht mehr zu überspringende Kluft liegt. Und auch, damit es so scheint, als komme es auf eine unsere Kräfte übersteigende Anstrengung an und nicht darauf, die Bedingungen unseres Zusammenlebens so zu verändern, daß zwanglos mehr Eintracht sich ergeben könnte.

b) Der Idealismus höherer Bildung

Bevor es in Westdeutschland zur Überfüllung der Hochschulen kam, sprachen Bildungspolitiker wie GEORG PICHT von der »Bildungskatastrophe«. Sie meinten damit bei ungenügendem Bildungsstand des Volkes ein zu geringes Lehrangebot und unzureichende Förderung der Begabten. Unterdessen haben wir – zweite Paradoxie – eine »Lehrerschwemme« (bei überbelegten Schulklassen) und strengsten *Numerus clausus* in den medizinischen Fakultäten (bei überfüllten Wartezimmern der schon praktizierenden Ärzte). Während die Kultusminister und die approbierten Ärzte wissen dürften, daß es ihnen vorweg ums Geld geht, wenn sie neuen Andrang bei Pädagogen und Heilern abwehren, sind sich viele, die – trotz besserer Aussichten anderswo – einen akademischen Beruf erstreben, über ihre tieferen Motive im unklaren.

Es ist eine nur vordergründige Erklärung zu sagen, es strebe ein Mensch, vielleicht aus Familientradition, nach höherer Bildung, um der sozialen Schicht der »Gebildeten« anzugehören. Die rein soziologische Betrachtung kann uns nicht zeigen, warum gerade eine wissenschaftliche Ausbildung höchste soziale Reputation bringt. Das war nicht immer so. Im Feudalismus dünkten sich adelige Krieger und Grundherren über die Gelehrten erhaben. Noch der Junker, der im 18. Jahrhundert studierte, verzichtete souverän auf die Ablegung eines Examens. Er hätte sich damit zu den Bürgerlichen auf dieselbe Stufe gestellt. Erst die Entwicklung der Technik, die qualifizierte Gehirne erforderte, schuf auch dem Wissenschaftler höhere soziale Reputation: weil Technologie reale Macht bedeutet. Von der politischen Macht der Naturwissenschaften zehrt heute auch das soziale Ansehen der anderen Fakultäten.

Und doch ist eine solche Erklärung unzulänglich, weil sie die Entwicklung der Technik als unausweichlichen Prozeß nimmt. Es gilt naivem Fortschrittsglauben gegenüber festzuhalten, daß die Naturwissenschaft, die zur Technik geführt hat, ebenso wie unsere Metaphysik eine Frucht der Religion ist, die diese *eine* Welt in Geist und Materie und den ganzen Menschen in Leib und Seele auseinandergedacht hat. Erst dank diesem doppelten Dualismus konnte der durch Frustrationen aggressiv gestimmte Intellekt unserer Kultur der »toten« Materie und dem »unbeseelten« Leben sich ehrfurchtslos forschend und experimentierend zuwenden. Dabei projizierten sich zunächst Ewigkeitserwartungen in die Idee einer aus sich selber kreisenden Maschine, ins *perpetuum mobile*. Und die Hoffnung, den verpönten Trieb gemäß den Forderungen der Moral an- und abstellen zu können, schuf ein körperlich tiefsitzendes »technisches Interesse«, eine Freude an allem, womit man schalten kann und woran sich Hebel umlegen lassen. Auf zwei Wegen suchte der durch Triebandrang und Keuschheitsgebot verunsicherte menschliche Geist sich zu bewahren: in reiner Abstraktion und in reiner Projektion, im Idealismus und in der Maschine als dem realen Entwurf seiner Selbstanforderung ins Technische. So kam es zu dem Vorurteil, daß akademische Ausbildung, theoretische Schulung oder technische Intelligenz den höheren Menschen ausmachten.

Es ist eine späte Folge der Abwertung des Leibes in unserer Kultur, daß sogenannte rein geistige Tätigkeit einen höheren Prestigewert besitzt als körperliche Arbeit, ja daß sie das, was uns »Prestige« heißt, weitgehend mitkonstituiert. Das ist ein durchgängiger Zug in unserer Arbeitswelt: der Drang zum »weißen Kragen«, die Abneigung gegen buchstäblich schmutzige Hände. Welcher Stolz schwingt in der Stimme eines Arbeiters oder Handwerkers, wenn er sagen kann: »Unsere Tochter arbeitet jetzt auf dem Büro.« Und noch ein Klinikarzt sagt – miterlebtes Beispiel – gehässig zu einem Kollegen: »Sie sind natürlich hier der feine Max, der nur der Forschung lebt – und uns lassen Sie die Drecksarbeit machen.« Unter »Drecksarbeit« verstand er in diesem Zusammenhang das Heilen von Patienten. Der aus Leibfeindlichkeit geborene Idealismus unserer Kultur sieht den je höheren Wert einer Tätigkeit in dem Grade, in dem es dabei möglich wird, Berührung mit der Realität zu vermeiden.

Neben dem Gedanken ans Geld ist dies das zweite entscheidende Motiv für sozialen Aufstieg: der Wille, wegzukommen von dienender Arbeit oder einer, die wegen ihrer »Erdnähe« eine mindere soziale Einstufung erfährt. Damit ist gar nicht gesagt, daß jeder aggressiv Ehrgeizige eine Neigung hätte, so zu werten. Doch wer der Verachtung seiner Mitmenschen entgehen möchte, wer besonders empfindlich ist für abschätzige Worte und Blicke, der übernimmt mit der Zeit die Wertung, die er jedesmal mitvollzieht, und wird sich anstrengen, entsprechender sozialer Abwertung zu entgehen.

Denen es nicht gelingt, Abitur und Doktorat zu schaffen, aber doch der Bildungsschicht zugehörig sein wollen (vielleicht aus Familientradition), pflegen einen Seelenadel, der sie als etwas Besseres ausweisen soll als ihre Arbeitskollegen. Ostentative Ablehnung des »Primitiven«, bloß Unterhaltsamen, etwa leichter Musik, soll die Sonderrolle unterstreichen. Das zweite Wort des Bildungsspießers ist »Niveau« oder

»Stil«. Da es ihm nicht um gedankliche Bewältigung andrängender Probleme geht, sondern darum, einen Eindruck von Tiefe und Reife zu erwecken, drückt er stilistisch das Einfache wie das Schwierige gleich verwickelt aus: Niveau ist an ihm die Verkomplizierung des Einfachen. Dieser Typus des Niveaubeflissenen findet sich noch im Kreis der sogenannten Kulturschaffenden, hier zumeist verbunden mit der Bereitschaft, jede Modeströmung, die ins Gerede bringt, mitzumachen.

c) Der Drang zum Höheren

Der Rede- und Argumentationsstil kulturbeflissenen Idealismus hat die Grundtendenz »nach oben«, in einem doppelten Sinne: Dieser Stil sucht sich als »Niveau« zu dokumentieren, der den Redner sozial heraushebt und für weiteren Aufstieg qualifiziert; und er hat die Tendenz, wegzulenken von den »Niederungen« vitaler Bedürfnisse und körperlicher Nähe. »Geistiger Höhenflug« soll zeigen, wie man sich über sein sinnliches Interesse zu erheben vermag. Da Sinnlichkeit – im Sinne von Sexualität noch von FREUD[40] – mit Egoismus gleichgesetzt wird, ergibt sich daraus die Forderung und Darstellung einer Menschenliebe, die an das »Geistige« im Anderen, an sein abstraktes Personsein sich wendet und die Spontaneität körperlicher Berührung vermeidet. Solcher Idealismus und solche Ethik haben die Struktur der Heuchelei: weil sie uns vorgaukeln, daß der Mensch oder jedenfalls der Mensch mit Niveau sich von seinen Triebinteressen lösen könne, daß er dann ganz vom »Geistigen«, von sittlicher »Einsicht« sich leiten lasse, und daß er von der Vorstellung des geistigen Wesens des Mitmenschen hinreichend sozial motiviert sei. Da es aber nicht so ist, da vielmehr unsere Triebe noch die scheinbar reinsten geistigen Interessen bewegen – Trieb heißt ja Antrieb –, da sittliche »Einsicht« nur die Fügung in soziale Zwänge erfaßt, und da außerdem die Seelen sich niemals »rein« anblicken (wenn es sie überhaupt gibt als vom Leibe gesonderte Substanzen), da so die Leibhaftigkeit des Menschen seinen »Idealismus« Lügen straft, muß die Magie der Worte einspringen, ihn zu stützen. Worte können wie eine nichteuklidische Geometrie über der Wirklichkeit errichtet werden und sich als die wahrere, höhere, weil widerspruchsfreie Realität empfehlen. Ein Axiom, der Dualismus von Materie und Geist und von Leib und Seele, genügt, und man kann sagen:

»Über den Sorgen, Verwirrungen und Enttäuschungen, die den Menschen belagern, strahlt in die Welt die geistige Macht, die, wie in allen Dingen der Schöpfung, in der Seele des Menschen wohnt. Diese geistige Macht beleuchtet seinen Weg zum wahren Leben.«[41]

Es ist nicht zu bestreiten, daß von solch hohen Worten ein gewisser Trost ausgeht, jedenfalls für den, der mehr in kontemplativer Weise am Dasein leidet. Wer dagegen körperlich notleidet, hungert, unter Schmerzen sich hinschleppt oder in auswegloser Situation verzweifelt, der muß solch idealistischen Zuspruch wie einen Hohn auf seine Lage empfinden. Blickt er nicht tief genug, verstellt ihm sein Leiden die Sicht auf die »geistige Welt«? Aber was ist das für eine »Welt«, die nur den Satten und den sozial Abgesicherten zur Erbauung dient und die den Verzweifelten angedient wird, weil die Kraft vitalen Mitfühlens nicht ausreicht, sie zu tragen? Das ist nichts anderes als eine hohle Welt wohltönender Worte, die in die Gefängnisse und Notunterkünfte schon nicht sich vorwagt, weil sie dort eisiger Ablehnung verfiele. Aber auch da, wo die Menschen in heiterer Lebensfreude sich finden, in Ballsälen und Weinlokalen, käme der edle Ton nicht an. Der Wein gibt den Menschen »herrliches Gefühl der Gegenwart. Was will da die Hoffnung!« (GOETHE[42])

Hoffnung auf eine reinere, wahrere, gerechtere und schönere Welt, die uns erst im Jenseits erwarte oder die wir in »geistiger Schau« schon hier zu entdecken hätten, solche Hoffnung verfehlt den aus Verzweiflung wie den aus Freude Hoffnungs-losen gleichermaßen. Sie versagt, versiegt gerade in den Grenzsituationen, die sie bewahrheiten müßte. Hoffnung auf ein besseres Leben wird denen zugemutet, denen man anders als mit gutem Zureden nicht zu helfen weiß, oder denen man ursprüngliche Freuden verknappt. Wer einen schicksalsschweren Verlust erlitten hat, dem gibt man den Spielball höherer Werte in die Hand – um ihn abzulenken. Und wer Verzicht auf vitale Erfüllungen zu leisten hat, den vertröstet man auf dieselbe Weise.

Der Freude wie dem Schmerz sich hingeben heißt: »genau so weit das unbekannte Dunkle herausfordern«. (HOFMANNSTHAL[43]) Der realitäts- und leibfeindliche Idealismus hat die Grundtendenz, schwere Erschütterungen dem Menschen zu ersparen. Er macht ihn dadurch fungibel für einen Alltag schwacher Affekte; aber er trocknet ihn aus. Verzweiflungen und Leidenschaften, in denen der Mensch dem Dasein erst auf den Grund zu kommen vermöchte, hat er abzuleiten auf geistige Werte. »Geist« wird als die Regulierung des ungebärdigen Lebens verstanden und zugleich als Verfeinerung[44], Verharmlosung, »Sublimierung« vitaler Antriebe. Ob das gelingt oder nicht, und ob es das überhaupt gibt oder nicht – schon der Glaube daran ist eine Leistung angepaßten Denkens. Mit dem Begriff der Sublimierung, sagt FREUD, fügten wir uns nur der »allgemeinen Schätzung«, die »soziale Ziele höher stellt als die im Grunde selbstsüchtigen sexuellen«[45]. Dabei kommt der Anschein egoistischer Einstellung bei denen, die ihren sexuellen Neigungen leben, gerade von daher, daß sie gegen eine ihnen mißgünstige, sie insgeheim beneidende Umwelt sich *durchsetzen* müssen. Und die Wertschätzung der von frustrierten Gemütern erbrachten kulturellen Leistungen hat ihren Grund darin, daß sich die vertrauten Maßstäbe leicht an sie anlegen lassen, daß diese umgekehrt von ihnen eine Bestätigung erfahren.

d) Idealismus aus Anpassung

FREUD hat, allen Zweifeln daran zum Trotz, die Theorie von der Sublimierbarkeit von Trieben aufrechterhalten, sicher nicht zuletzt, um seiner Psychoanalyse soziale Anerkennung zu verschaffen. Das Motiv schimmert schon aus der Wendung von der »allgemeinen Schätzung«, der man sich *füge*. Wir können FREUD nicht mehr befragen. Aber wir erleben den Idealismus seiner Nachfolger. In einer öffentlichen Diskussion aus Anlaß des 30. Todestages von Sigmund Freud hatte ich davor gewarnt, die Tiefenpsychologie zu einem Herrschaftswissen werden zu lassen, zu einem sublimeren Mittel, die Menschen zum Triebverzicht anzuhalten. Ein international bekannter Freudianer widersprach mir, indem er sagte, die Psychoanalyse dürfe natürlich nicht dazu ermutigen, »sich einfach auszuleben«. Später, als wir uns zusammen im Fernsehen unsere Diskussion ansahen und er sich sagen hörte, man dürfe sich nicht einfach ausleben, wandte er sich zu mir und sagte: »Warum eigentlich nicht!«

Es ist wohl nicht bewußte Unaufrichtigkeit, die einen Menschen, wenn er vor die Öffentlichkeit tritt, gleichsam in eine zweite Haut schlüpfen und mit veränderter Mimik und Stimme sprechen läßt. Es ist schon der Druck der Erwartungen, der sich auf ihn legt, der seine Überzeugungen ins Gefällige, ins allseits Geglaubte verbiegt. Nuancen der Welt- und Lebensauffassung sind uns zugestanden; politische Überzeugungen können wir gegeneinander vortragen. Doch in dem, was bis heute die Grundlage unserer Kultur ausgemacht hat, die Feindschaft gegen die Sinne, ist noch keiner, der sich sozial behaupten möchte, so frei zu sagen, wonach ihm der Sinn steht.

Ich kenne die Weise, ich kenne den Text,
Ich kenn auch die Herren Verfasser;
Ich weiß, sie tranken heimlich Wein
Und predigten öffentlich Wasser.

HEINRICH HEINE[46]

Wer es nicht weiß, ist vielleicht naiv, leichtgläubig – oder selber so eingesponnen in einen Idealismus, dessen Kehrseite die Heuchelei ist. Wer aber gegen die idealistische Lüge allergisch ist, dem kann gerade auf Tagungen und bei öffentlichen Diskussionen ein Ekel an allem Wahren, Schönen und Guten ankommen, der seinen eigenen Bestrebungen widerstreitet. Der raffinierte Heuchler verrät sich nicht schon durch die Wahl der Worte – er kann reden wie jeder, dem es ernstlich um Fortschritt, Freiheit, Humanität und Völkerverständigung zu tun ist. Und doch schwingt vielleicht in seiner Stimme ein Oberton, der Widerwillen erregt. Oder es geht ein Raunen durch den Saal, das emotional Zweifel aufweckt. Auf einem Kongreß von Strafrechts- und Strafvollzugsexperten kam während der sehr um Humanisierung bemühten Ausführungen eines Gefängnisdirektors Gelächter auf. Ich neigte mich zu meiner Nachbarin, die mitlachte, und fragte sie: »Warum lachen die Leute hier?« – »Die kennen ihn«, war die Antwort.

Die Grundlüge unseres Kulturbetriebs besteht darin, daß wir da in öffentlichen Diskussionen, ostentativ leidenschaftlichen Erklärungen, gewollt tiefen Deutungen der Kunst und des Lebens ein Engagement herauskehren, dessen Rückseite, dessen Antriebe wir sorgsam im dunkeln halten. Vordergründig tun wir so, als gehe es uns im Leben um nichts anderes als um die Wahrheit in Kunst und Wissenschaft, um die Reform der kulturellen Institutionen, um die Lösung sehr spezieller Probleme, um die Bildung breitester Volksschichten – während die geheimen Sehnsüchte und Verzweiflungen einer Sphäre angehören, die wir als die intime immer noch in uns zu verstauen haben. Ich denke an zwei Wissenschaftler, die als Kongreßlöwen zu glänzen verstanden, der eine repräsentierte, stets optimistisch lächelnd, sein Institut, seine Alma mater; doch schon damals muß die Verzweiflung, die zum Selbstmord führte, in ihm hochgekrochen sein. Da beide noch spannkräftige Männer waren, unheilbare Krankheit als verständliches Motiv der Selbstvernichtung ausschied, gewannen die Gerüchte an Plausibilität, daß allerprivateste Enttäuschung den letzten Anstoß gab. Selbst eine psychologisch nicht tiefer lotende Telefonseelsorge kommt überschlägig zu dem Ergebnis, daß die Hälfte aller Lebensmüden von

Verzweiflung im »Ehe-, Liebes- und Geschlechtsleben«[47] motiviert ist.

Die Kunst hatte in unserer Kultur jahrhundertelang die Aufgabe, den verpönten Trieb und den verteufelten Leib gegen ein sittlich gereinigtes Bewußtsein zur Geltung zu bringen. Aber indem sie es tat, verstärkte sie zugleich die Gewöhnung an eine Welt, in der den hier nicht realisierbaren Wünschen ihr eigenes Reich angewiesen wird: das Reich der Träume, der literarischen und optischen Wachträume und der scheinbar unerklärlichen religiösen Verzückungen.

e) Idealistische Kunstbetrachtung

Wenn es uns nicht ernstlich um Erkenntnis zu tun ist, dann machen wir uns fast alle etwas vor mit unseren kulturellen Interessen. Wir tun so, als dienten wir »dem Geist«, der Kunst, der Kultur, wenn wir halb gelangweilt, halb amüsiert und immer pflichtschuldig Romane lesen, die zur gehobenen Literatur zählen, uns von Mozart wie von atonaler Musik beschallen lassen und des Kaisers neue Kleider auf avantgardistischen Gemälden entdecken. Im Kunstgenuß meinen wir etwas zu leisten, was die Kultur trägt. Aber das kommt wohl von daher, daß es Mühe macht, begeistert zu scheinen, wo man im Grunde ungerührt bleibt. Wo doch echte Freude an Tönen, Farben und Formen aufkommt, wird sie in idealistischem Selbstmißverständnis als höhere, geistige Freude ausgegeben, die mit niederen sinnlichen Genüssen nichts zu tun habe. Daß der körperlich ungeteilt daseiende Mensch weder im Erkennen noch im Genießen nach Höherem, Geistigem oder Niedrigem, Sinnlichem strebt, sondern einfach nach Wahrheit oder Lust, geht den im Leib-Seele-Dualismus geschulten Gehirnen nicht ein. Die Ontologie des ungeteilten Daseins verlangt aber nicht nur einzusehen, daß nichts im Intellekt sein kann, was nicht zuvor in den Sinnen war – außer der Intellekt selber[48], diese Ontologie erfordert auch ein Verständnis des Kunstgenusses als eines Genusses neben anderen.

Daß Musik uns »seelisch bewegt«, hat seinen Grund nicht in edler geistiger Gesinnung, sondern steht in engem Zusammenhang mit den Rhythmen und Aktivitäten des Leibes, die durch Takt und Ton Unterstützung, ja eine Beschleunigung erfahren können. (Marschmusik zum Beispiel steigert die Pulsfrequenz[49].) Und ähnlich ist unser Sinn für schöne Formen biologisch bedingt, wesentlich durch die uns angeerbte Fähigkeit, auf optische Schlüsselreize zu reagieren. Man muß namentlich seine sexuellen Neigungen tief verdrängt haben, wenn man wähnt, die Begeisterung für die Form eines Kruges oder einer Lampe aus *reinem* Schönheitssinn zu entfalten, ohne von vitalen Antrieben dazu hingelenkt zu sein. Das Schöne besteht nicht für sich, unabhängig von leibhaften Menschen. Daß die ausladende Form eines Kruges als »schön« uns anspricht, ist nur möglich durch die nicht zufällige Ähnlichkeit mit Körperformen, die uns sexuell stimulieren. KANTS Behauptung eines »uninteressierten Wohlgefallens« an aller Kunst[50] ist die idealistische Grundformel ästhetischer Unaufrichtigkeit. Man tut, als gehe einen persönlich die Kunst gar nichts an, so unsinnlich meint man auf sie hinzublicken. Interesseloses Wohlgefallen, wenn es das wirklich gibt, schiebt die Kunst und den Kunstgenuß in eine imaginäre Dimension, die von unseren Trieben – scheinbar – nicht mehr erreicht wird.

Die FREUDsche Theorie der Sublimierung sexueller Triebe zur kulturellen Leistung steht noch ganz in dieser Tendenz, wenngleich mit dem realistischen Einschlag, daß das Sublimierte, der Trieb, im Sublimat, der Kunst, noch irgendwie enthalten sein muß, allerdings in sozialkonformer Umbildung. Daß Künstler oft gerade zum Ruhme des verketzerten Leibes gedichtet und gebildet haben, daß sie den Leser, den Betrachter mitreißen wollten zu einem freieren Leben, geht in solche Kunsttheorien nicht ein. Deutlich »moralisch« geprägt, also leib- und sinnenfeindlich, verfehlen sie den Sinn großer Kunst, den religiöse Kunst auch gegen ihre Absicht erreicht: den Sinn, Feier des Daseins zu sein. Nicht die idealistische Überhöhung des Lebens, nicht die Verdünnung und Verfremdung des Sinnlichen, macht Kunst zu *wahrer* Kunst, sondern die Verdichtung und Vertiefung des Irdischen. Dies mit der unausdrücklichen, unaufdringlichen Mahnung, das Hiersein ernst zu nehmen in seiner Einmaligkeit und Unwiederbringlichkeit, es nicht geringzuachten vor jenen geistigen oder jenseitigen Welten, die sich darüber oder dahinter noch schichten könnten, aber als bloß Erträumtes doch nur der Sehnsucht der Unzufriedenen und der Vertröstung durch die Auguren entstammen. Große Kunst, die uns ohne Verlogenheit sinnlich anspricht, rückt uns auf den Leib in einer Weise, die der sittlich verklemmte Mensch als Zumutung empfinden muß. Sie gibt ihm so deutlich, daß es ihn zum Wegwenden nötigen mag, zu verstehen: »Du mußt dein Leben ändern.«[51]

f) Der Idealismus der moralischen Überforderung

Es ist schon schlimm genug, daß die überkommene Moral den Menschen sittlich und damit nervlich überfordert. Zur Verlogenheit unserer Gesellschaft gehört auch, daß Kulturkritiker und Ethiker immer sublimere und anstrengendere Tugenden fordern, während die Grundlagen des Zusammenlebens, ja des Lebens entgleiten. Was in einer frustrationsarmen Gesellschaft zwanglos sich entfalten würde: Freude am Leben und Liebe zum Mitmenschen, kann nicht einfach durch Willensleistungen der Verantwortung und der Pflicht ersetzt werden – es wird überkompensiert durch die Forderung einer Gerechtigkeit, die, politisch vorangetragen, die letzten vitalen und intellektuellen Kräfte eines Volkes schwächen oder doch lahmlegen soll. Bedeutete ehedem (schon seit ARISTOTELES) Gerechtigkeit den Ausgleich einer von Menschen verursachten Schädigung oder Beeinträchtigung, so greift ein geradezu »kosmischer« Begriff von Gerechtigkeit darüber hinaus und verlangt von den Gesunden, den Begabten, den Lebensfrohen einen Ausgleich zugunsten der Kranken, der Minderbegabten und der Verdrossenen, damit diese die gleichen sozialen Prämien erringen könnten. Solcher Ausgleich kann nicht mehr im Sinne ALBERT SCHWEITZERS sich daraus ergeben, daß die Gesunden und Klugen den Kranken und Behinderten sich sorgend, heilend und tröstend zuwenden. Radikaler Ausgleich der natürlichen Ungerechtigkeit der Vitalitäten und Begabungen wird jetzt gesucht in einer politischen Zurücksetzung der Gesunden und Intelligenten, in einer Drosselung ihrer Spontaneität durch Verunsicherung. Aufopferung genügt nicht; es muß alles eingeebnet werden. Doch: Nivellieren kann man nur nach unten, indem man einem Ärgernis erregenden Zuviel die Spitze abbricht; indem man Begabung ihrer Neigung entfremdet. Das ist die Praxis eines Sozialismus, der nicht aus Nächstenliebe und mitmenschlicher Solidarität, sondern aus dem Neide erwächst. Eines Sozialismus, auf den aber kein Verlaß ist. Ein ehedem eifernder Linker, der durch ein wie zufällig begonnenes Geschäft unversehens zu Reichtum kam, sprach mir von der »Sicherung des Eigentums« in einer immer chaotischer werdenden Welt. Ich fragte ihn, wo sein radikaler Standpunkt geblieben sei. Zynisch gab er zurück: »Solange man selber nichts hat, teilt es sich noch leichter.« Auf solche Sozialisten dürfen wir nicht setzen. Aber auch nicht auf jene, die durch Übersteigerung des Ideals die erreichbare soziale Gerechtigkeit wieder in die Ferne schieben. Was schließlich soll das heißen, wenn JOHN RAWLS fordert, »die Zufälligkeit der natürlichen

Begabung und der sozialen Bedingungen zu annullieren«[52]. Soll das bedeuten, daß man es in den Schulen und Hochschulen den »natürlich Begabten« besonders schwermachen muß und auf die Minderbegabten »soziale Gesichtspunkte« anwenden, um sie zu fördern? Wenn in Osteuropa eine Zeitlang durch die Anwendung sozialer Kriterien vorab den Arbeiter- und Bauernsöhnen das Studium ermöglicht wurde, so mochte dabei ein revolutionärer Impuls mitschwingen: Umschichtung der Gesellschaft, Entmachtung der bisherigen Intelligenzschicht war das offenkundige Ziel. Aber auf die Dauer wird auch dort nicht so verfahren. Permanente »Kulturrevolution«, wie es in China heißt, gefährdete die Produktivität überhaupt. TENG HSIAO-PING setzt sich durch. Seine Maxime lautet: »Es kommt nicht darauf an, ob eine Katze schwarz ist oder weiß. Hauptsache, sie fängt Mäuse.« Die Alternative wäre: Verelendung.

Denn was sonst bedeutete die beständige »Annullierung« natürlicher Begabungsunterschiede für die Gesellschaft im ganzen? Vermehrung des sozialen Besitzstandes, bessere Köpfe zum Wohle der Gemeinschaft? Mitnichten. Unverkrampft sozialistische Solidarität wäre dankbar für die besonderen Leistungen der Hochbegabten, jedenfalls solcher, die nicht kraß eigene Interessen verfolgen, sondern bessere Lösungen für uns alle erarbeiten. Wenn sie hinter Bedürftigeren zurückstehen müßten, nützten sie uns nichts; und wir könnten uns nur damit trösten, daß sie uns dann auch nicht mehr schadeten. Die Idee einer Gerechtigkeit, die den Begabten zurücksetzt, ist ein im letzten sozialfeindlicher Gedanke, das späte Kind eines Liberalismus, der auf den Egoismus setzt, der, bei allen gleichmäßig unterstellt, auch allen den gleichen »Erfolg« bringen soll. Der alte Liberalismus meinte nur, der Egoismus jedes Einzelnen müsse, frei ausgelebt, zum »größtmöglichen Glück der größtmöglichen Zahl« (BENTHAM[53]) führen. Der vom Individualismus infizierte Sozialismus will im Grunde das gleiche: indem er dem Egoismus der Minderbegabten noch aufhilft. Aber das Glück der breiten Massen hängt immer nur von denen ab, die es planen. Wenn sie den Gleichheitsgedanken überziehen, ihn noch gegen das biologisch Bedingte wenden, können sie es nur *ver*planen. Wenn sie natürliche Begabungen im Namen einer abstrakten Idee der Gerechtigkeit zurückdrängen, dann halten sie damit, bewußt oder nicht, praktisch den Raum frei für Gesinnungstüchtige. Den Schaden hätten wir alle.

g) Ideale, um zu vereinsamen

Ohne Lüge leben, das heißt auch: zugeben und eingestehen, daß man andere Menschen braucht, sich nach ihrer Nähe und nach ihrer Zärtlichkeit sehnt. Gewiß ist der prototypisch kontaktunfähige Mensch unserer Kultur durch eine lieblose und leibfeindliche Erziehung so in sich verkapselt, daß er nur noch schwer »Kontakt« mit anderen findet. Aber er hat, sein Selbstbewußtsein zu sichern, auch zumeist eine Fassade der Abweisung errichtet, eine Miene sich aufgesetzt, die sagt: »Ich brauche Euch nicht.« Oder: »Ihr seid mir zu dumm, zu gewöhnlich, zu oberflächlich.« Hochgeschraubte moralische Ansprüche geben vor sich selber die Rechtfertigung dafür ab, daß es besser ist, allein zu bleiben. Das für sich lebende ältere Mädchen, das immer geklagt hat, die Männer wollten »nur meinen Körper«, ist der Prototyp des sittlich vereinsamten Menschen unserer Kultur. Wer hier traditionsgerecht sich selber nach Leib und Seele auseinanderdenkt, dem muß mit der Verachtung des Leibes und des »bloß« sinnlichen Begehrens auch die immer körperhafte Verbindung zu anderen Menschen mißlingen. Er verfehlt nicht nur das Du eines zärtlichen Partners, das in dessen Fingerspitzen so anwesend ist wie im Auge oder im Gehirn; er wird auch unfähig, die Blicke und Gesten der Mitmenschen wortlos zu verstehen und ihnen ebenso zu erwidern. Personen wenden sich nicht geistergleich einander zu. Schon daß wir uns »gerne sehen«, des Anderen Stimme leiden mögen, so manchen aber auch »nicht riechen können«, gibt uns den Fingerzeig, daß wir den ganzen vollsinnlich empfindenden und körperlich gegenwärtigen Menschen meinen und nicht die abstrakte Idee seines Ich-Zentrums, seiner »Geistperson« oder seines Charakters.

Der Mensch als reines Geistwesen, das von Schmerz und Krankheit, von Lust und Leidenschaft nicht eigentlich berührt werde[54] – das ist das Menschenbild des deutschen Idealismus, aber auch der »ekklesiogenen Neurose«[55]. Ein solches Menschenbild, ernstlich – und verdrossen – gelebt, gefährdet den verleugneten Leib in seiner Existenz. Man kann gewiß mit sexueller Frustration nicht alles erklären. Aber es sollte zu denken geben, daß etwa die Hälfte aller Lebensmüden dem Telefonseelsorger Liebeskummer, Ehekrach oder sexuelle Schwierigkeiten als Grund ihrer Verzweiflung angeben[56]. In wie vielen Fällen mag sexuelle Not der verdeckte, sich selber nicht eingestandene Grund sein? In wie vielen Fällen verzweifelt der Mensch, seinem eigenen Verständnis gemäß, nicht durch Frustration und Vereinsamung, sondern durch die »Schlechtigkeit« einer Welt, die seinen Ansprüchen nicht genügt?

Wer hohe Ideale und »kulturelle Interessen« vor sich herschiebt, um die Menschen an ihnen zu scheiden, der mag wohl hie und da einen Partner finden, der sein »Niveau« bestätigt und mit dem er in einem vorzeigbaren Sinne sich versteht; aber er wird vom gleichsinnig »Sublimierenden« gerade in seinen uneingestandenen Sehnsüchten und Wünschen allein gelassen. Die im sogenannten Intimbereich scheiternden Paare zeigen qualvoll, daß der Mensch als soziales Wesen nicht von seinen hohen kulturellen Wertschätzungen her zu begreifen ist. »Liebe zur Musik«, Kunstsinnigkeit überhaupt, Freude am Theater, das Studium von Büchern über »geistige Welten« geben wohl einen Kitt »gemeinsamer Interessen«, aber sie verbinden nicht *tiefer*: nicht aus der Tiefe vitaler Neigungen heraus. Wer menschliche Beziehungen, gar eine eheliche Gemeinschaft auf das Wahre, Schöne und Gute gründen will, ohne zu fragen, woher diese Ideen sich bemessen, der geht nur darauf aus, eine kulturelle Gruppe im kleinen zu schaffen. Er kann darin so vereinsamen wie im eingetragenen Kunstverein.

Vereinsamung und Idealismus als forcierte Hinwendung zum Geistigen, zum Höheren, treiben wechselseitig sich hervor. Erziehung zum Idealismus muß zuerst die unbefangenen Lüste des Körpers verknappen, um ein Begehren nach höheren, »sublimierten« Freuden zu wecken. Der in seiner Genußfähigkeit und damit auch in der Kraft des Mitgenießens verkümmerte Mensch wird aber immer mehr an höhere Werte *in sich selber* glauben, weil er es sonst in seiner eigenen Gesellschaft nicht recht aushielte. Für schmerzliche Isolierung entschädigt sich der Mensch halbwegs selber, indem er seine Selbstachtung erhöht: in dem Glauben, Verzichte könnten nicht einfach vergeblich sein. So hat er am Ende, mit GOETHE zu sprechen, mehr Ideales als er brauchen kann[57], ja mehr als ihm guttut. Da er die Ideale, an die er glaubt, immer auch in sich selber als dem edel Glaubenden verankert fühlt, kann ihm bald niemand mehr genügen.

Realitätsverlust schreitet fort. Ideale, auf die unser Verlangen nach Geborgenheit sich projiziert, geben die Illusion einer großen unsichtbaren Gemeinschaft mit Gleichgesinnten noch über die Kontinente und über die Jahrhunderte hinweg. Glaubensbrüder und Genossen, die mit uns leben, verkörpern immerhin die Hoffnung auf ein Leben, in dem keiner mehr an schmerzlicher Isolierung litte. Die einen denken an ein jenseitiges Leben, die anderen an ein zukünftiges, das die Genossen von heute schon deswegen nicht mehr erleben, weil sie vergessen haben, daß »Genosse« von »genießen« kommt. Wer nicht mit anderen zu genießen versteht, verliert jede ihn weitertragende Gemeinschaft. Und wer nur still für sich zu genießen sucht, dem wird jeder Genuß zuletzt schal und leer.

Realisten hoffen weniger auf ein besseres Leben nach dem Tode oder auf das Glück der künftigen Generationen. Sie setzen ganz einfach auf den nächsten Urlaub. Oder sie freuen sich auf den Fasching. Einmal oder zweimal im Jahr sollen die durch kluge Anpassung und scheue Rücksicht gezogenen Schranken durchbrochen werden. Die Prospekte der Reisegesellschaften werben mit attraktiven Badenixen und lächelnden Skihasen – zumindest die Männer werden mehr oder weniger bewußt mit libidinösen Versprechen geködert. Wer verreist, gibt sich der Hoffnung hin, mit der gewohnten Umgebung auch die eingeübten Hemmungen zu verlassen. Wer wenigstens im Denken sich frei fühlt, dem gelingt das wohl auch – für einige Zeit. Wieder zu Hause, ist er wieder der alte, ist er auch wieder allein[58].

Die Freundschaften, die im Urlaub geschlossen wurden, reichten nur für die Zeit des Urlaubs selber oder für zwei, drei Briefe darüber hinaus. Nichts zeigt deutlicher als das Verwelken von Urlaubs- und Reisefreundschaften, daß der Mensch nicht reiner Geist ist, der, um Freund oder Liebender zu sein, der körperlichen Gegenwart der geliebten Person nicht bedürfte. Nur ein vertrautes Du, ein lange gewohntes, kann auch über lange, ja endgültige Trennung hinweg die Frische des Geliebten bewahren.

Solche Ansprüche werden an Urlaubsfreundschaften indessen selten gestellt. Dem in der Tretmühle seines Berufes, seines Alltags empfindungslos Gewordenen genügt es, vorübergehend den Reiz menschlicher Nähe zu spüren, um nicht in aller Aktivität zu erlahmen, um nicht in totaler Lustlosigkeit gefährlich depressiv zu werden. Wer in der vertrauten Umgebung, in seinem »Milieu« ständig erlebt, daß fast keine menschliche Beziehung sich absichtslos knüpft, daß vielmehr handfeste Erwartungen dahinterstehen, der genießt auch dankbar das unverbindliche Zusammensitzen mit fremden Menschen im Urlaub, der schätzt, was die eigene moralische Überzeugung zu Hause verachtet: verantwortungslose Sexualität. Was im Urlaub oder Fasching ein befristet frivoles Gemüt sich erlaubt, hält die Balance zu den Alltagspflichten, die uns bald alle Heiterkeit austreiben.

Die Urlauber oder die Schlachtenbummler, die in fernen Landen Ärgernis erregend »aus der Rolle fallen«, sollten indessen nicht zur sittlichen Entrüstung dienen oder dazu, die Behauptung eines mystischen »Aggressionspotentials« zu stützen. Vor reisenden Teufeln, sexuell rücksichtslosen oder randalierenden, sollten wir uns vielmehr fra-

gen, wie verklemmt, wie gedrosselt, wie verlogen *bei denen zu Hause*
das alltägliche Leben sein muß, daß sie Exzesse zum Ausgleich nötig
haben. Bei denen zu Hause: das ist womöglich zugleich »bei uns zu
Hause«. Jeder Klatschsüchtige, jeder gehässig die anderen sittlich Über-
wachende, jeder Indiskrete trägt mit an der Schuld, daß Menschen in
Ausnahmesituationen entgleisen. Ein etwas leichterer Sinn jeden Tag
hülfe groben Leichtsinn vermeiden. Das ist – bei längst sittlich verbogenen Menschen – natürlich nicht durch umgekehrten moralischen Appell zu bewirken. Es hilft (fast) nichts, den Sittenwächtern Toleranz
zu predigen und den Neugierigen Zurückhaltung. Wer unter sexueller
Unfreiheit leidet, muß auch selbst etwas dazutun, seinen Spielraum zu
erweitern. Er kann, indem er »wie selbstverständlich« (das heißt also:
mit gespielter Selbstverständlichkeit) bisher tabuierte Verhaltensweisen für sich in Anspruch nimmt, seine Umwelt dazu bringen, daß sie
sich daran *gewöhnt*. Zu billigen braucht sie nicht, wie er lebt; es genügt,
wenn sie ihn nicht daran hindert. Und wer in engem Lebenskreis unter
Vereinsamung, Unverstandensein leidet, der kann – auch bei gelinder
Kontaktarmut – den Ring, der ihn umschließt, durchbrechen. Er bedarf
dazu nur des *Muts zur Blamage*, der Bereitschaft, Zurückweisung in
Kauf zu nehmen. Das ist keine Empfehlung psychischen Masochismus,
sondern die vermittelte Erfahrung, daß innerlich vorweggenommene
Enttäuschungen uns gar nicht mehr so niederzustrecken vermögen wie
jene, die uns in argloser Hoffnung treffen oder in einem Optimismus,
der nur uneingestandene Mutlosigkeit ist.

III. KAPITEL

Manipulation als höhere Form der Lüge

A. WILL DER MENSCH MANIPULIERT WERDEN?

a) Der Wunsch, in Ruhe gelassen zu werden

Es heißt zwar, die Welt wolle betrogen sein, doch befragt, ob er manipuliert werden wolle, wird kaum je einer antworten: Ja. Wenn er weiß, was das Wort bedeutet, wird jedermann sich wehren gegen die Unterstellung, er habe nichts dagegen, daß mit ihm veranstaltet wird, was sein geistiges und emotionales Fassungsvermögen übersteigt. Es nicht zu wollen, scheint gerade zum Manipuliert-Werden zu gehören. Manipulation ist aber nicht Überwältigung des bewußten Willens – das besorgen Überredung und Zwang –, sondern die Steuerung und Förderung von Neigungen, die neben dem »vernünftigen« Willen uneingestanden in den Menschen liegen. Manipuliert kann werden, was aus geheimen, verdrängten Sehnsüchten erwächst und auf eine gerade, offene Art sich nicht ausleben darf. So sind Prestige- und Konsumbedürfnisse, die aus unterdrückter Sexualität kommen, das vornehmliche Ziel von Manipulation. Raffinierte Werbung kann die Ersatzlüste, auf die sie abstellt, nicht erst schaffen, wohl aber die Moden ihrer »Befriedigung« vorspielen und suggestiv vermitteln. Im Grunde gleichwertige oder gleich minderwertige Waren treten miteinander in Konkurrenz, wobei diejenige siegt, sich durchsetzt, den Markt erobert, für die mit steter Wiederholung oder mit der Berührung unbewußter Hoffnungen geworben wurde. Wollen die Menschen manipuliert werden? Wenn sie unbewußt im Rahmen der bestehenden Möglichkeiten optimal glücklich sein wollen und zugleich einen Widerwillen gegen grundlegende Veränderungen haben, dann wollen sie es. Wenn aber schon hierin ihr ursprüngliches Bedürfnis sich ausdrückt, in Ruhe gelassen zu werden, dann wollen sie es nicht.

Der Anschein, daß der Mensch manipuliert werden *wolle,* kommt von daher, daß der bereits manipulierte Mensch so bleiben will, wie er ist, und das heißt auch: wie er manipuliert ist. Denn ein anderes Leben kann er sich schwerlich vorstellen. Erfolgreich manipuliert ist immer nur, wer gar nicht merkt oder nicht mehr weiß, daß er manipuliert ist. Manipulation muß, um dieses ihr Ziel zu erreichen, darum sehr tief im Menschen ansetzen: vor jeder Bewußtseinsentfaltung in früher Kindheit und später hinter dem Rücken eines Bewußtseins, das warnend aufleuchten könnte.

Die Menschen unserer Kultur wollen nicht manipuliert werden, aber sie wollen das, wonach es sie in ihrer sittlich verquälten Triebnatur verlangt: den Rausch durch Genußgifte anstelle vielfach erschwerter, verhinderter oder reduzierter Orgasmen, das Prunken mit Prestigegütern anstelle solidarischer Mitmenschlichkeit und den Kitzel aggressiver Filmspiele anstelle positiver Erfahrung des Lebendigseins. Wohl wird man einer Mehrheit der Bevölkerung leicht auch idealistische Wendungen gegen die Konsumgesellschaft und die brutalen Filme entlocken können. Wenn aber zum Beispiel 66 Prozent aller männlichen und gar 74 Prozent aller weiblichen Fernsehzuschauer Westdeutschlands laut Meinungsumfrage[1] »für weniger Brutalität und Gewalt« im Fernsehen eintreten, so könnte nach einer Verwirklichung dieser Forderung eine noch beachtlichere Mehrheit beider Geschlechter mit einem Mal finden, daß die Programme nun »langweiliger« geworden seien. Kurzweil und erst recht das, was man unter »Spannung« versteht, ist in unserer aggressiv formierten Gesellschaft eng mit der Lust an der Grausamkeit verknüpft. Prominente, die sich bei den Massen lieb Kind machen wollen, bekennen sogar unaufgefordert, daß sie am liebsten als Zuschauer aggressiver Sportspiele und als Leser von Kriminalromanen sich *entspannen.* Der idealistischen Ablehnung von Gewalt entspricht der selbstverständliche, oft nicht minder ostentative Genuß der Gewalt. Schwer vorstellbar, es könne einer, ohne seine Karriere aufs Spiel zu setzen, ähnlich unbefangen den Genuß von Pornofilmen öffentlich bejahen. Selbst in verlogen-moralischer Verbrämung, daß grimmiges Zuschauen immer noch besser sei als frohes Mitmachen, brächte das in Verruf. Dem Fernsehen als einer Anstalt des öffentlichen Rechts, die für die breiteste Öffentlichkeit da ist, bleibt nur, die traditionell gebilligten Ersatzlüste der Aggressivität filmisch auszuspielen. Sexualität wird vornehmlich problembeladen, risikobeschwert präsentiert: Der mögliche Anreiz zu einem freieren Leben soll so gering wie möglich gehalten werden. Manipulation kann man das nicht nennen, wenn der Begriff Veränderung meint oder zumindest eine Tendenz vom Faktischen weg. Aber es ist Manipulation zur Stabilisierung der bestehenden Verhältnisse und der herrschenden Moral. Auch wer die Menschen daran hindert, ihren ursprünglichen Neigungen nachzugeben, manipuliert. Er bremst die Gravitation zu größerer Freiheit des Trieblebens.

Die geläufige Rede, die Menschen wollten doch manipuliert werden, hat – als selber manipulierende Losung – auch die Funktion, alle Vorstellungen von einer herrschaftslosen Gesellschaft ins trübe Licht des Irrealen zu tauchen. Autoritär verbogene Gehirne hemmen jedes andere, in welchem der Gedanke an die Möglichkeiten repressionsfreien Zusammenlebens nur einmal aufdämmert. Dabei gehen jene, die leichthin zum Hirngespinst erklären, was andere ersehnen, selber zweifach an Realitäten vorbei: an der Realität solcher Sehnsüchte, die schließlich nicht aus dem hohlen Bauch kommen; aber auch schon am Mechanismus jeder faktischen Unterdrückung, der im Verbiegen ursprünglicher Triebinteressen sich betätigt. Den Menschen bevormundende Herrschaft will so immer das Naturwidrige, ja Widersinnige vom Menschen erreichen, und sie erreicht es, nicht zuletzt, indem sie auch sein Denken betört: mit der positivistischen Skepsis gegenüber der weniger selbstherrlichen Ahnung, daß es eine allgemeine Natur des Menschen gibt oder doch etwas in uns, das bewußtem Wollen sich entzieht. Ein Herrschaftswille, der darüber scheinaufgeklärt sich hinwegsetzt, kann zwar die angeborenen Möglichkeiten des Menschen nicht einfach frei manipulieren; aber er bestätigt – als Machtwille – sich gerade, indem er sie pervertiert. Wahre Macht ist allemal die Macht, Nonsense durchzusetzen. Das hat SHAKESPEARE in *Maß für Maß* dramatisch dargestellt. Unfreiwillig komisch klang es in der häufigen Erklärung jenes Herzogs von Sachsen, der auf Vorhaltungen, sich doch logischen Argumenten nicht zu verschließen, zu erwidern pflegte: »Ich will nichts bedenken, nichts überlegen, wozu wäre ich denn sonst der Herzog von Sachsen.«[2] Von hierher gesehen, ist die Absicht, eine repressionsfreie Ordnung zu schaffen, nichts anderes als der Wille zu einer vernünftigen Ordnung. Solche Ordnung verlangte, daß niemand mehr in seinen vitalen Antrieben gebrochen würde – zum Schaden seiner selbst wie der Gemeinschaft. Wenn heute doch als gesichert gelten darf, daß gerade sexuelle Frustration *von klein auf* jenes »Aggressionspotential« erst aufbaut, von dem einige sagen, es sei uns völlig angeboren, dann dürfte ein solches »Potential« bei optimal frustrationsfreier Erziehung als nennenswerte Kraft nicht entstehen. Das Chaos widerstreitender Aggressionen, das heute unser Zusammenleben »verunsichert«, braucht nicht von einem sozialen Chaos pausenloser Triebbetätigung abgelöst zu werden. Von pausenloser sexueller Aktivität schon deshalb nicht, weil der wirklich befriedigte Trieb in Pausen der Sättigung – und der Erholung – schweigt. Nur die orgastisch halb oder völlig Impotenten (Frigiden) sind pausenlos lüstern: weil das, was sie endlich beruhigen könnte, pausenlos – aussteht. Ein Chaos der sozialen Beziehungen braucht in einer vital befriedeten Gesellschaft sich aber auch deshalb nicht einzustellen, weil jede tiefe Lust zum Verweilen bestimmt. Das oberflächliche Springen von Partner zu Partner ist die Lust der Lustlosen.

Es ist – in Erwartung einer optimal frustrationsfreien Gesellschaft – nicht bloß an den Sexualtrieb und dessen häufige Frustrierung zu denken, schon gar nicht an die genitale Sexualität der Erwachsenen allein. Es ist schwer, an die Möglichkeit freierer sexueller Sitten in einer Gesellschaft zu glauben, in der frühkindliche Frustration erst noch um sich greift. Die Babys werden immer weniger auf natürliche Weise gestillt. Das bedeutet, daß die entwicklungsgesetzlich notwendige »orale Phase« (FREUD) vitalpsychisch gar nicht mehr voll durchlebt wird. Wie soll da ein unverklemmt genital reifer Mensch sich entwickeln?

Optimal nicht-frustriertes Leben verlangt auch den in seiner Motorik ausgelasteten Menschen. Die Frustrierung des Bewegungstriebes stützt freilich ein Prestigebedürfnis, das nur zum Teil selber anderen Frustrationen sich verdankt. Es ist zugleich sozial vermittelt durch die nachwirkende feudalistische Vorstellung: »Vornehm ist es, im eigenen Wagen vorzufahren.« Auch von hierher nährt sich das kulturbewußte Vorurteil, es sei anders als durch vitale Frustrationen eine Hochkultur weder zu erzielen noch zu erhalten.

Uns allen geht es leicht von der Zunge, der Mensch solle menschenwürdig leben. Der Mensch, ein bewußtseinsfähiges Säugetier, hat Anspruch darauf, nicht unter der Schwelle seines Bewußtseins sozial geführt und individuell verbogen zu werden. Paradoxerweise pochen auf die »Würde des Menschen« aber gerade diejenigen, die durch eine triebunterdrückende Moral ihn zu hindern trachten, sich seiner endlichen vitalen Natur voll bewußt zu werden[3]. Wenn die Menschen wirklich der Lüge entgehen wollen, dann wollen sie nicht manipuliert werden, sondern aufgeklärt über die ihnen offenstehenden Möglichkeiten eines zugleich intensiveren wie friedlicheren Lebens. Das heißt, sie wollen wissen, woran sie sind, um zu wissen, was sie tun sollen. Solche Ausrichtung wird aber verhindert von einer Zwanghaftigkeit des Verhaltens, die beim scheinbar mündig gewordenen Bürger nicht mehr durch äußere Zwänge allein zu erklären ist.

Die Menschen wollen nicht manipuliert, sondern in Ruhe gelassen werden – oder offen und ehrlich von einem »starken Mann« kommandiert. Nach frühen Frustrationen in ihrer vitalen Spontaneität gebrochen, sind die allermeisten so eingespurt in ihren Alltag, so zwangsfixiert auf jeweils das nächste Ziel im sozialen Aufstieg, daß oft schon die etwas über Dreißigjährigen nicht mehr fähig sind, ihrem Leben eine neue Richtung zu geben. Ein Wechsel des »angestammten Arbeitsplatzes« erscheint ihnen als grobe, ja antisoziale Zumutung. Die Ruhrkumpel, die sich nach Stillegung ihrer Zechen gegen Umschulung sträubten, pochten geradezu auf ein Gewohnheitsrecht, ohne vorauszusehen, daß ihnen eine Ölkrise andersherum recht geben würde. Im graphischen Gewerbe bereitet sich ein ähnlicher Umbruch vor. Bloße Bewußtseins-Manipulation reicht bei der Ablösung einer Technologie nicht mehr aus, um ganze Berufsgruppen umzuschleusen. Da muß – gegen den nicht mehr manipulierbaren Willen der Betroffenen – mit harten Eingriffen und »vollendeten Tatsachen« gearbeitet werden. (Im sogenannten sozialistischen Osten ist man in entsprechenden Situationen nicht weniger zimperlich als im kapitalistischen Westen.) Die Unzulänglichkeit bloßer Bewußtseins-Manipulation für die berufliche Umschichtung ganzer Bevölkerungsteile weist aber zurück auf die beschränkte Wirkung von Manipulation überhaupt: Der Mensch kann zu nichts manipuliert werden, als wozu ihm schon insgeheim der Sinn steht.

b) Die Manipulierbarkeit des frustrierten Menschen

Manipulation beabsichtigt die Lenkung der Menschen zu Zwecken, die nicht die ihren sind, und mit Mitteln, deren wahren Zweck sie nicht erkennen. Dazu ist nicht nötig, daß Manipulation unmittelbar den Leuten ins Unterbewußtsein greift. Beim schon Erwachsenen genügt es, ein längst neurotisiertes Bewußtsein anzusprechen und dessen Ausrichtung auf Erfolg, Prestige und sadomasochistische Lust mit konsumierbaren Erfüllungen und Spielwerten abzuspeisen. Wenn heute die Firma A, morgen die Firma B ihre Produkte absatzsteigernd mit Erfolgs-*appeal* anpreist, oder wenn heute die politische Partei C, morgen die Partei D als Spitzenkandidaten eine stimmenfangende Vaterfigur oder einen kollektiven Bräutigam präsentieren, dem die Mehrheit frustrierter Frauenherzen im Wahlakt ergeben ist, dann bedeuten solche Manipulationen keine grundlegenden Eingriffe in die psychische Struktur der Bevölkerung. Der Rahmen kollektiver Manipulierbarkeit ist abgesteckt, wo in einem Volk oder gar einer Kultur überwiegend durchgehaltene Kleinkinddressate einen einheitlichen »Volkscharakter« der vitalen Unsicherheit und der Verquältheit schaffen, der von sich aus nach Überkompensation und nach mannigfacher Ersatzlust schreit. Nach Lust, die psychisch die Stelle vitalerer Freuden einnimmt: weil jeder lebendige Organismus doch nach Lust strebt, um dem Dasein sich befreundet zu halten. Nach bloßer Ersatzlust: weil mit den zwanghaft durchgedrückten Forderungen einer leibfeindlichen Moral keiner von uns gern in Konflikt kommt; doch auch schon deshalb, weil für die einmal umgepolte Triebstruktur unkomplizierte vitale Aktivitäten gar keine Quelle der Lust mehr sind. Körperliche Bewegung oder unvermittelte sexuelle Betätigung geben als Bewegungslust oder orgastische Befriedigung nichts mehr her, wo von klein auf der Mensch zur Lustlosigkeit getrimmt wurde: durch ein System von sich aufbauenden bedingten Reflexen, das etwa »unkeusche Berührungen« stereotyp mit Schlägen beantwortet hat. Dem zur Lustlosigkeit Dressierten wird halbwegs zur Lust nur, was sein anerzogenes schlechtes Gewissen ausschaltet: Alkohol, Rauschgift. Oder er empfindet doch die Lust, die nicht sein soll, wenn sie durch Gruseleffekte sich einem Gewissen entfremdet, das wohl gegen Zärtlichkeit, nicht aber gegen Grausamkeit allergisch gestimmt ist. Die Fernsehprogramme, die bei uns durchgehen, geben davon Zeugnis.

Daß die Menschen allerlei Ersatzlüsten sich verschreiben, ist nicht beklagenswert, weil es sich dabei um *Ersatz* handelt, sondern weil der Ersatzgenuß keine Befriedigung gewährt, die als innere Ruhe und Gelassenheit vorhielte, und weil die Mittel, die Ersatzlust verschaffen, überwiegend gesundheitsschädlich sind. Bloß *überwiegend:* wenn wir nicht nur an die bekannten Folgen denken, sondern auch daran, daß letzten Endes der Mangel an vitaler Lust einen Menschen psychosomatisch erkranken läßt, sofern er nicht gar als Unlust zu leben unmittelbar zur Selbstvernichtung führt. Eine abrupte Stillegung der Tabak- und Alkoholherstellung könnte negative Wirkungen auf die Volksgesundheit haben, könnte zu gefährlichen Massenpsychosen führen. Die Leber- und Lungenkrankheiten, die in vorgerücktem Alter viele zu einem vorzeitigen Tode bringen, erscheinen unter diesem Aspekt als ein kleineres Übel. Auf dem Boden einer vital frustrierenden Kultur werfen die Menschen, vorab die triebstarken Naturen, sich dauernd von einer Seite auf die andere in der Hoffnung, sich besser zu betten[4]. Sie sind ja auch krank.

Das seinem Körper entfremdete Gewissen nimmt lieber noch die gesundheitlichen Gefahren jener Ersatzlüste hin, die Genußgiften anhaftet, als daß es soziale Deklassierung wegen unerlaubter Freuden leidensstark aushielte. Nicht aber etwa die Zigarettenreklame schafft »manipulativ« eine solche Triebstruktur; das leistet schon frühe Triebfrustration, die den Menschen zeitlebens in der sogenannten oralen Phase festklemmt, weil er sie in der Beziehung zur stillenden Mutter nie voll befriedigend erlebt hat. Mancher Fünfzigjährige saugt noch beim Rauchen, wie er einst vergeblich zu saugen versucht hat. Die Reklame, die Ersatzbefriedigungen anpreist, fußt schon auf Ersatz*bedürfnissen*, ohne die sie gar nichts ausrichtete. Sie schafft moralisch lediglich eine Überdetermination, indem sie vielleicht noch bestehende Widerstände gegen Lust schlechthin beseitigt oder gesundheitliche Bedenken beschwichtigt.

Umstritten ist, wieweit Film, Fernsehen und Boulevardpresse den Menschen in seinem Triebverhalten manipulieren. Daß sie Wahlen beeinflussen können, steht außer Zweifel. Eine Frage aber ist es, ob speziell die vom Fernsehen gebotene Mischung von Sentimentalität und Grausamkeit solche Einstellungen erst bewirkt oder ob jene süßlichbittere Melange einem Bedürfnis der Massen entgegenkommt, die nur in Wachträumen genießen, was auszuleben ihnen verwehrt ist. Beide Deutungen werden vertreten. Beide Seiten führen Umfragergebnisse für ihre Thesen an. Man wird, könnten wir denken, schon in der jeweils rechten Weise die Leute befragt haben, um die eigene Theorie zu stützen.

Vielleicht läßt sich aber doch beides vertreten, je nachdem, auf welche Charaktere man blickt. Junge und infantile Menschen dürften leichter dem Vorbildhaften in den Szenen vom trauten Glück und von grimmiger Rache verfallen, wie sie die Filme einladend servieren. Ernüchterte oder »gefestigte« Naturen, deren moralisches Hemmungssystem verlässig arbeitet, werden eher affektiv erleichtert in die filmische Welt sich einleben. Ist dies nun Manipulation, ist es eine schädliche? Dürfen wir den Massenmedien anlasten, was in uns selber aus frühe verbogenem Triebbedürfnis so verquer sich befriedigt sehen möchte?

Es gibt natürlich handfeste Formen, die Bürger durch Fernsehfilme und Fotos in den mehr oder weniger illustrierten Blättern zu manipulieren: durch Retuschen, durch Aufnahmen, die einen Politiker in besonders günstigem oder ungünstigem Blitz-Licht zeigen, ja schon durch einseitige Auswahl des Bildmaterials. Das ist Manipulation im Sinne einer Beeinflussung naiver Menschen, die für wahr halten, was sie sehen oder gezeigt bekommen, aber noch nicht erfaßt haben, daß und auf wieviele Arten man *mit Bildern lügen* kann. Der Ausgang von Wahlen läßt so sich trefflicher beeinflussen als durch bloße Worte. Politiker, die sich kundig auf die Atmosphäre des Fernsehens einstellen, wissen bereits, daß hier entscheidend ist, *wie* sie etwas sagen, mit welcher Mimik, welcher Gestik sie es begleiten, nicht, *was* sie sagen.

Auf das Leben des Einzelnen geblickt, wird man viel weniger sagen können, daß er durch die vom Fernsehen vermittelten Inhalte und Tendenzen manipuliert wird, als daß ihn die Faszination dieses Mediums selber zu einem passiv-genießenden Leben verführt. Bequem in weichen Stühlen sitzend, Konfekt naschend oder Bier trinkend, bekommen die Zuschauer ein ganzes Spektrum des leidenschaftlichen, konfliktreichen, sieghaften und verzweifelten Lebens frei Haus, ein mitunter so glanzvolles Leben, daß resignierender Mitvollzug sich im bloßen Zusehen gerne bescheidet. Bei dem, was so selbstverständlich wie doch unerreichbar ins eigene Haus kommt, fühlt niemand zu eigenem Tun sich aufgeweckt. Man könnte hoffnungsvoll mutmaßen, daß auf diese Weise auch einem gefährlichen, die Gemeinschaft zerstörenden Ehrgeiz die Spitze abgebrochen werde. Aber reine Passivität zerstört das Gemeinschaftsleben nicht minder, ja gründlicher. Der ehrgeizig Aggressive hat immer noch eine Art Beziehung zu denen, die er ausstechen möchte: er orientiert sich an ihnen, indem er sie attackiert. Und er kann von dieser negativen Beziehung zum Mitmenschen her immer noch in ein positives Verhältnis zu ihm zurückkehren, wenn er nur zur Besinnung kommt. Die Chance zu solcher Umkehr liegt gerade darin, daß jede negative soziale Beziehung noch – pervertiert – positive Elemente enthält: Wesensmerkmale der Solidarität. Ganz in Haß und Neid aufgehen kann nur, wer darüber sich selber vernichtet in seiner Leistungsfähigkeit. Vitale Selbstwarnung wird den zielstrebig Ehrgeizigen nie so weit kommen lassen. Der vollends apathisch Gewordene aber ist für alle inneren und äußeren Warnungen taub. Er steht kontaktlos gleichsam jenseits von Freund und Feind, also an einer Stelle, von der aus eine Umkehr zu freundlichem Miteinander kaum denkbar ist.

Auf der Grundlage einer frustrierten und verbogenen Triebstruktur entsteht tatsächlich so etwas wie ein verfeinertes Konsumbedürfnis, von der die Zyniker des Marktes sagen, sie sei ein »Motor des Wachstums«, während die marxistischen Gesellschaftskritiker solche Neigung gern übersehen und lieber alles, was sie anrichtet, auf einen »Konsumterror«, der auf die Menschen einwirke, zurückführen wollen. Die eine wie die andere Deutung geht an der grundlegenden Triebverdrängung vorbei. Die Ideologen des Absatzes und eines »Wohlstandes«, der sein solle, geben als ursprüngliche Neigung des Menschen aus, was im Leben jedes Einzelnen als kollektiv erpreßtes Triebschicksal sich bildet. Die neuen Marxisten dagegen versprechen, durch eine Veränderung der ökonomischen Bedingungen für das Leben *aller* auch jeden Einzelnen von lästigem Konsumzwang befreien zu können. Die Erkenntnis, daß verführt nur werden kann, wer dazu bereit ist[5], deuten die Strategen des Marktes als ursprüngliche Bereitschaft der Massen, sich manipulieren zu lassen; die Neo-Marxisten aber nehmen es als Hinweis auf die Rücksichtslosigkeit einer Verführung durch Werbung und Propaganda, die das Bewußtsein der Menschen selber umzukrempeln vermöge. Auch VANCE PACKARD denkt in solcher »Radikalität« kontra Werbung und Marktforschung. Zu unrecht, wie wir bei aller Sympathie für seine Analysen feststellen müssen. PACKARD sieht »das schwerste Verbrechen, das viele Triebmanipulatoren begehen«, in dem »Versuch, in unsere geheimsten Gedanken einzudringen«[6]. Tun sie das wirklich? Der Einzelne, dem die Augen aufgehen, mag es rückblickend so empfinden. Aufs Ganze der Gesellschaft geblickt aber ist das Allerintimste zugleich das, was wir mit jedem halbwegs gesunden Mitmenschen gemein haben. Der repräsentative Querschnitt bringt es an den Tag: Wir sind, in kollektiven Wunschträumen schwelgend, von den gleichen vitalen Antrieben bewegt und auch in vergleichbarer Weise frustriert. Die sittliche Entrüstung über die Marktstrategen enthält auch ein verschwiegenes Bedauern, daß sie uns, uns allen, das Geld für nichtsnutzige Dinge aus der Tasche locken. Und ums Geld kristallisieren sich viele uneingestandene Sehnsüchte.

Manipulation, das ist die Steuerung von Menschen mit Mitteln, die ihnen nicht bewußt sind, zu Zwecken, die nicht die ihren sind, aber ihnen als die ihrigen erscheinen sollen. Manipulation ist insofern *eine höhere Form der Lüge,* als der Manipulierte – wie oft auch der Betrogene – dem Lügner noch die Hand reichen muß, um übervorteilt zu werden. Der Unterschied zum Betrug besteht aber darin, daß der Manipulierte auf die an ihm erprobte Lüge sogar aufmerksam gemacht werden kann, ohne daß er des Trugs gewahr würde. Er steht bewußt, doch beschränkten Sinnes auf der Seite dessen, der ihn ausnützt oder übervorteilt. Wer das bewußte Wollen eines Menschen schon für dessen ganzes Wesen nimmt, könnte darum die Frage nach der Manipulierbarkeit des Menschen als gleichgültig abtun. Oder er könnte sagen, in einer Kultur, in der eine gewisse Einheitlichkeit des Empfindens sich ausgebildet habe, da komme das, was die Menschen auf der Basis ihres Gefühlslebens wollten, mit dem, wozu man sie dränge, weitgehend überein. Manipulation bewirke nur weitere Uniformierung – die Marschrichtung sei ihr vorgegeben.

Man könnte auch sagen: Manipulation bewirke nur eine emotionale Ausschmückung dessen, wozu es die Menschen einer bestimmten Kultur ohnehin treibe. Völlerei und Sauferei waren in unseren Breiten auch im sogenannten Mittelalter eine anerkannte und geduldete Volkssitte. Es ist ganz einfach sozialkritisches Lamento, die kaum abgeklungene »Freßwelle« und den immer noch zunehmenden Alkoholismus der Reklame der Nahrungs- und Genußmittelindustrie anzulasten. Wenn die Firmen mit psychologischen Mätzchen sich gegenseitig den Markt streitig machen, so verteilen sie ein Fell, das schon bereitliegt. Vergrößern können sie es nur noch, indem sie auf den Erwerb oder den Konsum bestimmter Waren einen Prestige-Akzent setzen.

Der amerikanische Marktforscher ERNEST DICHTER verteidigt die »gefühlsmäßige Beeinflussung«, wie er es nennt, mit einem für sich genommen durchaus richtigen Argument: Er sagt, wir hätten eine zu rationalistische Kultur; die Menschen wollten auch emotional angesprochen werden[7]. Wenn es auch wahr ist, so ist damit noch lange nicht gesagt, daß die Menschen emotional auf eine Weise angesprochen werden müßten, die nur Ersatzlüste für die verweigerten vitalen Freuden in ihnen erweckt. Verständige Rationalität liegt nicht formallogisch widerspruchsfrei über unseren triebhaften Begehrungen und den von ihnen geprägten Stimmungen und Gefühlen. Rationalität, die nicht Selbstzweck ist, hat vielmehr in vorurteilsloser Weise die eigene dunkle Triebhaftigkeit zu durchleuchten und anzunehmen, nicht erst recht von ihr abzulenken oder sie zu bekämpfen. Denn was ist das für eine Verstandeskultur, die eine magische Berührungsfurcht gegenüber möglichen Sexualpartnern als »vernünftig« darstellt und jenes schrankenlose Besitzstreben rechtfertigt, das diese Furcht kompensiert? Wenn die Sex-Welle uns alle mit sich risse – es wäre nicht auszudenken: Wer soll dann den ganzen Plunder kaufen, den die Warenhäuser für die vital Frustrierten bereithalten? Wenn wir von Nahrung und Kleidung halbwegs absehen, sind unsere Kaufhäuser eine einzige große Spielwarenabteilung: ein Arsenal für Menschen, die psychisch nie über jenes Alter hinausgekommen sind, in dem man von ersten libidinösen Regungen durch protziges Spielzeug sie abgelenkt hat.

Was bedeutet überhaupt vermehrte Neigung zum Konsum in einer vital weitgehend frustrierten Gesellschaft? Es bedeutet einmal die Neigung zu Ersatzlust vornehmlicher oraler Art, aber auch die Neigung zu repräsentativem Luxus: zu ostentativem Verzehr, wie VEBLEN gesagt hat[8]. Man genießt dabei nicht unmittelbar das Konsumierte, sondern den vermuteten Neid derer, die zum bloßen Zuschauen verurteilt sind oder verdammt scheinen. Hier kommt der Machtwille des vital Verunsicherten zum Zuge. Streng genommen, ist es wieder seine Aggressivität, die als Prestigebedürfnis hervorkommt: Man will durch glänzendes Auftreten seinen Mitmenschen überflügeln, ihn »ausstechen«. Das geht nicht ohne gehörige Anstrengung.

c) Aggression als Ersatzbefriedigung

Der vitalpsychisch unausgeglichene Mensch hat auch nötig, sich fortgesetzt zu »disziplinieren«: weil er die fehlende Lebensfreude, die kontinuierlich voranbringt und trägt, durch eine Fülle von Willensakten ersetzen muß. Da der große gelassene Schwung zur Arbeit ihm abgeht, muß er »die Zähne zusammenbeißen«, das heißt, sich nur noch mehr verkrampfen. Von daher kommt es auch zu der These, Arbeit sei nur in harter Selbstzucht zu leisten[9]. Das ist aber die Selbstauffassung des frustrierten Menschen: er kann nur, was er muß. Er ist nur fähig zu dem, wozu man ihn preßt, weil alle Spontaneität in ihm gelähmt ist. Sein uneingestandener vitaler Unmut nimmt dabei noch zu: sein scheinbar unausweichlich ihm angeborenes Aggressionspotential steigt.

Der frustrierte Mensch, der so immer mehr sich zu »zügeln« hat, kann aber nur in aggressiver Weise sich »disziplinieren«. Er gewinnt halbwegs innere Ruhe nur, indem er, ohne aus der Rolle zu fallen, unausgesetzt fein verteilt aggressiven Überdruck abgibt. Aus der Rolle, der sozialen Rolle, zu fallen bedeutete neuen inneren Unfrieden und einen Anlaß zu Selbstvorwürfen. Das ist die tragische Rolle des »Narren auf eigene Faust« (NIETZSCHE), des Aufsässigen in eigener Sache, des Querulanten wie des Kriminellen, dem jede Solidarität (außer der einer »Subkultur«) entzogen wird. Er muß, wenn seine Kraft des Widerstandes erlahmt, darüber verzweifeln.

Einigermaßen mit sich im Lot (oder besser: in Balance) sind dagegen in einer von Frustrationen und Aggressivität gezeichneten Gesellschaft vorwiegend zwei Gruppen von Menschen, wenn wir hier von den wenigen vital Befriedigten absehen: Da sind einmal die feinsinnig Aggressiven, die ihr Gift in so feinen Dosen der Ironie verspritzen, daß der jeweils sicher Getroffene noch das Odium des »Empfindlichen« auf sich lädt, wenn er sich wehrt – mit nicht so feinen Waffen. Da ist zweitens die Gruppe derjenigen, die ihren Aggressionsdrang zwar massiv entladen, aber nicht unwillkürlich, wenn ihnen danach zumute ist, sondern wohlaufgespart in kollektiven Aktionen. Auch das verlangt Disziplin, nämlich die Unterdrückung momentaner Triebregungen. Es ist manchmal fast rührend mitanzusehen, wie Sittenwächter oder radikale politische Gruppen oft wochenlang herumirren, bis sie – glücklich – etwas finden, wogegen zu protestieren es sich verlohnt. Sie wollen ja ernstgenommen werden, auch sich die Selbstachtung erhalten, indem sie ihr Entrüstungsbedürfnis nur auf Ziele richten, die ihnen durch soziale Bedeutung selber zur Ehre gereichen. Kurzgeschürzte Mädchen anpöbeln – das bringt nur Ärger ein, vielleicht eine Beleidigungsklage. Aber gegen »öffentliches Ärgernis« einen »Volkswartbund« mobilisieren, das rückt einen selber beinahe ehrenvoll ins öffentliche Leben. Oder, die umgekehrte Proportion: Mit entblößtem Geschlechtsteil durch eine Badeanstalt laufen – das macht nur lächerlich. Aber in Gerichtssälen seine Notdurft verrichten, das verbreitet auch den scharfen Geruch sozialkritischen Protests[10]. Es bringt nichts ein, außer ökonomischen Nachteilen und Kriminalstrafen, gegen berufliche Konkurrenten handgreiflich zu werden. Aber im Verein mit ihnen etwa den Bauernaufstand proben[11], eine faschistische oder poujadistische Mittelstandsbewegung organisieren, das schafft nicht nur soviel Respekt, wie es die kollektiven Gegner das Fürchten lehrt; es befreit auch von manchem Privathaß, von mancher frustrationsbedingten Verstimmung. So ist der frustrierte und darum mit Aggressivität aufgepumpte Mensch nicht nur anfällig für Manipulation und politische Verführung; er ist auch dankbar für sie: weil sie seinen verqueren Neigungen Inhalt, Solidarität und Ziel gibt, also einen »Sinn«. Er gewinnt zum Inhalt den »Kampf für die gute Sache«, erhält Solidarität mit Gleichgesinnten und als Abschuß-Ziel einen jeden, der anders denkt. Wohl dem, der einen Feind hat!

In einer vital verunsicherten Gemeinschaft erscheint die Neigung zur Aggression wieder als eine so natürliche Neigung, daß ihr ein (wieder: abgeleitetes) Bedürfnis entspricht, auf Feinde hin orientiert zu werden: ein weites Feld politischer Manipulation, auf dem freilich nicht bloße Appelle zur Friedfertigkeit etwas ausrichten, solange die Triebstruktur der herrschenden Sittlichkeit erhalten bleibt.

Der Eindruck, die Menschen selber wollten zu ihrem eigenen Unheil manipuliert werden, wird fast unabweisbar angesichts der in kollektiver Ordnung immer wieder sich austobenden Aggressionen. Es ist fast jedesmal, als habe eine aggressiv gestimmte Bevölkerung nur darauf gewartet, von zornigen Politikern gegen gleichsam lohnende Feinde geführt zu werden. Es wäre Beschönigung zu sagen, dieser Anschein trüge.

Es ist eine kulturrelative Wahrheit: In einer aggressiv formierten Gesellschaft wird der militärische Befehl, die »Todfeinde« zu töten, zur Erlaubnis für Menschen, die längst darauf brennen, sich destruktiv auszutoben. Sie möchten töten, ohne sich strafbar zu machen, ja ohne ein schlechtes Gewissen davonzutragen. Solch perverse Sensibilität verrät Anpassung an eine Gesellschaft, die im Frieden die Mordlust verpönt und im Kriege das Gegenteil, die Unfähigkeit zu töten.

Ein so perverses Gewissen weist aber auch darauf hin, daß das Töten von Mitmenschen nicht die reine Selbstverständlichkeit ist, und zwar nicht erst nach den Maßstäben einer humanitären Ethik, sondern schon unmittelbar nach unserem vitalen Selbstverständnis. Wer im anbefohlenen Feind unversehens den Menschen erkennt, der er selber ist, der wird unfähig, ihn zu töten. Auch in unserer aggressiv formierten Gesellschaft ist es nicht jedermanns Sache, auf Verlangen – im Krieg – ohne mit der Wimper zu zucken andere Menschen zu töten. Es gab auch im letzten Weltkrieg Soldaten, die, zu Exekutionen abkommandiert, erbrechen mußten: ein Zeichen elementaren Ekels vor der zugemuteten Menschenschlächterei. Daß ein vitales Gewissen sich sträubt, Mordbefehle zu exekutieren, damit hatten und haben allemal militante Führer zu rechnen. Und sie trugen dem Rechnung durch eine über die Jahrhunderte hinweg gleichgebliebene Erklärung: daß es sich bei dem befehdeten Volk oder der verfolgten Gruppe eigentlich gar nicht um richtige Menschen handle, sondern um »höhere Tiere« (so die Konquistadoren über die Indianer[12]) oder um »Hexen«, »Heiden«, »Untermenschen«, »Ungeziefer« gar, das man vertilgen müsse. So greift Manipulation des Bewußtseins von seiten mordlüsterner Machthaber ein, um die Menschen, die noch anders empfinden, auf Vordermann zu bringen.

Es ist sicher richtig zu sagen, daß dem Menschen eine ebenso starke Tötungshemmung, wie sie Tiere mit starken Zähnen oder Hörnern brauchen, nicht angeboren ist[13]. Sie ist jedenfalls bei sogenannten primitiven Völkern, die noch keine Waffen-Technik entwickelt haben, überflüssig. Auf dieser Stufe der Entwicklung vermag auch der böseste Mensch das Überleben der Gemeinschaft im ganzen nicht zu gefährden. Über solche Primitivität sind wir hinaus – aber doch nicht so einseitig technisch, daß es nicht mehr nötig wäre, relativ schwache Tötungshemmungen durch Überredung zu überspielen, wenn es darum geht, ein Volk bis zum letzten Mann in den Krieg zu führen. Die weltanschaulichen und politischen Manipulationen, die eine Tötungshemmung zerebral lahmlegen sollen, bestätigen gerade, daß es sie gibt. Die Rede von »soldatischen Tugenden« ist auch nur verständlich, wenn man sie als solche vorbildlichen Verhaltensweisen versteht, die uns nicht auf den Leib passen. Alle ausdrückliche Moral ist ja gegen einen Widerstand im Menschen errichtet: militante Moral gegen spontane Mitmenschlichkeit und Tötungshemmung, pazifistische Moral gegen eine bereits zur zweiten Natur gewordene »zackige« und ungehemmte Aggressivität. »Moralisch« im herkömmlichen Sinne ist, was wir ungerne tun. Moral ist etwas, wozu wir uns nicht, einem sittlichen Münchhausen gleich, selber ziehen könnten, sondern etwas, wozu man uns manipuliert, durch Gehirnwäsche von der Art: »Die Feinde sind Untermenschen«, »Das Böse sind die Triebe«, oder: »Neurose ist mißlungene Anpassung«. Immer wird da aber nur eine faktische Lebensform geistig überdeterminiert, das heißt, andere Formen werden uns magisch versperrt. Nur die von klein auf verbogene Triebstruktur läßt quasi »geistig« sich blockieren. *Daß der Mensch in seinen vitalen Antrieben nicht unverbogen gelassen wird, ist überhaupt Grund wie Ziel aller Manipulation.* Es ist dies geradezu das Prinzip der Macht, die Manipulationen verschiedener Art verwendet und voraussetzt. Politische Überredung zu gezielten Feindhaltungen wäre wirkungslos, wenn sie nicht schon bei einer Bereitschaft zu harten Aggressionen ansetzen könnte, die durch sexuelle Unterdrückung und Prügelpädagogik geschaffen wird.

Die angeborene Tötungshemmung des Menschen mag geringer sein als die der Raubtiere. Doch sie scheint uns nicht einfach zu fehlen. Sie fehlt offenbar um so weniger, je stärker wir seit frühester Kindheit ein vitales Empfinden für anderes leibhaftes Dasein haben ausbilden dürfen. Daß umgekehrt sexuelle Frustration aggressive Tendenzen zumindest fördert, wenn nicht überhaupt erst schafft, zeigen die sexuellen Bezüge ausgesuchter Folterungen: Tritte in die Hoden, Ausreißen der Schamhaare oder Stromstöße an die Genitalien kehren in fast allen Berichten über Folterungen wieder[14].

Beobachtung kann nicht entscheiden, ob ein angeborener Rest von Aggressivität aller Feindseligkeit zugrunde liegt. Die hartnäckige Erörterung dieser Frage tut aber so, als hänge von ihrer Klärung allererst ab, ob die Vermeidung leibhafter Frustration als Mittel der Aggressionsverhütung überhaupt zu empfehlen ist. So als sei die Flut sexuell eingefärbter Grausamkeit bloße Dichtung. Die Lehre vom angeborenen Aggressionstrieb, wie sie heute am vehementesten Konrad Lorenz und Alexander Mitscherlich vertreten, wirkt als Überdetermination faktischer Aggressionstendenzen, gleich ob diese genetisch verwurzelt sind oder nicht, ganz gleich auch, ob die Apologeten des »Aggressionstriebes« faktische aggressive Neigungen abbauen wollen oder nicht. Mag auch einiges von dem, was wir heute als LORENZ' Lehre von der Aggression[15] verstehen, erst durch Mißdeutungen entstanden sein – wir müssen mit FRIEDRICH HACKER uns fragen, wieweit »Lehrmeinungen für die Mißverständnisse, denen sie ausgesetzt sind, verantwortlich« sind[16].

LORENZ' Schüler haben den Meister immer wieder gegen Mißverständnisse in Schutz genommen[17]. LORENZ selber hat sich, als längst der Streit um seine Aggressionslehre entbrannt war, unmißverständlich geäußert: »Selbst wenn sie nicht stimmen würde«, diese Theorie vom ererbten Aggressionstrieb, so sagte er in einem Interview, selbst dann müßte er »sie vertreten als Moralist«[18].

Welche Moral steht dahinter? Will LORENZ wieder zu »Härte, Heldenhaftigkeit, sozialer Einsatzbereitschaft« ermutigen, wie er das früher[19] getan hat? Geht es, wie er heute[20] sagt, darum, sich zu *stählen*? Oder bedarf es des Glaubens an einen ursprünglichen Aggressionstrieb, um darauf Anstrengungen zu seiner »Sublimierung« zu gründen? Das eine schließt das andere nicht aus, beides wird auch von LORENZ vertreten[21].

Sublimierte, zumindest sozial angepaßte Aggression kann einen mitreißenden Zug ins Leben bringen, kann sportliche[22] und berufliche[23] Aktivität beleben. Aber der Übergang von Härte zu Hartherzigkeit ist fließend. Eine Ethik der Aggressivität als eines elementaren Naturtriebes muß als faktische Überdetermination bestehender Feindhaltungen wirken und ist insofern eine *indirekte Manipulation:* Sie gibt den aggressiv Gestimmten das gute Gewissen ein, nicht anders handeln zu können als eben so hart und herzlos, wie ihnen zumute ist. Das ist eine Manipulation des Gewissens.

Wenn auch die Aggression des Menschen gegen den Mitmenschen wesentlich oder doch überwiegend frustrationsbedingt ist – die aggressiv Verformten lassen in ihren destruktiven Neigungen sich nur zu gern bestärken und insofern willig manipulieren. Das erklärt die Popularität einer Psychologie, die das wohlige Gefühl vermittelt, bei allem Egoismus und bei aller Aggressivität doch normal zu sein und normal zu handeln: »im Zeichen notwendiger Selbstbehauptung« (MITSCHERLICH[24]). Die Grenze zu bestimmen, von der an zu »sublimieren« wäre, ist jedem selbst überlassen. Und er mag noch für Sublimierung halten, was nur eine verfeinerte Form ist, die andern zu ruinieren.

Von zwei Seiten her auch liest sich die Empfehlung, Aggression nicht einfach zu unterdrücken, sondern »bewußter und angstfreier mit ihr umzugehen« (MITSCHERLICH[25]). Dabei ist nicht abzustreiten, daß zwanghaft unterdrückte Aggressivität zu einem Aggressionsstau führen kann, der eines Tages um so verheerender losbricht. Individualpsychologie und -therapie kann über diese Einsicht hinaus nichts empfehlen; sie nimmt die historischen, ökonomischen, moralischen und sozialen Bedingungen einer aggressiv formierten Gesellschaft schon als (von ihr aus) unbeeinflußbar hin: als den Rahmen, in den hinein zu kurieren ist. Das ist ihr nicht vorzuwerfen; denn sie darf den Menschen, der ihr anvertraut ist, nicht so gesund machen, daß er in dieser Ellenbogengesellschaft lebensuntüchtig wird – und darauf neuerdings erkrankt. Je weniger der Einzelne auch im Guten den anderen voraushat, desto sicherer kommen wir zu einem optimal aggressionsfreien Zusammenleben. Wir gehen diesen Weg gemeinsam – oder nicht. Wir müssen versuchen, durch liebevolle, aber nicht-bedrückende Erziehung und durch sie unterstützende pädagogische und soziale Reformen, auch durch Überwindung des diskriminierenden Strafrechts[26], langfristig die Neigung zu aggressivem, den Mitmenschen schädigendem Verhalten abzubauen. Ob das bis auf Null möglich ist, braucht uns sozialethisch nicht mehr zu interessieren[27].

d) Aufgehen in der Gruppe?

Die Frage »Will der Mensch manipuliert werden?« wird neuerdings aktuell durch eine sich mit großer Geschwindigkeit ausbreitende gruppendynamische Bewegung, die heute in Westdeutschland bereits eine Anhängerschaft von 100 000 haben soll, darunter seriöse »Multiplikatoren«: Lehrer, Pfarrer, Erzieher[28]. Dem skeptischen Beobachter stellt es sich so dar, daß in einer Gruppe von Menschen, die sich bei einem Therapeuten zusammenfinden, zuerst das Ich jedes Einzelnen gebrochen wird, damit die durch den Stau sogenannter »normaler Hemmungen« versteckten Aggressionen frei hervorkommen können, den Einzelnen so in seinem Selbstgefühl erschüttern, daß er nur noch im emotionalen Aufgehen in der Gruppe seine Rettung suchen kann. Damit würde er auch die in der Gruppe – vom »Therapeuten« – durchgesetzte Werthaltung und Lebensorientierung übernehmen. Daß so die Gruppendynamik zur geistigen Manipulation sich eignet, macht es verständlich, daß sogenannte fortschrittliche Pfarrer sie zur tieferen Verankerung des Glaubens benutzen[29].

Hier kommt schon der Verdacht auf, daß nicht Gruppendynamik oder Gruppenpsychotherapie als solche von Übel ist, sondern ihr zielbewußtes Einsetzen zu einem bestimmten Zweck, einem Zweck, der Manipulation oder, in extremen Fällen, Gehirnwäsche genannt zu werden verdient. Der nicht weltanschaulich fixierte Gruppenpsychologe sieht in der Gruppendynamik vor allem eine Chance für die vielen Einzelkinder und frustriert Aufgewachsenen, durch die Verbundenheit mit den Pseudo-Geschwistern der Gruppe das Gemeinschaftsgefühl zu stärken, nicht entwickeltes Urvertrauen allererst in sich auszubilden[30]. Wohl komme es in der Gruppensituation zu »größeren Gefühlsstürmen« (RATTNER[31]), doch solche Erschütterungen müßten bei sorgsamer Überwachung heilsam wirken. Die psychische Katharsis in der Gruppe bedeutet danach kein Fegefeuer, durch das der Einzelne schreiten müßte, sondern eine Gelegenheit, sich von allzu Bedrückendem *freizusprechen*[32]. »Gruppenführer«, die psychologische Ausbildung durch weltanschauliche oder religiöse Zielstrebigkeit ersetzen, können aus dem »Psychodrama« (MORENO[33]) wohl ein Instrument der Manipulation machen. Sie können dann sagen, der Heilige Geist selber habe sich in der Gruppensituation ausgebreitet. Sie müssen sich noch bestätigt fühlen, wenn die von ihnen Motivierten und mit neuem Selbstbewußtsein Ausgestatteten sich bei ihnen bedanken. Wie alle Manipulierten bejahen diese, was in ihnen sich ausdrückt, als wäre es ihr selbstgewolltes Wesen.

Wie von der uns vertrauten Manipulation, so gilt auch von der in manipulativer Absicht mißbrauchten Gruppendynamik: daß sie nicht möglich wäre, wenn nicht viele ein vitalpsychisches, emotionales und auch rationales Vakuum aus der Kindheit mitbrächten, das aufgefüllt zu werden verlangt. Manipulative Gruppendynamik macht sich die Erkenntnis zunutze, daß der im Grunde überzeugungslose Mensch jede Überzeugung und Gesinnung leicht annimmt, wenn sie ihm von einer größeren Gemeinschaft, in der er andernfalls zu vereinsamen droht, vermittelt wird. Die in früher Kindheit Frustrierten, die ihr Leben lang eine Angst vor Vereinsamung behalten, sind im selben Grade verführbar wie therapierbar. Die weltanschaulichen oder religiösen Inhalte, die man ihnen in der Gruppentherapie mitliefert, nehmen sie gleichsam in Kauf, um bei anderen Menschen geborgen zu sein. Denkhemmungen sind gesetzt, wo der abweichende Gedanke erkennbar in die Isolation führt. So entwickelt sich eine Lust an der Selbstaufgabe, wenn sich die Gruppe im Zeichen einer vorgegebenen »Wahrheit« und nicht in der Suche nach der Wahrheit und in der Ahnung ihrer Vielstrahligkeit[34] zusammenfindet. Wenn wir uns nicht im Denken gleichschalten oder manipulieren lassen, dann wird jeder von uns – im Einklang mit seinem Herkommen, seinem Körperbau und seiner Erziehung – ein je anderes Verhältnis zur Welt und Umwelt gewinnen. Es hat, wenn lebendige Erkenntnis wie Erfahrung eine Beziehung zwischen dem Ich und seiner Welt bedeutet, auch jeder eine wieder andere »Wahrheit« über die Menschen, »das Leben« und die Welt im ganzen. Nur soweit wir zwanglos, ungepreßt und ungenötigt in unserem Weltverhältnis übereinkommen, gibt es auch so etwas wie »allgemeinmenschliche Wahrheit«.

e) Möglichkeiten der Zukunft

Der unzärtlich erzogene Mensch, derjenige, der aus früher Kindheit ein Liebes-Defizit zurückbehalten hat, das ist auch der, psychoanalytisch gesehen, komplexbeladene Mensch, der zwanghaft immerfort etwas zu »kompensieren«, etwas auszugleichen, in sich zu überspielen hat. Da er ständig befürchtet, nicht genug geliebt zu werden, da er andererseits bestrebt ist, sein geheimes Liebesverlangen nicht offen zu zeigen, vielmehr sorgfältig seine »wunden Punkte« verbirgt, die er wiederum öfter, als es tatsächlich der Fall ist, berührt glaubt, darum reagiert er in seinen sozialen Bezügen zwanghaft und zum Erreichen bestimmter Triebziele stereotyp. Und da er sich zwanghaft und im Sinne einer kollektiven Neurose »typisch« verhält, ist er berechenbar und damit auch für Marktstrategen und politische Verführer manipulierbar.

Es ist im Grunde genommen nicht bloße Resignation, die einige sagen läßt, die Menschen wollten nun einmal nichts anderes als manipuliert werden. So spricht schon ein Machtwille, der die Menschen nicht so leben lassen möchte, wie es ihren vitalen Antrieben entspräche. Nichts anderes, letztlich, kann Manipulation bedeuten, als die willkürliche Verbiegung der leibhaften Anlagen der Menschen in eine Lebens- und Seinsweise, die ihnen nur in schmerzhafter Neurotisierung oder Pervertierung gelingt. Aber da eine sinnenfeindliche Erziehung solche Verbiegung vor jeder bewußten Erfahrung ihrer Opfer durchsetzt, entsteht für das dann erst erwachende Bewußtsein der Eindruck, daß es so ganz natürlich sei. Die Menschen tun zu lassen, wozu es sie ohnehin treibt, könnte schwerlich als Manipulation ausgegeben werden. Dabei mag eine gewisse Lenkung der vitalen Lebensinteressen immerhin eingreifen, die niemandem Zwang antut angesichts einer doch vermutbaren Schwankungsbreite *natürlicher* Lebensformen, das heißt solcher, die unseren vitalen Antrieben nicht widerstreiten[35].

Die Frage ist: Wie stellt in dieser Kultur vitaler Frustrationen, die durch Aggressivität kompensiert werden, für leibhafte Menschen überhaupt noch sozialer Zusammenhalt sich her? Überwiegend doch auf dem Wege vitaler Ersatzbefriedigungen, deren Befriedigungsmittel aus zunehmend industrieller Produktion breit gestreut sind: Millionen Menschen, die, als Säuglinge schon frustriert, in der oralen Phase steckenbleiben, erhalten pünktlich und regelmäßig von der Tabakindustrie, den Schokoladenfabriken und den Spirituosenherstellern ein reiches Sortiment der Ersatzlust. Verbrüderung im Alkoholrausch, als regelmäßiges Ritual geübt, schafft nicht nur sozialen Kontakt, sondern sichert auch soziales Fortkommen. So manche Karriere wurde beim Wein oder Bier beschlossen. »Geistige Getränke« geben die Illusion, einander ganz nahe zu sein in Motiven, Zielsetzungen und Überzeugungen – dieweil die herabgesetzte Kritikfähigkeit persönliche wie soziale Unterschiede verwischt und ein körperliches Behagen am Zusammensein alles durchzieht.

Das Bewußtsein der Kontaktarmen, gleiche Vorlieben zu haben, verbindet sie in einem weiteren Sinne »geistig«: da sie körperlich unmittelbar sich so einverständlich gar nicht berühren. Aber es ist zugleich eine Bindung über die Selbstliebe. Man liebt den Anderen wegen Vorlieben, die er mit *uns* teilt. Wo körperliche Berührung als »unsittlich« verpönt ist, intensiviert sich auch Schaulust als der Versuch, mit gierigen Blicken zu »verschlingen«, was freundlichem Kontakt sich entzieht. Die Organe der Fernsinne Auge und Ohr werden »kulturell« überlastet, um den sinnenhaften Menschen doch einige Lust am Leben zu erhalten. So entsteht der Anschein eines primär geistigen und altruistischen Kontaktes zur Welt, von dem her – kraft »geheimer Verführer« in Wirtschaft und Politik – der Mensch auch primär manipulierbar erscheint[36], ja von dem aus er sogar manipuliert werden wolle. Werbepsychologen, die eben hierauf zu ihrer Rechtfertigung sich berufen, tun damit aber dem von klein auf manipulierten Menschen noch die Schmach an, so zu tun, als ob seine vitalen Entbehrungen in seinem höheren Interesse lägen, nämlich seinem Anteil an allgemeiner Konsumsteigerung. Die krassesten Materialisten gehen so mit den idealistischen Verfechtern eines freien Willens Hand in Hand: indem sie beide die Freiheit, die sie meinen, Wirtschaftsfreiheit oder Willensfreiheit, der Sache nach mit einer Unterdrückung der triebhaften Neigungen des Menschen verknüpfen.

Der Mensch, sofern er überhaupt frei etwas will, kann ursprünglich aber nichts wollen, was gegen seine vitalen Interessen geht. Wenn er Mißliches in und um sich herum willentlich akzeptiert, dann nur, weil die Fügung in jenes Faktische, dem JELLINEK sogar eine »normative Kraft« zuschrieb[37], in begrenzter Weise auch in seinem vitalen Interesse

liegt. Es geht, wo wir uns dreinfinden, ums Überleben. Aber es wäre
Hohn auf den so Abgefundenen, zu sagen, er *wolle* es gar nicht anders.
Sichtbar mehr Willen zu *zeigen* in einer Tat, die das Wollen energisch
ausformt, übersteigt vielleicht seine – von klein auf schon gebrochene –
vitale Kraft. Der Mensch will, als lebendiges Wesen, sich in seiner Vitalität entfalten, wenigstens: erhalten. Er entfaltet sich als geselliges
Wesen aber nur in der Gemeinschaft mit anderen Menschen. Eben hierin
erwächst ihm auch das Bewußtsein seiner »Würde«. In einer Gesellschaft, in der die Soziabilität des Einzelnen aber wesentlich auf dem
Wege von Frustration und Ersatzlüsten sich bildet, kann der elementare
Wunsch, sich zu vergesellschaften, auch nur in pervertierter Form herauskommen: als »Wille«, manipuliert und angepaßt zu werden, angepaßt auch an die Rechte und Pflichten, die als »überzeitlich« ausgegeben
werden, in Wahrheit aber oft nur die bestehende Ordnung stützen. Das
gilt vor allem für jenes vermeintliche Menschenrecht auf unbegrenztes
Privateigentum, von dem die Ideologen der kapitalistischen Ordnung
sagen, es sei die Bedingung unserer politischen Freiheit. Nicht minder
problematisch ist ein Grundrecht auf eine Meinungsfreiheit, die nur die
systemimmanente Funktion hat, angestauten Unmut ablaufen zu lassen – damit erst recht sich nichts ändere. HERBERT MARCUSE hat die
Duldung solcher Freiheit als »repressive Toleranz« bündig bezeichnet[38].
Friedrich der Große, von KANT dafür belobigt[39], hat sie zynisch bereits
reflektiert: »Räsoniert soviel ihr wollt, aber gehorcht.«

So manches »Menschenrecht« entpuppt sich bei näherem Zusehen entweder als eine Verhüllung von Mißständen oder als eine zwar heute,
doch nicht für alle Zeit notwendige Überdetermination bestimmter sozialer Verhaltensweisen. Das gerade von kommunistischer Seite ver-
fochtene allgemeine Grundrecht auf Arbeit mitsamt einer Grundpflicht,
zu arbeiten, darf vor der Perspektive fortschreitender Automation sich
ebenso überprüfen lassen wie vor dem Postulat eines prestigefreien Lebens, das auf die heutige Überproduktion von Statussymbolen verzichten möchte.

Das ist nicht mehr und nicht weniger als eine Möglichkeit der Zukunft. Eine plötzlich in Mode gekommene Form der Manipulation sind
demgegenüber Prophezeiungen über unsere »Welt von morgen«. Solche
Prognosen drängen die Erwartungen, Hoffnungen und Ängste in eine
bestimmte Richtung, die um so unvermeidlicher erscheint, je »wissenschaftlicher« die Prognose sich aufmacht. Sie verstellen, apodiktisch vorgebracht, aber den offenen Horizont der Zukunft mit Wunschbildern,
die in unerquicklicher Gegenwart von geradezu vermessen Gehir-

nen gemacht werden. Es sind aber machtlüsterne Geister, die in unserer Gegenwart noch nicht so recht zum Zuge gekommen sind.

Die Frage, ob der Mensch manipuliert werden wolle, ist fast identisch der anderen, ob der Mensch beherrscht werden wolle. Der auf infantilem psychischen Niveau abhängig Gehaltene will geführt werden, wenn er auch gelegentlich Trotz zeigt; vitalere Naturen, die von frühe auferlegten Zwängen sich freischwimmen zu einiger Unbekümmertheit, wollen es nicht, nicht mehr. Sie wollen aber, da sie im Kampf gegen unterdrückende Erzieher, Vorgesetzte und Freunde sich durchboxen mußten, den aggressiven Lebensstil, den sie darüber entwickelt haben, nicht mehr missen. So werden ehemals Unterdrückte zu Unterdrückern oder, schlimmer noch, zu jenen unterdrückten Unterdrückern, die der Volksmund »Radfahrer« nennt: nach unten tretend und nach oben buckelnd. Statt das Maß an Freiheit, das gegenüber autoritären Instanzen gewonnen wurde, als Toleranz und Anerkennung anderer nach unten weiterzugeben, innerviert der von klein auf unterdrückte Mensch alle Fasern seines leibhaften Wesens, um selber zu herrschen. In der sadistischen Unterdrückung anderer genießt er ein Gefühl der Freiheit, nicht ahnend, daß er selber in seinem kleinlichen Machtstreben noch Objekt pfiffiger Manipulation ist: Der unterdrückte Unterdrücker sorgt dafür, daß die Kette der Unterdrückung von der Spitze (eines Betriebes, eines Amtes, des Staates) bis zum letzten Mann nicht abreißt. Durch materielle und symbolische Anreize zum sozialen Aufstieg machen diejenigen, die allein das Sagen haben in unseren Staaten, die Angehörigen einer mittleren Schicht von Juristen, Technikern und Managern noch zu ihren Komplizen. Wo dabei der Schwerpunkt der Macht liegt, mag ein Blick auf die Gehälter eher verraten als demoskopische Umfragen, die ausmachen sollen, wen das Volk für am mächtigsten *hält*: Schon der Leiter einer mittleren Bankfiliale verdient mehr als ein Minister. Die Regierung hat nur die Macht, gesellschaftliche Gruppierungen und Kräfte der Wirtschaft gleichsam in Fahrtrichtung weiterzuleiten bei geringen Möglichkeiten der Weichenstellung – diese sozialen und ökonomischen Kräfte heranführen kann sie nicht. In Wirtschaft und Wissenschaft versammelt sich heute mehr an Verantwortung für die Zukunft eines Staates als in seiner Regierung. Nicht tadelnd sei das gesagt. Wenn das so ist, wenn die Eigengesetzlichkeit technischer Realitäten immer stärker unser Leben bestimmt in einer Weise, daß politische und schließlich auch kaufmännische Entscheidungsbefugnis ihr gegenüber macht-los wird, dann könnten wir von hierher auch dem Ideal einer herrschaftsfreien, nicht manipulierten Gesellschaft näherkommen.

Das ist eine Möglichkeit der Zukunft, aber eine – vorerst – nicht sehr wahrscheinliche. Es besteht auf dem Boden einer vital frustrierten Gesellschaft die Gefahr, durch Experten manipuliert zu werden, die ihre unaufgehellten Triebmotive in einer Form wirken lassen, die ihnen als Experten-Gruppe eine Macht sichert, die nicht weniger repressiv sein könnte als die alte, offen machtbewußte. Die Wissenschaftsgläubigkeit der Massen gibt reiner Expertenwillkür schon heute den Anreiz, im Namen sogenannter Sachzwänge neo-aristokratische Herrschaft auszuüben. Wo, frustrationsbedingt, der Geist der Macht alles durchdringt, da sind auch die scheinbar rein sachlichen Fachleute je eine Verschwörung gegen die Laien, in der Absicht, sie auszubeuten, ihnen ihren politischen Einfluß zu nehmen, oder ganz einfach in der übermütigen Absicht, sie zu quälen. Düstere Zukunftsvisionen zeigen Expertokratien von Frankensteinscher Ungeheuerlichkeit. Schule und Presse hätten die Aufgabe, die abschüssige Bahn dahin zu blockieren durch die Vermittlung von Wissen und Information, welche die neuen technischen, psychologischen und biologischen Mittel der Menschensteuerung wenigstens in ihren gröbsten Möglichkeiten verständlicher machten. Die Schule muß auch zur Kritik ermutigen, damit die »neuen Menschen«, die wir für eine neue Ordnung brauchen, genug Vertrauen ins eigene Nachdenken gewinnen. Eine Aufgabe der politischen Parteien wäre es, durch eine umfassende Ausbildung ihres Führungsnachwuchses dafür zu sorgen, daß dieser in den Stand gesetzt wird, den Experten und »Sachverständigenräten« aus sozialer Verantwortung auf die Finger zu sehen. Ein Hofnarr unserer Zeit, ein Kabarettist, hat das erhellende Wort gesprochen, Politik sei der Spielraum, den die Wirtschaft ihr lasse. »Die Wirtschaft *und die Technik*« haben wir zu ergänzen. Die Experten aus Wirtschaft und Technik müssen daran gehindert werden, Herrschaft am Staat vorbei zu praktizieren.

Mit rein organisatorischen und politischen Maßnahmen ist indessen die Gefahr völliger Verplanung des Menschen nicht zu bannen. Die technischen, ökonomischen, psychologischen und biologischen Möglichkeiten totaler Manipulierung springen dem Machtwillen vital frustrierter Gehirne nur bei, sind zwar von ihnen entdeckt, doch nicht Ursache eines machtgewohnten Denkens. Sollen Wissenschaft und Technik sich menschenfreundlichere Ziele setzen, dann müssen schon freundlichere: vital befriedete, Menschen in ihnen sich umtun. Der Machtwille, der noch in der reinen Luft der Wissenschaften sich austobt, hat biologisch – für den Machtlüsternen – die Funktion, das verunsicherte Lebensgefühl zu stützen. Wissenschaftliche oder pseudowissenschaftliche Manipulation ist nur eine andere, feinere Form der Machtausübung, in der der völlig scheu gewordene Mensch als Experte hinter der Sache, die *ihn* vertritt, zurücksteht. Neben aller Hinterhältigkeit dieser Struktur liegt darin auch etwas Tröstliches, etwas, was Hoffnung rechtfertigt: Hoffnung auf eine repressionsfreie Gesellschaft.

Viel wäre schon gewonnen, wenn zwischen den einzelnen Forschungsrichtungen und technischen Planungen – immer im Hinblick auf die leibhaften Bedürfnisse des Menschen – eine Vermittlung geschähe. Solche Vermittler, auch Mediatoren genannt, könnten zumindest immanent die drohende Manipulation der Experten abbauen. Der Vorwurf der Laienhaftigkeit gegenüber Leuten, die in vielen Fächern zu Hause sind, kann dabei in den Wind geschlagen werden, denn manche, ja die meisten Fehler in den Wissenschaften kommen gerade davon, daß die Experten wechselseitig voneinander nicht Notiz nehmen.

Unter der Voraussetzung, daß die heute geltende, den Menschen immer noch in seiner triebhaften Spontaneität weitgehend ignorierende Moral möglichst unverändert erhalten bleiben soll, ist Manipulation eine notwendige Folge dieser Moral wie eine Voraussetzung, sie zu stützen. Manipulation der vitalen Antriebe durch frühkindliche Dressate, Steuerung des Denkens durch Tabus, des Fühlens durch Ideale der Härte und der ausschließlichen Liebe, kollektive Ausrichtung des Strebens durch Leitbilder glänzenden Reichtums, das sind die bislang dominierenden Formen der Manipulation, die »sittlich« den Menschen beibiegen. Da dies nie ohne schmerzhafte, Krankheit und Leiden fördernde Verkrümmung abging, kündigt jetzt noch tiefere Manipulation sich an: Fortschritte der Biochemie sollen – und könnten – eine genetische Manipulation[40] des Menschen ermöglichen. Solche Manipulation verheißt, die bislang aggressionsbedingenden Frustrationen beibehalten zu können und dafür den Reaktionszusammenhang mit der Aggressivität genetisch zu unterbinden. Radikal in seinem angeborenen Wesen gebrochen, brauchte der Mensch nicht mehr die Nachteile der ihm anerzogenen Tugenden auszuleben. Eine Sittlichkeit, die vor neueren anthropologischen Erkenntnissen weichen müßte, könnte so noch zum zweifelhaften Motor biologischen »Fortschritts« werden. So wie wir bis jetzt nur die Konsequenzen einer falschen Sittlichkeit ausleben konnten, werden wir in Zukunft vielleicht einen »Fortschritt« in Kauf nehmen müssen, der überflüssig wäre, wenn wir von der alten Moral rechtzeitig uns getrennt hätten.

Die Idee einer genetischen Manipulation des Menschen tut bereits ihre Wirkung, noch ehe feststeht, ob sie je sich verwirklichen läßt. Es ist, um sie manipulierend wirken zu lassen, gar nicht nötig, daß sie im Maßstab einer ganzen Gesellschaft durchgreifend sich verwirklicht. Es genügt, wenn hinreichend wissenschaftsgläubige Menschen genetische Manipulation für möglich halten, um der geglaubten Möglichkeit eine immerhin psychische Auswirkung zu geben. Die Überzeugung, es lasse, was bisher nur »psychisch« uns ablenkt von unseren Trieben, noch biologisch sich unterstützen, gibt der überkommenen Sittlichkeit scheinbar ein biologisches Recht zu sein. Die Verfechter der traditionellen Sittlichkeit würden nicht anstehen, ein derart erschlichenes biologisches Recht in ein richtiges umzumünzen – analog ihrem Bemühen, die vermeintlich reine Geistnatur des Menschen als unbegrenzt veränderlich auszugeben. Eine Anthropologie, die sich darauf abstellt[41], ist in Wahrheit eine Ideologie der Manipulation des Menschen. Indem sie vorgibt, daß aus dem Menschen alles werden könne, unterstützt sie das Bemühen, alles, was nur irgend denkbar ist, mit ihm zu machen.

B. IST MANIPULATION UNVERMEIDLICH?

a) Die Idee einer sozialen Ordnung ohne Manipulation

Die Frage, ob eine Gesellschaft möglich sei, in der auch Manipulation bis gegen Null reduziert wird, ist weitgehend eins mit der umfassenderen Frage, ob eine herrschaftsfreie Gesellschaft überhaupt möglich ist. Die Frage läßt ein anarchistisches Ideal anklingen, muß daher viele verschrecken. Aber wir müssen daran denken, daß die großen Vertreter des Anarchismus, BAKUNIN und KROPOTKIN, Anarchie nicht als reines Durcheinander, als ein soziales Chaos, verstehen wollten, sondern als eine sich selber regulierende Ordnung der Liebe, für die es keinen Staat geben muß, keine Gesetze und keine öffentlichen Zwangsmaßnahmen. Das ist in einer Massengesellschaft natürlich nicht zu verwirklichen, denn hier kommt der Einzelne mit so vielen Menschen in wirtschaftliche Beziehungen und zu so verschlungenen Kontakten durch die Verwaltung, daß er den Menschen, mit denen er dabei zu tun hat, oft nicht einmal von Angesicht zu Angesicht gegenübersteht. Aber er steht in einem Rechtsverhältnis mit ihnen.

Eine Gesellschaft, in der Manipulation auf ein Mindestmaß gedrückt würde, wäre keine ordnungslose Gesellschaft, wäre keine, in der nicht doch eine gewisse Hierarchie der sozialen Funktionen bestände. Die Arbeitsteilung ist nun einmal nicht mehr rückgängig zu machen. Und wer mit einer kaputten Uhr oder einem kranken Herzen Reparatur oder Heilung sucht, der kann nicht hindern, daß der Uhrmacher oder der Arzt ihm ganz einfach aus Fachkompetenz in der Rolle des – situationsgebunden – Überlegenen begegnet. Abbau der Herrschaftsstrukturen kann in einer technisch und wissenschaftlich fortgeschrittenen Gesellschaft nur heißen, daß die sachbezogene Überlegenheit nicht höhnisch ausgespielt wird, um den Mitmenschen zu drücken und zu demütigen. Es ist ja bereits eine Pervertierung der Mitmenschlichkeit, wenn in Notfällen oder bei Krankheit Hilfe uns nur noch in eitler Herablassung gewährt wird. Solch arrogante Nächstenhilfe kann aber nicht durch bloße Appelle ans »Herz«, ans Mitgefühl, überwunden werden, wenn solche quasi seelischen Fähigkeiten kaum entwickelt sind. Spontane Herzlichkeit hat ihre leibhaften Bedingungen. Solange die nicht erfüllt sind, dürfen wir in Notfällen sogar froh sein, daß Eitelkeit und Besserwisserei uns zu Hilfe kommen, soweit nicht für besonders schwerwiegende Fälle eine Pflicht zur Hilfeleistung strafrechtlich verankert ist.

Ein *Ethos der Nicht-Manipulierung* kann von den vitalen Bedingungen ursprünglicher Mitmenschlichkeit sowenig absehen, wie es auf kritische Aufklärung über die bereits praktizierte Manipulation und auf organisatorische Reformen verzichten kann. Um nur ansatzweise einige Punkte zu nennen: Es wäre nötig, *erstens* eine Erziehung, die jene frühen Triebverbiegungen vermeidet, durch die eine Manipulierung des leibhaften Menschen überhaupt an ihm ansetzen kann; *zweitens* eine Förderung der Kritikfähigkeit der Kinder durch Ermutigung zum Widerspruch gegenüber den eigenen Anweisungen und deren Begründungen: damit die Kinder Vertrauen in ihre geistige Spontaneität bekommen. Es bedürfte – *drittens* – ein jeder, der in unserer triebfeindlichen Ordnung gestrauchelt ist, besonderen rechtlichen Schutzes, um von den hier Angepaßten oder noch nicht Ertappten nicht sozial deklassiert zu werden. Einstweilen hilft gegen sie oft nur die – unvermeidliche – Lüge eines Namenswechsels[42]. Als Schutz gegen verlogene Selbstgerechtigkeit ist sie (noch) nicht zu entbehren.

Ohne Lüge leben, das verlangt eine Gesellschaft, in der es der Einzelne nicht mehr nötig hätte, Fehlgriffe zu verheimlichen und Niederlagen zu vertuschen. Er könnte darauf verzichten, wenn er mit Menschen lebte, die es nicht ihrerseits danach drängte, eigene, frustrationsbedingte Unzufriedenheit projektiv im Gestrauchelten zu bekämpfen. Und er könnte mit der Wahrheit seiner Fehlschläge leben, wenn nicht hinter jedem Mißerfolg die Gefahr der physischen Vernichtung gähnte: Herzinfarkt beim Empfang eines »blauen Briefes« macht das augenfällig. Gewiß ist für die Erhaltung des Existenzminimums der Familie in den allermeisten Fällen gesorgt. Doch im Bewußtsein, den gewohnten oder erst mühsam errungenen sozialen Status zu verlieren, schwingt die Angst, aus dem vertrauten Lebensumkreis auszuscheiden, sozial deklassiert, gemieden zu werden. Wer weiß genau, wieweit er fallen muß, wenn Mißerfolg einmal einreißt?

Hier schließt sich eine *vierte* Forderung an: die elementaren, leibhaften, Grundbedürfnisse des Menschen – nach Kleidung, Nahrung und Wohnung – jenem »freien Spiel des Marktes« zu entziehen, auf dem die wirtschaftlich Starken sich völlig frei, weil ungehemmt, zum Schaden anderer austoben dürfen. Dort, wo der Minderbemittelte immer noch auf die Straße gesetzt werden kann, ist er zwar nicht manipuliert; er wird einfach rücksichtslos behandelt. Manipuliert sind nur diejenigen, die zu der Überzeugung gebracht worden sind, dergleichen »Härten« seien nötig, um unser aller politische Freiheit zu gewährleisten. Die egoistischen Motive hinter scheinbar unausweichlichen sozialen und ökonomischen Abläufen müssen ebenso aufgedeckt werden wie die wahren Zielsetzungen derer, die sich politisch zur Wahl stellen. Da die Interessen derer, die gewählt worden sind, über die Parteigrenzen hinweg sich annähern, weil sie gleichermaßen gewählt sind, ist der unabhängige Publizist als eine zweite Opposition unentbehrlich. Er muß nur ein Sprachrohr haben, das paradoxerweise eben die, die er kritisieren will, ihm gesetzlich gewährleisten müssen.

Wenn heute, im halbfreien Westen zumindest, vorwiegend die Rede ist von Manipulation, die nicht sein solle oder, wie andere meinen, doch sein müsse – dann zeigt dies, daß die Diskussion um die Unterdrückung des Menschen schon teilweise sich wegbewegen konnte von der Klage über brachiale Gewalt und von deren Rechtfertigung. Manipulation ist feinere, aber auch bereits schwächere Machtausübung. Sie bedarf nicht nur der Selbstunterdrückung und des Einverständnisses des Beherrschten mit der Herrschaft, sondern des guten Glaubens, eigentlich gar nicht beherrscht zu sein. Wenngleich erst frei in der Illusion, ist er doch schon unterwegs zur Freiheit. Der Weg kann nur sich endlos dehnen, weil weniger hart ausgeübte Macht, die auf die Selbstunterdrückung der Beherrschten sich gründet, in diesen selber sich stabilisiert.

Die vollends freie Gesellschaft erst wäre die, in der das Individuum nicht nur frei wäre in seiner privaten Sphäre, unreglementiert und unbeeinflußt von lustfeindlichen Mächten, sondern auch frei: fähig, willens und ermächtigt, sein Schicksal, soweit es gesellschaftlich bedingt ist, *mitzubestimmen*. Sein Schicksal mitbestimmen: das ist – für politische und ökonomische Mitbestimmung – keine zu geringe Perspektive sozialer Verantwortung. Wir müssen, sozial empfindend, allemal in dem, was dem verachtetsten unserer Mitbürger geschieht, mögliches Verhängnis für uns selber erkennen. Man mag das ein egoistisches Motiv nennen. Es ist aber in keiner Beziehung zu einem anderen Menschen, sofern sie nicht reine Aufopferung sein will, vom Ich einfach abgesehen. Unser leibhaftes Wesen ist in dieser räumlichen Welt nun einmal der uns vorgegebene Grund sozialer Erfahrung. Nur idealistische Schwärmer geben vor, daß Seele unmittelbar an Seele sich binde[43] – und beschränken sich beim Notleidenden auf »seelischen Zuspruch«. Blutvolle Charaktere vermögen aus leibhaft empfundener Stellvertretung für den Anderen einzuspringen.

Eine Gesellschaft, in der jeder aus solidarischer Gesinnung des anderen potentieller Stellvertreter ist, kann nur eine sozialistische Gesellschaft sein, in der Mitbestimmung auch im wirtschaftlichen Bereich verwirklicht ist. Innere und äußere Freiheit zur Mitbestimmung, Fähigkeit und

Erlaubnis, sie auszuüben, entsprechen einer Zielvorstellung menschlicher Würde, die keine Manipulation durch Auguren der Macht mehr erlaubte. Solche Würde setzt aber den mündigen Menschen voraus, der über entscheidende Antriebe nicht mehr im unklaren bleibt. Aufs Ganze einer Gesellschaft geblickt, die sehr unterschiedliche Intelligenzen vereinigt, ist das eine kaum erfüllbare Utopie. Durch Hebung des Bildungsniveaus mögen wir asymptotisch uns ihr nähern, erreichen werden wir sie nie. Der aus intellektueller Schwäche nicht vollends einsichtsfähige Mensch wird darum immer einer Führung bedürfen, die seine *vitalen* Interessen wahrnimmt. Die Verantwortung derer, die die sozialen Zusammenhänge überblicken, ist groß. Bessere Einsicht, gute Vorsätze und willentliche Entschließung reichen aber nicht aus, sich für das Wohl der Gemeinschaft einzusetzen. Wer immer die triebpsychologischen Bedingungen sozialer Einstellung erkennt, hat auch die – soziale – Verpflichtung, zumindest *auf der Stufe der Toleranz* einer freieren Moral gemäß zu leben. Das ist für den, der von klein auf verklemmt wurde, gar kein so leichter Auftrag. Der Prozeß der Entkrampfung ist schwierig und ohne Freunde, die Hilfestellung gewährten, nicht durchzuhalten. Wir sind allemal so neurotisch wie die, die mit uns leben.

Man ist als sozial Handelnder noch nicht frei, wenn man nur im Denken befreit ist. Man ist immer noch manipuliert, wenn man weiß, daß man manipuliert ist. Man verhält sich noch zwanghaft, wenn man erkennt, welche Ersatzlüste einen beherrschen. Und man ist immer noch intolerant gegen andere, wenn man in sich selber lustlos verstimmt ist. Willentlich geübtes Verstehen vereitelt sich durch den kalten, neidischen Blick, der es – wider Willen – begleitet.

Zu einer Toleranz der verstehenden Liebe fehlt den einen die geistige Kraft des Verstehens, den anderen die Spontaneität einer Liebe, die nur aus einer Grunderfahrung der Lebenslust hervorgeht. Den meisten fehlt beides. Doch wäre denkbar, daß Menschen, welche die ihnen mögliche – und gemäße – innere Freiheit noch nicht erreicht haben, rational eine menschenwürdige Ordnung entwerfen, eine, die das Individuum in ihr nachreifen ließe.

b) Lenkung zum Besseren

Eine andere Frage als die, ob die Menschen manipuliert werden wollen, ist die Frage, ob sie manipuliert werden sollen, ja müssen, um zu einem nicht-reglementierten Dasein allererst gebracht zu werden. Im sozialen Klima einer triebunterdrückenden Moral wissen ja nur wenige, wie wir unverklemmt leben könnten. Sie werden von einer selbstgerechten Mehrheit verlacht oder verfemt. Das mag sie, diese Wenigen, darauf bringen, ihrerseits auf Wege zu sinnen, das moralische Bewußtsein der vielen Unbelehrbaren umzustimmen, ohne den frontalen Weg der Aufklärung und der Auseinandersetzung zu beschreiten. Jeder davon abweichende Weg ist Manipulation, bei der der Einzelne nicht weiß, woraufhin er beeinflußt wird. Wer aber, längst fehlgeleitet in einer manipulierten Masse, sich an der Mehrheit orientiert und auf Statussymbole achtet, der ist für Argumente gar nicht ansprechbar. Ihn reif zu machen für argumentierendes Denken, das über die herrschenden Verhältnisse sich hinauswagt, ist nur zum geringeren Teil eine Aufgabe geistiger Schulung, da hier eine »Beschränktheit« zu überwinden ist, die wesentlich emotionalen, ja neurophysiologischen Hemmnissen entstammt. Wer des öfteren Aspekte einer neuen, freieren Moral vorträgt, macht die Erfahrung, daß den scharfsinnigsten Köpfen immer nur Argumente *dagegen* einfallen, gegen jede Bestrebung, unsere verkrusteten Sitten etwas aufzuweichen. Es scheint, als werde Scharfsinn eigens dazu entwickelt, in den bestehenden Verhältnissen apologetisch sich einzunisten. Mitunter erschreckende Proben liefert jene »juristische Logik«, die alle Einwände des Herzens in Kompliziertheit auflöst: *in dubio contra cordem.* (Im Zweifel gegen das warnende Gefühl.)

Bei solcher Rolle des Intellekts in unserer Gesellschaft mögen leicht jene Wenigen, die Herz und Hirn bei sich selber in Einklang halten, auf den Gedanken verfallen, ihrerseits manipulative Methoden im Streit der Meinungen anzuwenden. Das würde etwa bedeuten, daß der Endzweck sittlicher Emanzipation, eine freie Bejahung unserer vitalen Antriebe, noch gar nicht genannt würde – aus Furcht, dadurch halb Zugeneigte zu verschrecken, die vorerst nur von »Auflockerung« und »Liberalisierung« hören wollen. Solche Verdeckung der Zielsetzung sittlicher Emanzipation brächte jedoch mit der Zeit ihre Fürsprecher um ihre Glaubwürdigkeit. Es ist der Widerhaken jeder liberalisierenden Manipulation, daß sie auf jene zurückschlägt, die allzu vorsichtig ein Versteckspiel betreiben, das im selben Maße sich aufdeckt, in dem Manipulation zum Ungezwungenen hin ihre Zwischenziele erreicht.

Aussichtsreicher, weil redlicher, wäre es, die bislang sittlich Genasführten in der Weise zu gewinnen zu suchen, daß man sie zunächst mit Argumenten anspricht, die sie von ihrer Bewußtseinslage her verstehen und nachvollziehen können. So, wenn man den an Statussymbolen orientierten, ehrgeizig sich vergleichenden Leuten klarmachte, daß die überkommene Moral nicht immer als die Moral schlechthin gegolten hat, sondern den Menschen von geringem Stand zugedacht war. Es gab ja daneben eine »Adelsethik«[44], die den *Herren* erlaubte, verschwenderisch und glänzend aufzutreten, souverän zu genießen, auch sexuell verwöhnt zu leben. Keuschheit, Opfersinn und Sparsamkeit, Fleiß und Pflichterfüllung wurden dagegen als die für Untertanen passenden Tugenden herausgestellt[45]. Sexuelle Enthaltsamkeit, jedenfalls Mäßigung, sollte ihre vitale Spontaneität überhaupt brechen und, wo das nicht gelang, sie über ein dann nicht ausbleibendes Schuldgefühl manipulierbar, lenkbar machen. Die Tugend der Pflichterfüllung konnte einfacher noch mit jedem der Herrschaft gerade dienlichen Zweck gefüllt werden. – Solche Zusammenhänge aufzuzeigen ist alles andere als Manipulation. Das ist Aufklärung, die nur bestrebt ist, sich ein Verständnis zu sichern, indem sie bei einer verbreiteten Neigung, dem sozialen Ehrgeiz, ansetzt. Es ist noch nicht Manipulation, Argumente zurückzuhalten, die ohnehin die meisten (noch) nicht verstünden. Man muß wissen, zu wievielen man gerade spricht.

Eine diskutable Form der Manipulation zu freieren Sitten könnte darin bestehen, seinerseits apologetisch alle spontanen oder modischen Tendenzen zu unterstützen, die in Kleidung, Kunst und Freizeitgestaltung ein unbefangenes Verhältnis zum Leib zu fördern versprechen. Eine den Körper betonende Kleidung bedarf wie das Nacktbaden oder das Zusammenleben von unverheirateten Paaren immer noch einer Rechtfertigung, damit das Pendel der Launen nicht in gezierte Verhüllung oder in Entrüstung und Heuchelei zurückschlägt. Gleich weit müßte kritisch aber Abstand gehalten werden gegenüber allen schockierenden Darbietungen des Leibes und seiner Ausscheidungen, die selbstgerechten Bürgern nur die Genugtuung eingibt: Da sehe man doch, wozu die ganze Liberalisierung der Sitten führe, zu nichts als ekelhaften Exzessen. – In Wahrheit könnten gerade konservative Tendenzen sich derart ausprägen: Tendenzen, die die bestehenden Fronten der Entrüstung und der Aggression konservieren. Wer am herrschenden Ethos verdient, indem er für Geld Ersatzlüste anbietet, muß folgerichtig daran interessiert sein, daß ursprünglichere Freuden des vitalen Daseins nicht enttabuiert werden. So klagte schon im Jahre 1965 ein bekannter deutscher »Sexfilmer« über Promiskuität und über den Kult des »Natürlichen« in manchen Filmen aus Frankreich[46]. Kein Wunder, der machte, wenn er sich im Zusammenleben durchsetzte, den Voyeurismus im Kino entbehrlich.

Solch durchsichtiger Manipulation des moralischen Bewußtseins kann wirkungsvoll nur durch schonungslose Aufklärung über die Interessenlage jener Leute begegnet werden, die schon so abgeklärt sich geben, daß sie mitunter sagen: »Sexualität, wen interessiere die noch?« Manipulation im Dienste der Liberalisierung des Lebens darf, will sie nicht ihre Zielsetzungen diskreditieren, allenfalls eine ausnahmsweise List der Vernunft bleiben. Völlig auf sie verzichten können wir nicht, wollen wir mit freieren Gedanken in einer von vitaler Frustration und emotionaler Manipulation geprägten Gesellschaft uns durchsetzen. Denn das ist eine Gesellschaft, in der gerade die triebverschleiernde Funktion einer forciert sachlichen Ratio wahrhaft befreiend rationalen Argumenten die Beachtung verwehrt.

FRIEDRICH HACKER[47] hat SIGMUND FREUD zustimmend den Satz nachgesprochen, daß »man mehr Sorge als bisher aufwenden (müßte), um eine Oberschicht selbständig denkender, der Einschüchterung unzugänglicher, nach Wahrheit ringender Menschen zu erziehen, denen die Lenkung der unselbständigen Massen zufallen würde«[48].

Lenkung – Manipulation, um die Menschen zum Besseren zu führen? – Man kann immer die Form, in der man Argumente ansetzt, um sie Fuß fassen zu lassen, mißgünstig eine Art der Manipulation nennen. Doch Zweifel ausstreuen, Raum schaffen für Argumente, das kann nicht Manipulation im strengen Sinne heißen. Jede Einflußnahme auf andere, jede Erziehung, auch diejenige, die den Menschen in seinen natürlichen Anlagen fördert, könnte dann Manipulation heißen. ADOLF PORTMANN[49] verwendet in diesem weiten Sinne den Begriff der Manipulation und muß folgerichtig zu dem Ergebnis kommen, daß Manipulation unausweichlich sei. Wenn wir den Begriff der Manipulation aber nicht in diesem Sinne »wertfrei« verwenden, sondern einschränken auf jenen Umgang mit Menschen, der die Spontaneität ihrer vitalen Antriebe wie ihres Denkens zurückzudrängen sucht, dann brauchen wir uns nicht schuldig zu fühlen, wenn wir für größere Freizügigkeit, Toleranz, Mitmenschlichkeit und gegen die offenen oder versteckten Formen der Unterdrückung zu wirken suchen. »Manipulation zum Besseren« gibt es gar nicht. Denn der Zweck heiligt nicht die Mittel; er wird selbst von ihnen verdorben. Ein nicht frustrierter, ein unverklemmter Charakter braucht nicht manipuliert zu werden; er ist durch das Argument erreichbar. Und ein vitalpsychisch verklemmter oder aggressiv gewordener kann nur noch zum Schlimmeren hin manipuliert werden.

Manipulation im positiven Sinne könnte zwar bedeuten, daß der Mensch, ohne es recht zu merken, zu mehr Hilfsbereitschaft, Schonung der Schwachen und Kranken gebracht würde; daß man ihn anhielte, darauf zu verzichten, neues Leid durch Gehässigkeit und Rachsucht zu verbreiten. Alle Massenmedien, so könnte man fordern, hätten sich in den Dienst der Leidvermeidung zu stellen. Aber tun sie das nicht schon, jedenfalls nach ihrem Selbstverständnis? Ist es denn nicht so, daß selbst in harten und brutalen Filmen das Gute und der Gerechte letztlich siegt? Aber schon hier, im filmisch Dargebotenen, zeigt der Kampf für die gute Sache seinen Pferdefuß: Selbst Kriegsfilme, die – vorgeblich oder sogar guten Glaubens – nur gedreht wurden, um durch Entsetzen und Abscheu vielleicht noch schwelende Kriegsbereitschaft zu dämpfen, haben sich als kassenfüllende »Schocker« erwiesen. Sie wurden von vital frustrierten und sadistisch ausgerichteten Charakteren ihres Nervenkitzels wegen genossen.

Auf der Basis einer weithin ins Sadistische verbogenen Triebstruktur kann an »Vernunft und Einsicht« nicht mehr unmittelbar appelliert werden. Aber auch die Menschen zu erschrecken ist kein geeignetes Mittel, sie »zur Vernunft zu bringen«. Jede Gefahr, die nicht gegenwärtig und unmittelbar körperlich uns bedroht, kann zur bloßen Unterhaltung dienen. Selbst wer das erste Mal noch zusammenzuckt, wenn man, ihm zur Abschreckung, Schreckenerregendes zeigt, kann an den starken Reiz so sich gewöhnen, daß er ihn masochistisch genießt. Es bleibt dabei, daß die Menschen, wenn sie gebessert werden sollen, zuerst genußfähiger werden müssen. Man darf ihnen zumindest nicht jede einfache, leib-nahe Lebensfreude vergällen oder verwehren, wenn man von ihnen auch ungebrochene Mitmenschlichkeit erwartet. Der Sozialismus der Neuen Linken, der sich durch Konsumverzicht einzuführen sucht, *empfiehlt* sich nicht für Menschen, die »etwas vom Leben haben« wollen. Man kann gegen das Haben-Wollen[50] mit moralischen Vorhaltungen zu Felde ziehen. Doch daß der Mensch unserer Kultur ein so distanziertes Verhältnis zu seinem eigenen Leben hat, ist selber durch die überkommene Moral bedingt, die ihn daran hindert, beheimatet zu sein in seinem Leib. Ob uns die Haltung des Haben-Wollens paßt oder nicht, ob wir sie aus idealistisch-moralischen Gründen ablehnen oder aus Skepsis gegenüber der geltenden Moral: Es kommt darauf an, durch einen Wandel der Moral die Genußgewohnheiten zu ändern, nicht darauf, zur Askese aufzurufen. Denn das bleibt wirkungslos.

c) Politische Manipulation durch Nachrichten und Umfragen

Will der Mensch manipuliert werden – muß er manipuliert werden? Zwischen diesen beiden Fragen steht die leicht resignierende Vermutung, daß Manipulation am Ende unvermeidlich sei. Schon wer durch Massenmedien Nachrichten verbreitet, manipuliert, auch wider Willen. Und zwar selbst dann, wenn er Meinung und Nachricht sorgfältig trennt. Er kann als Nachrichtenredakteur – bei beschränkter Sendezeit, auf begrenztem Raum – ja nicht alles bringen, was die Fernschreiber Tag und Nacht heruntertickern. Er muß kürzen, auswählen und hat dabei die Kriterien seiner Auswahl gerade dann im eigenen Nacken, wenn er glaubt, objektiv zu sein. Man hüte sich vor den angestrengt Objektiven, die sich über ihre eigenen Motive im unklaren sind! Sie manipulieren, verführen mit dem besten Gewissen, weil sie selbst genasführt sind. Bei der Parteipresse, der ehrlich parteilichen, weiß man, woran man ist und kann als kritischer Leser Abstriche machen.

Der politisch fast Desinteressierte wie der unter Termindruck Stehende, die beide gleichermaßen nur die Schlagzeilen überfliegen, werden auf eine den Redakteuren kaum vorwerfbare Weise manipuliert. Man kann immer sagen, die Leser selber seien schuld, wenn sie sich nicht eingehend informierten. Überschriften seien ja noch keine Information, sondern nur ein Leseanreiz. Aber mit Leseanreizen läßt sich eben manipulieren. Ein auffälliges Beispiel: Am 18. September 1976 brachten die vier überregionalen Zeitungen der Bundesrepublik Deutschland die Nachricht, daß in der Lockheed-Affäre möglicherweise Aufschluß gebendes Material aus der Amtszeit des Verteidigungsministers Strauß verschwunden sei, zwar jeweils auf Seite 1, doch in verschiedener Länge und Akzentuierung und unter folgenden Überschriften:

Lockheed-Akten verschwunden

(Frankfurter Rundschau)

Lockheed-Akten in Bonn verschwunden

(Süddeutsche Zeitung)

Lockheed-Akten aus dem Verteidigungsministerium verschwunden
(Frankfurter Allgemeine Zeitung)

Urkunden über Starfighter-Bestechung waren gefälscht

(Die Welt)

Manipulation besteht nicht nur darin, daß wir Fakten »frisieren«, um anderen unsere Meinung beizubringen; schon die Mitteilung von Tatsachen kann in einer erwünschten oder unerwünschten Richtung meinungsbildend sein, mithin »manipulieren«. Seriöse Meinungsforscher wissen, daß sie vor Parlamentswahlen Umfrageergebnisse nicht mehr veröffentlichen dürfen, weil sie dadurch in einer oft erst nachträglich zu klärenden Weise den Wahlausgang beeinflußten. Das demokratische Bedürfnis, zu informieren und informiert zu werden, muß niedergehalten werden durch die nicht minder demokratische Verantwortung, Manipulation, auch unbeabsichtigte, zu vermeiden.

Auf den ersten Blick erscheint es als eine höchst unschuldige Form der Manipulation, Meinungsumfragen über die Chancen der Parteien zu veröffentlichen. Sie erscheint unschuldig, weil dabei offenbar gar nichts anderes herauskommt als die reine Wahrheit über die im Volk vorherrschende Stimmung. Es werden aber zumeist eben die Politiker ein Interesse an einer Veröffentlichung demoskopischer Ergebnisse haben, die sich durch sie bestätigt fühlen, seltener diejenigen, die mutig in Zweckpessimismus machen. Parteien oder Interessengruppen, die sich bestätigt sehen in der Volksgunst, bezwecken mit einer Bekanntgabe des Umfrageergebnisses gleichsam eine Festschreibung des Wählerwillens oder der Volksmeinung – in bewußter Verkennung, daß solch kollektiver Wille ein dynamischer Prozeß ist, der sich demoskopisch immer nur in Momentaufnahme abbilden läßt. Bewußt übersehen wird namentlich von parteipolitischen Propagandisten auch die von den Meinungsforschern selbst zugegebene Ungenauigkeit von ± 2 Prozent. Das macht schon eine Schwankungsbreite von 4 Prozent. Das ist weit mehr als der Abstand, mit dem bei knappem Wahlausgang die Parteien oder Koalitionsbündnisse auseinanderliegen. Mit Recht ist schon gesagt worden: Wenn die Demoskopie die Wahlen ersetzen könnte, bedürfte es des Ganges zu den Urnen nicht mehr. Zum Glück werden die Meinungsforscher in ihren Vorhersagen mitunter kräftig widerlegt, wenn auch so, daß sie unter Hinweis auf ihre statistische Toleranz nicht das Gesicht zu verlieren brauchen. Der eklatanteste Mißgriff der Demoskopie war die Prophezeiung eines Wahlsieges von John Dewey, während Harry S. Truman am 2. November 1948 das Rennen machte und amerikanischer Präsident wurde.

Der Sinn von Meinungsumfragen ist aber gar nicht, Wahlen überflüssig zu machen, sondern sie zu beeinflussen, wenn auch durch die jeweils den Auftrag gebende politische Partei. Sei es, daß sie unmittelbar das Umfrageergebnis propagandistisch einsetzt; sei es, daß sie ihre

Wahlpropaganda an dem Ergebnis orientiert. Die Meinungsforscher verfolgen ihren eigenen Zweck: Wahlen sind für sie die beste Gelegenheit, für ihr Gewerbe Reklame zu machen. Ihnen geht es ums Geschäft, um neue Aufträge von der stets auf neue Märkte erpichten Industrie – den Parteien geht es um das Gewinnen der politischen Macht. Wem geht es um die Wahrheit? Dem Zeitungsleser, der Aufschluß haben möchte über die Strömung, die vorherrscht. Doch wer nichts als die Wahrheit erfahren will, ist der mit seinen Interessen Schwache: er ist Objekt einer auf Demoskopie sich stützenden Manipulation. Wer von klein auf durch eine lieblose Erziehung unter *Trennungsängsten* leidet, wird dazu neigen, sich politisch dem größten Haufen anzuschließen. Die Vielen, die gleich ihm befürchten, den nächsten »Anschluß« zu verpassen, bekommen dann vereint erst die Wahrheit, von der sie angenommen hatten, sie liege ihrer Entscheidung zugrunde. Die für die Politik eingesetzte Demoskopie ist nicht Teufelswerk schlechthin; sie wirkt manipulierend nur auf der Basis der für unsere Gesellschaft typischen neurotischen Charakterstruktur. Eine prominente Meinungsforscherin, ELISABETH NOELLE-NEUMANN, bestätigt das aus ihrer Sicht:

> »Das verlierende Lager wirkt durch sein Schweigen noch schwächer als es wirklich ist, und in einem spiralenähnlichen Prozeß wird die verlierende Meinung zurückgedrängt, weil sich immer weniger Personen zu ihr öffentlich zu bekennen wagen, und zwar teils aus Unsicherheit über die Richtigkeit des eigenen Urteils, aber auch aus Furcht, sich zu isolieren, Furcht vor sozialer Sanktion, der Mißachtung der Mitmenschen.«[51]

Manipulation scheint unvermeidlich, wenn in einem Plebiszit dem Volk eine bestimmte Frage zur Entscheidung vorgelegt wird. Jede Fragestellung drängt zumindest den besonders suggestiblen Teil der Bevölkerung immer schon zu einer bestimmten Antwort. Im Februar 1975 haben Meinungsforscher herausgebracht, daß zwei logisch inhaltsgleiche Fragen an die britische Bevölkerung unterschiedliche Ergebnisse erzielen würden. Die Frage: »Sind Sie für ein *Verbleiben* Großbritanniens in der EWG?« würde um 6 Prozent mehr Stimmen für »Europa« bringen als die negative Formulierung: »Sind Sie für ein *Ausscheiden* Großbritanniens aus der EWG?«[52]

Angesichts solcher Beispiele scheint es fast illusionär, einen Verzicht auf politische Manipulation zu fordern. Selbst ein so ideal gebildeter Politiker, wie er im Schullesebuch steht, käme nicht umhin zu manipulieren, wenn er auch nur den Mund aufmacht. Eine für Manipulation anfällige Gesellschaft wird aber nicht durch moralische Appelle verändert, auch nicht dadurch, daß der Einzelne sich strenge sittliche Beschränkungen auferlegt. »Der prickelnde Trieb, seine Meinung zu sagen« (HEGEL[53]), soll sowenig unterdrückt werden wie jeder natürliche Trieb, den zu befriedigen uns Lust bereitet. Was wir in uns verstauen, sei es Naturtrieb oder erlernte Neigung, das kommt eines Tages gesammelt, angestaut, explosionsartig aus uns hervor. Durch »Selbstbeherrschung« entgehen wir nicht den Mechanismen der Manipulation, in die wir aktiv oder passiv, aber immer unwillentlich einbezogen werden. Auch wer es für sein inneres Gleichgewicht nötig hat, andere zu gängeln, ist selbst manipuliert, Opfer einer Erziehung, die den Menschen nicht ungebrochen sich entwickeln läßt.

Der mit einem Minimum an Hautkontakt aufgewachsene Mensch unserer Kultur muß als soziales Wesen vornehmlich in Worten leben*. Hierauf beruht auch die Popularität von Maulhelden in der Politik. Jederzeit entschlossen, auf äußere oder innere Bedrohung des Staates mit starken Worten zu reagieren, geben sie in der Dimension der Worte zumindest das beruhigende Gefühl, daß etwas geschieht, ja schon geschehen ist, eben mit Worten. Wenn den Worten auch nichts folgt, was ins Leben der Menschen eingriffe, was Handel und Wandel, Justiz und Reiseverkehr beeinflußte – mit den richtigen Worten »ist« die Welt wieder im Lot. »Der sagt's wenigstens richtig«, heißt es im Volk von einem Politiker, der die Zunge am rechten Fleck hat. Für die Beurteilung des beharrlichen Wirkens derer, die nicht so große Worte machen, fehlt es den allermeisten nicht nur an politischer Bildung, an einem guten Gedächtnis und einem Sinn für soziale Entwicklungen, sondern auch an gesunder Skepsis gegen die Magie der Worte. Wer im Glauben an Worte groß geworden ist, wer an »geistige Welten« zu glauben gelernt hat, die durch nichts als durch Worte vorgestellt werden, für den ist es nicht so einfach, sich im Denken aus einer Gesellschaft herauszulösen, die aus Worten eine zweite Wirklichkeit errichtet hat und in der politische Parteien weniger mit Gesetzesvorlagen als mit »Ideen«, mit hohlen Worten miteinander konkurrieren.

Daß die soziale und geographische Realität sich verändert auch gegen unseren Willen, das ficht Menschen, die in verbalen »Realitäten« leben, noch nicht an. Nach der physischen Vertreibung aus den deutschen Ostgebieten fanden Flüchtlingspolitiker im Westen nicht bloß

---

* Siehe hierzu im I. Kapitel den Abschnitt »Der Glaube an Worte«!

eine neue Heimat und bisher oft nie gekannten Wohlstand, sondern auch die Geborgenheit, um in Worten wie »Unrecht der Vertreibung« und »Recht auf Heimat« sich emotional einzurichten. Der Abschluß der Ostverträge, der die Grenzen nach dem Osten hin festschrieb, brachte – 1972 – erst die große Empörung, die 1945 ausgeblieben war. So wurde Willy Brandt angelastet, was Adolf Hitler verspielt hatte: Er, Brandt, habe die Ostgebiete »verschenkt«. Die zweite Vertreibung, die Vertreibung aus der Illusion der Worte, bedeutete für manchen die größere politische Erschütterung als die erste, die körperlich reale Vertreibung. Für manche, etwa den SPD-Politiker Herbert Hupka, war es eine so große, daß sie mit ihrer eigenen parteipolitischen Vergangenheit brachen.

Es bleibt, um den verbreiteten Glauben an bloße Worte zu überwinden, paradoxerweise nur die Möglichkeit, selber Worte einzusetzen, wenngleich argumentierend. Die Sprache einzusetzen, um zu überzeugen, um Menschen für eine illusionslose Sicht der Verhältnisse zu gewinnen, ist aber nicht gleichbedeutend mit Manipulation. Nur wer seine Enttäuschung über eine vielfach politisch und ideologisch mißbrauchte Sprache als Fluch auf die Sprache selbst wirft, kann meinen, daß wir, indem wir nur einen Satz sprechen, schon manipulierten. Wenn in einer unaufrichtigen Gesellschaft die Sprache, ja ihre Grammatik bereits die Struktur der Lüge angenommen hätte, dann allerdings wäre es richtig zu sagen, daß Manipulation unvermeidlich sei. Aber dann sähen wir gar nicht mehr das Problem.

Es kommt, um den Irrealismus ideologischer Sprache zu vermeiden, nur darauf an, bei allem, was man sagt und schreibt, zu prüfen, ob den Wörtern auch in der körperlich erfahrbaren Welt etwas entspricht – oder ob Worte sich darüber lagern, weil uneingestandene Sehnsüchte ihren Himmel der Illusionen brauchen. Es kommt darauf an, der Sprache ihre Funktion des *Verweisens* auf das Wahrnehmbare zurückzugeben, um zu verhindern, daß sie selbst eine »Wahrheit«, eine »höhere Wirklichkeit« vorspiegelt und damit – als einzig spürbare Wirkung – nur die Köpfe verdreht. Die Worte auf ihr durch die Sachen selbst vorgegebenes Maß zu bringen, ist nur nicht so einfach in einer Gesellschaft, in der die Sprache als Bindemittel unter den Menschen überlastet ist und als Korsett der Illusionen unentbehrlich. Das ist – immer noch – eine Frage der Moral und der Erziehung.

d) Wird im Grunde gar nicht manipuliert?

Der Mensch kann nur zu etwas manipuliert werden, wonach ihm – auf der Basis verbogener Triebe – ohnehin der Sinn steht. Diese Einsicht schafft Verständnis für die Behauptung, es gebe gar keine Manipulation. So spricht der Zynismus derjenigen, denen die moralkonformen Verklemmungen und Verbiegungen des Trieblebens gerade recht sind, um die so angepaßten Menschen unmerklich für Zwecke einzuspannen, die sie bei vollem Bewußtsein der eigenen Motive verneinen müßten. Wie aber, so wäre zu fragen, verhielte es sich, wenn auch die Manipulateure nicht so genau wüßten, was sie tun? Ihnen geht es ums Geld, um die Behauptung oder Erringung politischer Macht, um das Durchsetzen ihrer Ideen. Daß sie selber dabei anerzogenen Zwängen folgen, ist ihnen kaum je bewußt. Sie werden eher sogar ihren ausgeprägten Erwerbssinn und ihren Machtwillen als Naturkonstanten des menschlichen Lebens ausgeben. Nicht einmal der Gedanke, daß das Streben nach immer noch mehr Geld und Besitz oder politischer Macht mit der Unfähigkeit zusammenhängen könnte, sich des je Errungenen zu freuen, kommt in ihnen auf. Da sie selbst nicht spüren, woran es ihnen mangelt, können sie ihre Lebenseinstellung noch überzeugend als vorbildlich ausstrahlen. Daß Menschen von ihnen manipuliert werden können, beruht auch auf der verdeckten Übereinstimmung der Motive und Lebensziele der Manipulierten mit den »geheimen Verführern« (PACKARD[54]). Was als *high life* oder als »süßes Leben« (FELLINI) der oberen Zehntausend sich präsentiert, kann allgemein erstrebt nur werden, weil die so »glanzvoll« Lebenden den falschen Schein daran nicht wahrnehmen oder doch sich selbst nicht eingestehen. An solcher Erkenntnis hindert sie auch der Neid derjenigen, die, obschon ehrgeizig, es selbst »noch nicht so weit gebracht haben«. Er hindert sie daran, weil er, an den Zukurzgekommenen mitvollzogen, ein Überlegenheitsgefühl vermittelt, das die eigene lahmende Lebensfreude überdeckt. Der Neid der aggressiv noch Aufstrebenden weckt von oben her auch Gegenkräfte der Unterdrückung, deren politische Betätigung die eigene Lustlosigkeit vergessen läßt.

Daß wir »Lustlosigkeit« noch im Leben der *upper ten* vermuten, mag verwundern. Das uns vom Film-, Kultur- und Industrieadel vorgespielte »süße Leben« ist aber ein Schaugebaren, das nur nötig hat, wer im stillen zu genießen nie gelernt hat. Wer ostentativ »ungehemmt« lebt, lebt im Grunde nur das Negativ der Hemmung, eine Anti-Moral, und bestätigt damit, daß er zu unbefangener Sinnlichkeit noch gar nicht gelöst ist. Pausenlos lüstern kann nur sein, wer an »orgastischer Impotenz« (WILHELM REICH[55]) leidet, weil er als Kleinkind buchstäblich un-gestillt geblieben ist und überhaupt sinnen- und leibfeindlich erzogen wurde. Dazu paßt gerade in den höheren Gesellschaftsschichten ein Lebensstil der Bewegungsarmut, dessen unlustspeichernder Charakter noch gar nicht genug erkannt ist[56].

So kommt doch heraus, daß erfolgreich manipulieren nur kann, wer selber in eine Gesellschaft voll integriert ist, die das Bewußtsein den vitalen Antrieben entfremdet. Volkswirtschaftlern stellt es sich oft noch so dar, als ob die Unternehmer, die Investitionen und Absatz kalkulieren, dabei nur übergeordneten Marktgesetzen gehorchten[57]. Die großen Zyklen von Aufschwung und Rezession vollziehen sich scheinbar unabhängig davon, wie rational auch immer die einen, wie launisch-irrational wieder andere Unternehmer ihre Entscheidungen treffen, Entscheidungen, die, voll an der Situation des eigenen Betriebes orientiert, die gesamtwirtschaftliche Lage nur aus dessen Perspektive berücksichtigen. Dennoch ergibt sich zumeist ein konjunkturkonformes, den Konjunkturzyklus verstärkendes Verhalten. Antizyklisch liegen eher noch ganze Branchen als einzelne Betriebe. Wie kommt es zu phasengerechter Gleichschaltung, da doch jeder Unternehmer nur aus seinem Interesse entscheidet? Liegt die Erklärung in den »Marktgesetzen«, oder werden diese nur sichtbar, ja überhaupt wirksam auf der Basis einer kulturspezifischen Trieb- und Bedürfnisstruktur, die jeder egoistisch auf sich Sehende unreflektiert im eigenen Nacken hat?

Der lieblos erzogene, unzärtlich herangewachsene Prototyp unserer Kultur entwickelt als Ersatz für das, was ihm vorenthalten wird: Geborgenheit in der Gemeinschaft, eine libidinös gefärbte Beziehung zu Dingen, die sich nicht entziehen, und zum Geld als einem Mittel, sich die Gegenwart anderer Menschen zu erkaufen. Ein affektiv angeheiztes Verhältnis zum persönlichen Besitz, ein neurotisch gepflegtes Haben-Wollen kumuliert vieltausendfach zu einem »allgemeinen Gewinnstreben«, das als Motor der Wirtschaft *zählt* und darum von Apologeten der herrschenden Ordnung auch als natürlich oder gottgewollt ausgegeben werden kann[58]. Allgemeine Profitsucht* geht in Zeiten der wirtschaftlichen Erholung in die Angst über, im konjunkturellen Aufschwung den »Anschluß« zu verpassen. Diese sich ausbreitende Angst treibt die Konjunkturüberhitzung erst hervor, die dann als

---

* Zum Motiv »Profitsucht« weiter im IX. Kapitel, Abschnitt B, a.

»Sachzwang« auf den Einzelnen zurückwirkt: als Zwang, bei Überbeschäftigung, dadurch steigenden Löhnen und kaum noch zu befriedigender Nachfrage die Preise so zu erhöhen und sich durch Kredite so zu verschulden, daß plötzlich alles in Stagnation endet, ja zurückgeht *(Rezession)*. Ähnliches gilt für die Angst vor Verlusten in Zeiten wirtschaftlicher Beruhigung: Sie legt vielerorts nahe, »vorsichtig« die Produktion zu drosseln, jedenfalls nicht weiter zu investieren, außer in die Entwicklung der Automation, die erste Arbeitskräfte freisetzt. Fortschreitende, zunächst technologisch bedingte, Arbeitslosigkeit verringert die Kaufkraft der Werktätigen insgesamt, schwächt die Nachfrage und läßt so allmählich die Produktion »unter dem Druck der Marktlage« zurückgehen. Diese ist dann schon mitbestimmt von der Existenzangst des – vielleicht stellungslosen – Konsumenten, der genau in dem Augenblick zu sparen beginnt, da die Wirtschaft neuer Impulse, verstärkter Nachfrage bedarf.

In Zeiten relativer Sättigung der Bedürfnisse kommt es zu Absatzkrisen, nachdem lange, allzulange die Konsumenten entweder einem modischen Trend zu immer schnelleren Neuanschaffungen gefolgt waren oder weit über ihren gegenwärtigen Bedarf hinaus sich ängstlich mit Vorrat eingedeckt hatten. Wenn die Preise den Löhnen davonklettern, breitet sich unversehens schnell die Erkenntnis aus, daß man »das alles« eigentlich gar nicht brauchte. Dann ist eine Rezession unvermeidlich.

Ohne die aus tiefer vitaler Verunsicherung stammenden Ängste gäbe es wohl weder ausgesprochene Booms noch wirtschaftliche Krisen. Gegen diese Vermutung läßt sich einwenden, sie ignoriere die außenwirtschaftlichen Faktoren volkswirtschaftlicher Entwicklung. Ihre Berücksichtigung projiziert das Problem aber nur auf den Globus: Daß Ängste weltweit herrschen können, haben die Weltkriege, die Kuba-Krise und die beiden Weltwirtschaftskrisen gelehrt. In dem Maße, in dem die miteinander Handel treibenden und Informationen austauschenden Völker zu einer Weltzivilisation zusammenwachsen, müssen auch die durch die Massenmedien noch verstärkten Ängste und Spekulationen auf die Entwicklung der Weltwirtschaft wirken.

Wenn Angst selbst die Wirtschaftsführer bewegte, wer wagte da noch von ökonomischer Manipulation zu sprechen! Es mag unter den Firmenchefs Auguren geben, die für alle Wechselfälle der Wirtschaft private Vorsorge treffen; aber sie machen doch die sich abzeichnenden Tendenzen mit, verstärken sie also, solange es ihnen für den eigenen Betrieb noch ungefährlich erscheint. Es gibt auch wirtschaftspolitische

Krisensteuerung; aber die kann auf schon spürbare Trends nur hemmend oder fördernd einwirken, nicht sie hervorrufen. Es gibt schließlich das politische »Geschäft mit der Angst«; aber das kann überzeugend nur betreiben, wer selber ein wenig angesteckt ist von der Angst die hervorkriecht: Angstargumente fielen ihm sonst gar nicht ein. Das ist die *Dialektik der Lüge:* Man muß, um sie glaubhaft vertreten zu können, selber bis zu einem gewissen Grade an sie glauben*. Noch über diejenigen, die uns wirtschaftspolitisch zu manipulieren suchen, greift etwas Überpersönliches hinweg, jedenfalls etwas, was sie selber nicht reflektieren. Dieses Überbewußte, muß, wenn es im Einzelnen treibende Kraft sein soll, in ihm unterbewußt sein, mit unbewußten Neigungen sich verbinden.

Analoges gilt vielleicht für die Manipulateure des öffentlichen Bewußtseins, für jene progressiven Köpfe, die unsere Mode, unseren Kunstgeschmack, unsere sittlichen Anschauungen zu revolutionieren trachten. Am Ende machen sie nur sichtbar, hörbar oder bringen zur Sprache, was in uns allen schon latent ist und schwelt, ja was schon nahe daran ist, sehnsüchtig überzuquellen. Erlösungsbedürftige Zeitalter hatten ihre Wundertäter und Hochstapler. Solche Vorreiter fehlen heute nicht einfach. Aber die Wegbereiter eines neuen Lebensgefühls halten sich jetzt mehr ans Stoffliche, Darstellbare. Laszive Kleidermode wird von »allmächtigen« Couturiers entworfen und lanciert. Doch der verbreitete Hang zum Exhibitionismus macht ihre Kreationen erst für die Kunden verbindlich. Die Frau die ihren Körper zur Geltung bringen möchte, wartet unbewußt auf ein »Diktat der Mode«, um für ihr prüdes Gewissen moralisch entlastet zu sein.

Der Modeschöpfer, der ein Gespür für die Menschen hat, wird unbewußt von ihnen inspiriert: Er sieht sie bereits so, wie sie sich selber gerne darstellen möchten. Was er ihnen wirklich *diktiert,* wird kein »Erfolg«. Dazu gehört freilich auch das, was allzu kühn über bestehende Tabus sich hinwegsetzt. Es ist aber leicht zu denken: daß ein allgemeines Klima von Schaulust und Zeigelust die »entblößenden« oder »körperbetonenden« Modegedanken den sogenannten Schöpfern der Mode erst eingibt. Die noch unverwirklichten modischen Tendenzen gehen bildhaft durch ihre Gehirne hindurch. Sie werden in ihnen bewußt, doch nur soweit, daß sie neue modische Gestalt gewinnen, nicht neues moralisches Bewußtsein. Diese »Modeschöpfer« hängen vielmehr mit denen, die sie modisch »manipulieren«, an den

---

* Siehe schon im I. Kapitel den Abschnitt A,a: »Der Glaube an die eigene Lüge«!

alten sexuellen Tabus, die am wenigsten bricht, wer Ersatzlüsten sich verschreibt. Die Lust an partieller Entblößung ist solche Ersatzlust, die abweist, erotisch aufs sogenannte Ganze zu gehen. Die kürzesten Röcke oder die engsten Hosen tragen nicht die unbekümmertsten Mädchen, und wenn, dann sind sie, was die Kleidung betrifft, späte Mitläuferinnen einer inzwischen nicht mehr so neuen Mode.

Noch viel weniger an der Oberfläche der Einsichtigkeit liegen die Trends, die einen Musikstil zur Mode werden lassen. Leute, die eine bestimmte Weise des Musizierens erfolgreich durchsetzen, sind als Manipulierer des Geschmacks immer erst im nachhinein anzusprechen. Denn durchsetzen wollen sich alle, die etwas, was sie selber für schön finden, treiben. Kein Zeichen besonderen Vorausfühlens verbreiteter Stimmungen ist es dagegen, wenn solche, die die Nase in den Wind der Zeit halten, einigen Unbekümmerten witternd nachfolgen. Entfaltungen des ästhetischen Geschmacks setzen eine Produktivität voraus, die eng an faktische emotionale, ja moralische Entwicklungstendenzen sich anschmiegt. Wenn heute Jazz, Beat und Popmusik bei den jungen Leuten »in« sind, dann drückt in der verbreiteten Begeisterung dafür nicht einfach eine von allen anderen Lebensbereichen abgelöste modische Gesinnung sich aus, sondern ein Lebensgefühl, das hier buchstäblich erst *anklingt,* aber von tieferen Schichten des Charakters ausgeht. Die sogenannten heißen Rhythmen[59], die ins Blut gehen, wollen wärmere Quellen der Lebendigkeit springen machen. Starke musikalische Rhythmen, die ihre vitale Entsprechung in kräftigen Bewegungen des Leibes finden, schaffen synästhetisch einen Erlebniszusammenhang mit der sexuellen Motorik, die ein moralisch verquältes Bewußtsein vielleicht noch verpönt, aber als quasi reine Musikqualität bejaht: aus vorbewußten Motiven des Leibes. Die Abneigung der (schon) »gesetzten« Bürger gegen die »verrückte Musik« der Jungen hat darum mehr moralische als ästhetische Motive, mögen diese Motive den sich Entrüstenden auch nicht bewußt sein.

Die jungen Leute wissen selbst nicht genau, was sie ausleben; was sie in ihrer Vorliebe für »heiße Musik« vitalpsychisch bejahen. Dies um so weniger, wenn eine leibhaft mitreißende Musik, ein Rhythmus, der zu erotischer Unbekümmertheit verführt, mit Schlagertexten unterlegt ist, die von ewiger Liebe und Treue faseln. Da *lügt* der Text, gemessen an der anthropologischen Wahrheit der Musik. Erst Theoretiker der heißen Musik, die bewußt und absichtsvoll ihre Rhythmen in den Dienst der moralischen Evolution stellten, dürften für sich in Anspruch nehmen, Manipulateure der Menschen zu sein. Einstweilen klingen aber schon Beatsongs und Hippieweisen aus den Räumen der christlichen Jugendverbände. Die jungen Geistlichen, die das Programm zusammenstellen, würden sich schwerlich als Schrittmacher freierer Sitten bezeichnen lassen. Ihnen geht es nur darum, nicht allzuviel Anhang zu verlieren.

Man könnte skeptisch überhaupt fragen, ob es das gibt, daß einzelne eine moralische Evolution geistig in Gang bringen und steuern.* Da alle Geistigkeit relativ ist auf einen Leib, der sich anspannt, wäre auch zu vermuten, daß Wandlungen des moralischen Bewußtseins immer schon auf zagen, ansatzweisen Veränderungen des vitalen Bewußtseins beruhen. Wer immer eine neue Moral propagiert, ist vielleicht schon zu spät daran, wenn er meint, dieses Neue, das ihm bewußt geworden ist, allererst in Gang zu setzen. Aber er mag ihm Begründungen beigeben, die verhindern, daß ein neues Lebensgefühl von noch neueren sittlichen Launen sich ablösen läßt, die ein »nostalgischer« Rückfall in etwas ganz Altes wären. In diesem Sinne gibt es vielleicht doch eine moralische Evolution, die von der Moralkritik zwar nicht in Gang gebracht, aber von ihr im steten Fortgang gewährleistet wird.

---

* Ich komme auf diese Frage unter vornehmlich soziologischen Gesichtspunkten zurück im IX. Kapitel, C.

IV. KAPITEL

Die Fiktion der Leistungsgesellschaft

A. SCHADEN FREIERE SITTEN DER WIRTSCHAFT?

a) Leistungsdruck und Lebensangst

Militante Vertreter der Neuen Linken treffen sich mit Werbefachleuten in einer merkwürdigen Überzeugung: Es ließen alle zagen Ansätze zu einer Lockerung der sexuellen Sitten als gesteigerter Kaufwille sich abfangen. Beklagen die einen eine rüde »Kommerzialisierung des Sexus«, die ihn hindere, politisch fruchtbar zu werden – MARCUSES Wort von der »repressiven Entsublimierung«[1] meint eben dies –, so schöpfen die anderen beständige Hoffnung aus der schon erprobten Nützlichkeit sexueller Schlüsselreize im Dienste der Kundenwerbung und Absatzsteigerung. Die so verschiedenen Interessenten an unserem Triebleben könnten langfristig sich irren: aus zwar verschiedenen Motiven, aber einhelligen Gründen. Wohl könnte es zutreffen, daß modische Spielereien und mancherlei teure Ersatzlust nicht nur vom ursprünglichen Triebinteresse die Aufmerksamkeit abziehen, sondern für eine Weile die frustrierten Gemüter so sehr beschwichtigen, daß noch vielen der Jungen jede Aufsässigkeit gegen die herrschenden Verhältnisse wieder vergeht. Aber es könnte ebensogut sein, daß allmähliche Gewöhnung an sexuelle Reize in der Öffentlichkeit auch die pfiffig ausgemünzte Sache selbstverständlicher ins Bewußtsein rückt. Wohl könnten durch die innige Verknüpfung bestimmter Güter mit Sexualsymbolen gewisse Märkte eine Weile noch sich erweitern lassen. Aber es ist nicht ausgemacht, ob sexbetonte Werbung nicht unter der Hand eine Wirkung tut, die moralischer Evolution zu freieren Sitten unwillentlich vorarbeitet. So könnte die Wirtschaft mit der Sexualität als werbendem Anreiz den Ast sich absägen, auf dem sie – über elementare Bedarfsdeckung hinaus – heute noch sitzt. Selbst Pornokitsch, das bislang Verpönte unmittelbar vermarktend, könnte sich in dem Maße beim Individuum überflüssig machen, in dem er massenhaft sich ausbreitet. Zumindest für den Markt der Sexbroschüren und »Liebeshilfen« könnte es schlagartig zu einer Baisse kommen. Große Veränderungen der Sitten bereiten sich, wer weiß, unter der Decke einer Übersteigerung des Tradierten vor. Wir können sozialer und moralischer Evolution den Weg kaum vorschreiben, den sie gefälligst zu nehmen habe.

Wem wirklich an einem Abbau der alten Tabus gelegen ist, der mag nicht allzusehr klagen, es sei das humanitäre Anliegen einer »menschenfreundlichen Sexualmoral« (ALEX COMFORT[2]) in die geschäftstüchtigen Hände gewinnsüchtiger Auguren geraten. Der Manipulierbarkeit der Bedürfnisse sind Grenzen gesetzt. Und die Pfiffigkeit derer, die glauben, nur ihrem persönlichen Vorteil zu folgen, relativiert sich im Wandel der Sitten, dem noch die Moden des Egoismus unterliegen. Wenn erst der fiktive Charakter des »Geldmachens« einem intensiveren Willen zum Leben breiteren Schichten bewußt würde, könnte es als unbewußtes Symbol der Freizügigkeit entbehrlich werden. (Preisfrage: Warum streiten Ehepaare, die einander satt haben, ums Geld? Doch nicht um des Geldes willen, das sie für ein einträchtiges Leben zu zweit gar nicht auseinanderzuzerren brauchten. »Wenn ich im Lotto gewinne, suche ich mir eine Junge«, sagte mir ein Facharbeiter. Seltene Ehrlichkeit, die freilich nur im Bilde der Jugendlichkeit begreift, was träge Gewöhnung im Ehealltag verschüttet.)

Der vital befreite Mensch, der regelmäßig Phasen libidinöser Sättigung durchlebt, würde es auch nicht mehr nötig haben, seinen Arbeitslohn für Prestigegüter zu verwenden, die unmittelbar gar keinen Lebensgenuß gewähren. Unmittelbarer Lebensgenuß muß jeden Genuß auf dem Umweg über den Neid des bloß Zuschauenden lächerlich finden. Der Sexus, der sich nur optisch und akustisch (im Sound der Schlagersänger) beachten läßt, könnte solche Ernüchterung mit vorbereiten (neben der verbalen Aufklärung, die ihn ergänzen müßte). Die Werbeleute, die mehr auf unbewußte Brutalität sich einschießen, biegen dem instinktiv aus. Mögen sie auch davon überzeugt sein, daß der Mensch viel wirksamer (werbe-wirksamer) bei seinen aggressiven Neigungen zu packen sei, so bejahen sie praktisch damit doch eine Frage, die sie bewußt nicht zu reflektieren brauchen: ob sexuelle Befreiung der Wirtschaft nicht schaden müsse.

Diese Frage hängt natürlich an der Voraussetzung, daß es – hier und heute – eine Lockerung strenger Sitten überhaupt gibt, daß sie nicht eine Fata Morgana kühner Hoffnungen auf ein freieres und sinnenfroheres Leben darstellt, auf ein Leben, aus dem auch die keusche Lust an der Grausamkeit verschwinden könnte. »Es gibt keine Sexwelle«, sagte mir die leitende Redakteurin einer großen Illustrierten, »wir machen die Sexwelle.« Solch selbstbewußte Einschätzung der eigenen Rolle im massenhaften Getriebe der Sehnsüchte verkennt nur die eigene Abhängigkeit von kollektiven Neigungen, die schon bei gelinder Lockerung des triebrepressiven Druckes von »oben«: von seiten der Kirche und des strafenden Staates, sich hervorwagen. »Wir machen die Sexwelle«: Gewiß, in den Formen, die wir ihr geben, auf Zelluloid und Papier. Wenn als die Frucht solcher Sexualbetonung ein stieläugiger Voyeurismus hervorquillt, dann ist das aber nicht die provozierte Wirkung der gezeigten Bilder allein; vielmehr verweist weithin fortbestehender sittlicher Zwang, mit dem gerade eifersüchtige Eheleute einander domestizieren, aufs bloße Zuschauen und Anschauen. Sublimer Sadismus rafft modisch zugleich die Röcke vor den Augen derer, denen nichts übrig bleibt als zu gucken. Werbung, die ans Auge sich wendet, benutzt folgerichtig sexuelle Bezüge als Blickfang. Sobald der Blickfang als die Hauptsache empfunden würde oder Gewöhnung an scharfe Reize diesen den werbenden Effekt nähme, wäre es mit ihrer kommerziellen Ausmünzung vorbei.

Wir hören schon ein solches Bedenken, freilich nicht in dem Sinne, in dem es Werbefachleuten vertraut wäre. Die Frage, ob sexuelle Freizügigkeit der Wirtschaft nicht schade, hat einen zweiten Aspekt: den der Leistungsmotivation. Diese ist von der unbewußten Triebstruktur eines Volkes nicht minder abhängig als dessen kollektiver Konsumwille. Daß die arbeitenden Menschen sich anstrengen wollen, ja in Spitzenpositionen zu Höchstleistungen bereit sind, gilt nicht nur als eine Bedingung unseres Wohlstandes, es wurde bislang als *die* Tugend der Arbeitsmoral wie selbstverständlich bei schier jedermann vorausgesetzt. Man kam gar nicht auf den Gedanken, daß ein gut Teil der Arbeitswut namentlich der jüngeren Leute geradezu von potentieller Faulheit motiviert sein könnte: von der mehr oder weniger bewußten Erwartung einer sozialen Stellung, in der man es sich leisten kann, das Leben endlich zu genießen und andere für sich arbeiten zu lassen. Solche Vermutung stützt eine Meinungsumfrage, die ergab, daß von den unter Dreißigjährigen 57 Prozent ganz mit dem Arbeiten aufhören würden, wenn sie nur einen einigermaßen ausreichenden Lebensstandard halten könnten[3]. Ein im Zuge expandierender Wirtschaft vielleicht notwendig fortlaufend sich entwertendes Kapital macht aber die Hoffnung zunichte, dereinst von den Zinsen seiner Ersparnisse leben zu können. Sich verschärfende Konkurrenz, auch innerbetriebliche Konkurrenz, birgt zudem die Gefahr, vorzeitig beruflich aus der Bahn geworfen zu werden. In dem Maße, in dem Automation die Betriebe von Arbeitskräften »befreit«, verstärkt sich unter den verbleibenden der Konkurrenzdruck.

Der Leistungsdruck wird um so unerträglicher, je tiefer er unser Lebensgefühl beunruhigt. Es ist die nackte Angst ums Überleben, die ein Unbehagen hervorgebracht hat, das nur bisweilen etwas modisch kokett als »Überdruß an der Leistungsgesellschaft« sich aufführt. Solche Moden haben aber nicht bloß ideologische Bedeutung, sind nicht nur verbaler Ansatz zur Manipulation der Menschen im Dienste einer bestimmten Ideologie; in ihnen kommt auch schon ein wenig zur Ruhe, was, unbenannt, erst recht zu unbewußten psychosomatischen Verstimmungszuständen führte. Sogenannte linke Schlagworte wie das von der Konkurrenzgesellschaft und vom Leistungsdruck sind so gesehen ein wenig Dichtung, in der der Mensch, sich zu erleichtern, zu sagen weiß, was er leidet.

Die vitale Abneigung gegen den Leistungsdruck ist aber keine Erfindung der Neuen Linken. Wir sind im Grunde alle eines Leistungsdruckes überdrüssig, der uns nervlich, gesundheitlich überfordert, weil wir uns ihm schon aus nackter Existenzangst unterworfen fühlen. Leistungsdruck bedeutet für den Selbständigen nervliche Anspannung unter der Peitsche der Konkurrenz, die ja bekanntlich »nie schläft«, bedeutet die Anspannung unter der Erwartung der Produktionssteigerung und dem Diktat der Termine. Erholsame Routine kann es nicht geben, wo Stillstand Rückschritt bedeutet, wo schon das Absinken der Zuwachsraten als Warnzeichen verstanden wird. Für den Nichtselbständigen bedeutet Leistungsdruck nicht nur den psychischen Zwang zur Erfüllung vorgegebener Leistungsnormen in bestimmten Zeiteinheiten, sondern auch das Leiden unter jenem »Druck von oben«, der sich in verstärkter Weise durch die Kollegen als Konkurrenzdruck – gleichsam von der Seite her – mitteilt. Auf den Arbeitern und Angestellten lastet ein hydraulischer Druck im Röhrensystem der betrieblichen Hierarchie, dessen Ursprünge: ehrgeizig neurotischer Selbstdruck der Unternehmensleitung oder der Druck der geschäftlichen Konkurrenz, dem tief darunter Gepreßten nicht mehr einsichtig sind. Es ist aber eine allgemeine Erfahrung, daß die aggressive Gereiztheit an der Spitze eines Betriebes sich noch dem kleinsten Angestellten und Arbeiter mitteilt. Wo das noch bewußt exerziert wird, geschieht es, um die Leute »auf Vordermann zu bringen«. Das mag bereits aggressiv gestimmte Menschen zu besonderer Emsigkeit stimulieren, dürfte insgesamt aber eher leistungshemmend sich auswirken. Denn wo im Kampf gegen die Kollegen, die gleich uns selber aufrücken wollen, ein gut Teil der psychischen Energie verbraucht wird, muß notwendig die Arbeitsproduktivität darunter leiden. Das perfektionierte System des Leistungsdrucks und der sozialen Prämien ist in Wahrheit, aufs Ganze der Betriebe und der Gesellschaft geblickt, ein System der Leistungsverhinderung.

Eine erste, noch systemimmanente Reaktion darauf ist die Propagierung des *team work*, bei dem der Einzelne seinen angestrengten Ehrgeiz, voranzukommen, etwas zurückstellen darf. Die Frage ist nur, ob dort, wo der aggressive Konkurrenzdruck nicht insgesamt sich ermäßigt, die wirklich belastenden negativen Sanktionen, die bislang ein Vorgesetzter verhängt hat, in Zukunft nicht noch viel quälender durch Ausstoßung aus dem *team* bewirkt werden. Es ist psychologisch auch eine zweifelhafte Sache, Menschen, die nicht eigentlich zum Miteinandersein erzogen wurden, in ein *team* zu pressen, in dem sie noch auf das sachbezogene Glück verzichten müssen, eigene Leistung vorweisen zu können. Wer, autistisch verbogen, nicht mit dem Kollektiv sich zu identifizieren vermag, muß im *team work* noch viel mehr unter dem leiden, was MITSCHERLICH[4] die »Spurlosigkeit« unserer Arbeit in den Industriebetrieben genannt hat. Ob an Fließbändern oder in den Ingenieurbüros – es wird überall unmöglich, stolz zu sagen: »Das habe ich getan.« Die Genugtuung, in der Gruppe etwas geleistet zu haben, könnten erst Menschen empfinden, die zu größerem Gemeinschaftsgefühl erzogen wurden. Und das kann nicht so geschehen, daß man ihnen Gemeinschaftsgefühl und »soziale Verantwortung« predigt oder als »Lernziel« vorsetzt, sondern indem man ihre vitalen Regungen, andere leibhafte Menschen zärtlich zu berühren, von frühester Kindheit an ermutigt.

Unsere Neurosen, die uns so aggressiv und ehrgeizig machen, sind im Grunde alle das Ergebnis *körperlich durchlittener* Lieblosigkeit. Was wir nicht aus Sympathie für andere zu leisten bereit sind, das wollen wir für uns allein erreichen. Etwas erreichen aber heißt schon lange nicht mehr: mit seiner Arbeit etwas bewirken, sondern eine Position sich erringen, in der man »sich gehen lassen kann«. Das allgemeine Leitbild der Berufstätigen ist jetzt nicht mehr der unermüdlich Fleißige, sondern der, der allen Fleiß hinter sich hat: der *arrivierte Faulenzer.* Solche Männer zeichnet die hohe Fähigkeit aus, Arbeit zu delegieren. Das, was jeweils zu tun bleibt, wird überall, wo sie repräsentieren, von den weniger ehrgeizigen »zweiten Männern« erledigt, von treuen Arbeitssklaven, denen es vielleicht nur an Beredsamkeit mangelt oder, schlimmer noch, an der Forschheit des Auftretens und einer repräsentativen Erscheinung. Mausgrau in ihre Arbeit verkrochen, geben die »rechten Hände« und Hintermänner die Sprossen ab, auf denen der Senkrechtstarter, Jung-Siegfried gleich, emporsteigt. Vielleicht muß hier, wo alles einer gewissen Reklame bedarf, um sich durchzusetzen, auch für die Leistung geworben werden. Ihr Reklamefachmann ist der Senkrechtstarter. Doch er hält nicht, was er verspricht.

b) Askese der Erschöpfung

»Schadet die Sexwelle der Wirtschaft?« Besorgte Wirtschaftstheoretiker haben, wenn sie unbefangen diskutierten, diese Frage aufgeworfen. Dahinter verbirgt sich ein Denken, für das Produktionssteigerung und ständige Mehrung des Nationaleinkommens selbstverständliche Bedingungen jedes sozialen und moralischen Fortschritts sind. Wenn wir aber die Frage, ob nun »die Sexwelle« der Wirtschaft Schaden zufüge oder nicht, unvoreingenommen beantworten wollen, dann müssen wir sie – zumindest im Gedankenexperiment – lösen von der Vorstellung einer sich notwendig beständig expandierenden Wirtschaft. Die Nationalökonomen und Wirtschaftsführer sind bis jetzt der Frage ausgewichen, ob unaufhörliches »Wachstum« wirklich zum besten der Wirtschaft selbst ist. Es könnte doch sein, daß eine Überdehnung der Wachstumsraten nicht nur zur Umweltzerstörung [5], sondern auch zu einer Strukturverschlechterung des bestehenden Wirtschafts- und Sozialgefüges führt, und daß die Ausrichtung auf gleichsam unendlich fortschreitendes Wachstum unsere Bedürfnisse noch so überreizt, daß sie jäh erschlaffen. Es ist eine Paradoxie, daß wir alle, um beständig mehr produzieren zu können, auch beständig höhere und weiterreichende Ansprüche entwickeln müssen, um auch wachsende Nachfrage zu gewährleisten; und daß andererseits diejenigen, die im Arbeitsprozeß stehen, intensiver arbeiten müssen, um mehr zu produzieren. Der äußerlich erfolgreiche Kampf der Gewerkschaften um kürzere Arbeitszeiten hat dies ebenso vergessen lassen wie das naive Vertrauen in Rationalisierung durch Automation.

Wo Automaten an die Stelle von menschlicher Muskelkraft treten, hat zugleich die nervliche Beanspruchung zur Überwachung der Automaten zugenommen. Und da, wo nach wie vor die gesamte Produktivität einer Arbeit vom ganzen leiblichen Menschen abhängt, da muß er in unverkürzter Arbeitszeit mehr aus sich selber herauspressen als ehedem. Ein Werkzeugmacher, der noch vor zehn Jahren acht Stunden zur Anfertigung eines neuen Werkzeuges zur Verfüugng hatte, ist heute gedrängt, das gleiche in fünf oder auch nur vier Stunden zu erstellen. Die Zeit, die er im Betrieb gewinnt, hat er in Stunden apathischer Erschöpfung für produktives oder genußvolles Freizeitleben verloren. (In den großen Städten opfert er überdies den Rest seiner täglichen Nervenkraft auf verstopften Straßen in jenem »eigenen Wagen«, der millionenfach gekauft, die Wirtschaft hat ankurbeln helfen.) Eine neue Askese der Erschöpfung breitet sich aus: Der bewegungsunlustig gewordene Mensch, dem es an physischem Schwung fehlt, um in seiner Freizeit noch etwas zu lernen, Sport zu treiben oder sexuell über die Stränge zu schlagen, »entspannt« sich vor dem Fernsehschirm bis tief in die Nacht – und kommt unausgeglichen und unausgeschlafen am nächsten Morgen zur Arbeit. Von einer tüchtigen Führungskraft wird ohnehin erwartet, daß sie so gut wie keine Freizeit kennt, sondern erst recht im Urlaub über betriebliche Probleme nachdenkt und jederzeit auf Abruf bereitsteht.

Die Frage »Schaden freiere Sitten der Wirtschaft?« klingt in solcher Perspektive fast wie Hohn. Man könnte sie eher umdrehen und fragen, ob nicht die scheinbar sachimmanente Logik der wirtschaftlichen Entwicklung jede moralische Evolution zunichte mache. Wer im Herzen laienhaft genug bleibt, um nicht in jenen »Sachzwängen« vollends aufzugehen, dem wird es immer rätselhaft bleiben, wie man vom »Blühen einer Wirtschaft« sprechen kann, wenn dabei nicht auch blühende Menschen zu sehen sind. Wenn wirklich das eine vom anderen zu trennen ist, dann sollte man wenigstens nicht taub sein für die Gegen-Frage: ob es sinnvoll ist, von wirtschaftlichen Zielen zu sprechen, die die Bedürfnisstruktur der Bevölkerung überhaupt und die Leistungsbereitschaft des Einzelnen als beliebig manipulierbar voraussetzen.

Die erfolgreiche Verdrängung dieser Frage rächt sich in mannigfachen Motivationskrisen gerade der bislang Tüchtigsten. Was von denen, die ungestüm ehrgeizig nachdrängen, am schon Älteren herzlos als »Leistungsknick« abgetan wird, braucht nicht in physischer Ermüdung zu gründen. Wer jahrelang von der Hoffnung auf ein »schönes Leben« motiviert war und gewahr wird, daß seine Glücksmöglichkeiten unter dem Druck der Termine sich immer mehr verringern, den kann mit einem Mal der große Ekel ankommen an allem, was er tut. Daß der Mensch mit seinen Aufgaben auch charakterlich wachse, ist ein idealistisches Vorurteil, das von den zufällig entdeckten *white-collar*-Delikten der Herren im vorgerückten Alter hinreichend Lügen gestraft wird. Die vitalen Bedürfnisse des leibhaften Menschen lassen sich nicht jahrzehntelang betrügen, ohne daß es in seinem moralischen Sensorium zu gefährlichen Kurzschlüssen kommt. Anders wäre es nicht zu erklären, daß würdige Herren, gerade auch politisch Emporgestiegene, sich in Finanz- oder Liebesaffären verwickeln, durch die sie jäh zu Fall kommen.

Solche Zusammenhänge aufzudecken hat nichts mit Moralismus zu tun. Wir müssen einsehen, daß Leistungsbereitschaft und soziale Verantwortung eines Menschen ihre vitalpsychischen Bedingungen haben. Der »dünnblütige«, triebschwache Mensch wird es leichter haben, ganz in seiner Arbeit aufzugehen. Man wird von ihm aber kaum bahnbrechende neue Ideen erwarten können.

Ein anderer Typus des leitenden Angestellten, der bislang als angepaßt gelten konnte, ist der des vitalen, aber neurotisch verspannten, der mangelnde Zufriedenheit mit sich selber und das Gefühl, nicht geliebt zu werden, fortgesetzt in »dynamischen Aktionen« auslebt. Es ist schon gesagt worden, ohne eine bestimmte neurotische Charakterstruktur könne man in den großen amerikanischen Firmen gar nicht Karriere machen[6]. Der Mensch aber, der für sein labiles psychisches Gleichgewicht darauf angewiesen ist, immer und unter allen Umständen Erfolg zu haben, ist auch aufs äußerste gefährdet. Ohne die Fähigkeit, auf vitalere Bereiche des Lebens sich zurückzuziehen, muß jede berufliche Zurücksetzung ihn gesundheitsbedrohend verkrampfen. Dazu erzogen und angeleitet, wie man erfolgreich sein kann und andere überflügelt, hat er die nicht minder wichtige Fähigkeit verkümmert, Niederlagen zu verkraften. Man verkraftet sie ja nicht wirklich, wenn man Mißliches nur in sich staut, sondern indem man hinter seinem Berufs-Ich eine unangreifbare Schicht selbstverständlicher Menschlichkeit kultiviert. Damit in Stunden harter Bedrängnis erst zu beginnen, ist freilich zu spät; sich einfach den üblichen Kulturgütern zu verschreiben, problematisch. Die billige Empfehlung, sich in Stunden der Sorge auf »geistige Werte« zu besinnen, übersieht, daß alles, was dem leibhaften Menschen wertvoll, also förderlich sein soll, auch sinnlich sich muß schmecken lassen. (Für den »Ohrenschmaus« des Musikgenusses wird das noch am ehesten zugegeben.) Eine Lebensphilosophie, die uns von der elementaren Wahrheit unserer kreatürlichen Existenz idealistisch ablenkt, kann nur eine »Geistigkeit« erzeugen, die uns in entscheidender Stunde im Stich läßt. Wenn es stimmt, daß in Zeiten starker konjunktureller Abschwächung die Selbstmorde unter den Wirtschaftsführern beachtlich zunehmen[7], dann ist das immerhin ein Indiz dafür, daß unsere »Leistungsgesellschaft« den Menschen nicht auf den Leib paßt.

HELMUT SCHOECK hat ironisch gefragt (in einer gleichnamigen Schrift[8]), ob Leistung denn unanständig sei. Als Resultat eines gesunden Betätigungsdranges, der nicht unausgesetztem Termindruck und innerem (neurotischem) Erfolgszwang sich ausgesetzt findet, ist sie es sicher nicht. Gewiß ist auch zuzugeben, daß jede besondere Leistung den Neid zumindest jener erwecken muß, die sich selber bereits in derselben Richtung versucht haben. In jeder ehrlichen Anerkennung fremder Leistung steckt, wenn man so will, ein Stück Neid. (So wie in jeder richtigen Liebe ein Stück Egoismus stecken mag.) Aber was unser Zusammenleben gefährlich vergiftet, das ist ein nicht erst durch fremde Leistung provozierter Neid, sondern eine stets sprungbereite Mißgunst und Feindseligkeit, wie sie den Menschen eignet, die von klein auf vitale Frustrationen und Manipulationen durchlitten haben.

c) Die Leistungsbereitschaft des angstfrei Erzogenen

Die Trennungsangst des Kindes vor dem Verlassenwerden durch die Mutter ist, zumindest in unserer Kultur, das Paradigma jeder späteren Angstempfindung: Wer in Gefahr steht, mitmenschlicher Hilfe verlustig zu gehen, der schnürt sich, größere innere Festigkeit zu erlangen, so in sich zusammen, daß jene *Enge* entsteht, die etymologisch und physiologisch mit »Angst« in Zusammenhang steht: Die Blutgefäße verengen sich; wer Angst hat (oder wen die Angst hat), der wird blaß. In der Angst beschleunigt sich auch der Puls, der Blutdruck steigt, Adrenalin und Noradrenalin steigern die Herzleistung, fördern die Muskeldurchblutung und intensivieren den Kohlehydratstoffwechsel[9], alles in allem gute Voraussetzungen dafür, daß man sich körperlich wehren kann oder weglaufen. In unserer buchstäblich auf dem Sitzen beruhenden Kultur ist das allerdings ein unangepaßtes

Verhalten: Nur »Kriminelle« schlagen hier mit den Fäusten zu; nur »Feiglinge« laufen weg. Wir müssen äußerlich ruhig bleiben, wenn der Lehrer oder später der Chef uns maßregelt, wenn Kontrahenten uns unsachlich angreifen, wenn Prüfungs- oder Testaufgaben uns gestellt werden oder schlechte Resultate uns unter die Nase gehalten werden. Da ist niemand, der uns beistünde, uns hülfe oder uns bei der Hand nähme, uns zu trösten.

In jede Situation, in die wir auf uns gestellt hineingehen, um uns zu bewähren, zu erproben, zu beweisen, gehen wir wieder mit einem Gefühl der Trennungsangst. Das wäre vermeidbar, wenn die Erziehung nicht auf gute Einzelleistungen abzielte, sondern auf die Befähigung zur Zusammenarbeit. Im ständigen Miteinandersein könnte, wie MAKARENKO es forderte, spielerisch gelernt werden. Wahrscheinlich ließen sich dadurch allgemein bessere Leistungen erzielen, weil die Spontaneität der Neugier, des Begreifens und des Lernens nicht durch Konkurrenzdruck, eifersüchtige Rivalität und Trennungsangst gehemmt wäre.

Eine Leistungsgesellschaft, die noch auf dem darwinistischen Prinzip der *Auslese* beruht, kann kooperatives Lernen und Sich-Bewähren indessen nicht einführen, weil sie aus einer wohlorganisierten und leistungsfähigen Gruppe keine »Sitzenbleiber«, »Absteiger« oder »Versager« auszusondern vermöchte. Die Tendenz, das Individuum allein auf sich gestellt zu prüfen, wird – entgegen den besseren Einsichten der Pädagogen – sich sogar noch verstärken durch die fortschreitende Automation, die Arbeitskräfte entbehrlich macht. Bei einer – auch über Hochkonjunkturen hinweg – langfristig steigenden Zahl von Erwerbslosen stellt sich erst das Problem, wie durch Angst zur Leistung erzogene Menschen, denen jede spontane geistige Regung als »ungehöriges Fragen« oder als »verspielte Trödelei« verleidet worden ist, auf erzwungene Muße sich einstellen sollen. Ständige Arbeitszeitverkürzung scheint noch der einzige Weg, auf die Möglichkeit unbeschränkter Freizeit vorzubereiten. Solche »Vorbereitung« geschieht aber durch leere Zerstreuungen (Fernsehen) und Betäubungen (Alkoholismus), weil das Lernen unter Konkurrenzdruck jede spielerische Betätigung des Geistes als unsinnig und überflüssig längst abgewürgt hat, und weil die überkommene Moral ursprünglichen Lebensgenuß verwehrt.

Eltern und Erzieher verstärken oft noch den neurotisierenden Druck, indem sie ungeduldig Leistung oder vielmehr einen »Abschluß«, der sich sehen lassen kann, von den Kindern erwarten. Sie richten damit nichts aus, wo Leistungsbereitschaft überhaupt fehlt; aber sie hemmen den Eifer des Engagierten, weil die bewußte Ausrichtung auf erstrebenswerten »Erfolg« vom Sachinteresse schon abzieht. Wer, selber ängstlich erzogen, von seinen Kindern nichts als Erfolge erwartet, erzieht sie damit zwangsläufig zum Scheitern. Denn durchsetzen im Leben werden sich diejenigen, die Niederlagen verkraften können. Die anderen geben auf und räumen das Feld – den weniger ängstlich Bestrebten.

Natürlich kann auch der angstfrei Erzogene im Berufsleben von mißgünstigen Chefs oder neidischen Kollegen systematisch demoralisiert werden: indem sie ihm – trotz allen Fleißes, trotz aller Erfolge – beständig vorhalten, er arbeite »zu wenig effektiv«. Die Folge wird sein, daß der Vorwurf allmählich sich rechtfertigt: durch eine in Verdrossenheit sinkende Leistung. Solch satanische Mittel des Konkurrenzkampfes unterstreichen die Notwendigkeit, junge Menschen zum Ertragen von Mißerfolgen zu erziehen. Denn nur wer von beruflichen Niederlagen sich nicht gleich niederschmettern läßt, bleibt fähig, eigenes Unvermögen von ungerechtem Vorwurf zu unterscheiden. Er behält auch den Kopf frei, sich zu wehren, wo man durch unwahre Behauptungen ihm übel mitspielt.

Förderung des Sachinteresses, Nachsicht bei schulischen Mißerfolgen, Ermutigung, sich zu wehren, das sind Momente einer Erziehung, die aus einer Wolfsgesellschaft in ein freundlicheres Miteinander *überzuleiten* versucht. Auch die Ermutigung, gegen hinterhältige Angriffe sich zur Wehr zu setzen, leistet ihren Beitrag zur Befriedung. Denn der ängstlich Nachgiebige zieht erst recht Spott und Rücksichtslosigkeit auf sich. Wer den Lügen, die man ihm gar ins Gesicht sagt, nie entgegentritt, der fördert – wider Willen – noch die Macht der Lüge. Der Ängstliche macht sich objektiv mitschuldig an der Hemmungslosigkeit derer, die jede Nachgiebigkeit wittern und ausnützen. Sie tun das nicht zuletzt aus eigener innerer Schwäche, um sich ihr zum Trotz gesund zu erhalten: »Ich habe keine Magengeschwüre, ich teile sie aus«[10], soll ein amerikanischer Wirtschaftsführer bekannt haben.

Aufgeschlossene Pädagogen unserer Tage haben erkannt, daß Angst nicht die richtige Motivation ist fürs Lernen. Aber es wäre die Quadratur des Kreises, wollte man nur aus dem Bereich der Wissensvermittlung die Angst heraushalten, jedoch weiterhin eine Moral pflegen, die in der Angst vor »schlimmen Folgen« sich bestätigt. Ohne Angst zu erziehen ist möglich, aber nur zu einer Persönlichkeit, die die ihr mitgegebenen Anlagen ohne Ausnahme frei entfaltet, nicht zu einer, die zwar im Beruf sich aktiv hervortut, doch entscheidende vitale Antriebe in sich zu verstauen hat. Was für die Schule noch ausreicht, genügt nicht fürs Leben, wo stets die ganze leibhafte Person gefordert ist. Angst als Mittel der moralischen Erziehung kanalisiert die Kräfte des Menschen in eine Richtung, die seinen ungebrochenen Neigungen widerstrebt. Der Erzieher bewirkt das, indem er für angepaßte Triebbefriedigung Sanktionen androht, an denen zu leiden die Unlust des Triebhungers übertrifft. Dann nimmt das Kind diese Unlust in Kauf und vermeidet, wofür es bestraft würde.

Strafen und die Angst davor sind Mittel, die Spontaneität des Begehrens, doch auch des Denkens und Fühlens zu brechen. Sie vermindern so die Leistungsfähigkeit, lenken aber die Leistung dorthin, wo man sie haben möchte. Man kann nicht in der schlauen Absicht »angstfrei« erziehen, dadurch noch größere Anpassung an spontaneitätswidrige Normen der Leistung und der Triebverdrängung zu erreichen. *Der angstfrei erzogene Mensch kann mehr leisten als der ängstlich Verklemmte; aber er kann nicht das gleiche leisten.*

Gegner und Verteidiger der Leistungsgesellschaft argumentieren fast einhellig auf dem Boden einer bereits hochgradig neurotisierten Erwachsenenperson, für die es nur noch die Alternative geben kann: entweder bis zur Erschöpfung zu arbeiten oder zu resignieren. Die radikale Weigerung, etwas zu leisten, ist nur der antizipierte Bankrott – und insofern systemimmanent. Es gilt demgegenüber die vital-psychischen und lernpsychologischen Bedingungen zu klären, unter denen ein Charakter sich bildet, der Aktivität zeigt, ohne sich zu übernehmen, weil er das Maß seiner Leistungsbereitschaft in Müdigkeit und Erholungsbedürftigkeit findet und nicht im Konkurrenzneid gegenüber anderen. Liebe zur Sache wird ihn zugleich stärker motivieren, etwas zu leisten, als jeder Gedanke an Luxusgüter, mit denen man vor anderen glänzen könnte. Das ist bereits die Antwort auf die Frage, ob freiere Sitten der Wirtschaft nicht schaden müßten. Wenn eine Sexualisierung des Menschen zur Folge hätte, daß er ein intensiveres Körpergefühl gewänne, dann könnte er auch bereitwilliger auf die Warnzeichen seines Organismus hören und sich nicht mehr so leicht ehrgeizig übernehmen. Was uns fast allesamt fehlt, ist ein *Gesundheitsgewissen*, das uns das Maß unserer Aktivität in unseren angeborenen körperlichen Möglichkeiten suchen ließe.

d) Die Rolle der Lebensalter

Es ist eine nur scheinbare Paradoxie unserer Tage, daß zusammen mit gesteigerter Leistungserwartung durch eine sich fortentwickelnde Technik (im weitesten Sinne) unter jungen Leuten zumal ein Überdruß am Leistungsdruck aufkommt, den auch zyklisch wiederkehrende und langfristig zunehmende Arbeitslosigkeit nicht beschwichtigt, sondern nur vertieft. Denn Angst um den Arbeitsplatz verstärkt den Zwang, sich zu »bewähren«. Während einerseits eine rasch sich wandelnde Arbeitswelt beständiges Umlernen vom Ingenieur und Facharbeiter verlangt, während die Fülle der Informationen, die Männer und Frauen mit Verantwortung aufnehmen müssen, sie zu fast sprachfeindlichen Techniken immer schnelleren Lesens nötigt, breitet von der Basis der Alterspyramide her eine Unlust am Lernen sich aus. Nun steht das eine mit dem anderen in Zusammenhang. Die schier erschreckende Perspektive immerwährenden Lernzwanges läßt manche gleich von vornherein die Flinte ins Korn werfen, oder vielmehr: in den Hanf. Unsere Väter und Großväter haben die Last des Paukens noch leichter auf sich genommen, weil sie wußten: Wenn sie einmal ihre Examina hinter sich hatten, dann konnte ihnen schon nichts mehr passieren. »Wenn man ein Amt hat und ein Weib, so ist man fertig«, soll HEGEL gesagt haben.

Damit ist es heute vorbei. Wie den Schweizer Schilehrern droht in manchen Berufen die periodisch zu wiederholende Befähigungsprüfung, in jedem Falle die permanente Bewährung. Wer nichts hinzulernen will, nicht auf neue Situationen sich einstellen will, der gilt schnell als »zu alt«. Die Wirtschaft mit ihren »Sachzwängen« treibt ihren eigenen Kult der Jugend: Sie bevorzugt Leute mit langjähriger Erfahrung, die aber noch jung genug sind, um Elastizität für immer neue Situationen mitzubringen. Kein Platz für Hippies, die wertvolle Jahre verbummelt haben. (Dabei mögen »verbummelte« Jahre eine notwendige Phase der Selbstfindung sein.)

Die irrationale Anbetung des jugendlichen Alters als Gewähr für Tatkraft und Lernbereitschaft ist bedingt von dem weiteren Vorurteil, daß der Mensch tatsächlich auch nur im jugendlichen Alter lernen könne. Völkerkundliche Beobachtungen und psychologische Untersuchungen haben zwar das Gegenteil erwiesen[11]; die alten Führungskräfte, die sich fördernd der Enkelgeneration zuwenden, wollen selber über die Lernfähigkeit des Menschen aber nicht umlernen. Wer dies nicht will, der muß zweifachen Ausweg ersinnen. Einmal wird er, allen ärztlichen Warnungen zum Trotz, daran mitwirken, das Rentenalter immer weiter herunterzuschrauben; zum andern wird er für eine im Alter von vierzig Jahren vielleicht schon beginnende »Abstiegsphase« der Berufstätigen untergeordnete Posten vorsehen. Nimmt man hinzu, daß die Ausbildungszeit bei immer komplizierter werdenden Fachgebieten immer länger dauert, so ergibt sich daraus eine Verringerung der eigentlich produktiven Jahre des Einzelnen. Das gilt zumindest für Technik und freie Wirtschaft, während in den Beamtenhierarchien die höheren Posten zumeist nach wie vor ersessen werden. (Soweit nicht irgendeine Gesinnungs-Tüchtigkeit voranbringt.)

Wenn eine sich ständig wandelnde Technik, eine expandierende Wirtschaft und eine rationalisierende Verwaltung jugendliche Menschen brauchen, die auf neue Situationen sich ohne Umständlichkeit einstellen, so ist diesen Institutionen mit jugendlichem Schwung ohne Erfahrung ebensowenig gedient wie mit einer auf ihre »Erfahrung« pochenden Schwerfälligkeit. Der sprichwörtlich »innerlich jung gebliebene Mensch«, dessen wir bedürfen, wird freilich nicht bloß im Pferch seiner Arbeit einen gewissen Übermut, ja einen leichten Sinn zeigen, sondern in anderen Lebensbereichen auch. Man kann nicht im Berufsleben allen Änderungen aufgeschlossen sein, jeden Wechsel begrüßen, sofern er nur produktiv ist, und im Privatleben das Leitbild behäbiger Verlässigkeit verkörpern. Leistungsdruck mag – ohne Leistungsverfall – verschwinden, aber nicht bei Leuten, die in häuslicher Enge und sexueller Zwangstreue schon genügend vitalen Unmut aufspeichern. Solcher Unmut mag allenfalls ausreichen, um zur Leistung über brennenden Ehrgeiz zu motivieren. Es ist aber ein Vorurteil zu meinen, Ehrgeiz: das Streben nach sozialen Rängen, aggressiver noch: das »Ausstechen« der anderen, sei eine unerläßliche Vorbedingung sozial nützlicher produktiver Arbeit. Ein allzu ehrgeiziges Schielen nach sozialen Prämien, die mit dem Gelingen eines Auftrags, einer Arbeit verknüpft sind, muß den Blick von der Sache selber abziehen. *Ehrgeiz und Liebe zur Sache schließen sich tendenziell aus,* und jeweils völlig, wenn die Sache, um die es geht, einen ganzen Kopf fordert. Wenn immer noch gesagt wird, Ehrgeiz sei – noch vor dem finanziellen Interesse – der entscheidende Antrieb zur Leistung, so gilt das am wenigsten dort, wo neue Ideen entwickelt werden müssen. Ideen lassen sich mit eisernem Willen nicht hervorpressen. Sie stellen sich ein, wenn uns ein Problem so fesselt, daß es uns unausgesetzt, und das heißt: nebenbewußt, ja unbewußt, ständig begleitet, und wenn wir zugleich seiner möglichen Lösung gegenüber eine gelassene Einstellung haben, die nichts voreilig erzwingt. Interesse und Geduld, das wären geradezu zwei moralische Voraussetzungen produktiven Denkens, Voraussetzungen, die in intellektuellen Schnellkursen zur Lockerung verkrampfter Gehirne nicht zu erzielen sind. Es ist allemal der ganze Mensch, der denkt, der Mensch mit seinen unausrottbaren, allenfalls zu verbiegenden Trieben und Affekten.

Die Erziehung zu produktivem, zumindest unverkrampftem Denken hat in der Kindheit zu beginnen. Wer von Menschen, die schon als Säuglinge einer harten triebreglementierenden Dressur unterworfen waren und dann in der Schule zum braven Nachbeten vorgesagten Lehrstoffes angehalten wurden, ein gelöstes, kreatives Denken erwartet, der erwartet gleichsam Orangen von Apfelbäumen. Antiautoritäre Bestrebungen und Ansätze zu einer Lockerung der überkommenen Sexualmoral stehen dem Erfordernis intellektueller Leistungssteigerung nicht nur nicht entgegen: sie arbeiten ihm zu. Es ist ein von der Psychoanalyse genährter Irrtum zu meinen, Triebverzicht und eine vermeintliche Sublimierung sexueller Regungen sei eine konstante Bedingung kultureller Leistung. Der Philosoph MAX SCHELER hat dieser These, durch die FREUD seinen Frieden mit der Gesellschaft schloß, entgegengehalten, daß nach ihr die absoluten Spitzenleistungen unserer Kultur in den Klöstern zu finden sein müßten[12]. Die Theorie von der Sublimierbarkeit unserer Triebe, das heißt ihrer Umsetzbarkeit in kulturelle Leistung, wird wohl nicht zuletzt deshalb, weil sie die Psychoanalyse salonfähig gemacht hat, von ihren namhaften Vertretern bis auf den heutigen Tag behauptet. Dabei hatte bereits FREUD gewisse Zweifel an ihrer Richtigkeit nicht verschwiegen. Er konnte sich, wie er schrieb, des Eindruckes nicht erwehren, daß sexuelle Abstinenz nicht »energische, selbständige Männer der Tat oder originelle Denker, kühne Befreier und Reformer« heranbilden hilft, sondern »weit häufiger brave Schwächlinge, welche später in die große Masse eintauchen, die den von starken Individuen gegebenen Impulsen widerstrebend zu folgen pflegt«[13].

Man wird auch nicht sagen dürfen, untergeordnete, stumpfsinnige Tätigkeiten erforderten allemal Triebverzicht während der Arbeit. Eine solche Vorstellung tut so, als gebe es keine Befriedigung, die vorhält. Freilich, einem neurotischen Gemüt, das nie zu voller orgastischer Lösung gelangt, muß es so scheinen, als sei das sexuelle Bedürfnis unersättlich[14]. Der fortgesetzt im reflektierenden Bewußtsein anklopfende Trieb gibt diesem noch die eitle Überzeugung ein, zu permanenter Aktivität in der Lage zu sein. Daß in vielen Betrieben die sogenannten schlechten Witze Gesprächsthema Nummer 1 sind, deutet darauf zurück, daß jeder, der sich daran beteiligt, in seinem Sexualleben nicht so recht ausgeglichen ist. Weniger wird man folgern dürfen, daß das Stillsitzenmüssen oder Stillstehenmüssen bei der Arbeit gerade dann peinlich von sexueller Betätigung abhalte. Das mag für rein sitzende Büroarbeit noch am ehesten zutreffen, weil stundenlanges Sitzen zu einem lästigen Blutandrang in den Genitalien führt. Wo aber der Zeitdruck durch Fließbänder und Stoppuhren übergroß ist, da kommen sogenannte lüsterne Gedanken nicht nur nicht auf; der tagsüber so gehetzte Mensch wird vielmehr noch am Feierabend nervlich so abgespannt sein, unter Kopfschmerzen und Magenverstimmungen leiden, daß ihm nach genüßlichen Körperempfindungen gar nicht der Sinn steht. Wir könnten also durchaus ebensogut fragen, ob unsere Arbeitswelt sexueller Befreiung nicht hindernd im Weg steht. Nur politisch voreingenommene Geister scheiden sich an der Frage, ob die Orientierung der Arbeitsvorgänge in den Fabriken an dem Bedürfnis nach körperlicher Spontaneität nicht einen neuen Akt der Repression darstelle. Entscheidend müßte sein, ob die Arbeitsstätten die Menschen in immer noch zunehmende Freizeit hinaus auch wirklich so entlassen, daß ihnen dann das Leben noch lebenswert erscheint.

e) Bereitschaft zum Umlernen

Es ist eine keineswegs ausgemachte Sache, daß die moderne Arbeitswelt sexueller Frustration bedarf, um in Schwung gehalten zu werden. Das Gegenteil könnte zutreffen. Die technische Entwicklung verlangt heute den geistig beweglichen, stets lernbereiten Facharbeiter, der, wenn es sein muß, selbst die Umschulung für ganz neue Aufgaben nicht scheut. Bereitschaft, sich immer wieder umzustellen, ist aber nicht von einem Menschen zu erwarten, der den alten sittlichen Vorstellungen gemäß spätestens um das 25. Lebensjahr herum in jeder Hinsicht »fertig« ist und angepaßt: an den Leistungszwang des ein für allemal gewählten Berufes ebenso wie an die Moral einer streng monogamen Ehe und weiter an die über beide Einschnürungen hinwegtröstenden Konsumzwänge und Prestigenormen. Diese Leitlinien sozialen Zwanges sind psychologisch aufeinander abgestimmt. Man soll nicht meinen, es ließe der Mensch in seiner triebhaften Unruhe sich nachhaltig herabstimmen und er werde »geistig« darüber doch elastisch bleiben, wie es eine rasch sich wandelnde Arbeitswelt erfordert. FREUD hat uns angeregt, darüber nachzudenken, ob der Anschein der geistigen Minderbegabung vieler Frauen nicht damit in Zusammenhang steht, daß die bisher übliche Erziehung die sexuelle Neugier der Mädchen ungleich härter verprellt als die der Jungen[15].

Die Fähigkeit zu beständigem Lernen ist natürlich auch von der Schule her aufzubauen: durch ein so geschicktes Wecken des Interesses an möglichen Gegenständen des Wissens und der Erfahrung, daß zu lebenslangem Weiterlernen stimuliert wird. Auch das Lernen kann man lernen. Aber man wird diesen grundlegenden Lernprozeß deutlich nur fördern können, wenn nicht vitale Verschüchterung die Spontaneität des Menschen überhaupt lahmlegt. Es besteht hier nur in der Sicht des Leib-Seele-Dualismus ein Kausalverhältnis zwischen der vitalen und der geistigen Spontaneität des Menschen. Für das *eine* in sich ungeschiedene leibhafte Dasein sind das nur zwei Aspekte derselben Ursprünglichkeit – bei nur verschiedener Bewertung ihrer Äußerungsformen. Das dualistische Vorurteil kann allerdings reine Geistigkeit im Unterschied zu grober Körperlichkeit und »unreiner« Sinnlichkeit uns nicht aufzeigen. Es muß sich – auf dem Boden des Seins – damit begnügen, innerhalb der Sinnlichkeit Unterscheidungen zu treffen. Die Nahsinne des Schmeckens, Tastens und Riechens sowie jedes Verhalten, das unmittelbar auf die von ihnen vermittelten Reize antwortet, werden als minder-wertig im Verhältnis zu den Leistungen der Fernsinne Hören und Sehen oder gar zur weitgehend entsinnlichten Abstraktion eingestuft[16]. Und so kommt es noch zu der Annahme, daß in den Lebensbereichen der »Sinnlichkeit« im engeren Sinne sich gar nichts lernen lasse und daß sich hier alles von selbst ergebe – mit Ausnahme der totalen oder der »sublimierenden« Hemmung der Triebe. Das formuliert sich noch »wissenschaftlich« in der These, daß der Mensch als ein »von Natur aus verdrängendes Wesen«[17] vitale Energien freibekommen müsse, um für das kulturelle Zusammenleben zu lernen. Der leibhafte Mensch kann aber verlässig weder pflichtgemäße Verantwortung für den ihm körperlich entfremdeten Mitmenschen übernehmen, noch ist er bei einem geistigen Interesse zu packen, das von seinen Trieb-Interessen rein abgehoben wäre. Das *bewußte* Trieb-Interesse ist ja schon mehr als dumpfe Körperlichkeit, nämlich Grund und Antrieb aller geistigen Ausrichtung auf die Welt.

Wenn es auch vielleicht richtig ist zu sagen, daß die Entfaltung einer technischen Hochkultur bestimmte vitale Sehnsüchte voraussetzt, die nur in Frustrationen sich bilden, so ist doch die Erhaltung und Weiterentwicklung einer solchen Kultur in genereller Triebfrustration nicht möglich: weil es zur Erhaltung einer technischen Kultur nicht mehr einzelner Erfinder und Konstrukteure bedarf, die ihre Jugendträume in Maschinen verwirklichen, sondern weil die Wartung und Fortentwicklung technischer Einrichtung nur durch die Mithilfe immer breiterer Kreise der Bevölkerung geschieht. Das ist ein ganz simpler Zusammenhang: Es nützt nichts, mit großem Ausstoß die kompliziertesten (und darum faszinierendsten) technischen Anlagen zu produzieren, wenn kaum jemand da ist, der sie noch warten kann.

Fortentwicklung der Technik bedeutet durchaus fortschreitende Erleichterung des täglichen Lebens durch Neuerungen, nicht aber Zunahme der industriellen Produktion um jeden Preis: durch »aggressive« Absatzstrategie und technisch eingebauten Verschleiß. Soll – bei ständig sich verkürzender Arbeitszeit – noch sinnloserer »Zeitvertreib«, soll gesundheitsschädigender Konsum vermieden werden, so muß der Mensch innerlich auch in den Stand gesetzt werden, in seiner Freizeit sich lustvoll zu lösen. Das muß für den, der nicht die Vitalität dazu hat, nicht ein seine Kräfte übersteigendes Sich-Ausleben bedeuten. Es meint aber für die unterschiedlichen Temperamente die Fähigkeit, sinnlich bewußt zu leben in der Weise, daß alle Ersatzlüste des Prestiges und der Genußgifte darüber gleichgültig werden. *Nur der sinnlich befriedigte Mensch kann so gelassen sein, wie die lustfeindlichen Prediger der Gelassenheit es uns empfehlen.* Was demgegenüber heute von unsinnlich erzogenen Menschen als sinnvoller Inhalt der Freizeit erachtet wird, ist in doppelter Hinsicht auf *Abnutzung* ausgerichtet. Der »vorzeitige Verschleiß«, der die geringe Haltbarkeit der Konsumgüter meint, darf auch auf den Menschen übertragen werden. Denn was da weithin konsumiert wird, Alkoholika, Tabakwaren, überfettete Speisen, untergräbt sichtbar die Gesundheit und führt – im Verein mit Bewegungsmangel[18] – zu jenem vorzeitigen Verschleiß der Kräfte, für den »Überarbeitung« die Hauptschuld gegeben wird. Die Nötigung durch den Firmenchef, in verkürzter Arbeitszeit eine mindestens gleiche Arbeitsleistung zu erzielen, stellt freilich auch medizinisch den Wert einer Arbeitszeitverkürzung in Frage, die nicht den Termindruck durch technische Perfektionierung auffängt. »Leibbejahung« ohne einen halbwegs gesunden Leib ist selber dazu verurteilt, bloße Ideologie zu werden. Und das ist nichts anderes als eine höhere Form der Lüge.

B. EHRGEIZ UND EFFIZIENZ
IN WISSENSCHAFT UND POLITIK

a) Die Lüge des Leistungsversprechens

In einer Gesellschaft, deren Arbeitswelt ein starker Leistungsdruck durchzieht, ist es nicht möglich, ohne Lüge zu leben. Die Lüge beginnt schon in der Schule mit dem Abschreiben und anderen Methoden, die Leistungsprüfungen zu unterlaufen. Später machen wir vielfach die Erfahrung, daß nicht immer die Tüchtigsten und Leistungsfähigsten vor den anderen aufrücken, sondern diejenigen, die mehr Geschick an den Tag legen, der Arbeit so aus dem Weg zu gehen, daß es nicht auffällt. Sie sind die Ausgeruhteren, die Muße haben, Geselligkeit und Verbindungen zu pflegen, die ihnen für den sozialen Aufstieg nützlich werden. Sie sind auch die Beweglicheren, die einen Posten nie so lange bekleiden, bis sichtbar wird, wie wenig sie seinen Anforderungen genügen. Dies ist das Rezept des »Senkrechtstarters«: nirgends so lange zu bleiben, daß im Zweifelsfalle ihm nicht mehr zugute gehalten werden kann, er habe sich ja erst eingearbeitet. Nach längstens zwei Jahren wird er wieder gehen. Nicht erbrachte Leistung empfiehlt ihn für den nächsthöheren Posten, sondern ein Posten empfiehlt ihn für den anderen.

Der prototypische Senkrechtstarter hält nicht, was er verspricht. Und er weiß das auch, sofern nicht ein unbewußtes, »bauernschlaues« Arrangement ihn so zielstrebig vorgehen läßt. Wenn er genau weiß, nach welchem Rezept er verfährt, so ist er ein Lügner besonderen Raffinements. Anders als der Hochstapler, der sich eine Ausbildung zusammenlügt, die er nie genossen hat, lügt der wohlausgebildete Senkrechtstarter im Blick auf das, was er kann. Und er ist doppelt besser dran als der Hochstapler, der als Urkundenfälscher immer schon mit einem Fuß im Gefängnis steht und dafür noch echte Leistung erbringen muß, um keinen Verdacht zu nähren. Der Senkrechtstarter ist auch frei von der moralischen Anrüchigkeit des Gesinnungstüchtigen, der eine politische oder weltanschauliche Überzeugung heuchelt, die er nicht oder nur halbwegs innerlich hat. Der brillante Senkrechtstarter ist weder Betrüger, Fälscher, noch Heuchler; er täuscht nur hinsichtlich seiner Leistungsfähigkeit: eine Täuschung, die, solange sie wirkt, gar nicht die Forderung aufkommen läßt, sie zu überprüfen. Soweit der Senkrechtstarter selber sich seine uneinlösbare Leistungsfähigkeit glaubt, ist er sogar völlig frei von der Neigung zur Lüge; er selbst ist der allererste, der sich täuscht.

Ob das bewußt, halbbewußt oder unbewußt sich vollzieht – man wird nicht bestreiten können, daß das eine Methode ist, sich mit der Leistungsgesellschaft zu arrangieren. In jedem Falle bewußt, ja umsichtig vorgehen muß dagegen, wer den heute bei der Stellenbesetzung oft entscheidenden Betriebspsychologen ein Schnippchen schlägt. Wer sich Zeit nimmt, in die Geheimnisse der Testpsychologie, namentlich zur Feststellung des Intelligenzquotienten, einzudringen, der ist den Mitbewerbern schon um eine Nasenlänge voraus. Der Unfug, der mit der psychologischen Wissenschaft getrieben wird, der Aberglaube, daß geistige Leistungsfähigkeit sich ertesten lasse, macht es uns schwer, die pfiffige Vorbereitung auf betriebspsychologische Tests als böse Unredlichkeit zu verdammen. Wer moralische Bedenken hat, Tests zu unterlaufen, ist vielleicht gar nicht der Mann, den die Firmen brauchen, weil es im harten Konkurrenzkampf auf andere Eigenschaften ankommt als diejenigen, die von der anerzogenen Moral umrissen werden. Die Eignungstests prüfen allein dadurch, daß es sie gibt, auch Fähigkeiten, die in ihren Tabellen selbst nicht mehr vorkommen.

Im übrigen lügen auch die Tests oder vielmehr die Psychologen, die sie austeilen. Der bekannte Thematische Apperzeptions-Test (TAT) von MURRAY wird den Prüflingen gerne mit der Erklärung vorgelegt, hier handle es sich um einen Test auf Einfallsreichtum[19], während in Wahrheit die dadurch gewonnenen Charakter-Projektionen nach ganz anderen Gesichtspunkten bewertet werden. Man sucht nicht einfallsreiche, originelle Köpfe, sondern anpassungsfähige Optimisten, deren Selbstvertrauen durch Bewunderung für Autorität begrenzt ist. Wer hier also sein Charakterbild retuschiert, der kämpft nur mit einer Lüge gegen eine Lüge.

Mit den Intelligenztests aber betrügen die Firmen sich selbst, wenn sie meinen, die testbare Intelligenz sei es, die sie brauchten. Da für alle Tests immer auch ein Zeitlimit gegeben wird, werden als besonders leistungsfähig genau jene Leute herausgefiltert, die sich mit rasch gefundenen, vorschnellen Lösungen begnügen. Der Grübler, derjenige, der auch in der Freizeit noch über berufliche Probleme nachdenkt, wird ausgeschieden. Er könnte in verantwortlicher Stellung aber gerade der richtige Mann sein. Wenn also aus durchaus ehrgeizigen Motiven psychologische Eignungs- und Leistungstests unehrlich unterlaufen werden, so muß das noch lange nicht zum Nachteil der Betriebe sich auswirken. Wer für alle Eventualitäten ähnlich wie für die Testsituation schlaue Vorsorge zu treffen pflegt, bei dem sind Führungsaufgaben vielleicht in den besten Händen. Die Frage, ob er auch für andere wie für sich selber vorzusorgen bereit ist, ist keine Frage der Intelligenz, sondern des Charakters.

Der Charakter des egoistisch Ehrgeizigen, der den Testern als »leistungsmotiviert« idealtypisch vor Augen steht, reicht dafür aber nicht mehr aus. Leistungsfähigkeit ist sicher mehr, als man bisher annahm, eine Frage der sozialen Motivation und weniger ein Produkt der *aus Tests* isolierbaren Fähigkeiten. Die Kreativität eines Menschen ist nicht meßbar, weil die Situationen, in denen sie geweckt wird, vom höchstens andersartig kreativen Psychologen nicht vorhergesagt werden können. Von der Seite der Motivation her mag man versuchen, an die geistige Produktivität eines Menschen heranzukommen, sofern erbrachte Leistung ihn nicht schon hinreichend empfiehlt. »Tiefeninterviews« und eben die Projektionstests suchen ja etwas über die Motivation eines Menschen zu erfahren. Es ist aber nicht das gleiche, ob ein Mensch in konkreter Lebenssituation aus erfühlter Verbundenheit mit anderen sich in bestimmter Weise verhält und so und nicht anders entscheidet, oder ob er in der Künstlichkeit einer Testsituation, wo es ihm nur um sein persönliches Fortkommen geht, bestimmte Vorlieben oder Aversionen verrät. Die Testsituation selber ist die Grundstimmung, die allen Testergebnissen, gewollt oder ungewollt, ihre Farbe und ihren Stellenwert gibt. Naturwissenschaftler vertrauen nicht so naiv in die Objektivität ihrer Tests; sie wissen, spätestens seit HEISENBERGS »Unschärferelation«, daß jede mögliche Versuchsanordnung das Testergebnis in dieser oder jener Weise beeinflußt. In bezug auf Lebewesen überhaupt, und nicht erst für den Menschen, gilt der Satz: »Schon jeder Test ist Frustration.«[20]

b) Leistungsdruck und Lebenslüge in der Wissenschaft

Das für den Einzelnen existenzgefährdende Spiel mit den psychologischen Tests ist nur eines der Rituale, durch das wissenschaftsgläubige Menschen verbergen, wie wenig ernst es ihnen mit dem Leistungsprinzip wirklich ist. Wissenschaft gilt ihrem archaischen Gemüt als der Zauber, der alle Anstrengung, auch alles Leiden und alle individuelle Daseinsvorsorge, überflüssig machen soll. Es ist daher zu untersuchen, wieweit es in der Wissenschaft und in einer auf sie sich stützenden Politik selber noch gilt.

Die Frage kann nicht dadurch entschieden werden, daß es immer noch junge Wissenschaftler gibt, die sich ungemein anstrengen müssen, um an der Hochschule, an einem Institut Fuß zu fassen. Denn entscheidend ist nicht das subjektive Gefühl der Anstrengung, sondern das, was tatsächlich *geleistet*, also erforscht, bewirkt und angestoßen wird. Die Frage kann aber auch nicht im Blick auf jene jungen Neomarxisten beantwortet werden, denen es an manchen Hochschulen gelingt, die Berufungsgremien zu »unterwandern«. Denn nicht einem jeden von ihnen ist – mit SCHELSKY – böse zu unterstellen, er wolle Fleiß durch Gesinnungstüchtigkeit ersetzen[21]. Und wer das will, versucht damit noch nicht einmal etwas grundsätzlich Neues. Nur die politisch Mode gewordene Gesinnung ist neu. Viele junge Geistes- und Sozialwissenschaftler haben tatsächlich nur eine andere Auffassung von »Wissenschaftlichkeit« als noch die Generation ihrer Doktorväter. Ihre offene und ehrliche »Parteilichkeit«[22] bei der wissenschaftlichen Klärung sozialer Probleme hat vielfach nur jene »Wertfreiheit« abgelöst, die, weil im Einklang mit den geltenden Werten, sich als Wertstandpunkt gar nicht heraushob. Es ist ein offenes Geheimnis, daß gerade von politisch konservativ gebliebenen Hochschulen Lehrstühle oft nur dem Scheine nach ausgeschrieben werden, während sie längst unter der Hand vergeben sind an Leute, deren »Arbeitsrichtung« der örtlichen Strömung am besten entspricht.

Daß junge Menschen, denen die Eltern einen sogenannten »gesunden Ehrgeiz« eingeimpft haben, in der Welt der Wissenschaft – neben vielleicht durchaus redlichem Fleiß – auch eine Portion geschickter Anpassung an herrschende Strömungen einsetzen, datiert nicht erst seit heute. Die von JASPERS schon vor Jahrzehnten beklagte »Schulenbildung« in der Philosophie[23], der Krieg der weltanschaulich begründeten Überzeugungen in allen Fakultäten wären noch kein Hindernis für die Wahrheit, für die Wahrheit als Weg[24], wenn nicht überall die Grund-Überzeugung leitete: daß man unter allen Umständen persönlichen Erfolg haben müsse, daß der soziale Aufstieg gelingen müsse. Aus dem Streit der Meinungen, frei und offen vorgetragen, könnte sich eine Annäherung an die Realität ergeben. Aber Streit, nicht einmal um des Streitens willen, sondern aus der Angst, fallengelassen zu werden, blockiert das Denken, trübt den Blick. Es ist in der Wissenschaft wie in der Wirtschaft: daß Konkurrenz und Leistungsdruck die geistige Produktivität eher lähmen. Wo die Gehirne um die Wette denken, da kann der Maßstab, mit dem man ihre Ergebnisse mißt, nur derjenige der überkommenen geistigen Wertvorstellungen sein. (Zu den überkommenen Wertvorstellungen gehört auch das Wertsystem eines für unsere Zeit noch nicht revidierten Marxismus.) Wer dagegen andenkt, dem gelingt es kaum jemals, sich durchzusetzen, er wird allenfalls respektiert als einer, von dem man insgeheim profitieren kann. Hieraus erklärt sich, daß wichtige Anstöße zur Weiterentwicklung von Philosophie, Psychologie, Soziologie und Rechtswissenschaft von sogenannten »Außenseitern« kamen, die dem akademischen Betrieb nicht oder nur am Rande angehörten oder in anderen Fächern beheimatet waren. Namen wie Marx und Engels, Ludwig Feuerbach, Schopenhauer und Nietzsche, Freud und Ludwig Klages, Bertrand Russell, Wilhelm Reich und Paul Reiwald stehen für solches Außenseitertum, ohne das die beamteten Geister heute um gut hundert Jahre nachhinkten.

Die Motivation durch den Gedanken ans eigene Fortkommen lähmt noch in anderer Weise den wissenschaftlichen Fortschritt. Sie fördert die Neigung, sich mit fremden Federn zu schmücken, anstatt sich der Spontaneität des Nachdenkens zu überlassen. Wer rasch vorankommen will, der hat wenig Zeit oder jedenfalls nicht die innere Ruhe, um auf Einfälle zu warten. Darum nimmt er, was sich ihm bietet, und verwandelt es nur soweit, daß nicht gleich erkennbar ist, woher er »seine« Gedanken bezogen hat. An solcher Unaufrichtigkeit, einem weithin laxen Verhältnis zum »geistigen Eigentum«, scheitert auch der ernstgemeinte Versuch, die Leistung eines Wissenschaftlers daran zu messen, wie oft er in der Fachliteratur zitiert wird[25]. Oder, um es positiv auszudrücken: Der Wert der »Zitierhäufigkeit« als Maßstab wissenschaftlicher Leistung hängt von der Aufrichtigkeit der Kollegen ab. Die Auguren dürfen lächeln. Sie wissen, daß am beflissensten zitiert wird, wer zur Festigung seiner Laufbahn schon gar nicht mehr darauf angewiesen ist. Denn von ihm hätte man, wenn ein Plagiat offenbar wird, am ehesten etwas zu befürchten. Wer den geistigen Diebstahl kultiviert, gewinnt aber den Nebeneffekt, nur bereits erprobtes und vertrautes Ideengut zu verwenden. Er eckt nicht so leicht an mit Gedanken, die noch neu sind und eben darum befremden.

Ehrgeiz treibt in den Wissenschaften auch die Spezialisierung voran, eine Entwicklung, die langfristig vielleicht noch nicht einmal für die Technik von Nutzen ist. Die Spezialisten, so geht ein geflügeltes Wort, wissen immer mehr über immer weniger; am Ende wissen sie alles über nichts[26]. Fortschreitende Spezialisierung ist in jedem Falle ein Mittel, den Fortschritt der Erkenntnis aufzuhalten. Denn Erkenntnis verlangt den Überblick, die Zusammenschau vieler Teilaspekte. Erkennen heißt der Komplexität der Wirklichkeit Rechnung tragen: durch steten Wechsel der Methoden und durch das Herstellen von Querverbindungen zwischen den Forschungsrichtungen und Disziplinen. Wem es um Erkenntnis zu tun ist, der wird immer interdisziplinäre Forschung betreiben. Spezialisieren aber wird sich, wer weiß, daß Meisterschaft auf einem begrenzten Gebiet im akademischen Wettstreit unschlagbar macht und das Aufrücken erleichtert. Wer – noch so begrenzte – Detailkenntnisse besitzt, macht sich unentbehrlich; er wird um Auskunft angegangen, als Gutachter herangezogen und kann, sofern er über sein Feld nicht hinausgreift, jederzeit den Eindruck eines sehr sicher und nüchtern urteilenden Kopfes erwecken. Daß er die Probleme verkürzt, indem er sie von einer, von der ihm vertrauten Seite her zeigt, fällt denen nicht auf, die auf seinem Gebiet nur Laien sind. Sind sie Spezialisten in einem anderen Fach, so werden sie schweigen zu dem, was sie nicht verstehen. Und sind sie Spezialisten im Sinne einer entgegengesetzten Forschungsrichtung, so können sie dem ihrer Meinung nach Fehlorientierten doch nicht gefährlich werden, solange er Verbündete an der Seite hat. Dann schadet es auch nichts, wenn sie sich – im Gedruckten – gegenseitig jede »wissenschaftliche Qualifikation« absprechen.

Wer vorweg an seine akademische Laufbahn denkt, der hält zumindest in dem, was er publiziert, auch gegen seine Überzeugung an den in seinem Fache geltenden Prinzipien fest. Gegen die Meinung des Institutsleiters oder – neuerdings auch – der Fachschaft wagt kaum je ein laufbahnorientierter Geist aufzumucken. Bessere Einsichten werden bis zu dem Zeitpunkt zurückgestellt, da man »es geschafft hat«. Das kann Jahrzehnte dauern. So etwas drückt natürlich auf das Tempo des wissenschaftlichen Fortschritts. Und es drückt auch die Bereitschaft zur Aufrichtigkeit. Man glaube doch nicht, daß jahrelanges Ansichhalten mit dem, was man eigentlich denkt, das Denkvermögen selbst nicht gefährlich beeinflussen müßte. Man hält es nicht lange durch, von dem, was man denkt, beständig umschalten zu müssen auf das, was ankommt und voranbringt. Schon rein physische Ökonomie wird nach einer Weile diesen anstrengenden Umweg ersparen und darauf hinlenken, daß gleich in angepaßter, erfolgversprechender Weise gedacht wird. Man denkt ja auch im Ausland bald in der fremden Sprache und übersetzt nicht mehr beständig aus der eigenen. So denkt einer zuletzt in den Kategorien, die er nur der Laufbahn wegen zu benutzen gedachte. Halbbewußt fördert diesen

Prozeß die früh uns eingebleute Überzeugung: »Die Wahrheit setzt sich immer durch.« Über kurz oder lang wird der Erfolgreiche, der in Wissenschaft, Staat, Politik oder Publizistik Aufrückende eben das, womit er sich durchsetzt, für die Wahrheit halten. Diesem Mechanismus entzieht sich so leicht keiner, dem die Karriere über die bearbeitete Sache geht. Der Ehrgeizige gewinnt so eine Entlastung seines intellektuellen Gewissens: Er braucht nicht mehr bewußt und planvoll zu lügen; er lügt mit dem subjektiven Empfinden der Aufrichtigkeit. Das ist es, was gerade Politiker oft so undurchsichtig macht: Sie reflektierten selber nicht mehr den Unterschied zwischen dem, was sie taktisch vertreten, und dem, was sie ursprünglich wollten. Diese Verwandlung zum »aufrichtigen Lügner« wird in der Wissenschaft sich bei all denen finden, die wesentlich vom Laufbahndenken motiviert sind. Wer damit scheitert, hat deswegen noch nicht die höhere Wahrheit für sich.

Wissenschaft als »der zur Zeit herrschende Irrtum« – das böse Wort habe ich von einem Mediziner – kann auch über Naivitäten, Irrtümer, Fehldeutungen der Wirklichkeit sich hinwegentwickeln. Die durch Ehrgeiz bedingte Unzulänglichkeit des Denkens kann immerhin langfristig kompensiert werden durch den nicht minder existenzbedrohenden Zwang, der Realität sich anzunähern. Wissenschaftler, die nur gefällige Lügen produzieren, bleiben selbst in ideologisch ausgerichteten Staaten auf der Strecke, wenn der Irrtum noch den Laien offenbar wird und unübersehbar den wissenschaftlichen Fortschritt blockiert. Das Schicksal des sowjetischen Biologen LYSSENKO ist dafür ein illustratives Beispiel. Was hier an einem Naturwissenschaftler sich rächte, die Umdeutung der Wirklichkeit im Sinne einer herrschenden Ideologie *, kann bei einer Hebung des allgemeinen Bildungsniveaus eines Tages auch einem ideologisch übereifrigen Soziologen oder Psychologen widerfahren. Gegen ein zum Denken erzogenes Volk wären selbst Päpste und Ideologen machtlos: weil sie sich vor ihm der Lächerlichkeit preisgäben.

Die Hebung des allgemeinen Bildungsniveaus ist eine Hoffnung, an der wir festhalten, auch wenn – gegen Ende der siebziger Jahre – ihr vieles noch entgegensteht und neuerdings dawiderläuft. Daß die sogenannte höhere Schulbildung schon immer mehr Wissensvermittlung als Denkschulung war, wird wohl von kritischen Pädago-

---

* TROFIM DESSINOWITSCH LYSSENKO hatte in Anpassung an die marxistisch-leninistische Pädagogik die Vererbung erworbener Eigenschaften behauptet.

gen nicht mehr bestritten. Leistungsdruck beginnt in der Schule, und er beginnt hier vornehmlich mit dem, was als vergleichbare Leistung sich messen läßt: als Wissen des (zuerst) Vorgesagten und (dann) Abgehörten. Die Anwendung auswendiggelernter Formeln in den Naturwissenschaften weckt darüber hinaus nur geistige Spontaneität in vorgezeichneten Bahnen. Daß die Bildungsplaner in den Ministerien mehr noch gar nicht bewirken wollen, liegt an dem für unvermeidlich erachteten Zwang, meßbare Leistung für gerechte Benotung zu erhalten. Indessen hat das Mißverhältnis zwischen der Erweiterung der höheren Schulen und der Aufnahmefähigkeit der Universitäten das Sachinteresse des Schülers vollends verdrängt durch die allesbeherrschende Frage: »Wie erreiche ich das beste Abiturzeugnis?« Wir kommen durch Leistungsdruck zum Leistungsabbau: Die Schüler wählen nach der 11. Klasse gerade die Fächer ab, in denen sie am besten sind. Um sich einen guten Notendurchschnitt zu sichern, kämpfen sie tapfer ihre Neigungen nieder. Das kann nicht ohne Rückwirkung auf den Charakter bleiben. Wenn es so weitergeht, wird es dahin kommen, daß sich der wissenschaftliche Nachwuchs nur noch aus verbissenen Strebern rekrutiert, die eine Forschungsaufgabe lediglich solange fesselt, als die Beschäftigung mit dem Thema sozialen Aufstieg verspricht.

Noch Ende der sechziger Jahre konnten wir hoffen, eine geistig unbefangenere, diskussionsfreudigere Studentengeneration werde das Klima an den Hochschulen von verlogener Anpassung an herrschende Lehrmeinungen befreien. Von den Gymnasien kam Lust am Diskutieren, weil in den neuen Fächern der Gemeinschaftskunde, Sozialkunde oder Ethik gerade der Mangel an festumrissenem Bildungsgut und schulbuchmäßig gesicherten »Wahrheiten« Spielraum für eigenes Nachdenken bot. Sofern nicht neuer bürokratischer Druck von oben und totalitäre Nötigung von außen uns noch einschüchtern würden, durften wir hoffen, eine nach Argumenten fragende Generation werde mit politischen, weltanschaulichen und pseudowissenschaftlichen Schlagworten sich nicht mehr so leicht abspeisen lassen. Ob es im Zuge einer »Tendenzwende« schon endgültig anders gekommen ist, möge, uns noch hoffen lassend, dahinstehen. Heute wie damals müssen wir uns darüber im klaren sein, daß eine demokratische Kultur der Diskussion die innere Freiheit des Denkens noch nicht verbürgt, solange sie nur die Ritualisierung frustrationsbedingter Aggression bildet. Triebbefreiung ist eine notwendige Bedingung freieren Denkens, jedenfalls in jenen Bereichen, in denen der Mensch als empfindendes, nachdenkendes und von vitalen Antrieben bewegtes Wesen selber ins Spiel kommt. Man kann nicht unvoreingenommen über das Wesen des Menschen und über menschliches Zusammenleben nachdenken, wenn man noch moralbedingte Verklemmungen im eigenen Nacken hat. Und natürlich auch dann nicht, wenn man sich und anderen vormacht, nur der Wahrheit dienen zu wollen, während neurotischer Ehrgeiz schon die Interessenrichtung determiniert und begrenzt.

Der Mensch ist nicht jenes Geistwesen, das im Einklang mit unserer Moral die eigenen vitalen Antriebe »vernunftgemäß« steuern könnte. Jeder akute Triebverzicht, jede sogenannte »Sublimierung« bedeutet entweder nur Aufschub einer Triebbefriedigung[27] oder die Befriedigung des verpönten Triebes in einer sozial geduldeten Form. Aufschub und physiologisch unzulängliche Ersatzbefriedigung aber bewirken eine Erhöhung der Triebspannung, die schließlich explosiv, ja als sogenannte reine Aggression sich entladen kann. Die für unsere Kultur charakteristische Unterdrückung und Reglementierung der Sexualität wie des Bewegungstriebes kommt in mannigfachen, auch scheinbar harmlosen Formen der Aggression (zum Beispiel in rauhen Sportarten[28]) wieder heraus. Es charakterisiert das Maß der Verdrängung der Sexualität als eines Befriedigung fordernden Triebes, daß bei maßgebenden Aggressionsforschern wie KONRAD LORENZ und NIKOLAAS TINBERGEN[29] jede mögliche andere Erklärung aggressiven Verhaltens in Erwägung gezogen wird, der Kausalzusammenhang von sexueller Frustration und Aggression aber überhaupt nicht erscheint. Es ist den forschenden Gehirnen vielfach nicht möglich, über die ihnen eingeprägten Tabus sich hinwegzusetzen. So bekommen Lebenslügen, denen wir »sittlich« genügen sollen, eine zumindest populärwissenschaftliche Überdetermination. Sie bewirkt zwar nicht, daß es im herkömmlichen Sinne wieder moralischer zugeht, aber sie bremst die moralische Evolution, soweit diese aufs Denken angewiesen ist, und sorgt dafür, daß weiter nur heimlich, unter Lügen und in Konflikten gelebt wird, wozu es triebhaft die Menschen zieht.

Wenn früher geistliche Prediger warnend den Finger hoben und die Gläubigen ermahnten, die Triebe zu zügeln und ihrer Herr zu werden, dann hatte – bewußt oder unbewußt – das vital ungebärdige Temperament das Empfinden: »Der da so predigt, der möchte mich anders haben, als ich bin. Versuchen will ich's immerhin – er hat ja die Gnadenmittel, um auszugleichen, was ich verfehle.« Wenn aber heute führende Psychologen »Verzicht aus Einsicht«[30] predigen, dann muß der Wissenschaftsgläubige denken: »Die wissen, daß es möglich ist, das sind schließlich Leute der Wissenschaft.« Wenn dennoch mißlingt, wozu man angehalten wurde, muß die Zerknirschung schlimmer sein als ehedem, als nicht Einsicht ins subjektiv Unerwünschte, sondern gläubiges Vertrauen ins Unwahrscheinliche von den Menschen verlangt wurde, immer mit der Chance gnädiger Vergebung. Die überkommene Moral, die jetzt »wissenschaftlich« vermittelt wird, ist durch solche Vermittlung nur unduldsamer geworden.

Wissenschaftsgläubigkeit ist nicht einfach dem unaufgeklärten Volke anzulasten. Es ist auch ein verheerender, wenngleich wohlberechneter Mangel vieler populärwissenschaftlicher Bücher und Vorträge, daß sie uns gleichsam *ex cathedra* kommen und Gegenmeinungen noch nicht einmal erwähnen. Das publizistisch erfolgreiche Wirken von Konrad Lorenz ist dafür symptomatisch. Es rundet sich durch seine Abneigung, zu Gesprächen zu kommen, an denen nicht nur Anhänger seiner Lehre teilnehmen. Ich kann hier aus eigener Erfahrung anmerken, daß ich als erster Kritiker der Theorie vom angeborenen Aggressionstrieb mehrere Male zusammen mit Lorenz von Universitäten, Fernsehanstalten und anderen Bildungsinstituten zu einer Diskussion eingeladen wurde. Er hat sich jedesmal mit »Terminschwierigkeiten« entschuldigt. Ich will nicht annehmen, daß er mich als Diskussionspartner »fürchtet«; aber sowenig er in seinen Schriften von Gegenvorstellungen Notiz nimmt, so konsequent ist ihm wohl daran gelegen, überhaupt nicht in ein kontroverses Gespräch gezogen zu werden. Wahrheiten, die *verkündet* werden, scheuen jede Situation, in der sie auch nur bezweifelt werden könnten.

Der Charakter einer priesterlich auftretenden Wissenschaft kann nicht anders denn *ad hominem* illustriert werden. Es ist jeder im Denken und Publizieren nur so frei, wie er durch den Weg seines Lebens geworden ist. Noch FREUD konnte, trotz leiser Zweifel daran[31], vom Glauben an die Notwendigkeit sexueller Frustration im Rahmen einer Hochkultur sich nicht freimachen. Heute wird uns nachdrücklicher wieder versichert, daß Aggressivität und Konkurrenz für eine florierende Wirtschaft unerläßliche Bedingungen seien[32]. Da unterdessen auch die entgegengesetzte These besteht[33], kann nicht mehr zugute gehalten werden, man wage nur noch nicht, wirklich Befreiendes zu denken. Der Verdacht der wissenschaftlich geformten Unwahrheit drängt sich auf. Wir können ihrer Zumutung nur entgehen, wenn wir nicht nur unsere Kritikfähigkeit üben, sondern auch in einem freieren Leben emotionale Hemmungen abbauen, die immer auch das Denken behindern.

Lorenz' Lehre von der Aggression ist nur ein Beispiel für kulturimmanentes Denken, das vom prototypischen Triebschicksal hierzulande nicht zu trennen ist. Ein ebenso auffälliges Beispiel ist jener orthodoxe Marxismus, der sich selber zur »wissenschaftlichen Weltanschauung« erklärt. Er teilt mit leibfeindlicher Anthropologie die Unterschätzung der vitalen Antriebe des Menschen überhaupt und mit Konrad Lorenz das Ignorieren der sexuellen Motive. Er kommt schließlich mit kapitalistischer Gesinnung überein in der Fixierung aufs Ökonomische, in dem Glauben, es seien die Menschen letztlich nur vom Gedanken ans Eigentum, ob nun in der Form des Strebens danach oder im Wunsche nach seiner gleichmäßigen Verteilung, motiviert und bewegt. Hier wie dort bleibt im dunkeln, daß entschiedene Hinwendung zu Geld und Besitz immer schon eine in charakteristischer Weise verbogene Triebstruktur voraussetzt. Es ist die Einstellung des lieblos erzogenen Menschen, dessen zärtlicher Sinn sich besitzenwollend an körperliche Dinge heftet, weil Menschen immer wieder unzuverlässig sich ihm entziehen. Hinzu kommt die Spekulation, sich durch Geld die Gegenwart, ja die »Liebe« anderer kaufen zu können.

Wer durch frühes Leid und bittere Erfahrungen so »erzogen« wurde, dem werden Geld und Eigentum nahezu zur Erklärung für alles, nicht, weil er illusionslos die Phänomene analysierte, sondern weil das sogenannte Materielle bereits die Kategorie ist, mit der er soziale Phänomene geistig erfaßt. Es kann bei einem solchen Denken gar nichts anderes herauskommen als die zum Inhalt erklärte Form des Gedankens selber. So werden in kapitalistischer wie marxistischer Betrachtungsweise nicht nur alle Eigentumsdelikte entweder als rechtsfeindlicher Materialismus bzw. revolutionärer Protest erklärt, sondern auch noch die aggressiven Folgen offenkundigen Triebstaus entweder als primitive Formen des Haben-Wollens oder als »Überreste des Kapitalismus« gedeutet [34]. Was leistet solche Wissenschaft? Im wesentlichen eine ideologische Überdetermination schon bestehender Feindhaltungen. Der Erkenntniswert ist gering.

c) Die Effektivität des Ehrgeizes in der Politik

Der Begriff der Leistung ist von dem der Effektivität nicht zu trennen. Wer das trennen wollte, meinte Anstrengung ohne rechte Wirkung, Betriebsamkeit zur Tarnung der Nutzlosigkeit, Leerlauf zur Sicherung der eigenen Stellung. Mehr noch als in der freien Wirtschaft können im politisierten Kulturbetrieb und in der Politik Charaktere aufsteigen, die im Grunde nichts bewirken wollen als eben ihren eigenen Aufstieg. Als vom Volke Gewählte werden sie instinktiv sich Aufgaben zuwenden, die allgemeinen Beifall, zumindest größtmögliche Publizität verbürgen. Parlamentarische Arbeit, mit der sich kein Aufsehen erregen läßt, überlassen sie den weniger ehrgeizigen Kollegen. Sie haben das Ohr am Puls der Zeit und engagieren sich auch entgegen ihrer Überzeugung im Sinne kollektiver Ressentiments. Sie werden zum Beispiel, wenn die Empörung über schwere Verbrechen hochschlägt, für eine Verschärfung der Strafen eintreten, obschon sie wohl wissen, daß damit dem Schutz der Bevölkerung gar nicht gedient ist. Sie werden in der vom Wählervolk erwarteten Richtung »aktiv«, nicht, um etwas damit zu bewirken, sondern um zu zeigen, daß sie die Dinge »im Griff haben«. Wo sie längst entschieden sind, im Grunde nichts zu tun, sagen sie eine »Prüfung« zu, um vorzutäuschen, daß sie sich die Entscheidung nicht leicht machten. Wer gar nicht daran denkt, dem Willen des Volkes zu entsprechen, dies aber nicht zugeben will, der hat immer die Möglichkeit, den Wählerauftrag durch dessen Übertreibung, durch eine Strategie des Alles oder Nichts zu verraten. Das gilt vor allem für die Außenpolitik, wo das Festhalten an maximalen Forderungen das sicherste Mittel ist, Vereinbarungen zu verhindern, Fortschritte zu vermeiden.

Auch innenpolitisch bedienen sich professionell Ehrgeizige vieler Methoden, Überzeugungen, auf die es für sie nicht sosehr ankommt, zu vernebeln. Als Regierungsmitglieder werden sie vernünftige Anträge der Opposition nur in verschlimmbesserter Weise aufgreifen, um sich selber die Urheberschaft daran zu sichern. Als Oppositionspolitiker aber werden sie sinnvolle Regierungsvorlagen scharf mit Worten attackieren, durch zumindest teilweise Stimmenthaltung aber nicht gefährden. In einem solchen Falle sichert die Unaufrichtigkeit noch einige Effektivität. Doch man könnte es einfacher haben. Es ist durchaus möglich, daß gerade die wenigen bei Wahlen ausschlaggebenden Teile der Bevölkerung ein solches Spiel durchschauen und keineswegs honorieren.

Der persönlich ehrgeizige Politiker wird nur für Reformen eintreten, die gerade Mode sind, nicht für solche, die zwar an der Zeit wären, doch im Volk noch zu wenig Rückhalt finden. Man könnte das einen Akt evolutionärer Klugheit nennen, wenn die Ehrgeizigen es nicht unterließen, für das ihnen notwendig Erscheinende öffentlich zu werben. Sie verschwenden, unergiebig genug, lieber ihre Arbeitskraft im

Kampf gegen politische Gegner. Wer genug frustrationsbedingte Aggressivität mitbringt, wirkt in der Rolle des Kämpfers so überzeugend wie sonst nie: seine Affekte sind echt; da kommt es auf die Argumente, auf die auswechselbaren Standpunkte nicht mehr so an. Man bleibt sich selber treu: dem eisernen Willen aufzusteigen. Wer ein anderes Ziel nicht kennt als dieses im Grunde leere, der unterstützt auch nur scheinbar die vor ihm placierten Leute seiner eigenen Partei. Verdeckt arbeitet er an ihrem Sturz, um den Raum vor sich freizubekommen. Wenn dann die Reihe an ihm ist, einen lange heißersehnten Posten zu übernehmen, wird er sich zieren: »Ich dränge mich nicht danach«, wird er sagen, aber er wolle sich auch »der Verantwortung nicht entziehen«. Das klingt noch sehr durchsichtig nach Ehrgeiz. Mit der Zeit erlernt er, sich selber belügend, Taktik mit Überzeugung zu verwechseln. Dann wird er zum Liebling des Volkes.

d) Streß statt Leistung

Die illusionslose Betrachtung von Wirtschaft, Wissenschaft und Politik hat gezeigt, daß überall das Leistungsprinzip nur recht eingeschränkt gilt. Der Glaube an seine allgemeine Geltung als Maßstab für sozialen Aufstieg ist vermutlich verbreiteter als die entsprechende Anwendung. Senkrechtstarker hier, Gesinnungstüchtige dort, Protegierte allenthalben sind vertraute Gegenbeispiele zu der Behauptung, daß es im Grunde überall nur auf Leistung ankomme. Sie zählt nicht einmal für den selbständigen Unternehmer, wenn wirtschaftlich weit überlegene Konkurrenten ihn skrupellos zum Bankrott treiben. Wir leben, gemessen an den für Leistung versprochenen sozialen Prämien, nur dem Scheine nach in einer Leistungsgesellschaft. Wir werden auch zu wirklich produktiver Leistung gar nicht erzogen. Die Schule pflegt das Einverleiben und Abfragen von Wissensstoff und nicht die Entfaltung selbständigen Denkens. Das setzt sich im Berufsleben vielfach fort. Man hat es nicht so gerne, wenn Untergebene mehr wissen als der Chef.

Die Fiktion der Leistungsgesellschaft stützt sich auf die Erfahrung alltäglicher Abspannung und Verärgerung im Büro oder Betrieb. Dazu kommt die immer wieder quälende Frage, ob sich die Mühe überhaupt lohnt. Man weiß nur, daß man sich nicht gehen lassen darf. Zu schnell ist man ganz »abgemeldet«. Wer in dieser Situation die Leistungsmotivation sich erhalten will, der muß sich einreden, daß seiner Anspannung, seinen Erschöpfungszuständen doch ein Ergebnis, das sich sehen lassen kann, entspricht. Die Rede von der Leistungsgesellschaft bekommt so einen nicht so leicht bezweifelten Sinn.

Und doch wird Leistungsbereitschaft nicht mehr als moralische Tugend gepflegt. Man hat erkannt, daß sie – wie die Sparsamkeit[35] – eine konjunkturabhängige Tugend geworden ist. Wer einmal die Erfahrung gemacht hat, daß voller Einsatz, Arbeit selbst mit schwerer Erkältung ihn nicht vor Entlassung bewahrt, der wird, wieder eingestellt, nicht mehr so bedingungslos sich engagieren und seine Resignation auch anderen mitteilen.

Doch auch konjunkturunabhängig ist die Leistungsgesellschaft eine Fiktion: *Wir leben nicht in einer Leistungsgesellschaft, sondern in einer Streßgesellschaft, die den Streß weniger durch Überarbeitung als durch die Angst vor dem Scheitern oder durch die Demütigung des weniger Erfolgreichen erzeugt.* Es ist eine Erfahrung, die jeder bei sich selber machen kann: Wir leisten mehr und ohne die üblichen Erschöpfungssymptome, wenn die Sache selbst uns fesselt, wenn wir nicht durch Konkurrenten uns ablenken lassen und wenn wir im eigenen Interesse tätig sind. Die Klage manches Arbeitgebers, die jungen Leute hätten keine rechte Arbeitsmoral mehr und leisteten weit weniger als er selbst, diese Klage übersieht, daß der abhängig Arbeitende nicht dieselbe Motivation haben kann wie der in eigener Regie Tätige. Sich selber die Peitsche geben tut wohl auch weh, aber es wirkt nicht demütigend nach. Was auf die Leistungsbereitschaft drückt, ist in einer Gesellschaft, wo im Streben nach Geld sich frustrierte Sehnsüchte verdichten, auch das Gefühl, »minderbezahlt«, ausgenützt zu sein. Die Einkommensdifferenzen haben sich unter den Arbeitnehmern herumgesprochen. Gerade Wirtschaftsmagazine und Illustrierte sorgten dafür. Diejenigen, die in der Veröffentlichung von »Gehaltsspiegeln« Leistungsanreize schaffen wollten, dürfen sich nicht wundern, wenn sie auch Neid und Aufsässigkeit geweckt haben. Die Kehrseite eines zumindest ideologisch forcierten Leistungsprinzips ist ein Leistungsüberdruß, der nicht einfach sich bescheidet, sondern die für Leistung ausgesetzten sozialen Prämien jetzt ohne die Mühe haben möchte. Man kann nicht ködern, ohne zu provozieren.

V. KAPITEL

Verlogene Moral und ursprüngliches Ethos

A. MORAL ALS INSTRUMENT

a) Moral als Mittel der Unmoral

Einer der Mächtigsten, Gaius Julius Caesar, war zweifellos ein Mann von jener Größe, die mit dem üblichen Maße moralischer Bewertung nicht zu messen ist und deren Bewunderer nach einem Grundmaß urteilen, das SCHILLER erst aufgedeckt hat: »Die Schande nimmt ab mit der wachsenden Sünde.«[1] Dennoch war jener Römer mit den Maßstäben üblicher Moral, der damals üblichen Moral, in enger Berührung – kraft Amts sogar, denn durch Sondergesetz ließ er sich die Überwachung der Sitten, die *praefectura morum,* übertragen, die bis dahin zu den Obliegenheiten des Zensors gehört hatte. Die Ämterhäufung – Caesar war unter anderem schon Konsul und Oberster Priester (*pontifex maximus*) – bedeutete eine Häufung von Einflußmöglichkeiten auf den Staat, eine Häufung von *Macht*befugnissen. Dies bestätigt noch einmal die Weise, in der Caesar vom Amt des Sittenwächters Gebrauch machte. Wie ROSTOVTZEFF bemerkt, »gebrauchte (er) dies Amt, um mit der Ausstoßung aus dem Senat oder dem Ritterstand alle diejenigen zu bedrohen, die ihm mißliebig waren, mit der Begründung, ihr Verhalten sei geeignet, ihren Stand zu entehren«[2]. Der klassische Fall also der Handhabung der Moral als eines Instruments, als eines Instruments der Bemächtigung. (Der Leser des politischen Teils unserer Zeitungen wird bisweilen mit weniger »klassischen« Fällen konfrontiert.)

Moral kann zum Mittel der Bemächtigung und der Machtausübung nur werden, wenn sie die Menschen psychisch, nervlich, ja körperlich überfordert. Gebote, deren Übertretung »nach allgemeiner Lebenserfahrung«, wie die Juristen sagen, vorausgesehen werden kann, sind die Bedingung dafür, daß Moral als Mittel der Unterdrückung sich einsetzen läßt. Wer herrschen will, dem geht es gar nicht um die Erfüllung des sittlich Geforderten, sondern darum, die erwarteten Verstöße sorgfältig zu registrieren, um sie im Falle einer Aufsässigkeit des »Sünders« zielstrebig verwenden zu können. »Sie betrügen doch Ihre Frau«, soll ein zeitgenössischer deutscher Staatsmann einem »Parteifreund« bedeutet haben, als dieser ihm politisch gefährlich zu werden begann.

Moral als Instrument der Bemächtigung – das heißt gerade, daß die Moral, oder genauer: die moralische Verurteilung einer Person, zum Mittel wird, sie in einer Weise zu beeinträchtigen, die selber *moralisch fragwürdig* ist. Wo »Moral« zum Instrument der Macht wird, da ist alles in ganz einfacher Weise auf den Kopf gestellt: Der Impuls, sich anderer zu bemächtigen, ist moralisch negativwertig vom Standpunkt jedweder Ethik, der die individuelle Person als Wert gilt. Es gibt verwickeltere Fälle, in denen Moral *zum Instrument* wird von etwas, was zumindest nicht auf der Linie der beschworenen Moral liegt. Es ist nicht immer leicht, hier die verschwiegenen, dem »ehrlich Entrüsteten« selber meist dunklen Motive aufzuzeigen. Nicht immer ist wenigstens ein Widerspruch sinnenhaft greifbar wie bei jener tief dekolletierten Filmschauspielerin, die sich über die »schamlosen« Blicke der Männer entrüstet. Die Paradoxie läßt uns hier argwöhnen, es habe jene Dame in ihrer Entrüstung nur ein Instrument gefunden, die eigene Exhibition nur um so tiefer zu genießen.

Die Dialektik von Motiv und Entrüstung kann darauf leiten, moralischer Entrüstung ein Motiv in *derselben* Lebensthematik zu suchen, die auch die Thematik des Verhaltens ist, auf das sie zielt. Die Psychoanalyse FREUDS hat empirisch diese reale Dialektik entdeckt. Jeder, der von FREUD gehört hat, weiß heute, daß gerade demjenigen zu mißtrauen ist, der immerfort »sittlich«, also sexualethisch *sich entrüstet:* seine sexuellen Wünsche müssen im Verhältnis zum allgemein Erlaubten oder speziell zu dem ihm Möglichen so stark sein, daß sie immer wieder die Aufmerksamkeit auf einschlägige Phänomene hinziehen. Nur gestattet sein »Über-Ich« (FREUD) deren Beachtung lediglich in eben der Form der Entrüstung. So entsteht geradezu ein *Entrüstungsbedürfnis,* das ans Moralische sich klammert: *Moral als Instrument,* das ist zweifellos auch die »Moral« solcher Entrüstung. Aber ein Instrument wovon? In letzter Konsequenz ein Instrument der Triebe. Genauer: ein Instrument der Triebbefriedigung. So deutete schon SCHELER die sittliche Entrüstung der alten Jungfer: als noch eine letzte

Form der Befriedigung des Geschlechtstriebes selber, die dieser zu gewinnen vermag³. Es leuchtet auch ein, daß einer, der beständig den Egoismus und die Habgier der anderen bemängelt, genau in einem entsprechenden Punkte seines Wesens berührbar sein muß: vielleicht gar nicht notwendig auf dem Umweg über ein »moralisches Gewissen«, das ihn triebe, im Mitmenschen sein eigenes Laster zu geißeln. So wird es tiefenpsychologisch gedeutet. In vielen Fällen hat es sicher mehr als den Vorzug der Einfachheit zu vermuten, daß ein Mensch seine Mitwelt »egoistisch« schilt, eben weil seine eigene Ichsucht durch das Aufsichsehen der anderen sich allzuhart beschränkt findet. Sie mag, »moralisch« gesehen, sich dabei zugleich in einer allgemeinen Forderung nach Altruismus sich beengt finden; aber die Qual über solche Enge wagt – ähnlich der Sinnlichkeit der alten Jungfer – sich nur noch in der Form der Entrüstung zu äußern, hier: in einer Entrüstung über den Egoismus der anderen.

Raffen wir's zusammen, so sehen wir Moral als Instrument einer Reihe ausgesprochen negativwertiger Einstellungen. Die Frage ist: Was besagt das über das Wesen von Moral überhaupt, daß sie zum Instrument von ethisch Negativem werden kann? Besagt das nicht, daß in dem, was wir so leichthin als »im besten Sinne *moralisch*« bezeichnen, selber schon eine Einbruchstelle ist für die Unwerte?

»Moral« meint nie das Ganze des ethisch Wertvollen, sondern nur den Ausschnitt oder Aspekt, der in einer Kulturgemeinschaft die »tragenden Werte« umschreibt. Soviel ist seit SCHELER und NICOLAI HARTMANN klar. Im Klima einer bestimmten *herrschenden* Moral entwerten sich die Werte, die für den Stil der Herrschaft und für die Formen des Zusammenhalts unwichtig sind, ja sie zu stören, zu verletzen drohen. Dies ist, individualethisch, offenbar der Grundwert jedweder *Moral*, mögen die »Moralen« sich auch noch sowenig gleichen: die *Einpassung* des Einzelnen in eine Gesellschaft, die jeweils auf bestimmte Werte überwiegend ausgerichtet ist. Moral im allgemeinsten Sinne ist selber Instrument: Instrument der Anpassung. Das bedeutet negativ, *ethisch* negativ, gesprochen: Moral ist Instrument der Unterdrückung und Abwertung aller Werte vom Einzelnen, die einer Anpassung in die Gemeinschaft sperrig im Wege stehen. In solchem Sinne konnte FREUD davon sprechen, »Ekel, Scham und Moral«⁴ stauten die Libido zurück, so eine bestimmte leibfeindliche Moral für Moral überhaupt nehmend und eine in solcher Moral sich ausbildende Auffassung der Scham als Scham überhaupt verstehend: FREUD selber also in negativer Abhängigkeit von solcher Moral. Inzwischen, kann man sagen, haben FREUDS

Enkel-Schüler vollends klein beigegeben, vor allem in Amerika: erklärter höchster Wert ist da die Anpassung, auch und gerade in der Praxis des Psychoanalytikers. Anpassung und Vergesellschaftung erscheinen als zwei Seiten ein und derselben guten, also *moralischen* Sache. Nicht nur Unkollegiale und Ehebrecher, auch Sonderlinge und Grübler sollen sich tiefenpsychologisch »heilen« lassen. Als geheilt gilt, wer »seiner Umgebung angepaßt ist«. Kaum jemand kommt auf den Gedanken, daß eine Gesellschaft im Ganzen nicht *gesund* sein kann, die es nötig hat, einen großen Teil ihrer Glieder psychisch zu verkrüppeln, damit sie ins Prokrustesbett ihrer Moral passen.

Nur trifft solche Kritik nicht die gesamte heutige Psychoanalyse, sowenig wie den Gedanken der sozialen Integration als solchen. Gewohnt, in der Nachwirkung ROSSEAUS und KANTS eine Gesellschaft von Menschen nur als eine Gesellschaft von lauter Gleichen zu denken, von lauter auswechselbaren »Personen«, kann Gesellung wohl nicht anders als im Sinne von Anpassung gedacht werden, »Moral« nur als ein Programm solcher Anpassung. Der Gedanke liegt fern, Gesellung könne vielleicht auch das Zusammenwirken lauter Ungleicher, »Unangepaßter«, das heißt von Menschen bedeuten, die in ihren unterschiedlichen Anlagen und Neigungen jeweils nicht nur unverkürzt sind, sondern auch zueinander den Abstand des Verstehens halten. Mit anderen Worten: eine solche Gesellschaft müßte eine Gemeinschaft *Liebender* sein. Denn wirkliches Verstehen ist ohne Liebe nicht möglich (sagt schon JASPERS[5]), echte Liebe aber nicht ohne Abstand zueinander, ohne Anerkennung des Anderen *als eines Anderen*. Liebe setzt solche Anerkennung nicht voraus, sie schließt sie ein, indem sie immer schon mehr ist als bloße Anerkennung: ausdrückliche Bejahung der anderen in ihrem Anderssein.

b) Muß Moral verlogen sein?

Im Verhältnis zum Ethos der Liebe, das so auch sozialethisch die Einheit des Sittlichen bedeutet, ist jedwede Moral im Sinne einer je gewordenen Anpassungsordnung *verlogene Moral*. Verlogene Moral, auch »doppelte Moral«, bedeutet einmal, daß man anders lebt, als man spricht, daß ferner moralische Vorschriften nicht für alle Menschen einer Gesellschaft gleichermaßen gelten. *Quod licet Jovi non licet bovi*, »Wenn zwei das gleiche tun, so ist es nicht das gleiche«, lauten die selber aufrichtigen Paraphrasen dieser soziologisch doppelten Moral.

Auch, daß an Männer und Frauen jeweils andere moralische Maßstäbe anzulegen seien, gehört hierher. Schließlich – drittens – bezeichnet es eine verlogene Moral, daß hier der, der sich zu kuschen hat, die moralkonform unterdrückten Regungen in sich selber einfach leugnet und ihnen dann, wenn sie in verzerrter, doch sozial gefälliger Form hervorkommen, einen höheren, »reineren« Sinn gibt.

Wer im Geltungsbereich einer puritanischen Moral daran gehindert ist, sich selber in seinen Trieben und Affekten ernst zu nehmen und zu bejahen, weil er sonst an den Rand der Gemeinschaft gedrängt würde, der *lügt* sich, ohne es zu wissen, über einen elementaren Teil seines (menschlichen) Wesens hinweg. Ähnlich, wer im Klima des Ethos der Macht, im allgemeinen Miteinander-Konkurrieren immer gerade *mehr* sein will als der Mensch neben ihm, wer also letztlich mehr sein will als der Mensch, der ihm durch den Nächsten verkörpert ist, der lebt nicht im Einklang mit der Seinsverfassung des Menschen. Dies, die *andere* Verdrängung, die Verdrängung der Endlichkeit und der Zerbrechlichkeit der menschlichen Existenz, charakterisiert den Menschen im Konkurrenzgetriebe weit durchgängiger als die sozusagen »klassische« Verdrängung, die Verdrängung der Sexualität. Beide Arten der Verdrängung kommen darin überein, daß in ihnen die Kreatürlichkeit des Menschen *vergessen* wird. Eine Moral aber, die beides verbindet, *puritanische Erfolgsmoral*, entwertet nicht nur die Leibhaftigkeit des Menschen; was sie notwendig auch preisgibt, ist das unbefangene Verhältnis zu den höheren, den sogenannten rein geistigen Werten. »Geistige Werte« – als ethische, ästhetische, metaphysische, religiöse Werte – betreffen ja nicht ein im Verhältnis zum Animalischen und Stofflichen »Höherwertiges« oder Unabhängiges, sondern sie bezeichnen als Wertungen nur die möglichen Weisen von *Stellungnahmen* zu Materie und Leben, zur Welt überhaupt, freilich auch zu anderen Menschen als den Urhebern solcher Stellungnahmen selber. Um hier zu weit führende werttheoretische Spekulationen mit einer Frage abzuschneiden: Wie soll ein Mensch im Miteinandersein, im sozialen wie im sogenannten »kulturellen Leben« von Herzen aufrichtig sein, wenn er sich über die Grundtatsachen seiner Kreatürlichkeit: Geschlechtlichkeit und Sterbenmüssen, *hinweglügt*, wenn er zumindest ein *bewußtes* Verhältnis zu ihnen sich nicht gestattet, ihren Ernst verdrängt?

»Verlogene Moral« erscheint so als ein schon zweideutiger Pleonasmus. Alle *ausdrückliche* Moral als ein Katalog von Verhaltensweisen gegenüber dem Mitmenschen geht aus von der Annahme, daß die Menschen vergessen haben, daß sie zerbrechliche Wesen sind und als solche gleich wehrlos gegen den Tod. Praktischer Ausdruck des Bewußtseins dieser Gleichheit vor dem Ende ist eine Menschen- und Nächstenliebe, wie sie in der überschaubaren Geschichte der Völker zweimal entdeckt wurde: von ME TI und von CHRISTUS. Moral zielt aber für ein reibungsloses Zusammenleben auf die *Wirkungen* von Verhaltensweisen, die aus erfühlter Solidarität sich zwanglos ergäben. Soweit diese Gesinnung fehlt, springt Moral ein mit mehr oder minder festumrissenen Forderungen. So verlangt Moral – dies wäre das Zweite des Zweideutigen – ein Verhalten, nach dem uns im Grunde gar nicht der Sinn steht. Denn wäre es so, bedürfte es keiner ausdrücklichen Gebote.

Nun kann man moralisch sich verhalten im Sinne einer Übereinstimmung mit dem, was »Moral« erheischt, ohne es beabsichtigt zu haben – aber dann ist man im Sinne der hierin konsequenten Kantischen Ethik gar nicht eigentlich *moralisch*: man stimmt nur zufällig mit dem überein, was »die Moral« (bei KANT: das Sittengesetz) verlangt. Und ein Zufall ist es zweifellos. Denn in den Forderungen einer »Moral«, die bewußt und allgemein-bewußt werden, sind nicht einfach die Verhaltensweisen verlangt, die aus einer Gesinnung der Liebe wie selbstverständlich hervorgingen. Vielmehr stellt »Moral«, wo das Ethos der Liebe zerfallen ist, das heißt: als Motiv sozialen Verhaltens geschwunden, bestimmte Verhaltensweisen als idealtypisch heraus, die regulierend in einer Gesellschaft wirken sollen, in der bereits »soziale« Unwerte bestimmend sind. Der Altruismus und die Selbstverleugnung, die die herrschende Moral uns abverlangen, sind ja niemals Verhaltensweisen des Miteinanderseins in Liebe. Nur in einer Gesellschaft, in der es auf die Kraft der Ellbogen ankommt, wenn einer nicht »übersehen« werden will, nur in einem »Konkurrenzsystem« also müssen »moralische« Forderungen laut werden, die wenigstens halbwegs auf ein erträgliches Miteinander hinzulenken vermögen. Altruismus, Opfersinn, »Gemeinsinn« erscheinen in einem solchen Gesellschaftssystem geradezu als *die* Tugenden schlechthin. *Vom Ich zum Du* präsentiert sich als die Grundrichtung, in der moralische »Vervollkommnung« allein zu erstreben sei. Nicht auf eine Wiederherstellung des ursprünglichen Miteinanderseins in Liebe zielt jeglicher moralischer Appell, sondern auf die Verwirklichung von Haltungen, die gerade den Mangel mitmenschlicher Solidarität auszugleichen und damit doch erträglich zu machen vermögen.

Man könnte geradezu sagen, daß es eine Wirksamkeit moralischer Forderungen sei, eine Sozialordnung mitsamt ihren Unwerten, die es zu kompensieren gelte, im Grunde doch zu *erhalten*. Moralische Ansprüche, die unvermittelt an einen Menschen gestellt werden, erheischen ja nichts als ein bestimmtes Verhalten, über und hinter dem der dazu »Verpflichtete« gesinnt sein mag, wie er will.

Einen anderen ausdrücklich zu etwas verpflichten, das stellt in Rechnung, daß jenseits *dieser* konkreten Verpflichtung unser Partner sich eben nicht so verhalten würde oder sich schon nicht so verhält, wie es eigentlicher Partnerschaft entspräche. In aller ausdrücklichen Verpflichtung liegt – neben einer drohenden Sanktion im Falle der Nichterfüllung des Verlangten – die stillschweigende Erlaubnis, im übrigen zu tun und zu lassen, was man will, sofern es nur nicht die betreffende »Verpflichtung« berührt. Indem wir einander – im Akte des Versprechens – ausdrücklich zu etwas verpflichten, erkennen wir uns eine Gesinnung zu, die es nur zu gern unterließe, in der Weise tätig zu werden, die die Verpflichtung festlegt. Das Überhandnehmen ausdrücklicher Verpflichtungen im Miteinandersein, die Inflation des Versprechens und des Eides, trägt so sein Teil dazu bei, daß das ursprüngliche solidarische Miteinandersein als entbehrlich erkannt wird und von solcher »Erkenntnis« her die ihm entsprechende Einstellung, die Liebe als *Motiv* sozialen Verhaltens weiter schwindet.

Wo im Sich-Orientieren an ausdrücklichen Verpflichtungen (Versprechungen) und Pflichten (Standespflichten, Berufspflichten usw.) ein halbwegs erträgliches Miteinander sich ergibt, da zeigt die in solchen »Pflichten« an den Einzelnen appellierende Moral in ihrem tiefsten Sinne sich *als Instrument*: als Instrument des Funktionierens einer sozialen Ordnung, mag diese beschaffen sein wie auch immer. Solcher Pragmatismus ist kaum noch bewußt: das Gesetz der Selbsterhaltung treibt eine Gemeinschaft im ganzen in eine Richtung, die individuellem Pragmatismus lediglich parallel läuft. Der Einzelne mag noch mahnen: »Was du nicht willst, das man dir tu . . .«, aber daß Aufopferung »fürs Ganze« *um so nötiger* wird, je stärker die Egoismen aneinandergeraten, das ist ein »Schluß«, der nicht in den Gehirnen sich vollzieht, sondern im Zusammenleben in größerer Gemeinschaft sich einspielt. Da solche »Schlüsse« in einer Kulturgemeinschaft sich über ganze Generationen hinweg erstrecken, schlagen sie nicht einmal mehr im *Unter*bewußtsein des Einzelnen sich nieder. Hier scheint etwas *Über*bewußtes zu wirken, eine Art »objektiver Geist«. Etwas nüchterner, ohne das idealistische Schema, würden wir vermuten, daß von den zerstörerischen Konsequenzen eines radikalen Egoismus her immer wieder radikaler Altruismus als eine notwendige Gegentendenz sich anbietet.

Daß es hier nicht allzu übersinnlich zugehen muß, darauf leitet uns noch die folgende Überlegung: Es ist wohl nicht einfach so, daß dem Egoismus im Gewissen des Einzelnen unmittelbar selber ein Gegengewicht erwüchse. Soziologisch gesehen, ist die Dialektik von Egoismus und Altruismus ein Drama, das weitgehend mit verteilten Rollen gespielt wird. Wo dem Egoismus des einen der Altruismus des anderen genau entspricht, da geht die Rechnung (oft buchstäblich) wieder auf. Unübersichtlich wird die Sache nur dadurch, daß wir alle nebeneinander in verschiedenen Stücken aufzutreten haben. Und so mag denn ein und derselbe Mensch abwechselnd in der Rolle des Gebefreudigen wie in der des allzu Annahmebereiten erscheinen – es hängt ganz davon ab, mit wem jeweils und wie er sich »eingespielt« hat. (Was nicht ausschließt, daß manch einem unter uns die Rolle des Geizigen oder des Freigebigen schon wie auf den Leib geschrieben scheint.)

Nun wäre es ein Einwand zu sagen, die altruistische Moral werde den jungen Menschen schon traditionellerweise in Schule und Elternhaus gepredigt. Auch die Vorbilder, die man der Jugend aufrichte, seien ganz und gar »altruistisch«. Nicht weil er ein konsequenter Menschenfreund sei, so könnte man argumentieren, werde Albert Schweitzer verehrt, sondern weil er sich »im Dienste für andere verzehrt« habe. – Nun ist an der sozialen Rolle solcher Vorbilder nicht zu verkennen, daß ihnen eine Entlastungsfunktion für das eigene Gewissen zukommt. Man hebt nur zu gern einen schlichten Menschen auf den moralischen Sockel, um sich selber moralisch nicht »überheben« zu müssen. Aus dem Vorbild wird das Standbild, die Personifikation einer doppelten Lüge, der Lüge vom »großen Mann« und der Lüge von der eigenen Vortrefflichkeit, die sich doch in seiner Verehrung bekunde, wenn er gleich nie zu erreichen sei. GOETHE ist aufgebraust: »Ich habe den Teufel vom Göttlichen! Was hilft's mir, daß man mir nachsagt: das ist ein göttlicher Mann, wenn man nur nach eigenem Willen tut und mich hintergeht. Göttlich heißt den Leuten nur der, der sie gewähren läßt, wie ein jeder Lust hat.«[6]

Vorbilder sind recht, solange wir in ihnen noch Menschen aus Fleisch und Blut erkennen dürfen, nicht idealistische Schemen, an denen uns nichts Menschliches mehr anrührt. Noch unverbildeter Kindermund hat die entlarvende Frage gestellt: »Haben die Klassiker eigentlich wirklich gelebt?«[7] Eine den Menschen überfordernde Moral braucht Klassiker, Helden und Heilige – diese Abziehbilder des Humanen sollen schon den Kindern vorlügen, daß die gewünschten Tugenden lebbar sind. Solche Moral wird aber noch in einem weiteren Sinne zu einer verlogenen: weil bei klarer Voraussicht ihrer Unerfüllbarkeit sie zum bloßen Mittel gerät, sich über andere moralisch zu entrüsten*. Wer an der Frustrationstoleranz und der Belastbarkeit der Menschen mit hohen moralischen Ansprüchen vorbeigeht, der geht im Grunde, willentlich oder nicht, nur darauf aus, sie zu demütigen. Die von ihm erzogenen Kinder oder die von ihm angeleiteten Arbeitskräfte merken das, spätestens, wenn sie ihm zuwiderhandeln.

Das Gefährliche an jeder den Menschen überfordernden Moral ist es, daß der auf sie Verpflichtete leicht ins Gegenteil verfällt, ins Gegenteil von dem, was man ihm eingebleut hat. Er behält von den unerfüllbaren Normen nur das Empfinden zurück, daß man *nach Grundsätzen* leben müsse. Wenn die von den Erziehern gepredigten Tugenden zu schwer sind, nimmt er, auch aus Protestgesinnung, einfach von allem das Gegenteil. Er bleibt aber – mit seinen »Anti-clichés«[8] – gebunden an die herrschende Moral. Er muß immer zuerst wissen, was als »schicklich«, vorbildlich oder moralisch gilt, um zu wissen, wogegen er zu sein hat. Nur auf dem Boden einer prüden, leibfeindlichen Moral kann auch eine *fun morality* entstehen. Wenn ein junger Mann sagt: »Ich versuche, so viele Mädchen zu vernaschen wie möglich«, oder: ». . . soviel zu essen, wie ich verdrücken kann«, so ist ihm das nicht mit moralischen Vorhaltungen auszutreiben – die würden nur seinen Trotz verstärken. Wir können versuchen, ihm das selber Moralsaure seiner Gesinnung zu schmecken zu geben, indem wir sagen: »Man kann aus allem eine Weltanschauung machen.« Vielleicht spürt er dann, daß auch seine Anti-Moral nicht ehrlich ist, seinem vitalen Wesen gar nicht entspricht, und ihn eben darum unbefriedigt läßt. Wer mit seinen »Lastern« auftrumpft, ist aus der herrschenden Prestigemoral noch gar nicht herausgetreten in unbefangenes Genießen. Er genießt – wie der Tugendbold – immer nur das bewundernde Aufblicken seiner Mitmenschen. Bleibt die Bewunderung aus, fällt er auf sein natürliches Maß zusammen. Das erst heißt *ohne Lüge leben*: den anderen nicht mehr etwas vormachen, nur um in Rückspiegelung ihres Staunens sich selber großartig zu finden.

---

* Zur Psychologie der sittlichen Entrüstung weiter im IX. Kapitel.

c) Pflichtgemäßes Verhalten

Der reine Herrenmensch fordert in erster Linie Gehorsam. Die Moral, die er wünscht, ist sehr einfach: Gut ist, was er geboten hat, *weil* er es geboten hat. Das Gewissen heißt Gehorsam, Unmoral ist Ungehorsam. »Ich habe kein Gewissen mehr. Mein Gewissen heißt Adolf Hitler«, soll Hermann Göring gesagt haben[9]. Eine einfache Moral – für beide Seiten. Schwieriger wird es, wenn der Gebietende und damit Moral Gebietende sich genötigt sieht, seine Forderungen zu begründen. So, wenn er sagt: »Gut ist, was uns *allen* nützt, gut ist, was uns den Feinden trotzen läßt, gut ist, was uns siegen läßt.« Da mag mancher den Nutzen für sich selber in etwas gänzlich anderem sehen; er mag sich fragen, wo denn seine wahren Feinde eigentlich seien. Aber immer noch liegt alles verhältnismäßig einfach. Ein *Machtwort* kann klären.

Unentwirrbar sind die moralischen Ansprüche, wo kein Gott-König blinden Gehorsam verlangt, kein Machtwort von ihm zu erwarten ist, sondern wo die verschiedensten Autoritäten in einer Gesellschaft sich den Rang streitig machen, moralisch verbindlich zu sprechen. Verbindlich sprechen können sie nur, wo und soweit sie Glieder der Gesellschaft sich zu *verbinden* vermögen. Im Widerstreit seiner Bindungen an konkurrierende Autoritäten ist der Mensch, der nicht mehr ursprünglich solidarisch mit anderen sich als Mitmensch fühlt, in der Gefahr, moralisch ins Unverbindliche, Konventionelle abzugleiten. Die Autoritäten stimmen wohl in einem gewissen Umfange in ihren Forderungen überein: sie verlangen Selbstlosigkeit, Hingabe, Opfersinn; sie verlangen dies zunächst im Hinblick auf ihre eigenen Zwecke und konkurrieren so wieder. Das irrende Gewissen irrt zwischen Zwecken und nicht zwischen Werten. *Moral als Instrument:* als Instrument der Befestigung der Autoritäten, die von sich aus Moral gesetzt haben. Was besagt das über die moralischen Werte, daß sie so leicht zu Mitteln von Zwecken werden?

Im realen Zweck zeigt auch das vermeintlich rein Ideelle seine Verbindung mit der körperhaften Welt. Moralische Werte existieren nicht freischwebend über den Menschen. Die Verbindlichkeit von Werten beruht auf sozialen *Bindungen*. Nicht ein Pflicht-Moment an den Werten macht diese für uns verbindlich[10], sondern umgekehrt: Von unseren Bindungen her werden Werte, die für diese Bindungen charakteristisch sind, für uns verpflichtend, und zwar in dem Maße, in dem wir in diesen Bindungen aufgehen. Eine Moraltheologie, die Gott als Autorität, als obersten Gesetzgeber und Richter versteht, kann wohl nicht anders als die Verbindlichkeit moralischer Werte von ihrem Gesetztsein herzuleiten. Sind sie gesetzt von Gott, so sind sie aber nur verbindlich für denjenigen, der sich »religiös« zurückgebunden fühlt an Gott als den Ursprung, aus dem heraus wir leben[11]. Pflicht als solche ist auch für ihn nicht motivierend.

Der Pflichtbegriff überdeckt nur Mängel wirksamer sozialer Motivation. Das veranschaulicht der Unterschied zwischen einer Treue, die der natürliche Ausdruck andauernder Liebe ist, und einer Zuverlässigkeit, die ein abgedrungenes Versprechen einlöst. Der pflichtgemäß, das heißt: erwartungsgemäß Zuverlässige, der erwartungsgemäß »Anständige« überhaupt entgeht nur der äußersten Sanktion, die derjenige für ihn bereithält, dem er sich »verpflichtet« fühlt: dem Abbruch der gegenseitigen Beziehung, der Entlassung aus der mitmenschlichen Solidarität; oder, ins Juristische übersetzt: der Inhaftierung, der gewaltsamen Absonderung. Pflichtgemäße Zuverlässigkeit ist das Unzuverlässigste, weil Unberechenbarste, was uns begegnet; denn wer – entgegen anderer Neigung – sich zur Treue zu uns zwingt, der setzt uns nicht nur den Schwankungen seines Charakters aus; er gibt uns auch ein desorientierendes Versprechen. Die tiefere, unser Leben gefährdende Verlogenheit des pflichtgemäß und idealistisch Zuverlässigen charakterisiert der Volksmund unübertrefflich: »Entweder zuverlässig oder unzuverlässig, aber nicht mal so und mal so!« Zuverlässigkeit, auch Aufrichtigkeit, als sittliche Pflichtübung geturnt, verkehrt sich leicht in ihr Gegenteil. Daher die Warnung des KARL KRAUS vor der ostentativ treuen Frau: »Sie ist heute dir, morgen einem andern treu.«[12]

Auch der ursprüngliche Sinn von Aufrichtigkeit ist durch die herrschende Moral, die weitgehend Pflichtmoral ist, verlorengegangen. Aufrichtigkeit ist kein wurzelhaft eigenständiger Wert. Aufrichtigkeit ist die Form, in der Personen, die, fast buchstäblich genommen, zueinander hin *offen* sind, miteinander sprechen, wobei nicht nur an die artikulierte Sprache gedacht ist: auch ein Lächeln kann lügen. Wir bedürfen aber gar nicht der Anstrengung des Lügens und der Konsequenz, eine Lüge durchzuhalten, wo wir offen zueinander sein können. Umgekehrt, wenn wir einem anderen mit erstem Wohlwollen begegnen, bezeichnen wir uns als *aufgeschlossen* ihm gegenüber: wir sind bereit, ihn unbefangen auf uns wirken zu lassen. Fassen wir Vertrauen zu ihm, so mag unsere Freundschaft von der Stunde datieren, da wir uns ihm *eröffnen*. Der Kontaktarme, der autistisch, selbstbezogen in sich Verfangene, gilt uns zugleich als der *Verschlossene.* In der Sprache wissen wir sehr wohl um den tieferen Zusammenhang zwischen Zuneigung und Aufrichtigkeit. Daß wir gelegentlich auch *ein offenes Wort* mit jemandem sprechen müssen, ist kein Einwand dagegen, drücken es manche doch auch so aus, daß sie *wie ein Freund zu einem Freunde sprechen* wollten, wenn sie sich anschicken, ihm gehörig *die Wahrheit zu sagen.* In solcher *Rückhaltlosigkeit* liegt immer noch ein Ernstnehmen dessen, zu dem man spricht, mit dem Verhaßten *spricht man nicht mehr.* Indem so ironisch die Offenheit des Freundes demonstriert wird, um sich mit jemandem *auseinanderzusetzen,* kann unversehens aus solcher Bereinigung der Atmosphäre das gegenseitige Verhältnis neu hervorgehen.

Unsere realen sozialen Bezüge, unsere engeren Bindungen erst recht sind es, die moralische Verbindlichkeiten, ethische Wertvorstellungen für uns sowohl begründen wie kontinuierlich tragen. Unter der Voraussetzung, daß wir uns nicht völlig isolieren wollen, werden auch Aufrichtigkeit und Zuverlässigkeit für uns zur moralischen Pflicht. Die Angst, unsere Bindungen zu verlieren, macht sie sogar zur eisernen Pflicht. Was vordergründig uns als ein verpflichtender ethischer Wert beansprucht, ist, von seinem vielfach vergessenen Ursprung her gesehen, das Mittel, uns an unsere mitmenschlichen Bindungen zu erinnern. Moral – so also doch auch ein Instrument des ursprünglichen Ethos.

d) Das Ethos der Liebe

Das Ethos der Liebe als das ursprüngliche Ethos zu bezeichnen, das bedeutet nicht schon zu behaupten, in einem Urzustand der Menschheit habe ursprünglich nichts als die Liebe die Menschen miteinander verbunden. Zunächst verstehen wir das Ethos der Liebe als das Ursprüngliche in dem Sinne, in dem Augustinus die Liebe die Wurzel alles Guten nannte:

> »Liebe, und dann tu, was du willst: wenn du schweigst, schweigst du aus Liebe; wenn du sprichst, sprichst du aus Liebe; was du besserst, verbesserst du aus Liebe; und was du sein läßt, das unterläßt du aus Liebe: immer ist die Wurzel deines Verhaltens die Liebe; es gibt überhaupt nichts Gutes, das nicht in ihr seine Wurzel hätte.«[13]

In der Liebe offenbar geht etwas aus uns hervor, was unser bewußtes und wollendes Ich in jedem Augenblick übersteigt. Wir können nicht lieben und noch darauf reflektieren, daß wir lieben. Wir können nicht lieben und noch dazu wollen, daß wir lieben, oder auch nur wollen, daß die Liebe uns nicht versiegt. NICOLAI HARTMANN sagt, die Liebe habe »die Tendenz, alle Willenskraft der Person an sich zu reißen«[14]. Wo noch die Kraft für ein bewußtes Wollen freibleibt neben der Liebe, da ist die Liebe schon nicht erfüllt, *erfüllt* in dem Sinn, daß sie der Ausdruck der ganzen Person wäre. Wo aber im eigentlichen Sinne der Mensch den Anderen liebt, da bedarf er im Verhältnis zu ihm gar keiner besonderen Moral fürs praktische Verhalten. In der Spontaneität seiner Liebe hat er auch schon den Ursprung der Handlungen, die sich auf den Anderen beziehen. Spontan springt der Liebende dem Mitmenschen bei, wenn dieser in Not kommt; spontan und ohne Besinnung auf eine »Verantwortung« ihm gegenüber. Spontan eröffnet er sich dem Freund, der fragend sich an ihn wendet, spontan und ohne Besinnung auf eine besondere »Pflicht zur Aufrichtigkeit«. Die uns abgeforderte Moral ist schon ein Zeichen dafür, daß das ursprüngliche Miteinandersein in Liebe zerfallen ist. In diesem Sinne wäre es durchaus richtig, alle ausdrückliche Moral vom Verlust der moralischen Unschuld zu datieren. Das gilt erst recht von einer Gesetzgebung, die tief ins Privat- und Familienleben eingreift. TACITUS deutete in die Richtung: »Je verderbter der Staat, desto zahlreicher die Gesetze.«[15] Deutlich beschrieben hat den Zerfall des ursprünglichen Ethos LAO TSE im 18. Gedicht des *Tao-te-king:* »Die Blutverwandten wurden uneins, so kamen Kindespflicht auf und Pietät.« Ferner: »Die Staaten gerieten in Unordnung, so gab es treue Diener.«[16]

Die Vorstellung vom Zerfall eines ursprünglichen Ethos ist freilich nur die Metapher für eine anthropologische Möglichkeit, für den Verlust oder das Fehlen der ursprünglichen Fähigkeit des Menschen, sich selber wie den Mitmenschen in seiner Natur zu bejahen. Denn das heißt lieben. »Natur« meint dabei den Inbegriff dessen, was uns leibhaft vorgegeben ist und worüber wir willentlich nichts vermögen oder jedenfalls nicht das, was wir, einer leibfeindlichen Sitte gemäß, uns vorstellen. Die ungebrochene Menschennatur braucht auch dann, wenn sie unverbogen bleibt, nicht uniform sich auszuprägen. Klimatische, ökonomische, geschichtliche, technologische und konstitutionsbiologische Bedingungen sozialer Existenz ermöglichen eine Schwankungsbreite des natürlichen so gut wie des neurotischen Daseins.

Die Natur des Menschen soll nicht romantisch verstanden werden als ein Paradieszustand seines Lebens und Zusammenlebens, der nur wiedergewonnen zu werden brauchte. Über die Moral auf der Urstufe menschlicher Entwicklung wissen wir, wenn auch WILHELM SCHMIDT es anders glauben machen wollte[17], so gut wie nichts. Die heutigen sogenannten Primitivkulturen sind vermutlich so alt wie unsere eigene »Hochkultur«. Die technisch primitiven Völker haben einen langen kulturgeschichtlichen Weg hinter sich – genau wie wir. Dabei sind, wie durch Funde bestätigt wurde, auch Reprimitivisierungen zu veranschlagen[18]. Wenn wir also heute bei einigen Primitiven eine Moral finden, die am ehesten unserer Vorstellung von einem ursprünglichen Ethos entspricht, so bedeutet das nichts als den Beweis der *Realisierbarkeit* eines Ethos, in dem der Mensch mit seiner Triebnatur im Einklang steht. Diese »Natur« ist sein endliches, doch seiner selbst bewußt werdendes animalisches Dasein. Aber nur, wo er es annimmt und nicht vor sich selber zu verschleiern sucht, entspricht er der Seinsverfassung des Menschen, die eben darin besteht, daß er seines Daseins und der Endlichkeit, der zeitlichen wie räumlichen Beschränktheit seines Daseins, auch innezuwerden vermag. Aus dem vollen Bewußtsein seiner Endlichkeit könnte er neu dem Leben sich befreunden und ein Liebender werden: wissend, daß hier und jetzt und verbunden mit anderen der Sinn seines Lebens sich erfüllt, und daß er darüber hinaus auf nichts sich vertrösten lassen kann. In solcher Weise könnte doch »der Geist« den Menschen zur Liebe führen: Wenn der Mensch im Nachdenken die falschen Hoffnungen ablegt, die Angst vor Blamage verliert, kann er erst eigentlich sich zu sich selber entschließen.

B. IST DER MENSCH ZUR LÜGE GEBOREN?

a) Die Unwahrheit, philosophisch betrachtet

Gegen die Vermutung, der Mensch sei ursprünglich nicht auf Lüge, sondern auf Wahrheit angelegt, auf ein Zusammenleben, in dem er offen sich anderen geben dürfe, gegen diese Vermutung stehen philosophische Thesen, die den Begriff der Wahrheit soweit problematisieren, daß er die Unwahrheit, wenn nicht gar die Lüge in sich einläßt. Das gilt nicht nur für NIETZSCHES eigenwillige Auffassung von der Wahrheit, sie sei »die Art von Irrtum, ohne welche eine bestimmte Art von lebendigen Wesen nicht leben könnte«[19]. Wenn wir das nicht selbst als anthropologische Wahrheit nehmen, verstehen wir schon, daß wir uns vielfach gründlich irren müssen, um uns durchzufinden im Leben. Versuch und Irrtum, *trial and error* (A. BAIN), sind die Schritte, mit denen wir uns fortbewegen, um dahin zu kommen, wo man uns sagt, wir hätten recht. Wir neigen auch dazu, Überzeugungen, Theorien, Werturteile für *wahr* zu halten, wenn wir uns mit ihnen durchsetzen*.

Darüber hinaus ist klar, daß dort, wo Erfahrung nicht in einer allgemeinverständlichen oder allgemeinverbindlich mathematisierten Form sich mitteilen läßt, immer noch soviel Zweifel geweckt wird, daß der Verdacht der Lüge leicht aufkommt. Die inneren Erfahrungen des einen sind keine verbindliche Wahrheit für den anderen. Aber sind sie darum unwahr? Existiert Wahrheit nur im sozialen Raum[19a], in der Dimension zumindest statistischer Nachprüfbarkeit? Gibt es für uns nicht auch ein Verhältnis zur Welt im ganzen, zu bestimmten Naturerscheinungen im besonderen, das wir ohne soziale Vermittlung gewinnen können? Selten genug. Aber schon die Bestätigung durch *einen* Gleichgestimmten gibt sogar den sozialen Anspruch auf Wahrheit zurück.

Daß ein und dieselbe Sache sich verschiedenen Menschen verschieden darstellt, sich verschiedenartig spiegelt in voneinander abweichenden Temperamenten, macht noch nicht den je subjektiven Anspruch auf Wahrheit zunichte. Wahrheit ist nicht notwendig das, dem alle beistimmen müssen. Wahrheit für mich ist gerade das nicht durch soziale

---

* Man vergleiche im IV. Kapitel den Abschnitt »Leistungsdruck und Lebenslüge in der Wissenschaft«!

Rücksichten gehemmte oder gebrochene Verhältnis, das ich zu einer Sache, einem Sachverhalt, einer Person gewinne, indem ich mich ihnen mit unverschatteten Sinnen bewußt zu nähern versuche. Je weniger ich durch leibfeindliche Tabus und eine eingeübte Blickrichtung in meiner sinnlichen Erfahrung getrübt bin, desto klarer und komplexer kommt mir zu Bewußtsein, was mir vor Augen steht und mit allen Sinnen sich schmecken läßt. Verbindlich für andere, nachvollziehbar für sie wird solche Erfahrung erst, wenn ich sie ihrer subjektiven Erlebnisqualitäten entkleide. Dieser Verarmungsprozeß, von der begrifflichen Seite Abstraktion genannt, schafft zunehmend »Wahrheit« für immer mehr Menschen, aber um den Preis der Anschaulichkeit und zuletzt auch der Nachvollziehbarkeit. An formallogisch, mathematisch formulierten Erfahrungen oder Beobachtungen läßt sich gar nichts mehr nachfühlen. Die Mathematiker selbst sind, wie RUSSELL scherzend gesagt haben soll, die einzigen Menschen, die ganz genau wissen, daß das, was sie sagen, richtig ist – sie wissen nur nicht, wovon sie sprechen.

Wenn sinnliche Fülle einer Erfahrung und ihre Kraft, sich als Wahrheit allgemein zu bestätigen, in einem reziproken Verhältnis zueinander stehen, dann ließe sich durchaus sagen, daß Wahrheit und Unwahrheit sich nicht voneinander trennen lassen. Nur müssen wir uns darüber im klaren sein, daß wir dabei »Wahrheit« und »Unwahrheit« nicht bloß in einem einander entgegengesetzten Sinne verwenden, sondern die entsinnlichte Wahrheit des formalisierten Wissens gegen die Wahrheit vollsinnlicher Erfahrung ausspielen. Für die einen gilt der Satz: »Das Besondere sei die Lüge, das Wahre das Allgemeine« (GOETHE[20]); die anderen, weniger dem Denken befreundet, warnen uns, nur nichts zu verallgemeinern. Doch nur wer die von den Phänomenen schon wieder wegblickende, die formalisierbare Erkenntnis zum geheimen Ideal der Wahrheit erhoben hat, kann vollends JASPERS zustimmend den Satz nachsprechen, daß »die Gebundenheit an Denken überhaupt die Unwahrheit unausweichlich macht und erst durch sie auf Wahrheit weist«[21].

Zwischen den beiden »Wahrheiten«, der vollen sinnlichen Fülle des Einzelnen oder Einmaligen, und der von aller Anschauung entleerten Formel allgemeiner Geltung, gibt es auch nur formal eine Vermittlung nach dem Vorbild KANTS: »Gedanken ohne Inhalt sind leer, Anschauungen ohne Begriffe sind blind. Daher ist es ebenso notwendig, seine Begriffe sinnlich zu machen (d. i. ihnen den Gegenstand in der Anschauung beizufügen), als seine Anschauungen sich verständlich zu machen (d. i. sie unter Begriffe zu bringen).«[22] Die optimale Wahrheit läge also in der Mitte? Aber wie entleert (von Sinnlichkeit) müssen Begriffe, Formeln, Naturgesetze sein, damit Anschauung nicht »blind« ist? Genauer gefragt: Liegt die Wahrheit selber in der Mitte zwischen zwei Un-Wahrheiten? Oder verdankt das Ideal der begrifflichen Wahrheit sich einem immer unsinnlicher, distanzierter gewordenen Kontakt mit der Welt, den eine Sprache, die aus »verblaßten Metaphern« (JEAN PAUL[23]) besteht, mühsam aufrechterhält? KANTS Gleichsetzung von gedanklichem »Inhalt« mit den »Begriffen«, seine These, durch bloße Anschauung werde gar nichts gedacht[24], gilt womöglich nur für ein im wesentlichen durch Sprache geschultes, im Sprechen und Zuhören statt im Zeigen und Nachahmen, Schauen und Tasten herangebildetes Denken. Oder müssen wir mit dem späteren HEIDEGGER eine »Kehre« vollziehen, den Begriff der Wahrheit von der Subjektivität des Erkennenden überhaupt lösen, um Wahrheit die Offenheit, die »Unverborgenheit des Seins«[25] nennen zu können? In diesem Sinne aber wäre die Frage nach der Wahrheit dem Problem der Lüge vollends entrückt.

Ich erlaube mir, diese Fragen hier so stehenzulassen – um nicht zu weit wegzuführen vom Problem der Lüge, aber auch aus der Einsicht, daß die Philosophie eine primär Fragen stellende, nicht Fragen lösende »Wissenschaft« ist: sie kann nur das Bewußtsein fördern, daß nichts gewiß und selbstverständlich ist.

Nur weil Ehrgeiz und Geltungssucht auch Lügen über die inneren Erfahrungen gebracht haben, sind diese, sofern sie mitgeteilt wurden, überhaupt in den Geruch der Unwahrheit, einer allenfalls subjektiven, unverbindlichen »Wahrheit« gekommen. Wir lügen aber gerade dann nicht, wenn wir sagen, wie uns zumute ist, mag tausendmal dem Anderen das unwahrscheinlich klingen. Wir entwickeln nur allmählich das soziale Bewußtsein (das Schuld-Bewußtsein) des Lügners, wenn niemand uns Glauben schenkt. Gelingt es uns – aus Gründen der Selbsterhaltung –, gegen inneres Widerstreben angepaßte Gefühle der Umwelt vorzuspielen, entwickeln wir für so verlogenes Verhalten gar eine Verhaltensdisposition, so mag dem zuerst nur geschauspielerten Ausdruck eine emotionale Basis nachwachsen, die den Ausdruck, die Rede, die Haltung trägt, also »echt« werden läßt – um den Preis der Echtheit des Empfindens. Was uns anrührt, gibt keine verlässige Erfahrung mehr ab; wir orientieren uns lieber an dem, was man uns vor-gesagt hat. Das kann in einer Gesellschaft, in der die konventionellen Erwartungen gegen unsere vitalen Neigungen gehen, mit HEIDEGGER als »Verlorensein in das Man«[26] bezeichnet werden. Die selber unwahre Gleichsetzung unserer Kultur mit aller Kultur[27] läßt daraus mit anthropologischem Anspruch folgern, der Mensch stehe

»gleichursprünglich in der Wahrheit und Unwahrheit« (HEIDEGGER[28]).
Je intoleranter eine Gesellschaft gegen individuelle vitale Temperamente vorgeht, desto richtiger erscheint in ihr ein solcher Satz.

Dagegen ist festzuhalten: Triebunterdrückung und Hang zur Lüge
stehen in engem Zusammenhang, weil die verpönten vitalen Antriebe
sich unter dem Druck der Gesellschaft nicht einfach in Nichts auflösen,
sondern in verborgener, verbogener Form sich fortretten. Das wirkt
verkrümmend zurück auf den so verquälten Charakter im ganzen.
Unaufrichtigkeit wird ihm zur zweiten Natur; er lügt auch, wo sein
vitales Interesse das gar nicht erfordert. Hiervon kommt der Anschein,
daß die Frage nach der Wahrheit des Denkens nichts mit dem Leib zu
tun habe, aus dem das Denken (als Funktion des Gehirns) hervorgeht.
Die Unwahrheit hat es leichter, als etwas rein »Geistiges« zu erscheinen: sie macht sich ja nicht schmutzig mit der Realität.

b) Sind »primitive Völker« verlogen?

Es sind offenbar auch in technisch primitiven Kulturen die prüden,
leibverneinenden Völker, die zur Lüge neigen. Der Ethnologe RICHARD
THURNWALD schreibt von den Ila-sprechenden Völkern Nordrhodesiens:

> »Während man nun in delikatester Weise dem Aussprechen von indezen-
> ten Silben, die mit Defäkation oder Kohabition in Verbindung stehen, aus
> dem Wege geht, hat man keinen Sinn für Wahrheit und Lüge, und zwar
> nicht etwa nur dem Europäer gegenüber, sondern noch viel mehr unter-
> einander.«[29]

In THURNWALDS Feststellung klingt eine Verwunderung durch, die
den Zusammenhang zwischen beiden Erscheinungen, der Prüderie und
der Lügenhaftigkeit, verkennt. Der wache Blick des Ethnologen für
das noch traumhaft-magische Bewußtsein des Primitiven, das sich an
der Wirklichkeit nicht überprüfe[30], macht ihn zugleich blind für die
sittliche Primitivität des scheinbar aufgeklärten Menschen unserer
Tage, der für die vitalen Befriedigungen, die ihm versagt bleiben,
Zärtlichkeitsphantasien und Tagträume entwickelt, die sein Verhältnis zur Wirklichkeit überhaupt gefährden. Verträumtheit und der
Hang zur Lüge stehen in enger Verbindung, aber nicht so, daß das
eine des anderen letzte Ursache wäre. Die Neigung zu träumen, den

Träumen große Bedeutung beizumessen und in Luftschlössern zu wohnen, ist nicht einfach ein Kennzeichen kulturell primitiver Menschen, sondern – über alle Kulturen hinweg – ein Merkmal der durch Prüderie verquälten. Was Tabus ihnen verwehren, leben sie, sich selbst belügend, sich selbst befriedigend, in der Phantasie. Die Nichtunterscheidung von Traum und Wirklichkeit gilt auch nur für jene kulturell primitiven Völker, die, frustrationsbedingt, mehr in Träumen als in realen Bezügen leben. MALINOWSKI hat bemerkt, wie wenig den gleichfalls »primitiven« sinnenfrohen Trobriandern Träume und Traumerzählungen etwas bedeuten[31]. Es ist – neben der Gleichsetzung unserer Kultur mit Kultur überhaupt – ein weiterer schwerer Fehler abendländischer Anthropologen, von *den* Primitiven, den Urvölkern schlechthin zu sprechen. Es gibt unter den sogenannten Primitiven triebbejahende, realitätsbezogene und leibfeindliche, traumbefangene Völker. Mit Primitivität ist nichts erklärt, wenn damit nur der geringe Stand technischer Entwicklung und gesellschaftlicher, institutioneller Komplizierung gemeint ist. Mit solcher »Primitivität« kann man alles erklären, eine Neigung zur Lüge bei wissenschaftlich noch nicht aufgeklärten Völkern und die Unfähigkeit zu lügen bei jenen Eingeborenen, denen, wie THURNWALD auch sagt, »die nötige *Geistesgegenwart* fehlt, die zu einer schnellen Notlüge erforderlich ist«[32]. Ein falsches Weltbild, das nur auf einem ungenügenden Stand der Erkenntnis beruht, ist nicht das gleiche wie ein Lügengewebe aus Träumen, fehlgegangenen Sehnsüchten und verborgenem Haß. Sonst gäbe es in unserer Hochkultur, unserer hochtechnisierten und hochkomplizierten Kultur, nicht soviel Aberglauben, Ressentiments, Manipulierbarkeit durch Illusionen, Ideologien und »staatsnotwendige Fiktionen«[33]. Ein primitives Weltbild wird erst zur Lüge, wenn man wider besseres Wissen daran festhält. Ein hoher Stand an empirischem Wissen, intellektueller Bildung aber verträgt sich durchaus mit einem verlogenen Charakter, der allen Scharfsinn in den Dienst seiner Besessenheit stellt. Geniale Psychopathen, die durch Gewalt zur Macht kommen und mit Gewalt ihre Völker ruinieren, geben dafür vielfaches Beispiel.

c) Ist die Lüge ein tierisches Erbe?

Ideologen der Macht und der Aggression haben ihren Scharfsinn darauf verwendet, den »Kampf ums Dasein« (DARWIN), den »Willen zur Macht« (NIETZSCHE) oder einen »Aggressionstrieb« (im Sinne von

LORENZ) als Grundtatsachen des Lebens darzustellen[34]. Für den kulturgebundenen Hang zur Lüge ist, zumindest ansatzweise, etwas Ähnliches unternommen worden. Der Psychologe OTTO LIPMANN sah die menschliche Lüge phylogenetisch »vorbereitet durch gewisse Reflexe und Instinkthandlungen mancher Tiere, die dazu dienen, durch einen vorgetäuschten Sachverhalt entweder das Tier seinem Verfolger zu entziehen oder das Beutetier in Sicherheit zu wiegen«[35]. WOLFGANG WICKLER, der Ethologe, stützt sich auf Beobachtungen an Amseln, Singdrosseln und Polarfüchsen, wenn er im Tierreich die Fähigkeit zur Lüge vorgebildet sieht. Bei diesen Tieren kommt es vor, daß eines von ihnen, ohne daß Gefahr drohte, einen Warnschrei ausstößt, worauf seine Artgenossen auseinanderstieben oder in Deckung gehen. Der fälschlich Warnende hat dann alles Futter oder die erlegte Beute ganz für sich[36]. Es mag dahingestellt bleiben, in welcher Situation die Tiere die »Scheuchwirkung des Warnrufes« (WICKLER) so erfahren haben, daß sie lernen konnten, sich ihrer instrumental zu bedienen. WICKLER spricht von »vorsätzlichem Belügen« der Artgenossen und verwirft das Bedenken, Tiere könnten noch gar nicht lügen, weil ihnen die Sprache (dazu) fehle.

Das läuft auf eine Definition des Begriffes »Lüge« hinaus. Wenn man Lüge als übervorteilende oder doch irreführende Täuschung definiert und im Blick auf die Phänomene anerkennt, daß man in diesem Sinne auch ohne Worte lügen kann, dann muß man bereits einigen Tieren eine Art Willen zur Lüge zuschreiben. KARL JASPERS zieht in Erwägung, schon tierisches Mimikry, den Totstellereflex, die »Nachahmung des Aussehens anderer Tiere« als eine Vorform, eine »Analogie« der menschlichen Lüge aufzufassen[37]. Die Frage bleibt bei JASPERS unbeantwortet; fließende Übergänge zwischen menschlichem und tierischem Täuschungsverhalten werden nicht angenommen. Im Sinne einer Anthropologie, die es darauf abgesehen hat, eine »Sonderstellung« des Menschen herauszuarbeiten, wird den Tieren »jede absichtlich zweckhafte Planung« abgesprochen.

Wer den Affen zusieht, gewinnt einen anderen Eindruck. Pavianweibchen werden dabei beobachtet, wie sie buchstäblich *hinter dem Rücken* ihres Paschas Kontakte mit anderen Affen anspinnen, aber auf seine Drohungen oder Bisse hin sich wieder ihm zugesellen[38]. Ein junger Pavian, dem ich Nüsse in die Hand gab, hielt diese hinter den Rücken, als gleich darauf der Pascha vorbeikam. Es war kein Zufall: er versteckte die Nüsse immer wieder in der gleichen Situation.

Ist dies schon »Lüge«, ist es eine Lüge als Abwehrmaßnahme. Auch der Mensch, der lügt, um natürliche Triebbedürfnisse durchzusetzen, handelt noch defensiv gegenüber der triebunterdrückenden Gesellschaft, und er tarnt oder versteckt sich, um sich nicht noch tiefer verstellen zu müssen: um sich nicht unausgesetzt als ein Mensch geben zu müssen, der tabuierte Triebinteressen gar nicht mehr habe. Das vitale Bedürfnis, sich selber treu zu bleiben, mithin der Wunsch, *ohne Lüge zu leben,* kann in einer repressiven, triebunterdrückenden Ordnung manche konkrete Lüge bedingen, ja sie notwendig machen. Befriedigend ist das nicht, denn hier ist die Einbruchstelle für Tartüfferie, welche die Heimlichkeit zum Prinzip erhebt und den schwersten Verstoß gegen die Gesellschaft in der Offenheit erblickt:

>» Was nicht bekannt wird, nenn' ich kein Vergehn,
> Denn Anstoß gibt nur, was die Welt erfährt.
> Wer im verborgenen sündigt, sündigt nicht.«[39]

Moralischer Rigorismus aber könnte uns dahin bringen, an Grundlügen entgegen unseren vitalen Neigungen festzuhalten, nur um Notlügen, Zwecklügen zu vermeiden. Wer den Begriff der Lüge so sehr ausweitet, daß er alles in sich faßt, was gegen die »Wahrheit« der einmal geltenden moralischen Ordnung verstößt[40], der leistet der Unaufrichtigkeit erst noch Vorschub: weil er die Überzeugung provoziert, daß es ohne Lügen nicht geht.

VI. KAPITEL

Emanzipation der Frau - Befreiung des Mannes

A. DIE SONDER-STELLUNG
DES WEIBLICHEN MENSCHEN

a) Mann und Frau: Herr und Knecht

Ob wirklich in unserer Kultur die Frauen von den Männern – noch –
unterdrückt werden, stehe einstweilen dahin. Der Augenschein und die
Propaganda der Feministinnen könnten trügen. Die geringe Vertre-
tung der Frau im öffentlichen Leben hat vielleicht ihre Ursache in
ihrem eigenen Desinteresse, in ihrer Abneigung gegen Ämter, in denen
man sich nur zu leicht blamiert. Und die Sklavinnenrolle in den Familien und Ehen könnte bei näherem Zusehen ihre dialektische Rückseite
haben oder in Einzelschicksalen von geschiedenen Frauen bestehen, die
in der Frauenbefreiungsbewegung ihre leiderfahrenen Stimmen erheben. Es könnte sein, daß im Privatleben gescheiterte Frauen ihre
Enttäuschung zum allgemeinverbindlichen Problem aufgebläht haben.
Der böse Verdacht ist immerhin ausgesprochen worden[1].
   Es gibt wohl die Ehe, in der die Frau die Rolle des Aschenputtels zu
übernehmen hat. Es gibt aber auch Ehen, in denen der Mann die kläg-
liche Rolle des »Pantoffelhelden« spielt – die Sprache hätte das Wort
nicht, wenn es den Typus oder solches Pech nicht gäbe. Es kann sein,
daß die Institution der Ehe einen Mann sogar noch stärker demoralisiert als die ihn eifersüchtig umsorgende Gattin. Solche Beobachtungen
haben verständnisvolle Frauen wie LEONA SIEBENSCHÖN und ESTHER
VILAR bereits vom »domestizierten« oder »dressierten Mann« sprechen
lassen[2]. Domestizierung bedeutet nicht nur, daß der Mann zu tun und
zu lassen hat, was die »Partnerin« von ihm erwartet. Sie zielt in letzter Konsequenz darauf ab, auch sein Gefühlsleben zu reglementieren.
»Liebst du mich?« – »Was denkst du jetzt?« sind beliebte »weibliche«

Fragen, das, was hinter der Stirn des Mannes vorgeht, zu kontrollieren.

Solche seelische Tyrannei schließt nicht aus, daß die Frau beim sogenannten »intimen Zusammensein« dem Mann »die Führungsrolle« überläßt. Anerzogene sexualfeindliche Scham erzwingt solche Bescheidung: Wenn der Mann sexuell führt, dann ist die Frau moralisch entlastet von Schuldgefühlen für dieses oder jenes »gewagte« Verhalten. Sie kann es besser genießen, wenn die Initiative vom Manne ausgeht.

Zwingen – offen oder versteckt – die Frauen den Männern ihren Willen auf? Zu verallgemeinern ist hier nichts. Immer noch kann eine »Fraueninitiative«, nur zahlenmäßig übertreibend, von »Millionen von Frauen« sprechen, »die unter offener Brutalität und psychischen Folterungen ihrer Männer leiden«[3]. Wer kennte nicht aus seiner eigenen Verwandtschaft, aus seinem Bekanntenkreis oder der Hausgemeinschaft solchen für eine Frau oft ausweglosen Notstand permanenten häuslichen Terrors! Die Situation ist ausweglos, wenn der Mann die Frau für den Fall der Scheidung oder des Verlassens mit Totschlag bedroht: »Dann ist mir alles gleich.« Wer so spricht, nimmt für sich ein Recht des Stärkeren in Anspruch, das bis in unsere Zeit die Familie als relativ rechtsfreien Raum erhalten hat[4].

Die Sache hat aber noch einmal ihre Kehrseite. Selbst wenn, wie SUSAN BROWNMILLER[5] vermutet, alle Unterdrückung der Frau in der körperlichen Überlegenheit der allermeisten Männer ihren historischen wie andauernden Grund hat, so kann doch noch der stärkste Grobian um den Finger einer Frau gewickelt werden, die es klug genug anstellt. Die von HEGEL entdeckte Dialektik von Herr und Knecht[6] gilt auch für das Verhältnis von Mann und Frau unter der Voraussetzung, daß der Mann in einer Art historischem Urakt seine größere Muskelkraft zur Unterwerfung der Frau erfolgreich eingesetzt hat. Es gibt, schon um mit dem Körper über den anderen zu herrschen, nicht nur die unmittelbar anzuwendende Muskelkraft; die Frau, als bloßes »Sexualobjekt« immerhin geschätzt, kann auch durch Gewähren und Versagen[7] den Mann zu beherrschen lernen. Zur »Liebe« prügeln wird kaum einer seine Frau, wenn er spürt, daß die dadurch lustlos Gewordene die volle Lust auch bei ihm nicht mehr aufkommen läßt. Es sei denn, sie wären Sadist und Masochistin. Lysistrata beherrscht doch den ihr psychologisch nicht ganz gewachsenen Mann, ohne daß er recht merkt, daß sie sich ihm verweigert. Vorgetäuschte Unpäßlichkeiten nehmen ihm die Wut zum Dreinschlagen aus der Hand. (Es gibt natürlich auch den ungehemmt Brutalen, der von gesundheitlicher Schwäche des Partners erst recht dazu provoziert wird, ihn zu quälen. Auf solche schon pathologischen Charaktere ist aber eine moralsoziologische Betrachtung nicht abzustellen.)

Wir stehen hier schon vor einer der möglichen Antworten auf die Frage, weshalb die Frau bis auf den heutigen Tag im allgemeinen weniger dazu bereit ist, sich für verantwortungsvolle öffentliche Aufgaben zu qualifizieren: Der tägliche Kleinkrieg in den Ehen könnte, nur um sich gegen den männlichen Tyrannen zu behaupten, all ihre geistigen Kräfte und Fähigkeiten absorbiert haben. Auf diese kräftezehrende Rolle konnte sich vorbereiten, wer einem tyrannischen Vater die Stirn bieten oder ihm kleine Freiheiten abschmeicheln mußte. Wenn das stimmt, so ergibt sich daraus, daß Frauen per saldo tatsächlich bessere Psychologen sind als Männer. Die Frau, die bei nicht allzuviel Konzentration erfordernder Hausarbeit noch den Kopf freihat, um darüber nachzudenken, wie sie eine schwelende Meinungsverschiedenheit am klügsten fortspinnt, eine solche Frau entwickelt mit der Zeit die Fähigkeit, die Reaktionen ihres Kontrahenten schon vorauszuberechnen. Ihn, den abgekämpft heimkehrenden Gatten, trifft dann der erste Satz der Frau schon wie ein Stich von der Seite.

Solcher Kleinkrieg hat den Ehen wenig gutgetan. Die zumeist darin kundigere Frau bringt aber daraus, wenn sie noch in die Politik geht, eine Art des Nachdenkens über Menschen mit ins Spiel, die sie männlicher Sachlichkeit und idealistischer Verspieltheit überlegen macht. Die im öffentlichen Leben stehende Frau läßt weniger leicht von den verlogenen Tönen der berufsmäßigen Schönredner sich täuschen. Sie kennt ihre Pappenheimer; sie hat ihresgleichen in schwachen Stunden gesehen. Sie weiß, wie sie aus der Rolle fallen, wenn man sie provoziert; und sie kennt ihre wahren Triebfedern aus Stunden unverkrampfter Offenheit. Die Induktionsbasis für solche Illusionslosigkeit ist freilich sehr schmal, wo sie nur aus *einem* Mann besteht. Es hat dennoch etwas Rührendes, wenn weibliche Abgeordnete in Reden oder Interviews Sätze bilden, die mit »Mein Mann« beginnen. Es liegt darin das Wagnis zum Fehlschluß: So seid ihr also! Und doch ist solche Kurzschlüssigkeit noch lange nicht so weltfremd wie blindes Vertrauen in Dogmen, Parolen und eine männliche Sachlichkeit, an der nichts wahr ist als das Verbergen der entscheidenden Motive.

Unsachlichkeit, gefühlsbetonte Argumentation kann ein Zeichen dafür sein, daß man sich nichts vormachen läßt. Die psychologische Überlegenheit der im Umgang mit Männern erfahrenen Politikerin schwindet aber dahin, je mehr sie ihr vorherrschendes Interesse in die sterile

Welt der öffentlichen Auseinandersetzungen verlegt, und je mehr Frauen sich derart öffentlich »engagieren«.

b) Zu wenig Frauen an der Spitze der Gesellschaft?

Die gängig progressive Klage, daß die Frau im öffentlichen Leben noch unterrepräsentiert sei, daß es »zu wenig« weibliche Abgeordnete, Minister, Professoren, Direktoren gebe, geht offenbar von der Annahme aus, daß die Frauen entsprechend ihrem Anteil an der Gesamtbevölkerung der erwerbsfähigen Erwachsenen, also gut zur Hälfte, in leitenden Positionen vertreten sein müßten. Solche Klage beruht weiter auf der Überzeugung, daß Frauen in Politik, Wissenschaft und Wirtschaft einen milden versöhnlichen Stil bringen müßten, der weiblicher Wesensart eher gemäß sei. Beide Voraussetzungen bedürfen einer Überprüfung.

Wenn gesagt wird, die Frauen seien im öffentlichen Leben nicht ihrem Bevölkerungsanteil gemäß repräsentiert, so drückt sich darin eine eitle Überschätzung jener »Öffentlichkeit« aus, die eine Macht vorgaukelt, die ihr nicht zukommt. Der Glaube, nur wer von allen beachtet wird, übe auch Einfluß in der Gesellschaft aus, verdankt sich dem Ehrgeiz der vital Frustrierten, die soziale Wirkung nicht mehr anders als in der Kategorie der Publizität denken können. Die Maîtressen des *ancien regime* wußten, daß es, um auf die Politik Einfluß zu nehmen, nicht nötig ist, im Rampenlicht zu stehen. Sie waren jenen Männern, die wir als »graue Eminenzen« anzusprechen pflegen, völlig gleichberechtigt. Wem es nur darauf ankommt, zu wirken und zu bewegen, dem ist es gleichgültig, ob man die von ihm ausgehenden Wirkungen ihm auch zuschreibt. »Man weiß nie, was hinter einem großen Mann steckt; einstweilen ist es eine Frau.« (ROBERT NATHAN[8])

Wo Frauen unmittelbar selbst das Heft in die Hand nehmen, geschieht das Unerwartete, daß sich grundlegend gar nichts ändert, ja daß es vielleicht noch »männlicher« zugeht als zuvor. Die in ihrer Erscheinung gar nicht maskuline Indira Gandhi kam ausgerechnet im »Jahr der Frau« (1975) zu dem Ruf, »der erste moderne weibliche Diktator«[9] geworden zu sein. Ein solches Beispiel nährt Zweifel, ob die Frauen wirklich einen anderen Geist ins öffentliche Leben brächten als die traditionell harten, durchsetzungsfähigen und militanten Männer. Wer das behauptet oder auch nur erhofft, muß logischerweise davon ausgehen, daß Männer und Frauen in völlig voneinander verschiedenen Kulturen lebten, dann aber, wie NIETZSCHE, von einem »Krieg der Geschlechter«[10] sprechen – und die Frauen schauten da nicht weniger friedlich heraus. Es stimmt wohl, daß dieselbe Kultur in den traditionell weiblichen und männlichen Lebensbereichen, im Haushalt und im Berufsleben, sich jeweils anders ausformt. Aber Männer und Frauen reden ja miteinander, ermutigen sich und hetzen sich auf gegen Außenstehende, und beides nicht nur mit Worten. In den Revolutionsjahren 1793 und 1871 traten in Paris junge, oft auffallend schöne Mädchen als verwegene Anführerinnen mordender Banden hervor[11]. Die Terroristinnen unserer Tage widerlegen erneut das Märchen von der – im Unterschied zum Manne – friedlichen Natur der Frau. Bei Boxveranstaltungen fällt das lustvolle Kreischen biederer Frauen nur als besonders mißtönend auf. Der weibliche Mensch zeigt sich mit den gleichen Lüsten und Affekten wie der männliche seiner Kultur; er zeigt sie oft nur deutlicher, wenn man so will: ehrlicher. Lust an der Grausamkeit und die Bereitschaft, zu heilen, zu helfen und zu befrieden, gehen in dem Gegensatz von »männlich« und »weiblich« nicht auf. Wir können die menschliche Gesellschaft unter beliebig vielen Polaritäten betrachten; aber wir müssen uns hüten, solche Aspekte für die Ursachen unserer Mißstände zu halten.

Ich habe in meinem Buch *Die Gesellschaft und das Böse*[12] schon den Verdacht geäußert, die »Frau als Friedensengel« könnte eine Erfindung der Männer selbst sein: um sich von ihr in kriegerische und schmutzige Geschäfte nicht hineinreden zu lassen. Es waren und sind schließlich auch Männer wie FRIEDRICH SCHILLER und ASHLEY MONTAGU[13], die das Hohelied der friedfertigen und Frieden stiftenden Frau gesungen haben. Es mag sein, daß in unserer aggressiv ausgerichteten Kultur den Frauen im allgemeinen mehr die – dienende – Rolle zufiel, den in Kampf oder Streit ermüdeten oder verletzten Männern Erholung und Stärkung zu sein. Aber so wie es nicht möglich ist, ohne Sanitäter und Marketender Krieg zu führen, so ist auch der im harten Konkurrenzkampf stehende Mann auf eine Frau, die ihm Rückhalt gewährt, angewiesen. Die Frau von heute muß nicht wie eine Amazonin, wie die Germanenfrau oder die Pariser Petroleuse an der Seite der Männer aktiv mitkämpfen, um ihren Beitrag zum Kampf zu leisten. Wo Fronten sich gebildet haben, gibt es diesseits wie jenseits einer Linie auch Etappen und Arbeitsteilung. In dem Maße, in dem die Ehe als Fluchtburg verfällt, wo Ehescheidung immer mehr von den Frauen begehrt wird, wird auch die Arbeitsteilung von Mann und Frau in einer aggressiv formierten Gesellschaft aufgehoben. Das spiegelt sich sogar in der

Statistik der Verbrechen. Bankraub, einst ein typisches Männerdelikt, wird zunehmend von Frauen begangen. Das ist eine Entwicklung, auf die der Ehrgeiz der Frauen, die nach Gleichberechtigung strebten, gewiß nicht gerichtet war. Es ergibt sich durch die Lockerung und Umstrukturierung der Familie unter dem Einfluß zunehmender Berufstätigkeit der Frau eine Angleichung der sozialen Rollen der Geschlechter, nicht diese sich als Resultat entsprechender moralischer Forderungen. Was in einer bestimmten Epoche gesellschaftlicher Entwicklung als moralisches Postulat ausdrücklich wird, das ist zumeist nur (oder überwiegend) das reflexive Gewissen einer Tendenz, die gar nicht mehr abzubrechen ist. Der Widerstand der allermeisten Männer gegen beruflich aufrückende Frauen wird vollends zusammenbrechen, wenn hinreichend viele Mädchen durch persönlichen Ehrgeiz motiviert sind. Denn darauf, auf die eigene Motivation, kommt es an und nicht auf die Widerstände, wenn eine Gruppe sich durchsetzen soll. Noch ist bei den Frauen zu sehr eine der anderen Rivalin.

c) Die vergessenen Kinder

Wenn die Frauen in der Gesellschaft hochkommen wollen, müssen sie sich gegenseitig stützen – wie jene Frauen der SPD-Bundestagsfraktion, die ausgemacht haben sollen: »Die Nächste von uns, die eine Chance hat, übernimmt den Posten.« Noch nicht einmal so viel Rivalität wie die unter sich konkurrierenden Männer dürfen sich Frauen im öffentlichen Leben leisten, wenn sie insgesamt an Einfluß gewinnen wollen. Daß dieser Einfluß noch »zu gering« sei, liegt nicht nur an den bekannten biologischen Handicaps der Frau (Schwangerschaft, Stillperiode und Kleinkindererziehung), sondern auch an der vielfach noch ungebrochenen Erziehung der Mädchen zur typischen Ehefrau, zu einem Wesen, das seinen sozialen Rang ganz vom erheirateten Mann her bezieht. Es ist daher verständlich, daß in der Neuen Linken die Forderung aufkam, den Familien die Erziehung der Kinder ganz abzunehmen und in die Hände eines Staates zu legen, der die Gleichberechtigung der Geschlechter auch praktisch durchzusetzen hätte. Einer solchen Politik gilt Gleichberechtigung als Wert an sich, als etwas, vor dem auch ein Verlust an Mitmenschlichkeit in Kauf zu nehmen wäre. Denn ohne die vitalpsychische Beziehung Mutter–Kind in den ersten Lebensjahren kann später niemand mehr so die Erfahrung anderen menschlichen Lebens gewinnen, daß neurotische Selbstbezogenheit vermieden würde oder gar wieder rückgängig gemacht. Gewiß, es muß, solche Erfahrung zu vermitteln, nicht die leibliche Mutter sein. Es ist aber nicht jedem gegeben, auch zu Kindern, die nicht »sein eigen Fleisch und Blut« sind, unverlogen zärtlich zu sein. Das hat seinen – schlechten – Grund in der leibfeindlichen Sitte und Erziehung, die auf uns überkommen sind. Und es läßt sich nicht bessern dadurch, daß man die Vermittlung von Zärtlichkeit *unter den gegebenen* Bedingungen weiter einschnürt. Den Teufel mit Beelzebub austreiben wollen wir nicht.

Erziehung der Kinder jenseits der Familie, aber ohne daß andere Erwachsene ihre Neurosen ihnen mitteilen – es wäre das allenfalls denkbar nach dem Muster des Kinderhauses der Muria in Vorderindien, wo Erwachsene nicht Zutritt haben[14]. Die Kinder ab dem vierten Lebensjahr betreuen und versorgen sich selbst, oder vielmehr die größeren von ihnen kümmern sich um die kleineren. Vom Kinderhaus aus gehen sie zur Schule und besuchen nur gelegentlich die Eltern. Eine solche Einrichtung würde, so scheint es, die Frauen schon sehr bald von der Sorge für die Kinder befreien und nach der Geburt von ein oder zwei Kindern im Berufsleben dem Manne völlig gleichstellen als Menschen, mit denen ohne weitere Unterbrechung der Laufbahn zu rechnen ist. Ein Kinderhaus à la Muria kann aber nur funktionieren, nur dann nicht zur Brutstätte des Verbrechens werden, wenn dorthin Kinder kommen, die in den allerersten Lebensjahren genug unverkrampfte mütterliche (und wohl auch väterliche) Zuwendung erfahren haben und vitalpsychisch nicht frustriert worden sind*.

Daß die Muria-Kinder erst vom vierten Lebensjahr an bedenkenlos sich selbst überlassen werden können, bestätigt die Bedeutung der Kleinkinderziehung, wie sie von einer psychoanalytisch aufgeklärten Pädagogik gefordert wird. Eine unverkürzte Stillperiode, optimaler Hautkontakt mit der Mutter oder Ersatzmutter im ersten Lebensjahr sowie Verzicht auf jede Reinlichkeitsdressur und auf Prügel sind die wesentlichen Bedingungen einer ungebrochenen Entwicklung der sozialen Begabung des Menschen. Das aber kann im Klima unserer immer noch leibfeindlichen Kultur (noch) nicht vorausgesetzt werden. Nicht nur schleppen hier die Erwachsenen ihre nie mehr ganz auszuheilenden psychischen Wunden aus früher Kindheit mit sich herum, es kommen weiter schädigend hinzu die Lärmbelastung, der Streß durch die Vermassung (das *crowding*) und die Hetze in der modernen städtischen

---

* Siehe später das Kapitel »Scheitert sexuelle Befreiung an der Eifersucht?«

Welt, Neurotisierung durch den gesteigerten Termindruck bei den einen und die erzwungene Muße (Arbeitslosigkeit) bei den anderen. Wenn auch nur die mindeste psychische Beziehung zwischen den Eltern und den kleinen Kindern besteht, wird alle so oder ähnlich bedingte Nervosität sich auf die Kleinen übertragen, sofern sie nicht unter Lärm und räumlicher Enge unmittelbar zu leiden beginnen.

Wollten wir fordern, die Kinder bis zum vierten Lebensjahr optimal zu umhegen, um sie dann in ein »Kinderhaus« zu geben, wir stießen nicht nur bei traditionell denkenden Gemütern auf Unverständnis, sondern auch auf ein Befremden bei jenen Progressiven, die allen Fortschritt, ob zu Recht oder Unrecht, nur in gerader Weiterentwicklung unserer technischen und kulturellen Tradition denken können. *Schon* nach vier Jahren ein Kind wegzugeben, das erscheint wohl allen als ebenso unzumutbar wie die Erwartung, sich *wenigstens* vier Jahre intensiv und ohne hausfremde Nebenarbeit einem Kinde zu widmen. Den aggressiven Frauenrechtlerinnen unserer Tage sind neun Monate Schwangerschaft schon zu viel der beruflichen Behinderung. Da sie, in ihrem Wesen familienfreundlich geprägt, aber jeweils für sich selber nicht auf Mutterschaft und »Mutterglück« verzichten wollen, bleibt nur die logische Konsequenz, die Schwangerschaft überhaupt abzuschaffen und die Föten in Brutkästen heranreifen zu lassen. Die medizinisch gar nicht mehr so utopische Forderung wird allen Ernstes erhoben, namentlich von SHULAMITH FIRESTONE[15] und dem »Marx der Frauenbewegung« ERNEST BORNEMAN[16]. Er will nicht einsehen, daß Zärtlichkeit und Mitmenschlichkeit ihre biologischen, ihre endokrinen Grundlagen haben. Es ist aber gar keine Frage, daß eine Mutter, die ihr Kind nicht ausgetragen hat, es auch nicht stillen kann, und daß sie ihm die Grunderfahrung des Gestillt-Werdens, des Befriedigt-Werdens oft nur unvollkommen mit der Flasche in der Hand vermitteln kann. Mütter mehrerer Kinder, die nicht jedes in gleicher Weise haben stillen können oder in einer Entbindungsanstalt bei einem Kind am Stillen gehindert wurden, bestätigen, daß in ebenso abgestufter Weise ihnen die emotionale Zuwendung zu den Kindern geglückt ist oder mißlang. Nur ein im Grunde konservatives Gemüt, das am Leib-Seele-Dualismus festhält, kann wähnen, jenseits vitaler Vollzüge seelische Einstellungen, mitmenschliche Haltungen in sich aufbauen zu können. Was ihm einzig dabei gelingt, ist eine Selbsteinschätzung, die über das Unzureichende des eigenen Verhaltens hinwegsieht. Das rational und willentlich sich Aufgesetzte wird sinnlich gewachsener, spontan reagierender Herzlichkeit gleichgesetzt. Wenn die forcierte Kinderliebe offenbar dennoch nicht dasselbe leistet wie die vital gesicherte, bleibt immer noch die modische Erklärung, die herrschende Gesellschaft lasse einfach nicht mehr zu. Und das stimmt auch, sofern damit die Leibfeindlichkeit unserer Kultur getroffen würde, eine Leibfeindlichkeit, die noch den militant Progressiven im eigenen Nacken sitzt.

Soweit die volle Gleichberechtigung der Frau im Berufsleben ihr biologisches Handicap hat, wird sie es behalten müssen, wenn die beruflich ehrgeizige Frau auf Mutterschaft als Erfüllung ihres eigenen Lebens nicht verzichten will. Solange sie keine Kinder hat, wird eine Frau ihre berufliche Laufbahn unterbrechen müssen, außer sie will, daß ihre Kleinen früh genug frustriert werden, um für die bestehende Leistungsgesellschaft genügend neurotische Aggressivität mitzubringen. Einen beruflich erfolglosen oder arbeitslosen Ehemann als »Ersatzmutter« einzusetzen, ist ebenso problematisch wie das noch häufigere Einspannen der Großmütter. Die biologische Gleichberechtigung des Mannes wird nie so weit gehen, daß er den Kindern jene Zärtlichkeit vermitteln könnte, die nur die stillende Mutter aufbringt und zur festen Verhaltensdisposition gewinnt. (Von der möglichen Rolle eines »Hausmannes« wird noch ausführlicher zu sprechen sein.)

Bei den Großmüttern ist zu befürchten, daß sie – zumal nach körperlich unerfüllter Ehe – zwar zärtliches Verhalten verlernt haben und als »dummes Geschmuse« oder »Affenliebe« abtun, dafür aber ein recht gutes Gedächtnis für die alten Exerzitien der Reinlichkeits-, Keuschheits- und Höflichkeitsdressur behalten. »Gib die schöne Hand und schau der Tante dabei ins Gesicht!« – »Faß das nicht an, schäm dich!« – »Sei nicht so vorlaut!« – das ist der Ton, in dem wir immer noch Großmütter mit ihren Enkeln reden hören. Die beruflich und politisch progressiven jungen Frauen, die ihre Kinder den Großeltern überlassen, nehmen zumindest leichtsinnig in Kauf, daß sie damit jeder moralischen Evolution entgegenwirken. Die Frauenbefreiungsbewegung erwiese sich als ethisch reaktionär, wenn sie die von der Psychoanalyse und der modernen Pädagogik erkannte Bedeutung der mütterlichen Zuwendung für das Kind weiter ignorierte und allein darauf abgestellt bliebe, die Frau der Berufsrolle des Mannes anzunähern. Sie nimmt so das Maß, nach dem sie den weiblichen Menschen bewertet, vom Mann und setzt die Rivalität der Geschlechter in einer nach männlichen Prinzipien geprägten Welt einfach fort. Die Frau hat aber – wie der Mann – ein Recht darauf, in ihrer geschlechtsspezifischen Rolle ernstgenommen zu werden.

d) Angleichung der Geschlechter?

Gewiß beobachten wir, zumindest in der Mode, neuerdings eine gewisse äußerliche Angleichung der Geschlechter. Das ist, von seiten der Frau, ein symbolischer Ausdruck des Wunsches, auch in einem übertragenen Sinne ihr eigener Herr zu sein, von seiten des Mannes aber ein Protest gegen das traditionelle Ideal des Kriegers und des Beschützers der Frau, auf den sich alle Glückserwartungen beruflich unausgebildeter Mädchen häuften. Die Frauen wollen Selbständigkeit dokumentieren, die Männer nicht mehr überfordert werden: das sind gewiß gesunde, einander entgegenkommende Tendenzen. Von einer nahezu völligen Angleichung der Geschlechter[17] aber wäre kein Plus an Mitmenschlichkeit zu erwarten, sondern nur ein Abbau der geschlechtlichen Anziehung und im Gefolge davon Entsexualisierung, neue Prüderie und neue körperliche Distanz. Das mag jenseits der bewußten Absicht der Frauenbewegung liegen – ihre Streitgenossinnen springen aber doch nicht aus der kulturellen Tradition heraus, die der Feindschaft gegen die Sinne und an ihrer Stelle einem Ethos des Kampfes verpflichtet ist. Schon daß für die Gleichberechtigung der Frau *gekämpft* wird, charakterisiert diese Bewegung als ein Phänomen der aggressiv formierten Gesellschaft, nicht als einen Hebel, unser Zusammenleben zu größerer Herzlichkeit voranzubewegen. Der Versuch, die Frauen durch positive Motivierung und Schulung zu größerer Leistungsbereitschaft zu bringen, wird kaum unternommen. Wie die prüde erzogene Ehefrau, die *alle* Schuld an ihrer Frigidität ihrem unzärtlichen Manne zuschreibt, der es nicht verstehe, sie zu »wecken«, ebenso nehmen die in militanten Gruppen auftretenden Frauen sich »die Männerwelt« als Sündenbock für die eigene soziale Rangstellung vor. Gewiß sind die herrschaftsgewohnten Männer nicht ungeschickt, wenn es darum geht, das Gewohnheitsrecht des Kommandierens (wenigstens) im öffentlichen Leben zu behaupten. Sie scheuen da auch die Heuchelei nicht, wie sehr sie doch für Frauen in leitenden Positionen einträten. Aber in erster Linie sind es zum Beispiel die Frauen selbst, die in politischen Parteien sich nicht engagieren und als Wählerinnen weibliche Kandidatinnen vielfach scheitern lassen. Diesem Mißstand abzuhelfen vermag kein »Kampf gegen die Männer«, sondern nur eine geduldige Aufklärung der Frauen. Die Männer müssen dabei Hilfestellung geben. Als Bekämpfte, als Geschlechtsfeinde, werden sie dazu wenig Lust verspüren.

Die überkommene Sexualfeindlichkeit ist so schnell nicht zu überwinden, und sie spricht noch aus vielen, die progressiv sich gebärden. Wenn Frauen, die öffentlich zu wirken beginnen, dies damit begründen, daß sie ihre »biologische Rolle« überwinden wollten, so ist ihnen kaum voll bewußt, daß sie so nur die alte Abwertung des Leibes noch einmal, aber in fortschrittlicher Pose vollziehen. Es geht keine Reflexion darauf, daß eine realitätsbezogene geistige Einstellung nicht jenseits von Körperlichkeit beginnt, sondern diese nur tiefer und intensiver erfassen muß. Schon die sexuelle Erziehung von Kindern stellt geistige Probleme, über deren Niveau man nicht gering denken sollte. Durch sie werden die Moral und bis zu einem gewissen Grade auch die Lebensbedingungen der Zukunft geprägt.

Die Frau wird nicht dadurch frei von der Herrschaft des Mannes, daß sie in allem den Mann kopiert. Sie würde so nicht zur gleichberechtigten Partnerin, sondern zur Äffin des Mannes. Damit hätte sie den Fehler wiederholt, den die farbigen Völker begangen haben: Sie haben das Joch des weißen Mannes abgeschüttelt – und nun kleiden sie sich wie der weiße Mann, lieben und wohnen wie er, und sie beginnen auch schon, wie die Weißen zu arbeiten. Sie werden frei wie der innerlich unfrei, in sittlichen Zwängen lebende weiße Mann.

e) Beruf als Wartesaal zur Ehe?

Die moralische Gleichberechtigung der Frau ist wohl mit ihrer Berufstätigkeit verknüpft, aber von dieser her allein nicht zu leisten. Was hülfe völlige Gleichstellung, Gleichbehandlung und gleiche Entlohnung der Frauen in den Betrieben, wenn die jungen Mädchen Berufstätigkeit immer noch als einen Wartesaal zur Ehe auffaßten, als ein »Intermezzo«[18], eine lästige Übergangsregelung, die man je älter, je lieber wieder aufzugeben bereit ist. Wer unter Fabrikarbeiterinnen und Verkäuferinnen sich umhört, bekommt kaum je eine andere Einstellung zu hören als die: Man wolle bald heiraten, um nicht mehr arbeiten zu müssen. Arbeitgebern, denen diese keineswegs seltene Einstellung bekannt ist, kann man es nicht verdenken, daß sie in die Ausbildung eines Mädchens nicht viel investieren wollen. Je eher es heiratet, desto mehr war alles, was man aufgewandt hatte, eine Fehlinvestition. Damit aber tragen die Arbeitgeber die Verantwortung für die berufliche Vernachlässigung von Frauen, die ihren Beruf durchaus ernst nehmen und selbst nach einer Eheschließung noch ausüben wollten. Ein *circulus vitiosus*, aus dem sich deutliche »Schuld« kaum herausfiltern läßt.

Wer es einfach als »Vorurteil« abtut, daß Frauen *im allgemeinen* ihre Arbeit nicht als Lebensaufgabe betrachteten, der ermutigt sie nicht, sich zu einer berufsbejahenden Einstellung zu emanzipieren. Denn wenn auch hieran nur männliches Vorurteil schuld sein soll, dann enthebt das der Mühe, den eigenen Standpunkt zu überprüfen und, wenn nötig, zu verändern. Dies ist ein Fall, wo die Rede vom Vorurteil einen Sündenbock schafft, auf den man das eigene mangelhafte Engagement zurückführen kann, mit dem Tenor: »Ihr (Männer) habt ja nicht mehr von mir erwartet.« Das ist genauso verlogen wie der verbissene Vorsatz, durch Leistung »es den Männern zu zeigen«. Jede dieser Frauen betrügt sich selbst auf die nämliche Weise: Sie bringt sich um die Freude des unverkrampften Sachinteresses. Die Aufrichtigkeit gebietet zuzugeben, daß es bereits ebenso Männer gibt wie Frauen, die einander als Arbeitskollegen schätzen. So etwas hört man in einem Betrieb heraus. Es bedarf, dies festzustellen, keiner Demoskopie, die nur immer wieder »Vorurteile« und politisierte Überzeugungen abfragen kann, aber die noch sprach-losen Klimaveränderungen zwischen den Menschen nicht erfaßt.

Auf einem anderen Blatt, auf dem schon juristischen, steht, was nicht sein kann, weil es nicht sein darf: die geringere Entlohnung der Frauen, die die gleiche Arbeit wie ihre männlichen Kollegen verrichten. Wo das immer noch vorkommt, muß es natürlich auf die Arbeitsmoral der Frauen drücken, und zwar so, daß auch ihre Leistung hinter der der Männer zurückbleibt. Nicht argumentieren aber läßt sich *für einen Vergleich* des beruflichen Engagements der Geschlechter mit einem Hinweis auf jene »entfremdete Arbeit«, die in untergeordneter Stellung von Frauen wie von Männern gleichermaßen zu leisten ist. Ein Mann darf nicht sagen: »Ich habe vor, in ein Geschäft einzuheiraten; dann brauche ich nicht mehr in die Fabrik.« Es gibt wohl Männer, die nach dieser Maxime sich umsehen; aber *sagen* dürfen sie das nicht. Selbst unsere Feministinnen stünden nicht an, eine solche Gesinnung als »schmarotzerhaft« zu bezeichnen. Mit Recht. Aber eine junge Frau braucht sich einer ähnlichen Spekulation nicht zu schämen: sie spricht darum offen aus (zumindest vor Kolleginnen, Freundinnen), worauf sie hinauswill. Ein Mann, der vor Männern ähnlich spräche, stieße auf Befremden. Wenn der Chef davon erführe, sähe der ihm wohl schärfer auf die Finger, um zu prüfen, ob der Mann seine Zeit nur absitzt, anstatt zu arbeiten. Eine Frau dagegen ist durch ein distanziertes Verhältnis zur Arbeit nicht diskreditiert. Der Klage der Feministinnen über die Diskriminierung der Frau am Arbeitsplatz kontrastiert ein immer noch verbreitetes Desinteresse der Frauen an jener Welt der Arbeit, deren Humanisierung bis heute eine Sache der Männer geblieben ist. Und sie wird es bleiben, solange die Mehrheit der Frauen die Arbeit nur als Durchgangsstation oder Notbehelf betrachtet und die bereits beruflich engagierten Frauen in ihrem Beitrag zur Humanisierung der Arbeit vorweg den »Kampf gegen den Mann« sehen. Das Desinteresse der einen bedingt noch die Aggressivität der anderen. Es macht sie nötig.

B. UNAUFRICHTIGKEIT
ALS FORM DER ZWEISAMKEIT

a) Lügen auf dem Weg zur Ehe

»Nächstes Jahr heirate ich – der Chef wird Augen machen, wenn ich ihm die Kündigung auf den Tisch knalle.« So rückhaltlos junge Mädchen voreinander ihre wahren Interessen darlegen, so verschlossen, taktisch überlegend begegnen sie dem Mann, von dem sie ihre Erlösung von der Arbeitsfron erhoffen. Immer noch ist »Liebe« das Gefühlsmuster, das nüchterne Interessen verbrämt, Sexualität aber schon der Köder, mit dem ein Mann zur Ehe gewonnen werden kann. Die Entdeckung des andersgeschlechtlichen Körpers, die ein ernstes, aber auch lebensfrohes Spiel sein könnte, ist durch Statusüberlegungen belastet: Geschlechtsverkehr wird zum Geschäft – nicht anders als bei Prostituierten.

Frauen fühlen sich abgewertet, wenn Männer sie als bloßes »Sexobjekt« ansehen. Doch kein ehrlich begehrender Mann kann eine Frau so verachten, so versachlichen, wie umgekehrt eine Frau den Mann verachtet, den sie nach seiner »Position«, seinem Einkommen taxiert. Unsere Geschlechtseigenschaften sind immerhin körperlich mit uns verwachsen, unsere Brieftaschen nicht.

Wahre Gleichberechtigung der Frau müßte sie davon wegführen, die Prostituierte ihres Mannes zu sein, und den Mann davon befreien, sexuelle Beziehungen nur unter der Bedingung möglicher Ehe anzuspinnen. Gerade Männer in sogenannter gehobener Position, bevorzugte Objekte weiblichen Ehewillens, geraten, wenn sie sich für eine junge unverheiratete Dame begeistern, immer ein wenig in die Rolle des Heiratsschwindlers. Verheiratete Männer erfüllen, wenn sie flirten, zumindest das Klischee vom »unverstandenen Ehemann«. Das ist, auch wenn die Ehe durchaus intakt ist, die Bedingung, unter der ein erotisch begeisterungsfähiger Mann sich von einer fremden Frau akzeptiert sieht. Ob zu Recht oder Unrecht: die verbreitete Rollenerwartung charakterisiert die Unaufrichtigkeit, die zwischen den Geschlechtern besteht.

Auch am Beginn einer Beziehung, die zur Ehe führt, steht nicht selten eine Lüge, zumindest eine fahrlässige. Es sollen bei uns zulande immer noch fast 40 Prozent der Ehen geschlossen werden, »weil ein Kind unterwegs ist«[19]. War es früher zumeist der Mann, der – entgegen besserem Wissen – vor dem sexuellen Verkehr die Freundin beschwichtigt hat: »Ich passe schon auf«, so ist es durch die Antibabypille dem hart zur Ehe entschlossenen Mädchen in die Hand gegeben, den Mann über fehlende Vorsichtsmaßnahmen im unklaren zu lassen. Die junge Dame kann sogar in völlig gegensätzlicher Weise den Mann hinters Licht führen. Wenn *er* die Empfängnis vermeiden möchte, aber *sie* ein Kind will, um es als Hebel zur Ehe zu benutzen, kann sie lügen: »Ja, ich habe die Pille genommen.« Und wenn er – in einer »Probiernacht«, wie man in Niederbayern noch sagt – ihre Schwangerschaft wünscht, um darauf später den Entschluß zur Ehe zu gründen, dann kann sie, skeptisch gegen solche Zusage, nach dem Verkehr eine befruchtungsverhindernde Pille nehmen oder, mehr oder weniger legal, eine Abtreibung vornehmen lassen. »Bei der Frage ›Kinder oder nicht‹ haben die Männer heute wenig zu sagen. Meist entscheiden die Frauen selbständig und allein, ob und wann sie ein Kind empfangen wollen.«[20] Das gilt auch innerhalb der Ehen, erst recht für eine Beziehung, die zur Ehe führen kann, aber nicht muß. Scheitert diese Beziehung, obschon ein Kind kommt, so hat danach der uneheliche Vater fast nur noch Pflichten, so (nach § 1615 k BGB) die Pflicht, die Kosten der Entbindung zu tragen, sowie der unehelichen Mutter mindestens 14 Wochen um den Zeitpunkt der Geburt herum Unterhalt zu zahlen, ferner die durch Strafandrohung abgesicherte Pflicht, 18 Jahre Alimente für das Kind zu zahlen. Er hat aber so gut wie keine Rechte an dem Kind. Die jüngste Reform des Zivilrechts hat ihm nur das Recht auf Besuch des Kindes verschafft: einmal im Vierteljahr. Das ist – nehmen wir noch den Erbanspruch des unehelichen Kindes hinzu – kein ausgewogenes Verhältnis von Rechten und Pflichten.

Der uneheliche Vater ist nicht gleichberechtigt. Genauer gesagt: In einer Zeit, da die Medizin die Frau in den Stand gesetzt hat, über eine mögliche Mutterschaft frei und unbeeinflußt vom Mann zu entscheiden[21], und in einer Zeit, in der nicht mehr der Mann allein über Einkommen und Vermögen verfügt, wird die finanzielle »Verantwortung« des Mannes gegenüber der Frau stärker beansprucht. Die kaufmännische Gesinnung, mit der die Herren von gestern die Frau betrachtet haben, rächt sich so am Mann überhaupt. Der alte Herrschaftsanspruch des begüterten Mannes über die Frau dokumentiert sich ja gerade darin, daß man »für sie zahlt«. Geld war – und ist – dem »Patriarchen« nicht nur ein Zauber, die Gunst schöner Frauen zu gewinnen, sondern auch ein Mittel, sich die Frau vom Hals zu schaffen, deren er überdrüssig geworden ist. Die für den Kapitalkräftigen bequemste Lösung, die Abfindung mit Geld, von reichen Gesetzesmachern einst für ihresgleichen ersonnen, bedeutet aber soziale Härte für den finanziell Schlechtgestellten. In einer Zeit des Brüchigwerdens und Verfallens der alten Ordnung spüren wir, wie die Änderung der Sozialstruktur der Gesellschaft mit dem Wandel der sexuellen Sitten und der Entwicklung der Medizin hartnäckig die Stellung der Geschlechter beeinflußt. Dieser Entwicklung werden – mit respektvoller Verzögerung – auch noch die dafür geeigneten juristischen Institutionen nachwachsen.

Aber immer noch lügen Männer und Frauen auf dem Weg zur Ehe sich etwas vor. Der Mann lügt oft schon, indem er erklärt, er wolle überhaupt nicht heiraten oder erst in einigen Jahren – während die Wahrheit ist, daß er nur *dieses* Mädchen nicht heiraten will, daß er insgeheim auf eine wartet, die besser zu ihm paßt, großzügiger ist oder seinen geheimen Sehnsüchten eher entspricht. Er kann (oder vielmehr will) ihr das aber nicht sagen, weil er fürchtet, dann bei ihr nicht »ans Ziel«, zur sexuellen Vereinigung zu kommen. Das Mädchen aber denkt: »Da er sich mit mir einläßt, mir schöntut und mit mir schmust, hat er wohl nichts gegen mich persönlich. Seine Angst, sich zu binden, werde ich ihm schon noch austreiben.« – So gehen beide von verschiedenen Voraussetzungen aus, wenn sie das »Risiko« eingehen, miteinander zu schlafen, und schlittern – über weitere Täuschungen – womöglich in eine Ehe, in der allen beiden die Augen aufgehen. Vielleicht schon beim ersten Ehekrach sagt der Mann: »*Du* warst es ja, die unbedingt heiraten wollte.«

Lüge baut sich auf Lüge, bis das Fiasko da ist. Und weshalb? Weil in unserer Kultur die Grundlüge herrscht, daß der Mensch über seinen Trieben zu stehen vermöge. Wer offen zugibt, daß es ihm für den Augenblick um sexuelle Befriedigung geht, um eine, die zwar von Belastungen frei bleibt, aber doch Kontakt zu einem anderen leibhaften Menschen schafft, der hat wenig Chancen, einen Partner zu finden, der mitmacht. Also lügt er, spricht von »Liebe«, »gemeinsamen Interessen«, gar »Seelenverwandtschaft« oder von den zueinander passenden Tierkreiszeichen. Vielleicht lügt auch die Partnerin, um hinter dem »romantisch« Werbenden nicht zurückzustehen, um ihn nicht zu desillusionieren. Und dann würde nichts »daraus«. Jeder glaubt – aus Eitelkeit – ganz die Liebeserklärung des Anderen und zuletzt auch halb an seine eigene. Eitelkeiten stützen sich wechselseitig ab – ein Kartenhaus der Liebe, das schon der rauhere Wind einer wirtschaftlichen Rezession in sich zusammenstürzen läßt. Junge Arbeitslose klagen darüber, daß ihnen die Mädchen davonlaufen. Diese schalten, wenn selbst arbeitslos, sofort auf die Rolle der schutzbedürftigen jungen Frau zurück, die eines Mannes in »gesicherter Position« bedarf. In unserer sozialen Übergangssituation neigen halbemanzipierte Frauen dazu, hin- und herzuspringen zwischen der neuen Rolle der Selbständigen und Gleichberechtigten und der alten des anlehnungsbedürftigen Hascherls, je nachdem, was gerade mehr Vorteile verspricht.

Mädchen, die aus Versorgungsgründen ihren Freund zur Ehe drängen, bringen zu diesem Zweck fast jedes Opfer der Selbstverleugnung. Wenn das Ziel erreicht ist, kommt die ungeschminkte Eva zum Vorschein: dann endet die Phase der Verwöhnung des Mannes und dann gibt es Widerspruch und Streit, wo man sich zuvor »weiblich« angepaßt oder damit beholfen hatte, Konfliktstoff »auszuklammern«. So steht am Beginn mancher Ehe auch die Lüge über den eigenen Charakter, über den man – sonst wäre Verstellung überflüssig – selber nur zu gut Bescheid weiß.

Das gilt wieder für beide Geschlechter, auch im Blick auf den Mann, der am Tage nach der Hochzeit den zuvor sorgfältig verborgenen Tyrannen herauskehrt. Im Bewußtsein, von nun an ein Recht auf den anderen zu haben, markiert der Tag der Trauung vielfach das Ende der Großzügigkeit. Wer auf sein Besitzrecht pocht, wirft jedoch ein Lasso der Unfreiheit aus, mit dem er selber gebunden werden kann. Wie du mir, so ich dir: das ist die Gleichberechtigung der Gefangenen.

b) Liebe als Leistung

Es gibt schon sozial unabhängige Frauen, die Herzen brechen, männliche. Und doch wird sogenannten flotten Junggesellen noch im Sinne der alten Moral ins Gewissen geredet, sie scheuten die Verantwortung für eine Frau, sie seien oberflächlich. Selbst eine so kühne Feministin wie SHULAMITH FIRESTONE macht da noch mit. Die Männer, sagt sie, schlichen um den heißen Brei und fragten sich nur: »Wie kriege ich eine Frau dazu, mich zu lieben, ohne daß sie den gleichen Einsatz als Gegenleistung verlangt?«[22] Da schimmert die alte doppelte Moral wieder durch: Die Männer haben den Part der Verantwortung zu spielen, und die Frauen die Rolle der hingebungsvoll Liebenden. Ist man schon auf den Gedanken gekommen, daß Liebe, als *Leistung* angeboten, um damit sozial etwas zu erreichen, nur die natürliche Neigung zur Gegenliebe blockiert? Daß wir einem Menschen, der uns zur Belastung wird, nicht mehr unbeschwert uns zuwenden? Das liegt in der Logik der Gefühle, bleibt sittlicher Bemühung unzugänglich, außer in der Form, daß sie noch verschlimmert, was sie vermeiden sollte. Wer sich vornimmt, so spontan zu sein, wie man es von ihm erwartet, untergräbt erst recht seine Spontaneität. Man braucht sich nicht zu wundern, daß ein Mann infantil bleibt, wenn man ihn wie einen Knaben behandelt, zu dem eine betuliche Mutter sagt: »Wenn du mich lieb hast, dann tust du das und das und das.« Da wird auch ein großer Junge störrisch. Sobald er merkt, daß nur auf seine Liebe gesetzt wird, um ihm etwas abzulisten, schaltet er bewußt auf »oberflächlich«. Es wäre gar nicht einmal richtig zu sagen, daß er damit sein eigenes Gefühl mit Füßen tritt. Es hat sich, vielfach pflichtgemäß gefordert, unterdessen schon gewandelt.

So begegnet also männliche Oberflächlichkeit tiefer Liebe auf seiten der Frau? Machen wir uns nichts vor! Liebe, die den Anspruch auf Dauer und auf soziale Verpflichtung vor sich herschiebt, ist kaum noch Liebe im unverbildeten Sinne. Solche Liebe wäre das Geschenk *par excellence:* ohne die Verpflichtung zur Gegengabe. »Durch Geschenke erwirbt man keine Rechte.« (NIETZSCHE[23]) Wer als »Liebender« auf ein Recht pocht, das er durch seine Liebe errungen zu haben glaubt, diskreditiert damit schon seine Liebe. Er zeigt sie als eine allzu edle moralische Überhöhung handfester Interessen.

An die Stelle einer Moral, die sich dazu eignet, einen Mann hinters Licht zu führen oder unter Druck zu setzen, kann nur Aufrichtigkeit treten. Sie ist zwar von Menschen, die nicht dazu erzogen wurden, willentlich schwer zu leisten. Sie hat – wie jede unverkrampfte Tugend – ihre vitalpsychischen Bedingungen. Aber eben darum besteht auch die Chance, daß sie von Liebespaaren sich noch erlernen läßt. Von wem schließlich sonst?

Diejenigen, die von Anfang an unbefangen ihr sinnliches Interesse aneinander bekunden, haben – für eine vielleicht noch gar nicht beabsichtigte »feste Bindung« – das durch nichts zu ersetzende Grundkapital des Vertrauens und der Aufrichtigkeit. Sie werden womöglich eher als andere, die sich tiefe Gefühle vorlügen, Empfindungen der Dankbarkeit und des Verstehens füreinander entwickeln und darum nicht einfach wieder auseinanderlaufen, sich selbst über Trennung hinweg echte Freundschaft bewahren. Es gibt eine bleibende Dankbarkeit für gewährte sinnliche Lust, die in der traditionellen Ethik nicht vorkommt, weil die vertrauten Schuldgefühle jedes glückliche Erinnern übertönen. Wo die Sexualität den Partnern kein moralisches Problem mehr ist, können sie auch unverkrampfter weitere Lebensbereiche einander erschließen: Literatur, Musik und Sport haben dann nicht die Funktion eines Kitts, eines Ersatzes für fehlende vitale Übereinstimmung. Zu solch ungezwungener Partnerschaft fehlt Männern wie Frauen zumeist immer noch eine leibbejahende Erziehung, der Frau aber häufig die Sicherheit des Auftretens, die eine abgeschlossene berufliche Ausbildung verleiht. Der Mann, der die Frau weder bevormunden will noch von ihr überfordert werden möchte, kann ihren sozialen Aufstieg nur begrüßen. Er wird, recht verstanden, selbst dadurch befreit.

c) Die Lüge der Jungfräulichkeit

In rein patriarchalischen Zeiten legte ein Mann Wert darauf, daß das Mädchen, das er ehelichte, noch Jungfrau war. Unbedingter Besitzanspruch an der Frau erstreckte sich auch auf ihre Vergangenheit. Der Normalfall war das heute schon pathologisch Wirkende, daß ein eifersüchtiger Mann sich über das »Vorleben« seiner Braut erregte, wenn es ihm unversehens bekannt wurde. Ein Mädchen mußte, wollte es seinen Wert auf dem Heiratsmarkt nicht mindern, »sich keusch bewahren«. Manche Ehetragödie hatte darin ihren Ursprung, daß zum Vollzug der Ehe getraute Paare nach den Feierlichkeiten entdeckten, daß sie körperlich nicht zusammenpaßten. Der jungen Dame, die sich an der sozialen Stellung des Mannes begeistert hatte, war damit immerhin eines geglückt: sich hinaufzuheiraten, ohne das Risiko eigenen Versagens durchlebt zu haben. Versagen – als Geliebte – durfte sie nach dem Triumph.

Dieses Erfolgsmodell ist erhalten geblieben: bei jenen »höheren Töchtern«, die insgeheim an Urlaubsstränden sexuell ganz lustig leben, aber dem Mann, den sie heiraten wollen, sich verweigern. Sein Begehren soll nicht gestillt werden, sondern sich umformen zum Willen zur Ehe. Der »patriarchalisch« gestimmte Mann wird so in gleich doppelter Weise benachteiligt. Wie ehedem weiß er nicht, was er sich einhandelt, und bekommt dafür noch nicht einmal eine Jungfrau, die er sadistisch entjungfern könnte; es sei denn, er geriete an eine jener Halbjungfrauen, die schon in allerlei gewagten sexuellen Praktiken geübt sind, es zum »Eigentlichen«, dem vaginalen Verkehr, aber nicht haben kommen lassen. Es gibt noch einen Ausweg. In der sicheren Erkenntnis, daß Jungfräulichkeit eine Sache der Anatomie ist, sind junge auf-

geweckte Japanerinnen dazu übergegangen, sich nach ersten Abenteuern eine Art Hymen chirurgisch wieder einnähen zu lassen – ein
schönes Beispiel dafür, daß man auch anders als mit Worten lügen
kann. Die Chirurgie im Dienste einer Heiratsstrategie, der jedes Mittel
recht ist, karikiert aber nur den Zusammenhang von Lüge und triebfeindlicher Moral. Wer ohne die Nachhilfe der Chirurgen »sittliche«
Unversehrtheit in die Ehe einbringt, lügt ja nicht minder: über alle
geheimen Sehnsüchte und physischen Verstimmungen hinweg.

Die alte Leibfeindlichkeit schlägt noch durch, wenn eine Feministin,
ALICE SCHWARZER, behauptet, vornehmlich die Frauen müßten sich in
unserer Gesellschaft Gefühl und Zärtlichkeit »mit Sex erkaufen«[24]
und wenn eine ihrer beispielhaften Protokollfrauen sagt, das Verlangen nach »Zärtlichkeit, Geborgenheit und Sicherheit« werde von den
Männern sofort in Sexualität umgewandelt[25]. Feministischer Eifer
weist nicht nur nach vorn, in eine Zukunft freier, ungebundener Frauen
– und Männer, solcher Eifer ist deutlich noch motiviert von einer Enttäuschung über das Versagen des Mannes im patriarchalischen System.
Oder ist es gar eine Enttäuschung über die bereits gewandelte Rolle
des Mannes, der heute aufhört, der Sicherheit und Geborgenheit gewährende Beschützer der Frau zu sein? Die Vorzüge des Patriarchats
werden sich jedenfalls mit einem freizügigeren Leben nicht vereinbaren
lassen.

Die alte Leibfeindlichkeit dringt auch durch, wenn ESTHER VILAR
zum Lob der Männer behauptet, diese hielten sexuelle Betätigung für
»das höchste aller Vergnügen«, nur, weil man sie dazu dressiert habe[26].
Solche Manipulation, wer immer sie ausübt, beabsichtige nur den einen
Zweck, die Männer von den Frauen als den Gewährerinnen der Lust
abhängig zu machen. Das ergänzt sich recht gut mit der These der
Feministin, die sagt, die Männer wollten immer gleich Sex, obwohl es
Frauen auf ganz etwas anderes, Zarteres ankomme. Die beiden streitbar gegeneinander vorgebrachten Behauptungen addieren sich zu dem
Eindruck, daß im Grunde gar niemandem an sexuellen Kontakten
gelegen ist, weder den Männern noch den Frauen. Allen dienten sie nur
als Mittel zu wichtigeren Zwecken, den Frauen zum Erkaufen von
Zärtlichkeit und Geborgenheit, den Männern zur Selbstbestätigung
oder zur Selbstpreisgabe an die Frau. Der gemeinsame Nenner ist
wohl, daß wir alle nicht so recht zu gemeinsamer Lust erzogen wurden,
daß wir zwar vieles erlernen durften, allein die körperlichen Berührungen nicht.

d) Der Mann als Sündenbock

Der berufstätige Mann, dessen Frau gleichfalls arbeitet oder wenigstens für einige Zeit gearbeitet hat, ist befreit von dem psychischen Druck, den die berufsunerfahrene Frau auf einen Mann auszuüben vermag. Diese unterschätzt leicht die Schwierigkeiten, die sich vor einem Menschen auftürmen, der beruflich »vorankommen« will. Und aus solcher Unterschätzung kann sie den Mann in einer ihn überfordernden Weise antreiben. Ihren eigenen ungestillten Ehrgeiz hat stellvertretend für sie der Mann zu befriedigen: eine höchst krankhafte Form der »Stellvertretung«!

Je mehr es einer Frau gelingt, von untergeordneter Tätigkeit als Handlangerin oder Verkäuferin weg in verantwortungsvolle Posten einzurücken, desto eher kann sie den Mann in vergleichbarer Situation verstehen, desto weniger wird sie alles Glück für die Familie nur von ihm erwarten. Es besteht die Chance, daß die beruflich engagierte und nicht bloß »beschäftigte« Frau aufhören wird, Unzufriedenheit mit sich selber, Depressionen aus Langeweile und alle Leiden am Ehealltag projektiv am Mann abzureagieren. Es besteht immerhin die Chance, wenngleich zur Neurotikerin erzogene Mädchen immer noch einen Partner suchen, der sich als Sündenbock für eigene Unzulänglichkeit eignet. Sie brauchen einen Mann, um einen Menschen um sich zu haben, den sie mit ihren Erwartungen und Forderungen demoralisieren können. Er soll sich so elend fühlen wie sie selber – dann besteht für sie erst ein Gleichgewicht der Kräfte als Bedingung der »Liebe«. Ihre Unfähigkeit, nachzudenken und Interessen über Ehe und Familie hinaus zu entwickeln, werfen sie als Vorwurf gegen den Mann, sich ihnen nicht genug und liebevoll genug zu widmen. Eigene Berufstätigkeit kann sie immerhin zeitweise am Ausüben solchen Druckes hindern.

Das ist noch kein großer Schritt zu ehelicher Harmonie; es ist zunächst ein Schritt *auseinander,* um sich nicht zu sehr aneinander wundzureiben. Aber man unterschätze auch nicht die heilsame Wirkung zeitweiser räumlicher und – emotionaler Distanz! Wenn zwei Menschen einander buchstäblich zu sehr auf den Leib rücken, dann stellt sich bei ihnen leicht ein Überdruß ein, der gar nicht speziell den immer gleichen Sexualpartner meint. Menschen in ständiger räumlicher Enge neigen überhaupt dazu, einander in immer aggressiverer Weise abzustoßen. Das erfahren die Forscher in einsamer Beobachtungsstation nicht anders als die Eheleute im Pferch ihrer Wohnung: Es gibt einen »Polarkoller« so gut wie einen »Ehekoller«. Das ist auch ein Grund, ein

Grund neben anderen, warum vielfach die Versuche, mit anderen Paaren eine Gruppenehe zu führen, gescheitert sind: Beschränkung auf einen festgezogenen Kreis von Menschen in enger Wohngemeinschaft muß früher oder später zu einem emotionalen Überdruck führen, der aggressiv sich entlädt. Die Gruppenehe wiederholt *insoweit* die Schwierigkeiten der Zweierbeziehung. Ob sie dazu in erotischer Hinsicht emotionale Entlastung gewährt oder täglichen Anlaß zu quälender Eifersucht bietet, wird von der Schwere der Neurosen abhängen, die jeder einzelne aus seiner Kindheit schon mitgebracht hat, ferner davon, ob die Charaktere in ihrem Zuschnitt und in ihren Entwicklungstendenzen zueinander passen.

Ob für Ehe, Gruppenehe oder Arbeitskameradschaft, für jedes enge Zusammensein gilt, daß Abstand und zeitweise Entfernung die wechselseitige Beziehung fördert. Da der Mensch auch als sozial empfindende Person nicht reiner Geist ist, sondern körperlich reagiert und seinerseits andere leibhaft beeinflußt, genügt es auch nicht, sozusagen nur seelisch zu verreisen. Wir sind in unseren Empfindungen nur so frei, frei auch im Zugehen auf den Partner, wie wir uns räumlich immer wieder von ihm entfernen. Wer keinen Schritt mehr ohne den Anderen tun möchte, arbeitet am Ruin der Beziehung. Überdruß am ständigen Zusammensein wächst unterschwellig heran, auch bei dem, der es forciert, erst recht bei dem, der es mehr erleidet als erlebt. All das in früher Kindheit ungestillt gebliebene Verlangen nach Geborgenheit wirft sich später bedrängend dem Ehepartner an den Hals. Wenn er das eigene emotionale Defizit nicht zu füllen vermag, wird er zum Sündenbock stilisiert, der auch für alles vor ihm Verfehlte und Versäumte zu büßen hat. Da in unserer Kultur traditionell dem Manne die Rolle des Beschützers zufällt, ist er auch für die des psychisch überlasteten Sündenbocks prädestiniert: »Er trägt das Gewicht der Welt, und wenn etwas schiefgeht, ist er daran schuld.« (SIMONE DE BEAUVOIR[27])

e) Die Ehe als Fluchtburg

Der Mann konnte der ihm anerzogenen Rolle des Beschützers seiner Frau leicht gerecht werden, solange er in eine Arbeitswelt integriert war, in der nach der Übernahme des elterlichen Hofes, nach dem Staatsexamen eigentlich nichts mehr schiefgehen konnte. Staatsbeamte leben zumeist noch so abgesichert, wenn auch vielleicht – bei allgemein in Friedenszeiten zunehmendem Aggressionsstau[28] – nicht mehr ganz so spannungslos in ihren Büros. Ein Mann der freien Wirtschaft jedoch, ein riskant hochgestiegener Manager, ein stets zur Diskussion stehender Spitzenpolitiker, desgleichen ein freischaffender Künstler oder Schriftsteller kämpft jeden Tag ums soziale Überleben. Abgespannt, zweifelnd auch, ob die geleistete Arbeit Frucht trägt, setzt er sich allabendlich an den Familientisch, wenig geeignet, sich die Klagen und Nöte der mit Nachbarn, Verkäuferinnen und Handwerkern sich herumschlagenden Ehefrau anzuhören; unfähig, ihr ratend, tröstend beizustehen. Je mehr er sich tagsüber verausgabt hat, desto müder, ja mutloser muß er ihr erscheinen. Den Optimismus, der ihn im Grunde trägt, kann er nicht mehr ausstrahlen; er hat ihn ja bei seiner Arbeit verbraucht. Er erwartet jetzt seinerseits von der Frau, daß sie ihn stützt, beruhigt und zumal nach beruflichem Ärger als Person wieder aufbaut. Ein immer härter werdender Konkurrenzkampf verlangt die Ehe als Fluchtburg und *recreation center* für den alltäglich leicht angeschlagenen Mann.

Dies aber, das Angewiesensein auf einen seelischen Rückhalt, macht den beruflich hart Angespannten erst recht verletzlich daheim. Immer sind wir am gefährdetsten dort, wo wir ganz geborgen sein möchten und aus diesem Grunde arglos vertrauen. Im Idealfalle werden Frauen, die spüren, daß der Mann verdrossen, abgespannt und niedergeschlagen von seiner Arbeit kommt, ihn erst einmal in Ruhe lassen, ehe sie mit eigenen Nöten sich an ihn wenden. Manche sagt: »Ich warte, bis er gegessen hat.« Es gibt aber auch Frauen, die instinktiv den schwächsten Moment des Mannes wählen, um eine lange vorbereitete Klage gegen ihn vorzutragen. Wenn er dann, wie erwartet, explodiert, darf er sich zusätzlich zu seinen beruflichen Schwierigkeiten als ein Ehemann fühlen, der sich nicht in der Hand hat. Die Frau hat recht, wenn sie ihm vorhält, er lade alle sonst angestaute Aggression bei ihr ab; aber sie vergißt zu erwähnen, daß sie ihn zu solchem »Abladen« provoziert.

Im Grunde ist es gleichgültig, wer in einer Streitehe in diesem oder jenem Punkte recht behält. Wo der Ernährer der Familie – und das ist zumeist noch der Mann – dabei nervlich und gesundheitlich abbaut, so sehr, daß er bald seinen beruflichen Aufgaben nicht mehr gewachsen ist, da haben schließlich beide den Schaden. Unbewußt ahnt wohl auch die Frau, die den beruflich hart ringenden Mann vollends verstört, worauf das hinausläuft: auf Trennung oder gemeinsamen sozialen Abstieg. Das bestätigt nur, daß in allem Sadismus, auch in sogenannter »seelischer Grausamkeit«, ein masochistisches Element schwingt. In enger Lebensgemeinschaft ist es nicht möglich, den Anderen zu treten, ohne sich selber dabei anzuschlagen.

Eine Frau hat es jedenfalls in der Hand, den beruflich ehrgeizigen Mann emotional zu stützen oder ihn, zunächst innerlich, zu vernichten. Sie kann ihm helfen, die in einer langen Laufbahn unausbleiblichen Niederlagen zu überwinden, oder ihm in schweren Stunden das Leben zur Hölle machen. Sie kann ihm das sichere Gefühl des Rückhalts geben, indem sie Mißerfolg weder dramatisiert noch bagatellisiert, sondern solidarisch mitträgt. Sie kann dem Manne, der Pech hat, aber auch *den Rest geben,* indem sie ihre eigene Enttäuschung mit Vorwürfen gegen ihn abreagiert. Er sei ein »Versager«, mag sie schelten, eine »Niete«, eine »Null«, eine »Schlafmütze«, die sich von anderen übertölpeln, überflügeln lasse. Sie kann auch, fast schlimmer noch, ihn mit seinen Sorgen zurückweisen und sagen: »Du hast es so gewollt.« Oder: »Das hast du dir selber eingebrockt.« Neue Niederlagen werden vorprogrammiert: durch die aufkeimende Angst, zu allem Unglück noch die enttäuschte Frau zu verlieren. Wenn sie ihn, den Gescheiterten, verläßt, darf er sich noch nicht einmal beklagen, jedenfalls nicht bei seiner Frau. Moralische Vorhaltungen erreichen sie nicht mehr. Sie spielt konsequent zu Ende, was sie beide optimistisch lächelnd begonnen haben. Einem Manne gegenüber, der eingewilligt hatte, sich als der Überlegene zu erweisen, fühlt sie sich sogar noch im Recht. Sie hat kein schlechtes Gewissen. Ihrem Verständnis gemäß läßt nicht *sie* den Mann im Pech allein, sondern umgekehrt er sie mit seinem Versagen. Sie zieht nur eine Konsequenz aus ihrer Enttäuschung über einen Mann, der nicht hielt, was er versprochen hatte. Das ist die Moral des Erfolgs: Wer die größeren Erwartungen hatte, ist der bitter Enttäuschte.

Daß gerade auch die elegante, doch »zu ehrgeizige«, in »übersteigerten Hoffnungen« lebende Frau — so gut wie die träge, schwung- und reizlose — die Leistungsfähigkeit eines Mannes untergraben kann, das wissen die Personalchefs und Psychologen der großen amerikanischen Firmen, die sich die Ehefrauen der leitenden Angestellten näher ansehen, ehe sie einen Posten vergeben[29]. Wir dürfen das als einen bösen Einbruch des Geschäftslebens in die Privatsphäre und in die Familie beklagen, aber auch nicht übersehen, daß damit der unter Erwartungsdruck stehende Mann ein wenig entlastet wird. Er braucht, wenn er nicht mehr weiter aufrückt, nicht alle »Schuld« bei sich selbst zu suchen. Es mag andererseits für einen Mann doppelt bitter sein zu erfahren, daß er wegen eines schlechten Testergebnisses seiner Ehefrau abgelehnt wurde, obschon er selbst sich hinreichend »positiv« motiviert weiß und seinen emotionalen Rückhalt längst woanders gefunden hat als zu Hause. Nicht darum ersucht, auch noch seine Geliebte der Firma als Testobjekt zuzuführen, kann er sich nur noch selbstkritisch fragen, ob seine Hemmung, die ihn bedrückende Frau zu verstoßen, ihn letztlich beruflich hat scheitern lassen. Er ist damit auf der richtigen Spur. Es sind ganz andere Tugenden als die im guten Sinne christlichen, die heute von einer Führungskraft erwartet werden: nicht Mitleid, sondern »gesunder Egoismus«, nicht Nachsicht, sondern »Durchsetzungsvermögen«[30]. Wer zu Mitleid neigt, identifiziert sich mit den Schwächeren[31] – es fehlt ihm womöglich an der Kraft, einen lästigen Konkurrenten der Firma zur Aufgabe seines Geschäfts zu treiben. Gesucht werden Leute, die im entscheidenden Augenblick von Emotionen sich nicht abhalten lassen, zu handeln und »zuzugreifen«. Sie sollen ihre Sentimentalität pflegen, aber ordnungsgemäß im Rahmen der Familie. Auf diesen Zuschnitt laufen alle Ausforschungen der Privatsphäre für die Personalakten der großen amerikanischen Firmen hinaus.

Im Zuge fortschreitender Amerikanisierung droht solche Moral auch bei uns sich einzuschleifen: Die Ehefrau des »Aufsteigers« übernimmt die Rolle, für ihren Mann zu lächeln und zu repräsentieren; er seinerseits schätzt die Ehe als Fluchtburg nach hartem Streß und zugleich als Limit für seine weichen Gefühle. Sie sollen die Firma nicht untergraben und nur begrenzt gepflegt werden, damit der Mann nicht gänzlich austrocknet, an Elan verliert.

Die Ehe als Fluchtburg, dieses vielfach schon gelebte Ideal, gegenläufig zum Zug der Feministinnen, hat nicht unbedenkliche gesamtgesellschaftliche Konsequenzen. Wo die sozusagen weichen menschlichen Regungen, wo Verstehen, Vertrauen, Dankbarkeit und Nachsicht auf den häuslichen Bereich beschränkt werden, können Berufsleben und Politik zum um so härteren »Geschäft« entarten. Freundschaften außer Haus können dann noch unbedenklicher unter dem Gesichtspunkt geschlossen werden: »Was nutzen sie mir?« und wieder aufgegeben werden, wenn sie ihren Zweck nicht erreichen. Die Ehe, als soziales Ideal überhitzt, unterkühlt das emotionale Klima der Gesellschaft. Wer jenes Ideal perfekt realisiert, für den zählt als Mitmensch nur noch der Ehepartner, allenfalls das eigene Kind. Wer sonst in seinem »Bekanntenkreis« in Not kommt oder Hilfe braucht, »geht ihn nichts an«. Die dutzendweise Gleichgültigen und Hartherzigen sind treusorgende Gatten und Familienväter. Die Ehe als Refugium im Existenzkampf gibt erst die Basis, sich in der »feindlichen Welt« noch härter zu exponieren. Sie fördert die Neigung, zwei Gesichter zu entwickeln, von denen keines mehr echt ist, sondern nur noch übertrieben: Rücksichtslosigkeit und Sentimentalität gehören zusammen, aber zu dem Preis der Spaltung der Person.

f) Stellvertretung oder Rollentausch?

Zunehmende Berufstätigkeit der Frau schnitte rücksichtslosen Geschäftemachern den Fluchtweg in die häusliche Idylle ab. Wenn beide Gatten mit denselben emotionalen Bedürfnissen heimkehren, können sie wohl besser einander verstehen, aber zunächst auch um so tiefer enttäuschen durch doppelte Müdigkeit und potenzierte Gereiztheit. Solche Enttäuschung trüge aber die Chance der Umkehr in sich. Wo nicht mehr die nervlich geschonte Frau den abgekämpften Manager erwartet, ihn aufzumuntern, da müßte er, um als fühlender Mitmensch sich nicht selber allzusehr zu frustrieren, schon tagsüber umschalten auf mehr Einfühlung in die Menschen, mit denen er zu tun hat. Den Gewinn davon hätte er selbst: er würde befreit von der nervösen Spannung, sich in Berufsrolle so hart zu geben, wie er im Grunde nicht ist, wie es nur die Erwartungshaltung einer müßigen Ehefrau von ihm verlangt hatte.

Wenn die Frau beruflich selbständig ist, wird es ihr immerhin leichter fallen, den Laufbahnsorgen des Mannes nicht noch die Ungeduld ihrer Hoffnungen beizumischen. Was sie sozial erstrebt, auch, was sie sich anschaffen möchte, braucht sie nicht mehr allein vom Mann zu erwarten. Es ist freilich auch denkbar – und bisweilen schon wirklich[32] –, daß hochneurotisch ehrgeizige Frauen noch eigene berufliche Erfolge höhnisch gegen den weniger »tüchtigen« Ehemann ausspielen. Wer aus der Kindheit einen starken Hang zum Rivalisieren mitbringt, der ist später durch keine Änderung des Lebensstils und durch keine Reform der sozialen Institutionen mehr recht zu entkrampfen. Die Änderung der sozialen Rolle kann nur die Bereitschaft, sich umzustellen, begünstigen.

Die Befreiung des Mannes durch wachsende berufliche Selbständigkeit der Frau ist jedenfalls nicht nur als Wegfall der Sorge um ihren Lebensunterhalt zu verstehen. Wenn der Mensch ein soziales Wesen ist, so kann seine Befreiung nicht zum krassen Egoismus hin erfolgen. Egoismus ist uns ebenso unangemessen wie eine Moral der Aufopferung für andere, nach der wir aus dem entgegengesetzten Grunde nicht mehr wir selbst bleiben dürften. Unsere soziale Begabung wie unser Selbstsein verwirklichen sich am ehesten in einer Gemeinschaft, auch derjenigen einer Ehe, wo die Last der Verantwortung verteilt ist und darum einer für den anderen einspringen kann. Es ist dazu gar nicht nötig, daß in einer Ehe sowohl der Mann als auch die Frau gleichermaßen und zur selben Zeit einer Berufstätigkeit nachgehen. Doch die beruflich ausgebildete Frau gibt nicht nur dem Manne, sondern auch den Kindern eine gewisse Sicherheit der Lebensführung: weil sie in die Bresche springen kann, wenn der gewohnte »Ernährer« der Familie ausfällt. Sie kann das um so zuverlässiger, wenn sie denselben freien Beruf erlernt hat wie der Mann. Den Arzt, den Rechtsanwalt, den Geschäftsinhaber kann zumindest die immer noch mitdenkende Ehefrau dann leicht ersetzen.

Man sage nicht, eine solche Lösung stufe die Rolle der Frau zur bloßen Stellvertreterin des Mannes herab. Das gemeinsam betriebene Metier bietet der Frau auch die Chance, sich, solange die Kinder klein sind, für einige Jahre vom Beruf zurückzuziehen, ohne befürchten zu müssen, danach nicht mehr unterzukommen. Insofern ist der Mann im gleichen freien Beruf auch der Stellvertreter seiner Frau – ein Idealfall, auf den aber keine sozialreformerische Idee zu gründen ist. Dabei war dies einmal allgemein verbreitete soziale Wirklichkeit. Als die Mehrheit der Bevölkerung noch Bauern und kleine Geschäftsleute waren, da standen Mann und Frau zusammen auf dem Feld oder hinterm Ladentisch und konnten einer den andern vertreten.

Weitere reale Alternativen sind der völlige Verzicht auf Kinder, die Einspannung des Mannes als »Hausmann«, der schon besprochene »Rückgriff« auf eine Großmutter oder die Einstellung eines Dienstmädchens. Den Verzicht auf Kinder wollen Frauen, die, patriarchalisch erzogen, nur in die Familie, aber nicht in die Gesellschaft im ganzen emotional integriert sind, nicht leisten. Aufschlußreich das Bekenntnis einer Frauenrechtlerin in einer Sendung des Ersten Deutschen Fernsehens:

> »Darf ich da noch anmerken, daß es mir persönlich gar keinen Spaß macht, nur einen Part zu spielen, und zwar: Es macht mir keinen Spaß, nur berufstätig zu sein und keine Familie zu haben; genausowenig, wie es mir keinen Spaß macht, nur meine Familie zu pflegen und nicht im Beruf zu arbeiten. Ich will beides. Ich will einen Mann, ich will Kinder, und ich will eine qualifizierte Berufstätigkeit ausüben – mit genügend Bezahlung und Anerkennung. Ich sehe, das ist nicht machbar.«[33]

Da es nicht geht, warum noch darüber reden? Damit auch unsere mitteleuropäischen Feministinnen sich von jenem zweigleisigen Prestigedenken befreien, das junge Amerikanerinnen bereits zu überwinden beginnen: »Sie betrachten die Ehe nicht als ein Ziel, worauf alles hinauslaufen müßte. Sie sind sich der möglichen Alternativen mehr bewußt: zu heiraten oder nicht zu heiraten, Kinder zu haben oder keine.« So eine 36jährige Amerikanerin über ihre beiden heranwachsenden Töchter[34]. Ein solches Bewußtsein setzt freilich Integration ins Ganze der Gesellschaft voraus. Dann können die einen Frauen in ihrer besonderen Rolle stellvertretend die Träume der anderen verwirklichen und, am Leben von Freundinnen teilnehmend, deren Probleme und Freuden sympathetisch mitvollziehen. Es charakterisiert den Zerfall unserer eigenen Gesellschaft in miteinander rivalisierende Einzelne, daß hier jedermann, auch jede Frau, einander verdrängende soziale Rollen zu verwirklichen sucht. Jeder wünscht ein All zu sein.

Zweite Alternative: der Mann als »Hausmann«, Vertauschung der Rollen. In derselben Fernsehsendung meinte die FDP-Abgeordnete HELGA SCHUCHARDT: Nur ein sehr selbstbewußter Mann könne von sich sagen: »Ich bin Hausmann.« Das provoziert die Gegenfrage nach den selbstbewußten Frauen. So ließe sich gut weiter polemisieren; Probleme lösen wir damit nicht. Bloße Umkippung des Bestehenden wäre kein Schritt voran. Die Feministinnen werden sich auch schwertun, die Männer zur Hausarbeit zu überreden, wenn sie diese immer als »Frondienst« oder »Sklavenarbeit« abqualifizieren[35].

g) Der Streit um die Hausarbeit

Es gibt Hausfrauen, die heben ihren von der Berufsarbeit heimkehrenden Männern immer noch etwas Hausarbeit auf, sei es aus »erzieherischen« Gründen oder einfach aus Bequemlichkeit. Wer nachmittags, schon um marktbewußt die Preise miteinander zu vergleichen, durch mehrere Kaufhäuser schlendern mußte, der kann am Abend natürlich mit dem, was zu Hause anfällt, nicht fertig sein. Im Kampf der Geschlechter unterliegt in jeder Familie der Gutmütigere oder derjenige, der zu starker Belastung nicht noch die nervliche Anspannung durch häuslichen Streit ertragen kann. Das ist, da der Existenzkampf härter geworden ist, heute vielfach der Mann. Der Schwächere, der Abgekämpfte gibt nach, wenn er klug ist.

Dabei ist der Streit um die Hausarbeit mit dem Ziel, sie dem Manne aufzuhalsen, ein vielfach aufgebauschter Streit um Verrichtungen, die einem neurotischen Reinlichkeitswahn und einer ritualisierten Pedanterie sich verdanken. BETTY FRIEDAN, die als eine der ersten die Rolle der beruflich selbständigen Frau propagiert hat, tat das noch nicht mit der Empfehlung, die Hausarbeit auf den Mann abzuwälzen, und sei es auch nur »zur Hälfte«; sie wies vielmehr darauf hin, daß viele alleinstehende berufstätige Frauen oft in zwei Stunden das gleiche im Haushalt erledigten wie die Hausfrauen an einem ganzen Tag. »Hausarbeit läßt sich wie Gummi dehnen«, stellte Frau FRIEDAN illusionslos fest[36]. Das weiß auch ein Mann, der sich ständig oder als »Strohwitwer« selbst versorgt.

Nun, bei bloßer Hausarbeit lassen sich Kompromisse finden, da kann man auch einmal etwas liegenlassen, ohne daß deshalb der Himmel einstürzt. Kleine Kinder dagegen fordern unsere unaufgeteilte Gegenwart. Die Lösung mit dem – selbstbewußten – Hausmann trägt schon der Einsicht Rechnung, daß in einem Haushalt mit kleinen Kindern nicht beide Elternteile außer Haus berufstätig sein können. Mit Hilfe einer »Perle« – dritte Alternative – kann eine beruflich nach »Selbstverwirklichung« strebende Frau ihrer erlernten Tätigkeit ohne lange Unterbrechungen nachgehen. Frauen, die es sich so einzurichten verstehen, sollten das Schlagwort von der Emanzipation der Frau aber nicht in den Mund nehmen. Sie denken nur an ihr eigenes berufliches Fortkommen, nicht an das der jungen Mädchen, die – immer noch – an fremde Haushalte sich verdingen und dabei selber keine Berufsausbildung, außer zum Beruf der Hausfrau, erfahren. Die Emanzipation der Frau könnte im Zeichen neuer Arbeitslosigkeit der ungelernten Kräfte leicht auf dem Rücken der unteren sozialen Schichten vorangetragen werden. Und auf dem Rücken der Kinder, die anstelle einer mütterlichen Bezugsperson auf wechselnde Hausgehilfinnen sich einzustellen haben. Psychologisch so emanzipiert sind unsere Feministinnen noch nicht, daß sie die Bedeutung der Kinderziehung für die gesellschaftliche Entwicklung erkennen könnten. Davon, ob die Kinder mit Liebe, Zärtlichkeit und Geduld erzogen werden oder weitgehend sich selbst überlassen werden und herumgestoßen, von Unrast infiziert und von neurotischem Ehrgeiz kritisiert, davon hängt nicht weniger als das psychische Klima unserer Gesellschaft in den nächsten Jahrzehnten ab: von der Atmosphäre in den Betrieben bis zum Umgangston in der Politik.

Gemessen an den ständig wachsenden Einsichten der Pädagogik und Sozialpsychologie, ist die den Kindern immer noch zugewandte »Erziehung« von himmelschreiender Rückständigkeit. Einseitig forcierter Fortschritt kann diese Diskrepanz noch vergrößern. Die von berufstätigen Müttern vernachlässigten Kinder, die zerstörerische Neigungen entwickeln, brauchen, so scheint es, erst recht die harte Hand und das Machtwort des abendlich heimkehrenden Vaters. Dem Manne wird im Zuge ungleichseitiger Emanzipation eine psychische Doppelrolle abverlangt, die ihn emotional überfordert: Zum verständnisvollen, nachgiebigen, sich selbst zurückstellenden Gatten soll er weiter den Knecht Ruprecht für die Kinder spielen, der geradeprügeln muß, was während seiner Abwesenheit sich immer aufs neue verbiegt – natürlich auch in Nachwirkung der Prügel.

C. DIE BEFREIUNG DES MANNES

a) Männliche Schweigsamkeit und Tränenlosigkeit

Befreiung des Mannes bedeutet auch, ihn herauszulösen aus der ihm aufgezwungenen Rolle des überlegenen Beschützers der Frau, der Affekte nicht zeigt, außer gelegentlich zornige, und mit harter Miene zu schweigen versteht. CHRISTIANE VAN BRIESSEN hat mit dem scharfen Blick der Feministin sogleich die psychische Seite solchen Zwanges entdeckt, sie zum Motiv hin verdichtend: sie deutet männlich-hartes Schweigen als Zeichen der Angst, sich eine Blöße zu geben, sowie als Lust an der Macht[37]. Es sei jedoch anerkannt, daß dem Menschen sogenannte psychische Motive auch innerlich nachwachsen, wenn er mit einer ihm aufgezwungenen sozialen Rolle sich *nolens volens* befreundet. Wer in Berufsrolle – etwa als Arzt, als Verwaltungsbeamter, als Politiker – seine Wirkung zu einem Gutteil von daher bezieht, daß er sich als der Überlegene erweist, der handelt auch klug, wenn er sich nicht hinter die Fassade seines vielleicht ganz banalen Fachwissens blicken läßt. Dem dienen unverständliche Termini und möglichst konsequent durchgehaltenes Schweigen. Der Kunde, der Patient, der Wähler, der hinter die Kulissen blickt, wird unbequem: Er möchte mitreden, dreinreden. Wie leicht wird da der behandelnde Arzt zum schlecht behandelten Arzt! Den beunruhigt Auskunft Heischenden ungerührt anschweigen – das ist schon eine Vorform der Lüge, weil es die orientierungslos schweifenden Vermutungen vom wahren Sachverhalt abbringt. In ihrer sozialen Wirkung kommt das Schweigen mit der Lüge sogar überein, weil es über die fragliche Sache ebensowenig eine Verbindung zwischen den Menschen herstellt wie die Lüge; weil es den Ratsuchenden sogar noch deutlicher abweist als die Lüge, die ein solidarisches Verhältnis zur Wahrheit immerhin vortäuscht.

In einer Gesellschaft, in der sich Fachleute schon seit den mittelalterlichen Zünften als eine Verschwörung gegen die Laien verstehen, ergibt sich Wortkargheit gegenüber Wißbegier ziemlich unmittelbar aus der Berufsrolle, die man zu behaupten hat. Da bislang nur der Mann es war, der verantwortungsvolle Berufe ausgeübt hat, hat deren Rollenbild den Charakter des Mannes auch deutlich geprägt. Mit VAN BRIESSEN zu sagen, daß zum Beispiel die heute in die Heilberufe eindringenden Frauen »von der Krankheit des männlichen Schweigens angesteckt« würden, tut demgegenüber so, als könne es für den Mann eine kultur- und rollenspezifische Verformung seines Wesens gar nicht geben und als bezöge die Frau alles sie Verbiegende und Denaturierende unmittelbar vom Mann.

Der Mann ist nicht minder ein Opfer unserer moralischen Ordnung, die Prestige anstelle von Vertrauen setzt. Er schneidet sich buchstäblich ins eigene Fleisch, wenn er aus Angst, sich lächerlich zu machen, eisern in sich verschließt, was in Worten, ja Tränen, hervorquillen müßte. Es ist, auch wenn es zur zweiten Natur wird, eine Überforderung des Mannes, daß gerade unselbständige Frauen von ihm erwarten, er werde immer und unter allen Umständen die Nerven behalten. Den Männern gelingt das – mit dem Ergebnis, daß in unserer Kultur ungleich mehr Männer als Frauen die Nerven verlieren, das heißt in psychiatrische Anstalten kommen und Selbstmord begehen als Frauen[38]. Es soll, wenn das für die Rolle des Mannes in unserer Gesellschaft symptomatisch ist, daraus nicht gleich gefolgert werden, daß der Mann bis auf den heutigen Tag im Vergleich zur Frau mit Pflichten überfordert wurde. *Nervlich* überfordert wurde er gewiß. Er hatte – und hat –, anders als die Frau, nicht die Möglichkeit, nervöse Spannungen in Tränen und lautem Jammern abzureagieren. Ein Mann, der sich so benähme, gälte als unmännlich, würde verlacht und damit in seiner sozialen Rolle abgewertet. Als beim Rücktritt Bundeskanzler Brandts einem seiner Minister die Augen feucht wurden, ging das durch die gesamte bundesdeutsche Presse, zum Teil mit gehässigen Überschriften. Laut aufschluchzen hätte der Mann nicht dürfen – seine Karriere wäre endgültig zerstört gewesen.

Dem schon von klein auf zur Selbstbeherrschung, zur Tränenlosigkeit getrimmten Mann fehlt das Ventil, heftige Gemütsbewegungen nach außen abzuleiten. Das sichere Bewußtsein, dadurch erst recht demoralisiert zu werden, hemmt jeden Ansatz, aus der Verkrampfung sogenannter Haltung sich zu lösen. Die früh eingeimpfte Ermahnung »Ein Junge weint doch nicht« oder das erste Hohngelächter der Kameraden auf »unbeherrscht« ausbrechende Tränen wirken nachhaltig determinierend im Sinne eines bedingten Reflexes. Selbst wer den Mechanismus durchschaut, bei Menschen sich aufhält, die keine strenge Rollenerwartung mehr hegen, kann vielleicht doch nicht mehr »sich gehenlassen«, wie er möchte. Der Mann ist zu der Lüge erzogen, unbewegt allen Widrigkeiten trotzen zu können. An »weichen« Gefühlen ist ihm öffentlich und auch privat nur jene »Liebe« gestattet, bei deren Wort man ihn nehmen kann: um ihn sich als Ehemann zu verpflichten. Es mag dahingestellt bleiben, ob Männer zur Herrschsucht neigen; ihr

Gefühlsleben beherrschen sie nur zu gut, aber in der ihnen vorgezeichneten Richtung:

> Ein Mann, der Tränen streng entwöhnt,
> Mag sich ein Held erscheinen;
> Doch wenn's im Innern sehnt und dröhnt,
> Geb' ihm ein Gott – zu weinen.

GOETHE[39]

Befreiung des Mannes von seiner kulturspezifischen Rolle des harten, unerbittlichen und unerschütterlichen Menschen brauchte nicht einen Verlust an Männlichkeit im biologischen Sinne zu bedeuten. Wenn das Kulturspezifische wegfällt, kommt noch nicht das Geschlechtslose, das Sächliche heraus. Der Wegfall naturwidriger, den Körper des Mannes vergewaltigender Zwänge und Rollenerwartungen würde dem sogenannten starken Geschlecht erst erlauben, auf eine ungebrochene Art Mann zu sein. Dann erst, wenn er unter den gleichen Bedingungen lebte, könnte sich herausstellen, ob der Mann von Natur aus wirklich weniger belastbar ist als die Frau. Behauptet worden ist das[40].

Kulturimmanent läßt sich sehr vieles behaupten, was hier, wo wir alle unter denselben Bedingungen leben, nicht deutlich aufgezeigt werden kann. Selbst die im Vergleich zur Frau geringere Lebenserwartung des Mannes in unserer Kultur könnte Folge seiner moralischen, familiären, beruflichen und sozialen Überforderung sein. Soviel ist erkennbar: Die höhere Selbstmordrate der Männer ist kein unausweichliches Naturgesetz. In Kriegszeiten geht sie zurück, gleicht der der Frauen sich an. Während im Ersten Weltkrieg in Deutschland auf eine sich selber tötende Frau etwa drei männliche Selbstmörder kamen, hatte sich bis zum Kriegsende das Verhältnis auf etwa 1 : 2 verschoben[41]. Im Zweiten Weltkrieg ließ sich eine ähnliche Verschiebung beobachten. Der in unserer Geschichte bisher regelmäßig wiederkehrende Krieg hat immer noch destruktive Neigungen, die bei vielen Männern »normalerweise« gegen die eigene Person gehen, in Richtung »Feind« gedreht. Soviel läßt, ohne in die Statistik etwas hineinzuschieben, sich vordergründig deutend sagen. Wenn es aber wahr ist, daß der Selbstmörder nur bis zur letzten Konsequenz zieht, was in vielen latent ist und schwelt, dann kann die immer wieder geschilderte Kriegsbegeisterung der Männer schon als eine Befreiung von depressiv stimmender häuslicher Enge beschrieben werden.

b) Die Lüge von der sexuellen Treue

»Was sind alle Wechselfälle des Krieges gegen die sichren Niederlagen daheim!« notierte FONTANE angesichts der 1866 in den Krieg ziehenden Grenadiere[42]. Das rührt an die emotionale Enge und Austrocknung der Ehe als Geschlechtsgemeinschaft unter dem Vorzeichen »absoluter Treue«. Vermutlich ist keines der beiden Geschlechter zur strengen Monogamie geboren; aber der Mann mit seiner größeren sexuellen Reizbarkeit leidet wohl mehr darunter. Man sage nicht, diese Geschlechtsdifferenz sei eine scheinbare, eine kulturell bedingte. Sexuell unterdrückt werden von klein auf beide, Buben wie Mädchen. Aber wenn in jenen der gestaute Trieb sich dennoch Bahn bricht oder in größerer Aggressivität sich ausformt, dann spricht das eben für sexuelle *Spontaneität* bei den Männern, was mit Triebstärke oder Orgasmusfähigkeit noch nichts zu tun hat. Die soll bei den Frauen – laut MARY JANE SHERFEY – ja ungleich größer sein: Bis zu 50 Orgasmen, multiple, dicht aufeinanderfolgende eingerechnet, könne jede gesunde, nicht frigide Frau alltäglich leisten[43].

Wie dem auch sei, gegen sexuelle Abstumpfung ist auch nach feurigster Erstbegegnung keines der beiden Geschlechter gefeit. Das ist, wo Abwechslung fehlt, eine biologische Grundtatsache, schon bei Tieren nachweisbar[44]. Und der »neurotische Mensch unserer Zeit« (HORNEY[45]) soll nicht glauben, geistig über solchen Abläufen zu stehen: er zahlt für diesen Glauben mit seiner Neurose. Ein mögliches, doch in unserer Gesellschaft nicht ganz unproblematisches Mittel, einander sexuell nicht überdrüssig zu werden, ist daher der Rat, »nicht zu treu, nicht zu genau in enger Ehe« (GOETHE[46]) zu leben, das heißt das sexuelle Interesse nicht auf die Ehe zu beschränken.

Der Rat ist nicht ganz unproblematisch, einmal, weil der zur Angst vor dem Verlassenwerden erzogene Mensch unserer Kultur* immer jedesmal »gleichziehen« muß, um einen Trumpf in der Hand zu behalten, mit dem der Partner notfalls zu ihm zurückgezwungen werden könnte. Zum anderen kann zur außerehelichen Sexualität nicht bedenkenlos ermutigt werden, weil vielfach unterschiedlich sexualisierte, psychisch emanzipierte, auch unterschiedlich attraktive Ehepartner nicht die gleiche innere Einstellung haben und die Nöte des jeweils anderen darum oft nicht verstehen. Eine moralische Übergangssituation bringt erst noch zusätzliche Erschwerung für den gerne freischwei-

---

* Siehe hierzu später das Kapitel »Scheitert sexuelle Befreiung an der Eifersucht?«

fenden Mann. Die ehedem sexuell kaum geweckte Frau, an der eine konsequent leibfeindliche Erziehung das schwer behebbare Manko der Frigidität hinterließ, konnte auch weniger eifersüchtig auf die Eskapaden ihres Mannes reagieren als die nun schon etwas mehr »wissende« Frau. Denn die orgastisch Impotente wußte nicht, worum sie die Rivalin hätte beneiden sollen. Was ihr selbst als eine lästige, ja schmutzige Sache erschien, um das konnte sie nicht kämpfen, oder nur soweit, als sie darin ihre Position als Gattin und deren soziale Absicherung verbürgt fand. Die sexuell *halb* emanzipierte Frau dagegen ist schon in der Lage, sagen zu können, was der Mann bei Frauen sucht und was ihn erotisch fesselt. Sie hat nur in sich selber noch nicht jene Spontaneität des Begehrens entwickelt, durch das sie den Mann in seiner erotischen Ansprechbarkeit verstehen könnte. Wenn er sich unversehens verliebt, ist sie ihm nicht der Freund, mit dem er offen darüber sprechen könnte, sondern die Partei, die ihm »die Sache« auszureden sucht. Ihr von Rivalität geschärfter böser Blick entdeckt genug echte Mängel an anderen Frauen, um sie dem Mann zu vermiesen.

Sie kann damit allerlei erreichen, womit sie sich selber schädigt: daß der Mann immer mehr von dem, was ihn erotisch anspricht, für sich behält, ja mitunter lügt: »Nein, das ist nicht mein Typ«; daß er schließlich alle einredenden Bedenken wegfegt und mit einer neuen »Flamme« seine Ehe sprengt; oder daß er klein beigibt und seine sexuelle Spontaneität auch zu Hause, wo sie doch noch gebraucht wird, erlahmt. Langfristig zahlt sich Unaufrichtigkeit nicht aus. Die wahre Natur des Menschen drückt – so oder so – sich durch. Die Bereitschaft, von unserem Temperament »dem Anderen zuliebe« etwas abzustreichen, macht uns für ihn zuletzt auch weniger begehrenswert. Den stürmischen Liebhaber mit der »Treue« eines Prinzipienreiters gibt es nicht. Wir haben alle nur die Vorzüge unserer Nachteile, und umgekehrt: jedenfalls nach den Maßstäben einer Moral, die unsere spontanen Begehrungen nicht sozial integriert. Die Emanzipation der weiblichen Triebnatur muß die sexuelle Befreiung für den Mann bringen, wenn irgend Mann und Frau durch eine Wechselseitigkeit des Begehrens und Genießens noch füreinander da sein sollen. Die sexuelle Befreiung des Ehemannes bedeutet vorweg die Befreiung vom Zwang zur Lüge. Die Lüge des unwandelbaren Gefühls, das mit Küßchen bei jedem Kommen und Gehen demonstriert wird, verdirbt durch Routine zu guter Letzt noch den echten Kern der Sympathie. Die Lüge von der eisernen sexuellen Treue (auch auf Reisen) zerstört alle Lebensfreude, weil die heimlich abgestohlene Lust als Freudigkeit und Bereicherung des eigenen Wesens nicht voll ausschwingen darf. Jene Pseudogroßzügigkeit nach dem Motto »Was ich nicht weiß, macht mich nicht heiß« schikaniert noch durch die Erwartung, »sich nichts anmerken zu lassen«, den Partner, der »fremdgeht«. Wer es – in anderer Wendung – »so genau gar nicht wissen möchte« und das deutlich zu verstehen gibt, für den ist wohl zunächst der Wunsch, geschont zu werden, bestimmend. Es schleicht sich aber leicht die Genugtuung darüber ein, daß der Andere seiner nebenehelichen Freude nicht recht froh werden kann, wenn er sie im Zwange der Lüge für sich behalten muß und vor aller Welt verbergen. »Solange er mich belügt«, so denkt die eifersüchtige Gattin, »solange fürchtet er mich noch, hat er Angst, mich zu verlieren.« Und es ist wahr: Wer »die Wahrheit« trotzig ins Gesicht geschleudert bekommt (»Ja, ich habe dich betrogen!«), um den bangt man nicht mehr. Den braucht man vielleicht noch als Objekt lange angestauten Hasses oder längst bereitliegenden Sadismus. Daß überhaupt die Wahrheit zu einer Geißel werden kann, ist aber nur möglich in einer Gemeinschaft, die auf Lügen aufgebaut worden ist.

Das alles gilt natürlich auch *vice versa*: für den nur halb sexuell gelösten, eifersüchtig seine »Prinzessin« behütenden Ehemann so gut wie für die sexuell halbemanzipierte oder auf den »Ernährer« angewiesene berufslose Frau. Zeiten moralischen Übergangs bringen verquälte, inkonsequente Formen der Toleranz hervor. Frauen, die sagen, sie gönnten ihren Männern schon »hie und da einen Seitensprung«, vergessen, daß sie damit den gelegentlichen Gespielinnen ihres Mannes nicht mehr als die Rolle jenes »bloßen Sexualobjekts« zugestehen, die sie selber entrüstet von sich weisen. Den fremden Frauen, die mit dem Mann körperlich in Berührung kommen, wird dies nur unter der Bedingung gestattet, nicht mehr zu sein als eben solch ein »Objekt«, das emotionale Regungen und Ansprüche kaum zeigen darf, jedenfalls keine, die auf Wiederholung ausgerichtet wären. Die Verlogenheit solcher Großzügigkeit wird offenbar, wo eine Frau in die Doppelrolle der vernachlässigten Gattin und des flüchtig genossenen »Abenteuers« gerät: Grund genug für Moralapostel zu sagen, daß es mit einer Liberalisierung der Ehe nichts ist. Grund aber für uns zu folgern, daß rückhaltlose Aufrichtigkeit in einer so engen und dauernden Beziehung wie der Ehe durch keinerlei Strategie der Gefühle zu ersetzen ist.

c) Die Frau als Lustobjekt

Die erotischen Gefühle des Mannes manipulieren kann nur eine Frau, die selber vom Eros nicht voll ergriffen ist. Aus relativ kühler Distanz heraus vermag sie den Mann zu lenken – und zu beherrschen: durch taktisches sich Gewähren und Versagen. Die zu voller Sinnlichkeit erwachte Frau hätte dazu gar nicht »die Nerven«; sie schnitte sich ins eigene – lüsterne – Fleisch. Ein Mann, der sexueller und damit emotionaler Gängelung entgehen will, hält darum besser sich an ein sogenanntes sinnliches Mädchen. Er wird nur aus eifersüchtiger Angst, sie mit anderen Männern »teilen« zu müssen, ein solches Mädchen nicht gerne zur Frau nehmen. Er ist damit Opfer der Erziehung, der vitalen Verunsicherung, die er von klein auf erfahren hat. Nur der seiner Potenz nicht unbefangen sichere Mann pocht auf ein Recht auf ausschließlichen »Besitz der Geschlechtseigenschaften« seiner Frau. Von solchem »Besitz«, den er allerdings bereits als einen wechselseitigen verstand, sprach KANT[47].

Dem faktischen, meist einseitigen »Besitz« des Mannes am »Geschlechtsteil einer Frau« (BERT BRECHT[48]) entsprach auf ihrer Seite die »eheliche Pflicht«, die Verpflichtung, dem sexuell drängenden Mann sich »hinzugeben«. Der Idealist JOHANN GOTTLIEB FICHTE beschrieb die Liebe der Gattin gar als den »Naturtrieb des Weibes, einen Mann zu befriedigen«[49]. Solcher Moral entspricht ein Recht, das traditionellerweise Vergewaltigung oder »Notzucht« als die gewaltsame Nötigung einer Frau »zum *außerehelichen* Beischlaf« definiert. (Die Anwendung des allgemeinen Nötigungstatbestandes auf die Vergewaltigung der eigenen Ehefrau hat sich in Rechtsprechung und Lehre erst langsam durchgesetzt[50].)

Eine demoskopische Untersuchung[51] des Jahres 1976 hat erbracht, daß 18 Prozent der verheirateten Frauen Westdeutschlands von ihren Männern schon zur »Liebe« mit Gewalt gezwungen worden seien. In 41 Prozent der Ehen geht – nach Angaben der Frauen – der Anstoß zum Geschlechtsverkehr vom Manne aus. So mag es wohl auch stimmen, »daß viele Frauen mit Männern schlafen, nicht weil sie Lust dazu haben, sondern weil ihnen das eingeredet worden ist«[52]. Aber die Männer haben es ihnen einreden müssen, weil die Mädchen von ihren Müttern zu sinnlicher Lust nicht erzogen worden sind. Auch Jungen werden nicht dazu erzogen; doch die spontane Sexualität des heranreifenden Mannes setzt sich über früh geprägte Verklemmungen eher hinweg, freilich in oft aggressiver Zuspitzung. Männliche Brutalität und weibliche Prüderie gehören, wo sie sich finden und gar ehelich verbinden, zusammen als typische Folgen einer traditionsgemäß unzärtlichen Erziehung. Den gefühllos zugreifenden Männern entsprechen die gefühllosen, die frigiden Frauen, die emotionalen Jungfrauen.

Was sind das für Frauen, die sich verachtet fühlen, wenn Männer sie als »Lustobjekt« betrachten? Das sind Frauen, die mit ihrem seelischen Bewußtsein in ihrem Körper nicht recht beheimatet sind, weil eine leibfeindliche Erziehung sie davon abgehalten hat, sich als vitale Person zu akzeptieren. Sie wurden statt dessen auf ein Höheres, Geistiges, Seelisches hingelenkt, das nur der idealistische Ausdruck für eine Frontstellung gegen die Triebe ist. Von solchem Ressentiment sind gerade auch unsere Feministinnen noch nicht frei. Und das behindert die Befreiung des Mannes zu unbefangener Zärtlichkeit.

D. DER KAMPF DER FEMINISTINNEN

a) Lesbisch aus Männerhaß?

Es ist eine stete Klage der Feministinnen, sie würden von den Männern nur als »Lustobjekt« behandelt. Das ist aber kein Wunder bei all den Frauen, die selber von ihren Eltern nicht zum Lust*subjekt* erzogen worden sind. Das gegen körperliche Berührungen allergische, von den Männern »zickig« genannte Mädchen denkt aber gar nicht daran, den Grund für das stete Mißglücken seiner sexuellen Beziehungen im eigenen Werdegang zu suchen. Es ist vielmehr froh, daß die modische Strömung »Feminismus« ihm die Möglichkeit gibt, eigene Unzulänglichkeit aggressiv auf die Männer zu projizieren und am – jeweiligen – Mann abzureagieren. Gefangen in seinen Verklemmungen, sieht es sich dank einer Politisierung millionenfacher Nöte geknebelt vom »Machtanspruch« und den »Unterwerfungspraktiken des Mannes«. Die so empfindende Frau ist, was ihre Erfahrungen betrifft, damit vermutlich gar nicht sosehr im Irrtum: neigen doch neurotisch Verspannte dazu, unbewußt sich den genau auf ihre Störung passenden Partner zu suchen[53]. Der ist nicht minder verklemmt oder überspannt. Sei es, daß die emotional masochistisch Eingestellte sich an einen Sadisten hängt, an einen Mann, der seine eigenen Hemmungen nur in aggressivem Anlauf überrennt; sei es, daß sie – seltener – nach jener »großen Liebe« Ausschau hält, in der in Wahrheit nur ein Gleichklang der Neurosen schwingt, und zwar so, daß die Rolle des Unterdrückten und die des Aufmuckenden zwischen den Partnern ständig wechselt. Auch dann ist der tägliche Ehekrieg schon vorprogrammiert, wenngleich erträglicher, weil durch den Wechsel der Rollen der je Unterlegene sich innerlich wieder erholt.

Man mache uns nicht weis, daß solche psychischen Mechanismen in den Beziehungen der Lesbierinnen fehlten. Die der Unterwerfung unter den Mann überdrüssige Frau findet in einer gleichgesinnten Partnerin nur wieder die eigene Konfliktdisposition: die Abneigung, nur zu dienen, doch schon vermischt mit Dominierungstendenzen, die jene Abneigung überspielen sollen. Wenn etwa ALICE SCHWARZER weibliche Homoerotik nahelegt als ein Mittel, sich vom »männlichen Sexmonopol«[54] zu lösen, so springen diejenigen, die, letzte Bedenken überspielend, dem Rufe folgen, doch nicht schon aus verhemmter Haltung sofort in freie Partnerschaft. Was solchen Beziehungen vermutlich größere Eintracht verleiht, ist die gemeinsame Feindschaft gegen den Mann, ein Bindemittel, das andernfalls hervortretende Spannungen überdeckt.

ALICE SCHWARZER räumt allerdings ein: »Nicht alle Frauen sollen bisexuell oder lesbisch werden.«[55] Es gehe darum, zu erreichen, daß »Frauenliebe für Männer kein selbstverständliches Privileg mehr ist«; die Männer sollten »sich anstrengen«[56].

Lesbische Liebe, sagt GERMAINE GREER, verstehe sich vor allem als eine »Revolte gegen die Beschränkung der weiblichen Rolle auf Passivität, Heuchelei und indirektes Handeln, daneben als Widerstand gegen die Mechanik und Brutalität männlicher Sexualleidenschaft«[57]. Gleichviel, ob das tiefenpsychologischer Überprüfung standhält, ob nicht im einen oder anderen Fall Identifizierung mit dem Vater das entscheidende Motiv ist – es sinkt ins Volk. Die Politisierung der Gefühle läßt politisch motivierte Gefühle nachwachsen.

In einem Leserbrief fanden wir die bündige Zuspitzung: »Die Lesbierin ist die wirkliche Kämpferin für weibliche Unabhängigkeit.«[58] Frauen, die sich sexuell einander hingeben, sollen dabei wohl noch denken, sie kämpften so gegen den Erzfeind, den Mann. Wer je so pervers, so aggressiv bei einem Verhalten empfunden hat, das unter anderen Bedingungen »der Liebesakt« heißt, der fiel doch aus einer Gesellschaft gar nicht heraus, in der Solidarität sich vornehmlich als Kampfgemeinschaft bildet, gegen etwas, gegen andere, und seltener auf der Grundlage gemeinsamer Wertschätzung.

b) Die Verachtung freizügiger Frauen

Die Rede vom »männlichen Sexmonopol« (SCHWARZER) projiziert kurzschlüssig die Monopolisierung der Sexualität durch die streng monogame Ehe auf denjenigen, dem es bisher noch am besten gelungen war, diesen Ausschließlichkeitsanspruch zu umgehen. Daß dem Manne dies gelang, hatte vornehmlich zwei Gründe: einmal bekommt er von einem Seitensprung keine Schwangerschaft; zum anderen war die persönliche Reputation eines Mannes nie allein durch sein Sexualverhalten definiert, und das heißt im Wortsinne: sie war nicht davon *begrenzt*. Wer erfolgreich in seinem Handwerk, in seiner Kunst, in seiner Wissenschaft »seinen Mann stand«, der konnte im übrigen sexuell leben, wie er wollte, sofern er nur nicht – wie Marschall Gilles de Rais – zum Lustmord schritt. Das aber galt – und gilt – für beide Geschlechter.

Es stimmt nicht, daß *grundsätzlich* nur sexuell frei lebende Männer von der Gesellschaft geduldet oder gar bestaunt wurden. Frauen mit vergleichbarem Lebenswandel aber verachtet und abgewertet[59]. Das war – und ist – wohl die in den mittleren und unteren sozialen Schichten gelebte »doppelte Moral«. Frauen, die als Künstlerin oder Herrscherin etwas vorstellten, konnten sich Männer leisten, soviel sie wollten, ohne sozial deklassiert zu werden. Die Schriftstellerin Germaine de Staël, Madame Tallien, die einen Robespierre zu Fall brachte, Kaiserin Katharina die Große, die Fürstin Liewen, diese sexuell emanzipierten Frauen, die auch politisch wirkten, desgleichen die gefeierten Schauspielerinnen, die schon immer ihre »Affairen« hatten, sie alle galten nicht als »gefallene Engel« oder als »lasterhafte«, »liederliche« Personen, die »sich weggeworfen« hatten[60], sondern, je nachdem, als »faszinierend«, »unwiderstehlich«, »männermordend« oder »unersättlich«. Einzig der Emporkömmling Bonaparte verbot als Kaiser der Franzosen jener Madame Tallien, die seiner ersten Frau das Leben gerettet hatte, den Hof, aber wohl eher aus Angst, das Beispiel dieser ungebärdigen und freizügigen Frau könnte auf die brav gewordene Josephine ansteckend wirken[61]. Das tat der gesellschaftlichen Stellung der Gemiedenen jedoch sonst keinen Abbruch. Als Notre-Dame de Thermidor war sie die gefeierte Erlöserin von der Schreckensherrschaft, ein Engel, der sich dem Volke halb nackt zeigen durfte[62].

Je mehr es der Frau gelang und gelingt, eine Rolle in der Gesellschaft zu spielen, desto weniger haftet ihr Ruf an ihrem sexuellen Verhalten, desto freier wird sie als Geschlechtswesen. Das muß nicht unbedingt eine Berufs-Rolle sein. Doch die beruflich emporgekommene Frau kann es sich auch heute schon leisten, einem Mann (gleichwohl nicht jedem Mann) eindeutig ihre Sympathie zu bekunden. Das bedeutet auch Befreiung für den Mann: Wo sexuell unverklemmte Charaktere sich aufeinander zubewegen, da braucht der an einer Frau sexuell interessierte Mann nicht mehr ängstlich abzuwägen, ob er vielleicht »einen Korb« bekommen wird. Die Angst, abgewiesen zu werden, hat ja nicht nur neurotische Gründe, sondern auch Gründe der Klugheit – in einer sexuell Versteck spielenden Gesellschaft, wo fast ein jeder vor dem anderen seine »intimsten Wünsche« verbirgt.

Die modernen Frauenrechtlerinnen sollten nicht vergessen, daß die jahrhundertelang propagierte, aber nie ganz gelungene Unterdrückung der Frau durch den Mann ihre starke moralsoziologische Komponente

hat: Wenn sexuell schwache, hochneurotische Männer herrschen wollten, dann mußten sie nicht nur die Frauen, sondern auch die vitalen
Männer unterdrücken. Nur Männer, die nicht gelernt hatten, in sexueller Lust das Leben zu bejahen, waren dafür zu gewinnen, im Kriege
aggressiv und »todesmutig« sich auszutoben. Schon das alte Israel
schrieb seinen Kriegern vor, sich vor dem Auszug in die Schlacht einige
Tage sexuell zu enthalten[63]. Der Kausalzusammenhang von sexueller
Frustration und Aggressivität war zwar noch nicht theoretisiert, jedoch gelenkte − und befohlene − Wirklichkeit. Die Beschränkung der
Sexualität auf die Einehe steht damit in Zusammenhang. Mochten
auch erbrechtliche Überlegungen mitspielen: Tatsache ist, daß in streng
monogamer Bindung die Frische des Begehrens nachläßt[64]. GOTTFRIED
BENN hat das zugespitzt in den Satz, die Ehe sei »eine Institution zur
Lähmung des Geschlechtstriebes«[65]. Der logische Inhalt dieser Sottise
ist jedoch mit der biologischen Quintessenz der überkommenen Sittlichkeit identisch: HANS DRIESCH sah in der Monogamie ein Mittel, den
Fortpflanzungstrieb zu beschränken[66]. Das war in sogenannten normalen Zeiten wohl auch das ebenso selbstverständlich geübte Verfahren, das für die Früchte außerehelichen Geschlechtsverkehrs bis in unsere Tage nur noch die heimliche Abtreibung offenließ. Was allgemein
als Schande empfunden wurde, uneheliche Mutterschaft als Zeichen
außerehelichen Geschlechtsverkehrs, war nur die auf das Gewissen des
Einzelnen überwälzte Bevölkerungs- und Eigentumspolitik, solange
Krieg oder Seuchen die Bevölkerung nicht dezimierten. Nach dem
Dreißigjährigen Krieg hat man in einigen Landstrichen für kurze Zeit
erlaubt, sich als Mann zwei Frauen zu nehmen[67].

Das sogenannte Sexualmonopol des Mannes ist bei näherem Zusehen nur das um die Person des Mannes herum kristallisierte Sexual-
monopol der Ehe − zu dem Zweck, den »störrischen Trieb« (FREUD[68])
zu bezähmen. Seit nach der Entdeckung Amerikas die Syphilis nach
Europa kam, gewann diese Moral − neben der kriegspsychologischen
Motivierung − noch die Funktion der Abwehr einer Gefahr für die
Gesundheit. Die großen Hexenverfolgungen begannen allerdings drei
Jahre vor der Entdeckung Amerikas durch Kolumbus. In der Marte-
rung und Vernichtung der Hexe, im Niederhalten der Frau, in der
Verachtung der sexuell Freizügigen bekämpfte der durch Krieg und
Krankheit bedrohte Mann jenen Urtrieb, den eine zudem leibfeindliche
Religion als sündig, ja teuflisch ihm ausgelegt hatte. In der Frau, der
auch unbewußt, auch ungewollt, ja schon durch ihre stille Schönheit
Lockenden, bekämpfte der sexuell reagible Mann seine Triebangst.

Weil sie ihn zu verführen vermochte, galt sie als »Hort der Sünde«, als Born der teuflischen, alles verschlingenden Lust. Die sichere Ahnung – oder auch schon Erfahrung, daß die erst einmal sinnlich entfesselte Frau einen Mann sehr bald – zu seiner Beschämung – an die Grenze der sexuellen Leistungsfähigkeit führt, mochte mitspielen.

c) »Moloch Weib«

Man braucht kein Männerrechtler zu sein, um zu begreifen, daß die stilvoll sich pflegende Dame der sogenannten besseren Kreise dem in beruflichen Rivalitäten sich erschöpfenden Gatten sexuell überlegen ist. Die bedrohliche Hexe, das ist heute vorweg die beruflich untätige und zu Hause noch durch Hilfskräfte entlastete Frau. Wo wirklich dauerhaft die Frauen ins Erwerbsleben einrücken, im Akkord stehen oder Verantwortung tragen, da gleichen sie den Männern ohnehin in Müdigkeit sich an. Der feministische Vorschlag, alle Arbeit jeweils halbtags an einen Mann und seine Frau (oder eine Frau und ihren Mann) zu vergeben, wird sich nicht in allen Sparten durchsetzen lassen. Der eine, der gar nicht arbeitet und zu Hause, wenn kleine Kinder fehlen, nicht ausgelastet ist, hat Zeit zu Abenteuern und noch Kraft genug, sich über vitale Schwäche des Partners zu beklagen. Dem anderen fehlt es an Kraft und Zeit. Auch wo das der Mann ist, wird man sagen dürfen, daß er sexuell nicht gleichberechtigt ist. Widmet er jedoch mehr Zeit, als seinen Berufspflichten zuträglich ist, seiner müßigen Ehefrau, so kommt er in die Gefahr, in Mißerfolg auch noch ihre Anhänglichkeit zu verlieren. Machen wir uns nichts vor: Die Rede von »Liebe und Treue« ist weithin Phrase und ein verbaler Köder, zur Ehe zu verlocken.

Im selben Geschäft miteinander arbeitende – und sich erschöpfende – Paare stehen vermutlich jenseits solcher Probleme. Wo Mann und Frau gleich angespannt arbeiten, verflüchtigt sich die sexuelle Überlegenheit der Frau. Beruflicher Streß wirkt entsexualisierend.

Der sexuell unersättliche »Moloch Weib«, der alles verschlingende, das ist – neben der Realität der wohlausgeruhten Sofapuppe – ein Mythos, in den der unzärtlich erzogene und beruflich überforderte Mann seine Kastrationsängste projiziert. Das ist auch der Sündenbock, in dem der aggressiv in die Welt ausgreifende Mann alles das, was weich und hingebend ist in ihm selber, bekämpft und verteufelt. Vom Standpunkt eines ehrgeizigen, in Politik und Wirtschaft oder Kunst und Wissenschaft aktiven Mannes erweist sich die selber nicht berufstätige Frau, die lockt und verführt und lange Abende der Zärtlichkeit beansprucht, immer wieder als ein Hemmschuh. Aber als einer, dem er gar nicht entgehen *will*. Das ist für den ehrgeizig Vorwärtsstrebenden, in Ämtern und Pflichten Aufgehenden höchst irritierend. Statt sich zu fragen, ob sein Lebensstil mit seiner eigenen Naturanlage in Einklang steht, projiziert er seine Lebensangst auf das beunruhigende Element in seinem Leben, auf die verführerische Frau. Als während der Herrschaft des Konvents eine Gruppe Frauen, angeführt von der Volksschauspielerin Rose Lacombe in den Sitzungssaal des Rates von Paris drang und die Versammlung der Männer störte, rief ihnen Chaumette entgegen: »Unkluge Weiber, die ihr Männer werden wollt: Seid Ihr nicht gut bedacht worden? Ihr gebietet über alle unsere Sinne! Euer Despotismus ist der Despotismus der Liebe und folglich der Despotismus der Natur.«[69]

Da kam es deutlich heraus: Der tiefste Grund männlichen Herrschaftsanspruches ist das Gefühl der Ohnmacht gegenüber dem anderen Geschlecht, das mit seinen Reizen die Macht der Natur selber repräsentiert. Das ist aber die sonst mehr oder weniger verschwiegene Motivation auf dem Boden einer Kultur und Religion, die der Sexualität feind sind. Wo der Mensch problemlos in Einklang lebt mit seinen vitalen Antrieben, wo er einfach dem natürlichen Rhythmus von Begehren und Befriedigung sich überläßt, da braucht er den »Moloch Weib« nicht zu fürchten. Da käme es gar nicht zu jenem gefährlichen Triebstau, der aus lange zögernder Zurückhaltung, anerzogener Scham, falscher Rücksichtnahme und aus Angst vor Bloßstellung sich bildet und erst recht das Denken durch Phantasien der Leidenschaft verwirrt. Die in unserer Kultur zwischen Männern und Frauen ausgetragenen Spannungen sind, den Einzelnen unbewußt, nur Dramatisierungen der großen uns überlieferten Triebfeindschaft, für die noch die meisten von uns erzogen wurden und mit der wir solidarisch, Männer und Frauen, fertig zu werden haben.

d) Feminismus als Protestbewegung

Die sexuelle Emanzipation der Frau kann nicht auf dem Verordnungswege oder durch Gesetzgebung erreicht werden, nur behindert oder erschwert, etwa durch einen weltfremden Abtreibungsparagraphen[70]. Die sexuelle Emanzipation der Frau kann nur durch geduldige Aufklärung und durch eine Wandlung des Erziehungsstils und der

Erziehungsziele vorangetrieben werden, nicht aber durch Kampf gegen den Mann.

Die Bewegung der Feministinnen hat die allgemeine Aggressivität in unserer Gesellschaft nur um ein weiteres Spannungsfeld bereichert: um den zur publizistischen Kontroverse, gar zum »Klassenkampf« stilisierten Kleinkrieg zwischen Mann und Frau. Die Listen der ewigen Eva, das Auftrumpfen des alten Adam und die Verweigerungsspiele der Lysistrata wurden politisiert zum Entzücken aggressiv gewordener Frauen, die ihre Schwierigkeiten mit den Männern haben, und zum Gaudium einer Männerwelt, die ganz genau weiß, daß die Gleichberechtigung der Frau vor der eigenen Haustüre endet. Dabei kann nur bewirkt werden, daß zum öffentlichen Thema und zum kollektiven Ressentiment wird, was vieltausendfach in ehelichen Spannungen diffus verläuft: sei es aus Unmut über die Unfreiheit in einer Versorgungsehe, sei es aus Enttäuschung über einen unzärtlichen Gatten oder über einen Ehealltag mit Waschen, Kochen und Bügeln, einen Alltag, den man sich zuvor als das wahre »Glück« erträumt hatte; sei es auch aus Wut über einen Mann, der nach dem Motto lebt »Wer zahlt, schafft an«, oder über einen, der es zu nichts Rechtem gebracht hat und darum die Frau zum Mitverdienen nötigt oder sie dennoch ans Haus kettet. Aus welchen Gründen sonst auch immer eine Frau ihrem Manne gram ist – der gemeinsame Rahmen allen Unmuts ist, daß enge Ehemoral zwei Menschen so aufeinander hinspannt und in vieler Hinsicht so voneinander abhängig macht, daß einer des anderen Prellbock und Sündenbock wird noch für Unzulänglichkeiten, die ein jeder der beiden aus dem Elternhaus mitgebracht hat.

Längst geht es nicht mehr allein um gleiche Chancen am Arbeitsplatz, sondern auch um die politische Absicherung der gleichberechtigten Rolle der Frau in der Ehe. Soweit man dabei über das vom Bürgerlichen Gesetzbuch zu Regelnde hinausgeht, kann durch Polemik gar nichts, durch Erziehung sehr viel, aber auch erst für die nächste oder übernächste Generation bewirkt werden. Es ist schon paradox genug, eine bessere, eine befriedete Welt vom weichen, dem mütterlichen Prinzip zu erhoffen und dabei einen Vernichtungskampf gegen die Männer zu propagieren[71]. Noch widersinniger ist es, sich gegen die aggressive Welt der Männer zu stemmen – und sich gegen die »Zumutung« zu wehren, den Kleinkindern vitale Wärme und Zärtlichkeit zu gewähren. Das wird von Frauenaktivistinnen als »rein biologische Betrachtungsweise«[72] verworfen. In solcher Polemik wird ihnen nicht bewußt, daß sie aus der überkommenen Moral den leibfeindlichen Affekt übernommen haben. Die moderne Lysistrata weiß auch nichts vom Bedingungsverhältnis Frustration – Aggression. Sie will nichts davon wissen. Es geht ihr gar nicht darum, männliche Aggressivität zu beschwichtigen, sondern darum, den Mann zu zähmen. Von den Kindern nimmt sie kurzschlüssig an, sie könnten sich aggressionsfrei entfalten, sowie die repressive Familie zerschlagen sei[73]. Daß auch schon die repressive, die patriarchalische Familie von frustrierend hart und lieblos erzogenen Menschen gebildet wird, kommt dem auf Institutionen fixierten Denken nicht in den Sinn. Haß auf die ungeliebten Väter und Mütter, der gegen diese niemals sich vorwagte, reagiert sich an abstrakten Wesenheiten ab: an »der Familie« schlechthin, an »der Gesellschaft« oder am »Establishment«, ohne jenes Minimum an Veranschaulichung zu leisten, das uns darunter konkrete Menschen vorstellt und nicht bloß »Charaktermasken« (DUTSCHKE), Schießbudenfiguren, an denen man, selber lustfeindlich erzogen, sein Mütchen kühlen kann.

Die neue Frauenbewegung hat wie die Protestbewegung der Jugend nur eine Soziologisierung privater Aversionen und Spannungen geleistet. Die Entdeckung, daß viele andere Frauen ganz ähnlich unter ihren Männern zu leiden haben, ermöglicht kämpferischen Zusammenschluß – auf der Basis des Vorurteils, daß auch all das, was an anerzogener Nachgiebigkeit in den Frauen liegt, den Männern wie eine Schuld angelastet werden kann. Es wäre aber eine hohe moralische Leistung, wenn die Männer versuchten, die ihnen angebotene Unterwürfigkeit nicht voll auszulasten. Daß demjenigen, der dabei die Grenze der Belastungsfähigkeit überschreitet, Trotz, ja obstruktives Nein entgegenschlägt, ist nicht zu verwundern. Vielfach bleibt es aber auf seiten der Frau bei deutlich zur Schau getragenem Mißmut, der, zur Mode geworden, sich sozialkritisch aufblähen kann. Wie die rebellischen Studenten, die gegen ihre leiblichen Väter nicht aufzumukken wagen und statt dessen am Establishment, an Professoren und Institutionen sich wundreiben, so reiben sich die Frauenführerinnen an der Männerwelt anstatt am eigenen Mann. Da viel privates Unrecht im Maßstab der Gesellschaft institutionalisiert ist, ist das nicht rundheraus abwegig. Der vielen Frauen vorenthaltene gerechte Lohn läßt sich nicht im Ehekrieg erkämpfen. Umgekehrt kann die Teilung der Hausarbeit unter zwei berufstätige Ehepartner nicht in öffentlichen Aktionen durchgesetzt werden, sondern muß am eigenen Herd erfochten werden. Die Mitgliedschaft in einer militanten Frauenvereinigung kann dabei besonderen Rückhalt gewähren, die häuslichen Spannungen aber auch unheilvoll verschärfen.

e) Vom Umgang mit Feministinnen

Was den beruflichen Umgang mit emanzipationswütigen Frauen für einen Mann so anstrengend und auch enttäuschend macht, das ist, daß sie alles, was sie beurteilen, zur Diskussion stellen oder einwenden, gleichsam unter dem Vorzeichen bringen und einwenden, daß sie als Frau damit zur Geltung kommen möchten. Wer ihnen widerspricht, bekommt deutlich zu verstehen oder gar offen gesagt, daß er aggressiv vom männlichen Standpunkt aus werte; daß er Frauen geistig, beruflich nicht anerkennen wolle. Was immer sie spricht, die bewußt, überbewußt auf Gleichberechtigung erpichte Frau, sie tut es mit dem Tenor: »Ich bin eine Frau, ich will Ihnen mal etwas sagen.« Die Folge ist, daß die Frau widerspricht um des Widerspruches willen und daß ihr widersprochen wird aus demselben Grunde. Frauen, die »es den Männern zeigen wollen«, macht es nichts aus, in einer Diskussion wechselnde Standpunkte zu beziehen, nur um »Treffer« zu erzielen. Das Sachinteresse tritt zurück, dient gleichsam nur als Reck für emanzipatorische Aufschwünge.

Eine solche Frau trübt sich selber den Blick auf die in Frage stehende Sache und stört jede Solidarität unter den gemeinsam Bestrebten. Sie ist auch überempfindlich gegen Kritik, sogar, ja womöglich erst recht gegen lobende. Männer, Vorgesetzte oder Kollegen, die sich positiv über ihre Arbeit äußern, kommen bei ihr in den Verdacht, sie nur deshalb zu loben, weil sie eine Frau ist, bei der sich Leistung nicht von selbst verstehe.

Wo Männer bei Frauen auf Emanzipation als Weltanschauung stoßen, zucken sie zurück. Solche Frauen »schalten nie ab«, hindern damit auch den Mann, das Nachdenken über sie einmal bleiben zu lassen, sich ganz zu lösen. Der Mann ahnt voraus, daß er bei der auf Emanzipation bedachten Frau eigentlich nur noch alles falsch machen kann. Unausgesetzt wird er – mit Recht – getadelt werden, wenn er sich sexuell mit ihr einläßt: daß er – in dieser Reihenfolge – männlich-egozentrisch sei, zu heftig, zu wenig einfühlend, lieblos, zu wenig spontan (er muß ja dauernd nachdenken!), zu lahm, zu wenig ausdauernd, zu schwach. Die beständig um ihre Gleichberechtigung besorgte Frau macht ein Politikum aus der Art, wie Mann und Frau beieinanderliegen: wenn er *oben* liegt, ist er »repressiv«, will sie demütigen[74]. Sofern er das nicht lächerlich findet, muß *er* sich also »demütigen« lassen – oder weiter darüber nachdenken, wie ein Konflikt im sogenannten Intimbereich vermieden werden kann. Die Feministin emanzipiert sich gleich zum Schulmeister in Liebesdingen; die Stufe der mitgenießenden Geliebten kann sie überspringen. Sie emanzipiert sich damit an dem, was eine unbefangene Partnerin sein könnte, vorbei; sie emanzipiert sich zur Männin, zur Äffin des Mannes, der es immer nur darum geht, den Mann mit seinen Waffen zu schlagen. Ihre missionarische Kritiksucht hindert sie daran einzusehen, daß man gegen einen Menschen zwar in allen Einzelheiten recht haben kann, aber ihm durch permanentes Rechthaben im ganzen unrecht tut.

f) Gleichstellung und Gleichberechtigung

Wenn wir zu guter Letzt auf einen Begriff kommen wollen, müßten wir Gleichberechtigung der Frau von völliger Gleichstellung der Geschlechter noch abheben. Totale Gleichstellung wäre gleiche Belastung, auch gleiche körperliche Belastung. Nur die ideologisch extreme, medizinisch sogar bedenkliche Abschaffung aller Muskelarbeit, wie sie von einer Feministin, SHULAMITH FIRESTONE[75] schon gefordert wird, könnte in der Arbeitswelt die völlige Gleichstellung von Mann und Frau erreichen. Gleichberechtigt Wehrdienst für beide Geschlechter könnten die Frauenrechtlerinnen danach immer noch fordern, sofern sie um jeden Preis konsequent bleiben wollen[76]. Dann hätten männliche Hochschulabsolventen mit ihren Kommilitoninnen im Berufsleben immerhin gleiche Startchancen.

Völlige Gleichstellung von Mann und Frau im Beruf: mögliche geschlechtsspezifische Unterschiede der Begabungs*richtung* (nicht der meßbaren Leistungsintelligenz) für gehobene Positionen blieben dabei noch unberücksichtigt. Und nur die völlige Abschaffung von Schwangerschaft und Menstruation, wie sie allen Ernstes zur Rettung der Menschheit schon vorgeschlagen wurde[77], könnte Mann und Frau im Bereich von Haus und Familie einander gleichstellen. Für die Abschaffung der Schwangerschaft wird wohl an Brutkästen für die Embryonen gedacht; zur Beseitigung, zumindest zur Verkürzung der Menstruation wird schon etwas getan[78]. Solche Veranstaltungen, deren mögliche Folgen noch gar nicht abzusehen sind, wollen, widersinnig genug, die Benachteiligung der Frau, die zu einem gut Teil der Verteufelung des Leibes und der Sexualität sich verdankt, durch weitere Angriffe auf den Körper der Frau beseitigen. Die Zweige solcher »Emanzipation« treiben am Stamm der Leibverachtung.

Mit radikaler biologischer Gleichstellung von Mann und Frau ist es also nichts. Gleichberechtigung kann nur heißen, daß die beiden Geschlechter, jedes in seiner Eigenart, wechselseitig und auch jedes von sich selber so respektiert werden, daß keines der beiden das andere beherrschen kann. Geschlechtsspezifische Privilegien schließt das nicht aus. Zu diesen Privilegien gehört bei der Frau das Recht auf geringere muskuläre Beanspruchung und – bei uns zuland, nicht aber zum Beispiel in Israel – Befreiung vom Wehrdienst. Es gehört dazu bei beiden Geschlechtern, besonders auf seiten des Mannes, das moralische Recht, sich sexuell nicht forcieren zu müssen, wo man nicht begehrt. Besonders auf seiten des Mannes: denn wie MARGARET MEAD[79] bestätigt, muß der Mann seiner Natur viel mehr Gewalt antun als eine Frau in vergleichbarer Situation, wenn er sich zum Geschlechtsverkehr mit einer Partnerin stimuliert, die er nicht begehrt.

Zu den geschlechtsspezifischen Privilegien der Frau gehört auch das Recht, von den Ärzten nicht um das Erlebnis und die Lust des Stillens gebracht zu werden (ganz abgesehen von den vitalpsychischen Bedürfnissen der Kinder). Nicht gehört zu den biologisch begründeten Rechten der Frau, daß sie von Ämtern und Gerichten schonender und milder angefaßt wird als ein Mann. Es ist bekannt, daß angeklagte Frauen, zumal wenn sie jung sind und charmant zu lächeln verstehen, vor Gericht eher einen Freispruch erreichen als ein Mann[80]. DE GAULLE hat in seiner Amtszeit als französischer Staatspräsident *alle* zum Tode verurteilten Frauen begnadigt, freilich aus der Überlegung: »Die Frauen sind des Besten und des Schlimmsten fähig. Also darf man sie nie erschießen.«[81] Drückt sich darin auch spöttische Herablassung aus – es zählt das Ergebnis. Solch ungleiche Behandlung der Geschlechter durch Justiz und Staat wird aber schwinden: nicht erst, wenn es uns gelingt, das Strafrecht abzuschaffen, sondern schon in dem Maße, in dem Frauen in Richter- und Staatsämter einrücken.

Es wird sich auf die Dauer nicht aufhalten lassen, daß die Frauen im Berufsleben neben den Männern völlig gleichberechtigt stehen. Das muß nicht heißen, daß alle Stellen im Staat und in der privaten Wirtschaft paritätisch mit Frauen und Männern besetzt werden. Wer auf so etwas hinauswill, denkt immer noch in der Kategorie des Geschlechtergegensatzes auch dort, wo Arbeitskameradschaft ihn überholen sollte. Berufliche Gleichberechtigung der Frau bedeutet nicht mehr und nicht weniger, als daß eine Frau wie ein Mann das Recht hat, nach ihren individuellen Fähigkeiten eingesetzt und entlohnt zu werden. Daß die Frauen – auch gegen ihren Willen – in leitende Stellungen geschleust werden, kann nicht gemeint sein. Die Frauen müssen sich selber emanizpieren: zu einem Sachinteresse, vor dem der Wettbewerb mit dem Mann zum kleinlichen Ritual würde.

In einer Übergangsphase werden Männer noch darunter leiden, daß beruflich tüchtigere Frauen an ihnen vorbei aufsteigen und zu ihren, der Männer, Vorgesetzten werden. Gewinnen wird aber auch der Mann durch eine beruflich selbständig gewordene Frau, die es nicht mehr nötig hätte, sich ihre Rolle in der Gesellschaft zu erheiraten. Die beiden Geschlechter können dann, wenn sie gleichermaßen sozial in sich stehen, unbefangener einander begegnen. Wenn erotische Beziehungen nicht durch Prestige- und Sicherheitsüberlegungen belastet sind, dürften sie lustvoller werden.

VII. KAPITEL

Das Verbrechen als Spiegel der Gesellschaft

A. DER VERBRECHER – DER UNGEBROCHENE MENSCH?

a) Die Rolle der Triebe

In einer Gesellschaft, deren sittliche Ordnung auf einer elementaren Lüge beruht, auf der Lüge von der konfliktlosen Unterdrückbarkeit unserer Triebe, da kann es so scheinen, als sei der Verbrecher einzig derjenige, in dem der noch ungebrochene Mensch erscheint. So hat es NIETZSCHE gesehen[1]. Nur daß der Verbrecher sich nachträglich oft seiner Tat nicht gewachsen zeige, daß er sie »verkleinert und verleumdet«, bringt ihn nach NIETZSCHE zurück in die Gesellschaft der Unaufrichtigen und Verkrümmten, für deren Moral die Lüge konstitutiv ist[2].

So muß es sich darstellen einem jeden, der im Menschen einen ursprünglichen Hang vermutet, gegen die jeweils bestehende Ordnung aufzubegehren oder sich auch völlig unmotiviert feindlich gegen die Mitmenschen zu wenden. Wer mit KONRAD LORENZ davon überzeugt ist, daß der Mensch ein jeweils mehr oder minder großes Aggressionspotential mit auf die Welt bringt, dem muß es so scheinen, als sei der Verbrecher, und gerade der Gewaltverbrecher, derjenige, der eine Neigung, die uns alle bestimmt, in ungehemmter und also ungeheuchelter Weise auslebe. Daß er dabei auch heimtückisch und hinterhältig zu Werke gehen kann, änderte nichts an seiner grundlegenden Aufrichtigkeit: an seiner Weigerung, die scheinbar ursprüngliche Aggressivität zu verdrängen. Diese moralische Konsequenz der Theorie von LORENZ kann nur abwehren, wer entschlossen in Verdrängung und Triebunterdrückung ein positives Phänomen sieht und sich weigert, Aufrichtigkeit mit den vitalen Antrieben des Menschen in Zusammenhang zu bringen.

Dann ist ein Lügner immer nur der, der bewußt und willentlich die Unwahrheit sagt oder sich verstellt, noch nicht aber einer, dessen Handlungen aus einem von Grund auf verbogenen Gemüt hervorgehen. Das ist die Psychologie des Strafrechts, das nicht nach der Gefährlichkeit eines Täters urteilt, sondern danach, für wie gefährlich ein Rechtsbrecher sich selber weiß. Man nennt das seine Schuld. Konsequent angewendet, vermeidet solche Psychologie, das Töten eines Menschen aus völlig nichtigen Motiven erschwerend als Mord einzustufen[3]. Das motivlose Verbrechen spiegelt – wie auch das »unbewußt fahrlässig« begangene – in bedrohlicher Vergrößerung eine Moral wider, die schon den kleinen Kindern eingelernt wurde: daß es weniger schlimm ist, wenn man etwas »nicht absichtlich« gemacht hat.

Wenn Aggressivität ein ererbter Trieb ist, dann in der Tat kommt jede Erkundigung um Motive, warum ein Mensch andere quält, verletzt oder gar tötet, immer schon zu spät. Das Allgemeinste, was alle miteinander verbände, die Neigung zur Aggression, wäre das einzig wahre Motiv aggressiven Verhaltens. Was der Einzelne dazu an Beweggründen nennen mag, Enttäuschung, Haß, Wut, sexuelle Lust an der Grausamkeit oder den Willen, sich zu bereichern, das wären alles nur Formen, unter denen der *eine* Drang, wehezutun und zu vernichten, dem eigenen Bewußtsein erschiene. Es könnte, immer unter der Voraussetzung eines angeborenen Aggressionstriebes, so sein, daß die Neigung zum Verbrechen unausrottbar, unabänderlich wäre, und daß nur die Motive dafür sozialen Wandlungen und gesellschaftlichen Einflüssen unterworfen wären. Solche Vermutung wird immerhin gestützt durch die sich ablösenden Ideale der politischen Überzeugungstäter und durch die bisweilen belanglosen Motive, aus denen Menschen einander töten können. Auch der Raubmörder, der ganz genau weiß, daß er nur eine geringe Summe erbeuten wird, kann mit dem Motiv der Bereicherung nicht wirklich begriffen werden. Es liegt nahe zu vermuten, daß er mit dem Gedanken ans Geld nur ein allgemeinverständliches Motiv entwickelt hat, worin ihm das Abgründige seines Tuns selber verborgen bleibt[4].

Es kann sich uns durchaus so darstellen, auch ohne daß wir die höchst anfechtbare Theorie vom angeborenen Aggressionstrieb[5] mitvollziehen. Wenn wir recht haben mit der Annahme, daß die Unterdrückung vitaler Antriebe überhaupt einen Menschen wie auch ein Tier entweder krank oder gefährlich aggressiv macht, dann nehmen der in unserer Gesellschaft traditionellerweise verdrängte Sexualtrieb und der stillschweigend mitunterdrückte Bewegungstrieb eine bedeutende Stellung unter den Kriminalitätsursachen und Verbrechensmotiven ein. Namentlich die Verdrängung sexueller Regungen ist ein so bekanntes, ja konstitutives Moment unserer Kultur, daß für kriminelles Verhalten, dessen Motiv verdrängt ist, nicht noch irgendeine andere, schwer nachzuweisende Verdrängung bemüht werden muß. Der Verbrecher steht nicht jenseits der Gesellschaft, er vollzieht nicht nur die Wertungen mit, die alle vollziehen; er ist oft auch ein Überangepaßter, der bis zur persönlichen Tragödie entwickelt, was in uns allen an sittlichen Zwängen sich stößt oder in Heuchelei sich verkrümmt. *Eine jede Gesellschaft hat nur die Kriminellen, die für ihre Moral charakteristisch sind.* Und wenn das eine verlogene Moral ist, die uns zum »Sublimieren« auffordert und alles mit Geldwert bemißt, dann ist der hierfür am meisten charakteristische, wenn auch nicht auffälligste Rechtsbrecher: der Betrüger. Hier ist der Übergang zum wohlangepaßten Bürger fließend. Beim Betrug gibt es, wie HANS VON HENTIG sagt, ein »unübersehbares Dunkelfeld«[6] und es bleibt, wo jeweils zwei einander hereinzulegen versuchen, oft bis zuletzt offen, wer der »Täter« und wer das »Opfer« werden soll[7]. So hat es ARMAND MERGEN für den Betrug im Geschäftsleben beschrieben; die Kausalität ist aber vielfach beim Betrug so undurchsichtig.

Der Verbrecher, zumindest der auffällige Verbrecher ist wohl, wie auch der »katholische Nietzsche« MAX SCHELER gemeint hat[8], insofern noch ehrlicher als der geduckte Bürger, als er im Gegensatz zu diesem wenigstens seinen Haß nicht verdrängt hat. Aber er hat doch die Grundlüge unserer Gesellschaft, die Verdrängung und Verbiegung der Sexualität, längst mitvollzogen. Und er ist oft nicht aufrichtig, jedenfalls nicht folgerichtig in seinem Haß. Statt ihn mit seiner Vernichtungswut konsequent gegen den zu wenden, der im Leben ihn zuerst tief enttäuscht oder zum Haß provoziert hat, gegen den Vater, die Mutter oder den älteren Bruder, überträgt er seinen Haß auf Ersatzväter oder Ersatzbrüder, oder er wird zum »Weiberfeind«. Ein junger Mann, ein Rocker zum Beispiel, der scheinbar grundlos einen deutlich Älteren zusammenschlägt, bekämpft in ihm den tyrannischen Vater, unter dem er in der Kindheit gelitten hat. Wenn es so sich verhält, wenn Gewaltkriminalität überhaupt ein verstecktes Aufbegehren gegen väterliche Unterdrückung ist, dann spiegelt sich darin auch der moralische Zusammenhalt der Familie. Die Familie leistet ja das Paradoxe, daß sie zwar Aggressionen erzeugt und entwickelt, aber zumeist auch in ihr selbst unterbindet. Die spannungsgeladene Familie streut nach außen gleichsam in den freien Raum der Gesellschaft, was in ihr selber durch Pietät magisch blockiert ist. Vatermord, wenngleich im Sinne Freuds das kriminelle Urphänomen schlechthin[9], ist doch vergleichsweise selten. Es wird aber in anderen Menschen symbolisch der verhaßte Vater verletzt oder getötet. Wenn es nicht analog der Übertragungsliebe eine Haßübertragung gäbe, es gäbe auch nicht die Kriminalität als gesellschaftliches Phänomen. Es gäbe sie dann nur als Familientragödie. Spiegel der Gesellschaft wäre sie dann allein als Reflex kulturspezifischer innerfamiliärer Spannungen und Triebfrustrationen.

Man wende gegen eine kuluradäquate Herleitung krimineller Neigungen aus sexueller Frustration nicht ein, daß schließlich gerade der Triebtäter in recht ungehemmter Weise seine Sexualität auslebe. Wer so argumentierte, müßte daran erinnert werden, daß gerade lange während Triebstau zu explosiver Entladung führt und daß bereits sadistisch verbogene Sexualität sozialgefährlich hervorkommt. Man soll auch nicht übersehen, daß das kulturspezifische Schamgefühl in der Motivation des Sexualstraftäters ein oft entscheidendes Gewicht hat. Junge Burschen, die, jeder für sich allein, zu schüchtern und zu verklemmt sind, um mit einem Mädchen zärtlichen Kontakt anzuspinnen, sind doch mutig genug, um zusammen sogenannte Gruppennotzucht zu begehen. Exhibitionisten geben an, daß sie »direkte körperliche Berührung« als sündhaft empfinden[10]. Ihr Verhalten ist geradezu eine Entgleisung der Schamhaftigkeit.

Man kann gewiß nicht alle Kriminalität aus sexueller Frustration erklären. Aber Brandstiftung und Kleptomanie sind – aller Naivität zum Trotz – als sexualpathologische Phänomene bei Kriminologen und Psychiatern kaum noch umstritten[11]. Wie und wo Kleptomanie in bewußten Diebstahl übergeht, ist dagegen nicht nur eine psychologische und rechtsdogmatische Frage, sondern auch ein soziologisches Problem. Junge Radikale begehen Kaufhausdiebstahl, um gegen den Kapitalismus zu kämpfen, Damen der besseren Kreise lockt der Kitzel der sexuellen Ersatzhandlung, und Arbeitslose nehmen, was sie brauchen, vorsätzlich in Tatbestandserfüllung. Wer das nicht zynisch findet, vollzieht die Heuchelei der Klassenjustiz selber mit. Das Motiv der materiellen Not ist gegenüber dem der sexuellen Nöte bereits diskriminiert. Hunger zu haben gilt als unfein.

Ich bin mir darüber im klaren, daß es nicht angeht, restlos alle Kriminalität aus sexueller Frustration herzuleiten oder mit ihr zu entschuldigen. Aber in einer Kultur, in der immer noch Moral mit Sexualmoral und Sittlichkeit mit sexueller Enthaltsamkeit gleichgesetzt wird[12], spiegelt auch strafrechtlich relevantes Verhalten weit über den Bereich der Sexualdelikte hinaus das hier vital vorrangige Problem. Gewiß geht von sozialen Institutionen und kollektiven Wertschätzungen eine Wirkung aus, die auch den kulturell Spätgeborenen und vielleicht schon freier Erzogenen noch zu sich herzwingt. Aber man muß doch sehen, daß kollektive Fehlhaltungen, die sich zu einer repressiven und ungerechten sozialen Ordnung verkrusten, ihrerseits schon die Antwort auf ein vitales Unbehagen sind, das durch Erziehung immer noch sich tradiert. Kraß ungleich verteiltes Eigentum ist ohne generellen Eigentumsfetischismus nicht möglich, diesen aber bedingt ein Streben nach Besitz: als nach etwas, woran man sich halten kann und womit man Menschen bezahlen oder bestechen kann, damit sie nicht unzuverlässig sich einem entziehen. Die allgemeine Jagd nach Geld in unserer Gesellschaft ist nicht einfach das Ergebnis eines Lernprozesses, sondern unmittelbar motiviert von der Angst des unzärtlich erzogenen Menschen, verlassen zu werden. Er will geliebt werden, und weil ihm das vielfach mißlingt, will er sich die Liebe oder doch die Gegenwart der anderen erkaufen – und erst aus dieser Motivation heraus will er Geld. Oder er will der bedrückenden Nähe von Menschen, die ihn beständig überwachen und bevormunden, entgehen; er will sich freikaufen – und aus dieser scheinbar entgegengesetzten Motivation will er wiederum Geld. Geld ist das magische Symbol für das, was im Leben selten zusammengeht: Freiheit und Bindung. Der verbotene Griff in die Kasse nährt sich aus dieser doppelten Sehnsucht. Nicht seine Bedürfnisse charakterisieren den widerrechtlich sich Bereichernden, sondern seine Ungeduld. Dazu kommt sein Vertrauen, es so geschickt anzustellen, daß er nicht entdeckt wird. In gewisser Weise ist er Realist: mit der allwöchentlich vor sich herzuschiebenden Hoffnung auf einen Lottogewinn läßt er sich nicht vertrösten. Aber er hat auch seinen Leichtsinn und seinen Hochmut: Für ein paar Mark oder Franken macht er sich die Hände nicht schmutzig – es muß sich lohnen. Von FOUCHÉ, dem Polizeiminister, den man einen Verbrecher nannte, geht das Wort: »Wenn es von einem Menschen heißt, er sei unbestechlich, frage ich mich immer, ob man ihm genug geboten hat.«[13]

b) Wie schuldig ist »die Gesellschaft«?

Wenn ein Mensch, der Not leidet, etwas stiehlt, so ist das ein soziales Problem insofern, als wir uns wundern dürfen, daß unsere scheinbar perfekte soziale Ordnung noch Hungernde und Obdachlose hat. Wenn aber auch Leute, die selbst im Wohlstand leben, in irgendeiner Form sich widerrechtlich bereichern, dann weckt das schon die Frage, ob nicht ein allgemeines Klima der Bereicherung, der Ausbeutung oder der Übervorteilung den je individuellen Hang zum Vermögensdelikt bedingt oder doch erleichtert. Der vielfach fließende Übergang von gerade noch geduldeter oder schon zivilrechtlich unerlaubter Bereicherung in strafrechtlich verbotene Vermögensschädigung läßt immerhin einen Zusammenhang im Sinne der Erleichterung rechtsfeindlicher Handlungen vermuten. Aber man macht es sich zu einfach, wenn man sagt, der Hang zu widerrechtlicher Bereicherung komme aus dem generellen Drang zum Reichwerden in einer materialistisch orientierten Gesellschaft. »Die Gesellschaft« hat kein Bewußtsein, keine Emotionen und keine Motive, die das Individuum von ihr übernehmen könnte. Als die Tendenz einer Gesellschaft stellt sich nur dar, was gleichsam als Katakaustik vieler interferierender, sich verstärkender und gegenseitig regulierender Einzelinteressen hervorleuchtet. Die Gesellschaft im ganzen kann nicht betrügen, nicht ausbeuten, nicht beleidigen, nicht verführen; aber sie kann zum Mord treiben, wenn die Mehrheit in ihr auf einen Krieg oder einen bürgerkriegsähnlichen Zustand sich zubewegt. Die Gesellschaft als Ganzes wirkt nur durch die rohe Kraft der Masse, nicht durch die Motive und Werthaltungen, die in ihr dominieren. Die Ausbreitung von Motiven ist Sache einer durchaus von oben, von den moralischen Instanzen, Kirche und Staat, gleichgeschalteten Pädagogik und der politischen und kommerziellen Manipulation der Erwachsenen. Hier gibt es zwar soziale Probleme, aber keine Kollektivschuld der Gesellschaft. »Die Gesellschaft« für verbreitetes Gewinnstreben verantwortlich zu machen, ist nur eine abgekürzte Sprechweise, die eine nähere Untersuchung der Ursachen ausschließt. Es ist ein pseudoprogressiver, an Motiven nicht interessierter Affekt zu sagen, »die Gesellschaft« als Ganzes sei an allem schuld. Es drückt in solcher Rede sich auch eine gemeinschaftsfeindliche Haltung aus, ein Haß auf den Mitmenschen schlechthin, der »die Gesellschaft« zum nicht näher begründeten Sündenbock macht.

Auch mehr konservative Kriminologen und Juristen, welche die Vermögenskriminalität bei fehlender Armut auf ein Vorherrschen materialistischer Werte zurückführen, wissen weder, was psychologisch gesehen ein Wert ist, noch verstehen sie, wie es zu einer materialistischen Lebenseinstellung kommt. Sie denken, es genüge, daß die Wertschätzung von Geld und Besitz den Kindern und Jugendlichen vorgesagt oder vorgelebt werde, damit sie von ihnen übernommen würden. Man weigert sich zu begreifen, daß die Wertschätzung des Geldes vom leibhaften Menschen immer erst erlernt werden muß – wie der Glaube an ein Fortleben nach dem Tode, der uns ebensowenig eingeboren ist. Beides *muß* – aus nahezu denselben Gründen – in einer lustfeindlichen Kultur erlernt werden: als Formen der Vertröstung auf ein Glück, das unmittelbar sinnlich verwehrt ist. Geld, für das man sich einem sehnsüchtigen Glauben gemäß schier »alles kaufen kann«, ergänzt sich nur durch die feiertägliche Hoffnung auf »ewigen Lohn«, der für alles entschädigt, was immer noch ausbleibt. Während aber der Glaube an ewige Seligkeiten nicht besonders eingebleut zu werden braucht, wo frustrierte Sehnsüchte ohnedies weit in die Zukunft ausgreifen, muß der Wert des Geldes in einem Lernprozeß vermittelt werden. Die FREUDsche anale Theorie der Wertschätzung des Geldes erklärt diesen Lernprozeß nicht genug[14]. Eine orale Theorie, wie ich sie schon einmal vertreten habe[15], greift ergänzend ein für alle die Kinder, deren nachhaltig frustriertes Bedürfnis nach Zärtlichkeit physiologisch in ein Verlangen nach Süßigkeiten sich umsetzt. Zuerst bekommt ein Kind Bonbons und Schokolade zur Belohnung; allmählich erlernt es, sich solche »Belohnung« selbst zu kaufen. Dann wird das Geld als Mittel zu allem, was süß ist, zu einer Währung, in der für den sinnenhaften Menschen der Pfennig soviel wie ein Bonbon gilt. Eltern züchten die Liebe zum Geld auch durch eine ohnmächtige Pädagogik, die anders als durch finanzielle Belohnung keinerlei Hilfe im Haushalt mehr von den Kindern erreicht[16].

Daß die Eigentumskriminalität eine besondere Rolle spielt in einer Gesellschaft, wo einer den anderen hinters Licht zu führen sucht, ist nicht verwunderlich. Aber das bedeutet nicht schon, daß das mystische Wesen »Gesellschaft« die Eigentumskriminalität verursachte. Das Verbrechen ist nicht eine vom sozialen Leben abhebbare Wirkung bestimmter »Zustände«, sondern nur der von Strafe bedrohte Teil gemeinschaftsfeindlicher oder -störender Handlungen. Das Verbrechen kann schon deswegen nicht die reine Folge sozialer Zustände oder Mißstände sein, weil das Strafrecht in unserer Gesellschaft auch Verhaltensweisen kriminalisiert, die nur auf dem Umweg über sittliche Entrüstung den sozialen Frieden stören, sonst aber dazu angetan wären, die Menschen körperlich einander näherzuführen. Ich spreche von den Sexualdelikten. An ihnen wird ganz deutlich, daß das Strafrecht auch Verbrechensursache sein kann. Dazu genügt eine Definition: Verbrechen sind Handlungen, die mit einer gewissen Mindeststrafe bedroht sind. Nicht die Orientierung an den zu schützenden Rechtsgütern bestimmt, was grundsätzlich ein Verbrechen sein soll, sondern die Magie der Strafe selber. Juristische Denkökonomie reflektiert hier das Rechtsgefühl des Volkes, das nicht schon vom offenkundigen Spitzbuben abrückt, sondern erst vom strafrechtlich verurteilten. Wer »gesessen« hat, ist diskriminiert.

In einer Zeit wie der unsrigen, in der einerseits das Strafrecht seine »Verteidigungslinie« zurückverlegt[17], wo andererseits wachsender Aggressionsstau zu einer Zunahme der Gewaltkriminalität führt, kann nicht mehr unterstellt werden, daß es in jedem Volk ein *budget du crime* (QUÉTELET[18]) gebe oder daß das Dunkelfeld der nicht entdeckten oder nicht bestraften Verbrechen einigermaßen konstant sei. Vielfache frühkindliche Frustration, von den Ärzten der Entbindungsanstalten kräftig gefördert, sich selbst überlassene Kinder (Schlüsselkinder!), vermehrter Streß schon in der Schule, Konkurrenzdruck in einer immer mehr veramerikanisierten Wirtschaft, schließlich die Aussichtslosigkeit, vitalen Unmut in kriegerischen Unternehmungen nach außen abzuleiten, dies alles bewirkt eine Erhöhung der aggressiven Spannung im Zusammenleben, die in teils legaler, schikanöser, teils rechtswidriger, sozialfeindlicher Weise sich auslebt. Das Verbrechen nimmt keine Sonderrolle in der Gesellschaft ein; *vielmehr spiegeln sich die gesellschaftlichen Wandlungen auch in den Erscheinungsformen des Verbrechens.* Während der ersten Inflationszeit gingen in Mitteleuropa die Gewaltverbrechen zahlenmäßig zurück, während die Eigentumsdelikte steil anstiegen[19]: Die vielen Hungrigen hatten nicht mehr Kräfte genug, um sich in gewohnter Weise zu verprügeln, aber auch keine Lust, zu darben. In Zeiten, da die Menschen sich sattessen können, nehmen die Gewaltdelikte und auch die Sexualdelikte wieder zu – eine Entwicklung, die zu dem Kurzschluß verführt, es dürfe den Menschen »eben nicht zu gut gehen«. So folgern kann aber nur, wer die kriminogene Rolle der herrschenden Sittlichkeit nicht erkennt[20]. Solange die Menschen in unserer Kultur in immer wenigstens *einer* Weise körperlich Not leiden, können soziale und wirtschaftliche Veränderungen das Verbrechen als soziales Phänomen immer nur umschichten, nicht reduzieren. Selbst Emanzipationsprozesse wirken sich einstweilen nur als soziale Umschichtung der Verbrecher aus. Seit die Frauen durch vermehrte Berufstätigkeit und wachsende Scheidungszahlen selbständiger und selbstbewußter geworden sind, finden wir sie auch im Handwerk einer Kriminalität, die bisher den Männern vorbehalten war: Bankräuberinnen sind keine Seltenheit mehr[21].

In der sogenannten Subkultur kehren die Phänomene, die die Gesellschaft im ganzen charakterisieren, auf ihre Art wieder. Das gilt auch für die Einrichtung von Sanktionen gegen Abtrünnige. Feme-gerichte wiederholen im Milieu einer kriminellen Vereinigung nur in radikaler Weise die Vernichtungstendenz der Strafjustiz, in deren Geist wir alle erzogen wurden. Manipulation, die uns fast alle zu gefügigen Mitgliedern einer repressiven Gesellschaft gemacht hat, nimmt in der kriminellen Gegenwelt den Charakter der Gehirnwäsche an. Keiner springt gefahrlos aus dem Gleis, auf das die Komplizen ihn stellen. Das organisierte Verbrechen ist noch getreulicher als das Verbrechen auf eigene Faust ein Spiegelbild der Gesellschaft, gegen die es sich wendet. Jedes Verbrechen, auch das scheinbar sinnlose und motivlose, ist ein Protest gegen eine soziale und moralische Ordnung, die uns nicht auf den Leib paßt.

Das Verbrechen ist kein psychisches Phänomen, wenn damit gemeint ist, daß der rechtswidrig sich Querstellende dabei jedesmal von Moti-ven, Zwecken, Zielvorstellungen geleitet sein müsse. Wenn die vitalen Antriebe an sozialen Schranken, sozialer Diskriminierung sich wund-stoßen, so muß das nicht allemal reflektiert werden, und es wird auch den allermeisten nur bewußt in einer Form, die dem gebrochenen Ver-hältnis zum eigenen Körper entspricht. Selbst Menschen mit auffälli-gen körperlichen Mißbildungen haben ihr Leiden daran offenbar so gut rationalisiert oder gar verdrängt, daß sie ihr Aufbegehren gegen eine lieblos sie zurücksetzende Umwelt zumeist ganz anders motivie-ren. Der uns allen eingebleute Glaube an die »Geistnatur« des Men-schen hat wohl auch die Kriminologen daran gehindert, körperlichen Mängeln mehr Beachtung zu schenken. Überraschend kommt uns da die Meldung aus den USA, wonach 60 Prozent der inhaftierten Ver-brecher an entstellenden Körperfehlern litten[22]. Wo es gelang, das körperliche Manko noch während der Haft chirurgisch zu beheben, konnte man die Rückfallquote entscheidend senken.

Ist nun ein solches Ergebnis ein Argument, das Verbrechen als ein rein individuelles Problem aufzufassen? Müssen wir zu LOMBROSO zu-rückkehren, haben uns milieutheoretische Überlegungen nichts mehr zu sagen? Selbst gesetzt, es stimmte, daß Menschen mit Schönheitsfehlern oder Gebrechen leichter kriminell und leichter rückfällig werden als andere, so wäre das körperliche Manko nicht geradewegs die Ursache des Verbrechens. Nur in einer Gesellschaft, die so an Aggressionsstau leidet, daß sie »minderwertige« Menschen braucht, um an ihnen sich abzureagieren, nur in einer solchen Gesellschaft wird auch der körper-lich Auffällige zum dankbar aufgespießten Objekt der Abwertung,

Verhöhnung und Deklassierung. »Hüte dich vor den Gezeichneten!« heißt es da seit altersher. Und »die Gezeichneten«, die Leute mit einem auffällig großen Muttermal, mit einem Buckel, einem verkrüppelten Fuß, sollen die soziale Rolle übernehmen, die man ihnen zugedacht hat: die des Schwierigen, des Außenseiters, des böse vom Leben Enttäuschten, der jederzeit leicht in Kriminalität und Verwahrlosung abgleitet. So gedrängt, so vernachlässigt, so als Sündenbock einer lieblosen Umwelt mißbraucht, übernimmt der eine oder andere die ihm zugedachte Rolle: aus Trotz nicht nur, sondern auch, um der ständigen Ausforschung ein Ende zu setzen und um wenigstens im konstanten Verfemtsein eine soziale Identität zu finden. Das entspringt nicht bewußter Entschließung, sondern spielt sich ein im Nachlassen der Kraft, steter Verdächtigung zu widerstehen. Wenn ein Mensch es müde wird, sich immer wieder zu rechtfertigen und zu verteidigen, wird er auch reif, die ihm zugedachte Rolle des Bösewichts »freiwillig« zu übernehmen. Individuelle Gründe, aus denen ein Mensch kriminell wird, sind von sozialen Konstellationen gar nicht zu trennen – sowenig wie es ein Individuum im menschenleeren Raum gibt. Der soziale Umschlagplatz kollektiver Abwertung aber ist zunächst die Familie, später werden es Schule und Arbeitsstätte. Der von seiner Mutter Vernachlässigte, von einem brutalen Vater tagtäglich Gescholtene und Verprügelte, von Mitschülern Gehänselte ist sicher nicht der vorhersehbar Kriminelle – denn auf diesem Wege entstehen auch chronisch Kranke, die zu schwach sind, sich aufzulehnen. Doch ist der von klein auf Zurückgesetzte und Herumgestoßene der Archetypus des zum kriminellen Abgestempelten und von den Guten und Gerechten Getretenen.

c) Verbrechen und Motive im Dunkelfeld

Auch wenn das Verbrechen nur individuelle Ursachen hätte, so stellte die Strafwut und »Projektionssucht« (NAEGELI[23]) der guten Bürger den gesamtgesellschaftlichen Zusammenhang noch her: weil deklassierende Strafe und isolierende Haft fortwirkend Kriminalität »im Rückfall« erzeugen und intensivieren und insgesamt das Verbrechen vermehren. FRANZ VON LISZT hat es – vor über siebzig Jahren – ausgesprochen: »Mit jeder Verurteilung wächst der Hang zum Verbrechen ... Je schwerer nach Art und Maß die vorangegangene Bestrafung gewesen ist, um so rascher erfolgt der Rückfall.«[24]
Die Grundlüge aller repressiven Kriminalpolitik und noch der mar-

xistischen Kriminologie ist es, das Verbrechen als ein typisches Verhalten der sozialen Unterschicht zu behaupten. Repressive Kriminalpolitik tut das, um den vom Strafrecht ausgehenden »generalpräventiven« Druck nach unten – durch höhere Strafandrohung – zu verstärken. Die marxistische Kriminologie aber macht das, teils, weil sie auf die Lüge von der größeren Verwahrlosung der Unterschicht hereingefallen ist, teils, weil sie ihr zupaß kommt, um zu beklagen, welch verheerende Folgen soziale Benachteiligung und Besitzlosigkeit für die Charakterentwicklung habe, nämlich sogar ein »Abgleiten« in die Kriminalität. Schließlich auch haben revolutionär gesinnte Marxisten an diese These gern geglaubt, weil sie die vermeintlichen oder tatsächlichen »kriminellen Energien« des Proletariats nutzen wollten, um sich von ihnen emportragen zu lassen.

Nun, mit der *Unterschichttheorie* ist es nichts, auch nicht mit der ihr zuletzt gegebenen psychologisierenden Wendung, die kriminelle Verwahrlosung sei in den unteren sozialen Rängen zwar nicht verbreiteter, aber intensiver[25]. Dunkelfeldforschung und Untersuchungen über die *white-collar*-Kriminalität haben erbracht, daß rechtswidriges Verhalten in allen sozialen Schichten gleichermaßen verbreitet ist. Im Blick auf die von der Strafjustiz weniger zielstrebig verfolgten Wirtschaftsverbrechen ließe sich noch sagen, daß jede soziale Schicht eben die ihr gemäßen Formen sozialschädigenden Verhaltens ausbilde; und insofern wären die schichtspezifischen Formen des Verbrechens zugleich ein Spiegel des Schichtenaufbaus der Gesellschaft. Diese Relation aber ist vordergründig, fast nur optisch; sie betrifft nur die auffällige, die gerichtsnotorische Kriminalität. Die Fragebogenaktionen der Dunkelfeldforschung vermitteln ein anderes Bild. Schon 1943 veröffentlichte PORTERFIELD in den USA eine vertrauliche Befragung von College-Studenten, die ergab, daß alle Befragten *ohne Ausnahme* schon mehr oder weniger schwere Straftaten begangen hatten. Die Fragebogen enthielten dieselben Delikte, für die junge Leute »normalerweise« abgeurteilt werden. Zugleich stellte sich heraus, daß noch *kein einziger* der Studenten angezeigt worden war[26]. Der Untersuchungsleiter erklärt das mit der »sozialen Immunität« der Angehörigen höherer sozialer Schichten, aber auch damit, daß in der Arbeiterschaft häufig die Eltern selbst die Polizei riefen, wenn sie ihrer ungebärdigen Sprößlinge nicht mehr Herr würden. Ähnliche Untersuchungen sind in den letzten Jahren auch in Mitteleuropa durchgeführt worden. Sie bestätigen, daß die sogenannte primitive Kriminalität, die man überwiegend nur den »kleinen Leuten« zugeschrieben hatte, auch in den höheren sozialen Schichten zu finden ist. Über die Gründe, warum uns das bisher entgangen war, warum die strafrechtlichen Verurteilungen in der Unterschicht überwogen, können wir nur rätseln. Daß dort die Eltern ihre Kinder selber anzeigen, ist wohl keine ausreichende Erklärung. Vermutlich verzerrt es auch das statistische Bild, daß Bürger der Mittel- und Oberschicht weniger leicht einen der Ihren »fallenlassen«; daß selbst miteinander zerstrittene Familienmitglieder bisweilen noch füreinander ihre Verbindungen »spielen lassen«, wenn das Familienprestige in Gefahr ist. Das braucht nicht größeren emotionalen Zusammenhalt in den Familien zu bedeuten; es kann die nüchterne Konsequenz aus der Einsicht sein, daß von einem bestimmten sozialen Status an der Einzelne auch nach seinem »Herkommen«, nach seiner Familie beurteilt wird. Wer daher nicht selber absteigen will und im sozialen Aufstieg nicht gebremst werden möchte, der springt noch dem Sohn, dem Bruder bei, den er verabscheut.

Ein verhältnismäßig schwer krimineller Akt kann bei einem Angehörigen der Mittel- oder Oberschicht leicht unentdeckt bleiben, wenn der Tat keine vergleichbare nachfolgt; wenn der Sprung in kriminelle Lebensführung unterbleibt. Und dafür ist wieder die beste Voraussetzung, daß die Tat unentdeckt bleibt: ein Zirkel, der *kein* Teufelskreis ist, der vielmehr seine Abstützung erfährt durch die neurotische Charakterstruktur des typischen Mittelschichtbürgers[27]. Denn ein schwerer neurotischer Konflikt kann in einer *einmaligen* sozialfeindlichen Handlung seinen Abschluß finden, in ihr sich lösen. Hierauf hat vor Jahrzehnten MAX EYRICH aufmerksam gemacht[28]. Das sogenannte Dunkelfeld des Verbrechens erhält sich gerade dadurch, daß die unentdeckte und nicht bestrafte Untat weniger leicht eine zweite nach sich zieht.

Ein möglicher Einwand gegen den soziologischen Wahrheitsgehalt der Dunkelfeldforschung sei vorweggenommen. Man könnte mit Recht darauf hinweisen, daß die Fragestellung in solchen vertraulichen Erhebungen wesentlich nur darauf abziele, festzustellen, ob strafrechtlich unbescholtene Menschen nicht doch Verbrechen begangen haben. Hinter der Frage, *ob* überhaupt, trete die Frage nach dem *Wie-oft* zurück – und sie tritt, soweit wir's überblicken, auch statistisch zurück bei Delikten, die vorzugsweise im jugendlichen Alter begangen werden: Sachbeschädigung aus Zerstörungslust, Vergewaltigung, Einbruchsdiebstahl, Kaufhausdiebstahl, Rauschgiftdelikte. Der Lehrling oder der junge Arbeiter, der auf einer dieser Handlungen ertappt wird, beginnt mit ihr nicht selten eine Verbrecherlaufbahn: Im Gefängnis, unter schon erfahreneren Gesellen, lernt er noch einiges hinzu, was er brauchen kann, wenn er nach der Haftentlassung als ein zum »Kriminellen« Abgestempelter im Arbeitsleben und im alten Freundeskreis nicht mehr Fuß faßt. Rückfall ist vorprogrammiert, nicht zuletzt durch Abstempelung (*labelling*) und Ausstoßung aus der Gemeinschaft der rechtstreuen oder vielmehr der als Kriminelle unentdeckt Gebliebenen. Der Einwand, Dunkelfeldforschung könne Vorbestrafte und Unentdeckte gar nicht miteinander vergleichen, weil bei diesen Rückfall weniger in Betracht komme, dieser Einwand erledigt sich, soweit er aufs Moralische abzielt, durch die *labelling theory*. Nun wird man aber Rückfall auch im Dunkelfeld finden, und zwar gerade bei Wirtschaftsverbrechern, die nicht in einmaligen Akten rechtswidrig übervorteilen, sondern die Erfüllung strafrechtlicher Tatbestände zur ständigen Geschäftspraxis erhoben haben. Solch lautlose Kriminalität, die nicht mit Schneidbrennern, Messern und Pistolen verübt wird, sondern mit Bleistiften, Rechenmaschinen und Computern, ist nicht »Spiegel« einer aggressiv formierten, auf Gewinn und Geld hin orientierten Gesellschaft, sondern deren geradlinige Verlängerung hinein ins Rechtswidrige.

Kriminalität als Spiegel der Gesellschaft – auch im Dunkelfeld? Ja, sofern das sozial unangepaßte, wenngleich unentdeckte Verhalten ein verstohlen ins Leere laufender Akt des Aufbegehrens ist gegen eine soziale Ordnung, die uns nicht auf den Leib paßt. Kriminalität als gerichtlich dramatisiertes, im Prozeß symbolisch wiederholtes Handeln[29] aber spiegelt den Schichtenaufbau der Gesellschaft in der Heuchelei, mit der die im Dunkelfeld Geborgenen die auf einer strafbaren Handlung Ertappten anklagen, verurteilen und aus der Gemeinschaft ausstoßen. Das Strafrecht als entscheidende Stütze für die soziale Schichtung lebt geradezu vom Dunkelfeld, das besonders über die höheren Schichten sich breitet. Ich habe es schon einmal gesagt: Das Dunkelfeld völlig abzubauen »hätte die Wirkung einer sozialen Revolution«[30].

Im Blick auf die Dunkelziffern verstehen wir erst vollends, wieso die Neigung, andere zu bestrafen oder bestraft zu sehen, mit NAEGELI als »Projektionssucht« bezeichnet werden kann. Dieses Bedürfnis kommt nicht nur aus frustrationsbedingter eigener Aggressivität, die im Strafen sich – legal – ausleben möchte; sie projiziert auch eigenes Schuldgefühl, also den Unmut über eigenes Versagen sich erleichternd auf jene, die so töricht waren, »sich erwischen zu lassen«. Im Verhältnis zum Kriminellen kommt diese verlogene »Moral«, daß es nur darauf ankomme, unentdeckt zu bleiben, als zynischer Hochmut heraus, als Verachtung für diejenigen, denen das mißlingt. Strafverfolgung ist so in erster Linie eine Verfolgung und Verdammung der Gescheiterten, nicht der im Unterschied zu den anderen von Grund auf Bösen. Mit Recht sagt MENNINGER, unsere Gefängnisse seien voll von solchen »Versagern, denen nicht einmal ein Verbrechen gelang«[31].

Anstatt vom Verbrechen als einem Spiegel der Gesellschaft zu sprechen, nennen wir es besser ein gesamtgesellschaftliches Phänomen. Das heißt, es ist nicht so beschaffen, daß in ihm die sozialen Verhältnisse, wenngleich gebrochen, sich spiegelten; es wirkt vielmehr auf und durch das Verbrechen auch die in einer Gesellschaft vorherrschende affektive Stimmung oder Gereiztheit. Triebhafte Unruhe, aus mannigfachen »sittlichen« Quellen gespeist, formt sozialfeindlich sich aus, was nicht immer gleichbedeutend ist mit »kriminell«. Das ist – neben dem Verstecken im Dunkelfeld – die zweite Illusion, die das Strafrecht umgibt: daß mit seinen Tatbeständen jedwedes sozialschädliche und gefährlich destruktive Verhalten idealtypisch vorausgeahnt sei. Gewiß haben Rechtsgelehrte die Gleichung »kriminell = sozialschädlich« als naiv oder ideologisch verblendet verworfen[32]. Die soziale Wirksamkeit des Strafrechts beruht aber nicht auf juristischer Fachliteratur, sondern auf dem Anschein, den die Strafjustiz im Volke erweckt, und auf den Reden der Politiker, deren Drang, jedes öffentliche Ärgernis sogleich zu pönalisieren, die *fata morgana* eines bald erreichbaren perfekten Schutzes vorgaukelt. Die tiefere Ungerechtigkeit des Strafrechts besteht gerade darin, daß es nur einen Teil der in unserer Gesellschaft wirkenden sozialfeindlichen Kräfte erfaßt: nicht nur wegen der bei manchen Delikten extrem hohen Dunkelziffer (beim Diebstahl etwa 60 Prozent), sondern auch, weil der Gesetzgeber gar nicht jedes Verhalten auf seine mögliche Sozialschädlichkeit hin abklopfen kann, vielleicht es auch nicht will.

d) Die Verlogenheit des unabsichtlich Handelnden

Die Bewußtseinspsychologie des geltenden Schuldstrafrechts gibt jedem, der seine destruktiven Impulse zu verdrängen weiß, die Chance, wegen sogenannter Fahrlässigkeit glimpflicher davonzukommen. Der fahrlässig *Handelnde* (ich betone: Handelnde), das ist nicht einer, dessen Verhalten durch eine »Tücke des Objekts« (VISCHER[33]) oder durch jäh ihn überfallende Müdigkeit durchkreuzt würde; fahrlässig vielmehr *handelt* derjenige, der durchaus will, was er tut, aber die Gefahr schlimmer Nebenwirkungen seines Tuns entweder für gering hält oder nicht bewußt bejaht. Die Rechtsprechung, die der sogenannten Einwilligungstheorie[34] gefolgt ist, stellt auf die zweite Alternative ab: Fahrlässig handelt, wer den schlimmen Erfolg seines Verhaltens noch nicht billigend in Kauf nimmt. Damit aber ist der Weg der Entlastung durch Verdrängung vorgezeichnet: Fahrlässig, also weniger schuldhaft als mit Vorsatz, handelt, wer sich über seine rechtsfeindlichen, womöglich destruktiven Neigungen gar nicht im klaren ist, wer seine Aggressionen so gut verdrängt hat, daß der Richter später »billigendes In-Kauf-Nehmen« nicht mehr aus ihm herausfragen kann. Das Strafrecht privilegiert die neurotische Charakterstruktur dessen, der über seine Antriebe nicht Bescheid weiß, nicht Bescheid wissen möchte. Es privilegiert den *Fahrlässigkeitsneurotiker*[35], der ähnlich wie der Rentenneurotiker einen geheimen Gegenwillen zum sozial bekundeten Willen unbewußt kultiviert. So wie dieser unbewußt seiner Gesundung entgegenwirkt, um die Rente nicht zu gefährden, so sträubt der Fahrlässigkeitsneurotiker sich gegen volle Einsicht in seine destruktiven Tendenzen, um sich für den Fall des Falles vor härterer Bestrafung zu schützen. Das ist prototypisch die Bewußtseinslage des aggressiven Autofahrers: Er hat, wenn es gekracht hat, bewußt nie gewollt, worauf sein ganzes Wollen gerichtet war. Man sage nicht, daß der aggressive Autofahrer unbewußt den Tod oder die Verletzung eines anderen Verkehrsteilnehmers gar nicht wollen könne, weil er durch einen Zusammenprall ja auch sich selber gefährde[36]. Das gilt nicht unbedingt für den, der in einem sogenannten schweren Wagen sitzt. Und es gilt überhaupt nicht für den neurotisch Aggressiven, dessen Lust, andere zu vernichten, eine Lust der Selbstvernichtung begleitet. Umgekehrt schwingt in aller Depression, die mit Selbstmordgedanken einhergeht, ein geheimer Wille, »noch ein paar andere mitzunehmen«. Diese Zusammenhänge sind auch der nicht tiefenpsychologisch orientierten Psychiatrie geläufig[37]; das Strafrecht weiß davon nichts. Sein Prinzip, sogenannte fahrlässige Taten weniger schwer zu bewerten, fördert noch die Neigung, destruktives Wollen vom wertenden Bewußtsein abzuklammern. Es wäre jedoch übertrieben zu sagen, daß es solche Verlogenheit allererst schüfe. Schon Kinder erlernen ja die Ausrede »Das habe ich nicht absichtlich getan«.* So spiegelt das System der sozialen Diskriminierung durch Strafe noch die Grundlüge unserer Gesellschaft: die Verdrängung unserer wahren Antriebe. Derjenige, dem

---

* Man vergleiche hierzu das Kapitel »Erziehung zum Idealismus – Erziehung zur Heuchelei«!

das am besten gelingt, ist dem bewußten Lügner – auch vor Gericht – noch überlegen: weil man jede Unwahrheit sich selber glauben muß, um sie glaubhaft vertreten zu können. Das ist auch der Grund, warum der verlogene Mensch in einer verlogenen Gesellschaft sich am leichtesten durchsetzt. Er trägt nicht mehr – wie der zur Lüge Unfähige – an der Last der Wahrheit, die ihn für andere verletzlich machte; er kann aber auch nicht mehr auf einer Lüge ertappt werden, weil sein bewußter Wille schon auf der Seite der Unwahrheit steht, diese selber für die Wahrheit haltend. Wo entgegen seinen Aussagen sich eine andere Seite der Sache zeigt, da kann für ihn nicht viel Schlimmeres herauskommen, als daß man sagt, er habe sich geirrt. Über ihn selber, über seine »wahren« Absichten gibt es sogar keine andere »Wahrheit« als die, die er sich selber glaubt und die er vertritt. Vor Gericht ergibt das nur die geringere Schuld der »Fahrlässigkeit« oder sonst eine Schuldminderung wegen »Irrtums«.

Das Wort von der verlogenen Gesellschaft wird manchem, der nur die Härte der Worte scheut, als zu hart klingen. Daß die Lüge, die unter uns herrscht, nicht so kraß erscheint, liegt aber daran, daß sie von dem, was als die sittliche oder rechtmäßige Wahrheit gilt, zumeist kaum noch abweicht. Wo die Lüge institutionalisiert ist wie im Rechtsinstitut der Fahrlässigkeit oder im Prüfungssystem der Streßgesellschaft*, da kommt die Unaufrichtigkeit des Einzelnen schon nicht mehr als krasse Lüge heraus. Er weiß es oft nicht besser. Man hat ihn so erzogen, hat ihm selber was vorgelogen. Er windet sich durch und bekommt noch einigermaßen recht. Wer, der nicht die Gesellschaft verändern will, sollte es ihm verargen!

Aus alledem geht hervor, daß *Abschaffung des Strafrechts* ein Mittel sein könnte, die Verlogenheit in unserer Gesellschaft abbauen zu helfen. Das hieße nicht, das Strafrecht ersatzlos zu streichen. Das habe ich schon in meinem »Plädoyer«[38] ausgeführt, dabei auch dem Mißverständnis vorgebeugt, es ließe sich die Abschaffung als ein isolierter Reformakt durchziehen, ohne Verzahnung mit anderen Reformen[39]. Die staatliche Strafe ist – wie das Verbrechen, auf das sie antwortet – ein gesamtgesellschaftliches Phänomen und als solches nicht isoliert und nur Schritt für Schritt zu beseitigen.

Was die Idee der Abschaffung des Strafrechts in den letzten Jahren entscheidend blockiert hat, ist das Aufkommen eines Terrorismus, von

---

* Man vergleiche hierzu Kapitel IV B: »Ehrgeiz und Effizienz in Wissenschaft und Politik«.

dem die einen sagen, er bestehe aus Verzweiflungsakten enttäuschter junger Leute, von dem die anderen sagen, er sei nichts als ein schweres Verbrechen und müsse dementsprechend hart bestraft werden. Der Gedanke, das Strafrecht überhaupt abzuschaffen, kann in einer solchen Situation nur befremden. Kriegs- und Krisenzeiten sind humanitären Reformen nicht günstig. Nach der Selbstauffassung der Terroristen befinden sie sich mit der bestehenden Gesellschaft im Kriegszustand, eine Auffassung, mit der auch die Befürworter eines »harten Durchgreifens« sich befreunden können. Es gibt Meinungen, über die noch die Vertreter einander extrem entgegengesetzter Positionen sich verständigen. Aber das macht solche Meinungen noch nicht zur Wahrheit.

e) Ergebnis

Man wird nicht sagen können, der Kriminelle sei im Unterschied zum sozial Angepaßten der aufrichtige, der wirklich ehrliche Mensch. Dagegen spricht nicht nur, daß er, wenn entdeckt, seine Tat verleugnet oder schon zuvor seine destruktiven Motive verdrängt hat; dagegen spricht auch, daß das unabgrenzbare Dunkelfeld unentdeckter Verbrecher eine Entgegensetzung von Kriminellen und Nichtkriminellen gar nicht erlaubt. Auch der unentdeckt gebliebene Rechtsbrecher hat das Recht gebrochen. Wir können, da wir ihn nicht zu fassen bekommen, ihn nur nicht charakterlich analysieren. (Anonym ausgefüllte Fragebogen sind kein Ersatz für gründliche Befragung.)

Der Kriminelle muß, wenn es mit den Dunkelziffern seine Richtigkeit hat, in den allermeisten Fällen ein geschickter Heuchler sein. Er tritt nicht vor uns hin und sagt: »Ich habe das und das getan.« Er setzt, erfolgreich zumeist, seine Hoffnung darauf, daß er nicht entdeckt wird. Viele schützt gehobener sozialer Stand schon vor jedem Verdacht. Andere gehen so geschickt vor, daß ihnen das perfekte Verbrechen durchaus gelingt. Diejenigen aber, die auf einer schweren rechtswidrigen Tat sich ertappen lassen, brauchen nicht, wie MENNINGER meinte, »armselige, untaugliche, frustrierte junge oder lebenslange Versager« zu sein[40]. Es gibt auch den beruflich Tüchtigen, aber in einem Doppelleben zwanghaft kriminell Handelnden, der durch eine Fehlleistung (zumeist am Tatort) sich verrät: entweder, weil er überhaupt schon aus unbewußtem Strafbedürfnis[41] rechtswidrig gehandelt hat, oder weil ein tieferer Wahrheitsdrang ihn zwingt, sich als der Schuldige zu erkennen zu geben. Da der bewußte Wille das nicht mit Worten zuläßt, geschieht es durch eine Fehlhandlung, ein Vergessen, versehentliches Herzeigen der Beute, auch durch ein Sich-Versprechen. Der vom Leben Enttäuschte, der in schwere Kriminalität hineinschlittert, macht, indem er unbewußt sich verrät, sich vollends als soziale Person zunichte. Wer innerlich gebrochen ist, hat sich nicht mehr so in der Hand, daß er die destruktive Tendenz, die aus ihm hervorgeht, von sich selber weghalten könnte. Er hat nicht mehr die Kraft zur konsequenten Lüge. Das unterscheidet ihn von dem Gerissenen, der im Blick auf seine soziale Stellung jeden Selbstverrat vermeidet. Namentlich nach Verkehrsunfällen wird, wie Polizisten bestätigen, gelogen, daß sich die Achsen biegen. Der sozial Integrierte lügt aus Selbsterhaltung, und er verplappert sich auch nicht, weil er weiß, was er will, und weil kein selbstzerstörerischer Gegenwille ihn blockiert.

B. TERRORISMUS ALS LEBENSLÜGE

a) Die Ursachen der Gewalt

Traditionellem Vorurteil gemäß geschehen kriminelle Gewaltakte, weil der Mensch von Natur aus zur Gewalt neige und weil er nicht genug Hemmungen habe, dieser Neigung zu widerstehen. Die gegenwärtig überall verzeichnete Zunahme der Gewaltkriminalität wird dann folgerichtig durch ein Schwächerwerden der Hemmungen erklärt[42]. Wenn die Einfachheit einer Erklärung ein Indiz für ihre Richtigkeit wäre, dann hätten KONRAD LORENZ und die ihm folgenden Prediger von Hemmungen durchaus recht. Ich fürchte aber, so einfach liegen die Dinge nicht. Auch wer die völlig unbegründete und inzwischen nicht als tragfähig erwiesene Theorie vom »angeborenen Aggressionstrieb«[43] bejaht, muß im Blick auf Gewaltkriminalität noch lange nicht das simplifizierende Schema »Trieb und Hemmung« als ausreichende Erklärung akzeptieren. Wer sich damit begnügt, der hat noch gar nicht berücksichtigt, daß die Lust an der Gewalt viele Wege findet, sich zu äußern, und nicht auf den als »kriminell« bezeichneten Pfad sich beschränkt. Die von einem Polizeistaat geduldeten, ja belobigten Gewaltakte gegen Minderheiten und die im Krieg befohlenen »Feindberührungen« schöpfen aggressive Neigungen ab, die anders in sozial mißbilligter, also »krimineller« Weise hervorkämen. Daß es so sich verhält, bestätigt, seitdem es sie gibt, die Kriminalstatistik: Abnahme der Gewaltkriminalität im Kriege, Zunahme im Frieden. In der Nachkriegszeit kam Gewalt, wenn man so will, wieder ehrlicher hervor: nicht als Patriotismus oder Heldentum getarnt, sondern als das, was sie jederzeit ist: tödliche Feindschaft gegen den Mitmenschen.

Der Terrorismus unserer Tage ist wieder dem Kriege verwandt: Er verdeckt die wahren Beweggründe der brutal Losschlagenden hinter vorgeschobenen edlen Zielsetzungen. Die Ideologie des Terrorismus (und seiner Sympathisanten) lautet, paradigmatisch verkürzt: »Damit wir alle einmal besser und freier leben können, dafür müssen heute noch einige sterben.« Diese Formel ist so reaktionär wie diejenige auf nationalsozialistischen Grabsteinen: »Sie sind gefallen, damit Deutschland leben kann.« Die Vertröstung auf die Zukunft, auf das Leben der noch Ungeborenen ist die immer unnachprüfbare, weil in der Gegenwart gar nicht einlösbare Bedingung, unter der hier und jetzt das Unheil vermehrt wird.

Es fehlt nicht an ernstlich progressiv denkenden Köpfen, die sich immer noch nicht freimachen von der Vorstellung, daß es neben ideologisch getarnten Gewaltverbrechern auch welche geben müsse, die aus echtem Reformwillen zur Bombe und zum Gewehr griffen, um ihren Forderungen Nachdruck zu verleihen. So meint ERNEST BORNEMAN, es sei »nicht verwunderlich, wenn jemandem der Kragen platzt und er mit ungesetzlichen Methoden das zu erreichen sucht, was wir längst erreicht haben sollten«[44]. Und:

> »Wenn Menschen so tief unter dem ihren Mitmenschen zugefügten Unrecht leiden, daß sie willens sind, die untilgbare Schuld des Tötens auf sich zu laden, damit andere besser leben können, dann müssen wir uns fragen, worin wir selbst gefehlt haben.«

Das ist beinahe eine Theologie der Gewalt, aber sicher so aufrichtig gemeint, wie es Gegner der Gewalt befremdet: »Die untilgbare Schuld auf sich zu laden«, das könnte jedem Pseudolinken, den es nach Gewalt dürstet, zur moralischen Verklärung dienen. Und selbst wer, ernstlich von Reformgeist durchdrungen, Gewalt übt, tödliche Gewalt, der tut das nicht ohne Lust am Töten: Reformwille ist keine hinreichende Bedingung, Gewalt anzuwenden. Nur die naiven Verharmloser des pseudolinken Terrors und die hochreflektierten Feinde jeder Reform können das annehmen: diese in der Absicht, jeden Ansatz zu gesellschaftsverändernden Reformen als »potentielle Gewalt« zu verleumden. Die Verharmloser des Terrorismus arbeiten solcher Verleumdung noch in die Hände. Das ist heute kein Geheimwissen mehr; namentlich JOCHEN STEFFEN hat das wiederholt deutlich gesagt. Wenn dennoch Gewalt weiter zum Ausdruck progressiver Gesinnung erklärt wird und die Abneigung, sie so zu verstehen, einigen schon als reaktionär gilt, dann ist solche Konsequenz nur noch als Realitätsverlust zu erklären.

Was die »Protestakte« der pseudolinken Terroristen in den Verdacht bringt, pathologische Handlungen zu sein, ist der längst erkennbare gegenteilige Effekt, den sie erzielen: anstatt die eingeleiteten Reformen durch massiv-aggressive Ungeduld voranzutreiben, lähmen die Revoluzzer nur den Reformwillen der Regierungen wie der Völker und geben repressiven Kräften neuen Auftrieb. Dies aber, daß ein Mensch besseren Einsichten zum Trotz gegen seine eigenen Interessen handelt, ist ein Kennzeichen des Psychopathen. Es gibt nur die Alternative: Entweder die erklärten progressiven Absichten sind echt, und der Terror ergibt sich wie nebenher aus schizophrener Charakterstruktur –

oder der Terror ist durch Lust an der Gewalt motiviert und die missionarischen Absichten sind nur vorgetäuscht, sind Lüge. Dabei käme es auf den Bewußtseinsgrad der Unaufrichtigkeit nicht mehr an.

Die Frage nach den Ursachen des Terrors bestimmt die Diskussion um diese »Zeiterscheinung«. Die Antworten, die wir hören, sind vielfach geprägt vom politischen Standort dessen, der spricht, weniger von Einsicht in das Phänomen. Als Ursachen gelten reaktionären Geistern in der Bundesrepublik die »geistigen Väter« radikalen sozialpolitischen Denkens, den progressiven Köpfen aber die ausgebliebenen oder aufgeschobenen Reformen. Beides könnte ganz gut zusammengehen – wenn es nur stimmte: wenn wirklich brachiale Gewalt rein geistige Ursachen hätte. Solcher Glaube erwächst auf dem überkommenen Dualismus, der den Menschen nach Leib und Seele, Körper und Geist auseinandergelegt denkt und auf der Basis dieser künstlichen Trennung erst zu fragen erlaubt, wie das eine auf das andere zu wirken vermöge. So wird noch für plausibel erklärt, daß die Lust am Hauen und Zustechen von freien Gedanken rühre und nicht von gehemmten Trieben, die jäh und unspezifisch aggressiv hervorkommen.

Ich habe in meinem *Plädoyer für die Abschaffung des Strafrechts*[45] auf die Triebschicksale der Politkriminellen hingewiesen, ohne die das kriminelle Engagement des einzelnen nicht verständlich wäre. Die individual-psychologische Betrachtung kann indessen nur begreiflich machen, *warum* ein Mensch gewalttätig geworden ist, wenn er es schon ist. *Daß* er notwendig kriminell werden mußte, erklärt sie nicht. Es gibt im Bereich menschlicher Spontaneität und sozialen Zusammenwirkens keine zwingende individuelle Kausalität.

In einer vorherrschend aggressiv formierten Gesellschaft entscheidet der Lebensweg des Einzelnen, entscheiden die Erzieher und die von ihnen vermittelten Ideale, in welcher Weise und zu welchen Zwecken ein Mensch aggressiv wird: ob auf angepaßte Weise im »Konkurrenzkampf«, ob auf hinterhältige Weise sadistisch, ob im Kampf für das Gute, für Recht und Moral, oder in aufsässiger Weise gegen sie. Grundlegend für einen gemeingefährlichen Charakter ist es, daß er überhaupt dazu neigt, anderen Menschen wehe zu tun, sie gar zu vernichten. Die Aneignung entsprechender Methoden, egoistischer oder »höherer« Zwecke ist dann nur noch eine Sache von Lernprozessen. Ob einer steineschleudernder Demonstrant oder knüppelschwingender Polizist wird, ist triebpsychologisch ohne Bedeutung. Entscheidend für eine – so oder so verwendbare – Triebstruktur war es, überhaupt eine ihr gemäße harte Rolle zu finden. Für das brutale Klima, in dem wir leben, ist es auch sozialpsychologisch nebensächlich, wer auf der Seite des Rechts, wer auf der Seite des Unrechts sich austobt. Viele erscheinen umstellbar im Drama der Antagonismen; manch einer hat sich schon umstellen lassen: vom Diener im Unrechtsstaat zum Musterdemokraten, vom Polizisten zum Ganoven.

Neben denen, die selber aggressiv agieren müssen, leben die vielen, denen es genügt, im affektiven Mitleben mit den Brutalen eigene aggressive Spannungen loszuwerden. Sie identifizieren sich mit »hart durchgreifender« schießfreudiger Polizei; sie verabscheuen, fürchten, fliehen den Verbrecher, aber sie brauchen ihn als Objekt des Abscheus und des Hasses. Doch man täusche sich nicht. Wer in sogenannten normalen Zeiten ängstlich und scheu sich zurückhält, kann in Tagen allgemeinen »Aufbruchs« überraschend aus sich herausgehen, an Plünderungen, Massakern, Vergewaltigungen sich beteiligen. Kriege und Pogrome waren jahrhundertelang die geradezu institutionalisierten Ventile für sittlich quälend angestaute Triebe. Die destruktiven Neigungen, die da zum Zuge kamen, können nicht einfach nach rechtswidrigen und rechtmäßigen unterschieden werden. Das Recht ist nicht nur Schranke gegen das Unrecht, sondern auch eine Kanalisierung der Kräfte, die das Unrecht tragen. Das Töten von Menschen auf rechtmäßigen Befehl wird zwar viele Soldaten vital angeekelt haben; anderen aber war es die Erlaubnis zu tun, woran sie sonst durch drohende Ausstoßung aus der Gesellschaft gehindert sind. Der Idealismus im »Kampf für das Vaterland« war die Form, in der sie ihr Gewissen beschwichtigt fanden.

In einer Gesellschaft, die für mannigfachen Triebverzicht Ausnahmesituationen »rechtmäßiger« Aggression bietet, ist der Krieg das Ventil für diejenigen, die, zum Idealismus erzogen, anders als für hohe Ideale Mitmenschen nicht töten wollen, obschon ihnen danach der Sinn steht. Der Terrorist als Held der kleinen Gruppe lebt die Motivation der Kriegsfreiwilligen immer noch aus: in einer Gesellschaft, die auf Krieg verzichten muß, doch auf ihn angelegt ist. Er empfindet sich denn auch als »Soldat der Revolution« und nicht als Verbrecher – und bleibt wie dieser an die sozialen Bedingungen, die ihn hervorbringen, gebunden. Terrorismus ist Kriegsersatz und in einer von Grund auf unbefriedeten Gesellschaft, für die es nicht mehr die »Befreiung« durch Krieg geben darf, ein geradezu natürliches Phänomen.

b) Terror als gesamtgesellschaftliches Phänomen

Der Terror ist wie das Verbrechen überhaupt ein gesamtgesellschaftliches Phänomen. Von spezifischen Ursachen zu sprechen bedeutet daher in gewisser Weise das Zerreißen eines sozialen Zusammenhanges, der mehr oder weniger einen jeden von uns mit umgreift: sei er Sympathisant der Terroristen oder Freund des »harten Durchgreifens«, Verfechter der alten, Aggressionen schaffenden Moral, liebloser Befürworter wohlangepaßter Formen der Aggression oder einer, der sich angesichts sozialer Mißstände ganz auf seinen »häuslichen Frieden« zurückgezogen hat. Was vielfältig in unsere Gesellschaft verwoben ist, als Ausdruck des Unmuts über erzwungene Verzichte, als fanatisierte Ungeduld über ausbleibende Reformen, als Übertrumpfen polizeilicher Härte, als masochistische Lust, Abscheu und Verfolgung auf sich zu ziehen, oder als kluge Berechnung, eigene destruktive Neigungen mit hohen Idealen zu umkleiden, sowie als Genuß der Heldenrolle, die man bei den Sympathisanten genießt – das kann nicht auf einzelne Ursachen zurückgerechnet werden. Terror als gesamtgesellschaftliches Phänomen verstehen, das heißt auch: einsehen, daß die aggressiv-brutalen Kräfte, die sich vorrevolutionär gebärden, ebensogut, wenn die Mode danach wäre, in reaktionärer, faschistoider Weise sich kanalisieren ließen. Der Terrorist Ruhland bot dafür ein entlarvendes Beispiel, als er auf eine entsprechende Frage vor Gericht sagte, er hätte ebensogut einer rechtsradikalen Organisation dienen können[46]. Es sei auch daran erinnert, daß der militante Apo-Anwalt Horst Mahler vor seinem »linken« Engagement einer schlagenden Verbindung angehört hatte, wohl in der unbewußten Erwartung, hier aggressive Verspannungen loszuwerden. Das soll nicht die Behauptung umschließen, die anderen linksradikalen Terroristen ließen ebensoleicht in der Front der hin und her flutenden Aggressionen sich umwenden. Wer stolz darauf sein kann, sich ein ideologisches Rüstzeug erarbeitet zu haben, wird nicht ohne Not wieder aufgeben, was sich ihm als Entlastung des Gewissens bewährt hat. Gemeint ist nur dies: daß unter der Voraussetzung einer anderen politischen Aufbruchsituation die *gleichen* Charaktere, die heute im Namen des Sozialismus Bomben legen, unter eben einem anderen Feldzeichen sich ebenso destruktiv betätigen würden. Schrieben wir heute das Jahr 1933, dann sähen wir viele der jetzt »linken« Gewalttäter in brauner oder schwarzer Uniform: als Studenten-SA oder als SS-Leute, ebenso bereit, gegen »verknöcherte« Professoren zu randalieren, wie entschlossen, gegen die Juden vorzugehen.

Die Frage nach den Ursachen des linken Terrors reduziert sich also um den Begriff des Linken, dies schon aus der Erwägung, daß Terror der Sache des Sozialismus nur schaden kann. Grundlegend ist dagegen die Frage, wieso überhaupt sozialfeindliche, kriminelle Neigung in politischer Organisation sich ausformt. Weil sie als individuelle Gewalttat nicht sich wagt und hervorwagt? Dann genügte kriminelle Bandenbildung ohne politische Ausrichtung. Die Antwort muß im sozialen Herkommen der politisch Kriminellen gesucht werden. Sie stammen überwiegend aus gutbürgerlichen Familien, in denen das Engagement für Ideale, welcher Art auch immer, Tradition ist. Die höhere Tochter, der Sohn aus gutem Hause werden daher, wenn sie einen Drang zur Zerstörung in sich verspüren, ihm eher in einer »heldenhaften« Tat nachgeben als in einer nur für den Egoismus logischen Handlung. Der Held ist ohnehin ein bürgerliches Vorbild: Pendant der engen, das Intimleben überwachenden Ordnung. Alles ist edel im bürgerlichen Milieu: das sittlich verquälte Triebleben, die Familienidylle ebenso wie die Tat, in der ein Mensch aus Wut darüber explodiert. Um den linksradikalen Helden aber gruppiert sich heute eine bürgerliche »Sympathisantenszene«, die, anders als bei »gewöhnlichen« Kriminellen, die Fahndung so schwierig, oft aussichtslos macht.

Der Sympathisant der Terroristen, das ist entweder derjenige, der ihrem Kreis nur unterstützend angehört, weil er selber durch Gewalttaten sich nicht exponieren, gefährden möchte. Oder es ist einer, den alte familiäre oder freundschaftliche Bande an einzelne Revoluzzer binden. Er billigt zwar nicht, was diese verüben, aber er verschließt ihnen auch nicht sein Haus, wenn sie anklopfen. In der vielleicht ehrlichen Hoffnung, durch Gespräche den einen oder anderen der Gesuchten zum »Aufgeben« zu bewegen, bietet er Unterschlupf und die Gelegenheit zu neuem Entkommen. Auf einen dritten Typus von Sympathisanten weisen vorerst nur Gerüchte; das wäre der von den Untergetauchten erpreßte Helfer. Ausgeschlossen werden kann, daß aus bloßer Begeisterung für die von den Stadtguerillas verfochtenen Ziele ihnen irgend jemand Hilfe gewährt. Das ist schon von der Programmlosigkeit der pseudolinken »Aktionisten« her logisch ausgeschlossen. Sofern ein Sympathisant sich selber so idealistisch einschätzt, ist er sich wie die allermeisten Terroristen über seinen entscheidenden Antrieb im unklaren: über seine Neigung zur Gewalt, die er freilich nur emotional an den brutal aus sich Herausgehenden mitvollzieht. Ernsthaft progressive Überzeugung dagegen hat den langen Atem dessen, der warten kann: auf die Gunst des Volkes oder der Stunde. Wer auf die Zukunft setzt, ist für sein seelisches Gleichgewicht nicht darauf angewiesen, in jäher, ungebärdiger, ja kurzschlußartiger Aktion sich zu »engagieren«. Der Terrorismus und sein Sympathisantentum sind insofern politisch rein negativ motiviert: durch das Fehlen einer langfristigen Konzeption; durch mangelndes Vertrauen in die politische Reife des Volkes, durch die elitäre Meinung, es sei durch Argumente überhaupt nichts zu erreichen und auch zu einem rationalen Verständnis der Zusammenhänge nicht zu erziehen.

Der politische Terrorist hat die soziale Lage gar nicht genug analysiert, um zu wissen, wo mit Geduld der Hebel der Veränderung angesetzt werden kann. Seine Taten sind mehr Ausdruck eines unartikulierten Unbehagens an der bestehenden Ordnung als Ansatz zu einem Wandel. Daß Terror die *herrschende,* die repressive Ordnung eher noch stabilisiert als vernichtet, kann auch den Blindwütigsten nicht verborgen geblieben sein. Der Verdacht ist nur berechtigt, daß es ihnen wenigstens halbbewußt darum geht, die bestehenden Fronten der Unmenschlichkeit zu erhalten, um der ostentativen Motivation für die eigene Brutalität nicht verlustig zu gehen.

Sollte, was so psychologisch schlüssig ist, am Ende nur Teil eines auf lange Sicht angelegten Planes sein? Wir hörten schon die Vermutung, die »linken« Terroristen wollten allen Abscheu und Haß der Bevölkerung auf sich ziehen, bis der Ruf nach dem »starken Mann« und nach einem neuen Faschismus sich durchsetzte. Dann erst bestünde für den Linksterror die Chance, die bestehende Ordnung umzukippen: gleichsam von radikal auf radikal. Diese, gemessen an ihren Erfolgsaussichten, irreale Konzeption erscheint mir aber als eine Rationalisierung der Hoffnung, mit dem Verüben von Gewalt vor der Geschichte recht zu behalten, soweit der Erfolg einem recht zu geben vermag. Die Fähigkeit der intellektuellen Terroristen, sich um fünf Ecken herum »historische« Rechtfertigungen zu besorgen, braucht nicht unterschätzt zu werden. Ebensowenig aber auch die Phantasie derer, die ihnen diabolische Pläne unterstellen, weil sie sich von ihnen auf eine faszinierende Weise abgestoßen fühlen.

Terror ist mehr Ausdruck unartikulierten Unbehagens als ein Ansatz zum Wandel. Dies ist es, was er mit dem sogenannten gewöhnlichen Verbrechen gemein hat. Die auch von Gerichten bisweilen praktizierte Sonder-Stellung des Überzeugungstäters ignoriert, daß *jede* Gewalttat, jede auffällige Rechtsverletzung überhaupt, Protestcharakter hat gegenüber einer sozialen und moralischen Ordnung, die uns allen »nicht auf den Leib paßt« (NIETZSCHE[47]). Daß sie uns durch die Leiden und

Entbehrungen der Kindheit erstmals gedrückt und einschneidend geprägt hat, darf hier vorausgesetzt werden. Es kommt aber in harter, konsequent unzärtlicher Erziehung nur in überzeichneter Form heraus, was allgemein die Wertvorstellungen in unserer Kultur charakterisiert: Leibfeindlichkeit, Haß auf die Sexualität, Belobigung angepaßter Rücksichtslosigkeit. Das vitale Unbehagen an dieser lieblosen Ordnung lebt in Neurosen, Psychosen, psychosomatischen Krankheiten sich aus, aber auch in forciertem Egoismus, der die Misere vervielfältigt, sowie in deutlich oder versteckt rechtswidrigem Verhalten. Der »normale« Gewalttäter, der Affekttäter zumal, nimmt sich dabei noch offener und ehrlicher aus als der Überzeugungstäter, der hohe Ideale vor sich herschiebt, um zu tun, wonach es ihn gelüstet. Gleichgültig, ob der gewöhnliche Verbrecher dazu das intellektuelle Format nicht hat oder ob er bewußt die idealistische Lüge verschmäht – sein vitaler Unmut kommt noch ungebrochen heraus. Wer ein sentimentales, vielleicht insgeheim bewunderndes Verständnis für die »Verzweiflungsakte« der Überzeugungstäter pflegt, kann nur glaubwürdig bleiben, wenn er auch die vergessenen armen Teufel in den Strafanstalten in sein Verständnis miteinbezieht. Sonst setzt er in seiner Einschätzung krimineller Handlungen nur die *Privilegierung der Unaufrichtigkeit* fort, die unser gesellschaftliches Leben überhaupt durchzieht.

Verständnis aber ist eine unnütze, ja sogar schädliche Tugend, wenn es sich selbst genügt. Es muß von ihm ein Anreiz zum Helfen wie zum Verhüten ausgehen. Der beste Schutz vor Verbrechen ist die Verbrechensverhütung. Diese aber setzt durchgreifende Wandlungen im Erziehungsstil, in der Moral-, Sozial- und Rechtsordnung voraus, muß von ihnen jedenfalls begleitet sein. Ambulante oder auch stationäre Therapie, die rechtzeitig einsetzen kann, darf aber auch nicht mehr in Analogie zur Strafe als nur eine andere Form sozialer Diskriminierung verstanden werden[48]. Mit dem Wegfall der diskriminierenden Kriminalstrafe kann auch die dann nicht mehr bloß »ersatzweise« durchgeführte Therapie das Odium sozialer Diskriminierung verlieren. Die Abschaffung des Strafrechts aber ist nicht nur eine Forderung der Humanität, sondern auch unser aller Sicherheit. Denn das geltende Schuldstrafrecht befaßt sich mit gefährlichen Menschen immer erst dann, wenn sie schon Unheil angerichtet haben. Das geltende Strafrecht ist das genaue Seitenstück zu unserem kassenärztlichen Gesundheitswesen, das für Prophylaxe nichts übrig hat.

c) Ist Mord nicht gleich Mord?

Was aber soll unter den (wohl noch lange) gegebenen Umständen mit den inhaftierten Terroristen geschehen? Ist es richtig, ihnen den Prozeß zu machen? Soll man sie behandeln wie »gemeine Verbrecher«? RUDOLF AUGSTEIN führt zugunsten einer psychologischen Sonderstellung der Terroristen an, daß die meisten von ihnen »viele Jahre lang keinerlei kriminelle Neigung oder Begabung haben erkennen lassen«[49]. Das Faktum ist bedenkenswert, aber kein Argument für eine Sonderrolle. Der Kriminologe weiß, »daß gerade die größten Verbrechen von völlig normalen Menschen begangen werden« (PETER NOLL[50]), von Menschen also, die aus der gewohnten bürgerlichen Bahn plötzlich ausbrechen, ohne vorher gemeingefährliche Züge erkennen zu lassen. Mörder sind meist gar nicht fähig, einen Diebstahl zu begehen. Während der notorische kleine Bösewicht in einem Stigmatisierungsprozeß[51] von der Gesellschaft geprägt wird, ist gerade dies für die schweren Gewaltakte charakteristisch: daß sie, außer beim Rückfall, sich kaum voraussagen lassen. Ihre Unvorhersehbarkeit macht sie zu einem Phänomen, an dem die Gesellschaft im ganzen zu tragen hat. Wir können zwar vorausschätzen, wie viele Morde es im nächsten Jahr geben wird, aber nicht wissen, wer sie verüben wird: wer in einer Situation äußersten Proviziertseins so die Nerven verliert, daß er vernichtend zuschlägt; wer aus einer Phase der Depression, der tendenziellen Selbstvernichtung, in Mordgedanken umschwenkt und sie auch ausführt; wer einen im bürgerlichen Sinne gescheiterten Lebensweg durch schwer kriminelle Akte fortsetzt.

Man darf darauf hinweisen, daß beileibe nicht alle Angehörigen der Baader-Meinhof-Bande sozial gescheiterte Menschen waren, ehe sie terroristisch aktiv wurden. Man wird soviel Idealismus unterstellen dürfen, daß ihr Scheitern ein kollektives war: daß sie gelitten haben an dem nicht so bald realisierbaren besseren Leben für uns alle. Was ihnen dabei nur im eigenen Nacken blieb, war eine »revolutionäre Ungeduld« (HARICH[52]), die an das trotzige Kind denken läßt, das sagt: »Was ich nicht gleich bekomme, das will ich nicht mehr.« Denn daß in Gewalttaten die Hoffnung auf eine bessere, und das heißt auch: auf eine befriedete Welt untergehen muß, kann keinem ganz verborgen bleiben, der sich zu ihnen entschließt. Der Zweck heiligt nur die Mittel, die in ihm noch enthalten sind; durch alle anderen wird er diskreditiert. Man kann nicht mit Aussicht auf Erfolg, mit Aussicht, das Volk zu gewinnen, gegen »repressive Gewalt«, soziale Ungerechtigkeit und staatliche Willkür protestieren, wenn die Formen des Protests die staatliche Gewalt an Härte übertrumpfen. Mord als Waffe im politischen Kampf ist ein Signal, das ankündigt: Wenn wir die Macht übernehmen, dann wird so hart durchgegriffen, wie ihr es jetzt gegen uns gerne machen würdet. Wenn ein Horst Mahler Justizminister würde, hätte es mit der vielgeschmähten Liberalisierung des Strafrechts bestimmt ein Ende. Der Traum aller Reaktionären, die Wiedereinführung der Todesstrafe, könnte Wirklichkeit werden.

»Mord ist nicht gleich Mord«, schrieb ERICH KUBY in einer großen Illustrierten[53], es komme auch auf die Motive an. Dieser Satz eines wohlwollenden Beobachters der Terroristenszene ist noch ganz bestimmt von jener bürgerlichen Gesinnungsethik, die das geltende Strafrecht geprägt hat. Im Sinne des Schuldstrafrechts kommt es auf die Motive an, darauf, was ein Täter »sich dabei gedacht hat«. Vom Standpunkt der Opfer oder ihrer Angehörigen aber kommt es darauf nicht an. Da zählt nur die durch die Tat bestätigte Gefährlichkeit eines Täters; es zählt, was er angerichtet hat. Ein löbliches Motiv des Tötens bewirkt nicht, daß der Getötete etwas weniger tot ist. Wer aus edlen Motiven tötet, ist so gefährlich wie der andere, der sogenannte »niedrige Beweggründe« hatte.

Unter einem Überzeugungstäter versteht man seit RADBRUCH einen Verbrecher, »der sich zur Tat aufgrund seiner sittlichen, religiösen oder politischen Überzeugung für verpflichtet hält«[54]. Das geltende Schuldstrafrecht müßte, konsequent angewendet, den idealistischen Motiven der Überzeugungstäter strafmildernd, ja schuldmindernd Rechnung tragen. Ihrer *Gefährlichkeit* würde es damit aber nicht gerecht. Das geltende Strafrecht versagt gegenüber dem Terrorismus schon mit seinem Begriffsapparat. Die trotzige Erklärung des Richters Prinzing in Stammheim, man führe keinen politischen Prozeß, kann nur als Versuch gewertet werden, der Gefährlichkeit der Angeklagten trotz ihrer durch politische Überzeugung geringeren Schuld auch mit einem Schuldstrafrecht zu begegnen. Konsequent ist das nicht. Denn so, wie die Strafjustiz zur härteren Verurteilung eines Täters »niedrige Beweggründe« unterstellt, so müßte sie auch »edle Motive«, idealistische Beweggründe zur vollen oder teilweisen Entschuldigung des Täters anerkennen. Wer nicht in »sittlich« verbogenen Trieben, sondern in frei übernommenen Gesinnungen die entscheidenden Antriebe kriminellen Verhaltens sieht, der müßte jedenfalls so verfahren.

Triebpsychologisch aber stellt sich die Frage: Gibt es für das vorsätzliche Töten eines Menschen überhaupt edle Motive? Sind nicht vielmehr die idealistisch herausgestellten Absichten nur vorgeschobene Gründe, die den entscheidenden Beweggrund, die Lust am Töten, verdecken sollen? Für das Böse schlechthin, das Töten von Menschen, kann es – außer in Notwehrsituationen und da nicht immer – keine idealistischen Rechtfertigungen geben. Edle Zwecke heiligen nicht mehr das absolut negative Mittel. Solche Mittel verderben den Zweck.

Dieser irrationalen Wirkung des Terrors kann kein noch so klar denkender Idealist sich entziehen: daß die Terroristen, mit denen er die politische Zielsetzung teilt, ihm den Zweifel anheften, ob er das Richtige anstrebt. Er mag selber seiner Sache ganz sicher sein, aber er kann sich doch dem Zweifel, der hämisch an ihn herangebracht wird, nicht achselzuckend entziehen. Die Terroristen drängen ihn – über den Abscheu, den sie erregen, in die Rolle dessen, der sich zu rechtfertigen hat. Auch wer nie Gewalt wollte und sie auch nie verharmlost hat, hört schon den Vorwurf, er gehöre doch auch zu den »geistigen Vätern des Terrors«. Die Terroristen diskreditieren die Ideen, die sie sich zur Tarnung ihrer destruktiven Gesinnung übergestülpt haben.

d) Durch Gewalt zum Guten?

Und doch bestehen immer noch einige mit JEAN-PAUL SARTRE darauf zu sagen, daß es letztlich die Gewalt sei, die die Welt verändere. Gewiß, Gewalt hat die Welt verändert: sichtbar in den Zerstörungen, die sie angerichtet hat, und in den Menschenleben, die sie ausgelöscht hat. Die Frage aber ist, ob Gewalt die Welt auch zum Guten hin, zu mehr Mitmenschlichkeit und Gerechtigkeit, verändert hat. Da bleibt ein großes Fragezeichen. Auf die Französische Revolution von 1789, die mehr Freiheit für den Bürger bringen sollte, folgten die Schreckensherrschaft des Konvent, die napoleonische Diktatur und die bourbonische Restauration. Auf die russische Revolution von 1917, die den Zarismus abschaffen sollte, folgte schließlich Stalin, der rote Zar. Scheinbar gemäßigte Befürworter revolutionärer Gewalt wie ERNEST MANDEL meinen, man solle mit ihrer Anwendung warten, bis die »revolutionäre Situation« da sei, bis das Volk für die neuen Ideen gewonnen sei. Wenn es aber schon soweit ist, dann ist – zumindest in einer demokratischen Ordnung – jede Gewalt, dem Neuen Bahn zu brechen, auch schon überflüssig. Wer dann, kurz vor dem Ziel noch Gewalt üben möchte, der will die alte Unterdrückung nur in die neue Ordnung hinüberretten: indem er schnell noch Gewalt anwendet, um weitere »einschneidende Maßnahmen« zu begründen.

Gewalt reizt zur Gewalt, gleich, wer sie anwendet. Ob das nun Polizei und Justiz tun, indem sie auf das »staatliche Gewaltmonopol« pochen oder ob »revolutionäre Gegengewalt« sich austobt. Gewalt ist insofern immer etwas Konservatives, weil sie das soziale Aggressionspotential konserviert.

Revolutionen können eine in Machtstrukturen verfestigte Gewalt nicht beseitigen, sondern allenfalls umstürzen. »Die Letzten werden die Ersten sein, aber die ersten Positionen bleiben; sie werden bloß neu besetzt.«[55] Die wahren Veränderungen der Gesellschaft kommen unsichtbar, wie auf Schleichwegen. Sie vollziehen sich letztlich in jedem Einzelnen, der den geheimen Tyrannen in sich selber niederzuringen hat, damit er aufhört, sich mit den Mächtigen und Gewalttätigen unbewußt zu identifizieren.

Terrorismus ist ein gesamtgesellschaftliches Phänomen auch insofern, als die hier sich austobenden destruktiven Charaktere die in einer Gesellschaft wirkende Zerstörungskraft weder vermindern, noch vermehren. Sie lagern sie nur um, bewirken eine Vermehrung der Opfer nur durch die Verwendung schwerer Waffen (Sprengstoffe u. a.). Wir müssen einsehen, daß destruktive Neigungen viele Formen haben, sich zu äußern: rechtswidrige und sozial angepaßte, grobe und sogenannte feine, die auf hinterhältige Weise einen Mitmenschen zu Fall bringen. Wir haben immer auch schon Grund, skeptisch zu sein gegenüber einem sozialen Engagement, das in Selbstaufopferung, also in Selbstzerstörung ausartet. Denn die Neigung, sich selbst zu vernichten, ist womöglich nur die eine Seite einer umfassenden Vernichtungstendenz, die noch nicht voll oder noch nicht offen genug herauskommt.

Nur wer den gesamtgesellschaftlichen Charakter des Verbrechens verkennt, kann glauben, daß dort, wo es nur eine einzige Terrorbande gibt, mit der Verhaftung ihrer Mitglieder auch der Terrorismus verschwinden müßte. Wenn solcher Naivität zum Trotz neue Desperados nachwachsen, dann hat das seinen Grund eben darin, daß diese unsere Gesellschaft mit ihrer Lieblosigkeit, mit der Überforderung unserer Nerven, mit der Verlogenheit ihrer Moral und der Übervorteilung der wirtschaftlich Schwächeren den Nährboden für die gewöhnliche wie die politisch frisierte Kriminalität legt. Der »gesamtgesellschaftliche Charakter des Verbrechens« meint auch, daß vitaler Unmut über unsere moralische und rechtliche Ordnung nicht nur in Form von Neurosen, Psychosen und psychosomatischen Krankheiten hervorkommt, sondern auch in Aggressionen sich auslebt, die zwar weithin erlaubt sind, aber hinter der Schranke des Verbotenen voll sichtbar werden und zu Publizität kommen. Den alltäglichen Terror im Straßenverkehr erfaßt zumeist noch nicht einmal »das Auge des Gesetzes«. Aber er schafft ein Vielfaches der Opfer, die der publizistisch plakativ aufgemachte Terror verursacht.

Der gesamtgesellschaftliche Charakter des Verbrechens meint ferner ein allgemeines Klima der Wut auf den Mitmenschen, in dem die brutalsten Naturen auf der Seite des geltenden Rechts wie auf der Gegenseite zu finden sind. Die mehr timiden können mit jeder der beiden, wahlweise oder im Nacheinander sich identifizieren. Die einen fordern mehr Härte von seiten der Polizei und der Justiz, die anderen schreiben Liebesbriefe an Kriminelle oder entschuldigen und begünstigen die Terroristen – und beide Gruppen aus demselben Motiv des Liebäugelns mit der Gewalt. Der Mensch in der Masse gar kann ebenso die Lynchjustiz fordern wie kühnen Rechtsbrechern Beifall klatschen.

Der gesamtgesellschaftliche Charakter des Verbrechens verlangt den Kriminellen als stellvertretenden Vollstrecker eigener destruktiver Wünsche wie als Blitzableiter selbstgerechter Entrüstung. Und er enthält auch den Überzeugungstäter, in dem die einen, seine Sympathisanten, sich schon bewußter wiedererkennen, während die Anhänger des »harten Durchgreifens« ihn noch mehr zum Feind stilisieren als den Verbrecher auf eigene Faust. Der politische Täter zieht auch politischen Haß auf sich – und nicht bloß Empörung über das, was er an Zerstörung anrichtet. Solcher Haß zielt noch über die Terroristen hinaus auf alle diejenigen, die ihnen verwandte politische Ideen vertreten. Wenn jede Gesellschaft nur die Verbrecher hat, die für sie charakteristisch sind, so tun die politischen Gewalttäter noch den Gegnern der von ihnen gewalttätig »vertretenen« Zielsetzungen den Gefallen, so gefährlich zu sein, daß es diese Ideale beschmutzt.

VIII. KAPITEL

Die psychischen Motive der Umweltzerstörung

A. ÜBERINDIVIDUELLE MOTIVE

a) Motiv »Wirtschaftswachstum«

Konfrontiert mit den Gefahren der Energiegewinnung aus Kernspaltung, meinte der Forschungsminister der Bundesrepublik Deutschland, HANS MATTHÖFER, in einem Interview[1]:

> »Das Risiko, das wir eingehen müssen, wenn wir die Kernenergie haben wollen, weil wir Wirtschaftswachstum haben wollen, ist so beherrschbar, daß es vergleichbar ist mit Risiken, die wir auf anderen Gebieten eingehen.« – »Und wir haben ja die Verpflichtung, einer wachsenden Wirtschaft in der Bundesrepublik die erforderliche Energie zur Verfügung zu stellen...«

Wirtschaftswachstum wird so zur Basis jedweder Argumentation. Das nährt den Verdacht, daß die Überzeugung, Wachstum sei unerläßlich, selber irrationalen Motiven entstammt. RALF DAHRENDORF meint sogar ausdrücklich mit Bezug auf die Studie des *Club of Rome*[2], wir brauchten »wirtschaftliches Wachstum«, um der Armut, der Ungleichheit und – der Umweltverschmutzung Herr zu werden[3]. Das ist nicht einfach abwegig, aber nur deshalb, weil bei uns zulande nur sehr wenige sich ehrenamtlich in den Dienst einer sozialen Aufgabe stellen und der Staat sich scheut, zu einem »Arbeitsdienst« zu verpflichten. Am beliebtesten ist die Regierung, die dem Gewinnstreben aller am auffälligsten Rechnung trägt. Wenn das auch widersinnig ist: weil jeder Gewinn des Einzelnen entweder zu Lasten aller übrigen geht oder zu Lasten unserer gemeinsamen Lebensgrundlagen.

John Kenneth Galbraith gibt zu bedenken, daß eine wachsende Volkswirtschaft mit ihren expandierenden Firmen dem aggressiven Ehrgeiz der Individuen Raum schafft, jedenfalls innerhalb der wachsenden Betriebe[4]. Bei stagnierendem Geschäft muß jeder, der aufsteigen will, so lange warten, bis seine Vorgesetzten durch Pensionierung, schwere Krankheit, Unfall oder durch die Macht einer Intrige – »in gegenseitigem Einvernehmen« – ausscheiden. Eine wachsende Firma dagegen schafft Arbeitsplätze und damit auch weitere Aufstiegsmöglichkeiten. Ehrgeiz braucht dann nicht das Betriebsklima allzusehr zu vergiften. Dafür vergiftet Wirtschaftswachstum im großen das *Klima* im ursprünglichen Wortsinne.

Galbraith verkennt nicht den Zusammenhang zwischen Wirtschaftswachstum und Umweltverschmutzung, meint allerdings, Umweltschutz habe seinen Preis: »Seine Vorteile müssen sorgfältig gegen die Kosten abgewogen werden.«[5] Es ist aber eine Frage, ob es hier, wo es um die Bewahrung unserer Lebensgrundlagen geht, genügen kann, einen »vermittelnden« Standpunkt zu beziehen. Wer auf »Wachstum« setzt, immer Wirtschaftswachstum haben möchte, kann gar keine Grenze anerkennen. Wer zwischen industriellem Wachstum und Umweltschutz vermitteln möchte, verschiebt nur in eine etwas fernere Zukunft, was die Wachstumsfanatiker sehr bald heraufbeschwören könnten: das unumkehrbare »Umkippen« der Umwelt.

Die handfesten Praktiker des Wirtschaftswachstums liefern erstaunliche Beispiele eines schon irren Denkens. Frederic Vester weist darauf hin, daß in Frankreich der Staat gleichermaßen Geld dafür ausgibt, um der Landwirtschaft den Einkauf von Kunstdünger zu subventionieren, wie dafür, um die Vernichtung überschüssiger Ernten zu prämieren[6]. Das eine dient dazu, die Erträge zu steigern; das andere zu dem Zweck, durch Verminderung des Angebots die Preise zu stützen. So entsteht »Wachstum«, das nicht nur die Bauernfunktionäre als Erfolg für sich und ihren Anhang buchen können, sondern auch bei der Berechnung des Bruttosozialprodukts als wirtschaftspolitische Leistung zu Buche schlägt. Dabei sind solche Leistung, solcher Erfolg und solches Wachstum nichts anderes als eine etwas umständliche Form der Gütervernichtung. Wir lächeln über die primitiven Kwakiutl-Indianer, die mit ihren Potlatschfesten einen »Vernichtungswettbewerb« (Ruth Benedict[7]) veranstalten, um als den »Sieger«, als den Ranghöheren den zu ermitteln, der die kostbarsten Gegenstände vernichtet. Dazu gehört neben dem Verbrennen wertvollen Öls vor allem die Vernichtung kunstvoller Kupferplatten und Decken, die gern dem Feuer anheimgibt, wer dadurch in der allgemeinen Achtung steigt. Lächeln wir nur darüber – unser hochtechnisiertes und hochkompliziertes Wirtschaftssystem erreicht mit scheinbar rationaleren Mitteln das gleiche: Vernichtung von Rohstoffen und Gütern zur Erhöhung des sozialen Ansehens. Wir messen nur nicht unmittelbar das errungene Prestige am Wert des vernichteten Gutes, sondern an den Statussymbolen, die wir uns für die auf die Vernichtung ausgesetzten Prämien kaufen können. Unsere Kultur ist nur auf eine umständlichere Weise irrational.

Das Beispiel der französischen Landwirtschaft macht nur etwas deutlich, was sonst versteckter unser Sozial- und Wirtschaftssystem mitkonstituiert: Vernichtung als Preis der Produktion und des »Wachstums«. Die Güterproduktion kann ja nicht einer zum Ziel gesetzten Wachstumsrate gemäß alljährlich ansteigen, wenn nicht über den natürlichen Verschleiß hinaus immer wieder Gebrauchsgegenstände vernichtet werden, und zwar in immer größerem Umfang. Was vom Standpunkt des ehrgeizigen Konsumenten millionenfach als das Bedürfnis erscheint, nicht als armselig oder unmodern zu gelten, nimmt von der Seite ehrgeiziger Wirtschaftsführer und Politiker sich als das Bestreben aus, stolz nach oben führende Statistiken vorzuweisen. Wenn auch die Kaufkraft einer Währung schwindet (durch abwechselnd einander überholende Lohn- und Preissteigerungen), in den Wachstums-Statistiken schlägt sich das noch positiv nieder. Je höher einer in der sozialen Hierarchie aufrückt, desto mehr beherrscht ihn der »Wahn der wachsenden Zahl« (GRUHL[8]). Das steht damit in Zusammenhang, daß sozialer Aufstieg ohne neurotische Charakterzüge kaum zu schaffen ist*. Der Neurotiker als der unzärtlich erzogene Mensch, der in einem vitalpsychischen Sinne niemals satt wird, ist auch der ausgesprochen unersättliche Mensch[9]. Unersättlichkeit kann ihn zu den verschiedensten Aktivitäten motivieren: zum Vielessen ebenso wie zum raffsüchtigen Einkaufen oder Übervorteilen, aber auch zum Sammeln von wertvollen oder nutzlosen Dingen und Menschen. Was für das genußunfähige Selbstbewußtsein des Unersättlichen letztlich zählt, ist Quantität, eine Zahl, durch die er sich mit anderen vergleichen kann. Wer nie unmittelbar sinnliches Vergnügen verspürt, der muß wenigstens im meßbaren Übertrumpfen anderer ein Erfolgserlebnis genießen. Er kann zuletzt gar nicht mehr begreifen, daß es Menschen gibt, die sich auf eine nicht abzählbare Weise des Lebens und ihrer Gesundheit freuen. Ein so Ehrgeiziger versteht es aber auch, jede Begeisterung für

---

* Man vergleiche das IV. Kapitel bei Anmerkung 6!

eine Sache abzuwürgen, indem er überlegen-lächelnd fragt: »Wieviel bringt Ihnen das?«

Die Luxusgüter unserer immer noch expandierenden Wirtschaft dienen der Ersatzbefriedigung verdrängter oder zielgehemmter Triebe. Da Ersatz nie wirklich befriedigt, sondern nur die Hoffnung auf volle Befriedigung aufrechterhält, muß immer weiter Ersatz angeboten, müssen Mittel zum Ersatz produziert werden. Eine Konsequenz ist beständiges »Wirtschaftswachstum« anstelle von »Lebensqualität«.

Der Glaube, daß es immer fortschreitendes Wachstum geben müsse: für den Besitz der eigenen Familie, für den eigenen Betrieb wie für die Volkswirtschaft im ganzen, dieser Glaube und der daraus springende Wille, ihn zu rechtfertigen, orientiert sich ostentativ jugendlich nach vorn: gegenläufig zum Verfall der Kräfte, aber immer auf dem Weg, auf dem die uns mitgegebene vitale Kraft sich verzehrt. Ein vollends irrationales Moment der Wachstumsideologie ist so das Bedürfnis, die eigene Hinfälligkeit und die Unausweichlichkeit des Todes zu verdrängen. Wer den lebendigen Augenblick nicht zu genießen vermag, ist auf solche Verdrängung geradezu angewiesen*, um wenigstens »in der Hoffnung« leben zu können.

Angesichts einer gerade an der politischen Spitze der Völker festnistenden Neurose erscheint es wenig aussichtsreich, einfach auf eine »Einsicht in die Zusammenhänge« (VESTER[10]) zu hoffen, wenn darunter nur die ökologischen und finanziellen Zusammenhänge verstanden werden. Aufklärung über die sich abzeichnenden Umweltgefahren tut not; aber sie allein vermag die zwanghaft Handelnden nicht zu ändern, solange sie über die Motivation, an der sie teilhaben, im unklaren sind. Aufklärung muß bei den unbewußten Motiven beginnen und darf die Grundlüge unserer Kultur, die Behauptung folgenloser Lustlosigkeit, nicht aussparen. Es hilft nichts, an den guten Willen der Menschen zu appellieren, wenn jeder Einzelne meint, auf ihn komme es nicht an, weil er den Massencharakter seiner Motive nicht einsieht. Er will aus der Masse ja sich herausheben. Aber er tut dies, indem er – gleich allen anderen – alle anderen zu überflügeln trachtet. Wo alle der Masse entgehen wollen, indem sie nur an deren Spitze streben, wird die Masse noch zu einem gefährlich zugespitzten Pulk.

---

* Man vergleiche hierzu im I. Kapitel den Abschnitt B, f!

b) Das Ideal der Vollbeschäftigung

Nach den Zerstörungen des Zweiten Weltkrieges, in der Phase des wirtschaftlichen Wiederaufstiegs kam die liberale Marktwirtschaft voll zur Geltung: so vieles war wieder aufzurichten, aufs rechte Gleis zu bringen, so groß war der Nachholbedarf an Haushaltwaren und Wohnraum, so darniederliegend der Handel mit dem Ausland, daß eine Sättigungsgrenze, eine Überproduktionskrise gar nicht in den Horizont der Betrachtung stieg. Unterdessen haben wir an vielen Stellen die Grenzen unserer Bedürfnisse erreicht, die Aufnahmefähigkeit des Auslandes für unsere Exportgüter bereits überschritten. Eine Säule gesunder Volkswirtschaft, die ausgeglichene Zahlungsbilanz, ist gerade durch das verbissene Streben nach »Wachstum« und Vollbeschäftigung zerbrochen. Exportüberschüsse bedrohen aber auch die heimische Währung, weil das leichte Geld der wirtschaftlich weniger produktiven Länder hereinströmt und die eigene Währung verdünnt. Es gibt dagegen wirtschaftspolitische Abwehrmaßnahmen: immer wiederholte Aufwertung der eigenen Währung oder das Floaten. Man saniert damit die Währung, verteuert, behindert den eigenen Export, gleicht die Zahlungsbilanz aus, vermehrt aber auch die Zahl der Arbeitslosen. Die andere Alternative, einfach weniger zu arbeiten, wenn die Früchte unserer Arbeit nicht hinreichend Absatz finden, kann heute noch nicht leidenschaftslos diskutiert werden. Zwei Politiker, der Sozialdemokrat KLAUS DIETER ARNDT und der Christdemokrat HERBERT GRUHL, die dafür plädierten, sich mit strukturbedingter Arbeitslosigkeit abzufinden, haben sich in ihren eigenen Parteien unbeliebt gemacht.

Politiker stehen unter Erfolgszwang. Sie müssen Wahlen gewinnen und selbst in Ländern, in denen nicht gewählt wird, das Volk wenigstens soweit zufriedenstellen, daß es nicht zum Aufruhr kommt. Das heißt, sie müssen hier wie dort – im Westen wie im Osten – das Absinken breiter Volksteile in Arbeitslosigkeit und Armut vermeiden. Es erscheint aussichtslos, an die volkswirtschaftliche Einsicht von Arbeitslosen oder Kurzarbeitern zu appellieren. In einem Volk wie dem westdeutschen, in dem jeder vierte für den Export arbeitet, wird daher die Regierung eher noch dem zahlungsunfähigen Ausland Kredite gewähren, nur damit die eigenen Exportgüter von dort gekauft werden können. Die nächste Überproduktionskrise wird damit lediglich um ein paar Jahre aufgeschoben.

Unterdessen hätten wir einzusehen, daß alle güterschaffende Arbeit in letzter Konsequenz einen Eingriff in die uns umgebende und tragende Natur bedeutet und bereits die Energie- und Materialreserven der Zukunft lebenbedrohend angreift. Das hat besonders überzeugend HERBERT GRUHL in seinem Buch *Ein Planet wird geplündert*[11] dargelegt. GRUHL wundert sich (mit MEYER-ABICH):

> »Jahrtausende haben die Menschen es als Mühsal und Plage empfunden, arbeiten zu müssen. Und es war gerade ein Privileg, nicht arbeiten zu brauchen. Und heute verlangen die Menschen Arbeitsplätze! Ist das nicht absurd? Warum verlangen sie nicht gutes Essen und Trinken und was sie sonst zum Leben nötig haben (die Römer verlangten ›Brot und Spiele‹) – wieso aber Arbeit?«[12]

GRUHL sieht den entscheidenden Grund für den Drang zur Arbeit in der Wertschätzung »materieller Güter«, die man sich durch den Arbeitslohn erschließt. Damit ist freigelegt, daß die Wachstumsideologie nicht schon der Grund ist, aus dem ganze Völker wie besessen arbeiten und auf ein »Recht auf Arbeit« pochen. Doch das Bestreben, sich etwas anzuschaffen, als Motiv der Arbeitslust – bei dieser Erklärung dürfen wir nicht stehenbleiben. Materialistische Lebenseinstellung, die Freude an materiellem Besitz ist kein letztes, kein leibnahes Motiv, weil an den Möbeln, Geräten und Schmuckgegenständen, die man für teures Geld kaufen kann, sich ursprüngliche vitale Neigungen allenfalls sehr abgeschwächt oder »entfremdet« befriedigen lassen. GRUHL fragt: Warum . . . nicht gutes Essen und Trinken? Die realistische Erkundigung um die Triebe spart sorgsam eben jene vitalen Bedürfnisse aus, die in unserer Kultur traditionsgemäß und moralgerecht tabuiert sind: das Bedürfnis nach Hautkontakt, zärtlicher Berührung und orgastischer Lösung. Das in seinem Zärtlichkeitsbedürfnis enttäuschte Kind schmiegt sich an Dinge: Stofftiere, Wolldecken, Kleidungsstücke, die ihm zwar nur passiv, doch jederzeit verfügbar gewähren, was Menschen ihm vorenthalten. *Jederzeit verfügbar sein:* das ist bereits die Grundeigenschaft des Besitzes. Aus dem frustrierten Zärtlichkeitsbedürfnis wächst so ein vermeintlich natürlicher Trieb zum Eigentum. Aus dem, was man *vor* den anderen besitzt, ihnen im Besitz voraushat, läßt sich unversehens noch der Lustgewinn ziehen, daß man ihnen dadurch überlegen ist. Privilegierter Besitz, genossen in der Rückspiegelung des Neides der Umwelt, verfestigt so eine »materielle Gesinnung«, die ihren vitalen Ursprung längst vergessen hat. Die Gewinnsüchtigen werden des Trugs nicht gewahr: daß sie sich Fiktionen kaufen mit den Fetischen des Konsums und des Prestiges, an denen sie ihre verleugneten Sehnsüchte festmachen.

Man wende dagegen nicht ein, daß auch sogenannte primitive Völker mit den verlogenen Segnungen unserer Zivilisation zur Arbeit geködert werden könnten. »Primitivkulturen« schlechthin gibt es nicht; es gibt triebunterdrückende Naturvölker sogut wie leib- und triebbejahende. In Nordmexiko ist beispielsweise der Versuch mißlungen, die Pueblo-Indianer zum Alkohol zu verführen[13]. Die ursprünglich sinnliche Lebenseinstellung dieses Stammes hat das wohl instinktiv abgewiesen. Andere waren anfälliger gegen die Versuchungen der weißen Kolonisatoren. Zivilisatorischem Tand wurde – des Reizes der Neuheit wegen – vielfach auch eine magische Bedeutung beigelegt, weil man sich anders das überlegene Auftreten der Weißen nicht erklären konnte.

Die bei uns herrschende Sexualmoral ist nicht erst über den Umweg des von ihr gebildeten Eigentumsfetischismus motivierend für eine sonst unerklärliche Bereitschaft zu arbeiten. Unsere Erziehung zu Fleiß und Leistungsfähigkeit benutzt die Arbeit auch als Mittel der Bändigung sozial und religiös unerwünschter Triebregungen: Wer arbeitet, sündigt nicht.

Arbeitserziehung hat »sittliche« Gründe, die über den Zwang zur Daseinsvorsorge weit hinausliegen. Die moralische Verpflichtung, hart zu arbeiten, ergibt sich für breite Volkskreise historisch auch aus dem Müßiggang und dem Repräsentationsbedürfnis der adeligen Herren, die weder für die eigene Haushaltsführung, noch für die Versorgung ihrer Gäste selber Hand anlegen wollten. Der Zwang zur Arbeit im Dienste der Herrschaft hatte aber auch unmittelbar eine herrschaftserhaltende Funktion: weil der in strenge Arbeitspflichten Eingespannte nicht so leicht auf jene »dummen Gedanken« kommt, die zuletzt in Verachtung der geltenden Sitte, des geltenden Rechts und in Auflehnung sich ausformen könnten. »Müßiggang ist aller Laster Anfang«, jedenfalls in den Augen dessen, der stilvoll zu faulenzen, zu repräsentieren versteht. Müßiggang ist aller Laster Anfang dagegen bei denen, die zum Müßiggang nicht erzogen wurden, die ihn nicht erlernt haben wie ehedem der Adel oder die höheren Töchter des Bürgertums. Die triebunterdrückende Funktion einer langen Arbeitszeit ist auch aus kriminologischer Sicht positiv gewürdigt worden: »Erst an den Sittlichkeits- und Gewaltverbrechen des Sonntags wird erkennbar, welche präventive Rolle Schulbesuch und Arbeitszeit auf mancherlei Gebieten des Verhaltens spielen.«[14] HANS VON HENTIG, der dies sagt, kann sich durch die Statistik bestätigt sehen. Es bleibt aber zu bedenken, daß auch werktags *angestaute* Unlust in Sonntagsneurosen wie sonntäglichen Gewaltakten sich ausdrückt. Ursache und Wirkung werden hier um so leichter verwechselt, als der völlige Wegfall zeitausfüllender Beschäftigung noch keine unverklemmt friedlichen Triebe freigibt, sondern weithin nur die durch frühkindliche Frustration verbogenen. Junge Arbeitslose empfinden es selber so, daß sie, wenn sie nicht bald eine Stelle bekämen, am Ende kriminell werden könnten.

Die Einführung eines zehnten Schuljahres, Verlängerung des Urlaubs sowie weitere Verkürzung der wöchentlichen Arbeitszeit dürften, wenn auch Überstunden und Sonderschichten weitgehend wegfielen, den Druck auf den Arbeitsmarkt etwas mildern. Wenn aber im Prozeß einer fortschreitenden Automation ein gewisser Prozentsatz Arbeitslose nie mehr zu vermeiden sein dürfte, dann wird es, den inneren Frieden zu sichern, nicht mehr genügen, den ständig nicht arbeitenden Teil der Bevölkerung auf sogenannte höhere Werte hinzulenken, um sein Tätigkeitsbedürfnis »kulturell« abzuspeisen. Es wird auch nötig sein, die Menschen im Sinne einer freizügigeren Moral genußfähiger zu machen.

c) Wirkungen der Moral

Solange eine Gesellschaft intakt bleibt, ist ihre Moral ein System von Vorzugsregeln und Verhaltensanweisungen, die die Gemeinschaft im ganzen lebensfähig erhalten sollen und das Individuum von schmerzlicher Beeinträchtigung möglichst freihalten. Die überkommene lustfeindliche Moral, die uns – zum Ausgleich für die uns vorenthaltenen Lüste – Fleiß und Sparsamkeit, Gewinnstreben und Familiensinn als vorbildlich hinstellt, erfüllt längst nicht mehr die Funktion der Lebenssicherung und Leidvermeidung (wenn sie eine solche Funktion jemals hatte). Wir sind drauf und dran, unser aller Leben im Namen unserer hohen Tugenden zu zerstören. Der Politiker und Wirtschaftswissenschaftler KLAUS DIETER ARNDT hat gewarnt, »daß wir unsere Urenkel ermorden. Nicht durch fahrlässigen Umgang mit dem Frieden, nicht durch biologische Degeneration der Gehwerkzeuge, sondern durch die bürgerlichen Tugenden, die die westliche und östliche Welt vereinen: zu arbeiten und Kinder zu haben«[15].

Im Jahre 1972, als diese Warnung geschrieben wurde, konnte noch nicht vorausgesehen werden, daß es neuerdings zu einer Diskussion um die »Überalterung« des deutschen Volkes kommen würde – wie einst zwischen den beiden großen Kriegen. Die Gefahr der »Bevölkerungsexplosion« gilt nur noch für die Menschheit im ganzen – in Mitteleuropa dürfen wir uns schon wieder sorgen, wie dem Zeugungswillen des deutschen Mannes und der Gebärfreudigkeit der deutschen Frau tatkräftig aufzuhelfen sei[16]. Im Vordergrund steht dabei die Erwägung größeren finanziellen Anreizes durch ein am Ende gar »dynamisiertes« Kindergeld, ein Gedanke, der die vermutete Ursache nachlassenden Kindersegens, ausgeprägtes Erwerbsstreben, durch eben einen Appell an den Erwerbssinn zu überwinden sucht. Der Köder wird nicht verfangen bei denen, die voll im Berufsleben stehen und selber zu rechnen wissen. Erst die Arbeitslosen, die man gar nicht haben möchte, könnten darauf verfallen, das Kindergeld zur Ausstattung ihres Lebens bewußt einzuplanen. Das bevölkerungspolitische Argument, mit dem staatlicherseits dem Kindersegen auf die Beine geholfen werden soll, ist die Sorge um die Renten von morgen. Solche Sorge ist nur zu berechtigt angesichts der ungebremsten Bestrebung, das Rentenalter weiter herabzusetzen. Man will Unvereinbares und versucht, den Teufel (der materiellen Einstellung) mit dem Beelzebub (des Geldes) auszutreiben. Anstatt unser Leben so umzugestalten, daß ursprüngliche vitale Befriedigungen Genußgifte überflüssig machten, anstatt durch Einschränkung der Motorisierung körperliche Bewegung zu fördern: anstatt also die Menschen bis in ein höheres Alter körperlich leistungsfähig zu erhalten und anstatt einen allmählichen Übergang vom vollen Arbeitsleben zum »Feierabend des Lebens« einzuführen, sorgt man für zunehmende Vergreisung durch ein verfrühtes, aber immer noch abruptes Überwechseln in die Untätigkeit.

Hier kann einstweilen nur die Anregung gegeben werden umzudenken. Vollbeschäftigung wird immer mehr zur Utopie – schon durch die fortschreitende Automation, die CARLO SCHMID bereits in den fünfziger Jahren die »zweite industrielle Revolution« genannt hat[17]. Die »Lüge der Arbeitsbeschaffung« (GRUHL[18]) muß entlarvt werden: bei den konservativen Heuchlern wie bei den betont progressiven, die sich sonst des Jargons der Entlarvung bedienen. Arbeitsbeschaffung, vor Parlamentswahlen versprochen, ist eine Lüge angesichts der immer sichtbarer werdenden Grenze der Belastbarkeit unserer Umwelt und vor der sich abzeichnenden Erschöpfbarkeit der Rohstoffe. Wer darüber Bescheid weiß, muß notwendig lügen, wenn er allen Erwerbsfähigen Arbeitsplätze verspricht oder gar, noch raffinierter, das Volk zu größerem *Fleiß* ermahnt.

d) Der Wettkampf der Systeme

»Arbeit ist ein Akt der Vernichtung geworden«, sagt GRUHL[19]. Sie ist destruktiv aber nicht erst durch die wie unversehens sich herausschälende Zerstörungswirkung an der Natur, sondern schon von der psychischen Motivation her, die bei ausreichender Verbreitung ein »Konkurrenzsystem«[20] einrichtet. Unverdrossener Fleiß kommt ja nicht nur aus einer Gesinnung der Pflichterfüllung und des Gehorsams, sondern aus dem zähen Bestreben, andere niederzukonkurrieren, zu überflügeln und *auszuschalten*. Was im privaten Umkreis gilt, das Gesetz aggressiven Konkurrenzkampfes[21], ist im großen das Prinzip des Wettstreits der Nationen, ja des Wettkampfes der Systeme. Eine Weile schien es, als walte höhere Vernunft darin, daß die Supermächte mit ihren Satellitenstaaten von der Bedrohung mit dem heißen Krieg über die Nadelstiche des kalten Krieges zur Koexistenz des Wirtschaftskrieges und des sogenannten friedlichen Wettstreits übergegangen seien. Inzwischen wird uns bewußt, daß wir im Rückstoß solcher Anstrengungen dabei sind, uns selbst zu zerstören:

> »Die im Kampf miteinander liegenden Übermächte und Militärstaaten tun ja alles, um die Umweltkrise zu verschärfen – durch den Verbrauch von Ressourcen für ihre sogenannte Verteidigung und durch den Abzug entscheidender Energien von der Lösung der globalen Menschheitsprobleme.«
> (FLECHTHEIM[22])

Es ist gewiß notwendig und vernünftig, an die Einsicht der Politiker zu appellieren, dem sogenannten Wirtschaftswachstum Einhalt zu gebieten. Aber ob das, für sich genommen, nützlich ist, steht dahin. Schließlich sind die »Wachstumsfanatiker« Ehrgeizlinge, die ihren privaten Traum vom Großwerden in das Land projizieren, in dem sie sich emporgedient haben. Am Ende ihrer Laufbahn identifizieren sie sich mit dem Staat, weil ihr Ehrgeiz keinen anderen Rahmen mehr findet. Sie repräsentieren aber auch ein Volk, das in seiner Masse früh resigniert hat, das heißt, private Sehnsüchte vom Aufstieg im Nationalismus verstaut hat. Bei Fußballweltmeisterschaften kommen die verkappten Machtwünsche als kollektive Leidenschaft deutlich heraus[23]. Und im »Wettstreit der Systeme« rationalisiert sich die Aggressivität, die unmittelbar kriegerisch sich nicht mehr auszuleben wagt. Der manipulative Begriff des »Wirtschaftswachstums« soll vorspiegeln, daß es sich dabei um einen natürlichen, geradezu organischen Prozeß des gegenseitigen Übertrumpfens handelt[24].

An die Vernunft zu appellieren scheint immer vernünftig. Aber das heißt noch nicht, daß es aussichtsreich ist. Die verqueren Triebinteressen eines zu vitaler Lustlosigkeit erzogenen Volkes haben längst den an Quantitäten sich aufrichtenden Verstand in ihren Dienst gestellt. Er gibt in dieser Funktion als »Sachzwang« aus, was neurotischen Zwängen entspringt. Eine Umorientierung der Triebstruktur ist daher Voraussetzung für ein wieder mehr naturbezogenes Denken.

B. SCHEINBAR RATIONALE PERSÖNLICHE MOTIVE

a) Motiv »Profitsucht«

Ein ebenso naheliegendes wie vordergründiges Motiv, die Umwelt zu zerstören, ist »hemmungslose Profitgier«[25]. Die häufig gegebene Erklärung will ausgrenzen, daß Profitstreben als Motor eines »gesunden Wirtschaftswachstums« natürlich zu bejahen sei. Nur eben seine Übersteigerung, seine Übertreibung aus Hemmungslosigkeit sei schädlich und verwerflich. Kulturkritiker, die sich lamentierend an die schlimmen Auswüchse halten, wollen nicht einsehen, daß eine Ordnung, die sich auf das Haben-Wollen, auf das Mehr-sein-Wollen der Einzelnen stützt, ihre Maßlosigkeit schon mit eingebaut hat. Denn wo soll ein Halten sein, wenn von unten bis oben, von den Ärmsten bis zu den Allerreichsten immer einer mit dem Nächsthöheren sich vergleicht, ihn zu überrunden trachtet? Und wenn schon die Allerärmsten vom »großen Geld« träumen?

Profitsucht als Motiv der Umweltzerstörung: Es leuchtet ein, daß es billiger kommt, chemischen Abfall einfach auf Müllhalden zu kippen, als ihn Faß für Faß einzubetonieren oder in abgeräumten Bergwerken zu verstauen. Und es liegt auf der Hand, daß es weniger Geld kostet, wenn man gefährliche Abgase einfach in die Luft jagt, statt sie zuvor zu filtern oder Verfahren zu entwickeln, die einen Kreislauf der Stoffe, ein Recycling, innerhalb des chemischen Werks ermöglichten. Und es ist für die Papierhersteller vielfach rentabler, Holz zu importieren, anstatt Altpapier aufzukaufen und wieder aufzubereiten.

Diese Beispiele, die sich mehren ließen, differieren durch die Schwere der Gefahr für die menschliche Gesundheit, die in ihnen sich abzeichnet. Zwischen der unmittelbar drohenden Vergiftung des Trinkwassers durch Giftmüll und dem langfristig zu erwartenden »Umkippen« des Klimas durch unbegrenztes Abholzen für die Papierindustrie scheint ein himmelweiter Unterschied zu liegen. Kriminalisierung des ersten, Erlaubnis des zweiten stützen noch diesen Anschein. Und doch ist die Behauptung einer Gemeingefahr jeweils nur hergenommen von unserer Fähigkeit, eine Katastrophe vorauszusagen.

Ob pönalisiert oder nicht – der Unternehmer, der auf die Gesundheit seiner Mitmenschen keine Rücksicht nimmt, ist in deren Augen auf nichts anderes ausgerichtet als auf »seinen Profit«. Das »absolute Bereicherungsstreben«, das jeder mit KARL MARX am Kapitalisten wahrnimmt[26], ist aber nie ein letztes Motiv, sondern lediglich das, was von einer gebrochenen sozialen Motivation dem Handelnden selbst wie seinen Mitmenschen noch bewußt wird, wenn ursprünglichere Antriebe verdrängt sind und das Geschäftsgebaren aus der allgemeinen Strebensrichtung nicht herausfällt. Schattierungen des sozial Geduldeten bis hin zum Unerträglichen schließt das nicht aus. Es charakterisiert schon die »Profitgesinnung« eines Menschen, *mit welchen Mitteln* er zu dem ihm voll bewußten Zweck, dem Geld, zu kommen sucht. Profitsucht, die auf das Leben und die Gesundheit anderer keine Rücksicht nimmt, ist eben nur die eine Seite einer Egozentrik und Aggressivität, die im Gedanken an Geld sich ihre Methoden herangebildet hat. Die andere ist schon die Lust am Wehetun.

Mit »Egozentrik und Aggressivität« ist indessen nicht viel erklärt. Daß Angriffe auf andere von einem verbissenen Ich ausgehen, liegt in der Logik solchen Verhaltens. Aber nicht die Aggressivität bildet nachträglich ein ihr gemäßes Ich heran – das gilt nur für den konfliktfrei Erzogenen, der unter die »Wölfe« gerät –; in der Regel schaffen frühe Versagungen, schafft Ungeborgenheit ein zornig aggressives Ausgreifen nach den Menschen, die unzuverlässig dem eigenen Liebebedürfnis sich immer wieder entziehen. Die Hoffnung, sich irgendwie ihre Liebe *erkaufen* zu können, kristallisiert sich schließlich zum Streben nach Geld, ja zu einer »Liebe« zum Geld, die sich als Grundeinstellung in einem Menschen gar nicht festsetzen könnte, wenn nicht stetes Mißtrauen, stete Enttäuschung, also auch Haß, sie begleitete. Am Geld werden Freundschaften zuschanden, heißt es: weil Geld psychisch eben mehr ist als ein bloßes Mittel zum Zweck des Kaufens. Es ist für das Unterbewußtsein das Lasso, mit dem man andere zu sich herzuzwingen trachtet, sie zu gängeln sucht, sich umgekehrt von ihrem Druck und ihren Erwartungen auch freizukaufen hofft. »Wer mir Geld abnimmt, verringert meinen Freiheitsspielraum« – so denkt, muß denken, wer in einer kommerzialisierten Gesellschaft die Erfahrung macht, daß er auf bloßes Flehen hin nicht mehr gesättigt wird.

Und doch – oder gerade deswegen – macht Geld nicht glücklich. Wer genug davon hat, setzt es in Sachwerte um, wohl aus Erwägungen der Sicherheit für alle Wechselfälle einer Währung; aber auch weil Geld, diese fast ungegenständliche Form des Eigentums, sich nicht sinnenhaft greifen und schmecken läßt. Geld, sagt FREUD, mache nicht glücklich, weil es kein Kindheitswunsch sei[27]. Das ist die halbe Wahrheit. Das Geld vermag uns nicht zu befriedigen, weil es, paradox genug, nur die selber gegenständliche Abstraktion unserer sinnlichen Wünsche ist. Das Kind aber lernt Abstraktionen erst in der Schule.

In der Schule des sogenannten freien Wirtschaftslebens lernen wir dann, wie man »Geld macht«. Skrupelloser Gewinnsucht kommt eine soziale Ordnung entgegen, die dem Staat und der Sozialversicherung die Fürsorge für die Gescheiterten und Invaliden aufbürdet, einer dynamischen Wirtschaftsführung aber überläßt, die Menschen wundzuschleifen. Der halbsozialisierte Staat wird zur Ambulanz für den industriellen Fortschritt. Er hat die Opfer aufzunehmen und für die gröbsten Schäden einzustehen, ob er sie verursacht hat oder nicht. Bei Sturm-, Flut- und Waldbrandkatastrophen springt er rettend ein. Und was die Industrie an Verschleißprodukten und unsinniger Verpackung herausschleudert, das sammeln die Gemeinden bei den Haushalten als »Müllawine« wieder ein. Nicht der Verursacher, vielmehr die Gemeinschaft der kleinen Gewerbetreibenden, der Hausbesitzer und Mieter finanziert über die Müllkosten den Profit der Großunternehmer. Es ist kein böses linkes Schlagwort, sondern einfach die Charakterisierung eines Zusammenhanges, wenn schon gesagt wurde, die Gewinne würden privatisiert, die Schäden sozialisiert.

Im Blick auf die ganz große Umweltverschmutzung durch die Industrieemmissionen tragen die Folgen vorerst sogar nur jene Bevölkerungskreise, die es sich nicht leisten können, in klimatisch günstigen, von Industrieabgasen noch verschonten Wohngebieten zu leben. Sozialisierung der Umweltverschmutzung bedeutet zunächst also ihre Abwälzung auf den minderprivilegierten Teil des Volkes. Wer im Ruhrgebiet oder in Ludwigshafen wohnen muß, atmet unmittelbar diejenigen Ausschüttungen wirtschaftlicher Expansion, die nicht an der Börse notieren. Hoffnung auf eine Änderung dieses klassenbedingten Klimas (im buchstäblichen Sinne) ist, wenn es so weitergeht, erst zu schöpfen, wenn Schwefelstaub, Ölgeruch und Ruß auch über die lieblichen Villenabhänge der Bergstraße und des Tessins niedergehen. Aber dann ist es für eine Umpolung des Klimas zu spät.

b) Motivkomplex »Fahrlässigkeit«

Ein ganzes Bündel von Motiven, die Umwelt zu zerstören, verbirgt sich unter dem Begriff der Fahrlässigkeit. »Fahrlässigkeit« wird angenommen, wenn Reaktorunfälle geschehen; »Fahrlässigkeit« wird vermutet, wenn Tabletten, längst nach den ersten Warnungen noch verkauft, Mißbildungen hervorrufen. Fahrlässigkeit kann man auch behaupten, wenn steigende Umweltvergiftung und zunehmende Krebssterblichkeit, in einen schwer widerlegbaren Zusammenhang gebracht[28], dennoch die Techniker, Wirtschaftsführer und Politiker gar nicht bewegen, der Sache auf den Grund zu gehen und die Gefahr auszuschalten. Wie aber verhält es sich, wenn alle Sorgfalt darauf verwendet wird, nicht die Ausbreitung giftiger Gase zu verhindern, sondern darauf, die angebotenen oder andernorts schon eingeführten Sicherheitsvorkehrungen zu überprüfen? In einer Fernsehsendung[29] über das bei – und noch nach – der PVC-Herstellung entweichende hochgiftige Gas Vinylchlorid sagte der Repräsentant eines PVC-herstellenden Werkes auf die Frage nach einer möglichen Übernahme der amerikanischen Sicherheitsvorkehrungen wörtlich: »Wir sahen keine Veranlassung, die amerikanischen Vorstellungen ungeprüft zu übernehmen.« Nicht die Gefährlichkeit des austretenden Giftes, nicht die schon bekannten Fälle der sogenannten PVC-Krankheit (mit zum Teil tödlichem Ausgang!) wären demnach Gegenstand einer Prüfung, sondern die Frage, ob die in den USA erlassenen Sicherheitsvorschriften sich bewährt haben. Solch willkürliche Umkehrung der Beweislast ist mit dem traditionellen Fahrlässigkeitsbegriff schwer zu fassen.

Bewußte Fahrlässigkeit formuliert sich in der Überlegung: »Es wird schon nichts passieren.« Im strafrechtlichen Sinne darf dabei mögliches Unheil »nicht billigend in Kauf genommen werden«. Sonst wird die Grenze zum bedingten Vorsatz überschritten. Sie ist aber im Blick auf Umweltgefahren schon berührt, wenn einer denkt: »*Mir* wird schon nichts passieren.« Zumal wer ständig Katastrophen durch Film und Lektüre als Unterhaltung genossen hat – viele Manager und Politiker lesen Krimis –, der bildet, scheinbar ohne Zusammenhang mit seinen Aufgaben, in sich die Überzeugung aus: Katastrophen sind das, was *die anderen* trifft. Es ist dies bis zu einem gewissen Grade sogar eine Charaktereigenschaft des erfolgreich Tätigen: den Zweifel in sich selber gar nicht aufkommen zu lassen, daß alles, was er anpackt, auch gutgeht und daß er alles ohne Schaden übersteht. Wer im Bewußtsein seiner Verletzlichkeit und Zerbrechlichkeit lebt, der wird nicht Unternehmer oder Manager, sondern entweder ein sich bescheidender Genießer oder ein sich beschränkender Grübler, in jedem Falle einer, der nicht hoch hinauswill. So kommt es, daß Warnungen vorwiegend von sogenannten inkompetenten Leuten kommen und weniger von denen, die sichtbar »Verantwortung tragen«. »Der Handelnde ist immer gewissenlos«, sagte zugespitzt schon SCHILLER[30].

Der rastlos Tätige, der »Erfolg« haben möchte, Erfolg für sich und für sein Haus, blickt auch nicht auf mögliche schlimme Folgen, weil seine Rastlosigkeit das sich fortzeugende Ergebnis eines Anpassungsprozesses ist. Er hat sich angeglichen an Produktions- und Leistungsformen, die bisher soziale Prämien brachten, ohne daß dabei viel schief gegangen wäre. Anpassung ist nicht möglich ohne ein Vertrauen, daß es so weitergehen kann wie bisher. Skeptiker, Menschen, denen der technische Fortschritt und das wirtschaftliche Wachstum nicht recht geheuer sind, passen sich nicht an. Sie bekommen im Zweifelsfalle schon nicht den Posten, an dem sie ihrem Mißtrauen gemäß wirken könnten. Betriebspsychologen müssen bei ihnen auf eine Reserve stoßen, die sich leicht als »ungenügende Leistungsmotivation« deuten läßt.

Die Verantwortung für fahrlässig verschuldete Umweltzerstörung schiebt sich also zurück auf diejenigen (Personalchefs, Betriebspsychologen), die für den Führungsnachwuchs der großen Firmen vorwiegend Menschen auswählen, die dem notorisch *fahrlässigen Charakter* zumindest nahekommen. Das ist der Typus Mensch, der Leistungsbereitschaft mit Egoismus verbindet, planende Intelligenz mit »Durchsetzungsvermögen« bis zur Rücksichtslosigkeit, Dynamik und schnelle Arbeitsweise mit einem Hang zu vorschnellen, unbedachten, eben »fahrlässigen« Entscheidungen. Ein solcher Mensch begeht seine Fehler nicht durch Saumseligkeit, sondern durch Übereilung; er verletzt die Interessen anderer nicht aus Unbeherrschtheit oder Jähzorn, sondern aus planvoll kanalisierter Aggressivität. Wohldosierte Verachtung des dummen Volkes läßt ihn Werbestrategien entwickeln, die – im Falle der Zigaretten- und Branntweinwerbung – auf eine Untergrabung der Volksgesundheit hinauslaufen und – im Falle der Waschmittelwerbung – die Vergiftung der Umwelt vorantreiben. Man sage nicht, daß reine Profitsucht das ganze Motiv sei. Geld als Mittel eines erleichterten Lebens wollen wir alle. Aber wir wollen es nicht auf die gleiche Weise erwerben.

Fahrlässigkeit, gerade die sogenannte bewußte, überdeckt unbewußte, in beruflicher Aktivität »sublimierte« Aggressivität, eine grundsätzlich feindselige Einstellung zum Mitmenschen. An der sich immer deutlicher abzeichnenden Umweltzerstörung durch wohlsublimierende Arbeitstiere wird sichtbar, daß es Sublimierung im Sinne der Verharmlosung gefährlicher Neigungen nicht gibt. (Es gibt nur eine Umbildung ihrer Äußerungsformen.) Wer verpönte oder unerwünschte Aggressivität in »sublimierter« Weise auslebt, der versprüht nur in kleinen, für den Augenblick unschädlichen Dosen ein emotionales Gift, das wie das fahrlässig produzierte chemische zuletzt bedrohlich kumuliert. Die Kraft destruktiver Emotionen, vom Individuum sorgsam sublimiert, formt in überindividuellen Prozessen sich allererst zur Zerstörung. So wie in kollektiver Aggression im Kriege wieder herauskommt, was der Einzelne moralisch sich versagt, so entwickelt selbst friedliche Technik in einer aggressiv formierten Gesellschaft ein insgesamt zerstörerisches Potential. In der Anhäufung giftiger Stoffe (in Flüssen, Böden, Organismen) setzt die mit Fleiß sublimierte persönliche Giftigkeit sich chemisch nachweisbar nieder. Sogenannte psychische Sublimierung hebt durch das chemische Sublimat, von dem das Wort stammt, sich wieder auf.

c) Das Streben nach dem Neuesten

Umweltzerstörung, Umweltverschmutzung wird augenfällig durch die teils legalen, teils »wilden« Ablagerungen von Unrat in der freien Natur: in Kiesgruben, Schluchten, Steinbrüchen und an Abhängen sowie – ganz illegal – mitten im Wald. Wer industrielles Wachstum will, muß auch das Anwachsen der Müllawine in Kauf nehmen. Wer – zur Erhaltung der Arbeitsplätze und zur Sicherung seines Gewinns – für baldigen Verschleiß produziert, sorgt kühlen Sinnes für die Vermehrung des Unrats, die Verwüstung der Landschaft, die Verschmutzung der Luft nicht nur durch die Produktion, sondern auch durch die Mülldeponien und die Müllverbrennungsanlagen. Er bewirkt, daß der Weg vom Rohstoff zum Abfall, von der Materialreserve zum Schrott immer rascher zurückgelegt wird. Das, worauf unsere Wachstumsfanatiker so stolz sind, die produzierten Güter, liegt als immer kurzlebigerer Wert dazwischen: zwischen der Vergeudung der Rohstoffe und dem teils unvermeidlichen, teils bewußt beschleunigten Untergang der Güter, der rückblickend schon der Erschließung der Rohstoffe das Vorzeichen der Vernichtung verleiht. Wirtschaftswachstum ist, vom biologischen Widersinn des Wortes »Wachstum« einmal abgesehen, das absurde Vermehren von Produkten, die nur dazu da sind, um nach kurzem Gebrauch dem Ausstoß der weiterlaufenden Produktion Platz zu machen. Nicht das Produkt ist Sinn und Zweck der Produktion, sondern deren Umlaufen selber. Das ist organisierter Irrsinn, der erst im perfekten Recycling, im Kreislauf der Stoffe, vollendet würde: die Wirtschaft als *perpetuum mobile* im großen. Gewiß ist die Idee der Wiederverwendung kostbarer Rohstoffe eine logische Antwort auf das System von immer schneller laufender Produktion und immer rascherer Vernichtung der Güter. Doch es ist eine rein systemimmanente Reaktion, die an der Produktion um der Produktion, am Verschleiß um des Profits willen nicht nur nichts ändert, sondern dieses Vernichtungssystem noch stabilisiert. Ein Wahnsystem wird unangreifbar, wenn es funktioniert.

Unternehmer und Gewerkschaften wirken hier aus unterschiedlichen Interessen in derselben Richtung. Während es den einen um die Sicherung der Gewinne geht, die nur in stetig weiterlaufender Produktion zu erzielen sind, befürchten die Arbeitnehmervertreter, selber entbehrlich zu werden, wenn Arbeitsplätze in größerem Umfang frei würden. Streiks sind nur sinnvoll, nur wirkungsvoll, wenn keine »Reservearmee« von Arbeitslosen bereitsteht einzuspringen. Also produzieren wir Damenstrümpfe, die oft schon bei allererstem Gebrauch zerreißen, und Autos, die auch bei sorgsamster Pflege rasch, von unten her, verrosten. Gerade die vielen billigen Textilien und Gebrauchsgüter bringen millionenfach Gewinn und ebenso millionenfach Arbeit: weil sie rasch verschleißen. Das zum Ideal hochstilisierte System der freien Marktwirtschaft erlaubt den Betrug nur im großen: »Ein Produkt wird von vornherein so konstruiert, daß es nach einer angemessenen Zeit unbrauchbar wird, wobei als angemessen gewöhnlich die Laufzeit der Ratenzahlung betrachtet wird« (PACKARD[31]). Daß wir alle gleichermaßen weniger zu arbeiten brauchten und dennoch auf liebgewordene Gebrauchsgüter nicht verzichten müßten, ist eine viel zu vernünftige Einsicht, als daß sie ohne zentrale Planung in die ökonomische Wirklichkeit umgesetzt werden könnte.

VANCE PACKARD[32] hat als erster darauf hingewiesen, daß der in die Produkte eingebaute Verschleiß, das Vermeiden ihrer Haltbarkeit (trotz vorhandener Patente) der Industrie noch nicht genügt, um ihre Produktion zu erhalten, nein zu steigern. Was nicht durch technische Tricks vorzeitig kaputtgeht, soll vom Käufer, noch ehe es den Dienst versagt, in den Müll geworfen werden. Zu diesem Zweck wird ihm nach kurzer Zeit eingeredet, daß es inzwischen schon wieder etwas Moderneres, Leistungsfähigeres, »Formschöneres« gebe. Reklame appelliert an die Neugier, an die Lust, Neues auszuprobieren, mit dem Allerneuesten zu glänzen. Möbel, längst nicht abgewetzt, werden als »unmodern« erklärt und wandern zum Sperrmüll. Schuhe, längst nicht abgetragen, werden weggeworfen. »Alte Schuhe sehen ärmlich aus«, lautete zu Beginn der siebziger Jahre ein psychologisch feingesponnener Slogan der Schuhindustrie. Er trug der Weisheit der jungen Mädchen Rechnung, die herausgefunden hatten, daß es, um einen Mann, das heißt seine Finanzkraft richtig einzuschätzen, am sichersten ist, ihn nach seinen Schuhen zu taxieren. Wer kennte nicht sorgfältig uns abschätzende Blicke, die bei unseren Füßen verweilen! Das machen sensible Naturen nicht lange mit: sie kaufen sich ein neues Paar Schuhe.

Im Drang, sich immer wieder Neues, ja das modisch Neueste zu kaufen, schwingt auch uneingestandene Angst vor dem Altwerden, die Angst vor dem Tod. Der Psychologe WOLFGANG SCHMIDBAUER macht dies als tieferes Motiv der Lust an Neuanschaffungen namhaft[33]. Wer meint, das sei »weit hergeholt«, der lese einmal Werbetexte, die uns Jugendlichkeit versprechen, genauer. Der »böse Blick« des Psychologen ist auch vor den dazugehörigen Bildern angebracht, denn die Werbeleute machen es – im allgemeinen – nicht so plump, daß wir uns des Wunsches, jung zu bleiben, vor uns selber schämen müßten. Schließlich ist auch die Neurose der Neu-Gier nur eine Übertreibung gesunder Regungen.

Da wir unsere Kleider so tragen, als seien sie ein Körperteil von uns oder doch die Erweiterung des Leibes, da sie zudem körperliche, gar altersbedingte Mängel überdecken, können wir »in neuen Sachen« uns selber verjüngt fühlen. Bis zu einem gewissen Grade ist solcher Selbstbetrug für den Menschen unserer Breiten – und nicht nur für ihn – eine fast natürliche Folge davon, daß er sich überhaupt kleidet. Er mag es beabsichtigt haben oder nicht: In farbenfrohem, gutsitzendem Gewand zieht er Blicke auf sich, die ihn unternehmungslustig machen, ihn emotional, humoral verjüngen. Aus Lüge wird ein wenig Wahrheit. Nur Neurotiker geben sich nicht damit zufrieden; sie wollen das Erlebnis, neu beachtet zu werden, in immer kürzeren Abständen. Und sie brauchen es anstelle der Erfüllungen, die ausbleiben. So panisch, daß wir *immerfort* das Neueste brauchen, müßte die Angst vor dem Tod nicht sein. Sie ist es nur, weil sittliche Zwänge uns nötigen, das Leben auf weite Strecken lustlos, also ungelebt verstreichen zu lassen.

Öfter mal was Neues, dieser von einem Werbefachmann ersonnene Spruch trifft verstohlene Blicke, uneingestandene Ängste und geheime Sehnsüchte gleichermaßen. Die einen wollen mithalten, nicht sozial abgehängt werden; die anderen, zielstrebig, wollen ihren Mitmenschen etwas *voraus*haben. Wenn ihre finanzielle Leistungsfähigkeit begrenzt ist, auf Durchschnittsniveau oder darunter liegt, können sie nicht mit größerem Aufwand prunken, sie müssen sich darauf verlegen, in Fragen der Mode und des Lebensstils einen *zeitlichen* Vorsprung zu halten. Öfter mal was Neues, das ist die Lust der Lustlosen, auch insofern, als triebhaft-erotisches Abwechslungsbedürfnis sich an wechselnde Sachen hängt, weil ihm Partnerwechsel sittlich verwehrt ist: durch den eifersüchtig wachsamen Gatten und seine Zuträger. *Öfter mal was Neues* ist so gerade auf die gut-bürgerliche Ehe zugeschnitten: in treuen Paaren hat der Spruch seine »Zielgruppe«. Hier leitet die Erkenntnis, daß die Summe der Mobilität in einem Menschen, solange er nicht depressiv, apathisch wird, einigermaßen konstant bleibt. Wenn sein Leben in einem Punkt sich festgefahren hat, muß es in anderer Hinsicht beweglicher werden. *Öfter* die Kleider, die Möbel, die Wohnung wechseln, das vermittelt Reize, die uns lebendig erhalten, auch wenn wir gegen andere, sinnlichere Reize uns abschirmen müssen. Frauen, die einen nach anderen schielenden Mann sich treu erhalten wollen, wird allen Ernstes geraten[34], *öfter* die Frisur, die Haarfarbe, das Make-up, den Stil der Kleidung zu wechseln. Sie sollen so dem Manne, der nach Abwechslung strebt, selbst immer wieder als eine »neue Frau« erscheinen, seine polygamen Neigungen in strenger Ehe befriedigen. Wieweit sie damit kommen, wenn der Mann unter der fremden Perücke, den exotischen Lidschatten wieder die allzuvertrauten Züge wahrnimmt, dieselbe Stimme mit den eingeschliffenen Überzeugungen hört, das ist eine Frage der Phantasie: der Fähigkeit, eine Illusion zu spielen und mitzuspielen. Was aber besagt es über die monogame Ehe als Spiel, wenn sie, um sich zu erhalten, die Kostüme aus einem anderen Stück borgen muß?

Werbung, Modeentwicklung und Abfallproduktion stehen in gerader Beziehung zu der Moral, mit der wir es auszuhalten haben. Es wäre jedoch verfehlt, in der Überschwemmung des Marktes mit Neuerungen nur einen Reflex auf moralbedingte Sehnsüchte zu sehen. Die Entwicklung immer neuer technischer Finessen, das Überholen des schon Gewohnten und sogar das Abwerfen des Bewährten, das sind Züge, die in der Industrie sich bereits institutionalisiert haben und von ihr uns zugemutet werden. Dahinter steht die Wahrscheinlichkeitsrechnung, daß der je kompliziertere Apparat auch eher kaputtgehen wird und daß das Auslaufenlassen eines bewährten Systems auch noch diejenigen, die es nicht missen möchten, mit der Zeit zu Neuanschaffungen zwingt.

Gegen die Profitstrategien der großen Firmen sind wir weitgehend machtlos; wir richten gegen sie auch durch »Konsumverzicht« wenig aus. Aber das heißt nicht, daß uns alles nur von »oben«, von der Macht des Kapitals diktiert wäre und unabänderlich bliebe. Von einer Wirtschaftsdemokratie sind wir soweit entfernt, daß wir die Chancen der Änderung noch gar nicht absehen. Die *Mitbestimmung des Verbrauchers* wird (wie die des Arbeiters) nur durch politische und das heißt gesetzliche Unterstützung kommen. Doch ohne moralische Evolution, ohne die Entdeckung unkomplizierter Lebensfreude wird nicht einmal die Forderung überzeugend formuliert werden.

d) Der Traum vom eigenen Häuschen

Die Jagd nach dem jeweils Neuesten ist der Lebensstil des Menschen, der es bei sich selber nicht aushält, weil er in beschaulichem Genuß zu verweilen nie gelernt hat. Drogensucht ist eine andere, im gegenwärtigen Zusammenhang nicht interessierende Weise, der Wirklichkeit der verpönten Sinne zu entgehen; Arbeitswut ein dritter Weg, sich selbst zu betäuben. Die Flucht in die Arbeit und das überkommene Arbeitsethos haben wieder mit Umweltzerstörung zu tun, weil die sogenannten produktiven Energien notgedrungen in unbehaute Natur eindringen, wollen sie nicht sich selbst beschränken. Trotz aller Rede vom Aufbau einer »geistigen Welt«, den der Mensch zu leisten vermöge, geht seine Wirksamkeit unverdrossen auf eine Veränderung der realen Außenwelt. Das liegt bis zu einem gewissen Grade in der körperlichen Verfassung unserer Existenz. Viele Intellektuelle haben denn auch ein ontologisch begreiflich schlechtes Gewissen, weil sie unmittelbar sichtbar in dieser Welt nichts bewirken und verändern.

Eine Veränderung des bewußten Verhältnisses zum Mitmenschen und zur Umwelt erscheint aber auch den im Prestigedenken angepaßten Zeitgenossen höchst überflüssig: weil sie sich konfliktlos im Einklang wissen mit dem, was die allermeisten denken und belobigen. Selbst wer in Kunst und Wissenschaft, im »Kulturbetrieb« voranzukommen sucht, hat als Triebfeder vielfach keine andere Motivation als der tüchtige Geschäftsmann oder Facharbeiter: den Traum vom eigenen Häuschen. Er steckt hinter so mancher edel bestrebten Stirn, auch dann, wenn nicht die Notwendigkeit verspürt wird, für eine kinderreiche Familie in einer kinderfeindlichen Gesellschaft eine Insel der Geborgenheit und Heiterkeit zu schaffen. Der von den Politikern noch kräftig geförderte Drang zum eigenen Haus ist aber – neben der individuellen Motorisierung und dem dafür notwendigen Straßenbau – die zweite große Ursache der ständigen Verringerung der Wald-, Wiesenund Ackerflächen.

»Neben dem Wald verringert sich auch die Fläche anderer Landschaften, die einen Erholungsfaktor darstellen können. Zwischen 1960 und 1970 ist die landwirtschaftliche Nutzfläche um 3,3 Prozent zurückgegangen. Die Moore haben 9,9 Prozent ihrer Fläche eingebüßt, die Ödländer 4 Prozent. Im gleichen Zeitraum haben die Flächen der Verkehrsverbindungen (Straßen, Eisenbahnen usw.) um 13,5 Prozent zugenommen, die Industrie- und Gebäudeflächen um 28 Prozent, die Ausdehnung der Flugplatzareale um 19,4 Prozent.« (LÜTZENKIRCHEN[35])

Der kollektive Drang zum eigenen Häuschen verringert sichtbar den gemeinsam betretbaren Erholungsraum. Der herrschende Eigentums- fetischismus läßt aber Freude an einer Wiese, einem Baum oder Strauch gar nicht aufkommen, wenn wir dazu nicht »mein« sagen können. Wie das mit Zärtlichkeit nicht verwöhnte Kind, das *seinen* Teddy haben muß, um mit ihm zu schmusen, so erfüllt sich für viele eine »Liebe zur Natur« erst auf eigenem Grund und Boden, im eigenen Garten. Und aus zum Teil denselben Gründen: Man muß besitzen, was man lieben soll, weil man, lieblos erzogen, mit anderen nichts zu teilen vermag. Anspruch auf ausschließliche Verfügbarkeit, die an Menschen immer wieder abgleitet, heftet sich an Sachen, die geduldiger dem eigenen Herrschaftsanspruch sich fügen.

Gewiß ist in der Liebe zum eigenen Garten auch eine Freude am Wachsen-Lassen und an körperlicher Betätigung enthalten; aber im gepachteten Schrebergarten ließe solch vitale Lust sich ebenso gewinnen wie auf eigenem Grund und Boden. Sie *könnte* sich hier einstellen, wenn nicht das Eigentum am Boden vielfach die Bedingung vollen Gärtnerglücks wäre. Es ist mit dem gepachteten Garten wie mit dem Haus, in dem man nur zur Miete wohnt: Man liebt es nicht wie ein eigenes, betrachtet es um so gleichgültiger, je härter Mietwucher das Gefühl vermittelt, hier nur wie auf der Durchreise untergebracht zu sein. Das Gefühl der Ohnmacht gegenüber rücksichtsloser Übervor- teilung hilft dem frustrationsbedingten Eigentumsfetischismus erst rich- tig auf.

Der weitverbreitete Zug zum eigenen Häuschen charakterisiert auch den Menschen, der in der Konkurrenzsituation des Betriebes ein Be- dürfnis nach Absonderung entwickelt und bei schwindendem Gemein- schaftsgefühl von den Nachbarn sich soweit als möglich absondern will. Solch sozial negative Motive werden im allgemeinen verdrängt oder doch gut getarnt hinter ungefragt herausgekehrter »Liebe zur Natur« – ein zunächst willentlich sich aufgesetzter Beweggrund, dem durch die Verschmutzung der Luft in den großen Städten freilich schon vernünftigere Motive nachwachsen. Die ökologisch verheerende Konsequenz eines allgemeinen Exodus aus den Städten wird jedoch nicht reflektiert, am wenigsten von Politikern, die die Eigenheimbewegung fördern. Sie haben dafür ihr besonderes staatserhaltendes Kalkül: die Erwägung, daß Menschen, die ans Bauen denken, die an Bausparverträge gebunden sind oder gar schon an Hypotheken, so leicht nicht gegen die geltende staatliche und moralische Ordnung aufmucken. Solches Wohlverhalten wird mit Steuererleichterungen honoriert.

Der Drang zum Eigenheim hat aber jenseits rationaler Motive noch eine unmittelbar moralbedingte Motivation: Aus der Erfahrung, als Mieter nicht überall »tun und lassen zu dürfen, was man will«, streben viele nach dem eigenen Haus im Grünen, um sich gegen sittlich bevormundende oder neugierige Nachbarn räumlich abzusetzen. Man wird, um die Zersiedelung unserer Landschaft zu stoppen, daher auch auf einen »Sittenverfall« setzen müssen, der mehr Duldsamkeit unter die Menschen brächte gemäß dem bayerischen Motto: »Leben und leben lassen!« Es ist eine arge Naivität zu meinen, zu Toleranz könnten die Menschen »angehalten« werden, ohne daß man ihnen einen größeren, auch gesetzlichen, Rahmen für unbefangenen Lebensgenuß verschaffte.

C. DIE UNBEWUSSTEN MOTIVE

a) Gigantomanie

Als Gegenstück zum Häuschen auf dem flachen Lande präsentiert sich in den Großstädten das Betonhochhaus. Daß Raumnot hier zu einer Verdichtung zwinge, die 30, ja 40 Stockwerke übereinandertürmt, ist kein überzeugendes Argument, weil zwischen den Hochhäusern (schon wegen der nicht ganz zu unterbindenden Luftströmung) weit mehr Raum freibleiben muß als dort, wo drei- bis fünfstöckig aneinandergebaut werden kann. Man will, ob es rentabel ist oder nicht, architektonisch »hoch hinaus«: Macht demonstrieren. Das Hochhaus ist die Stein, nein Beton gewordene Weltanschauung von Menschen, die sich verewigen wollen. Ihre Gigantomanie ist letztlich Protest gegen das, was uns alle niederzwingt: der Tod.

Die Vermutung eines solchen Motivs wird von dem bevorzugten Material gestützt: Beton ist haltbarer als alles, was bisher zum Bauen verwendet worden ist. Die Dome unserer ernüchterten Zeit sind die betonierten Bürohochhäuser: gewaltige Proteste gegen den Verfall, gigantische Phallussymbole. Daß kranke Gehirne sie finanziert und geplant haben, bestätigt ihre zweifelhafte Rentabilität. Was bei verkleinertem Bauplatz für den Grund gespart werden kann, muß zum Teil in verstärkte und vertiefte Fundamente investiert werden. In Frankfurt stehen die Bürohochhäuser im Laufe des Jahres 1976 halb leer; in Heidelberg entwickelt sich der Mengler-Bau zum »schiefen Turm«. Profitsucht reicht angesichts solcher Fakten als Erklärung nicht aus. Wir müssen irrationale Motive vermuten. Geld ist schließlich kein rationales Motiv, kein den ausgeglichenen Menschen überzeugendes Argument, sondern dem vitalpsychisch verstörten Menschen schon die Form, in der er denkt, die Kategorie, unter der er soziale Phänomene, menschliche Leidenschaften, Bedürfnisse, Ängste sich verständlich macht und erfaßt.

Wo liebevoll gestaltete, vielfältig sich darbietende Altbauten niedergerissen werden, da weicht, allen sichtbar, wenngleich nicht einsichtig, Individualität der Kollektivierung. Der Betonstil will die architektonische Uniformierung, das Bienenwabenhaus als die dem modernen Massenmenschen adäquate Behausung. Hier wird die Einfallslosigkeit zum Programm: die nun schon Jahrzehnte alte »neue Sachlichkeit« behauptet sich gegen Bürgerproteste und Nostalgiewelle dank kapitalkräftiger Bauherren und geschichtsblinder Stadtväter. Technokraten und Bürokraten selbst entgegengesetzter politischer Couleur schließen ein Bündnis gegen den Bürger, der nicht nur wohnen und vegetieren, sondern beheimatet sein möchte. Der Wohnsilo ist die genaue Entsprechung der bürokratischen Bestrebung, den Menschen ihre Namen zu nehmen und sie mit Nummern zu versehen.

Der technokratische Architekt muß alles gleichmachen, vereinheitlichen, »versachlichen«. In die Gleichförmigkeit der von ihm entworfenen Fassaden projiziert er seine Angst vor dem Unberechenbaren, Spontanen, auch vor dem für Menschen Übermächtigen. Einheitshaus und Einheitsmensch wären die optische Besiegung des Todes: Nichts kann mehr vergehen, keiner kann mehr sterben – jedenfalls für unseren leergewordenen Blick, wenn alles sich auswechseln läßt.

Man wird dagegen einwenden, soviel hätten die Leute sich dabei nicht gedacht. So verhält es sich gewiß; aber das ist kein Einwand gegen eine Theorie, die die vorbewußten und überbewußten Beweggründe namhaft zu machen sucht. Die Psychoanalyse hat hier – neben manch geglückter Aufklärung – auch Verwirrung gestiftet. Es ist ja nicht so, daß alles, was aus dem Unbewußten heraus das Handeln der Menschen bestimmt, zuvor bewußt gewesen sein müßte und dann verdrängt worden wäre. Es bilden sich im Rahmen einer Kultur überindividuelle Formen der Abwehr unlusterregender Wahrheiten heraus, die vom Einzelnen gar nicht mehr in Form einer Verdrängung nachvollzogen zu werden brauchen. Er bleibt – in Uniformierung – verschont von dem Leiden an der Vergänglichkeit, das gerade *den* Menschen befällt, der sich als unverwechselbare Person empfindet. Wer sich – durch Kleidung, Wohnkultur und Gesinnung – dagegen eingeschmolzen fühlt in die Gesellschaft der Verwechselbaren, der entwickelt weniger ein Ich- als ein Massen-Bewußtsein, nicht einmal ein Wir-Gefühl, aus dem das Ich und das Du sich heraushöben. Ein solcher Mensch stirbt leicht, wenn es nur nicht wehtut. Denn er hat schon zu Lebzeiten ein klares Bewußtsein der Existenz nie erreicht; es ist ihm im Einerlei verdorrter Städte, im Dauerlärm der Straßen und Fabriken und in der Dauerberieselung durch Musikmaschinen gar nie erwacht.

b) Protestgesinnung und Geltungsbedürfnis

Wer mit jungen bildenden Künstlern, auch Architekten, über ihre künstlerischen Ziele spricht, der hört nicht selten das offene Bekenntnis, man wolle einmal »einfach alles anders machen« als bisher, man wolle in neuen Formen seinen Protest ausdrücken und sich so einen Namen machen. Protestgesinnung und Geltungssucht gehen nach solchem Bekunden eine so enge Legierung ein, daß man fragen darf, ob sie nicht dieselbe emotionale Wurzel haben. Das selbst oft verdrängte Grundmotiv allen Protests in unserer Kultur ist ja das Aufbegehren gegen die sittlich verankerte Triebfeindlichkeit: Die Kunst hatte – und hat – seit Jahrhunderten auch die kulturimmanente Funktion, den verpönten Trieb und den verketzerten nackten Leib wieder zur Geltung zu bringen. In der Architektur, einer wohlgemerkt von Männern konzipierten, protestiert der Mensch aus vitaler Verschüchterung, aus Kastrationsangst und Triebhunger gegen die Unterdrückung durch das Aufrichten gewaltiger Phallussymbole, in denen zugleich religiöse, politische oder wirtschaftliche Macht ebenso auftrumpft wie ihren vitalen Ursprung hervorkehrt.

Wir brauchen uns über eine solche Erklärung nur zu wundern, wenn wir im Vertrauen auf rein »geistige Ursachen« kultureller Leistungen erzogen wurden. Es geschieht aber nichts und es entsteht auch nichts von Menschenhand ohne *vitalen* Grund. Die Formen, in denen wir gestalten, sind nicht unabhängig vom Leib, auch wenn wir sie in einer »Spätkultur« (GEHLEN[36]) vielfach durch Lernprozesse übermittelt bekommen und dabei der »Wille des Materials« eine gewisse Beschränkung verlangt. Aber das schöpferische Finden von Formen geht unbewußt aus der Organisation unseres Leibes hervor. Hierauf deutet LICHTENBERGS Frage, weshalb soviele Dinge durch Röhren getan werden[37]. Neue technische Verfahren verwirklichen vielleicht nur einen alten Traum.

Ein neues Mittel architektonischen Protests, zumindest der Neigung, die gewohnten Formen zu »sprengen«, ist der Spannbeton. Da dieses Material in noch nie gekanntem Maße »vorgespannte« Konstruktionen erlaubt, freitragende Gebäudeteile ohne Mauern oder Säulen, wird dadurch unser vitaler Sinn für Statik erschüttert. Der Anblick solcher Architektur vermittelt ein Gefühl der Bodenlosigkeit und des Ausgesetztseins, weil er unsere sinnenhafte Beziehung zur Erde verwirrt. Die optisch sich abstützende Erfahrung des Tragens und Lastens wird entwertet. Das ist *eine Architektur, die lügt:* sie täuscht uns Schwerelosigkeit vor. *Epater le bourgeois:* es wird nicht nur der Spießer verschreckt, sondern gerade derjenige, der ohne die Verinnerlichung naturwidriger Tabus unverklemmt leben und gelassen mitleben könnte. In »verrücktem«, »aggressivem« Baustil protestiert wohl ein verquältes Gemüt gegen die Zwänge der Umwelt, aber in einer Form, die selber dem ruhebedürftigen Auge neue Frustration schafft. Durch optische Disharmonien im Straßenbild läßt sich gewiß Aufsehen erregen, gar permanent protestieren gegen »Ruhe und Ordnung«; es wird aber auch eine weitere Quelle verschüttet, aus der wir für geduldige soziale Evolution Mut und Kraft ziehen könnten. Lieblose, menschenfeindliche Architektur kann keine Befreiung zum Besseren stützen. Sie stellt sich dem Verlangen nach menschlicher Nähe und Vertrautheit buchstäblich in den Weg.

c) Aggressionslust

Daß die sich abzeichnende *Zerstörung* unserer natürlichen Umwelt, unserer Lebensgrundlagen, nicht einfach zwangsläufig oder »zufällig« sich ergibt, daß sie vielmehr mit Zerstörungs*lust*, ja mit Lebensfeindlichkeit zu tun haben muß, ist gelegentlich schon ausgesprochen worden[38]. Wer mit KONRAD LORENZ davon überzeugt ist, daß Aggressivität ein dem Menschen (wie den Tieren) angeborener Naturtrieb ist, hat damit schon die ihm mögliche Basis des Erklärens erreicht. Was als blanke Zerstörungslust, als Lust am Töten von Tieren und am Fällen von Bäumen sich zeigt, wäre danach nur Ausdruck eines selber natürlichen Triebes, Beute zu jagen und – als naturbeherrschender Mensch – Wildwuchs zu roden. Hier wäre im Unterschied zu der sonst geführten Diskussion um die menschliche Aggressivität ausnahmsweise von extraspezifischer Aggression, einer nicht gegen Artgenossen gerichteten, die Rede. Nur Naivität und Unwissenheit hätten demnach den Menschen mit seiner naturbedingten Lust am Töten und Vernichten bis an die Grenze der Gefährdung seiner eigenen Lebensgrundlagen gebracht. Ungenügend »sublimierte« Aggressivität wäre der einzige Beweggrund zerstörerischen Ausgreifens in die Natur.

Gegen die so einfache und darum plausible Erklärung, jedwede Aggression komme von einem Aggressions*trieb*, läßt im Blick auf das Jagen, Fangen und Verzehren von Beutetieren sich immerhin anführen, daß das jeweils zeitliche Zusammenfallen von Hunger und Jagdfieber nicht rein zufällig sein kann, sondern ein Bedingungsverhältnis der beiden Antriebe nahelegt. Ich habe dies in meiner ersten Kritik an LORENZ schon vorgebracht[39]. Die geringe Aggressivität von satten Löwen hat sich auch jenseits von Serengeti-Besuchern herumgesprochen. Der Verhaltensforscher und Lorenz-Schüler PAUL LEYHAUSEN sagt in bezug auf unser beliebtestes Haustier: »Die Katze muß den Zusammenhang zwischen Töten und Futterbeschaffung erfassen, um das Töten im Training zu halten. Andernfalls kann es, ohne die dauernde Verstärkung über die Hungerbefriedigung, mehr oder weniger weitgehend atrophieren.«[40] Beim Raubtier Mensch ist dieser enge Zusammenhang von Hunger und Tötungswillen nicht mehr gegeben. Wer kennt nicht den Fischer, den Jäger, der Fisch oder Wildbret selbst nicht essen mag, dem seine »Leidenschaft« aber zum Selbstzweck geworden ist! Wenn die Weltmeere leergefischt werden, so steht dahinter wohl das handfeste Profitdenken einer ganzen Industrie; das brutale Abschlachten der Robben und Delphine erklärt das nicht. Es gibt hierfür nur eine Erklärung: Lust am Töten. Aus Norwegen wird berichtet:

»Das Wasser des Fjordes rötet sich vom Blut der Tiere. Daß dieses Morden heutzutage überflüssig ist, kann allein daran ersehen werden, daß die meisten Kadaver [der getöteten Delphine] einfach im Wasser des Fjordes belassen werden, wo sie verwesen. Es dürfte sich bei dieser ›Jagd‹ um eine reine *virility show* handeln, zumal der Blutrausch nach einer bis in die Nacht andauernden Tanzerei und Zecherei mit einem gewöhnlichen *Alkoholrausch* abschließt.«[41]

Was in einer solchen Vernichtungsorgie sich ausdrückt, ist nichts anderes als der in unserer christlich-abendländischen Kultur herangebildete Haß auf das Leben, dem man, »sittlich« zur Lustlosigkeit verdammt, nichts abzugewinnen vermag. Wo man die Ventilsitte des Faschings oder des Karnevals pflegt, kommt er noch nicht so deutlich zum Ausdruck wie in puritanischen oder streng katholischen Landen. In ritualisierter Form feiert der Kampf gegen das Leben seinen höchsten Triumph im spanischen Stierkampf, wo nach Erlegung des Tieres bisweilen heute noch die männlichen Zuschauer in die Arena strömen, um die Hoden des Stiers zu zertrampeln[42]. Der Haß auf den »störrischen Trieb« (Freud[43]) findet in der Vernichtung der tierischen Potenz seinen symbolischen Ausdruck: nicht der Stier selbst ist es, gegen den der Vernichtungswille sich richtet. Auf ihn projiziert sich nur mancher Haß gegen menschliche Rivalen, die wegen ihrer »Bullenhaftigkeit« sowohl gefürchtet wie gemieden werden.

An lebendigen Wesen kann stellvertretend für den Menschen, den man haßt, ein Todeswunsch ausgelebt werden. Miterlebtes Beispiel: Ein Gärtner hatte mit einem jungen Verwandten Streit. Eines Abends ging dieser auf das Grundstück und schnitt ein paar Bäume zusammen: ein scheinbar sinnloses Delikt, von den Gerichten als eine Form der Sachbeschädigung geahndet, wobei sie oft nur noch den Marktwert, nicht den »Erwartungswert« der abgeholzten Bäume berücksichtigen. Ein nur scheinbar sinnloses Delikt: denn der junge Mann hätte, wenn er irgendeine andere Habe des Gehaßten zerstört hätte, nicht dieselbe Entlastung erfahren wie beim Schneiden in den lebendigen Baum. Das war auf eine magische Art der Gehaßte noch einmal. Bismarck war erschüttert, als er erfuhr, daß sein Nachfolger im Amt des Reichskanzlers, General von Caprivi, die »uralten Bäume vor der Gartenseite seiner, früher meiner, Wohnung hat abhauen lassen«[44]. Der Exkanzler, der als Baumfreund bekannt war, mochte unbewußt spüren, daß mit diesem Akt von »Baumvertilgung« (BISMARCK) er selbst *getroffen* werden sollte.

Wer leichten Herzens (oder gar mit Lustgewinn?) Bäume fällen läßt, verrät dadurch entweder gezielten Haß oder überhaupt eine lebensfeindliche Gesinnung. Der Baum ist nicht nur ein Symbol des Lebens, er *ist* Leben in schlechthin herausragender Weise als ein in manchen Gattungen über die Jahrhunderte hinweg aufwachsender Organismus. Alte Bäume sind sichtbar gewordene Zeit. Aggressive, hektische Regime sind darum dem Baum feindlich gesinnt. Darauf hat WOLF JOBST SIEDLER in einem »Epitaph auf den Baum«[45] aufmerksam gemacht: »Um Schußfeld zu gewinnen, fällt man stets Bäume.« Bäume werden auch gefällt, um Platz für Schnellstraßen zu schaffen, oder um die für die Autoraser gefährlichen Kurven zu »entschärfen«. Der Baum steht gegen die Eile, und er ist insofern ein Hindernis den Rastlosen.

Innerlich unausgeglichenen Menschen symbolisiert der Baum auch eine ärgerniserregende Macht, eine selbstverständliche *Potenz,* die – für den Frustrierten – ihre sexuell beunruhigende Bedeutung hat. Wenn gerade pubertierende Jünglinge in unserer Kultur eine Lust am Abreißen von Ästen und am Verstümmeln von Bäumen entwickeln, weil am Baum symbolisch Erektionsängste abreagiert werden können, so muß auch erlaubt sein zu fragen, wieviel verkappte Sexualangst und Kastrationsneigung in manchen Bauämtern die Feder führt. Man lasse sich über die bestimmenden Motive nicht durch sogenannte Sachzwänge hinwegtäuschen! Vor hundert Jahren noch siegte in Berlin ein Baum über einen Plan zur Erweiterung des Preußischen Herrenhauses[46]; heute setzen die Pläne gegen die Natur sich durch. Ob letztlich sexuell bedingte zerstörerische Motive bewußt sind oder nicht: sie drücken in der aggressiven Beziehung, die ein Mensch zu den Bäumen haben mag, wie in einem dargelebten Projektionstest sich aus.

Der bisher krasseste Fall behördlicher »Baumvertilgung« war das Abholzen von rund fünfzig alten Eichen in Hamburg am 20. September 1976. Die Holzaktion wurde im Handstreich gegen die Bürgerinitiative Bergedorf durchgeführt, deren Mitglieder geplant hatten, sich am angekündigten Tag in den Baumkronen festbinden zu lassen, um ein Fällen zu verhindern. Als dies bekannt wurde, rückte das Sägekommando einen Tag früher an. Die zum Teil jahrhundertealten Bäume wurden gefällt, um für ein Berufsschulzentrum Platz zu schaffen. Eine den Baumbestand weitgehend erhaltende Neuplanung hätte nach Meinung des Bausenators Rolf Bialas einen »Zeitverlust« von einem Jahr bedeutet[47]. Den rastlosen Planern ist kein Substanzverlust zu groß, um Zeit zu gewinnen.

Es geht hier nicht darum, lediglich den »Übermut der Ämter« (Shakespeare) anzuprangern. Es gibt genug private Hausbesitzer und Vorstände von Wohnungsgenossenschaften, denen jeder Baum, weil er zuviel Licht wegnehme, und jede Spielwiese, weil die Kinder zu laut lärmten, ein Ärgernis sind. Sie tun das Ihrige, um auch den letzten Grünstreifen unter einer Decke von Beton oder Asphalt verschwinden zu lassen. Die einmalige Ausgabe erspart ihnen die immer wieder anfallenden »Unkosten« der Rasenpflege; sie schaffen zugleich Raum für das Wenden von Autos auf den Grundstücken. Wer den Ärger mit stets wieder nachwachsenden Pflanzen, mit wuchernden Sträuchern und Unkräutern ein für allemal loshaben will, der schafft »Ordnung« dadurch, daß er den Boden vollkommen allen Lebens beraubt. Die perfekte Ordnung und Sauberkeit des konsequenten Zwangsneurotikers unserer Kultur ist die Vertotung der Umwelt. Das ist – wie alle äußerliche Ordnung – eine aus den Menschen herausprojizierte Lüge: weil sie uns vorgaukelt, daß es in dieser ständig in Umgestaltung begriffenen Welt doch Dinge gebe, die sich endgültig *erledigen* ließen – ohne dadurch umgebracht zu werden.

Ämter, die im Staate »die Ordnung« repräsentieren, tendieren dazu, auch die Umgebung in einer Weise zu ordnen, wie es den Plänen entspricht, die sich mit Linealen erstellen lassen. Es ist dennoch in jedem Falle eine Frage des persönlichen Temperaments und der aus privatem Triebschicksal erwachsenen Gesinnung, in welchem Geiste ein Amt verwaltet wird. Man wird nur davon ausgehen dürfen, daß in Straßenbauämtern nicht gerade Gegner des Autos sitzen, und daß nicht gerade solche Männer Förster geworden sind, die einen Haß auf alles Lebendige haben und Bäume vernichten wollen. Aus diesem Grunde wohl auch ist die Forstverwaltung bei uns zulande ein wenig in den Ruf gekommen, ein »Staat im Staate« zu sein: weil hier Menschen aus

Liebe zum Wald der allgemeinen Tendenz zum Kahlschlag entgegenwirken. Sie tun das auch bei den Bürgermeistern, die, weil von Wählerstimmen abhängig, nur zu leicht bereit sind, ein Gesuch um Rodung zu befürworten. In solchen Fällen kann der Forstbeamte gegenüber der politischen Verwaltung, sofern sie für die Einflüsterung privater Interessen anfällig ist, den sozialen Wert des Waldes verfechten.

d) Der Wunsch, sich zu betäuben

Es bedarf gar keiner Diskussion, daß die Neigung, vor der an uns herankriechenden Verödung und Vertotung der Umwelt die Augen zu verschließen, mit unter die Ursachen der Umweltzerstörung eingereiht werden muß. Wie immer, wenn Argumente fehlen, stellt zur Abwehr des Bedrückenden, uns Beunruhigenden ein Wort sich ein: *Untergangspropheten* heißen diejenigen, die selber fürchten, schon nicht mehr rechtzeitig gewarnt zu haben. Gewiß ist manche Apokalypse uns auch zum Zwecke des Erschauerns gemalt worden; gewiß hat manch einer an seinem publizistischen Katastrophismus gut verdient – aber dagegen stehen doch Erfahrungen, die in bestimmten Regionen jeder unmittelbar am eigenen Körper machen muß: Atemnot und Kreislaufstörungen an Nebeltagen in den Industriegebieten, Hautausschlag nach dem Schwimmen in einem Fluß, dessen Beschaffenheit weniger als Wasser, denn als Emulsion von Säuren und Laugen verstanden werden muß. Wenn auch die Gesundheitsämter in manchen Städten die Smogtoten genau registrieren – wer in seiner Familie nicht selbst davon betroffen ist, macht es wie der Vogel Strauß; er will nicht wahrhaben, was geschieht, oder er nimmt es als unvermeidliches Opfer an den technischen Fortschritt. Daß mit weiterem »Wirtschaftswachstum« auch dessen Schatten länger werden, geht ihm nicht ein.

Allzu sensationell aufgemachte »Warnungen« haben die Gleichgültigkeit gegenüber dem, was langfristig uns droht, mit ausgebreitet. Ein Volk, das weithin noch in frustrierenden sittlichen Zwängen lebt, genießt auch in apokalyptischen Warnungen, ja selbst in lokal begrenzten Katastrophen noch einen Gruseleffekt, der – wie der Horror und die Spannung entsprechender Filme – eine Ersatzbefriedigung gewährt. Effektvoll aufgemachte Warnungen führen in ihrer Häufung aber auch zu einem Prozeß der Abstumpfung; man denkt: »Wenn jetzt der prophezeite Weltuntergang nicht bald kommt, dann kann mir der ganze Umweltschutz gestohlen bleiben.« Der naturwissenschaftlich unaufgeklärte und auch ohne geschichtliches Bewußtsein lebende Bürger hat keinen Sinn dafür, daß die wahren Katastrophen sich nicht mit Blitz und Donner ankündigen, sondern schleichend sich ausbreiten. Dieser in einem Zustand der Betäubung lebende Bürger, der von nicht besser aufgeklärten Politikern repräsentiert wird, kann nicht verstehen, daß eine immer tiefer in das ökologische Gleichgewicht der Natur eingreifende Störung zwangsläufig an einen Punkt kommen wird, von dem an die zerstörerischen Kräfte auch ohne weiteres menschliches Zutun ein Übergewicht haben, so daß nichts mehr zu retten sein wird. An diesem *point of no return* läßt es sich vielleicht noch immer ganz lustig leben, mit noch mehr chemischen Fabriken als heute, noch mehr Autos auf noch mehr Straßen und mit noch mehr Eigenheimen, die das Grünland zersiedeln.

Politiker, die jedem »sein Auto«, »sein Häuschen« versprechen, setzen bei kollektiven Wunschträumen an, die ebenso kollektiven vitalen Versagungen sich verdanken. Sie wirken aber auch weiter verdummend und betäubend. Solch geistige oder besser ungeistige Betäubung durch Worte wird ergänzt durch die buchstäbliche Betäubung durch Pillen, die von der Pharmaindustrie reichlich zur Verfügung gestellt werden. In einer immer unwirtlicher werdenden Welt vermehren sich auch die Ursachen für Unlustzustände aller Art, für Kopfweh, Neuralgien, Allergien, Mattigkeit und Antriebslosigkeit – weit über das frustrationsbedingte Maß hinaus. Der Glaube an die Wirksamkeit von Tabletten spiegelt aber immer noch ein Bewußtsein, das dem eigenen Körper entfremdet ist. Das steht ursächlich in Zusammenhang mit der gebrochenen Beziehung zur Geschlechtlichkeit, die in der christlich-abendländischen Kultur sich tradiert hat. Wer im Zeichen einer lustfeindlichen Moral ein Sündenbewußtsein für spontane sexuelle Regungen entwickelt, der gewinnt überhaupt ein Verhältnis zum eigenen Körper, das diesen in Analogie zur Maschine denken läßt. So wie gerade unerwünschte Triebregungen durch die sogenannte Kraft des Willens oder auch durch Genußgifte abgestellt werden sollen, so soll auch das darüber entstehende vitale Unbehagen wieder durch Pillen weggeschaltet werden. »*L'homme machine*«[48]: der Mensch – eine Maschine, diese empörend materialistische Selbstauffassung des Menschen ist in Wahrheit ein Ergebnis seiner sittlichen Distanzierung vom Leib, von dessen Spannungen und Abspannungen, Bedürfnissen und Befriedigungen. Die mechanistische Auffassung des Leibes ist vermutlich sogar älter als die Maschine: wenn wir diese als die nach außen projizierte Vorstellung eines Leibes betrachten können, der sich in seinen triebhaften Regungen an- und abstellen ließe. Das ist – auch für den unbewußt magisch denkenden Psychologen – immer noch das Ideal des »gefestigten Charakters«: »daß er mit seinen Antrieben und Strebungen virtuos schalten und walten kann« (ALBERT WELLEK[49]). Wer dem Willen soviel nicht zutraut, versteht ihn – mit LINDWORSKY[50] – doch wenigstens als »Weichensteller« zwischen den vitalen Antrieben: ein nicht minder mechanistisches Modell! Selbst FREUD spricht statt von den Sexualorganen gelegentlich vom Geschlechts*apparat*[51]. Es braucht in dieser Tradition nicht zu verwundern, daß gerade ein besonders progressiver Psychologe, WILHELM REICH, sich als »Ingenieur des lebendigen Apparats«[52] versteht, auch wenn er einigen vitalen Antrieben »Unnachgiebigkeit und Unlenkbarkeit« bescheinigt[53].

e) Die Lust am Autofahren

Man mag Entwicklungen wie die zur Technisierung der Medizin oder zur allgemeinen Motorisierung der Bevölkerung beklagen oder als historische Zwangsläufigkeit empfinden – ohne eine sittliche, leibfeindliche Motivation in einem jeden, der sie trägt, wären solche Tendenzen nicht begreiflich. In der Liebe zum Auto und in der Lust am Autofahren kristallisieren sich eine Menge unangepaßter und unerledigter Sehnsüchte. Fernweh und der Drang zu Abenteuern verbinden sich mit dem Wunsch nach Geborgenheit in den eigenen vier Wänden: Das Auto als ein Heim im kleinen, oft liebevoll geschmückt mit Sofakissen und Püppchen, verbindet das Zuhause mit äußerster Mobilität und jenem Rausch der Geschwindigkeit, der schon eine sexuelle Ersatzbefriedigung ausmacht. Das Auto ist auch das Pferd der Massen, die, vital frustriert, unbewußt die sexuell sowohl stimulierende wie beschwichtigende Schaukelschwingung des Fahrens auskosten. FREUD hat aus Erfahrungen seiner Patienten schon darauf hingewiesen, daß sich die leisen Kitzelempfindungen beim Fahren mehr oder weniger deutlich in den Genitalien zu konzentrieren vermögen[54]. Von der Wiege über die Schaukel zum Auto geht in einer sexualfeindlichen Kultur sichtbar der »Reifungsprozeß« des leibhaften Menschen. Erlaubte Sensationen des Gleichgewichtssinnes vertreten nicht nur die Rhythmik der dem Erwachsenen verknappten Koitus-Akte, sondern schon die vielfach von klein auf vorenthaltenen Hautberührungen. Die Lust am Autofahren hat so unmittelbar eine sexuelle Komponente, die extrem Verklemmten zugleich erlaubt, sexuelle Interessen guten Gewissens zu leugnen. Daß darüber hinaus am Steuer eines Autos Aggressivität abreagiert werden kann, wird heute kaum noch bestritten[55].

Da Millionen, die reines Stillsitzen in häuslicher Enge nicht aushalten, zugleich aber dem Leib so entfremdet sind, daß sie nicht mehr wandern und radfahren, müssen immer noch mehr Autostraßen gebaut werden, müssen noch mehr Flußufer in Straßen umbetoniert werden und Wälder mitsamt dem Wildwechsel zerschnitten werden. Man sage nicht, der steigende Lastwagenverkehr fordere immer größere und breitere Straßen. Es ist schon der Pkw-Verkehr, der namentlich an Sonn- und Feiertagen noch die Parallelstraßen der großen Verkehrswege füllt und verstopft. Eine falsche Verkehrspolitik nach dem Motto »Straße statt Schiene« tut freilich ein übriges, um die Landschaft und das Klima zu zerstören: durch immer noch mehr Autostraßen und Autoabgase.

f) Der Reinlichkeitswahn

Im Verhalten des erwachsenen Menschen kehren vergröbert, aber auch ritualisiert alle die Haltungen wieder, die man dem Kinde andressiert hat. Empfangene Schläge gibt er an seine eigenen Kinder weiter; vorenthaltene Zärtlichkeit läßt ihn aggressiv, überempfindlich oder pedantisch werden. Frühe Reinlichkeitsdressur kommt im Putzfimmel der Hausfrau, aber auch im zwangsneurotischen Verhalten eines Mannes wieder heraus, dem nur in »blütenweißen« Hemden sicheres Auftreten gelingt. Solcher Reinlichkeitstick ist ein Ergebnis der Dressur, die direkt auf Reinlichkeit, Sauberkeit hingelenkt hatte, aber im Kult der weißen Wäsche noch darüber hinausgeht. »Blütenweiß« ist noch sauberer als sauber, wenn nicht in einem chemischen, so in einem psychologischen Sinne. Die weiße Farbe hat sexualsymbolischen Wert. Weiß sein heißt rein sein; und keusch sein heißt unbefleckt sein. Die Braut geht im weißen Kleid, weil sie nach überlieferter Sitte rein zu sein hat: unberührt. Wenn das heute auch kaum noch durchgehalten wird: im Weiß des Hochzeitskleides ist dieser Sinn bewahrt.

Etwas freiere Sitten haben den Ehrgeiz, sich »unbefleckt« zu geben, nicht gemindert, eher verstärkt. Sexuelle Freiheiten, die sich ganz junge Leute heute schon herausnehmen, müssen doch von einem in allerfrühester Kindheit verunsicherten Vitalgewissen verarbeitet werden. Die sprichwörtliche Reinlichkeit der Dirnen ist nicht nur »Dienst am Kunden«, sondern auch magisches Zeremoniell: motiviert von dem Bedürfnis, sich reinzuwaschen. Das mag als Paradigma genommen werden. Wer in Protestgesinnung oder aus Berechnung die ihm anerzogenen Hemmungen zu überspielen sucht, dem machen auch noch die Ängste zu schaffen, die seine Kühnheit ihm einträgt. Es ist kein Zufall, daß parallel zu sich lockernden Sitten ein Kult der »Körperpflege« sich ausbreitet, der nur auf andere Weise die überkommene Leibverachtung ritualisiert. Schweißstopper und Intimsprays sollen vergessen machen, daß wir Lebewesen mit Ausdünstungen und Ausscheidungen sind. Ein distanziertes Verhältnis zum Körper und zu körperlicher Anstrengung belegt Schweiß und Schweißgeruch mit einem Tabu. Das desodorierte Liebespaar fühlt sich weniger »sündig«: es hat dem Sexus seinen *Geruch* ausgetrieben.

Die Heftigkeit, mit der manche Eltern heute noch ihren Kindern das »Herumspielen« an den Genitalien als etwas »Schmutziges« verweisen, legt den Grund für späteren Waschzwang. Sie bedingt zugleich die Ansprechbarkeit für Werbesprüche wie den von der »Körperfrische« oder vom »weißesten Weiß meines Lebens«, das es zu erzielen gelte. Nicht die Waschmittel- und Kosmetikwerbung erst macht den Konsumenten dumm und eitel auf sein Äußeres bedacht[56]; der Prototyp unserer Kultur bringt schon die verdrängten Ängste und geheimen Schuldgefühle mit, die ihn auf jene Werbung ansprechen lassen. Die seelische Tiefenschicht, aus der solche Ängste stammen, bezeichnet der Infantilismus, der auf so läppische Märchengestalten wie den »weißen Wirbelwind« oder den »Weißen Riesen« als erwachsener Käufer hereinfällt.

In den schmutzig-weißen Schaumkronen, die von den Wehren der Flüsse aufschweben und bisweilen gar den Straßenverkehr gefährden, an diesen Schaumansammlungen kommt wieder heraus, wie ernst unsere Hausfrauen das Reinlichkeitsgebot beachten, nicht ahnend, was sie vereint damit anrichten: Verunreinigung der Flüsse, Gefährdung des Fischbestandes, Vergiftung des Grund- und damit des Trinkwassers, Störung des biologischen Gleichgewichts im Wasser. Gewiß sind seit ein paar Jahren bei uns die Waschmittelhersteller durch Gesetz gezwungen, nur noch biologisch abbaufähige Pulver herzustellen. Es kommt aber nun heraus, daß gerade die leicht abzubauenden Waschmittel den Stoffwechsel im Wasser in besonderer Weise stören: weil sie in den Kreislauf der Stoffe ja eingreifen. Man hat uns mit der Abbaufähigkeit der neuen Stoffe in den Weißmachern aber auch etwas weisgemacht. Sie ist zum Teil stark temperaturabhängig. Nitrilotriessigsäure (NTE), die anstelle der gefährlichen Phosphate eingesetzt wird, bleibt unter fünf Grad Celsius erhalten und löst aus dem Bodensatz der Flüsse unter anderem die giftigen Metalle Quecksilber und Kadmium, mit denen sie nicht minder gefährliche Verbindungen eingeht[57]. Im Winter wird so gerade durch einen als abbaufähig gepriesenen Stoff das aus Binnengewässern gewonnene Trinkwasser gefährdet. Unsere Reinlichkeit setzt uns in den Stand, uns selbst zu vergiften. Manche »unsymptomatische« gesundheitliche Störung könnte in diesem Kausalzusammenhang seine Erklärung finden.

Es ist gewiß auch der Manipulation durch die Waschmittelfirmen Schuld an der Misere zu geben. Aber ohne die auf »Unschuld« und »Reinheit« umgepolte Triebstruktur der allermeisten griffe die Werbung ins Leere. Es läuft immer wieder darauf hinaus, daß zuerst die Erziehung von der verlogenen Moral befreit werden muß, ehe die Mißstände, die darauf aufbauen, beseitigt werden können. Solange ist alle Rede von willentlich zu leistendem »Konsumverzicht« nur eine weitere Verschüchterung des Menschen – oder bloßer Anreiz zu seiner Erbauung.

Es ist eine grimmige Paradoxie, daß gerade Menschen, die zu peinlicher Ordnung und Sauberkeit erzogen wurden, das Heer derjenigen stellen, denen wir die Zerstörung, Vergiftung und Verschmutzung unserer Umwelt verdanken. In der Verwüstung des natürlichen Lebensraumes kumuliert die millionenfach gehegte Zwangsneurose peinlicher Sauberkeit zu einer uns alle bedrohenden Gefahr. Verschmutzte Gewässer, sich ausbreitende Müllhalden, die Dunstglocke über den Städten sind der nicht zufällige größere Rahmen, in den das »traute Heim« und das adrette Zuhause sich fügen. Es ist mit Umweltzerstörung wie mit der kollektiven Aggression im Kriege: Was der Einzelne in täglicher strenger Sitte sich abzwingt, kommt im großen als Destruktion wieder heraus[58]. Während aber zum Kriege hin frustrationsbedingte Aggression sich bis zur Explosionsdichte anstaut, setzt zwangsneurotische Sauberkeit unmittelbar mit Schmutz und Müll gegen die Umwelt sich ab. Die heile Welt des trauten Heims und der sauberen Familie endet an der Wohnungstür. In dem nach einer Seite hin offenen Kreislauf von Produktion, Verbrauch und Abfallbeseitigung wird der Einzelne seiner Mitverantwortung sich nicht mehr bewußt. Korrekt angepaßt, im »blendend weißen« Hemd, desodoriert, ein Bild der Reinlichkeit, die aus einer reinen Gesinnung kommen will, ist ihm schwer nachzurechnen, welchen Anteil gerade er an allgemeiner Verschmutzung leistet. Vielleicht sollte Aufklärung über die individuellen Ursachen nicht grimmig argumentativ vorgehen und sich ihrerseits des leichten Tons der Werbeleute bedienen – in umgekehrter Richtung. Der Slogan

> »Weiße Hemden – schmutzige Flüsse«[59]

verdiente, ausgebreitet zu werden, wenn möglich, mittels einer Anzeigenkampagne.

Es ist nicht eben häufig, daß ein Kausalzusammenhang sich in eine bündige Formel pressen läßt. Soweit irgend möglich und verständlich, müssen die Zusammenhänge nachgezeichnet werden. Das ist nur nicht so einfach, wo die Gründe drohenden Unheils im neurotisch verbogenen Gemüt des Einzelnen liegen. Da entzieht sich Verdrängtes rationaler Erhellung. Dennoch ist das Aufdecken unbewußter Motive immer noch aussichtsreicher als der bloße Appell an ein Verantwortungsgefühl, das nur so lange lebendig ist, als das Auge des Gesetzes oder heimliche Spitzel es bewachen.

g) Die Lust am Lärm

Wir sprechen heute von Umweltzerstörung, Umweltverschmutzung nicht nur im Blick auf das, was mißgestaltet in seinem natürlichen Wachstum verkümmert oder gar schon als reine Industriewüste sich optisch darbietet, nicht nur angesichts der Gift- und Rauchschwaden, die unsere Atemwege bedrohen, sondern auch in bezug auf die Erwärmung des Klimas und der Gewässer durch vermehrte Verbrennungsvorgänge und in bezug auf den steigenden Lärmpegel der Umwelt. »Thermale Umweltverschmutzung« hat ihre besondere Bedeutung für die Ökologie der Gewässer[60]; »akustische Umweltverschmutzung« wirkt unmittelbar gesundheitsschädigend auf den Menschen selbst zurück: Schwerhörigkeit, Schlaf- und Kreislaufstörungen stehen im Vordergrund[61]. Fahrzeuge, Werkzeuge, Maschinen, die dem Menschen das Leben erleichtern sollten, belasten ihn auf eine Weise, die gerade das, worauf er bisher stolz war: die geistige Beherrschung der Umwelt, gefährdet. Körperliche Arbeit wird ihm abgenommen, geistige Arbeit durch Lärm behindert. Man sage nicht, daß dies eine unausweichliche Entwicklung der Technik sei; technische Bemühungen, die Lärmbelastung zu senken, werden nicht mit dem gleichen Eifer vorangetrieben wie die Ersparnis von Muskelarbeit. Eine pessimistische Kulturphilosophie könnte zu der Feststellung kommen, daß die technisch bedingte Verlärmung unserer Umwelt ein Sieg der Feindschaft gegen das Denken sei. Dafür spräche jene Lust am Lärm, die sich mit dem Getöse am Arbeitsplatz noch nicht zufriedengibt, sondern ihn noch in Vergnügungsstätten aufsucht. Die ohrenbetäubende Musik in den Diskotheken kann aber nicht allein mit dem Wunsch erklärt werden, nicht denken zu brauchen. Zerstreuungen, Spiele, Leidenschaften, die vom Denken abhalten, gibt es seit Jahrhunderten genug.

Lärm hindert uns nicht nur zu denken, er hält uns auch davon ab, miteinander zu sprechen. In einer Kultur, die die sozialen Beziehungen, gerade die Beziehungen der Geschlechter in verstörender Weise problematisiert hat, mag es zumal von jungen Leuten als psychisch entlastend empfunden werden, sich treffen zu können und als Sexualpartner zu finden, ohne dabei viel reden zu müssen[62]. Der Lärm dient zugleich als akustisches Betäubungsmittel, um quälende Sorgen, störende Hemmungen niederzuhalten. Lärm ist auch Protest, ein trotziges Aufbegehren der noch gegen ihn widerstandsfähigen Jungen gegen die schon nervenschwächeren Alten. Rocker, die ihre Maschinen laut aufheulen lassen, leben damit, ohne argumentieren zu müssen, ihren Haß auf eine Generation aus, die sie lieblos erzogen hat und sie zum Ausgleich dafür moralisch zu bevormunden trachtet. Freude am Lärm auf schweren Motorrädern ist auch die selbstbetrügerische Lust an einer Kraft, einer Potenz, die man fiktiv der Maschine entlehnt. Sexuelle Motive finden sich hier auf dem Grunde eines »technisch begeisterten« Charakters: sei es, daß einer mit seiner »lauten Kiste« vor den Mädchen auftrumpfen möchte; sei es, daß er seine Potenzängste zu übertönen sucht; sei es auch, daß er »die Alten« provoziert. Die halbbewußten Motive können sich auch vermischen.

Lärm, den man selber erzeugt und gar nicht einzudämmen versucht, ist ein Akt der Aggression gegen die Umwelt, in der der vitale Unmut über frühe Versagungen und jahrelange Zurücksetzungen sich buchstäblich lautstark Luft macht. Der geisttötende Lärm hat mit unserer ätherischen Geisteskultur immer noch eine gemeinsame Wurzel: die Unterdrückung und Verachtung des Leibes oder jedenfalls jenes Triebes und jener Sinne, die ohne lautstarkes Getue die Menschen einander näherbrächten. Der unzärtlich erzogene Mensch, der nicht gelernt hat, sich anderen auf eine unaufdringliche Weise zu nähern, läutet gleich Sturm, wenn er bei ihnen auftaucht. Seine Stimme ist schrill, provozierend eifernd, weil er übers Ohr andere zu sich herzuzwingen sucht; mit unverkrampften Berührungen gelingt es ihm nicht, sich zu nähern. Die Zivilisation des Lärms und des Geschreis, unter der wir leiden, ist von den moralischen Grundlagen unserer Kultur nicht zu trennen.

D. KOLLEKTIVER BLICK AUF DIE ZUKUNFT

a) Fortschrittsglaube, Optimismus

Es gibt Ärzte, die Fehldiagnosen stellen, weil sie an die schlimmeren Möglichkeiten nicht denken wollen, weil ihr alles Schlimme verdrängender »Optimismus« sie daran hindert. Und so gibt es Politiker, Wirtschaftsführer und Techniker, die uns regelmäßig versichern, die »Toleranzgrenze« der radioaktiven Verseuchung der Luft sei noch lange nicht erreicht, das Klima sei nicht in Gefahr, jeder Bürger brauche ein Auto, der Wille zum Eigenheim müsse noch unterstützt werden, Ernährung und Trinkwasserversorgung seien gesichert, die Müllverbrennung werde die Abfallrückstände verkleinern, Atommüll gehe zur »Entsorgung«: ein Lügenwort so recht nach ihrem Geschmack. Aber sie sagen nicht dazu, wer die Toleranzgrenzen des Erträglichen festsetzt, wieviel an Klimaverschlechterung wir noch zu tolerieren haben, wie lange die Wasserversorgung und die Einfuhr von Lebensmitteln noch gewährleistet sind und welche neuen Giftstoffe durch Verbrennung in die Lufthülle dringen.

Die Beeinträchtigung der Atmosphäre wird heute neben ihrer Verunreinigung durch Ruß und Giftgase vor allem im Aufheizen des Klimas gesehen. Durch Verbrennungsvorgänge steigt der Anteil des Kohlendioxyds (CO_2) in der Luft zwar nur um Bruchteile eines Prozents alljährlich[63]. Doch man befürchtet, daß die damit verbundene Erwärmung der Atmosphäre schwere klimatische Veränderungen nach sich zieht. Der Warnung vor einem »Treibhauseffekt« des Kohlendioxyds ist widersprochen worden mit dem Argument, daß der Wärmehaushalt der Atmosphäre nur zu einem Siebtel von diesem Gas abhängig sei, im übrigen, zu sechs Siebteln, aber vom Wasserdampf[64]. Ähnlich abgewehrt wird die Besorgnis, daß uns auf Erden die Luft zum Atmen augehen könnte, wenn Jahr für Jahr 20 Milliarden Tonnen Sauerstoff – und immer noch mehr – durch die Industrie, die Heizanlagen der Wohnhäuser und durch Verbrennungsmotoren verbrannt werden. Während eine Rechnung aufgemacht wurde, wonach die alljährlich verbrannten Kohle-, Erdöl- und Erdgasmengen bereits soviel Sauerstoff verbrauchten, wie die Natur nachliefere[65]; während, hiervon ausgehend, durch weitere Vervielfachung des Energieverbrauchs bereits nach wenigen Jahrtausenden der Sauerstoffgehalt der Luft auf eine gesundheitsgefährdende Konzentration von 16 Prozent (gegenüber heute 21 Prozent) abgesunken wäre, kommt eine andere Kalkulation

zu dem Ergebnis, daß der gegenwärtige Anstieg der technisch bedingten Sauerstoffverbrennung erst in 8500 Jahren den Sauerstoffanteil der
Luft von heute 21 Prozent auf 19 Prozent senken würde[66]. Grünflächen, Wälder vor allem, und das Plankton der Meere erzeugten
genug neuen Sauerstoff, um das atmosphärische Gleichgewicht noch
lange zu halten. Aber geht die Entwicklung so weiter – oder, beschleunigt sie sich in der Progression des freien Falles? Die Grünflächen
nehmen ab, nicht nur in den Industriestaaten. »Die südliche Sahara
wächst heute um 10 000 qkm jährlich.«[67] Rodung der Wälder hat dazu
geführt, daß die USA schon zu Zweidritteln aus unfruchtbarem, ver-
wüstetem Land bestehen[68], Mexiko geht der totalen Wüste entgegen.
Und das Plankton der Meere bildet sich durch chemische Verschmutzung des Wassers zurück. Zynisch könnten wir uns damit trösten, daß
Sauerstoffmangel dem Menschen erst zusetzen werde, wenn die pflanz-
lichen Grundlagen seines Lebens sich längst ihm entzogen haben. Oder
wäre es die erträglichere Katastrophe, daß die fossilen Brennstoffe
noch zu unseren Lebzeiten sich erschöpften?

Wir werden vertröstet auf weiteren technischen Fortschritt, der alle
Probleme noch lösen werde. *Recycling,* der Kreislauf der Stoffe in der
Industrie, stehe erst am Anfang. Doch, einmal angenommen, es gebe
keine gefährlichen Abgase und Ablagerungen mehr – der Sauerstoff
der Atmosphäre wird verringert mit jedem technischen Prozeß, der
Verbrennung bedeutet. Und selbst gesetzt, wir gewännen alle Energie
statt aus Verbrennungsvorgängen, statt aus der Verstromung von
Kohle und Öl aus Kernspaltung; gesetzt, es gelänge dadurch, die
Atmosphäre ebenso vor Staub und Giftstoffen zu bewahren wie ihren
Sauerstoffanteil zu erhalten, so vergrößerte sich die Gefahr der Schädigung durch atomare Strahlung weit über die gegenwärtige Gefährdung
hinaus. Das ist – im Bereich der heute wirtschaftlich nutzbaren Tech-
nologien – die Alternative des »Wachstums«. *Industrielles Wachstum:*
das Wort gaukelt vor, daß Technik und Wirtschaft eine geradezu
natürliche Entwicklung nehmen, in die einzugreifen nur gefährlich
weltfremden Geistern einfallen könne. Dabei verhält es sich umgekehrt: »Wachstum« ist das, was betriebsblinde Praktiker bewirken,
die nicht an die Gesellschaft und die Menschheit im ganzen denken.
Sie haben in sich nur die Überzeugung verfestigt, daß technisch heute
alles machbar ist; dabei haben sie vergessen, daß es immer leichter ist,
zu zerstören als aufzubauen. Auf der schiefen Ebene, auf die uns die
Technik gesetzt hat, ist nicht einfach »alles«, wohl aber die Vernichtung des Lebens auf dieser Erde *machbar* geworden.

b) »Nach uns die Sintflut!«

Geschichtliche Epochen des Aufbruchs, des Umbruchs haben sich nie damit begnügt, nur in den Gehirnen der Menschen eine neue Ordnung zu schaffen, auch nicht nur damit, neue soziale Regelungen und Gesetze zu erlassen. Nein, die sichtbare Welt um den Menschen mußte verändert werden wie zum Beweis dafür, daß es mit dem »reinen Geistwesen« des Menschen nicht so weit her ist, daß er vielmehr körperlich greifen und mit Augen anschauen muß, was an geschichtlicher Veränderung sich mit und in ihm vollzieht. Wo ein neuer Lebensstil heraufkommt, prägt er auch einen neuen Baustil aus. Wer die Umwelt des Menschen revolutionieren will, kann nicht dulden, daß daneben noch Altes sich erhält. Revolution meint Aufbau aus einem Trümmerfeld, nicht harmonische Entwicklung vom Neuen aus dem Alten. Revolution will den historischen Bruch, will niederreißen, zertrümmern. Während der Schreckensherrschaft des Konvent wurde neben dem sogenannten Wohlfahrtsausschuß ein Gremium gebildet, das die Aufgabe hatte, die Prachtbauten des Adels und der begüterten Bürger zu zerstören. *Comité de demolation* nannte sich offen und ehrlich dieser Ausschuß: Komitee der Zerstörung. Wenn auch im »Wohlfahrtsausschuß« die Lüge regierte, weil dieses dem Namen nach um das allgemeine Wohl besorgte Komitee für die Hinrichtungen zu sorgen hatte, so war man in bezug auf die Gebäude doch ehrlicher, als das heute der Fall ist. Unser konsequent verlogenes Zeitalter nennt ja die Zerstörung historischer Altstadtkerne eine »Sanierung«. (Wobei nur der Witz herauszuhören ist, daß bei diesen Millionengeschäften sich der eine oder andere finanziell »saniert«.)

Wer niederreißt und Neues aufbaut, wer namentlich durch Stahlbeton das Gesicht unserer Städte von Grund aus verändert, der will nicht nur der Gegenwart, sondern auch der Zukunft sein Gepräge geben. Daß kommende Geschlechter etwas weniger geschichtslos empfinden könnten, kommt den scheinbar sachlich Planenden nicht in den Sinn. Sie leben, zumindest unbewußt, nach dem Prinzip: »Nach uns die Sintflut!« Es gilt für Städteplanung nicht nur, sondern auch für die Zerstörung der Landschaft durch immer breitere und geradliniger verlaufende Autostraßen, durch die Begradigung der Flüsse und die Verödung der Uferlandschaften, für die Rodung der Wälder, die Zersiedlung des Landes überhaupt. Von denen, die unsere Zukunft planen, fragt niemand, wie unsere Kinder und Kindeskinder denn leben sollten. Noch importieren wir in Mitteleuropa für unsere chemischen Produkte und für unsere Maschinen aus anderen Ländern, selbst Entwicklungsländern, die uns fehlenden Nahrungsmittel: Sie machen, Futtermittel eingerechnet, rund ein Drittel unserer gesamten Ernährung aus. Was wird geschehen, wenn eines Tages die Völker der »Dritten Welt« ihre eigenen Industrien aufgebaut haben und unserer technischen Produkte nicht mehr bedürfen? Nagen wir dann am Stahl, am Beton, ernten wir den Asphalt? Nach uns die Sintflut!

Wer eine Stadtlandschaft zerstört, der richtet damit immer noch nicht so irreparable Schäden an wie derjenige, der den in Jahrhunderten herangewachsenen Baumbestand vernichtet. Ganz abgesehen von der Zerstörung der Schönheit der Landschaft, gefährdet er auch, in begrenzten Landstrichen zunächst, den Sauerstoffgehalt der Atemluft. Werden unsere Kindeskinder um Atem ringen? Und wie steht es mit der Trinkwasserversorgung in jenen Gegenden, in denen der Wald als großer schwammartiger Regulator des Wasserhaushalts bereits fehlt? Wer solche Fragen aufwirft, darf sich als »Panikmacher« verleumden lassen – von Leuten, die jenseits ihrer ehrgeizig-egoistischen Ziele den Begriff der Zukunft nicht kennen. Sie kennen ihn nicht, weil sie als prototypische Vertreter der Bildungsschicht des Abendlandes ein von Grund aus gewachsenes, ein vital-sinnliches Gemeinschaftsgefühl nicht haben entwickeln dürfen. SIGMUND FREUD, der wie FRIEDRICH SCHILLER noch die »Verfeinerung« des Charakters der Gebildeten gerühmt hat, wunderte sich doch zugleich, daß das sogenannte gemeine Volk auch mehr Gemeinschaftsgefühl entwickle. In den einfachen Leuten lebe die Überzeugung, »daß sie einer das Leben des anderen fortsetzen, während jedem von uns mit seinem Tod die Welt erlischt«[69].

Nach uns die Sintflut! Die Gleichgültigkeit gegenüber dem, was nach uns wird, ist bedingt von einer leibfeindlichen Moral, die uns gemeinschaftliches Genießen verwehrt. Der feinsinnig sich Veredelnde, »willensstark« um Selbstbeherrschung Bemühte, der Mensch, der für die schlimmste Verfehlung ungeplante, spontane Begehrungen hält, das ist auch derjenige, der so mit subtilen moralischen Fragen der Selbstanforderung sich befaßt, daß ihm darüber Wohl und Wehe jeder größeren Gemeinschaft gleichgültig werden. *Moralischer Egoismus* hat seine Brennlinie im oberen Mittelstand, aus dem heute schon Führungskräfte sich rekrutieren. Die Kehrseite aller moralischen und ästhetischen Verfeinerung ist die lieblos gegen das Ganze durchgesetzte Vernichtung. Unsere sogenannte höhere Geisteskultur ist zumindest mitschuldig an der feindlichen Wendung des menschlichen Geistes gegen die Natur um uns. Für das moralisch verbogene Lebensgefühl ist Natur in uns wie außer uns gleichermaßen hassenswert. Die schuldbewußte Enttäuschung über den nicht vollends in sich selber niedergerungenen oder disziplinierten Trieb projiziert sich nach außen als ein Haß auf das Leben, der überall ungeplant wachsende Triebe beschneidet.

Die Triebfeindlichkeit der überkommenen christlich-abendländischen Moral hat auch den Generationskonflikt hervorgebracht als einen Konflikt zwischen den Alten, die den Jungen verwehrt und neidet, was sie selbst einst verwiesen bekamen und wozu ihnen immer mehr die Kraft fehlt; ein Konflikt, in dem zugleich die Jungen sich gegen sittliche Bevormundung und Reglementierung zur Wehr setzen. Unbefangener Lebensgenuß, »hemmungsloses Sich-Ausleben«, das läßt – in solcher Wendung – sich vornehmlich an den jungen, unverbrauchten Menschen bekämpfen und verabscheuen. Mit Recht ist die Frage aufgeworfen worden, ob nicht sogar der Krieg, dem gerade Angehörige der jüngeren Generation zum Opfer fallen, von den führenden Köpfen der älteren Generation immer wieder unbewußt angezettelt wurde und wird, um den unbewußten Haß auf die Jungen zu befriedigen[70]. Wenn es so ist, dann könnte auch die von den arrivierten Planern ins Werk gesetzte Umweltzerstörung ein nicht voll bewußter Schlag gegen die jungen Menschen sein, die mit der vernichteten Umwelt eines Tages werden leben müssen. Das Motiv sitzt einigen moralischen Eiferern sogar dicht unter der Oberfläche des Bewußtseins, wenn sie den heute beklagten »Sittenverfall« als ursächlich für alle Mißstände angeben und auf ihn im buchstäblichen oder abgewandelten Sinne eine »Sintflut« herabbeschwören.

Nach uns die Sintflut, das wendet sich zu der selbstgerecht pseudoreligiösen Drohung: »Wenn ihr euch nicht läutert, wenn ihr nicht verzichten lernt, dann müssen noch eure Enkel dafür büßen!« Soweit die Menschen selber eine Art Sintflut heraufzuführen vermögen, sind solche Prophezeiungen nicht einfach widersinnig. Sie treffen schon die Oberfläche einer Kausalität: die auf uns zurückschlagende Maßlosigkeit in sozial gebilligten Freuden, die eine tiefere Lustlosigkeit überdeckt. Daß es nicht möglich ist, eine uns nervlich, gesundheitlich überfordernde Moral folgenlos zu leben, bleibt dabei unreflektiert. Das wird dem religiösen Eiferer gar nicht zur Wahrheit, weil er den eigenen vitalen Unmut in seinem Eifer projektiv auslebt. Wer aber die Apokalypse als »Rache Gottes« glaubt voraussagen zu müssen, der sehnt sich insgeheim schon danach und hilft, wovor er »warnt«, sozialpsychologisch mit vorbereiten: Er »malt den Teufel an die Wand«. Er selber braucht die Idee des strafenden Weltunterganges, weil er es anders mit seinen Verzichten auf ursprünglichen Lebensgenuß nicht mehr aushielte; auch, weil er wie alle lustlos Verklemmten längst – entgegen seinen frommen Beteuerungen – gefährlich aggressiv geworden ist. So spielt in einer aggressiv formierten Gesellschaft noch der »Warner« eine unheilvolle Rolle: Er wirkt demoralisierend auf jene, die in Erschöpfung ihrer Kräfte ohnehin zu resignieren beginnen.

Der sittlich eifernde Pessimist ist unehrlich: Er verschweigt sein geheimes Liebäugeln mit der Katastrophe. Er ist so das andere Extrem zum Fahrlässigkeitsneurotiker*, der sich und seinen Mitmenschen einredet, es werde schon nichts passieren. Extreme Charaktere berühren sich: das sie verbindende Element ist die Lüge. (Man wird das sogar allgemein sagen können, wenn man den Begriff der Lüge nicht nur auf bewußte Täuschungen und Selbsttäuschungen beschränkt.)

c) Der Fortschritt muß sich wandeln

Dürfen wir, wenigstens in einer parlamentarischen Demokratie, unser Schicksal jenen Politikern anvertrauen, die auf jeden Fall vor den Wahlen versprechen, das Risiko technischer Neuerungen so klein als möglich zu halten? Jeder neue Regierungschef, jeder neuberufene Innen- oder Industrieminister übernimmt aber die noch nicht zu Ende geführten Projekte seines Vorgängers und mit ihnen auch dessen Lobby. Er findet sich unversehens einem Druck und einer Beeinflussung ausgesetzt, die abzuwehren einem Abstreifen des eben erst übernommenen Amtes gleichkäme. Servan-Schreiber hat uns das vorgemacht: Er bekam, als er sich mit seinem Widerstand gegen geplante Atombombenversuche nicht durchsetzte, nach wenigen Tagen Ministertätigkeit von Präsident Giscard d'Estaing seine geistige Freiheit wieder zurück. Wer dramatische Gesten liebt, muß in Kauf nehmen, daß er zu völliger Einflußlosigkeit verdammt bleibt. Wer dagegen verantwortlich zu wirken versucht, macht die Erfahrung, daß sein anfänglich guter Wille vielfach gebrochen wird.

Die Politiker werden auch immer abhängiger von Fachleuten ohne sozialpolitisches Konzept, von scheinbar unpolitischen Menschen, die den Politikern die Materialien für ihre weitreichenden Entscheidungen liefern. Unversehens schleicht sich in die Entscheidungs-Grund-

---

* Siehe hierzu im VII. Kapitel den Abschnitt (A, d) über die »Verlogenheit des unabsichtlich Handelnden«!

lagen jeweils schon die Tendenz, in der die erwartete Entscheidung liegen könnte. Politisch wirksame Wissenschaft auf der einen, relativ autonome Verwaltung auf der anderen Seite könnten noch dafür sorgen, daß für die wahlberechtigten Bürger immer weniger an sachlichen Alternativen zur Entscheidung ansteht. Und das gilt in nur abgeschwächter Form für die ins Parlament Gewählten, sofern diese nicht selber auf bestimmten, für uns alle lebensentscheidenden Gebieten Experten sind.

Nähern wir uns einem Zeitalter, in dem die Wissenschaftler herrschen, kommt eine Scientokratie? Erstes Anzeichen dafür ist, daß selbst in totalitären Staaten der unentbehrliche Wissenschaftler eine gewisse politische Narrenfreiheit genießt. Der Atomwissenschaftler Sacharow konnte in der Sowjetunion eine Lippe riskieren, die man den »nur« am kulturellen Überbau tätigen Schriftstellern verklebt hatte. Für unsere Vermutung spricht ferner das Eindringen der Wissenschaftler in die Arbeitsstäbe der Regierungen, wo sie ihr Machtstreben hinter »Sachzwängen« verstecken können. Vor einem neuen Maschinensturm nur müssen die Wissenschaftler sich bewahren, indem sie die Laien für ihre privaten Träume und ehrgeizigen Ziele begeistern und diese, wie es mit dem Astronautenrummel vortrefflich gelang, zu popularisieren verstehen. Sie müssen, wo das wegen der Esoterik des Faches oder der Triebferne seiner Ziele nicht möglich ist, für die Pflege einer Wissenschaftsgläubigkeit sorgen, die mittelalterliche Züge trägt. Gleich den ersten Weltumseglern, die sich von den Eingeborenen als Götter empfangen ließen, haben sie einen Kult ihrer Unfehlbarkeit und Unentbehrlichkeit aufgerichtet, der es ihnen erlaubt, ihren privatesten geistigen Neigungen ungestört – und mit öffentlichen Mitteln – nachzugehen. Das gelingt um so besser, je gläubiger, magischer, naiver sich das Volk zu ihnen verhält. Die Riesenspielzeuge des technischen Fortschritts können dem Steuerzahler nur abgepreßt werden, wenn dessen Bewußtseinslage gleich um zwei geschichtliche Stufen hinter der des nur noch spielenden Naturwissenschaftlers zurückbleibt. Bloß eine Stufe hinter ihm zurück, das reichte nicht aus, die Eierköpfe gewähren zu lassen. Denn das bedeutete, daß der Werktätige und der unmittelbar Werte Schaffende selber zwar unfähig wären zum Glasperlenspiel der großen Experimente, aber, bereits aufgeklärt über dessen bloßen Spielcharakter, aus Geiz und Neid mitsamt ihrer Unfähigkeit ebenso offen auch ihr politisch Halt gebietendes Desinteresse bekunden könnten.

Herrschaft der Naturwissenschaftler über das Volk setzt bei diesem

eine religiöse Grundstimmung voraus, die sich, nur scheinbar säkularisiert, auf die Götter in Weiß und in den Laboratorien überträgt.
»Waren die Götter Astronauten?«, fragte publikumswirksam ERICH
VON DÄNICKEN[71]. Die Frage wird zweitrangig vor der (geglaubten)
Gottähnlichkeit unserer Naturwissenschaftler. Eine zweite Aufklärung, die den Menschen zur Erkenntnis seiner triebhaften Zwänge und
zwanghaften Spiele brächte, könnte solchem Wissenschaftsaberglau-
ben den Star stechen: nicht, indem sie alle Wissenschaft verwürfe, sondern um die Grundsätze wissenschaftlicher, das heißt gewissenhaftester
Prüfung auf unser emotionales Verhältnis zu den Wissenschaften selbst
anzuwenden. Nur die populäre Gleichsetzung von »Wissenschaft« mit
»Naturwissenschaft« kann solchem Verlangen das Stigma der Wissen-
schaftsfremdheit und Fortschrittsfeindlichkeit aufdrücken. Wir müßten erfassen, daß nach vier Jahrhunderten eines fast rein naturwissen-
schaftlich-technischen, und -medizinischen Fortschritts die Fortschritts-
idee selber eine Abknickung ihres Weges verlangt. Wer immer gerade-
aus geht, kehrt, mathematisch gesprochen, in sich selbst zurück.
Voranschreiten können wir heute nur noch, wenn wir unserem Fort-
schrittsstreben eine neue Wendung geben: Dem Zweckgedanken, der
sich bis heute meist technisch systemimmanent bestimmt, darf jetzt auch
die Technik sich unterwerfen. Das hätte zur Wirkung, daß nicht mehr
alles bis zur Frankensteinschen Absurdität technisch realisiert würde,
wenn es uns gesundheitlich und in unserer geistigen Entwicklung
schadet. Psychologischer Fortschritt sollte verhindern, daß wir den
metallgewordenen Wunschträumen und Omnipotenzphantasien infan-
til-neurotischer Gehirne ausgesetzt werden. Gewiß, der Mensch »ist
nur da ganz Mensch, wo er spielt« (SCHILLER[72]). Aber doch wohl nur,
wenn er das Spiel seines Lebens, das er Wissenschaft, Technik, Sport
oder Konsum nennt, nicht mit dem Ernst der Verzweiflung betreibt:
um innerer Leere und vitaler Lustlosigkeit zu entfliehen. Schießen wir
uns zum Mond, weil wir es bei uns selber nicht aushalten? Wenn wir
es schon nicht lassen können, wir sollten das wenigstens wissen, um
Folgerungen für das Zusammenleben hier auf der Erde zu ziehen.

Wenn wir erst über unser magisches Machtverhältnis zur Technik
und ihrem reinen Kind, der Maschine, uns im klaren sind, werden wir
auch imstande sein, die Unratsituation der fortgeschrittenen Technik
technisch zu bewältigen. Erst muß das aus vitaler Frustration gewachsene Prestigedenken mitsamt der leibfeindlichen Moral sich zu-
rückbilden, dann kann die Ideologie vom »eigenen Wagen« überwunden werden, können zügige Massenverkehrsmittel die Verstopfung der

Straßen beseitigen. Erst muß der Mensch das neurotische Bedürfnis nach aufdringlicher Selbstdarstellung verlieren, dann erst wird er auch bereit sein, den Lärm, den er erzeugt, zu bekämpfen. Solange bleibt alle Lärmbekämpfung, selber auftrumpfend, nur ein Kampf gegen den Krach der anderen. Man sage nicht, primär der Geiz sei es, der die Entwicklung von lärmdämpfenden Vorrichtungen hemme. Für das, was uns emotional etwas wert ist, haben wir auch Geld. Sollen wir ausschließen, daß es im Unbewußten eines nüchternen Bosses, dessen Werk sich der Umwelt lautstark kundtut, noch immer so aussieht wie hinter der Stirn eines Rockers, der den Auspuff seines Motorrades absägt, damit es erst richtig knallt?

Es wäre nicht richtig zu sagen, die Hypertrophie der Technik komme von daher, daß sie nicht auf den Menschen als Maß aller Dinge bezogen sei. Der Mensch selber ist maßlos geworden, der in allem, was er betreibt, immer höher, schneller und weiter zu kommen trachtet, bloß, um sich selber in seiner Endlichkeit zu übertreffen. Die perfekte Maschine nährt magisch die Hoffnung auf das, was wir in unserem krankheitsanfälligen und zerbrechlichen Leib niemals zu sein vermögen. Die an- und abstellbare Maschine ist das reine Ideal derer, die von der Spontaneität ihrer Triebe beunruhigt sind und darunter leiden, daß es einem nicht gelingen will, die Begierden »unter seine (der Vernunft) Gewalt zu bringen« (KANT[73]). Diese Forderung des idealistischen Philosophen projiziert sich ins Auto, wo jeder schalten kann, wie er will, wenn er gleich nicht immer wollen kann (nämlich so vorsichtig zu fahren), wie er soll. Am Auto, an den Autounfällen der aggressiv gestimmten Fahrer widerlegt sich jene Kulturkritik, die behauptet, die Technik habe sich vom Menschen getrennt und verselbständigt. Hätte sie's nur, sie möchte immerhin »seelenlos« sein, es ließe sich von ihr wenigstens nicht behaupten, daß sie so mörderisch sei wie die Menschen, die sie ersinnen, bedienen und anbeten.

d) Maschinensturm als Ausweg?

Schon haben sich des Umweltschutzes Moralprediger bemächtigt, die den Menschen – jetzt im Blick auf die Natur – Selbstdisziplin, Konsumverzicht und Opfer abverlangen, während es wirksamer wäre, sie zu einem ursprünglichen Lebensgenuß zu ermuntern, der materialverschlingender Statussymbole und verschmutzenden Rückstoßes nicht bedarf. Es gibt auch einen Idealismus des Umweltschutzes, der spektakuläre Aktionen bevorzugt, auf moralische Anstrengungen abstellt, Einsicht in die Notwendigkeit eines Wandels bejaht, doch nur im großen, globalen, nicht kleinweise und alltäglich. Solch ein Idealist ist fähig, sich in einer Bürgerinitiative zur Rettung des Waldes hervorzutun, aber er »vergißt« oder hält es für überflüssig, Zeitungen für die Altpapiersammlung aufzuheben. Obwohl er vielleicht weiß, daß täglich ein ganzer Wald in unseren Journalen steckt. So verkehrt es wäre, alles von der Einsicht und der Verantwortung des Einzelnen zu erwarten, so irrig wäre es, zu glauben, daß die Umwelt nur von »oben«, durch die Vernunft der Mächtigen gerettet werden könnte. Einsicht entgegen seinen vitalen wie seinen denaturierten Neigungen kann niemand sich willentlich aufpfropfen. Wer das Bedürfnis hat, alles »der Ordnung wegen« sofort in den Müll zu werfen, der kann für Papier- und Glassammlungen keinen Beitrag leisten und wenn, dann nur mit weiterer emotionaler Verstimmung, von der wir noch nicht einmal wissen, wie und wo sie ihr Ventil suchen wird. Wer »Konsumverzicht« von den Menschen fordert, muß schon wissen, was er ihnen dafür gestatten will.

Der Mensch hat keinen so freien Kopf, daß er auf Quellen der Lust folgenlos verzichten könnte. Nicht einmal erfinden kann er, was neben seinen Triebinteressen liegt. Der Mensch denkt, auch wenn er es nicht wahrhat, aus der Organisation und den Strebungen seines Leibes heraus. Werden diese Strebungen verbogen: durch sittliche Tabus oder durch herrschaftlichen Druck von oben, so pflanzt sein Sinnen und Trachten nur gebrochen sich fort, aber immer noch aus der Spontaneität der vitalen Antriebe. Moralische Verunsicherung des virilen Begehrens führt über »Erektionsangst« und »Kastrationsangst«, um die FREUD-schen Begriffe zu verwenden, zu einem die jeweilige Situation verfehlenden Verhalten: zu Erektionen »zur Unzeit« und zu Impotenz bei der kopulationsbereiten Frau. Vieltausendfachem Gefühl, so oder so zu *versagen*, entringt sich der fast kollektive Wunsch, daß der Sexualtrieb an- und abstellbar sei wie eine Maschine.

Unterdrückte Sexualität ist der eine vitale Grund zur Entwicklung der Maschine, die Unterdrückung des Bewegungstriebes die andere. Einen gesonderten Spieltrieb mag annehmen[74], wer übersieht, daß sich einübendes wie zielgehemmtes Triebverhalten zur – spielerischen – Wiederholung seiner unvollendeten Abläufe neigt. Wer sich körperlich nicht aus-leben darf, bleibt in der Spiel-Phase des Lebens stecken. Ein scheinrationales Motiv für die Entwicklung von Maschinen zur Ruhigstellung des Körpers ist: Bequemlichkeit. Es kann aber nicht im vitalen Interesse des Einzelnen liegen, daß Motoren ihm Arbeit abnehmen, wenn er darüber eine motorische Unruhe entwickelt, die als Gereiztheit und Aggressivität sich auswirkt. Es muß ein kulturgebundener Zwang wirksam sein, der auf motorische Frustration hindrängt[75]. Die Ignorierung des Bewegungstriebes ist – neben der des Geschlechtstriebes – nur die andere Seite der Vernachlässigung des Leibes, und sie wirkt auf die sexuelle Spontaneität langfristig zurück: zuletzt dank »oraler Regression« und daraus folgender Verfettung des Körpers.

Weil die abendländische Moral spontan hervorbrechende Triebe sozial nicht zu integrieren vermag, suchen die Erzieher sie von klein auf zu reglementieren. Weder läßt das sexuelle Begehren sich auf das monogame Gleis stellen, noch ist die spontane Motorik ohne den Stau nervöser Erregung auf stundenlanges Stillsitzen hin zu verkümmern. Nervöse Erregung bedeutet immer schon erhöhte Aggressionsneigung. Nachdenklichen Lehrern ist aufgefallen, daß gerade die im Unterricht besonders »brav« und scheinbar ruhig dasitzenden Schüler auf dem Nachhauseweg die ärgsten Raufbolde abgeben[76]. Da ebenso die Unterdrückung sexueller Regungen nur unvollkommen gelingt, bildet sich im Heranwachsenden zwiefach ein Schuldgefühl: vor der Verpflichtung, Sexualität nur in disziplinierter, angepaßter Form auszuleben, und vor dem Verbot unangepaßter Gewalt. Soweit Schuldgefühle ungeregelten Triebäußerungen schon vorausleuchten, begleitet sie der Wunsch, von diesen so frei zu sein wie von etwas, mit dem man schalten kann. Da der Leib diesem sozialkonformen Wunsch sich entzieht, muß der Traum vom unbedingt Verfügbaren sich objektivieren: in die Konstruktion von Maschinen. Triebpsychologisch wird das bestätigt durch die eruptiven Ausbrüche von Maschinenstürmerei, die erst im Jahre 1968 Bestrebungen, den verstörten Trieb zu befreien, begleitet haben.

Maschinensturm ist überflüssig, soweit er, irrational, nur triebsymbolischen Charakter besitzt. Wir brauchen, um zu einem leibbejahenden Leben zurückzufinden, nicht die hochkomplizierte Technik, die unterdessen unser aller Leben ermöglicht, wieder zu zertrümmern. Umgekehrt bedroht sinnenfrohes Leben nicht die Technik, allenfalls ihre gigantomanische Übersteigerung. Die ersten Erfinder technischer Finessen mochten wohl triebpsychisch von Projektionstendenzen motiviert sein – heute motiviert den Techniker schon die soziale Prämie, die ihn erwartet, wenn er etwas sozial Nützliches erfindet. Um die vom Spätgeborenen vorgefundene Technik zu erhalten, ist es nicht nötig, das Triebleben auf die Bahn perfektionistischer Sehnsüchte zu treiben.

Für eine dem Menschen dienende Fortentwicklung bedarf es immerhin der Einsicht in die Grenzen, jenseits derer wir gesundheitlich Schaden nehmen. Appelle an Vernunft und Einsicht sind aber wirkungslos, wenn die sogenannte »kortikale Person« (F. KRAUS[77]) beständig von unverarbeiteten Triebinteressen überschwemmt wird. Dann wird – aus frustrationsbedingter Profitsucht – uferlos weiterproduziert, auch wenn die uns tragende Umwelt sichtbar dadurch zerstört wird. Alle Einsicht in die Notwendigkeit, »Natur« zu erhalten, muß aus der Gelassenheit kommen, mit der ein Mensch »Natur in sich« erträgt und akzeptiert. Anders bleiben Appelle an die Vernunft wirkungslos wie die Sonntagspredigten: weil ohne Bezug zur psychischen Realität in den Menschen, die sie anrühren soll. Sie dienen bloßer Erbauung, momentaner Stimmung, die achselzuckend sich sagen läßt, was eigentlich sein sollte, aber selber nichts bewegt. Es gibt keinen vernünftigen Geist, der frei über den Verhaltensgewohnheiten des Leibes schwebte. Der Mensch muß »Natur« in sich selber bejahen, um sie außerhalb seiner respektieren zu können als etwas, was seiner grenzenlosen Verfügbarkeit sich entzieht.

IX. KAPITEL

Sittenverfall als Chance

A. AUFKLÄRUNG UND GEGENAUFKLÄRUNG

a) Sexuelle Befreiung – ein Irrtum?

Nicht nur in Weihnachtsansprachen des Papstes, nicht nur in besorgten Kommentaren konservativer Kritiker kehrt seit einigen Jahren das Schlagwort vom »Sittenverfall« wieder, dem unsere Epoche anheimgegeben sei. Die Rede von »Niedergangserscheinungen«, gar die Klage über einen »genetischen Verfall« (LORENZ[1]), der sich schon abzeichne, vervollständigen ein Unbehagen an unserer Spätkultur, das von dunklen Vorstellungen einer »guten alten Zeit« her bestimmt ist. Sittlicher Ingrimm tönt auch durch die zeitkritischen und satirischen Texte von Leuten, die für eine Weile dem moralischen Fortschritt sich verpflichtet fühlten. Die Emanzipation der Sexualität und die Befreiung des Menschen durch sie erweise sich als ein »gigantischer Irrtum«[2], ja als »die alte Unheilspraxis«[3], bemerken WALTHER KILLY und FRIEDRICH HEER. Klingt durch solche »Enttäuschung« immer noch kaum verhohlene Genugtuung, so ist doch ernster zu nehmen die Resignation eines FRIEDRICH HACKER, der bemerkt: »Die sogenannte sexuelle Befreiung hat nicht zu einer Abnahme manifester Aggression, sondern zu erhöhter Brutalisierung geführt.«[4] HACKER stellt sofort klar, daß es sich bei der »sexuellen Befreiung eben nur (um) eine scheinbare« gehandelt habe, um Ermutigung, Manipulation oder Freisetzung perverser Neigungen. HACKER bestätigt damit aus seiner therapeutischen Erfahrung, was ich selbst schon 1967 vorhergesehen habe: »Der nur willentlich befreite Sexus kriecht in die Windungen eines deformierten Gefühls. Der Sadismus der forsch Emanzipierten diskreditiert dann erst recht den verpönten Trieb.«[5] Er wird erst recht diskreditiert von aggressiv Fortschrittswütigen, denen die Befreiung ihrer eigenen sadistischen Neigungen Motiv ihrer sozialen Aktivität ist. Wie die längst zum Sadismus verbogene Libido der Sittenstrengen[6] wehren sie sich dagegen, auf eine gewaltlose, zärtliche Weise dem anderen Geschlecht sich zu nähern. »Seien Sie grausam – das erfrischt!« klebt sich ein »progressiver« Mensch auf sein Auto.

Der Mensch, der von klein auf nicht genügend Zärtlichkeit erfahren hat und dafür immer wieder einmal die sprichwörtliche harte Hand zu spüren bekam, der in seinen weichen Empfindungen ausgetrocknete Mensch bedarf, um sich lebendiger zu fühlen, des starken Anreizes der Aggression. »Aggressive Erotik« entspricht der vorherrschenden emotionalen Strömung; sie wird von Filmregisseuren auch in einer Form aufbereitet, die verhindert, daß Staatsanwaltschaften oder kirchliche Sittenwächter sich daran stoßen. Es kann heute im Fernsehen schon sehr viel, im Kino fast alles gezeigt werden, wenn es nur nicht zu heiter und zu beschwingt dabei zugeht, wenn also immer noch deutlich mindestens Enttäuschung, wenn nicht Strafe dem schlimmen Treiben auf dem Fuß folgt. Mit Worten und mit Bildern kann viel Freiheit des Trieblebens vorgegaukelt werden, wenn es nur immer böse endet. Dann ist, einem jeden zur Abschreckung, die moralische Ordnung wiederhergestellt.

Wer als »Kulturträger« auf sich hält, weiß genau, daß er nicht in den Verdacht kommen darf, sexueller Freizügigkeit und lustbetontem Leben das Wort zu reden. Nur die alten Tugenden der Nachsicht, Duldsamkeit oder Toleranz sollen neu aufgelegt werden, entweder als die geduldige Einstellung des Pädagogen, der den rechten Augenblick zur Beeinflussung abwartet, oder als die schon resignierende Haltung des Kulturpessimisten, der Toleranz als bloße »Geneigtheit zum Wegsehen« (GEHLEN[7]) versteht. So verhält sich, wer spürt, daß die Menschen sich unter keinen Umständen mehr nach ihm richteten, weshalb er ihnen nur noch seine Verachtung zeigen kann. Zu wahrer Toleranz, zu Toleranz im Sinne GOETHES, zur *Anerkennung*[8], zum sympathetischen Mitvollzug jugendlicher Unbekümmertheit fehlt nicht der Schwung, der mit den Jahren nachlassen muß, sondern die neidlose Gelassenheit, die aus vitalen Verzichten sich nicht bilden kann. So bleibt es bei dem Anschein, daß Geist und Kultur, höhere, feinere Lebensart immer noch in Frontstellung gegen die »niedrigen Triebe« zu denken sei. Mit Toleranz, die einzig eine überlegene geistige Haltung ausweise, macht man es sich einfach: indem man die eigene Unfähigkeit, das verbreitete Bedürfnis nach Triebbefreiung zu bejahen, als Vorwurf der Intoleranz gegen die Fürsprecher freierer Sitten wendet. Wer selbst noch in der Jugend unter qualvollen Triebverzichten gelitten hat und einer entsexualisierenden Beeinflussung ausgesetzt war, die religiös eingefärbter Verteufelung der sexuellen Lust sich verdankt, wer darum für sexuelle Befreiung eintrat, der konnte schon sehr bald hören, daß er sich einer »Verteufelung des Triebverzichts«[9] und einer »sexualisierenden Beeinflussung«[10] anderer, vor allem der Kinder schuldig mache. Ein kleiner Dreh der Worte, und die »Intoleranz« liegt bei denen, die unter Unduldsamkeit und moralischer Bevormundung genug gelitten haben. Wieviel direkter, offener klingt da ein Bischofswort:

> »Enthemmte Sexualität, wie sie heute gang und gäbe ist, ist menschenfeindlich. Zucht, Selbstbeherrschung und Entsagung sind Haltungen der Zukunft.« (JULIUS KARDINAL DÖPFNER[11])

Der Kampf gegen den Sexus wird unterdessen auch von unerwarteten Fronten her fortgeführt. Die Damen der Frauenbefreiungsbewegung haben die Parole ausgegeben, die Frau müsse endlich aufhören, das »Lustobjekt des Mannes« zu sein*. Nicht alle, die sich forsch emanzipieren, ziehen daraus den Schluß, daß es an der Zeit ist, als Frau selbst zum Lust*subjekt* zu werden. Einige wenden die Abneigung, bloßes Lustobjekt zu sein, als Verweigerung gegen den Mann. Die alte Triebfeindschaft, zu der die allermeisten immer noch erzogen wurden, nimmt sich progressive Begründungen zu leihen. Der nur kulturimmanente »Krieg zwischen den Geschlechtern«, den NIETZSCHE für »ewig« hielt[12], treibt erst die absurdesten Blüten: Die Ausrottung der Männer fordern im Ernst die amerikanischen Suffragetten der Gegenwart[13].

Es ist eine traurige Genugtuung zu sehen, wie die niemals genußfroh Gewordenen den Kausalzusammenhang von Frustration und Aggression durch ihr Verhalten bestätigen. Einige tun das ganz bewußt, in klarer Erkenntnis dieses Zusammenhanges. Man dürfe, sagte ein linksradikaler Student, sexuell nicht allzu befriedigt leben, damit man noch genug aggressive Energie für den Klassenkampf freibekomme[14]. Man müsse, meinen andere, der repressiven Gewalt des Staates mit subversiver Gegengewalt erwidern[15]. Sie übersehen dabei bewußt oder instinktiv, daß Gewalt durch Gewalt nicht bekämpft werden kann, sondern so nur sich potenziert. Den »Konsumterror« der großen Firmen

---

* Man vergleiche im VI. Kapitel den Abschnitt C, c!

zu brechen, begann man mit »Kaufhausbrandstiftung«, einer sexual-pathologisch symptomatischen Tat[16].

Die Gewinnsucht der Wirtschaftsbosse, die Kaufwut der trist Dahin-lebenden und die brutalen Entgleisungen kriminell Gewordener sind ohne ein Verfehlen oder Versagen elementarer Lebensfreude nicht denkbar. Die Frage, ob es nicht eine »angeborene« (eigentlich: ererbte) Mindestaggressivität gebe, dient zwar immer noch als Ablenkung vom Kausalzusammenhang Frustration – Aggression; sie stellt sich aber nur bei brutal Aggressiven, deren sexuelle Verschüchterung gleichfalls offen zutagetritt. In den Lebensschicksalen von Massenmördern läßt sich diese Kausalität allemal nachweisen[17]. Sonst ist sie vielfach verstellt durch sozial belobigte oder nur potentiell aggressive Haltungen, die aus sexueller und motorischer Frustration unmittelbar sich ergeben: Ehrgeiz, Gewinnstreben, Eifersucht, Eitelkeit und die Lust zu strafen. Mit diesen »Tugenden« müssen wir uns darum immer wieder ausein-andersetzen.

Die überkommene Sexualmoral wirkt sich auch staatsgefährdend aus. Es ist ja so, daß immer wieder Menschen, die auf ein genußvolles, abwechslungsreiches oder romantisches Geschlechtsleben Wert legen, in dem Augenblick, in dem sie politische Verantwortung übernehmen, unter Druck gesetzt werden. Wer etwa wie der frühere Bundeskanzler Willy Brandt vermutlich gerade deswegen einen duldsamen, nicht autoritären Führungsstil entwickelt, weil er auf eine natürliche Weise zu genießen versteht, dürfte in Zukunft gar keinen politischen Ehrgeiz mehr entfalten. Die anderen aber, die ihre verdrängten Triebe in Aggressivität und in Lust an der Intrige umsetzen, qualifizierten sich für höchste Staatsämter: eine unannehmbare Konsequenz vom Stand-punkt ungebrochener Mitmenschlichkeit. Wenn also die politische Moral gesunden soll, dann ist es notwendig, daß weithin und bis in die Kreise der Politiker zuerst die private Moral gesundet und nicht, wie bisher, die Moral immer auf der Seite derjenigen steht, die einen aus Frustra-tion gewachsenen Lebensneid kultivieren. Die Erkenntnis MANDEVILLES, daß private Laster öffentliche Tugenden sind[18], muß erst noch als Überzeugung sich ausbreiten. Nicht, daß ein Staatsmann private Schwächen, etwa eine Schwäche zum anderen Geschlecht, hat, macht ihn zu einer Gefahr für die Staatssicherheit, sondern das allgemeine Vorurteil, daß solche »Schwächen« das Allerschlimmste seien, schlim-mer noch als ein leichtfertiger Umgang mit den Staatsfinanzen oder mit den Beziehungen zu befreundeten Staaten. Das wahre Sicherheits-risiko liegt in einer lebensfeindlichen Moral, solange sie im Volk verankert ist, weil sie jeden Politiker, der nicht streng nach ihr lebt, bloß-zustellen droht vor dem Wählervolk und ihn damit für Spione und Intriganten erpreßbar macht. Noch immer werden, namentlich in den USA, Wahlkämpfe auch mit Enthüllungen aus dem Intimleben der politischen Gegner bestritten.

b) Sexuelle Aufklärung: halbherzig oder betulich

Es ist erstaunlich, wie bald die ersten Stimmen sich vorgeblich »ent-täuscht« von den Wirkungen der sogenannten Sexwelle zeigten. Zwei, drei Jahre, nachdem ein etwas freierer Geist sich geregt hatte, ohne sich gleich in Leben und Handeln umzusetzen, um 1970 schon »be-dauerten« die allerersten das Scheitern oder die Folgen sexueller Be-freiung. Es war ein Bedauern, das offenbar auf der Lauer gelegen hatte, um seine Krokodilstränen vorzuzeigen. Dabei müßten wir, wenn ungebrochen freiere Sitten sich durchsetzten, gut ein Menschenalter abwarten, um die dadurch eingetretenen sozialen Wirkungen abschät-zen zu können. Denn es kann nicht ausreichen, dabei zuzusehen, wie in ihrer Kindheit verbogene Charaktere ihren längst sadistisch geworde-nen Sexualtrieb mit einem Mal ausleben: mehr aggressiv als erotisch. Was nottäte, wäre eine Sexualerziehung der Kinder, die ihnen nicht nur theoretisch aus dem Abstand des innerlich Angewiderten den Kör-per des Mitmenschen nahebrächte, sondern die von FREUD entdeckte »frühkindliche Sexualität« endlich in ihr natürliches Recht setzte. Da es jedoch immer »unmoderner« wird, die Babys zu stillen, beginnt sexuelle Frustration der Kinder vielfach schon vom ersten Lebenstag an. Das wird auch durch einen Sexualkundeunterricht nicht mehr wettgemacht, der als einziges der schulischen Fächer sich mit Worten und schemati-schen Bildern begnügt. HELMUT KENTLER hat das mit einem Musikunter-richt ohne Töne verglichen[19]. In der abstrakten Form, in der Sexualauf-klärung sich vermittelt, bewahrt sich das sexuelle Tabu.

Betuliche Aufklärung verdirbt mehr, als sie gutmacht: weil sie, in-dem sie die Sexualität versüßlicht, den Geschmack an ihr selber ver-dirbt. Pauschalmoralische Ablehnung der Sexualität bot demgegenüber noch die Chance, das Vergnügen an ihr wenigstens im geheimen blühen zu lassen. Als sittliche Leistung dargestellte und angepriesene Sexuali-tät aber ist nur eine sublimere, eine scheinliberale Methode, den Men-schen die Freude an der Sexualität zu vergällen, sie womöglich gar nicht aufkommen zu lassen.

Eine vierzig Jahre alte Lehrerin wurde vom Dienst suspendiert, weil sie zusammen mit einem Kollegen den Kindern sogenannte Pornofilme vorgeführt hatte, die von einem Schüler mitgebracht worden waren. Der in letzter Instanz zuständige Kultusminister verwies auf seine Richtlinien für den Sexualkundeunterricht, die vorschreiben, daß die Sexualität im Zusammenhang mit »Vertrautheit, Zuneigung und Liebe« behandelt werden muß. Der Minister erläuterte: »Rettet die Zärtlichkeit! Dieses Wort markiert exakt den Bereich, in den die Sexualität hineingehört.«[20]

Jawohl, rettet die Zärtlichkeit, aber nicht durch missionarische Anpreisung dieser Tugend. Wer Sexualität von vornherein nur in Verbindung mit »Vertrautheit, Zuneigung und Liebe« gelten läßt, will ihr unentrinnbar einen monogamen Rahmen zuweisen. Er verkennt zweierlei:

1. daß es ganz ohne Emotionen sexuelle Berührungen gar nicht gibt, und

2. daß anfänglich scheinbar ganz auf wechselseitigen Genuß hin angelegte Beziehungen aus spontaner Dankbarkeit[21] für die verschaffte oder gewährte Lust zu zärtlicher Anhänglichkeit sich entwickeln können.

Menschen, die, unehrlich genug, sinnliche und seelische Liebe in ihrem Leben auseinanderhalten, bemerken oft staunend, wie eine zunächst oberflächliche sexuelle Beziehung ganz anders ihnen »ins Blut« geht. Selbst wenn solche Erfahrung nicht die Regel sein sollte, wenn flottes Genießen sich durchhalten ließe oder Trennung immer wieder leichtfiele, so wäre das für ein friedliches Zusammenleben immer noch von größerem Wert als die Ersatzlust, die eine sentimentale Pädagogik als ihre eigene Kompensation hervortreibt: jene Lust an der Grausamkeit, die der prügelnde Erzieher noch auslebt und die als quasi natürliches Bedürfnis des Menschen von den Unterhaltungsmedien und auch von allerlei »gehobener Literatur« befriedigt wird. Der Kriminalfilm ist unverkennbar das gegenüber dem Sexualfilm bevorzugte Kulturgut[22]. Gewiß ist der Film kein natürliches Mittel, junge Menschen an die Sexualität heranzuführen, weil er sie von vornherein in die Rolle des Voyeurs drängt. Jede andere, jede unmittelbare Aufklärung aber würde als »sexueller Mißbrauch von Kindern«, »Verführung« oder »Förderung sexueller Handlungen Minderjähriger« immer noch strafrechtlich verfolgt[23]. So bleibt dem Pädagogen, der sich nicht nur aufs erklärende Wort und die schematisierende Zeichnung beschränken möchte, nur der Ausweg, Photographien oder Filme zu zeigen. Filme aber gelten immer noch als anstößig, weil aus ihnen »Vertrautheit, Zuneigung und Liebe« unmittelbar sich nicht herauslesen lassen. Nicht anstößig ist es, die Realität durch moralische Worte zu verdecken.

Selbst ein so illusionsloser Kopf wie WOLFGANG SCHMIDBAUER beklagt den Fluch der sexuellen Aufklärung in den Massenmedien[24]. Er berichtet aus der Praxis eines Psychotherapeuten den Fall einer jungen Frau, die immer zufrieden mit ihrem Sexualleben gewesen sei. Seit sie aber in einer Illustrierten etwas von einem »Orgasmus« gelesen habe, sei ihr quälend bewußt geworden, daß ihr noch etwas fehle. Sie habe dann lange dem Manne etwas vorgespielt, so lange, bis Überdruß und Ekel vor dem Verkehr sich bei ihr eingestellt hätten. (Oder war es der Ekel vor der Lüge?) Ein solches Beispiel ist gewiß beklagenswert, als Einzelschicksal wie als Symptom einer die Menschen tief verklemmenden Erziehung und Moral. Wenn nicht einmal die Sache mit dem Orgasmus ins Volk dringen kann, ohne Schaden anzurichten, dann bestätigt das, wie tief die überkommene Erziehung zur Scham einen Menschen neurotisch blockieren kann. Soll aber darum das Spektrum sexueller Erfahrung ein Geheimwissen bleiben? Hieße das nicht zugleich, solche Erfahrung bewußt als Herrschaftswissen behandeln? Dürfen wir andererseits Konflikte ausstreuen, nur um im Ringen um eine repressionsfreie Ordnung die Sexualität nicht auszusparen? Darf sie zum Hebel der Evolution werden, wenn Einzelne daran zerbrechen?

Die Antwort auf diese Fragen kann nur eine Abwägung der Risiken sein. Die zentrale Frage ist, ob die Gesellschaft im ganzen gesunden darf auf Kosten Einzelner, deren Leiden durch Aufklärung über ihr Triebschicksal sich für eine Weile noch verschlimmert. Wenn es von alleine vorbeigeht, ist es wohl recht. Und wenn, den Konflikt zu überwinden, die Hilfe eines selber unverklemmt denkenden Therapeuten in Anspruch genommen werden muß, so sollte dieser nicht darüber bestürzt sein. Es könnte ihn doch mit größerer Befriedigung erfüllen, einmal in einer Richtung zu wirken, die ihm sonst durch die Last des Überkommenen verlegt ist: in die Richtung auf eine in ihrem Triebleben befreite Gesellschaft. Sonst immer hat er ja nur die Funktion, den psychisch, nervlich Leidenden wenigstens soweit in seinem Selbstbewußtsein aufzurichten und von störenden Symptomen zu befreien, daß er den Erwartungen, die eine kranke Gesellschaft an ihn stellt, wieder eingermaßen entspricht. Der Zusammenhang von sexueller Verklemmung und Nervosität und das Bedingungsverhältnis von Frustration und Aggression dürfen heute als so gesichert gelten[25], daß nicht mehr gesagt werden kann, es werde leichtfertig ins Blaue hinein therapiert, wenn zu einem freieren Leben ermutigt wird. Wo das nicht geschieht, bleibt Psychotherapie ein »Kurs in der Resignation« (HERBERT MARCUSE[26]).

Wenn die Aufgabenstellung der Psychotherapeuten sich umkehrt, nach vorne wendet in Richtung Zukunft, so kann das noch keine Verschlechterung unserer Situation sein. Es spricht einiges dafür, daß mindestens ebenso vielen durch ein freieres Reden und Schreiben über sexuelle Probleme geholfen wird wie anderen die Last der Versagung erschwert. In den vielen Briefen, die mich auf mein Buch *Die Gesellschaft und das Böse* erreicht haben, überwogen diejenigen, in denen einfach gedankt wurde: Das Buch habe weitergeholfen, klärend gewirkt usw. Daneben gab es eine ganze Reihe, deren Schreiber entschieden anderer Meinung waren, aber keinen einzigen Brief, der ausgedrückt hätte, daß man als Leser Schaden genommen habe an seiner Seele. Ich halte das nicht für repräsentativ, gebe aber zu bedenken, daß man gewöhnlich an einen Autor nur zu schreiben pflegt, wenn man *nicht* mit ihm einverstanden ist, sich über ihn ärgert, unter ihm leidet.

Was von Psychotherapeuten und Eheberatern gegen die Empfehlung freierer Sitten an »Fällen« ins Treffen geführt wird, das sind Unglücksfälle einer moralischen Evolution, die wie alles auf der Welt nicht konfliktlos voranschreitet, von der wir aber hoffen dürfen, sie werde *per saldo* auf ein konfliktfreies, weniger aggressives Zusammenleben hinlenken. Dies immer unter der Voraussetzung, daß Triebbefreiung nicht eine Scheinbefreiung bleibt und daß nicht nur neurotisch von klein auf verbogene Triebe freien Auslauf bekommen. Sexualerziehung beginnt in der Wiege. Das wird geflissentlich von denen übersehen, die fast schadenfroh darauf zeigen, daß die kaum spürbare Lockerung der sexuellen Sitten noch keinen Zuwachs an Mitmenschlichkeit gebracht hat.

B. FREIZÜGIGKEIT UND ENTRÜSTUNGSBEDÜRFNIS

a) Der Stachel des Verruchten

Sittenverfall wird augenfällig. Immer spärlicher bekleidete Mädchen flanieren im Hochsommer durch unsere Einkaufsstraßen, Badeanzüge entwickeln sich in Richtung »Minimum«, die Werbung bedient sich nackter Körper als Blickfang, Sexfilme begnügen sich immer weniger mit bloßen Andeutungen, selbst biedere städtische Bühnen stellen splitternackte Menschen, jedenfalls barbusige Mädchen auf die Bretter, die nicht mehr die heile Welt bedeuten. Wo immer sexuelle Szenen vorgespielt werden, sorgen sie für entrüstete Leserbriefe und für ein volles Haus. Paradigmatisch für den uns optisch dargebotenen »Sittenverfall« ist der Werdegang der Filmschauspielerin Romy Schneider. Vom Sissy, dem sentimentalen Prinzeßchen, entwickelte sie der Film zu einer freizügigen Frau, die sich im »Swimming-Pool« mit einer Rute auspeitschen ließ und schließlich im »Trio Infernal« genüßlich Fellatio demonstrierte[27]. Die Anpassung kehrte erst wieder in daran sich anschließenden Interviews, in denen die Aktrice beteuerte, sie identifiziere sich nicht mit solchen Rollen[28]. – Ein Argument, das jeden überzeugte, der auf dem »hohen sittlichen Niveau« der Gesinnungsethik steht: da kommt es auf das, was einer tut, nicht sosehr an; Hauptsache ist, er denkt sich sein Teil. Nur in Worten muß er noch Gesinnung zeigen. Menschen, die in bloßen Worten leben, an Worte glauben*, »ertragen es leichter, daß man ihnen zuwiderhandelt, als daß man ihnen zuwiderspricht« (EBNER-ESCHENBACH[29]).

Gewagte erotische Szenen in den Filmen werden geliefert mit dem Begleittext, es gehe darum, Sittenverfall und sexuelle Verwahrlosung schonungslos anzuprangern. Ein »Schulmädchen-Report«, xte Folge, hat angeblich nur den Zweck, besorgten Eltern zu zeigen, in welchen »Gefahren« ihre schon flüggen Töchter schweben. Dicht unter solch moralischen Zwecken sitzt die Wahrheit, daß mit dem Beigeschmack der Sorge und der Entrüstung Pornographie auch noch von einem verklemmten Gemüt sich reuelos genießen läßt. Das erweitert den Markt für Sexfilme und Boulevardzeitungen, die das heimlich Begehrte genüßlich aufbereiten, aber mit dem Akzent der Sünde, die sich nicht bezahlt mache. An den paar Aufrichtigen, die Pornographie als Stimu-

---

* Man vergleiche hierzu im I. Kapitel den Abschnitt »Der Glaube an Worte«.

lans suchen, läßt sich nicht viel verdienen. Wer von den vielen Frustrierten aber läse nicht gern von verschwiegenen Schäferstündchen, von Ehen zu dritt oder Gruppensex – nur der Neid auf die Akteure muß niedergehalten werden durch die Genugtuung, daß sie dafür zu büßen haben. Auch das schlechte Gewissen, das bei zu weitgehender Identifizierung mit frechen Tabubrechern sich meldet, kann so beschwichtigt werden. Schlagzeilen wie: »Herztod nach Sex-Massage«[30], »Ehe zu dritt – Mord« oder »Mord beim Gruppen-Sex«[31] bieten den Kitzel verbotener Lust, aber mit der »Strafe«, die ihr auf dem Fuß zu folgen hat. Es ist dies eine höchst bedenkliche Moral, die vitale Verunsicherung ausbreitet und noch dem Totschlag, wenn er nur von Eifersucht motiviert ist, einen Schimmer von Gerechtigkeit leiht.

Man könnte argumentieren, daß in jenen Schlagzeilen sich nur ein Stück Wirklichkeit verdichte; schließlich sei auch geschehen, was in den darunterstehenden Artikeln berichtet wird. Aber so wie Manipulation als eine höhere Form der Lüge* nicht der Verfälschung einzelner Geschehnisse bedarf, sondern durch einseitige Auswahl der Fakten ein falsches Bild von der Wirklichkeit vermittelt, so lebt auch das moralsaure Geschäft mit dem Sexus vom Hochspielen der zu ihm passenden Geschichten. Wer Tag für Tag dergleichen, danach süchtig geworden, liest, der muß am Ende glauben, daß von keiner Seite ihm größere Gefahr drohe als von der des traditionsgemäß unterdrückten Triebes. Da Menschen auf verschiedene Weise zu Schaden oder zu Tode kommen, ließen sich unschwer auch Schlagzeilen bilden wie »Herzinfarkt nach Schlemmermahlzeit« oder »Tod bei Zechgelage«. Aber was dabei fehlte, ist der Stachel des Verruchten, sozial Mißbilligten. Was schier alle anerkanntermaßen genießen, kann so schlimm nicht sein, denkt der sexuell Frustrierte. Im Rausch stirbt man einen harmlosen Tod.

Wo sexuelle Reize gleichwohl genossen, aber mit einem Affekt des Widerwillens aufgenommen werden, da wird Entrüstung selber mit der Zeit zu einer Form des Genusses, zu einer Weise, das ängstlich von sich Gewiesene, weil als bedrohlich Empfundene, sich dennoch zuzuführen. Es kommt – in Verbiegung ursprünglicher Neigungen und durch ihre Verschmelzung mit der anerzogenen Scham – noch zu einem *Entrüstungsbedürfnis*. Diese Legierung verkörpert der sittlich Eifernde, der die Gelegenheiten, sich zu entrüsten, geradewegs aufsucht. Treff-

---

* Man vergleiche im III. Kapitel die Abschnitte A, b: »Die Manipulierbarkeit des frustrierten Menschen« und B, c: »Politische Manipulation durch Nachrichten und Umfragen«!

lich karikiert wird das durch den Witz von der alten Dame, die sich an die Sittenpolizei wendet, weil sie von ihrer Wohnung aus in einer gegenüberliegenden Bedürfnisanstalt für Männer »einfach alles« sehen könne. Als die Beamten dann bei ihr aus dem Fenster blicken, wundern sie sich: »Wir sehen nichts.« – »Ja, steigen Sie mal auf den Stuhl«, gibt die Alte zurück. Geistig auf den Stuhl gestiegen waren auch jene Kritiker meines umstrittenen Buches *Die Gesellschaft und das Böse*, die bemerkten, es handle ja von nichts als von Sexualität oder führe »alles« auf unterdrückte Sexualität zurück[32]. Gelegentlich auf dies oder jenes andere angesprochen, mußten sie kleinlaut zugeben, daß sie nur die sexuell »ansprechenden« Kapitel gelesen hatten. Die sittlich Entrüsteten, die Sittenstrengen, haben ein gelockertes Verhältnis zur Wahrheit.

Und doch kommt, wer in manchen Institutionen aufrücken will, immer wieder in die Zwangslage, sein Scherflein an Entrüstung beizutragen, um für hinreichend seriös zu gelten. Wer auch nur – aufrichtig – schweigt, kann sich dort, wo rechtschaffene Gesinnung zählt – und wo ist das nicht der Fall? – selbst disqualifizieren. Es ist dabei nicht nur an Positionen in Justiz und Verwaltung gedacht. Man findet dort und, in nördlichen Breiten, sogar in den Kirchen mitunter ein natürlicheres, verständigeres Verhältnis zur Sexualität als bei Pädagogen, Kriminologen und Psychoanalytikern. In deren Wortschatz wimmelt es nur so von moralischen Werturteilen wie »Verwahrlosungserscheinungen«, »Verdorbenheit«, »geschlechtlicher Entgleisung«, »Haltlosigkeit« oder »Genußsucht«[33].

Um ein konkretes Beispiel zu nehmen: Wie sehr sollen wir uns entrüsten, wenn eine vierzehnjährige Gammlerin sagt: »Ich muß mir halt mein Essen irgendwie zusammenschlafen. Außerdem ist's lustig.«[34] Die Wahllosigkeit der Kontakte, die mit knurrendem Magen sich knüpfen, ist bestimmt beklagenswert. Was da als Lebensstil herauskommt, das ist schon eine Art Prostitution. Andererseits: Zur überkommenen Prostitution gehört es gerade, daß der Verkehr den Dirnen selbst keinen Spaß macht. Wie die frigide höhere Tochter, die sich noch weiter hinaufgeheiratet hat, sehen sie ihre geheime Ehre darin, im letzten, innerlich, »seelisch« doch unberührt zu bleiben von dem, was der Mann mit ihnen anstellt. Die jungen Gammlerinnen, die sich per Anhalter aus reinem Vergnügen so durchschlafen, vertreten da schon eine mehr lustbetonte, weniger gewinnsüchtige und nicht mehr so ehrgeizige Moral. Hatten wir denn nicht immer das Verhältnis der Geschlechter gerade dadurch vergiftet gefunden, daß sie auch im Bett nie ganz zueinander kamen, sich niemals fanden in sympathetischer Lust? »Der Mann meint mit Geschlechtsverkehr tatsächlich Geschlechtsverkehr, die Frau meint damit fast immer etwas anderes«, hat ein Psychoanalytiker geklagt[35].

In einer Übergangsphase relativer Verwahrlosung der jungen Generation können wir immerhin einen Abbau jener spekulativen Haltung vermerken, mit der die zur Lustlosigkeit Erzogenen den triebhaften Menschen – und das waren nicht immer nur die Männer – etwas abzulisten verstanden. Die Unehrlichkeit im Gefolge lustfeindlicher Moral hat abgenommen. Das ist vielleicht noch kein Fundament für eine neue Ordnung, für ein Zusammenleben, in dem es nicht mehr drunter und drüber geht, aber ein vielversprechender Ansatz dazu. Junge Paare, die sehen wollen, ob sie zueinander passen, können heute in vielen Gegenden schon ohne Trauschein zusammenleben, ohne von ihrer Umwelt allzusehr behelligt zu werden. Ablehnung ist geblieben, aber moralische Verurteilung ist gleichsam kraftlos geworden, sie reicht nicht mehr hin, den moralisch Verachteten übel mitzuspielen. Der Widerspruch zwischen dem, was man selbst gerne leben möchte, und dem, was man anderen verwehrt, ist geringer geworden. Es könnte sein, daß das, was von den Tugendwächtern schon als »Sittenverfall« beklagt wird, nur eine Verringerung der Heuchelei meint. Der Mensch mit seinen vitalen Neigungen ist sich gleich geblieben. Diese Neigungen treten jetzt nur offener zutage.

b) Die Verfolgung der Prostituierten

Sollen wir uns entrüsten über die allenthalben sich ausbreitenden Massagesalons und Strip-tease-Lokale sowie über die weniger sichtbaren Call-girl-Ringe? Müssen wir, marktwirtschaftlich denkend, uns nicht sagen, daß kein Geschäftszweig sich ausweitet, nach dessen Gütern oder Dienstleistungen nicht rege Nachfrage besteht? Überall sonst darf das Gesetz von Angebot und Nachfrage gelten, nur wenn es um die Sittlichkeit geht, rufen manche nach der Polizei, im Grunde nach dem totalitären Staat. Die Polizei als unerläßliche Ordnungsmacht wird dabei von Ärgernisnehmenden für Aufgaben gefordert, deren ordnungspolitscher Sinn höchst zweifelhaft ist. Niemand wird in bestimmten Etablissements geschädigt außer – vielleicht – denjenigen, die freiwillig dorthin gehen. Und zu ihrer möglichen Schädigung trägt ein der Triebunterdrückung verpflichtetes Recht noch kräftig bei. Wer für

Geld sexuelle Dienstleistungen versprochen und – vorenthalten bekam, dem kann unter Hinweis auf die »Sittenwidrigkeit« seines Handels (§ 138 BGB) jeder Rechtsschutz verweigert werden. Das Rechtsgeschäft mit einer Masseuse kann als »nichtig« gelten. Der geprellte Kunde würde freilich als sogenannter Prominenter und auch als »kleiner Mann« auf dem Lande Polizei und Gerichte gar nicht bemühen, weil er nicht wegen seines Lebenswandels oder seiner besonderen sexuellen Neigungen ins Gerede kommen wollte. Selbst bei veränderter Rechtslage würden Polizei und Justiz dem Übervorteilten zuallererst zu einem Skandal verhelfen.

Während – bisweilen im Tag- und Nachteinsatz – Polizisten vor Massagesalons auf der Lauer liegen, werden die Ordnungskräfte leichtsinnig von der Front der Gewaltverbrechen abgezogen. Die Polizei bewacht buchstäblich das falsche Tor, wenn sie gegen Unsittlichkeit aufzieht. Sie ebnet brutaler Gewalt damit in doppelter Weise den Weg: einmal, weil sie nicht alles in ihrer Macht Stehende tut, um sie einzudämmen, zum anderen, weil nicht zum Zuge gekommene sexuelle Triebe als Sadismus, weiter als Brutalität sich ausleben.

Beim heutigen Stand triebpsychologischer Aufklärung können Vernunftgründe für die Verfolgung der Prostituierten und ihrer vollends illegitimen Schwestern, der Sexmasseusen, nicht mehr geltend gemacht werden. Die Auguren hielten es immer schon mit THOMAS VON AQUIN, der davon abriet, die Huren aus der menschlichen Gesellschaft zu vertreiben. Wer das tue, bringe alles durcheinander[36]. Dem Volke aber werden Polizeiaktionen gegen die Prostituierten als ein Spektakel vorgeführt, das sexuell frustrierten Gemütern Erleichterung schafft: Ihre zähneknirschende Tugend braucht Lasterhafte, die zu leiden haben; und ihre Aggressivität verlangt nach Minderheiten, die sich bekämpfen und verspotten lassen. Die Dirnen dienen – über ihre Tätigkeit hinaus – so in noch einem weiteren Sinne der Gesellschaft: Sie stabilisieren durch den kollektiven Abscheu, den sie auf sich ziehen, den Zusammenhalt der Sittenstolzen, die sonst noch verdrossener sich gegeneinander wenden müßten.

Daß nach den Dienstleistungen der Prostituierten dennoch unverändert rege Nachfrage besteht, liegt nicht nur daran, daß immer noch zu viele Frauen von ihren Müttern zur Frigidität erzogen wurden sowie dazu, »zudringliche« Männer abzuweisen. Es liegt auch an der Problematisierung der sexuellen Beziehungen, an ihrer Befrachtung mit Eheversprechen, sozialen Rücksichten und neurotischen Projektionen von beiden Seiten. In einem Geliebten kann der gehaßte oder bewunderte Vater neuerdings bekämpft oder umschmeichelt werden. Der Mann, der von solchen Rollenerwartungen sich wenigstens zeitweise lösen will, kann bei Dirnen suchen, was ihm fehlt: unbelastete, das heißt ungehemmte sexuelle Entspannung. Es wäre ein Selbstmißverständnis, wenn er meinte, er wolle »puren Sex«, ohne die Beimischung von Gefühlen. Er will nur keine niederziehenden Gefühle, die das Lustempfinden schwächen. Bei einer Partnerin, die ihn nicht nur nicht belastete, sondern seine sexuellen Neigungen teilte, ja erwiderte, würde er mehr Freude finden als im geschäftsmäßigen Kontakt mit Dirnen.

c) Homosexuelle, von verkappt Homosexuellen gemieden

Unaufrichtig ist auch die verbreitete Entrüstung über die Homosexuellen. Sie ist nicht bewußt unaufrichtig, weil das vorausgesetzte zu wissen, wie stark in einem selber homoerotische Neigungen sind. Je stärker sie sind, je stärker sie niedergehalten werden müssen, desto heftiger wird der Haß darüber nach außen, auf die manifest Homosexuellen abgeleitet. Das ist die Verlogenheit sittlicher Entrüstung überhaupt: daß sie ihre Heftigkeit bezieht aus verdrängten Affekten, die genau in die Richtung des Abgewehrten tendieren. Die Wahrheit der sittlichen Entrüstung ist Berührungsfurcht, die Furcht, von dem, was soziale Mißbilligung, gar Deklassierung eintrüge, angesteckt und mitgerissen zu werden. Die Gefahr der Ansteckung setzt aber Bereitschaft voraus. Wer einfach anders empfindet als die homoerotisch Gestimmten, der hat nicht nötig, in heftiger Gegenwehr und sittlich aufgebracht sich von ihnen zu distanzieren. Er wird Menschen mit einem anderen Lebensstil hingehen und leben lassen, ohne sie verdammen zu müssen, weil er sich auch nicht insgeheim zu ihnen hingezogen fühlt.

Sittliche Entrüstung wächst auf dem Boden des Verdrängten, aus dem Humus unserer Moral. Die allgemeine Homosexualisierung in unserer Gesellschaft, von der ADORNO sprach[37], ist nicht denkbar, nicht möglich ohne die immer noch praktizierte Unterdrückung der frühkindlichen Sexualität, ohne die sogar noch zunehmende orale Frustration der Säuglinge. Die Psychoanalyse reflektiert das nur in schwer verständlichen, das Kausaldenken irreführenden Begriffen wie »neurotische Mutterbindung« oder »Ödipuskomplex«. Eine unbewußte Fixierung der Libido auf die Mutter, die gerade aus Homosexuellen psychoanalytisch herausgefragt werden kann, muß aber sich notwendig ergeben überall da, wo die vitalpsychische Beziehung des Kindes zur leiblichen Mutter nie ganz erfüllt wurde, weil die Mutter das Kind entweder gar nicht oder viel zu kurze Zeit gestillt hat. Jede sinnliche Beziehung zu einem anderen Menschen (später: jede Liebesbeziehung), der die Erfüllung versagt blieb, kann zu einer Fixierung führen: wenn unbewußt von dem vergeblich begehrten Partner immer noch erwartet wird, was längst von ihm hätte gewährt werden müssen. *Neurotische Fixierung ist, triebpsychologisch gesehen, eine noch nicht beruhigte Erwartung, ein noch ungestilltes Verlangen.*

Eine Psychoanalyse, die Störungen des sozialen Verhaltens von sich verschränkenden unbewußten *Vorstellungen*, von »Komplexen« ableitet und Verdrängungen auf dem Grunde von Verklemmungen sieht (statt umgekehrt), kann die Bedeutung enttäuschter Erwartungen nicht ganz erfassen. Denn unsere Erwartungen kommen aus den Bedürfnissen des *Leibes*.

Die Psychoanalyse begnügt sich mit der Feststellung, daß homosexuelle Männer zumeist eine zwanghafte Mutterbindung haben[38], die sie hindere, einer anderen Frau sich emotional zu erschließen. Nicht mitgewertet ist dabei auch die moralische Überformung solcher Fixierung, der in unserer Kultur stillschweigend jeder erotischen Bindung anhaftende Anspruch, ausschließlich zu sein. Wer, geschlechtsreif geworden, in der Mutter die Frau begehrt, kann schon auch deswegen andere Frauen als mögliche Sexualpartner von sich weisen, weil er heterosexuelle Partnerschaft nur im Schema der Monogamie zu denken vermag. Strenge moralische Vorstellungen können so eine frühe leidvolle Erfahrung, die orale Frustration, in sexuelle Fixierung überleiten.

Die traditionelle Moral wirkt immer noch mit an der Homosexualisierung der Gesellschaft, dadurch, daß man Jungen und Mädchen aufgeregt auseinandertreibt, wenn sie sexuell miteinander zu spielen beginnen. Wo sie überhaupt getrennt aufgezogen werden, in Internaten, bilden sich – auch ohne frühkindliche Frustration – Pflanzstätten der Homosexualität. Der erwachende Sexualtrieb, der auf Partnerschaft angelegt ist, arrangiert sich mit den Bedingungen, die er vorfindet. Es mögen durchaus tüchtige Menschen aus solchen Erziehungsanstalten hervorgehen, Männer, die zuverlässig sind und sich für höchste Ämter in einer (noch) von Männern organisierten Gesellschaft empfehlen. Doch wenn sie ihre Jugendsünden beibehalten, gar weiterentwickeln, ist ihr Scheitern im öffentlichen Leben vorprogrammiert. Ihren politischen oder weltanschaulichen Gegnern dient ihr abweichendes sexuelles Verhalten als willkommene Lanze, sie aus dem Sattel zu heben. So stürzten ein deutscher Wehrbeauftragter und – noch 1976 – der Führer der britischen Liberalen über ihre homosexuellen Kontakte: späte Opfer einer Moral, die in der Jugend die Beziehungen zum anderen Geschlecht erschwert und auch nach Abschaffung der Strafe für Homosexuelle (bei uns zulande) noch reichlich soziale Sanktionen für sie bereithält. Beamte dürfen sich auf solchen Neigungen nicht ertappen lassen, ohne ihre Stellung zu riskieren. Moralische Entrüstung wird sie vernichten. Es ist dies gegenüber Homosexuellen eine Entrüstung, die, paradox genug, gerade an jenen Stammtischen gepflegt wird, aus deren Alkoholdunst homoerotische Verbrüderung sich bis zur Vetterleswirtschaft fortspinnt.

Es soll jedoch nicht verkannt werden, daß sittliche Entrüstung auch provoziert sein kann durch ein aufdringliches Benehmen von Homosexuellen, auch durch eine betont militante Gesinnung jener Lesbierinnen, die die Lust, die sie zusammen suchen, als Waffe gegen den Mann kehren*. Ebenso provozierend, wie sie ihm zu verstehen geben: »Wir haben keine Lust, dein Lustobjekt zu sein«, ebenso auftrumpfend pochen in manchen Kreisen männliche Homosexuelle auf ihre »moderne Gesinnung«, die sie von den Frauen unabhängig mache. Ihre ostentative Unbekümmertheit ist zu einem gut Teil nur Überkompensation ihrer Unsicherheit in einer Gesellschaft, die so organisiert ist, daß sie auf unangepaßte sexuelle Regungen allergisch reagiert. Homosexuelle, die indessen hartnäckig zu ihrem Lebensstil zu bekehren suchen, ziehen noch eine Aversion von seiten derer auf sich, die nicht Entrüstung, sondern Toleranz zum Ferment des Zusammenlebens machen wollen.

d) Das geheimste Laster

Sollen wir uns entrüsten über Pornoshops, über die Kommerzialisierung des Sexus? Über die technische Vervollkommnung der Selbstbefriedigung? Es bleibt nur zu beklagen, daß eine die Autoerotik perfektionierende Technik (mit elektrischen Massagegeräten usw.) die Menschen körperlich eher noch voneinander entfernt. Doch wenn abzuwägen ist, dann nicht zwischen dem, was sein könnte, und dem, was ist, sondern zwischen diesem und dem, was bisher war: mangelnde sexuelle Befriedigung, durch Schuldgefühle vielfach gedämpft oder gar verhindert. Die Sexshops mit ihren öffentlich dargebotenen Lustpro-

---

* Man vergleiche im VI. Kapitel den Abschnitt »Lesbisch aus Männerhaß?«

thesen haben immerhin dazu beigetragen, der sexuellen Lust sichtbar den Platz des Selbstverständlichen zu verschaffen. Und wenn gerade vereinsamte Menschen, die ehedem in reiner Verdrossenheit dahinlebten, ihr wenngleich autistisches Sexualleben entwickeln, so ist das immer noch besser als nichts. Mitmenschen, mit anderen mitfühlende Menschen werden sie auf diese Weise nicht; aber es ist besser, sie sind wenigstens halbwegs sexuell ausgeglichen, als daß sie noch größeren vitalen Unmut in sich anstauen und aggressiv ausleben. Die sittliche Entrüstung über die technischen Hilfen der Autoerotik ist gebunden an das Vorurteil, daß es nichts Schlimmeres geben könne als »sexuelle Haltlosigkeit« und sexuelle Befriedigung. Das noch nicht endende Lamento über »sexuelle Verwahrlosung« (ein Begriff, der sich vielfach in psychologischer Literatur findet) ist nur verständlich im Zusammenhang mit Verharmlosung oder gar Leugnung frustrationsbedingter Aggression. Solches Lamento ist im Blick auf die sexuelle Selbstbefriedigung obendrein heuchlerisch.

VOLKER ELIS PILGRIM weist mit Recht darauf hin, daß mehr noch als alle Arten und Abarten gemeinsamer sexueller Betätigung die einsame Sexuallust der Verachtung anheimfällt[39]. Die besondere Entrüstung über Menschen, die sich bei Selbstbefriedigung ertappen lassen, hat drei tiefere Gründe: Da ist einmal das instinktive Wissen, daß Sexualität auf Partnerschaft angelegt ist. Der Onanierende enthält uns immer auch etwas vor, gleich, ob wir ungehemmt genug wären, es anzunehmen, oder nicht. Der zweite Grund, aus dem gerade Selbstbefriedigung mit soviel Entrüstung bedacht wird, ist die Wut über die Enttäuschung der Illusion, daß sich der Sexualtrieb restlos bändigen lasse. Hinzu kommt – drittens – die Schuldprojektion, die das eigene »geheime Laster«[40] am zufällig Entdeckten genüßlich verfolgt. Es ist ja die Form der Sexualbetätigung, die man selbst am frühesten verwiesen bekam, weil sie wohl auch in neunzig von hundert Fällen diejenige ist, die am ehesten geübt wurde[41]. Sie nimmt daher assoziativ die Hauptlast der Unterdrückung des Sexualtriebes auf sich.

Von psychoanalytischer Seite wird die Verdammung der einsamen Lust mit scheinbar sachlichen Argumenten fortgesetzt. Mit ihrer Kennzeichnung als »Ersatzlust« ist es nicht getan. Dem Einzelnen werden auch »Bindungsscheu«, verdrängte homoerotische Neigungen oder ein Steckenbleiben in der pubertären Phase nachgesagt[42]. Man scheut sich nicht, dem sexuell Isolierten als psychisches Manko anzulasten, was ein insgesamt sexualfeindliches Klima charakterisiert. Das Befangensein in den neuen psychologischen Kategorien bringt unterschiedliche sexuelle

Vitalitäten gar nicht in den Blick; es ist keine Zeile lang davon die Rede, daß die sexuelle Not des triebstarken Menschen stärker sein muß als die des durchschnittlich sekretorischen.

Das moralische wie das psychologische Verdikt der Selbstbefriedigung lebt indessen von der allgemeinen Unaufrichtigkeit in diesem Punkt. Der neurotisch Sensibilisierte muß, den Lügen seiner Umgebung Glauben schenkend, den Eindruck gewinnen, daß alle Welt dem Drang zu onanieren standzuhalten vermag und nur er selber nicht. Wenn er in verräterischer Weise darunter leidet, ist es für den Tiefenpsychologen ein leichtes, von hier aus seine Persönlichkeit zu analysieren, als sei sie ein Sonderfall.

Die Gegenposition bezieht PILGRIM, indem er sexuelle Lust überhaupt auf Selbst-Befriedigung zurückführt[43]. Der Partner wird darüber so nebensächlich, daß er bei sexueller Aktivität guten Gewissens auch fehlen kann. Dabei ist das noch gar keine Frage der Moral, ob wir anerkennen, daß Empathie, vitale Einfühlung in den Anderen, unser sinnliches Empfinden verändert, bereichert. »Das Moralische versteht sich immer von selbst«[44], weil in ihm, für jeden verständlich, die Forderungen der Gesellschaft sich ausdrücken – über Erfahrung läßt sich nicht streiten.

Gegenüber moralischer Verunsicherung und forscher uneingeschränkter Bejahung alles bisher Verpönten gilt es festzuhalten, daß es auch eine Rangordnung des Lustvoll-Guten gibt:

1. Sexuelle Enthaltsamkeit ist schlecht. Der Mißmut, der darüber entsteht, bleibt nicht ohne Folgen.

2. Selbstbefriedigung ist besser; sie bringt schon einigen Lustgewinn.

3. Homosexualität ist immerhin körperlicher Kontakt zu einem anderen leibhaften Menschen.

4. Heterosexueller Verkehr schlägt die Brücke zum anderen Geschlecht. Das heißt: Wir überwinden darin das Ich auch in seiner Geschlechtsrolle.

Da Lust, gar sexuelle Lust, in unserer Kultur kein selbstverständlicher Wert ist, muß der Unwert der geschlechtlichen Enthaltung immer noch von einer anderen Seite her aufgezeigt werden. Wir müssen daran erinnern, daß unausgelebte Triebregungen im Organismus einen Spannungszustand hervorrufen, der als schmerzhaft empfunden wird[45] und der entweder nach innen oder nach außen zerstörerisch sich auswirkt. Wenn Triebstau nachhaltig sich nach innen schlägt, kann eine sogenannte psychosomatische Krankheit[46] ausbrechen, in der das desorientierte Nervensystem einen falschen Gebrauch von seinen Muskeln, Drüsen und Säften macht. Gelingt es aber, die unerträgliche Triebspannung so nach außen abzuleiten, daß ihr sexueller Ursprung verdeckt bleibt, so werden zumeist andere dadurch in Mitleidenschaft gezogen. Dies nicht nur, weil vitaler Unmut ein Ziel braucht, um sich aggressiv abreagieren zu lassen, sondern auch, weil in einer Kultur des permanenten Sitzens und Fahrens sexueller Triebstau nur noch selten über körperliche Bewegung abgeleitet wird. Wer nicht nur gehemmt ist, unbefangen sexuell sich auszudrücken, sondern auch Zeichen des Unmuts ängstlich in sich verschließt, dem mag von Ärzten, die ihn an sich selber leiden sehen, schon gesagt werden; er solle doch seinem Ärger Luft machen. Wenn sie einzig hierauf, auf die Unfähigkeit zu toben, alle Krankheit zurückführen, dann haben sie womöglich das Grund-Leiden, die sexuelle Frustration, selber in sich verdrängt.

Es kann nicht darum gehen, den sexuell Verklemmten so zur Selbstbefriedigung zu ermuntern, daß er meinen dürfte, damit sei er für alle Zeit aller sexuellen Konflikte ledig. Die autoerotische Lust ohne wenigstens phantasierten Bezug zu einem Partner[47], ohne orientierende Erinnerung oder Sehnsucht, beeinträchtigt die Kontaktfähigkeit eines Menschen überhaupt. Vom Standpunkt einer Ethik der Liebe[48], die den Zusammenhang von körperlicher Berührung und lebendigem Mitfühlen nicht verleugnet, ist es unverantwortlich, jungen Burschen ihre Sexualnot mit den Worten zu zerreden, Onanie sei immer noch »besser, als ein Mädchen zu belästigen«[49]. Der Pfarrer, der so spricht, kämpft nur auf einer zurückgenommenen Linie gegen den Trieb, der früher vollends verfemt war; aber er wirkt nicht für größeren Zusammenhalt unter den Menschen.

e) Provozierte Entrüstung

Vor wenigen Jahrzehnten noch konnte es bei uns vorkommen, daß ein Gymnasiast eine Schulstrafe erhielt, weil er auf der Straße Hand in Hand mit einem Mädchen gesehen wurde. Im Jahre 1969 noch wurden in St. Gallen zwei junge Leute von einer Schule verwiesen, nachdem ruchbar geworden war, daß sie ein »Verhältnis« miteinander hatten[49a]. Unterdessen wird zumindest in Westdeutschland – ähnlich wie in Holland oder Skandinavien – auch öffentlich ganz unbefangen die Frage diskutiert, wie junge Leute es am besten mit der Empfängnisverhütung hielten. Wer geschlechtsreif geworden ist, dringt auf ein Recht, als Geschlechts- und Triebwesen ernstgenommen und respektiert zu werden.

Daß dies ein noch nicht selbstverständliches Recht ist, zeigt sich in dem bisweilen provozierenden Auftreten junger Pärchen, die sich in Straßenbahnen und auf öffentlichen Plätzen minutenlang küssen, ja, wie KONRAD LORENZ entrüstet sagt, »beinahe öffentlich begatten«[50].

Man versteht die Entrüstung des alternden Mannes, der vom munteren, vielleicht auch nur scheinbar munteren Treiben der Jungen ausgeschlossen ist; aber auch in einem tief verinnerlichten Bewußtsein dessen, was bisher als schicklich galt und als selbstverständlich, irritiert sein muß. Er kann darin nur ein Brüchigwerden der alten, gediegenen Ordnung sehen, Zeichen eines Sittenverfalls, den LORENZ bereits als »genetischen Verfall«[51] sieht. »Verfall« wird dabei bemessen von den Werten her, die bisher galten, von der moralischen Ordnung, die vielleicht nur äußerlich uns dargeboten wurde, auf die aber ein jeder sich verbal verpflichten mußte. Hat die moralische Lüge abgenommen? Wenn Provokation einen Zuwachs an Aufrichtigkeit bedeutet, dann schon. Doch im Verhältnis zu dem, was der Mensch als soziales Wesen positiv sein könnte, ist jedes provozierende Verhalten eine Unwahrheit: hier lügt der Mensch über die soziale Bedingung seines Glücks hinweg: Soviel Beachtung durch andere braucht er nicht, um mit einem Partner die Freuden des Leibes genießen zu können.

Eine Studentin sagte mir: »Meine Freunde küsse ich am liebsten auf der Straße.« – »Wieso?« – »Zu Hause ist das witzlos.« – »Worin besteht der ›Witz‹ auf der Straße?« – »Das ist so ein prickelndes Gefühl, wenn man spürt, daß die Leute sich darüber aufregen. Manche machen auch laute Bemerkungen.« – Ein pathologischer Fall? Ein Anfall von Aufrichtigkeit. Die Lust zu provozieren ist so selten nicht, daß sie aus dem Rahmen des kulturgebunden Normalen fiele. Sexuelle Provokation ist jedenfalls ein fast normales Phänomen in einer moralischen Übergangssituation, in der ein unbefangenes Verhältnis zum bislang Verpönten noch nicht gefunden wurde. Wer provoziert, ist sich selbst nicht sicher in der Rolle, die er übernommen hat; er bedarf der Entrüstung der Provozierten, um in der Feindschaft zu ihnen erst seine eigene Identität zu finden. Wenn nicht diejenigen, die sich von ihm herausgefordert fühlen, ihm ihre Ablehnung bekundeten, er ließe vielleicht wieder bleiben, was er provozierend übertreibt oder übertreibend nur darstellt. Übertreibung ist die sich selbst karikierende Form, die es erleichtert, vor anderer Augen zu leben, was unverkrampft noch nicht aus einem hervorgehen will. Die Entrüstung der Mitmenschen hält den provozierend Vorpreschenden in der sozialen Rolle fest, die er anders vielleicht bald wieder verließe.

Sexuelle Provokation und sittliche Entrüstung müssen im Zusammenhang gesehen werden: sie treiben sich gegenseitig hervor. Sosehr es unser vitales Recht ist, uns gegen die Neugierde und die stets sprungbereite Entrüstung der Frustrierten zu verwahren, sosehr haben wir auch ein natürliches Recht, nicht in die Rolle des Voyeurs gedrängt zu werden. Toleranz endet allemal dort, wo man uns selber nötigt, also auch vor der Nötigung zum Zuschauen.

Es bedarf einer Grenzziehung nach beiden Seiten, wenn sexuelle Befreiung nicht im Kreise herumführen soll. Sexuelle Provokation und sittliche Entrüstung, Exhibitionismus und Voyeurismus zeigen in ihrem Zusammenhang, daß unser Verhältnis zum Sexus noch verkrampft ist. Der neue Kult der Nacktheit in hochsommerlichen Straßen und an im doppelten Sinne heißen Stränden mag seine Bedeutung für die moralische Evolution haben. Es muß aber klar sein, daß das Herzeigen und Hinschauen zu einer bloß nervenbelastenden *Kultur der Vorlust* sich verfestigt, wenn die Eifersucht der nur äußerlich Emanzipierten die alten sittlichen Zwänge aufrechterhält und sexuelles Begehren der Lächerlichkeit preisgibt. »Männer, die am Strand eine Erektion haben, solche Schweine weisen wir vom Platz«, sagte mir ein weltanschaulich bewegter Vertreter der Freikörperkultur. In einem moralischen, aber auch buchstäblich meteorologischen *Klima*, in dem Nacktheit nichts Selbstverständliches ist, wird das »Lichtkleid« wie der Minirock oder (jetzt wieder) das schulterfreie Kleid zu einer *Mode, die lügt*: denn, um eine Wendung von Sieburg zu benutzen, es »ignoriert tückisch oder heuchlerisch das Begehren, das sein Anblick normalerweise hervorruft«[52].

Was so von Sieburg gegen eine Entblößung überhaupt gesprochen ist, »die ihrem Sinn entfremdet wird«, soll dennoch nicht zum Ausgangspunkt einer neuen, sich nur fortschrittlicher gebenden moralischen Entrüstung werden. Auf Inkonsequenzen, falsche Voraussetzungen und größere Zusammenhänge aufmerksam machen heißt noch nicht sich moralisch entrüsten. Wer sich entrüstet, muß sich notwendig irren, weil er die auf Frustration beruhende Dialektik von Provokation und Entrüstung nicht unterbricht, sondern weitertreibt. Eher durch Duldung als durch Empörung können wir genußfähiger werden und uns dann auch so geben, wie es gewandelter Gesinnung entspricht.

C. SCHEITERT SEXUELLE BEFREIUNG AN DER EIFERSUCHT?

a) Eifersucht als Angst vor dem Verlassenwerden

Wer für freiere sexuelle Beziehungen eintritt, stößt auch bei dem Aufgeschlossensten noch auf das Bedenken, daß unsere Gefühlslage, sei es von Natur aus, sei es kulturbedingt, dem nicht gewachsen sei. Die Einsicht, sexuelle Freiheit hätten die Partner einander zu gewähren, ist leicht vollzogen. Die Eifersucht, die dennoch darüber aufkommt, aber wird oft nur mühsam niedergehalten. Nahe liegt es da zu argumentieren, daß die Unterdrückung von eifersüchtigen Regungen selber eine Frustration sei: eine Frustration des vor Wut aufgewühlten Herzens. Das Argument ist nun so stichhaltig wie der Hinweis auf die Ursprünglichkeit und Spontaneität eines Hasses, auf die Ursprünglichkeit eines tödlichen Hasses womöglich, dem man ein Recht zusprechen möchte sich auszuwirken: in Gehässigkeit, Gemeinheit, Grausamkeit oder gar Mord. Es hat nie an Fürsprechern des politischen Mordes gefehlt, die diesen aus der Wahrheit des Hasses auf Andersgesinnte haben rechtfertigen wollen.

Eifersucht hat zweifellos die Wahrheit spontanen Gefühls, aber die Wahrheit dieses Gefühls ist weitgehend keine andere als die Wahrheit des Hasses. Beides sind Gefühle, die aus einer Enttäuschung erwachsen; und beides sind Gefühle, die nur in einem Menschen in scharfer, gefährlicher Zuspitzung sich entwickeln, der von klein auf daran gehindert wurde, ungezwungen den leibhaften Mitmenschen, seinen Spielkameraden zuerst, Menschen des anderen Geschlechts später, sich zu nähern. Eifersucht ist bereits eine Form des Hasses auf den, den man liebt oder zu lieben meint, aber in einer Weise »liebt«, die ihm andere gleichartige Liebes-Beziehungen verwehrt. Der Eifersüchtige hat denn auch häufig genug alle Symptome des Hasses entwickelt; er sinnt spontan, ohne sich selber dabei zu steuern, auf Rache am »untreuen« Partner, sinnt darauf, es ihm heimzuzahlen; träumt womöglich, dem Anderen stoße ein Leid zu. Eine Frau, die so eifersüchtig war, daß sie die geringste Verspätung ihres Mannes kaum anders als durch den Einfluß einer anderen Frau sich erklären konnte, sagte mir, sie sehe – bei dem gegenwärtigen Verkehrschaos erklärlich – ihren Mann immer schon unter den Rädern eines Autos, wenn er einmal nicht rechtzeitig nach Hause komme. Unbewußte Rachephantasie motivieren so eine Befürchtung, durch die der Haß, den wir Eifersucht nennen, sich vor sich selber wieder rechtfertigt: Man sei ja so in Sorge um den Anderen.

Eifersucht erwächst einem Menschen, der von klein auf nie die zuverlässige leibhafte Gegenwart eines anderen Menschen verspürt hat und ein Gefühl dafür nicht hat ausbilden können. Immer ist er in Angst, den Mitmenschen zu verlieren. »Trennungsangst« nennen es die Psychoanalytiker. Diese Angst muß in frühester Kindheit beschwichtigt werden, soll nicht der Mensch später in seinen sozialen Beziehungen unsicher und aus Unsicherheit aggressiv, unduldsam und eifersüchtig werden. Der Mensch, der neu in diese Welt tritt, bedarf der emotional ein für allemal ihn sichernden Erfahrung, daß mitmenschliches Leben sich ihm nicht entzieht. In frühester Kindheit schon muß ihm sich ein »Urvertrauen« bilden, wie der Psychoanalytiker ERIKSON es ausdrückt[53]. Solches Urvertrauen, das leibhaft vertieft im Menschen sich hält, kann später ein Gefühl der Sicherheit abgeben, das vorübergehende Zurücksetzungen und Vereinsamungen leichter ertragen läßt.

Der lustvolle Kontakt des Säuglings mit seiner Mutter legt im vorbewußten Empfinden gleichsam ein Grundmuster aller späteren Kontakte mit anderen Menschen. Jene frühe Erfahrung sozialen Kontaktes, die bei noch nicht voll erwachtem Bewußtsein sich nur leibhaft vermittelt, bedarf, um als ein Gefühl der Verlässigkeit einzuwurzeln, auch der fast unausgesetzten Gegenwart einer sich anschmiegenden Mutter. Nahezu unausgesetzte Gegenwart ist nötig, weil das Kleinkind noch kein Bewußtsein der Wiederkehr von Partnern in der Zeit hat. Noch das etwa einjährige Kind ist verunsichert, wenn die Mutter den Raum verläßt. Jede Abwendung erscheint ihm für sein vitales Verständnis zwangsläufig als totale Abwendung: als ein Verlassen »für immer«, um es in die Sprache der Erwachsenen zu übersetzen. Wir können dem Kleinkind ja nicht sagen: »Ich komme gleich wieder.« Es hätte, selbst wenn es den Sinn der Worte verstünde, dafür noch kein Verständnis aus einem Gefühl für Zeit. Ein Beispiel, wie dem Rechnung zu tragen wäre, geben asiatische Reispflanzerinnen: Sie tragen – auch während der Arbeit – ihre Babies in einem Tuch auf dem Rücken gebunden.

In unserer gegenwärtigen Zivilisation wird den Kleinkindern in zunehmendem Maße verwehrt, auch nur ein Minimum an »Urvertrauen« zu entwickeln. Kinder werden zwar als Statussymbole einer vorbildlich »intakten Familie« ersehnt; doch wenn sie einmal da sind, empfinden viele sogenannten modernen Mütter ihre körperlichen Bedürfnisse als lästige Zumutung. Das Baby zu stillen lehnt die »sportliche Frau« aus

Sorge um ihre »Linie« ab. Untersuchungen in den USA zeigen eine stetige Abnahme des Stillens. Im Jahre 1966 wurden in amerikanischen Entbindungsanstalten am Tage der Entlassung (etwa 5 Tage nach der Geburt) nur noch knapp 19 Prozent der Babies von ihren Müttern gestillt. Die in Abständen von zehn Jahren wiederholten Erhebungen[54] bezogen sich jeweils auf über zwei Millionen Geburten. Wenn in Mitteleuropa demoskopische Umfragen ähnlich niedrige Prozentsätze erbringen, so dürfen wir ihnen, auch auf Grund eigener Beobachtung, einigen Wahrheitsgehalt zuschreiben.

Wenn so viele Menschen schon zu Beginn ihres Lebens libidinös frustriert werden, dann ist von den erwachsen Gewordenen kein wirklich befreites Sexualverhalten mehr zu erwarten. Das Saugen des Kindes an der Mutterbrust ist, mit FREUD gesprochen, vorbildlich für jede spätere Liebesbeziehung[55].

Es ist indessen nicht nur das Saugen an der Brust, dessen der Neugeborene bedarf. Es ist dabei und außerdem auch das Empfinden körperlicher Wärme und Weichheit, das Riechen der Hautausdünstung der Mutter und nicht zuletzt das Hören ihrer Herztöne, das erfahrungsgemäß »beruhigend« auf den Säugling einwirkt. Es gibt Kinderkliniken in Amerika, die daraus die Nutzanwendung gezogen haben, schreiende Kleinkinder durch die Übertragung von Herztönen aus einem Lautsprecher im Kopfkissen zu beruhigen. Verständige Kinderärzte geben Müttern, die mit der Flasche stillen, auch den Rat, dabei das Kind auf dem Arm zu wiegen und seinen Kopf so an den Oberkörper zu legen, wie wenn es auf natürliche Weise gestillt würde.

b) Gehört Eifersucht zu einer Hochkultur?

Sogenannte primitive Völker, in denen die jungen Mütter engen Leibkontakt mit ihren Säuglingen halten, bestätigen die vermuteten psychischen Auswirkungen frühkindlicher Frustration. Die sexuell toleranten und von Eifersucht weitgehend freien Dogon in Afrika haben das unausgesprochene Prinzip, die Säuglinge zu stillen, solange und sooft sie Lust dazu haben[56]. Der Zusammenhang ist von unseren tiefenpsychologisch zumeist nicht geschulten Völkerkundlern noch kaum beachtet worden. Das vorliegende Material reicht aber aus, nachdenklich zu stimmen. Es gibt von Eifersucht freie Gemeinschaften. Die Völkerkundlerin MARGARET MEAD berichtet von einer Samoanerin, die auf eine vorüberkommende Frau ihres Stammes gezeigt habe: »Das ist meine *megan.*« Das heißt auf deutsch etwa: meine Mitfrau. So stolz habe sie es gesagt, wie wenn bei uns zulande ein Mädchen uns darauf aufmerksam mache, daß seine »beste Freundin« komme[57]. Solche völkerkundlichen Beispiele – das Anbieten der eigenen Ehefrau an den Gast bei den Eskimos wie andernorts, Vielmännerei bei den Nayar in Indien wären weitere – zeigen anschaulich, daß das Verhältnis der Geschlechter zueinander nicht so sein muß, wie es bei uns sich eingespielt hat: nach Phasen relativer Freizügigkeit im Mittelalter. Erinnert sei nur an die Badehäuser in den Städten.

Beispiele aus »Primitivkulturen«, in denen Menschen ohne Eifersucht zusammenleben, stoßen bei uns auf das Bedenken, daß dergleichen auf eine hochstehende Industriegesellschaft nie und nimmer zu übertragen sei. Dazu ist einmal zu sagen, daß es »die Primitiven« als einheitliches Kulturphänomen gar nicht gibt. Es gibt ebensowohl leib- und triebbejahende »Primitivkulturen« wie leibfeindliche und triebunterdrückende. Es besteht kein zwingender Zusammenhang von Triebverzicht und kultureller Höherentwicklung. Dabei bedarf der Begriff der »Kulturhöhe« einer Erläuterung. Soll »Hochkultur« nur bedeuten, daß es sich im konkreten Falle um eine Kultur handelt, in der die Menschen zur Verständigung und zur Unterstützung des Gedächtnisses eine Schrift entwickelt haben? Oder soll Hochkultur in jedem Fall eine technisch entwickelte Kultur sein? Unsere Industrie-Kultur ist zweifellos hoch: sie ist hochtechnisiert, hochkompliziert, aber auch hochneurotisiert. Hieran schließt sich die Frage, wie hoch, ethisch bewertet, unsere Kultur zu veranschlagen ist. Die bislang periodisch wiederkehrenden Kriege, die Hexen- und Ketzerverbrennungen des Mittelalters, die Konzentrationslager der Gegenwart und die sich abzeichnende Umweltzerstörung sind integrale Bestandteile unserer Kultur. Sie sind ihr so innig einverwoben wie die Innigkeit und die sittliche Betulichkeit, der sie die Waage halten. Die meisten sogenannten primitiven Völker haben von der technischen Überlegenheit der Europäer sich blenden lassen – und ihre Sendboten oder Missionare zunächst gar als Götter empfangen. Wenig von den Weißen beeindruckt waren die Eskimos. NANSEN erzählt, sie hätten die Europäer für »eine Art höherer Tiere« gehalten, weil die weißen Matrosen sich zankten und prügelten[58]. NANSEN selbst bewunderte die Wahrheitsliebe der Grönländer. Vertreter einer technischen Hochkultur und Angehörige einer ethischen Hochkultur waren sich begegnet.

ORTEGA Y GASSET hat die abendländische Kultur des 20. Jahrhunderts als die Kultur des Massenmenschen beschrieben und diesen als einen »zivilisierten Wilden«[59] scharf gekennzeichnet. Zum Wesen des Massenmenschen gehört indessen, daß er auswechselbar ist und sich als jederzeit ersetzbar empfindet. Das gilt für die berufliche Stellung wie für die private Rolle. Eifersucht, wie immer sie aus dem Triebschicksal des Einzelnen sich herleitet, ist die fast bewußt gewordene Angst, von einem anderen verdrängt und ersetzt zu werden.

Blicken wir aufs Ganze unserer hochkomplizierten Massengesellschaft, so erscheint unsere Kultur schon von ihrer sozialen, juristischen und verwaltungstechnischen Organisation her als *hoch*entwickelt. Und doch ist die Planung, Steuerung und Weiterentwicklung dieses hochentwickelten Systems nur eine Sache weniger Experten in Politik, Justiz, Verwaltung, Wirtschaft und Technik. Der sogenannte Mann auf der Straße überblickt das nicht; ahnt kaum, was da über seinen Kopf hinweg geplant wird. Unsere Hochkultur ist – allem Vertrauen in die Lebensform der Demokratie zum Trotz – die *Kultur einer Elite*. Die schöpferischen Kräfte des durchschnittlichen Bürgers liegen brach. Während die »primitive« Eskimofrau noch alle Kleidung ihrer Familie – vom Schuhwerk bis zu den Pelzmützen – selber herstellte und kunstvoll verzierte, kauft der »Normalmensch« unserer »Hochkultur« nahezu alles von der Stange.

Der Einwand, Primitivkulturen könnten uns Bürger einer Hochkultur über gar nichts belehren, ist mit Vorsicht zu nehmen, wenn man nicht weiß, was eine »Hochkultur« sein soll. Weitgehend eifersuchtsfreie und aggressionsfreie Kulturen mit geringem technischem Status zeigen nicht mehr und nicht weniger als eine anthropologische Möglichkeit auf. Sie zeigen, was bei Menschen überhaupt durch eine nichtfrustrierende Erziehung sich ausbilden kann, ein hautnahes, friedliches Miteinandersein, das niemanden böse ausspielt oder mit Haß verfolgen läßt. Wenn der technische Stand einer Kultur und ihre gelebte Moral nicht in enger Verzahnung sich wandeln, dann ist nicht einzusehen, weshalb eine technische Hochkultur, um sich zu erhalten und fortzuentwickeln, auf sexuelle Engherzigkeit angewiesen sein soll. Es kommt auch niemand auf den Gedanken zu fordern, unsere Techniker und Ingenieure hätten besonders sittsam zu leben. Wir brauchen nicht das elektrische Licht abzuschaffen, um einander duldsamer zu begegnen.

c) Eifersucht als Besitzanspruch

Eifersucht, als die tyrannisch gewordene Unsicherheit im Verhältnis zum Partner, die sich seiner in zwanghafter Weise zu versichern sucht, diese Eifersucht muß als ein kulturgebundenes Phänomen verstanden werden: gebunden an die Bedingung sexueller Frustration, besonders in der frühen Kindheit. Faktische Eifersucht wird in unserer Kultur aber noch abgestützt durch eine Ideologie der tyrannischen Liebe, die, zielstrebig ausgespielt, den Partner aufs Kreuz legt durch einen Appell an jenes »Herz«, das treu sich zu ergeben habe. Diese Ideologie hat uns weisgemacht, daß Eifersucht ein Zeichen von Liebe sei. Das ist nun so richtig, wie es sich auf eine Liebe bezieht, von der es ausgesagt ist: von der tyrannischen Liebe. Wer hier und heute auf eine andere Weise liebt, der liebt nach einem solchen Verständnis eben nicht. »Du liebst mich nicht, weil du nicht eifersüchtig bist«, bekommen wir schon zu hören.

Wenn wir uns darüber verständigen könnten, daß Liebe keinen Besitzanspruch auf einen anderen Menschen einschließt, dann wäre zu sagen, daß Liebe eine Einstellung ist, die Abstand hält zum Partner, damit sie ihn als einen Anderen erfaßt und in seiner Eigenart ernst nimmt. Der Liebende läßt das Geliebte *sein*: er bejaht es in seinem Wesen und damit in seinem Dasein. Liebe ist immer auch Sorge um das Leben des Anderen; und ihre tiefste Erschütterung erfährt sie in Trauer, in der Klage um den Verlust des Geliebten. Besitzergreifende Liebe dagegen klagt weniger dann, wenn sie den geliebten Menschen für immer verliert durch den Tod, als dann, wenn sie nach der Vorstellung ihres ausschließlichen Besitzanspruches ihn mit einem anderen »teilen« muß, ihn an den Dritten »verliert«. Ja, neurotische Liebe, die fortgesetzt um die Treue des Anderen bangt, kann in seinem Tod geradezu das Gefühl absoluten Besitzes imaginieren. Ich nenne das den *Herodes-Komplex*[60].

Wir gewinnen in unserer neurotischen Kultur, in der keiner von Eifersucht in diesem »verzehrenden« Sinne ganz frei ist, ein ziemlich erschreckendes Bild von uns selber: Mord ist die vollausgezogene Konsequenz jeder eifersüchtigen Liebe. Wir müssen diese äußerste Konsequenz aller Eifersucht uns aber auch klarmachen, wenn der Abbau der Eifersuchtsmoral als ethische Notwendigkeit uns bewußt werden soll. Der Mord aus Eifersucht unterstreicht wie nichts sonst diese Notwendigkeit. Für den, der von Schrecklichem sich aufschrecken läßt zum Umdenken, sind solche Beispiele lehrreich; anderen sind sie nur Kitzel für ihr verschüchtertes Begehren. Diese werden nicht einsehen, daß sie mit ihrer Moral immer schon in Gefahr stehen, sich zum Äußersten treiben zu lassen. Jeder ausschließliche Besitzanspruch auf einen Menschen ist in seinem Kern schon ein Ansatz zur Drohung, ihn zu töten, wenn er diesem Anspruch sich entzieht. Daß diese Tendenz voll nur selten herauskommt, ist kein Argument dagegen. Wo es geschieht, wirft das ein Licht zurück auf jene Eifersucht, die viele von uns als ein unvermeidliches Zeichen von Liebe ausgeben. Sie machen sich aber auch selbst damit etwas vor.

Merkwürdig ist, daß der Eifersüchtige lieber von einem Menschen, den er doch brennend zu lieben meint, sich trennt, als daß er ihm noch andere erotische Bindungen zugesteht. Das bestätigt, daß solche Unduldsamkeit weniger Liebe ausdrückt als einen Macht- und Besitzwillen. Der Eifersüchtige, dem es mißlungen ist, sich eines anderen Menschen ganz zu bemächtigen, wechselt den Kampfplatz. Wo er nicht ausschließlich über einen Menschen verfügt, da zieht er sich zurück. Um das Besitzstreben im Gefühl der Eifersucht aufzuzeigen, hat der englische Philosoph BERTRAND RUSSELL auf jenen gar nicht so seltenen Ehemann gezeigt, der mit Eifersucht seine Frau schikaniert, obwohl er selbst schon nichts mehr für sie empfindet[61].

In nur abgeschwächter, aber doch etwas vernünftiger Form pflegt solche prestigebedingte Eifersucht ein Mann, der zu seiner Frau sagt: »Du kannst Nebenwege gehen, aber wehe, wenn das publik wird!« Dieser Mann legte damit ein anderes Merkmal neurotischer Eifersucht bloß: die Angst, als Hahnrei der Lächerlichkeit preisgegeben zu werden. In einer Gesellschaft, in der bestimmte Güter ihres Prestigewertes wegen erstrebt und pfleglich besessen werden, ist auch der ausschließliche »Besitz« eines Gatten eine Frage des Prestiges. Die stereotype Auskunft »Wir führen eine sehr glückliche Ehe« wird da zu einem Prestige-Ausweis so gut wie die stolze Erklärung, man fahre »das neueste Modell«.

Eifersucht, wenngleich als individuelles Triebschicksal entwickelt, hat doch auch gesamtgesellschaftliche Bedingungen, die zwar nicht notwendig sie bedingen, aber doch verstärken. Die Kinder werden nicht nur eifersüchtig durch frühe Triebfrustration, sondern weil sie schon hineinwachsen in ein Klima der Eifersucht, wo sie an ihren erwachsenen Bezugspersonen Ausschließlichkeitsansprüche mitvollziehen. Sie erfahren weiter Zurücksetzung, die davon kommt, daß die Erzieher, selber infantil, stets dem niedlicheren, noch hilflosen Kinde mehr Sympathie entgegenbringen; nicht nur, weil sie dem »Kindchenschema«

(LORENZ) erliegen. Der Infantilismus der Erwachsenen hemmt auch die Kinder in ihrer Entwicklung, weil die selber lebensängstlich Gebliebenen befürchten, ihre Kinder könnten ihnen über den Kopf wachsen. Gerade die gesunden und intelligenten Kinder werden darum gedrückt und zur Eifersucht getrieben, zur Eifersucht auf die »Nesthäkchen«.

Über Eifersucht bei den Kindern brauchen wir uns nicht zu wundern, da die Kleinen doch die Feindseligkeiten und Ausschließlichkeitsansprüche der Erwachsenen psychisch mitvollziehen. Wo immer Liebe als ausschließliche Zuwendung (wenn auch nur für die Gegenwart) und ausschließlicher Besitzanspruch vorgelebt wird, da kann auch das Kind nicht lernen, emotional in einem größeren Wir zu leben; es wird vielmehr eine Zweierbeziehung anstreben und dabei den Partner zu beherrschen versuchen. Die Kulturbedingtheit »normaler« eifersüchtiger Liebe kann nur verstanden werden, wenn man Eifersucht eben nicht als Zeichen der Liebe versteht, sondern als Abschattung der Feindseligkeit und des Gegeneinanders, das vital frustrierte Menschen unausgesetzt inszenieren. Sie tun das aus einer Grundstimmung der Verunsicherung, die sie überwach hält für die Gefahr, daß Lustquellen ihnen versiegen könnten. Wer nie innerlich ausgeruht, nie ausgeglichen ist, muß ruhelos, eifersüchtig an alles, was Befriedigung und Ruhe verheißt, sich klammern.

d) Zur Überwindung der Eifersucht

Wie aber soll nun der Erwachsene, der so ver-bildet herangewachsen ist, in sich selber gegen Regungen der Eifersucht und des neurotischen Besitzstrebens angehen? In unmittelbarer Selbstanforderung lassen Gefühle, die nun einmal sind, sich weder abstellen noch hervorrufen. Auch die Gefühle des sexuell verklemmten Menschen haben die Spontaneität des Triebes, der in ihnen gebrochen ist. Wer darum, zum rasenden Othello entwickelt, guten Willens in seiner Eifersucht sich selber zu hemmen suchte, der fesselte wohl damit auch den Trieb, der in ihr hervorbricht. Insofern hat es schon eine gewisse – kulturrelative – Berechtigung zu sagen, daß Eifersucht ein Zeichen von Liebe sei und daß die Unterdrückung eifersüchtiger Regungen auch eine Lähmung des Liebesvermögens bedeute. Denn die Äußerung einer inneren Einstellung und diese selber sind am leibhaften Menschen, der nach einem Innen und Außen nicht zu zergliedern ist, gar nicht zu trennen. Es könnte aber sein, daß die Ermutigung eifersüchtigen Verhaltens durch die Gesellschaft unduldsame Gefühle erst richtig anfacht. Die trotzige Rede eines Eifersüchtigen »Ich bin nun mal eifersüchtig; dem hast du Rechnung zu tragen« wäre undenkbar in einem moralischen Klima, das Eifersucht nicht unterstützt. Der Eifersüchtige, der sich im Recht glaubt, macht noch andere zu Mitleidenden an seiner Neurose.

Vitale Verunsicherung liegt allemal auf dem Grunde eifersüchtiger Gesinnung. Aber die moralische Rechtfertigung eifersüchtigen Verhaltens als eines Zeichens der Liebe schafft eine Überdetermination der Eifersucht und des versteckten Hasses auf den geliebten Menschen, die eine Mäßigung der unduldsamen Haltung ihm gegenüber nicht zuläßt. Der anerzogene Glaube an die Naturnotwendigkeit strenger sexueller Zweisamkeit, wie ihn schon die Märchen vermitteln und wie er im Kino idealtypisch von der Leinwand blinkt, dieser Glaube läßt eine spontane Rückbildung eifersüchtiger Regungen nicht zu, da sie dem, der schon ein wenig gelassener wird gegenüber den Eskapaden des Partners, das trostlose Gefühl vermittelt, nicht normal zu sein. So steigern wir uns in Gefühle, die sosehr die unseren vielleicht gar nicht wären, aus Angst, von den sogenannten Normalen abzuweichen. Wo aber die Mehrheit in einer Gesellschaft neurotisch ist, da ist Normalität nur in der Form innerer Zerrissenheit zu gewinnen.

Wer heute schon erwachsen ist, wird selten über den Schatten anerzogener Intoleranz springen, kaum je in seinem Verhältnis zum angetrauten Gatten. Selbst wer den Widersinn – und die Fruchtlosigkeit – eifersüchtiger Regungen einsieht, braucht lange, bis der gewandelten Überzeugung die dafür passenden Gefühle nachwachsen. Ganz auf sich gestellt, wird es ihm nicht gelingen. Ein Partner, der den Weg nicht mitgeht, wird ihn erst noch zur Verzweiflung treiben, ihn »widerlegen«. Der engherzig Denkende kann für sich selber zwar jede ihm eingeräumte Freiheit sofort ausfüllen, wird Gleiches aber nicht gewähren. Er wird »sexuelle Treue« verlangen, weil *er* unter »Untreue« leidet; aber er wird tun, was ihm behagt, mit dem Argument: »Deiner großzügigen Einstellung macht das doch nichts aus.« Bei einem so ungleichen Paar können Leben und Denken auf entgegengesetzte Weisen in jedem der beiden auseinanderfallen – so lange, bis es zum Bruch kommt oder bis auch der freizügig Denkende seine besseren Einsichten aufgibt.

Den Kindern nachsichtiger zu begegnen, wenn sie schon früh sexuelle Regungen zeigen, mag mit bloßem Willensaufwand eher gelingen. Als Hoffnung bleibt, daß Kinder, die heute schon eine leib- und lustbejahende Erziehung verspüren, als Erwachsene eines Tages ihre Sexualpartner nicht mehr mit unduldsamer Eifersucht plagen werden. Eifersüchtige Regungen als Zeichen der Angst, das geliebte Wesen zu verlieren, wird es vielleicht immer geben. Aber nicht Eifersucht als anerkanntes, ja belobigtes Rasen. Sie bleibt ein bedauernswerter und gemeinsam zu verarbeitender Unfall im Zusammenleben. Wenn wir aufhören, in Eifersucht etwas moralisch Positives zu sehen, wird aufkeimende Eifersucht sich auch nicht mehr sosehr dramatisieren. Denn zu einem Drama gehören mehr als zwei. Einer allein kann so eifersüchtig nicht sein, wie diejenigen ihn haben wollen, die durch scheinbar gutgemeinte Hinweise sein Mißtrauen nähren. Zudringliche Nächstenliebe leistet einer Liebe Vorschub, die von Eifersucht inszeniert, reiner Haß wird. Unsere Hoffnung auf eine neue Generation, die von Eifersucht frei würde, darf wieder durch völkerkundliche Beobachtungen sich abstützen. Das Fehlen der Eifersucht unter Geschwistern bei den Dogon, einem Volk in Afrika, muß schon in Zusammenhang gesehen werden mit der langen Stillzeit, die dort üblich ist, und mit einer nicht-dressierenden Erziehung[62]. Wo jedes Kind in seinen Triebansprüchen ganz ernstgenommen wird und voll die Befriedigung findet, die sein Körper verlangt, braucht keines auf das andere neidisch zu sein. Wer mehr, mehr an Zärtlichkeit und Nahrung, haben will, bekommt auch mehr, jeder bis zu seiner Befriedigung oder Sättigung. Eifersüchtiger Streit um einen Kuchen setzt erst ein, wo niemand daran sich sattessen darf. Wer die Sättigungsgrenze bei sich selber erfahren darf, braucht sie nicht in Neidphantasien nur bei dem zu vermuten, der mitißt. Wer satt wird, dem ist es gleichgültig, wieviel die anderen essen.

Wir reden hier im selben Atem vom Verlangen nach Zärtlichkeit und von dem nach Nahrung. Mit gutem Grund: Beim Säugling sind diese Bedürfnisse noch ungeschieden. Im Stillen wird beides gestillt. Zärtlichkeit ist dabei sogar noch ein zu sentimentales Wort, das seelischen Kontakt vorspiegelt. Der Säugling beim Stillen hat einfach Hautkontakt mit der Mutter, spürt ihre Wärme, riecht ihre Ausdünstung, und er hört ihren Herzschlag: das sind biologisch vorgegebene Kontaktformen, die später erst ein wertendes Bewußtsein in den Rang seelischer Qualitäten erhebt oder sie ihnen beimißt. Das hat durchaus seine Berechtigung – doch eben von später her: weil fehlender oder unzulänglicher Hautkontakt im Säuglingsalter · die »Kontaktfähigkeit« der leibhaften Menschen überhaupt herabsetzt. Und das gilt nicht nur vom Menschen. Affen, die man isoliert in Käfigen nur mit der Flasche aufgezogen hatte, waren bei voller Geschlechtsreife unfähig, sich zu paaren[63]. Männchen und Weibchen, die man zusammensperrte, saßen, jedes für sich, apathisch in einer Ecke. Das ist, wenn man so will, das »Seelische« am leibhaften Kontakt des Säuglings mit der stillenden Mutter: Die über alle Sinne vermittelte Erfahrung eines anderen Menschen verlegt in die »Seele« (das heißt ins zentrale Nervensystem) ein Grundmuster des Verhaltens zu Mitmenschen überhaupt.

Der im Säuglingsalter weitgehend ungestillt gebliebene Mensch erfährt die Lust zärtlicher Berührung und die Sättigung durch Nahrung nicht mehr ungeschieden; aber er ahnt, da er doch geboren ist für solch vitale Nichtunterscheidung, den Zusammenhang: Er kann unbewußt danach streben, durch beständige Nahrungsaufnahme ein Gefühl des zärtlichen Behütetseins in sich zu erzeugen. Er wird, so in der »oralen Phase« (FREUD) steckenbleibend, darüber zwangsläufig körperlich sich verrunden. Es mag einer, auf seine »Linie« achtend, aber auch in bloß symbolischer Form sich fortgesetzt etwas einverleiben: immer aber aus dem unsicheren Gefühl, anderen etwas wegnehmen zu müssen, um selbst an einem Gut teilhaben zu können, das nicht für alle reicht. Wo die Freude an materiellen Gütern als Ersatzlust fungiert, wird freilich die Lebensfreude, wie mager sie immer sei, zu einer Frage des sozialen Status. Nur vitale Lust ermöglicht eine unverkrampfte soziale Gesinnung: ohne Beimischung von Neid. Freude am Besitz als Ersatzlust ist unersättlich, weil sie dem, wofür sie Ersatz ist, nur asymptotisch sich annähert: weil sie es niemals erreicht. Das Viele, von dem wir alle nicht genug kriegen können, reicht nicht einmal für die wenigsten.

Der Mensch, der darauf eingestellt ist, immer anderen etwas wegzuschnappen, wird sein Besitzdenken am Ende von den Sachen, die er haben möchte, auf Menschen übertragen. Eifersüchtig wird er darüber wachen, daß diejenigen, die er begehrt, niemand anderem gehören. Ein Abbau der Eifersuchtsmoral müßte durch eine Auflockerung erstarrter Besitzverhältnisse sich unterstützen lassen, wenn umgekehrt zugleich der sinnlich befriedigte Mensch die Lust am Besitzen verliert.

Wir brauchen, um auf eine eifersuchtsfreie Gesellschaft zu hoffen, nicht unbedingt nach fernen oder sogenannten primitiven Kulturen Ausschau zu halten. In Form von »Subkulturen«, gleichsam Privatkulturen kleiner Kreise, gibt es ein von neurotischer Eifersucht freies Zusammenleben schon heute – mitten unter uns. Wir wissen es zumeist nur nicht, weil die Beteiligten, sei es an sogenannten Dreiecksverhältnissen oder anderen Formen, sich aus Angst vor sozialer Deklassierung in ihre Schlafzimmer nicht hineinschauen lassen. Wo die Blicke Neugieriger nicht stören, ja zur Propagierung des eigenen Lebensstils geradezu erwünscht sind, da ist es mit sexueller Freizügigkeit auch meist nicht weit her. Die Mitglieder der wenigen studentischen Kommunen, die immer wieder sich aufgelöst oder umgebildet haben, lebten wie in einem Schaufenster jene neue Moral, hinter der vor allem die weiblichen Mitglieder zurückblieben – in insgeheim ausschließlicher seelischer Bindung an einen Partner. Partnerwechsel schließt das nicht aus. Man hat entweder mitgemacht, weil es die andern erwarteten, oder hat auch öfter die Partner gewechselt, denen man – verliebt – jeweils ausschließlich sich zugewendet hat. Promiskuität, häufiger Partnerwechsel, ist wohl, wie WILHELM REICH und RENÉ KÖNIG vermuten, die natürliche Lebensform der Jugend[64]. Doch das sieht von Kultur zu Kultur noch verschieden aus. Die jungen Muria in Vorderindien üben häufigen Partnerwechsel im Rahmen einer überschaubaren Gruppe[65]. Man kann das nicht neurotische Unrast nennen. Jeder Jugendliche ist dort in der engeren Gemeinschaft des Kinderhauses geborgen. In einer Kultur wie der unseren dagegen, die zu »sexueller Treue« erzieht, bedeutet Promiskuität den immer wieder neuen Anlauf zu ausschließlicher Bindung mit jeweils absoluten Treue-Erwartungen an den Partner. Eifersuchtsszenen werden da um so wilder entfacht, je ungestümer das eigene Temperament nach Abwechslung drängt. Man bekämpft dann, schon mit der unbewußten Tendenz, es zum Bruch kommen zu lassen, im Andern die »Treulosigkeit«, die man sich selbst nicht eingesteht. (So nennt auch der Geizige seine Mitmenschen mit Vorliebe geizig, der Mimosenhafte seine Umwelt »empfindlich« usw.)

Ist Partnerwechsel die erotische Lebensform der jungen Leute (und gerade auch derer, die sich aufs »platonische Gefühl« beschränken), so scheint die Pflege mehrerer sexueller Bindungen zu gleicher Zeit, in unserem Kulturkreis jedenfalls, eher ein Lebensstil nicht mehr ganz so junger Menschen zu sein. Sie wissen schon, was in einer Bindung der Faktor »Zeit« ist, wissen, daß er ebenso die zärtliche Bindung festigt wie das Begehren abflauen läßt. Sie empfinden auch, daß es bei der schon abschätzbaren Kürze des menschlichen Lebens mutwillig wäre, einmal geknüpfte Beziehungen nur aus Lust am Neuen abzubrechen. Das schiene wie ein frivoler Vorgriff auf den Tod, der unerbittlich scheidet.

Eine neue Moral der sexuellen Freizügigkeit könnte erst sichere Maßstäbe an die Hand geben, Heiterkeit von frivoler Vermessenheit zu unterscheiden. Werturteile, die unsere »soziale Begabung« betreffen, werden auch dann noch gefällt: denn Moral hat immer mit dem Zusammenleben zu tun. Eine neue Moral der Freizügigkeit aber ließe uns an der Einsicht orientieren, daß die Bindung an einen Menschen andere Beziehungen nicht ausschließt. Das gilt, wie von mitmenschlichen Bindungen überhaupt, so auch von erotischen Partnerschaften. Nur ein Mensch, der schon nach herrschendem Verständnis als krankhaft eifersüchtig gilt, kann erwarten, daß »seine Frau« oder »ihr Mann« alle anderen affektiven Bindungen seinetwegen verdrängt. Die Liebe zu Eltern, Geschwistern und Kindern hat – neben der Gattenliebe – auch nach geltenden Moralvorstellungen ein Recht zu sein. Warum nicht auch die Liebe zu anderen Sexualpartnern?

Man könnte das verneinen mit einer Begründung, die für Menschen mit »Seelenadel« gedacht ist. Das Fehlen jedweder eifersüchtigen Regung lasse die erotischen Beziehungen nicht zu der uns wichtigen Gefühlstiefe sich entfalten. Die Frage aber ist, ob jene Gefühle, die uns so wichtig sind, nicht eher ein kollektiv ersehnter Traum als soziale Wirklichkeit sind. Der Ehealltag sieht anders aus. Das Ideal absoluter ehelicher Treue, das trotz allen Geredes immer noch verbindlich ist, erledigt das andere, das Ideal der Intensität der Gefühle. Nur Einsicht in das, was ist, kann eine realistische Hoffnung begründen: Hoffnung auf ein freieres Zusammenleben, in dem ein jeder in seinen Möglichkeiten sich überblickt. Dann brauchte niemand die Enttäuschung über uneingelöste Versprechen und über unrealisierbare Glückserwartungen aggressiv am Partner abzutoben.

D. LÄSST DER WANDEL DER MORAL SICH STEUERN?

a) Weg und Ziel

Die Moral wandelt sich. Was gestern noch als unschicklich galt, ist heute modern. Was lange Zeit unverzeihlich war, wird heute geduldet, wird morgen vielleicht schon belobigt. Das läßt an vielem sich zeigen, ist an dem, was den Kern unserer abendländischen Sitte ausmacht, am sexuellen Verhalten, doch besonders deutlich. Die Wandlungen der Mode spiegeln dabei ein sich wandelndes Verhältnis des allgemeinen Bewußtseins zu unserem Leib, dem Gefäß und Ziel unserer Triebe. Die Moral wandelt sich und, wie es scheint, zum mehr Lockeren, Unbekümmerten hin, zu einer bewußten, ja ostentativen Bejahung der Lust. Das scheint augenfällig und ist doch so unbestreitbar nicht. Wir überblicken als endliche Individuen nur eine kurze Spanne kulturhistorischen Wandels und neigen, affektiv beteiligt, dazu, von dieser kurzen Spanne auf den Gang der Geschichte zu schließen. Die Sittengeschichte belehrt uns, daß nicht nur in räumlich fernen und zeitlich von uns abgesetzten Kulturen, sondern schon in unserer eigenen Kulturgeschichte in groben Zügen alles schon einmal dagewesen ist. Die freien, ungezwungenen Badesitten des Mittelalters stellen noch vieles von dem in den Schatten, was heute nur erträumt wird. Die Sitten wandeln sich und drehn sich doch im Kreise, so lange jedenfalls, als nicht eine deutliche Ahnung dessen, was der Mensch seinem leibhaften Wesen nach ist, in Phasen einer »Lockerung der Sitten« verlässig sich ausbreitet.

Wandlungen der Mode und des ästhetischen Geschmacks als Zeichen einer gewandelten Bewußtseinslage zu verstehen trifft auf das Unverständnis derer, die modisch kühn vorangehen, und gilt ihnen eher als der schrullenhafte Einfall dessen, der nicht so frisch mitmacht. In lustvoller Aktion wird das Denken nicht benötigt; doch es fehlt, um die bloße modische Laune vor einem Umschlag ins Gegenteil zu bewahren. So kommt es, daß fast unser gesamtes kulturphilosophisches Denken von Kant bis Jaspers etwas Bleiches, Bresthaftes an sich hat, daß es wegsieht vom Leib und ihn denen überläßt, die ihn manipulieren, programmieren und kastrieren wollen. Da wird – im Rahmen einer leibfeindlichen Sitte – schon genug gesteuert: von prüden Pädagogen über Ärzte, die den jungen Müttern vom Stillen »abraten« und ebenso Triebverbrecher zu freiwilliger Kastration ermuntern, bis hin zu Sporttrainern, die ihre Athleten wie Zirkustiere dressieren. Dazu wirkt leibfeindlich determinierend auch das Ethos des Prestigedenkens, das suggeriert, daß es »armselig« sei, zu Fuß zu kommen und nicht – vorzufahren. Prestigedenken läßt lauthals zwar alle Prüderie verwerfen, zur Behauptung von Amt und Stellung aber doch die ersehnten Freuden allenfalls hastig und verstohlen, also lustlos, erstreben und »mitnehmen«. Da so der für andere Menschen Verantwortliche kaum jemals »sich gehenlassen kann«, kaum jemals vollends leibhaft sich löst, bleibt er, um sich dem Leben doch befreundet zu halten, weiter angewiesen auf die vagen Freuden des Prestiges und die Lust, andere zu gängeln und zu unterdrücken. Wobei Unterdrückung weniger durch permanente Schikane, als vielmehr im Wechsel von Zuckerbrot und Peitsche verunsichert und demoralisiert. Entscheidend ist: Der Mitmensch bleibt manipulierbar; zu einer »Verbrüderung« mit ihm läßt man es gar nicht erst kommen.

Eine Ethik des leibhaften Daseins, die von solcher Gängelung des Menschen selber wegsteuern möchte, ist um Inhalt und Ziel ihrer Steuerung nicht verlegen. Dabei erschließen wir eine Teilidentität von Zielsetzung und Methode: Die erstrebte größere Mitmenschlichkeit kann nur auf dem Wege buchstäblich stärkerer Berührung der leibhaften Menschen miteinander sich herstellen. Dieser unmittelbare Kontakt, der nur nach den Gesetzen der Spontaneität sich beschränkte, ist aber als Erfüllung einer menschenfreundlichen Moral selbst ein Bestimmungsstück der erstrebten freieren Sitte. Wäre die Identität von Weg und Ziel eine totale, dann wäre der Weg das Ziel – und wir wüßten keinen Weg zu beiden. Wären sie inhaltlich aber völlig voneinander geschieden, dann müßte der Weg, der ja ein »innerer« Weg ist, am Ziel vorbeiführen. Das ist der Fall, wo der sogenannte »gute Wille« in harter Selbstanspannung dazu führen soll, daß wir dem Mitmenschen *weich,* das heißt verständnisvoll, hilfsbereit, mitfühlend begegnen. Da wir vielmehr immer schon ein wenig das sein müssen, was wir im Umgang mit anderen als unserem humanen Wesen gemäß ahnen, können neue Einsichten in dieses uns Gemäße dem schon erworbenen Verhaltensstil zufließen. Die nur gradweise Annäherung von Gesinnungswandel und Lebensstil gibt die Gewähr dafür, daß überhaupt eine Annäherung erfolgt: zwischen den Einsichten ins Wesen des Menschen, die uns zuwachsen, und dem sozialen Verhalten, das nur erst ein wenig ihnen gemäß ist. Eine neue Ethik des leibhaften Miteinanderseins kann diesen realen dialektischen Prozeß durch eine Stärkung jenes vitalen Gewissens fördern, das eine sinnen- und lebensfeindliche Moral als schlimme Lüsternheit und böse Leichtfertigkeit verwirft. Dabei ist alle Lüsternheit nicht bloß ein punktuelles Behagen im Augenblick, sondern waches, wenn auch unbeschwertes Bewußtsein in der Zeit: Lüsternheit als »Spiel mit dem zu Genießenden, Spiel mit dem Genossenen«, wie es GOETHE beschrieb[66]. Lüstern sind wir, wenn auch räumlich getrennt, erwartungsvoll und in Dankbarkeit einander nahe, mithin: einander verbunden. Auch eine *Ethik der Lust* hat ihre Gesetze und den selber sittlichen Auftrag, durch klare Begründung zur Abkehr vom Chaos, hier: dem Chaos der Lustlosen, zu ermutigen.

Kann sie wirklich nicht mehr? Ernstlich: Sollten wir auf die Barrikaden steigen, um die herrschende Ordnung in eine humanere zu verwandeln, oder sollen wir, eine Weile wenigstens, taktisch uns anpassen? Da revolutionäre Akte bislang die bestehenden Verhältnisse immer nur umkippten, scheidet jener erste Weg aus. Der unterdrückte Mensch einer unfreien Gesellschaft ist ja ein potentiell Autoritärer: kaum aufgestiegen, nimmt er die Allüren der Herrschenden an. Arbeiter, die es zu etwas bringen, setzen, wie der böse Blick eines Reaktionärs[67] bemerkt hat, gleich Pflanzen, die in fließendes Wasser kommen, »konservative Blätter« an. Wer viele Jahre sich kuschen mußte, entlastet sich von dem jahrelang erduldeten Druck affektiv dadurch, daß er den angestauten Unmut an die Untergebenen »weitergibt«. Wenn also die herrschende Ordnung, die eine Ordnung der Herrschenden und der Beherrschten ist, von Grund aus geändert werden soll, dann muß diese repressive Ordnung durch großangelegte Reformen – in der Pädagogik, im Strafvollzug, in der Gesetzgebung, in den Betrieben usw. – sowohl im Maßstab der Gesellschaft geändert werden wie durch eine Wandlung der Gesinnung des Einzelnen. Änderung der Gesellschaft im ganzen kann, soll sie nicht den Fehlschlag aller bisherigen Revolutionen erleiden, nur Schritt für Schritt, aber in wechselseitiger Verzahnung aller Teilreformen erfolgen. Das zweite bedeutet eine »Revolution in der Gesinnung im Menschen«, um hier mit KANT zu formulieren, eine innere Revolution, die auch nicht zu erzwingen ist: weder durch willentliche Selbstanforderung, die nur ein geheimer Gegenwille durchkreuzte, noch durch eine bloß das Wünschenswerte fordernde Pädagogik. Die revolutionäre Front geht wohl, wie SONNEMANN sagt[68], durch einen jeden von uns hindurch, aber doch nicht so, daß wir wie die christlichen Heiligen im Kampf zwischen Trieb und Geist mit uns selber im Streite lägen, sondern nur so, daß wir aus besserer Einsicht in unsere Triebnatur ein Verhalten uns vorsetzen, das sich gegen die Furcht vor sozialen Sanktionen zu behaupten hat. Es ist ein Unterschied, ob sogenannte Selbsterziehung auf Haltungen hinauswill, die die vitale Natur des Menschen vergewaltigen, oder ob sie dieser sich eher anzugleichen versucht. In diesem Falle kommt ihr, wenn sie auch nicht sofort verwirklicht, was sie erstrebt, doch gleichsam ein anthropologisches Gefälle zugute.

Es ist hier die Rede von dem durch falsche Erziehung in seiner vitalen Natur schon ver-bildeten Menschen. Wenn die Pädagogen mit dem von FREUD eingeleiteten Verständnis unserer vitalen Antriebe praktisch ernst machten, dann brauchten die Heranwachsenden dieselben Schwierigkeiten, sich mit ihrer Triebnatur zu versöhnen, gar nicht zu erfahren. Die Durchsetzung einer Pädagogik, die frühkindliche Sexualität nicht unterbindet, ist insofern schon ein revolutionärer Akt, aber ein Akt der Revolution, der eine lang anhaltende Evolution erst einzuleiten hat. Nicht Revolution, die von heute auf morgen gleich alles zu bessern hofft, ist überhaupt das, was wirksam verändert, sondern Revolution als Anstoß einer lange ausschwingenden Bewegung. Wenn solche »Bewegung« zuletzt den Spannungszustand unserer Aggressivität auflösen soll, dann kann eine gewaltsame Erhebung, die selber nur aggressive Gegenreaktionen auslöste, das geeignete Mittel der Veränderung unserer Gesellschaft nicht sein.

b) Wer erzieht die Erzieher?

Realistische Hoffnung auf einen Wandel des Zusammenlebens zu mehr Lebensfreude und größerer Mitmenschlichkeit setzt auf die Erziehung. Die Erkenntnis, daß der Mensch schon in den allerersten Lebensjahren in oft unumkehrbarer Weise geprägt wird, bewahrt uns vor der Illusion, es ließen durch theoretische Darlegungen bei den heute schon Erwachsenen sich weitreichende Veränderungen erzielen. Erst eine Generation, die vom Tage der Geburt an mehr »Hautkontakt« erfahren hat, die nicht durch Verbote und Strafen verschüchtert wurde und einem unerträglichen Konkurrenzdruck schon in der Schule ausgesetzt wird, nur eine solche Generation kann auch unverkrampft eine soziale Gesinnung entwickeln, die wir idealistisch als *Liebe* bezeichnen würden. Das Realistische an einer solchen Zukunftsperspektive ist, daß sie das ohnehin nutzlose Predigen von Moral, das bloße Anpreisen dessen, was sein soll, gar nicht erst versucht und statt dessen auf Änderungen des Erziehungsstils dringt. Das Kind, das nicht mehr »traktiert« wird, kann sich schon anders verhalten. Offen bleibt nur die

Frage, woher die Erzieher kommen sollen, die, selber frei von frustrationsbedingter Aggression, leib- und menschenbejahende Sympathie vermitteln könnten.

Die Frage: »Wer erzieht die Erzieher?« scheint zur Kernfrage der moralischen Evolution zu werden. Wir könnten, sie zu beantworten, einfach sagen: Die Erzieher erziehen sich selbst. Dann hätten wir an eben jene Einsicht appelliert, deren Wirkungslosigkeit sich vielfach erwiesen hat. Wir könnten auch darauf vertrauen, daß der einzelne Erzieher, gleich ob Mutter, Vater oder Lehrer, im Gespräch mit anderen langsam in eine neue pädagogische Haltung hineinwächst, und daß »halberzogene«, noch etwas nacherzogene Menschen in der nächsten Generation schon Erzieher heranbilden, die wieder einen Schritt weiterkommen als sie selbst. So könnte Hoffnung auf eine langfristige moralische Evolution sich begründen.

Die Dinge liegen aber doch etwas einfacher. Viele, die heute schon erwachsene Kinder haben, sagen, auf die von ihnen praktizierte Sexualerziehung angesprochen: »Wir haben es nicht besser gewußt.« Sie hätten es also anders gemacht, wenn vor Jahren schon ein freierer Geist durch Bücher, Zeitschriften und Funk geweht hätte. Es ist gar nicht zu bestreiten, daß in verschiedenen Städten und Regionen ein liberalerer Erziehungsstil sich bereits ausgebreitet hat, zage oft, befehdet bisweilen, durch Forcierung auch sich selber diskreditierend, aber langfristig wohl nicht wirkungslos. Es kommt nicht zu einer halbbefreiten Erziehung, sondern zu einem Nebeneinander von freier, toleranter, ermutigender und traditonell repressiver, triebunterdrückender und strafender Erziehung. Die Frage nach dem Tempo, mit dem ein neuer Erziehungsstil sich allgemein durchsetzen könnte, wird also immer mehr zur Frage, wie soziale Gruppen sich zu beeinflussen vermögen. Diejenigen, die für eine nichtunterdrückende Erziehung schon gewonnen sind, übernehmen in ihrem Lebensumkreis eine Mission, im Sinne einer neuen, freieren Moral zu wirken.

Die Hoffnung, daß Reform-Gedanken auch durch Bücher in der Bevölkerung Fuß fassen können, ist nicht einfach unbegründet. Seit ich, seinerzeit deswegen verlacht[69], im Jahre 1967 gefordert habe, namentlich in den Entbindungsanstalten das Stillen durch die Mütter wieder einzuführen[70], ist die Forderung von vielen Seiten publizistisch wiederholt worden. Wir brauchen für das Allereinfachste wohl zunächst eine hinreichend beachtete veröffentlichte Meinung, um das Odium des Lächerlichen loszuwerden. Dann kann allen Ernstes darüber diskutiert werden.

Mit moralischer Evolution könnte es schneller gehen, als wir denken, wenn einmal Menschen heranwachsen, die im ersten Lebensjahr die vitalpsychische Symbiose mit der stillenden Mutter erlebt haben. Die wünschenswerte Wandlung des Erziehungsstils würde dadurch erleichtert. Wer als Erzieher nicht mehr soviel Mühe darauf verwenden muß, sich gegen neurotische, ängstliche und aggressive Kinder durchzusetzen, der hat auch nicht mehr nötig, mit Drohungen, Strafen und schmeichelnden Belohnungen zu operieren.

Die Frage »Wer erzieht die Erzieher?« kann also auch damit beantwortet werden, daß die durch einen bewußt leibbejahenden Erziehungsstil weniger aufsässigen Kinder die Erzieher miterziehen. Wenn zunächst auch nur rational auf Schimpfen und Strafen verzichtet wird, wo das eigene aggressive Gemüt danach verlangt, so belohnt sich solche Zurück-Haltung doch durch das Verhalten des Kindes, dem eine Demütigung erspart wird. Es staut dann nicht einen Trotz in sich an, durch den es den Erzieher bald aufs neue provozierte.

Wenn eine Reihe unsinniger, triebfeindlicher Verbote ohnehin wegfallen, dann gibt es auch schon weniger Anlässe zum Strafen. Der Erzieher bedarf also keiner sittlichen Kraftakte, um sich selber zu einem neuen Stil durchzuringen. Wer das wollte, könnte leicht eine verkrampfte antiautoritäre Haltung vermitteln, die nur in anderer Weise autoritär wäre: autoritär ablehnend gegenüber allem, was bisher galt. Das aber kann mit einem *Wandel* der Moral, einem Wandel der Gesinnung nicht gemeint sein. Das wäre nicht Wandel, sondern ein Bruch.

c) Bei sich selber beginnen?

In sich einen Wandel der Gesinnung vollziehen – was heißt das eigentlich? Neue Einsichten sind noch kein Gesinnungswandel, kein Wandel der Verhaltensdisposition, nichts, was das tägliche Leben schon verändern könnte. Einsichten, aus denen nichts folgt, können kommen und gehen; Wahrheiten können vergessen werden; verschiedene Perspektiven der Betrachtung können sich ablösen, ohne daß es zu einer Zusammenschau, einer Verschmelzung ihrer relativen Wahrheiten kommt. Dann ist – für den so flüchtig Denkenden – auf einmal wieder nichts von alledem wahr gewesen, was er jeweils eine Zeitlang verfochten hat. Zu verlässiger Gesinnung gehört zwar nicht schon, daß sie sich nicht wandelte, wohl aber, daß sie in ihrem Wandel die Kontinuität ihres Verhältnisses zur Realität sich bewahrt. Ein erstes, wesentliches Merkmal neuer sittlicher Gesinnung ist es schon, die *relative Berechtigung* des bisher Gelebten und Geglaubten anzuerkennen. Wer einfach alles in Bausch und Bogen verwirft, was bisher galt, wer es nicht einmal in seiner historischen Notwendigkeit zu verstehen vermag, der handelt wohl revolutionär, aber auch folgenlos wie fast alle Revolutionäre, weil er die alte Ordnung nur für eine Weile umstürzt, bis sie nach dem Bauplan, den der unterdrückte Einzelne längst introjiziert hat, sich wiederherstellt. Die revolutionären Geister, die eher heute als morgen die bestehende Ordnung auflösen würden, halten sie, wo sie zum Zuge kommen, in ihrem Wesensgehalt nur um so fester zusammen, weil sie bloß affektiv in gewaltsamen Akten sich selber entladen, ohne den durch erzwungene Verzichte angestauten Unmut in zielstrebiges, und das heißt zugleich: geduldiges, weil ziel*bewußtes,* Handeln umformen zu können. Sie handeln insofern gesinnungslos, ja gewissenlos, als sie nicht wissen oder nicht wissen wollen, daß jede vorwärtsdrängende Bestrebung nur von einem festen Ort in der bestehenden Ordnung her zu ihrem Absprung ansetzen kann.

Gesinnungswandel setzt voraus, daß man überhaupt schon eine Gesinnung hat. Wer einfach nachplappert, was man ihm vorsagt, wer lebt, wie man's ihm vorlebt, von dem ist kein Gesinnungswandel zu erwarten, oder, wenn schon Gesinnung sein soll, was er gerade meint, dann ist auch alles Erdenkliche von ihm zu befürchten: jede Gesinnung, auch die allerschlimmste, todbringende. Gesinnungswandel wird in einer Kultur des sinnlich reduzierten Massenmenschen daher im großen und ganzen nur von einer *Elite der Nachdenkenden* zu erhoffen sein, von einer Elite gleichwohl, die längst nicht mehr an bestimmte soziale Stände gebunden ist.

Gesinnungswandel als Wandel der Grundüberzeugungen eines Menschen, die aus seinen Erfahrungen sich absetzen, solcher Wandel kann aber auch nur dann als ein in Kontinuität verlässiger sich vollziehen, wenn er nicht zum Selbstzweck, zum geistigen Spiel entartet, nur dann überhaupt, wenn er am Leitfaden der Realität und dessen, was durch Gesinnungswandel selber zu neuer Realität wird, voranschreitet. Gesinnungen bedürfen, schon um als Gesinnungen kontinuierlich sich zu entwickeln, der Entfaltung einer Wirklichkeit, an die sie anknüpfen und die aus ihnen heraus sich fortbildet. Solche Fortbildung der (sozialen) Realität aus unseren Gesinnungen bedeutet nicht die Wirkung des reinen Geistes auf die gelebten Formen des Miteinanderseins, sondern die Auffassung jedweder sittlichen Gesinnung als einen ersten, noch »inneren« Schritt zur Tat, der schon als solch erster »Schritt« sich zurücknimmt und zum reinen Gedankenspiel verkümmert, wo sichtbar und greifbar in dieser körperhaften Welt ihm nichts folgt. Der zweite Schritt, auf den ein erster angelegt ist, macht diesen überhaupt erst zum Schritt. Sonst ist es nur ein Schwanken.

Bleibt Gesinnung, gleich welcher Ausrichtung, angewiesen auf die Realität, von der sie kritisch sich absondert und in die sie als Handlung zurückfließt, so fußt und handelt moralische Gesinnung in der Gemeinschaft, in der der so und nicht anders Gesinnte lebt. Ihm ist es daher nicht möglich, im Geiste einer zeitlich oder räumlich fernen Kultur unvermittelt durch seine eigene Kultur irgendeine Gesinnung zu haben, jedenfalls keine andere als eine solche, die als Erfahrung des Kontrastes oder der Ähnlichkeit mit von klein auf vertrauten Haltungen sich ihm bildet. Wer daher eine neue Moral propagiert, kann überzeugend dafür nur eintreten aus genauer – und durchlittener – Kenntnis der alten. Und er kann nachhaltig dafür nur wirken im Zusammenleben mit Menschen, die schon bereit sind aufzubrechen, noch ehe er die Richtung angibt, wohin. Der Fürsprecher einer neuen Moral wie auch einer neuen Rechtsordnung kann diese nicht aus reiner Willkür aus sich herausprojizieren, sondern nur im Hinhorchen auf die sozialen Verhältnisse im weitesten Sinne, deren Unzulänglichkeit und Widersprüchlichkeit aus den Menschen heraus, die erst dumpf darunter leiden, schon nach Veränderung schreit. Der Fürsprecher einer neuen Moral kann aber auch sich selber nur auf der Richtung des Anzustrebenden halten, wenn seine eigene reformbereite Gesinnung in Handlungen sich bestätigt, die diese Gesinnung noch spüren lassen. Und er kann neu, seiner gewandelten Gesinnung gemäß, auch nur handeln, wenn andere durch ein ihm gleichgesinnt antwortendes Verhalten ihn abstützen. Jeder, auch der Einsichtigste, kann eine neue Moral nur leben, soweit nicht die, die mit ihm leben, ihn daran hindern. Wo sie es tun, verliert er am Ende noch seine bessere Einsicht.

Die traditionelle Ethik konnte eine Besserung der Gesellschaft im ganzen sich nie anders vorstellen als so, daß jeder Einzelne »bei sich selber beginnt«. Sie setzte alles Vertrauen in jenen »guten Willen«, ohne den nach KANT auf dieser Welt überhaupt nichts gut genannt werden könnte[71]. Dieser Wille mag wohl gut sein, wenn man ihn für sich selber nimmt; aber er ist gerade in seinem Gutsein problematisch, ja gefährlich, wenn er nicht ins Ganze der leidenden, handelnden und genießenden Person integriert ist. In reiner Selbstanforderung vermag der gute Wille kaum Gutes zu leisten. Denn selbst wo er ruckartig sich durchsetzt, setzt von seinem forcierten Verhalten ein geheimer Gegenwille sich ab, der entweder durch eine »Fehlleistung« (FREUD) die gute Tat sofort in ihrer vollen Auswirkung vereitelt oder erst später in jähen destruktiven Unmutsreaktionen hervorbricht. Unsere Einsicht in die Unzulänglichkeit einer Willens- und Gesinnungsethik für unser soziales Verhalten war es nicht zuletzt, die uns hat Ausschau halten lassen nach objektiven Bedingungen friedlichen Miteinanderseins[72]. Wir müssen, noch ehe wir zu sittlichen Aufschwüngen uns hochreißen, zuerst in und um uns solche Bedingungen schaffen, die dann zwanglos ein fürs Zusammenleben günstiges Verhalten ermöglichen. Diese Bedingungen sind Bedingungen des leibhaften Daseins, das dieser Welt nicht in Verzicht und Lebensüberdruß sich befreundet hält, sondern nur in einer steten Grundströmung der Lust, die immer Lust zum Leben ist. Es geht heute darum, zunächst die Ethiker von der Unschuld der Lust zu überzeugen, statt vitale Freuden immer noch denen auszureden, die aus lustloser Verstimmung schon aggressiv genug sind.

Wenn wir betonen, es gehe *heute* darum, dies und das auf dem Wege zu einer befriedeten Gesellschaft zu tun, so ist das nicht das Pathos der Gegenwart, die immer als den Gipfel der Zeit sich versteht; es ist auch gefordert von der drangvollen Enge in der Massengesellschaft, in der das Säugetier Mensch zum Mitmenschen bereits den lebenerhaltenden »Individualabstand« (HORSTMANN[73]) verloren hat. Das ist im Hinblick auf die Ballungszentren durchaus räumlich zu verstehen. Wir sind weiter gefordert zu sozialethischer Revision durch die Anhäufung von Vernichtungswaffen, die uns nötigt, Außenpolitik und Weltpolitik zu einer *Weltinnenpolitik* (C. F. VON WEIZSÄCKER[74]) werden zu lassen (nicht zuletzt durch wirtschaftliche Verflechtung): zu einer Weltinnenpolitik, die schließlich sozialpsychologische Therapien anwenden müßte, wie die Kriminalpolitik für ein Volk es heute schon tun kann – wenn sie nur will.

Je mehr wir durch die technische Entwicklung und die Bevölkerungsvermehrung gezwungen sein werden, in immer größeren Maßstäben der Population zu denken, desto mehr müssen wir gerade uns bewußt werden, daß wir jeweils mit leibhaften Individuen es zu tun haben, deren Naturrecht auch einer leibhaften Verankerung bedarf. Wir müssen einsehen lernen, daß jedes überzeitliche Recht nicht in einem abstrakten Ideenhimmel sich aufhängen läßt (der jeweils nur eine Fata Morgana bestehender sozialer Verhältnisse ist), sondern nur in der im Verlauf der überlieferten Geschichte erkennbar nicht veränderten biologischen Natur des Menschen. Wenn wir in vieler Hinsicht somatologischer denken, näher bei den Entwicklungsgesetzen des Leibes, dann gewinnen wir erst der Psychologie und der Ethik den Horizont der Gesellschaft, weil wir dann die kollektive Verschüchterung und Verbiegung vitaler Antriebe als Druck der Gesellschaft auf den Einzelnen verstehenlernen. Die herkömmliche Ethik hat demgegenüber alle die Hemmungen und Pervertierungen unserer Triebe, die aus frühkindlichen Frustrationen zurückbleiben, als Leistungen eines »autonomen Ichs« oder eines »sittlichen Personzentrums« ausgegeben. Für eben jene Fehlreaktionen, die auf dem Weg über harte Zucht, ja Dressate, uns zu eigen wurden, sollte – uns zur Beschwichtigung – eine freie sittliche Selbstbestimmung verantwortlich sein. Freiheit wurde dabei aber immer nur negativ gedacht als das Vermögen, zur Dynamik bestimmter Triebe nein zu sagen. Nie war es eine Frage, ob die scheinbar frei sich selber Hemmenden auch die freie Willkür besäßen, die allgemein verpönten Triebregungen *in sich zu bejahen.* Dies hätte den fiktiven Charakter jener sittlichen Freiheit entlarvt, deren vermeintliche Wirkungen in Wahrheit ein Resultat bedingter Reflexe sind. Die vorgeblich sittlich Freiesten unter uns, die ihre Triebe, ihre Sexualität zumal, frei zurückzudrängen scheinen, das sind gleichsam die Pawlowschen Hunde in Menschengestalt – oder einfach Triebschwache, die ihre geringen libidinösen Regungen durch übermächtige Willenskraft auf ihren niedrigen Stand gedrückt wähnen – oder uns das vorspiegeln.

Unter der Voraussetzung freier sittlicher Selbstbeherrschung schien Moral bislang steuerbar: durch die »bessere Einsicht« eines jeden. Dabei bedeutete dies nicht bessere Ein-Sicht in die angeborene Triebnatur und deren Gesetzmäßigkeiten, sondern die »Einsichtigkeit« des Klügeren, der nachgibt. Er »sieht ein«, daß es wenig Sinn hat, gegen den Druck einer »sittlichen« Umwelt Widerstand zu leisten; aber er versteht auch noch das beschränkte Wirkungsfeld, das ihm daraufhin verbleibt, als Plan seiner besseren Einsicht. Diese Vorstellung dürfen wir jetzt als wirklichkeitsfremd zurücklassen. Wir wissen jetzt, daß wir eher noch unsere Umwelt verändern als uns selbst und uns selber nur durch Rück-Wirkungen der Umwelt, wenn nicht in der Gemeinschaft von Gleichgesinnten.

Die magische Vorstellung, durch bloße psychische Akte ließe das Verhalten der Menschen nachhaltig sich beeinflussen, steht auch noch hinter der Besorgnis PACKARDS und anderer, sogenannte »geheime Verführer«, die zu ihrem Vorteil eine bestimmte Werbung plakatieren, könnten den Freiheitsspielraum des Einzelnen einschränken[75] – während doch ein äußerst eingeschränktes Selbst-Verständnis (das wir mit HEGEL Freiheit nennen mögen) die Bedingung dafür ist, daß die Gemüter im Sinne von Produzenteninteressen gelenkt werden können. Ein eingeschränktes Verständnis unser selbst ist weitgehend deckungsgleich der anerzogenen Ignoranz gegenüber der eigenen Triebnatur. Gerade der verbreitete Glaube, ein sich selbst bestimmender Geist zu sein, macht anfällig gegenüber einer Werbung oder Propaganda, die hemmungslos den Leuten unter ihr Bewußtsein greift. Nur ein Selbst-Bewußtsein, das bejahend auch das eigene Trieb- und Affektleben mit einbezieht, nur ein so von Grund aus gewachsenes Selbstbewußtsein läßt unter sich nicht unbewachte Angriffsflächen für eine Überredung zum Kauf nutzloser, luxuriöser oder minderwertiger Güter.

Ist so – im Blick auf unsere Verdrängungen – zugleich milder von den »geheimen Verführern« zu denken (weil sie eine verbogene Triebstruktur schon voraussetzen), so ist umgekehrt auch wenig von einem Einsatz der »Bewußtseinsindustrie« zur Steuerung der moralischen Evolution zu halten. Die sogenannten Massenmedien – allen voran das Fernsehen – ziehen wohl äußerste Aufmerksamkeit auf sich, aber nicht kraft irgendeiner *Magie des Mediums* als solchen, wie McLuhan es annimmt[76], sondern einmal, weil sie überwiegend bequem zu Hause genossen werden können, zum andern, weil durch sie die »sittlich« frustrierten Sinne beständig etwas zu spielen bekommen. Der sexuell bedingten Neugierde wird ihr Recht: Auge und Ohr des apathisch gewordenen Voyeurs dürfen – wie in der alten Operette – lüstern abtasten, was den Nahsinnen schnöde verwehrt ist. Hinzu kommt drittens der wohltuende Kitzel der Angst in allen Fernsehspielen und Illustriertenkrimis, somatisch wohltuend für den, der unbekümmert Lust nicht zu empfinden vermag. So zwar nicht leibhaft befriedigt, aber sinnlich doch von Presse, Film und Fernsehen unterhalten und an solche Kurzweil gewöhnt, kann der voyeuristische Konsument geistige Auseinandersetzungen, die über dieselben Kanäle zu ihm dringen, kaum noch anders als durch ihren reinen Aggressions- und Sensationswert goutieren: genießend und mißverstehend. Wo wirklich so etwas wie sittliche Belehrung angenommen würde, da verlöre sie sich wie jede bloße Belehrung für das Handeln, allenfalls eine neue Form der Heuchelei fördernd: Man gibt sich aus modischem Ehrgeiz aufgeklärter, toleranter, freizügiger, als man gegen seine starren Hemmungen zu leben vermag. Eine Hoffnung bleibt dennoch, daß auf allen möglichen Wegen und so auch durch die Massenmedien neue, befreiende Gedanken jene Nachdenkenden erreichen, in denen sie als befreiend sich erst entfalten, erst recht, wenn diese Menschen sie weitertragen im eindringlichen Gespräch.

d) Rechtsreform als Mittel der Moralsteuerung

Ein gemäßigter Optimismus darf auch noch sich durch die Überlegung stützen, daß die Steuerung des faktischen Moralwandels nicht
in der unmittelbar drängenden Weise der Überredung zu geschehen
braucht. Sie muß nicht einmal notwendig mit Argumenten denjenigen
beispringen, die schon geneigt sind, anders, das heißt leibhafter, mitmenschlicher zu leben als die »sittlich« niedergehaltenen Massen bisher.
Es genügt, um freiere Sitten zu ermöglichen, schon ein *Gewährenlassen*
abweichender Lebensformen und -stile, wo diese ungeplant sich entwickeln. Es mag fürs erste sogar genügen, ihnen durch die Gesetzgebung einen Raum der Freiheit zu schaffen, sie freizustellen von der
Bedrohung mit strafrechtlicher Verfolgung, und sie andererseits zu
sichern gegen Verunglimpfung und Indiskretion. Gesetze gegen Ver-
letzungen der Intimsphäre durch Tonbandaufnahmen, Teleobjektive
und Minispione müssen notwendig so eine Nachhut strafrechtlichen
Zwanges bilden auf dem Wege zu einer von harten Zwängen befreiten
Gesellschaft. Die unersättliche Neugier der Frustrierten, die zugleich
ein Motor technischer Neuerungen ist, zwingt noch zu solchem Zwang.

Die indirekte Steuerung der moralischen Evolution durch eine stetige Reform des Strafrechts darf den zwangsgewohnten Bürger nicht
von heute auf morgen in ein zwang-loses Vakuum stolpern lassen, in
dem er sich kaum anders als in höchster Erregung wiederfände. Es
hülfe nichts, sofort und ohne überleitende Gesetze, die jeweils mehrere
Jahre in Kraft blieben, ein reines resozialisierendes Maßnahmerecht
einzuführen, solange die aggressiv verbogene Triebstruktur der »guten
Bürger« den »bösen Verbrecher« als einen Blitzableiter eigener destruktiver Affekte verlangt. In der Gesellschaft derart aufgebrachter
Bürger kann kein noch so zur Friedfertigkeit umerzogener Ex-Häft-
ling sich re-sozialisiert fühlen. Wenn heute Resozialisierung als Prinzip der Gefangenenbehandlung einen Sinn hat, dann müßte sie auch
ein psychisches Training mit umfassen, sich weiter seiner Haut zu wehren. Psychotherapeutische Behandlung, die allzusehr besänftigte,
könnte ebenso den Keim zu neuer Delinquenz legen wie eine allzu
»verstehende« Einstellung gegenüber dem Häftling, die ihm sein
»schlechtes Gewissen« zu eifrig ausredete. Hier ist im Strafvollzug
eine Gratwanderung nötig – auf dem Wege zu einer Gesellschaft, die
keine Verbrecher mehr kennt im Unterschied zu »guten Bürgern«, die
nur in Kriegen und Pogromen sich austoben. Die einzig sinnvolle Unterscheidung wäre dann auch bei der Diskussion asozialen Verhaltens,

das nie völlig ausbleibt, die Unterscheidung von gesunden Menschen und kranken.

Meine Behauptung, das Strafrecht selber sei eine Verbrechensursache, ist von ADOLF ARNDT wohlwollend als »Provokation« verstanden worden[77]. Allzusehr sind wir daran gewöhnt, im abstoßenden Bild des Verbrechers eine unvermeidliche, ja normale Erscheinung unserer Gesellschaft zu sehen. Die Jugendkriminalität gilt geradezu als biologische Notwendigkeit, dies um so mehr, als unter Einschluß der Sexualdelikte hier die Dunkelziffer unverhältnismäßig hoch ist[78]. Später, wenn der Triebstau beim jungen Menschen sich lege, so deutet man's, könne er der bestehenden Ordnung eher gemäß leben. Das kaum beachtete kriminologische Gegenbeispiel der Muria in Vorderindien zeigt, daß dort, wo die natürliche Triebreifung durch keinerlei einschneidende Tabus gehemmt ist, delinquentes Verhalten von Jugendlichen so gut wie unbekannt ist. Erst der erwachsene Muria, der nach Jahren sexueller Ungebundenheit plötzlich in eine streng monogame Ehe sich hineinfinden muß, läßt gelegentlich sogar zum Mord sich hinreißen[79]. Wären die Verhältnisse der Muria die unseren, die Bauchredner der herrschenden Ordnung stünden nicht an, in ihrem betulichen Stil den Jugendlichen »mangelnde Konfliktreife« zu bescheinigen, die nötig sei, um überhaupt straffällig werden zu können.

Die Strafrechtsreform als Mittel der Moralsteuerung einzusetzen wäre nicht denkbar, wenn das Strafrecht durchgängig immer noch ein »ethisches Minimum« (GEORG JELLINEK[80]) darstellte. Die zum Teil seit 1871 immer noch geltenden Sexualtatbestände sind zumindest von den moralischen Vorstellungen einer heutigen Großstadtbevölkerung her nicht mehr gedeckt. Das Strafrecht ist im absinkenden Meer sittlicher Entrüstung als ethisches Maximum stehengeblieben: ein Hohn auf das Erfordernis des Unrechtsbewußtseins im Volk.

Wie der Wegfall von Straftatbeständen der »Sittlichkeit« könnte eine Ausgestaltung und Erweiterung des Familienrechts nicht durch positive Forderung, sondern durch das bloße Zulassen neuer Lebensformen den Wandel der Moral gelinde beeinflussen: nicht drängender als ohnehin der Sinn für neue Familienformen schon verbreitet ist. Diese mögen versucht werden neben den alten. Eine pluralistische Gesellschaft dürfte gar nicht zulassen, daß alte Formen des Zusammenlebens einer militanten Idee des Fortschritts zuliebe verworfen würden.

e) Konkrete Schritte

Eine Steuerung des Moralwandels zu einem leibbejahenden und mitmenschlichen Ethos kann in unserer gesellschaftlichen Realität an verschiedenen Punkten ansetzen. Am Leitfaden der vitalpsychischen Entwicklung des Einzelnen lassen die heute sichtbaren Ansatzpunkte sich zusammenfassend auffädeln: Nötig ist

1. eine Einwirkung auf die Frauenärzte und Geburtshelfer, mit der Propaganda und der Klinikorganisation für die künstliche Säuglingsernährung Schluß zu machen.

2. Erforderlich wäre auf breiter Basis die Einrichtung von Elternseminaren, die über die frühkindliche Sexualität und die Notwendigkeit ihrer Duldung hinreichend aufklärten, ebenso über die bösen Folgen einer Prügelpädagogik.

3. Die Zahl der Erziehungsberatungsstellen müßte nicht nur um ein Vielfaches vermehrt werden; es müßte auch dafür Sorge getragen werden, daß der Ratsuchende dort auf moralinfreies Verständnis trifft. Sogenannte christliche Familienberatung im Geiste eines THEODOR BOVET[81] verschärft nur den Konflikt zwischen Triebanspruch und sittlicher Forderung.

4. Kindern, die unter brutalen Eltern zu leiden haben, sollte die Möglichkeit geschaffen werden, in ein liberal geführtes, von den Jugendlichen mitverwaltetes »Kinderhaus« zu ziehen.

5. Der vieldiskutierte Abbau autoritärer Lehrmethoden an den Schulen und Hochschulen käme so erst auf den fünften Platz der entwicklungspsychologisch verfaßten Dringlichkeitstabelle. Für entscheidend halte ich, beim Schüler ein lebendiges Sachinteresse zu wecken. Von dem geltenden Auslese- und Benotungssystem wird das eher verhindert.

6. Eine allgemeine Anhebung des Bildungsniveaus könnte die Politiker daran hindern, sachlich Widersinniges zu beschließen, das nur dem Zweck diente, aufgebrachte Emotionen im Volk zu beschwichtigen.

7. Immer noch aufgeschoben ist die Forderung, die Frau im beruflichen Leben ihrer individuellen Leistungsfähigkeit gemäß dem Manne völlig gleichzustellen, das heißt, ihr die Chance des Aufstiegs in leitende Funktionen zu geben. Voraussetzung dafür ist aber, daß die Mütter aufhören, ihre Töchter zur Ehe als dem einzigen oder doch wichtigsten Lebensinhalt zu erziehen.

8. Erforderlich wäre auch eine stufenweise Liberalisierung des Familienrechts – nicht bloß, um die Gleichberechtigung der Frau in der monogamen Zwangsehe konsequent zu verwirklichen und um das

uneheliche Kind dem ehelichen gleichzustellen, sondern auch zu dem Endzweck, einen Pluralismus der Familienformen zuzulassen. Es geht darum, den Kindern das emotionale Treibhausklima der Kleinfamilie zu ersparen. Die erstickende Fürsorge und »Bemutterung« ist ja die andere Quelle der Neurosen neben der Triebunterdrückung.

9. Ob die Zahl der praktizierenden Psychoanalytiker entscheidend vermehrt werden kann, ist angesichts der hohen Behandlungskosten zweifelhaft. Möglichkeiten der Gruppentherapie* und der Anleitung zur Selbstanalyse sollten aber ausgeschöpft werden. Realistisch ist auch die Forderung MITSCHERLICHS und THURE VON UEXKÜLLS, den medizinischen Nachwuchs bereits an psychosomatische Zusammenhänge heranzuführen.

10. Die allmähliche Abschaffung des Strafrechts und seine endliche Ersetzung durch ein reines Maßnahmerecht kann nur Hand in Hand gehen mit Aufklärung über unsere Triebnatur, die noch im zerebral gesunden Gewaltverbrecher nicht einfach grundverschieden ist von den aggressiv verstimmten Antisemiten und Antikommunisten.

Aufklärung und geistige Auseinandersetzung stehen zugleich am Anfang all dieser Reformkomplexe und müssen sie – zum Zwecke einer Bahnkorrektur – begleiten. Aufklärung ist nützlich, weil bessere Einsichten nicht wirkungslos bleiben, wo sie selber schon »innere« Schritte zur Tat sind, denen nur noch der Mut fehlt. Mut ist nicht jedermanns Sache. Mut ist nicht Leichtsinn, der inneren Warnungen zum Trotz sich vorwagt, sondern, psychosomatisch gesehen, ist er eins mit der sich durchreißenden Vitalität. Aufklärung ist dennoch nötig, um durch einen Wandel der Bewußtseinslage diesem vitalen Mut aufzuhelfen. Wo niemand mehr verachtet, was insgeheim viele zu tun begehren, werden wenigstens einige starke Naturen unbefangen ehrlicher leben. Ihr Beispiel kann mitreißen. Der Wirkung bloßer Aufklärung und geistiger Auseinandersetzung sind Grenzen gezogen, nicht nur durch die Machtinteressen besonders scharfsinniger Köpfe, sondern schon durch das intellektuelle Unvermögen einer beachtlichen Minderheit. (Um deren Stärke abzuschätzen, dürfen wir uns vor Augen halten, daß von einer psychosomatischen Klinik 11 Prozent aller Ambulanzpatienten als »Primitivpersönlichkeiten« abgelehnt werden mußten[82].)

An diesen Minderheiten, an den Übergescheiten wie an den Minderbegabten, braucht die Durchsetzung einer menschenfreundlicheren Mo-

---

* Gruppentherapie dürfte allerdings nicht weltanschaulicher Indoktrinierung dienen, sondern nur ein gemeinsamer Weg sein, der Realität sich anzunähern. Vgl. S. 115!

ral nicht zu scheitern. Ein Ethos darf als durchgesetzt gelten, wenn wenigstens drei Viertel der Bevölkerung ihm gemäß leben[83]. Die noch nicht mitgehen, werden, freilich unter Störungen, von der Mehrheit verkraftet. Die Dummen, die nichts einsehen, aber alles nachahmen, folgen am Ende nach. Sie sind leicht zu verführen von destruktiven Geistern, können ebenso aber auch den konstruktiven folgen, ohne zu wissen, warum. Nur demokratischer Rigorismus kann fordern, es solle noch der Dümmste seinen Kopf durchsetzen.

Es sieht danach aus, als würden einer Ethik, die den Leib bejaht, noch schwerste Probleme erwachsen von einem »Fortschritt«, der nicht im Zuge der moralischen Evolution selber liegt, sondern von außen her auf sie Einfluß nimmt. Da ist einmal die große Gefahr der Überbevölkerung unserer Erde, dann die durchgreifende Technisierung unseres Lebens bis hin zu einer Medizin, die den Menschen nach dem Ideal der Maschine versteht, und zwar in einem doppelten Sinne: Seine Triebregungen sollen an- und abstellbar sein, je nach den Ansprüchen seiner Umwelt, schaltbar wie der elektrische Strom. Zum andern nimmt das Selbstverständnis des Menschen die eigenen Organe wie die abnutzbaren und auswechselbaren Teile einer Maschine. Ersatzteilchirurgie ist die letzte Konsequenz dieser Auffassung des Leibes: ein technischer Fortschritt, der im Einzelfalle sensationelle Hilfe bringt, die Volksgesundheit im ganzen aber nicht fördert. Wer im Bewußtsein lebt, daß man notfalls immer Organe seines Körpers wie die Teile eines Motors reparieren oder ersetzen kann, der wird kein *Gesundheitsgewissen*[84] entwickeln, eine ihm schädliche Lebensweise nicht aufgeben. Es könnte dahin kommen, daß eine Minderheit gesunder Menschen vollauf damit beschäftigt ist, ein Millionenheer von krank oder süchtig gewordenen zu pflegen, zu versorgen.

Wer hat, außer im Urlaub, noch Muße, sich unbefangen des Lebens, der Natur in sich wie um sich, zu freuen! Existenzangst hindert auch den Arbeitslosen daran. Werden in Zukunft gerade die Kranken, die körperlich Arbeitsunfähigen, Zeit und Kraft genug haben, sich fortzupflanzen? Oder wird ein allgemeiner Schwund vitaler Kraft, begünstigt durch Lärm, Gedränge, fortschreitende Vergiftung der Nahrung wie der Atemluft, auch die Bevölkerungsvermehrung stoppen? Der moralische Widerstand gegen die »Pille« und die bedingte Erlaubnis der Abtreibung könnte dann zur Reminiszenz an bessere, noch gesündere Jahre werden. Wahrscheinlicher sind kraß ungleiche Bevölkerungsentwicklungen in den verschiedenen Teilen der Welt: mit Hungersnöten und gewaltsamen Ausbrüchen eingepferchter Massen.

f) Solidarität aus Lebensfreude

Wir werden gefragt: Was soll denn die Erörterung moralischer Probleme in einer Welt, die ihre großen, »wertfrei« zu betrachtenden Risiken hat, den Raubbau an der Natur, die Bevölkerungsexplosion, die weltweit drohende Hungersnot, die Gefahr eines atomaren Weltkrieges oder der radioaktiven Verseuchung der Erde? Vor solchen Perspektiven wird die moralische Anstrengung, die ein Einzelner vollbringen kann, zum vergeblichen Kraftakt. Was soll überhaupt, wo es um globale Probleme geht, noch der kulturgebunden enge Geist dieser oder jener Moral? So gefragt, nicht viel. Doch auf die tradierte Moral setzen, um die Welt zu verbessern, und die gefährliche Rolle dieser Moral richtig einschätzen, das ist zweierlei. Moral mit ihrer Verkomplizierung des privaten Lebensgenusses und ihrer Predigt sozialer Verantwortung leistet nicht bloß nichts zur Verbesserung des Zusammenlebens – sie verhindert es sogar, und zwar in dem Maße, in dem sie die vitalpsychische Basis solidarischen Handelns zerstört.

Wohl ist es richtig, daß rationale Planung den drohenden Katastrophen der Menschheit ausbiegen soll, aber Vernunft allein ist keine hinreichende Triebfeder für die Menschen, das zu tun. Vernunft muß, um sich durchzusetzen, sich mit den Triebinteressen des Menschen verbünden, mit ihnen in Einklang stehen, sonst ist sie entweder machtlos noch vor dem eigenen Willen oder bloße Rationalisierung, Rechtfertigung »asketisch« und sadistisch fehlgeleiteter Triebe. Wenn wir über die tradierte Moral unbefangen nachdenken, beginnen wir die Hindernisse freizulegen, die sich einer Verwirklichung befreiender und friedlicher Regelungen des Zusammenlebens in den Weg stellen. Wo der Egoismus der Herrschenden und Begüterten einer Befriedung der Gesellschaft sich versagt, reicht es nicht aus, an ihre »Vernunft« zu appellieren, solange Dominieren-, Übervorteilen-Wollen eine Ersatzlust fehlgeprägter Individuen ist, die noch scheinlogischer Gründe sich bedient oder ein Denken, das auf die möglichen Folgen sieht, gar nicht aufkommen läßt. Zur Illustration: Wer an den Profit seiner chemischen Fabrik denkt, dem ist es gleich, ob die Anwohner gesundheitlich geschädigt werden, ob das Klima bedrohlich sich verändert. Konsequenter Egoismus ist gleichgültig nicht nur gegenüber den Mitlebenden, sondern auch gegenüber denen, die nach ihm kommen.

Egoismus aber ist keine geistige Einstellung, die der Mensch sich willkürlich aufgesetzt hätte und die darum durch bloßes gutes Zureden (von seiten der anderen) und durch den guten Willen (bei sich selber) überwunden werden könnte. Egoismus ist bei einem *zoon politikon*, bei einem Gemeinschaftswesen, das nur durch und mit der Gemeinschaft lebt, auch keine Naturanlage[85], der durch Härte gegen sich selbst entgegengetreten werden müßte. Nur ein Mensch, dem schon als Kind ursprüngliche vitale Freuden verknappt wurden, muß auf seinen Vorteil sehend danach trachten, sein Lustdefizit beständig auszugleichen. Solch stete Sorge um ein Minimum an Lebensfreude kann in den Augen eben derer, die durch pädagogische Triebunterdrückung Unlust wie »Lustsuche« im Menschen entwickeln, als die charakterliche oder gar angeborene Schwäche des Egoismus bezeichnet werden. Die alte lustfeindliche Moral abbauen heißt demgegenüber: die Wurzeln lebensfeindlicher Tendenzen und Einrichtungen beseitigen und die Bedingungen solidarischen Verhaltens und destruktionsfreier Motivation allererst schaffen.

Moral ist die nebensächlichste Sache von der Welt, wenn sie nur der Illumination eines sogenannten reichen Innenlebens dient. Sie schadet dann niemandem, hilft aber auch keinem. Sie wird jedoch zur Kernund Hauptfrage des Zusammenlebens, wenn sie unsere Motivationen prägt oder doch überdeterminiert, gar wenn sie das, was dabei herauskommt, nicht billigt. Die aggressive Neugierde, die eine triebunterdrückende Moral erst hervortreibt, fällt nicht minder moralischer Verurteilung anheim. Vordergründige Kulturkritik kann bedauernd feststellen, daß der prototypische Zeitungsleser unserer Breiten in seinem Blatte all das, was wirklich wichtig ist, entweder überschlägt oder überhaupt nicht liest: die Außen-, Wehr- und Innenpolitik, die Wirtschaftsseiten sowie die Nachrichten aus Kultur und Wissenschaft, und daß er dafür den Kitzel der Mordprozesse und Skandalgeschichten sucht[86]. Solche Kritik trifft zwar den verfehlten Ernst gegenüber jenem »Schicksal«, das – laut NAPOLEON[87] – für uns die Politik ist. Wer darüber sich beklagt, verfehlt aber selber die Bedeutung affektiver Strömungen, die im lüsternen Interesse an Verbrechen und Skandalen noch scheinbar harmlos sich ausdrückt, doch zu aggressiver Kriminalund Außenpolitik, zu Terror und Krieg kollektiv sich formiert. Was die Leute tagtäglich am meisten interessiert, das ist im großen unser Schicksal, mag es auch lächerlich verbogenen Trieben sich verdanken. Die Moral des kleinen Mannes hat eine Brennlinie im Kollektiv: die militante Wendung gegen Minderheiten und äußere Feinde. Moral, die, durch Erziehung eingebleut, den Menschen nervlich überfordert, ist darum der Ursprung großer wie kleiner Explosionen des Unmuts über die Verzichte, die sie uns abverlangt. Eine sittliche Ordnung des Friedens müßte die Menschen anhalten, sich ihre Lustquellen (im buchstäblichen wie im übertragenen Sinne) nicht leichtfertig zu verschütten. Das besagt nichts anderes als die Forderung, *ohne Lüge zu leben.* Nämlich ohne die Lebenslüge von der geistigen Natur des Menschen, der es gegeben sei, sich ohne Schaden für die eigene Gesundheit und ohne Schädigung fürs Zusammenleben über seine vitalen Antriebe zu stellen. Noch im Jahre 1952, ein halbes Jahrhundert nach den ersten bahnbrechenden Arbeiten von Sigmund Freud, schrieb ein katholischer Philosoph:

>»Daß sich aus der Nichtbefriedigung des Geschlechtstriebes auf der biologischen Ebene keine Schädigungen ergeben, ist heute von der Wissenschaft unbestritten. Mit anderen Worten: Enthaltsamkeit ist nicht gesundheitsschädlich. Zwar können sich manche Forscher noch immer nicht mit dieser Tatsache abfinden.«[88]

Verglichen damit muß es schon als Erkenntnisfortschritt erscheinen, wenn einige Jahre später ein katholischer Moraltheologe sagt: »Das persönliche Heil steht über der seelischen Gesundung.«[89] Wobei er sich darüber im klaren sein dürfte, daß nie die Seele, was immer das sei, allein erkranken kann, ohne sich körperlich tastbar oder schmerzhaft auszuprägen. Und er müßte sich darüber im klaren sein, daß der Mensch auch nie für sich allein »seelisch krank« wird, daß er als Verhaltensgestörter das Zusammenleben erschwert, ja vergiftet.

Die Sexualität – und auch der Bewegungstrieb – könnten folgenlos, jedenfalls ohne schlimme Folgen unbefriedigt gelassen werden: aus dieser elementaren Lüge unserer Kultur ergeben sich die vielen situationsgebundenen Lügen, zu denen in einer sinnenfrohen, solidarischen Gesellschaft kein Bedürfnis, keine Notwendigkeit mehr bestünde. Da bedürfte es keiner Heimlichkeit, um einen verpönten Trieb doch noch auszuleben; es bedürfte keines geheuchelten Wohlwollens, weder um eine Angst vor den anderen zu verbergen, noch, um sie hinters Licht zu führen. *Ohne Lüge leben,* das meint ein Offen-Sein füreinander, in dem es der willentlichen Selbstanforderung der Aufrichtigkeit gar nicht bedarf, ja nicht einmal der Minimalforderung der *Fairneß,* die nur geübt werden muß, weil sich Offenheit nicht mehr von selbst versteht. Sittenverfall, ein Verfall der überkommenen leib- und lustfeindlichen Sitte, enthält die Chance, die Menschen in Lebensfreude statt in bloß pflichtgemäßer Verbundenheit zu solidarisieren. Daß das Wort »Genosse« von *genießen* kommt, ist heute weithin vergessen.

g) Die sensorische Lücke

Lieblos, unzärtlich aufgewachsene Menschen, die in frühester Kindheit schon nicht die vitalpsychische Beziehung zur stillenden Mutter erleben durften, haben es später nicht nur schwer, auf eine unverkrampft zärtliche Weise sich möglichen Sexualpartnern zuzuwenden. Ihre Mitmenschlichkeit lahmt überhaupt. Da auch erste sexuelle Regungen von vielen Eltern immer noch unterdrückt werden, wird später die erste Begegnung der Geschlechter zu einem aufwühlenden, »bedrohlichen« Erlebnis. Der Mitmensch, erst recht der andersgeschlechtliche, ist nicht selbstverständliche Gegenwart, sondern ein moralisches, ja erkenntnistheoretisches Problem in unserer traditionell leibfeindlichen Kultur. Moralische Besinnung auf die »Pflichten gegenüber dem Mitmenschen«, auf »soziale Verantwortung«, muß hier überspringen, was sittliche Behütung zuvor an autistischer Absonderung geschaffen hat.

Man möchte meinen, moderne Schulreformer, die die *de*sozialisierende Wirkung der Kleinkinderziehung erkannt hätten, würden alles daran setzen, daß wenigstens noch bei den Heranwachsenden ausgeglichen werde, was immer sich noch ausgleichen läßt. Weit gefehlt! Anstatt im Rahmen der Schule und von ihr gefördert nebenher stärkere Gruppenerlebnisse zu vermitteln, zerschlagen sie in der Oberstufe der höheren Schule noch die alte Klassengemeinschaft, indem sie ein System von Kursen schaffen, in denen die Teilnehmer mit immer wieder anderen Schülern zusammentreffen. Die bisher oft ein Leben lang bindende Zugehörigkeit zu einer Abiturklasse fällt in Zukunft weg. Gewiß, man kann die alte Kameraderie auch als negative Solidarität »entlarven«; man kann sagen, sie sei erwachsen aus gemeinsam durchlittener Reife-Prüfung, einem säkularisierten Initiationsritus. Aber solange nicht positive, lust- und sachbezogene Solidarisierung an ihre Stelle tritt, ist jede Preisgabe alter Gemeinschaftsformen ein Verlust an gemeinschaftsbildender Kraft überhaupt. Den Schaden davon hat die Gesellschaft im ganzen, die sich auf die kleinen Gruppen aufbaut. Den Schaden hat aber auch der Einzelne, dessen Kontaktunfähigkeit sich nur noch verstärkt.

Die soziale Begabung des Menschen, die mit seiner Sexualität im weitesten Sinne zusammenhängt, wird heute mehr denn je verprellt. Pseudofortschrittlich gesinnte, »sportliche« Mütter verschmähen es, die Kinder zu stillen, kümmern sich als berufstätige Frauen später wenig um sie, lassen sie allein mit ihren Nöten, die sie aus einer Schule mitbringen, in der schon von den untersten Klassen an einer des anderen Konkurrent ist. Schließlich wird durch schildbürgerhafte Schulreform jede auch nur im Ansatz bestehende Klassengemeinschaft vollends zerstört. Wer unter solchen extremen Bedingungen aufwächst, der braucht nur noch die sexuellen Tabus zu beachten, um so gründlich emotional isoliert zu sein, daß psychotische Erkrankung eine fast zwingende Folge wäre. Zum Glück setzt der kalte, blutleere »Fortschritt« sich nicht überall durch.

Von Theologen, Seelsorgern und Seelenärzten, die der Sexualnot des abendländischen Menschen heute einiges Verständnis entgegenbringen, wird sexuelle Lust unter der Bedingung akzeptiert, daß zwei Menschen sich so einander zuwenden, daß sie seelisch *gebunden* sind. »Bindungslosigkeit« ist das moralische Urteil, das Psychoanalytiker über schwer »therapierbare« sexuelle Freibeuter fällen. Und die Bischöfe räumten in einem Hirtenbrief ein, daß der Geschlechtsverkehr zwischen Verlobten oder »fest Versprochenen« sich von einer »unpersönlichen und bindungslosen Sexualbeziehung als der eigentlichen Form der Unzucht« unterscheide[90]. Solch konziliantes Denken hält an der Überzeugung fest, daß Bindung als die moralische Voraussetzung sexueller Beziehungen sich *vor* jedem körperlichen Kontakt herstellen müsse, sei es als das Bewußtsein einer »Seelenharmonie« oder als das Ergebnis eines »Versprechens«, zu dem Verliebte, optisch voneinander entzückt, sich hinreißen lassen.

»Bindungslos« wird die Sexualität aber gerade dadurch, daß sie als Quelle der Lust nicht entwickelt ist. Der unzärtlich Erzogene findet sich in der Pubertät unversehens einem Triebandrang ausgesetzt, dem die Brücke zum Mitmenschen fehlt. Er reagiert darauf in verschiedener Weise: 1. durch autoerotische Betätigung, Selbstbefriedigung; 2. durch den Konsum von Genußgiften, die orgasmusähnliche Zustände erzeugen und langfristig den Trieb untergraben; 3. durch sportliche Überanstrengung, die dem »lästigen Trieb« vitale Kraft entziehen soll; 4. durch die Ersatzlust des Vielessens; 5. durch forcierte, jähe, gar aggressive Zuwendung zum anderen Geschlecht oder zu gleichgeschlechtlichen Leidensgenossen.

Der junge Mensch, der wesentlich über die Fernsinne Auge und Ohr Kontakt zu möglichen Sexualpartnern hat, kann die für seinen Tastsinn bestehende Kluft zu ihnen oft nur im gewaltsamen Zugreifen überspringen. *Diese sensorische Lücke im Verhältnis zu den Mitmenschen ist je individuell der Grund für sogenannte aggressive Erotik:* Sadismus, Überrumpelung, Vergewaltigung. Die Experten für die Seele haben diese körperliche Bedingung brutaler und liebloser Sexualität bis jetzt übersehen – es paßt nicht in ihr dualistisches Denkmodell. Danach darf es nicht wahr sein, daß aus einer geglückten, scheinbar »rein sinnlichen« Begegnung eine Bindung erwächst, die im Wunsch nach Wiederholung und in vitaler Dankbarkeit sich formt. Daß erotische Beziehungen scheitern, weil nicht zur Sinnlichkeit erzogene Menschen aneinander keine Freude finden, daß sie ruhelos weitersuchen nach dem »idealen Partner«, weil es ihnen selber buchstäblich an *Fingerspitzengefühl* mangelt, das kann auch der »aufgeschlossene« Verfechter der geltenden Sitte noch nicht zugeben. Die sensorische Lücke ist – als Folge sinnenfeindlicher Erziehung – auch kein Gegenstand moralischer Belehrung und Ermahnung. Sittlich belehrt werden kann nur jene »Vernunft«, von der man erwartet, daß sie »vernünftig« sei, bereit, sich gegen die Zumutung von Verzichten nicht allzusehr zu sträuben. Und appelliert werden kann nur an einen Willen, der »willig« ist, sich in enge Lebensverhältnisse zu fügen. »Verzichte aus Einsicht«, die uns auch Psychoanalytiker empfehlen[91], kommen *de facto* aus der Erkenntnis drohender sozialer Sanktionen.

Dem »Bindungsscheuen« droht mancherlei Unbill. Nicht nur Frauen, die sich nicht auf einen Mann für die Ehe festlegen wollen, auch unverheiratete, ledige oder geschiedene Männer haben soziale Nachteile hinzunehmen. Wo bereits die Ehefrauen der Bewerber um einen Führungsposten getestet werden*, kommt erst recht der Ehelose in den Verdacht, sexuell nicht recht »sauber« zu sein. Womöglich ist er homosexuell, oder er lebt promiskuitiv. Verführbar durch Frauen, die politische oder kommerzielle Spionage auf ihn ansetzen könnten, wäre er ein »Sicherheitsrisiko«. Mit wem im Arm soll er bei Galaempfängen repräsentieren? Er braucht es nicht: er wird abgelehnt.

Wer Ehrgeiz mit unangepaßten sexuellen Neigungen verbindet, tut gut daran, wenigstens vor der Öffentlichkeit zu heiraten. Die Ehe als Lüge, zur Tarnung homosexueller Kontakte ist namentlich unter Schauspielern längst üblich. Zur Tarnung promiskuitiver Lebensführung erweist sie sich als nützlich in der Politik. Der soziale Erfolg gibt den Lügnern ebenso recht wie den Sittenstrengen. Das bestätigt wieder, daß die geltende Moral und die konventionelle Lüge einen gemeinsamen Nenner haben.

---

* Man vergleiche hierzu im VI. Kapitel den Abschnitt »Die Ehe als Fluchtburg«!

NACHWORT

Ohne Lüge leben – Hoffnung oder Illusion?

Hoffnung auf ein Zusammenleben ohne Lüge, jedenfalls ohne die Neigung, andere durch Lügen hinters Licht zu führen und sich selber dabei etwas vorzumachen, Hoffnung auf mehr Aufrichtigkeit ist nicht ohne Abstützung in der Realität. Was im Unterschied zu Täuschungen im Tierreich die Lüge des Menschen zur moralisch bedenklichen Sache macht, sind gerade die Hemmungen, die er spürt, sie auszusprechen. Wenn irgend die Rede von der geistigen Natur des Menschen einen Sinn hat, dann den, daß in ihm das Leben *wach* genug wird, sich unverstellt den Phänomenen zu nähern. Der Drang nach Erkenntnis hat eine Kehrseite: die Unfähigkeit zu lügen oder doch das Unvermögen, eine Lüge konsequent durchzuhalten[1].

Wer dennoch, kühn entschlossen, lügt, wird sich selbst zum größten Feind: Selbstverrat durch unbedachtes Sich-Versprechen oder Liegenlassen von »verräterischen« Gegenständen bringt die Grundtendenz zur Wahrheit selbst gegen das eigene wohlkalkulierte Interesse zur Geltung. Wenn der Mensch einen natürlichen Hang zur Lüge hätte, dann hätte er auch einen Hang, sich mühevoll etwas aufzuladen, was ihn zu Fall bringen kann. Zu lügen ist ja recht anstrengend und risikoreich. Wer einfach sagt, wie es ist, muß sich nicht erst etwas aus den Fingern saugen, was ihm vielleicht niemand abnimmt; und er braucht auch kein so gutes Gedächtnis wie der Lügner. Er kann sich auf die Fakten verlassen. Sie sprechen für ihn, auch wenn er sich nicht mehr an alles erinnert.

Dem Lügner wird's nicht so leicht gemacht. Er muß konsequent bei seiner Lüge bleiben, auch wenn nichts in der Wirklichkeit und niemand, der sie bezeugen könnte, ihm dabei hilft. Wer ganz auf sich gestellt lügt, schneidet sich von der Wahrheit ab, auch, weil er bis zu einem gewissen Grade sich selber die Lüge glauben muß, um sie glaubhaft vertreten zu können. Doch auch die Geborgenheit in einer Interessengemeinschaft, die sich nach außen durch Lügen abschirmt, ist brüchig und jederzeit kündbar. Verrat, der sich auf die Wahrheit beruft, lauert überall dort, wo es nur auf den eigenen Vorteil ankommt.

Wenn der Mensch ein soziales Wesen ist, so hat er einen natürlichen Hang zur Wahrheit. Wer gegen Lügen allergisch ist, leidet im Grunde unter Vereinsamung, darunter, daß der Freund, der Partner, der Kollege, der Mitmensch sich eine eigene Welt aufbaut, von der er andere ausschließt. Fanatisierte, die sich auf eine gemeinsame Lebenslüge einigen, stehen im selben Sinne feindlich gegen jede größere Gemeinschaft. Sie sorgen für Zwietracht und Unfrieden im Namen ihrer hohen Ideale.

Wer es leid ist, in einer Welt der Illusionen zu leben, aber dafür bereit geworden ist, die Unzulänglichkeiten seiner Mitmenschen schonend in Rechnung zu stellen, der verschmäht es auch, sich hohe edle Tugenden vorspielen zu lassen. Seine Hoffnung auf ein besseres Zusammenleben geht jetzt nur auf größere Aufrichtigkeit, freilich mit der ganzen Gefahr, daß *ohne Lüge leben* selber zur unerbittlichen Illusion wird. Aufrichtigkeit um jeden Preis hat noch etwas von der Tendenz, ein nicht unbefangen offenes Zusammenleben durch Ideale zu überhöhen. Es liegt noch im Ideal unbedingter Aufrichtigkeit ein Keim der Lüge: Wir tun dabei in forcierter Weise ja so, als ob wir uns rückhaltlos nahe wären – einstweilen nährt der Zwang zur Wahrheit noch das Mißtrauen. Er schürt die Angst, sich leichtsinnig aus der Hand gegeben zu haben. Solange die vitalen und sozialen Bedingungen größerer Aufrichtigkeit nicht gegeben sind, bleibt nur die Empfehlung, überall dort, wo schon ein Verhältnis des Vertrauens und des Verstehens sich ausgebildet hat, die Lüge nicht wieder einbrechen zu lassen.

Ohne Lüge zu leben, das ist eine Illusion auf der Basis einer Moral und einer Erziehung, die den Menschen der Wahrheit seines Leibes entfremdet. *Mit* der Lüge zu leben ist aber eine nicht minder anspruchsvolle Maxime, wenn dabei verlangt wird, mit sich selber im Einklang zu stehen, ja auch nur gesund zu bleiben. Es gibt wohl den verlogenen Charakter, der Lügen konsequent durchhält, ohne sein Gedächtnis dabei allzusehr anzustrengen. Aber er leidet darunter vielleicht in elementarer Weise: an Magengeschwüren oder an scheinbar unerklärlichem überhöhtem Blutdruck. Die Qual der Vereinsamung durch die Unwahrheit oder die geheime Wut über den äußeren und inneren Zwang zur Lüge lassen ihn in die Krankheit entweichen. Wenn der Mensch nach Leib und Seele gar nicht auseinanderzuhalten ist, dann muß sich auch bewahrheiten, daß er an der Unwahrheit erkrankt.

Der Mensch in einer verlogenen Gesellschaft, in der Verdrängung und Lüge sich institutionalisiert haben, ist der Wahrheit oft nicht gewachsen. Aber das heißt noch nicht, daß ihm die Lüge ein Bedürfnis wäre. Er hat, in seinen Störungen aufzeigbar, offenbar so etwas wie ein »Wahrheitsgewissen« (JASPERS[2]). Wenn es ihm fehlte und in ihm nicht die geheime Sehnsucht nach einem »Leben ohne Lüge« schwelte, könnte er konfliktlos leben. Er hat, von seinen vitalen Antrieben her, kein ursprüngliches Interesse an der Lüge. »Kinder und Narren sagen die Wahrheit«: das sind Menschen, die der verlogenen Gesellschaft, obschon in ihr lebend, nicht innerlich angehören. Die Kinder müssen die Lüge erst lernen, und man erzieht sie auch ordentlich zur Heuchelei: durch Verteufelung der Sexualität und durch die Verpflichtung auf »höhere« Werte. Die »Narren«, auch die bücherschreibenden, aber sind der tradierten Lüge schon wieder so überdrüssig, daß sie der in Konventionen erstarrten Unaufrichtigkeit trotzen. Närrisch sind sie dabei nur im Verhältnis zu den Gefahren, denen sie sich aussetzen. Sie antizipieren aber die Erfüllung einer verbreiteten Hoffnung.

Der Mensch kann, wo alle lügen, nicht die Lüge vermeiden, aber er kann auch nicht mit der Lüge leben. Es gibt welche, die steigen mit geheuchelten Gesinnungen so hoch, daß man denken möchte: Jetzt sind sie glücklich, jetzt werden sie nichts mehr erstreben. Aber verwunderlich genug zeigen sie mit einem Mal eine merkwürdige Unruhe; sie spüren: Sie haben nicht gelebt. Das ist die Erkenntnis des tiefsten und zugleich quälendsten Selbstbetrugs. Was dann folgt, ist die Vorbereitung des eigenen Sturzes. Wer unter Lügen alles erreicht hat, dem bleibt, um vorwärtszukommen, nur noch der Ausweg des *Falles*. Sei es, daß er beginnt, entgegen karrieresichernder Moral sich körperlich auszuleben; sei es, daß er, schon älter geworden, seinen sogenannten Gesinnungsfreunden nur einfach »die Wahrheit sagt«, die er lange, zu lange für sein Gewissen, für sich behalten hat. Sehr alte Menschen, die den sozialen Zwängen des Vorankommens nicht mehr unterliegen, können oft verblüffend unbefangen aussprechen, woran wir allesamt kranken: an der uns zur zweiten Natur gewordenen Unaufrichtigkeit und Heuchelei.

Ohne Lüge leben meint ein Leben ohne Pose, ohne den Hang zur vergrößernden Selbstdarstellung, ohne den Zwang zum ängstlichen Versteckspiel. Das ist nicht durch pädagogische Ermahnung und moralische Anstrengung zu erringen, sondern nur dadurch, daß man zu einer Freude am Leben erzieht und sich selber durchreißt, die uns positiv solidarisiert – und nicht bloß negativ in Frontstellung gegen Feinde des eigenen Volkes oder »Klassenfeinde«.

Eine leibbejahende Erziehung ist die eine Bedingung einer von Heuchelei befreiten Gesellschaft; soziale Gerechtigkeit ist die zweite. Beides muß zusammenwirken. Denn Triebbefreiung für breite Volksschichten ohne gleichzeitigen sozialen Wandel führte zur Herrschaft der Neurotiker über die innerlich Ausgeglichenen (die die Ersatzlust der Macht nicht nötig haben); Sozialismus ohne sexuelle Revolution aber führt zu einer Bonzokratie, in der nur die Kriterien für sozialen Aufstieg andere geworden sind als in einer am Geld orientierten Gesellschaft.

Solange soziale Ungerechtigkeit in unserer Gesellschaft eine uns allen offenbare Tatsache bleibt, solange es hier Politiker gibt, die sich zu einem »Recht auf Ungleichheit« (MARGARET THATCHER[3]) bekennen, bleibt auch die Chance, ebenso offen und öffentlich für soziale Gerechtigkeit und Chancengleichheit einzutreten. Wo aber eine neue Hierarchie mit neuen Privilegien einer »neuen Klasse« (DJILAS) als gerechte soziale Ordnung ausgegeben wird, da herrscht mit der privilegierten Schicht zugleich die Lüge über den wahren Zustand der Gesellschaft. Die Lüge braucht, um zu herrschen, gar nicht den Unterdrückungsapparat einer drakonischen Polizei. Sie muß nur allgegenwärtig sein in den Schulen und Massenmedien, dann läßt sie ein Denken, das gegen sie aufbegehren könnte, sich nicht so leicht entwickeln. Da der Mensch, das sprachbegabte Wesen, in den Worten lebt, die er von klein auf vorgesagt bekommt, überzieht ihn auch die öffentliche Lüge wie ein nur schwer zu zerreißendes Gespinst.

Wir haben hierzulande wenig Anlaß, gegenüber autoritären Regimen uns als Bewohner einer Kultur der Wahrheit zu fühlen. Auch im sogenannten demokratischen Westen durchsetzt die Lüge viele Lebensbereiche, für die der Begriff der Manipulation bezeichnend ist. Es kann wohl, mit BERTOLT BRECHT[4] gesprochen, Volksherrschaft nur eine »Herrschaft der Argumente« sein. Aber zuvor brauchen wir ein Volk, dem Argumente überhaupt etwas gelten. Solange verdrängte, allenfalls halb eingestandene Sehnsüchte sich die intellektuellen Fähigkeiten noch in ihren Dienst zwingen, kann weder von geistiger, noch von politischer Freiheit ernstlich gesprochen werden. Nur der in seinen vitalen

Antrieben befreite Mensch ist auch frei im Geist. Demjenigen, der an einem unerfüllten Leben leidet, bleibt aber zunächst nichts anderes übrig, als sich im Denken zu befreien. Das ist nicht einfach aussichtslos, wenn Gleichbestrebte ihn dabei untersttüzen.

Nehmen wir eine Glaubensgemeinschaft von hundert Leuten: Alle hundert beten ein goldenes Kalb an, und alle hundert glauben an seine Macht. Am nächsten Tag glauben noch 99 daran, aber alle hundert beten noch an. Jeden Tag wird es dann einer weniger, der glaubt, aber alle hundert beten weiter. Wann kommt der Tag, an dem sie alle mit einem Mal aufhören, den Kult zu betreiben? Das wäre der Tag, an dem die Quantität der geheimen Überzeugung in die soziale Wirklichkeit durchschlägt. So könnten auch unsere verlogenen Ideale, Fiktionen und Prestigegüter zunichte werden, wenn viele Einzelne, jeder für sich, aufhörten, an das uns vorgesagte Lügengewebe zu glauben. Auf diesem Wege könnte unser Zusammenleben freier und offener werden. Gesetzliche und institutionelle Reformen mögen Hilfestellung geben; für sich genommen, bewirken sie wenig. Neurotischem Spürsinn fällt es leicht, neue Regeln mit den alten Fehlhaltungen zu erfüllen. Wir müssen, fern allem Idealismus, der uns nur überforderte, zuerst die eigene Person mit allen Unzulänglichkeiten akzeptieren, Geduld auch mit uns selbst erlernen. Dann könnten wir darauf vertrauen, daß den Einsichten in die Mechanismen der Verlogenheit eine neue Aufrichtigkeit nachreift.

Anhang

Anmerkungen

ZUM VORWORT

1 HELMUT SCHELSKY: *Die Arbeit tun die anderen. Klassenkampf und Prie-sterherrschaft der Intellektuellen.* Westdeutscher Verlag 1975.
2 HELMUT SCHOECK: *Ist Leistung unanständig?* Osnabrück 1971.
3 Siehe hierzu im IX. Kapitel den Abschnitt »Sittenverfall als Chance«!
4 FRIEDRICH NIETZSCHE: »Das Christentum gab dem Eros Gift zu trinken: er starb zwar nicht daran, aber entartete, zum Laster.« (*Jenseits von Gut und Böse.* Kröners Taschenausgaben, Band 76, S. 91.)
5 ARNO PLACK: *Die Gesellschaft und das Böse. Eine Kritik der herrschen-den Moral.* Vorwort zur 2. Auflage, München 1968, S. 11.

1   SIGMUND FREUD: Gesammelte Werke. Chronologisch geordnet. IV. Band: *Zur Psychopathologie des Alltagslebens.* »Reprinted« London 1947, S. 247.

2   Das Beispiel bei PAUL REIWALD: *Die Gesellschaft und ihre Verbrecher.* Zürich 1948, S. 175.

3   Vgl. KARL JASPERS: *Von der Wahrheit.* München 1947, S. 490.

4   JEAN ORIEUX: *Talleyrand. Die unverstandene Sphinx.* Frankfurt am Main 1972, S. 610.

5   Vgl. ARNO PLACK: *Die Stellung der Liebe in der materialen Wertethik.* Münchener Diss. 1962, S. 142.

6   Vgl. ARNOLD GEHLEN: *Der Mensch, seine Natur und seine Stellung in der Welt.* 4. Auflage, Bonn 1950, S. 68, S. 363 und S. 377 f.

7   »Ein Lügner muß ein gutes Gedächtnis haben«, heißt es bei CORNEILLE: *Le Menteur,* 4. Akt, 5. Szene. Ebenso bereits M. FABIUS QUINTILIANUS: *Institutio oratoria,* IV; 2,91.

8   Man vergleiche bereits PLACK, *Die Gesellschaft und das Böse.* München 1967, S. 88, 106, und besonders 247. – Den Gedanken hat übernommen GÜNTHER NENNING, *Rot und realistisch.* Wien 1973, S. 101.

9   PLATON, *Der Staat,* Buch III, St. 389. – Man vergleiche hierzu JASPERS a.a.O., S. 484.

10 J. W. GOETHE: *Wilhelm Meisters theatralische Sendung.* (»Urmeister«), 5. Buch.

11 FRIEDRICH SCHILLER: *Die Verschwörung des Fiesco zu Genua.* 3. Aufzug, 2. Auftritt.

12 GERMAINE DE STAËL: *Corinne* (Roman).

13 Man vergleiche hierzu KARL VON AMIRA: *Grundriß des germanischen Rechts.* Straßburg 1913, S. 44; RUDOLF HIS: *Geschichte des deutschen Strafrechts bis zur Karolina.* München und Berlin 1928, S. 84; VIKTOR ACHTER: *Geburt der Strafe.* Frankfurt am Main 1951, S. 16; ARNO PLACK: *Plädoyer für die Abschaffung des Strafrechts.* München 1974, S. 198 f.

14 »Für die Zeitungen des Landes gab es keinen Zweifel«, wer den Wagen fuhr, berichtete die *Abendzeitung* vom 28. November 1974.

15 Vgl. BERT BRECHT: *Aufstieg und Fall der Stadt Mahagonny,* besonders die 16. Szene.

16 Vgl. ULRICH HOMMES: Nachwort zum Symposion *Was ist Glück?* München (dtv) 1976, S. 239.

17 Das wird nicht ganz deutlich bei HELMUT SCHOECK: *Der Neid und die Gesellschaft.* Herder-TB, 2. Auflage 1972, S. 84 f.

18 Mitgeteilt von IRING FETSCHER in der Einleitung zur Neuausgabe von ADOLPH FREIHERR VON KNIGGE, *Über den Umgang mit Menschen,* Fischer-TB 1962, S. 9.

19 So der CDU-Bundestagsabgeordnete Dr. NORBERT BLÜM in einer Fernsehdiskussion im *Südwestfunk*, ausgestrahlt am 9. April 1976; Wortlaut durch einen Brief des Herrn Abgeordneten an den Autor vom 25. Mai 1976 bestätigt.

20 Siehe MARK TWAIN: The man that corrupted Hadleyburg (Kurzgeschichte). Ferner: What is Man? In: *The Works of Mark Twain*. Volume 19, University of California Press 1973, p. 184 f.

21 Vgl. PAUL STÖCKLEIN: *Literatur als Vergnügen und Erkenntnis. Essays zur Wissenschaft von der Sprache und Literatur.* Heidelberg 1974, S. 54.

22 Man vergleiche hierzu schon ARNO PLACK, *Die Gesellschaft und das Böse*, München 1967, S. 40 f.

23 Zum Zusammenhang von Genuß und Gemeinschaftsgefühl siehe *Die Gesellschaft und das Böse*, S. 55/56.

24 So FREUD in einem Brief an Oskar Pfister vom 9. Februar 1909. Siehe SIGMUND FREUD/OSKAR PFISTER: *Briefe 1909 – 1939*. Frankfurt am Main 1963, S. 12.

25 RUDOLF VON JHERING: *Der Zweck im Recht*. Zweiter Band, Leipzig 1883, S. 610.

26 Man vergleiche schon PLACK, *Die Gesellschaft und das Böse*, S. 37 ff.

27 Vgl. JASPERS, *Von der Wahrheit*, S. 561.

28 ADOLPH FREIHERR VON KNIGGE: *Über den Umgang mit Menschen*. In der Fischer-Bücherei hrsg. von IRING FETSCHER 1962, S. 104.

28a Vgl. HANS VON HENTIG: *Das Verbrechen III. Anlage-Komponenten im Getriebe des Delikts*. Berlin–Göttingen–Heidelberg 1963, S. 298.

29 Der Satz »La parole a été donnée à l'homme pour déguiser sa pensée« wird von BERTRAND BARERE *(Mémoires*, Paris 1842) TALLEYRAND zugeschrieben; von anderen ähnlich auch FOUCHÉ oder METTERNICH. Der Gedanke geht aber auf VOLTAIRE zurück *(Dialog 14 »Der Kapaun und das Masthuhn«).*

30 LUDWIG WITTGENSTEIN: *Tractatus logico-philosophicus* 4 002.

31 Vgl. JASPERS, *Von der Wahrheit*, S. 495.

32 Vgl. MARTIN HEIDEGGER: Über den »Humanismus«. In: *Platons Lehre von der Wahrheit*. 2. Auflage, Bern 1954, S. 79, 111 und 115. Ferner: *Identität und Differenz*. Pfullingen 1957, S. 32.

33 Man vergleiche hierzu schon VANCE PACKARD: *Die Pyramidenkletterer*. Knaur-TB 1966, S. 154.

34 RUTH ANDREAS-FRIEDRICH: *So benimmt sich die junge Dame*. Heidelberg 1967, S. 114.

35 CHARLOTTE MAACK: Der gelebte Selbstbetrug. Die Situation der Frau in Ehe und Familie. In den *vorgängen, Zeitschrift für Gesellschaftspolitik*, Nr. 8 1974, S. 41.

36 WILHELM BUSCH: *Kritik des Herzens*. »Wer möchte diesen Erdenball ...«

37 KARLHEINZ GRAUDENZ und ERICA PAPPRITZ: *Etikette neu*. 9. Auflage, München 1967, S. 17, vgl. auch S. 24. – Hierzu und zu einigen anderen

»modernen« Anstandsbüchern ebenso informativ wie kritisch C. WOLF-
GANG MÜLLER: Das Elend unserer Anstandserziehung. In: *Das Ende der
Höflichkeit*. Für eine Revision der Anstandserziehung. (Autoren: KERBS,
MÜLLER u. a.) Juwenta-Verlag, München 1970, S. 34–49.

38 Vgl. ARNO PLACK: *Die Stellung der Liebe in der materialen Wertethik*,
Münchner Diss. 1962, S. 185.

39 J. W. GOETHE: *Maximen und Reflexionen*. Nr. 1185 der Hamburger
Ausgabe.

40 J. W. GOETHE: *Maximen und Reflexionen*. Nr. 1141 der Hamburger
Ausgabe.

41 Zum Fall Behnke vergleiche man GERHARD MAUZ: »Tod eines Richters«
im *Spiegel* Nr. 51 vom 14. Dezember 1964.

42 Zum Fall Hörauf siehe die Münchner *Abendzeitung* vom 19. März 1974,
Seite 10: »Neue Vorwürfe gegen den Sitten-Staatsanwalt«.

43 »Jeder ist der Hüter seines Bruders!« bekräftigt WERNER SCHÖLLGEN
zum Schluß eines Berichts über »Sexualität und Verbrechen in der Sicht
der katholischen Moraltheologie« in dem Sammelband *Sexualität und
Verbrechen*, hrsg. von FRITZ BAUER, HANS BÜRGER-PRINZ, HANS GIESE,
HERBERT JÄGER, Fischer-TB 1963, S. 83.

44 Schließlich sagt der Mörder Kain zu dem ihn zur Rechenschaft ziehenden Gott: »Soll ich der Hüter meines Bruders sein?« (1. Mose 4,9).

45 THEODOR W. ADORNO: *Jargon der Eigentlichkeit. Zur deutschen Ideologie*. Frankfurt am Main 1964, S. 94.

46 GOTTFRIED BENN in einem Brief an seine Tochter Nele vom 2. Oktober
1951. Siehe NELE POUL SOERENSEN: *Mein Vater Gottfried Benn*. Wiesbaden 1960, S. 90.

47 MAX FRISCH hat das nach einer Chinareise als ein dem Europäer besonders auffälliges Phänomen herausgestellt. (MAX FRISCH im *Spiegel* Nr. 7
vom 9. Februar 1976, S. 122). RICHARD THURNWALD berichtet von den
Negern Nordrhodesiens, daß bei ihnen »die Etikette es überhaupt ver-
bietet, direkte Fragen, namentlich an eine Mehrheit von Leuten zu stellen« (R. THURNWALD: Die Lüge in der primitiven Kultur. In: OTTO
LIPMANN und PAUL PLAUT [Hrsg.]: *Die Lüge in psychologischer, philosophischer, juristischer, pädagogischer, historischer, soziologischer, sprach-
und literaturwissenschaftlicher und entwicklungsgeschichtlicher Betrachtung*. Leipzig 1927, S. 399; mit Bezug auf SMITH and DALE, *The Ila-
speaking peoples of Northern Rhodesia*, London 1920, S. 377 ff.).

48 Vgl. ARNO PLACK: *Die Stellung der Liebe in der materialen Wertethik*.
Münchner Diss. 1962, S. 140.

49 Vgl. I. KANT: *Über ein vermeintliches Recht aus Menschenliebe zu lügen*.
Akademie-Ausgabe, Band VIII, S. 423–430.

50 JOHANN GOTTLIEB FICHTE: *Das System der Sittenlehre nach den Prin-
cipien der Wissenschaftslehre*. Werke, hrsg. von I. H. FICHTE, 4. Band,
Berlin 1845, S. 283.

51 HARALD WEINRICH: *Linguistik der Lüge*. 5. Auflage, Heidelberg 1974, S. 40 und S. 73.

52 Vgl. NICOLAI HARTMANN: *Ethik*. 3. Auflage, Berlin 1949, S. 463.

53 Vgl. ALOYS WENZL: *Philosophie der Freiheit II, Ethik*. München-Pasing 1949, S. 89; und ARNO PLACK: *Die Stellung der Liebe in der materialen Wertethik*. 1962, S. 139.

54 Vgl. ARNO PLACK: *Die Stellung der Liebe in der materialen Wertethik*, S. 141.

55 Man vergleiche hierzu PLACK, *Die Gesellschaft und das Böse*, S. 62 ff.

56 HORST-EBERHARD RICHTER: *Flüchten oder standhalten*. Reinbeck bei Hamburg 1976, Kapitel »Menschen vor dem Sterben« (Vorabdruck in der *Basler National-Zeitung* vom 14. Februar 1976).

57 ARNOLD GEHLEN: *Der Mensch. Seine Natur und seine Stellung in der Welt*. 4. Auflage, Bonn 1950, S. 60. – Man vergleiche hierzu auch PLACK, *Die Gesellschaft und das Böse*, S. 256 und S. 385, Anm. 157.

58 Mitgeteilt von ROLF HOCHHUTH: Karl Jaspers oder die Lebensfreundlichkeit. In der *Frankfurter Allgemeinen Zeitung* vom 20. Februar 1973, S. 24.

59 GOTTFRIED BENN: Kunst und Drittes Reich. In: *Ausdruckswelt*. Wiesbaden 1949, S. 21.

60 LUDWIG MARCUSE: *Argumente und Rezepte*. Zürich 1973, S. 91.

61 Vgl. ARNO PLACK, *Die Stellung der Liebe in der materialen Wertethik*, S. 117, Anm. 140.

62 J. W. GOETHE: *Maximen und Reflexionen*. Nr. 488 der Hamburger Ausgabe.

1   MARGARET MEAD: *Leben in der Südsee*. München 1965, S. 320.

2   Vgl. OTTO ENGELMAYER: *Das Kindes- und Jugendalter. Entwicklungspsychologie für Lehrer und Erzieher*. München 1964, S. 246.

3   Siehe JEAN PIAGET: *Das moralische Urteil beim Kinde*. Frankfurt am Main (Suhrkamp) 1973, S. 165, S. 180.

4   IMMANUEL KANT: *Die Metaphysik der Sitten*. Erster Teil. Die metaphysischen Anfangsgründe der Rechtslehre. Band VI der Akademie-Ausgabe, S. 238, Fußnote.

5   PIAGET, a.a.O., S. 162.

6   KARL JASPERS: *Von der Wahrheit*. München 1958, S. 873. Vgl. auch JASPERS: *Philosophie*. Zweiter Band: *Existenzerhellung*. Berlin 1932, S. 196.

7   Vgl. MARGARET MEAD: *Mann und Weib. Das Verhältnis der Geschlechter in einer sich wandelnden Welt*. Hamburg (rde) 1958, S. 59.

8   Das war ein Grundgedanke meines Buches *Die Gesellschaft und das Böse*, München 1967; siehe dort besonders S. 88, S. 106 und S. 247.

9   Der Diplomat Harry Graf Arnim soll so undiplomatisch sich geäußert haben. Nach BISMARCK: *Gedanken und Erinnerungen*. Die drei Bände in einem Bande. Stuttgart (Cotta) 1928, S. 461.

10 BERTOLT BRECHT: *Herr Puntila und sein Knecht Matti*. Gegen Ende des Stücks.

11 Man vergleiche hierzu ORVAL H. MOWRER: Bewußtsein und soziale Wirklichkeit. In: *Struktur und Dynamik des menschlichen Verhaltens. Zum Stand der modernen Psychologie*. Hrsg. von OTTO WALTER HASELOFF bei Kohlhammer, Stuttgart usw. 1970, S. 68.

12 Man vergleiche schon PLACK, *Die Gesellschaft und das Böse*, München 1967, S. 85.

13 FREUD hat seine Anpassung an die überkommene Moral durchaus eingestanden, indem er sagte, mit dem Begriff der Sublimierung *füge* er sich nur der »allgemeinen Schätzung«, die »soziale Ziele höher stellt als die im Grunde selbstsüchtigen sexuellen« (*Vorlesung zur Einführung in die Psychoanalyse*, 5. Auflage, S. 358). Der grundlegende Irrtum liegt hier schon darin, daß FREUD die sexuellen Neigungen als selbstsüchtig, egoistisch, auffaßt. Dabei konnte seit EDUARD VON HARTMANN und ARTHUR SCHOPENHAUER diese Auffassung bereits als widerlegt gelten. (Vgl. hierzu PLACK, *Die Stellung der Liebe in der materialen Wertethik*, Münchener Diss. 1962, S. 64).

14 S. FREUD: *Die kulturelle Sexualmoral und die moderne Nervosität*, in Band VII der Gesammelten Werke, London 1946 ff., S. 162.

15 KONRAD LORENZ spricht davon, die »Leistungen der Vernunft und der verantwortlichen Moral« könnten dem Menschen »sehr wohl die Macht

geben«, das »tierische Erbe« in sich zu beherrschen (*Das sogenannte Böse. Zur Naturgeschichte der Aggression.* Wien 1963, S. 340).

16 VANCE PACKARD: *Die geheimen Verführer. Der Griff nach dem Unbewußten in jedermann (The Hidden Persuaders* deutsch). Ullstein-TB Nr. 402, Frankfurt am Main/Berlin 1962.

17 Ich habe das aufgezeigt in meinem *Plädoyer für die Abschaffung des Strafrechts,* München 1974, S. 207 ff.

18 Man vergleiche hierzu das III. Kapitel gegen Ende zu.

19 Nach HUBERT TROOST: *Der »statistische« Mitmensch.* Düsseldorf 1964.

20 KARL JASPERS: *Psychologie der Weltanschauungen.* 4. Auflage, Berlin–Göttingen–Heidelberg 1954, S. 130. – Bei MAX SCHELER vergleiche man: *Wesen und Formen der Sympathie.* 5. Auflage, Frankfurt am Main 1948, S. 198 und S. 201.

21 ARNO PLACK: *Die Gesellschaft und das Böse.* München 1967, S. 53 und S. 67. – Man vergleiche hierzu aber auch schon PLACK: *Die Stellung der Liebe in der materialen Wertethik.* Münchener Diss. 1962, S. 118 und S. 150–153.

22 ALBERT CAMUS: *Der Mensch in der Revolte (L'Homme révolté).* 2. Aufl. Hamburg 1958, S. 318.

23 J. W. GOETHE: *Schweizerreise.* Man vergleiche aber auch: FRIEDRICH VON MÜLLER, *Tagebuch,* 13. Juni 1824, und FRIEDRICH W. RIEMERS *Mitteilungen,* vom August 1808.

24 Vgl. HANNAH ARENDT: *Eichmann in Jerusalem. Ein Bericht von der Banalität des Bösen.* München 1964, S. 174.

25 Ein spontaner Einfall GOETHES, von LUISE VON GÖCHHAUSEN überliefert unter dem 9. November 1782. (Zitiert nach PAUL STÖCKLEIN: *Gespräche mit Goethe. Eine Auswahl.* Bergen/Oberbayern 1950, S. 15).

26 Auf diese Formel bringt RUDOLF EISLER (*Wörterbuch der philosophischen Begriffe.* 2. Band L–Sch, 4. Auflage, Berlin 1929, S. 411) J. G. FICHTES individualethisch geprägte Ontologie.

27 Nach WALTER RICHTER: *Zur soziologischen Struktur der deutschen Richterschaft.* Stuttgart 1968.

28 Vgl. ARNO PLACK: *Die Gesellschaft und das Böse.* 3. Auflage, München 1968, S. 250 und S. 252. Ferner ARNO PLACK, WOLFGANG SCHMIDBAUER und HANS-ULRICH WINTSCH in: PLACK, *Der Mythos vom Aggressionstrieb,* München 1973, S. 99, S. 205, S. 230, S. 274, S. 296–299.

29 Vgl. KONRAD LORENZ: *Das sogenannte Böse.* Wien 1963, S. 75.

30 ALEXANDER MITSCHERLICH: *Über Feindseligkeit und hergestellte Dummheit.* Rede zur Verleihung des Friedenspreises des Deutschen Buchhandels. Frankfurt am Main 1969, S. 49.

31 Vgl. WALTER ADOLF JÖHR: *Zur Rechtfertigung des Konkurrenzsystems.* Gedanken eines Nationalökonomen zum Buche von Konrad Lorenz »Das sogenannte Böse – Zur Naturgeschichte der Aggression«. In: *So-*

zialwissenschaftliche Untersuchungen. Festschrift zum 80. Geburtstag von Gerhard Albrecht. Berlin 1969, S. 179.

32 Vgl. ALEXANDER MITSCHERLICH: »Neurose ist immer zugleich Infantilismus.« *(Vom Ursprung der Sucht.* Stuttgart 1947, S. 183.)

33 FRIEDRICH HÖLDERLIN: Abendphantasie (Ende des Gedichts).

34 FRIEDRICH NIETZSCHE: *Ecce Homo.* Kröners Taschenausgaben Band 77, S. 335.

35 Siehe HORST EBERHARD RICHTER: *Lernziel Solidarität.* Reinbek 1974. – Ferner DIETER WYSS: *Lieben als Lernprozeß.* Göttingen 1975.

36 MAX SCHELER sagt, der Wert »gut« befinde sich gleichsam »auf dem Rücken« eines Willensaktes *(Der Formalismus in der Ethik und die materiale Wertethik,* 4. Auflage, Bern 1954, S. 49), und führt näher aus, »daß sich die mögliche Realisierbarkeit von Werten durch Wollen und Handeln zur Höhenlage dieser Werte wesensgesetzmäßig gleichsam umgekehrt proportional verhält« (a.a.O., S. 511/512).

37 MAX STIRNER: *Der Einzige und sein Eigentum.* Neue Ausgabe von ANSELM RUEST. Berlin 1924.

38 Von MAX SCHELER wird die Bemerkung, man habe noch nie einen Wegweiser gesehen, der den Weg, den er zeige, auch geht, mündlich überliefert; bei LUDWIG MARCUSE vergleiche man *Argumente und Rezepte,* Zürich 1972, S. 85: »Es ist besser, das Gute steht auf dem Papier – als nicht einmal dort.«

39 SIGMUND FREUD: *Zeitgemäßes über Krieg und Tod.* Gesammelte Werke, London 1946 ff., Band X, S. 336.

40 SIGMUND FREUD: *Vorlesungen zur Einführung in die Psychoanalyse.* 5. Auflage 1926, S. 358.

41 SARVEPALLI RADHAKRISHNAN in seiner Festansprache zur Verleihung des Friedenspreises des Deutschen Buchhandels 1961. (Wortlaut nach der Veröffentlichung des Börsenvereins, Frankfurt am Main o.J., S. 36).

42 J. W. GOETHE: *West-östlicher Divan.* Das Schenkenbuch.

43 HUGO VON HOFMANNSTHAL: *Buch der Freunde.* Insel-Bücherei, Nr. 796, S. 33.

44 Der junge FREUD schrieb, das Selbstbewußtsein der gebildeten Stände getreulich widerspiegelnd, an seine Braut: die »Gewohnheit der beständigen Unterdrückung natürlicher Triebe gibt uns den Charakter der Verfeinerung« (SIGMUND FREUD: *Briefe 1873–1939.* Frankfurt am Main, bei S. Fischer, 1960, S. 49). In diesem Sinne von »Verfeinerung« sprach auch FRIEDRICH SCHILLER im zehnten Brief *Über die ästhetische Erziehung des Menschen.*

45 SIGMUND FREUD: Vorlesungen zur Einführung in die Psychoanalyse. 5. Auflage, S. 358.

46 HEINRICH HEINE: *Deutschland, ein Wintermärchen.* Kaput I.

47 KLAUS THOMAS: *Handbuch der Selbstmordverhütung.* Stuttgart 1964, S. 162.

48 *Nihil est in intellectu, quod non prius fuerit in sensu, nisi intellectus ipse.* (Vgl. G. W. VON LEIBNIZ, *Nouveaux essais* II, 1, § 2!)

49 Vgl. ARNO PLACK: Gibt es aggressive Musik? In: *Der Mythos vom Aggressionstrieb.* München 1973, S. 212–218.

50 Der Begriff vom Wohlgefallen »ohne alles Interesse« oder »reinen, uninteressierten Wohlgefallen« ist für KANTS *Kritik der Urteilskraft* von Anfang an orientierend.

51 So der letzte Vers in RILKES Gedicht *»Archaischer Torso Appollos«.*

52 JOHN RAWLS: *A Theory of Justice.* Harvard University Press, Cambridge 1971, S. 15. – Siehe hierzu auch HERBERT SPIEGELBERG in der *Universitas,* 29. Jahrgang (1974), S. 1086.

53 JEREMY BENTHAM: *An Introduction to the Principles of Morals and Legislation.* Works, ed. by JOHN HILL BURTON, Edinburgh 1843, Bd. I, S. 21 ff. Vgl. hierzu PLACK, *Die Stellung der Liebe in der materialen Wertethik.* Münchener Diss. 1962, S. 48 f.

54 Vgl. JOHANN GOTTLIEB FICHTE: *Die Bestimmung des Menschen.* Frankfurt und Leipzig 1800, S. 226.

55 Der Begriff geht auf EBERHARD SCHAETZING zurück. Nach KLAUS THOMAS: *Handbuch der Selbstmordverhütung.* Stuttgart 1964, S. 162–168.

56 Vgl. KLAUS THOMAS: *Handbuch der Selbstmordverhütung,* S. 162, auch S. 88, S. 239 und S. 245.

57 Siehe FRIEDRICH WILHELM RIEMERS *Mitteilungen,* Äußerungen Goethes vornehmlich 1803–1814.

58 3,5 Millionen Westdeutsche sollen 1975 allein in Urlaub gefahren sein. Vgl. ULRICH SCHMIDT: Allein im Urlaub. In der *Zeit* vom 12. März 1976, S. 14.

ZUM III. KAPITEL

1 Umfrage der Wickert-Institute Tübingen, veröffentlicht am 26. Juni 1975 (laut *Abendzeitung*, München, vom 27. Juni 1975, Seite 5). Ich möchte mich als demoskopischer Laie an der Diskussion um die Zuverlässigkeit der Umfrageergebnisse bestimmter Institute nicht beteiligen. Ich habe aber in zahlreichen, auch öffentlichen Diskussionen so viele Lippenbekenntnisse gegen »Aggression im Fernsehen« gehört, daß ich an den genannten Zahlen (66 und 74 %) wenig zweifle.

2 Mitgeteilt von Kanzler FRIEDRICH VON MÜLLER. Tagebuchnotiz vom 7. April 1830. Zitiert nach PAUL STÖCKLEINS Auswahl der *Gespräche mit Goethe*, Bergen (Oberbayern) 1950, S. 71.

3 Das entspricht dem Idealismus, der unser Geistesleben geprägt hat: »Die Würde gibt sich bei der Tugend von selbst, die schon ihrem Inhalt nach Herrschaft des Menschen über seine Triebe voraussetzt.« (FRIEDRICH SCHILLER: *Über Anmut und Würde.*)

4 GOETHE sagte das im Blick aufs »Politische«. FRIEDRICH VON MÜLLER, *Tagebuch* (a.a.O.), 29. Dezember 1825.

5 Vgl. RENÉ KÖNIG: *Soziologie*. Fischer-Lexikon, Frankfurt am Main 1958, S. 169, (Stichwortartikel »Masse«).

6 VANCE PACKARD: *Die geheimen Verführer. Der Griff nach dem Unbewußten in jedermann. (The Hidden Persuaders* deutsch). Ullstein-Buch Nr. 402, Frankfurt am Main–Berlin 1962, S. 204.

7 ERNEST DICHTER: *Strategie im Reich der Wünsche*. Düsseldorf 1961, S. 13 f. und S. 49.

8 THORSTEIN VEBLEN: *Theorie der feinen Leute.* 4. Kapitel, Köln–Berlin o. J.

9 FREUDS Lehre von der Notwendigkeit, libidinöse Regungen zu sublimieren, um Leistung zu ermöglichen, stellt dieses immer noch herrschende Vorurteil nur mit allgemeinerem Anspruch dar.

10 Der Kommunarde Fritz Teufel hielt sich darum auch etwas darauf zugute. In seinem Diskussionsbeitrag auf der Bundesdelegierten-Konferenz des SDS in Frankfurt am Main, Anfang September 1968, sprach er, ohne daß Gelächter sich ausbreitete, von einer »sinnvollen Aktion, ... in den Gerichtssaal zu scheißen«. (Tonband gesendet im *Südwestfunk* am 18. September 1968.)

11 Man denke an die seit Jahren sich hinziehenden Aktionen der Schweizer Jura-Bauern und an die bürgerkriegsartige Bauerndemonstration in Brüssel am 23. März 1971. Jüngstes Beispiel: die Kärntner Bauernunruhen, Klagenfurt Ende Juli 1976.

12 Vgl. MICHAEL LANDMANN: *Philosophische Anthropologie. Selbstdeutung in Geschichte und Gegenwart*. Berlin 1955 (Sammlung Göschen, Band 156/156 a), S. 23.

13 Vgl. Carl Friedrich von Weizsäcker: *Die Geschichte der Natur.* 6. Auflage, Göttingen 1964, S. 112.

14 Konkrete Beispiele in: Plack, *Die Gesellschaft und das Böse,* 1967, S. 309/310. Weitere Belege auch in meinem *Plädoyer für die Abschaffung des Strafrechts,* 1974, Seite 437, Anmerkungen 92 und 93.

15 Vgl. Arno Plack: Verborgene Voraussetzungen und Widersprüche in Lorenz' Lehre von der Aggression. In: Plack (Hrsg.): *Der Mythos vom Aggressionstrieb.* München 1973, S. 93–119.

16 Friedrich Hacker im Protokoll Nr. 33 des Bergedorfer Gesprächskreises: *Verstärken oder verringern sich die Bedingungen für Aggressivität?* Hamburg-Bergedorf 1969, S. 20.

17 Man vergleiche z. B. Irenäus Eibl-Eibesfeldt: *Liebe und Haß. Zur Naturgeschichte elementarer Verhaltensweisen.* München (Piper) 1970, S. 13 ff., sowie besonders Wolfgang Wieser: *Konrad Lorenz und seine Kritiker.* Serie Piper, Nr. 134, München 1976.

18 Konrad Lorenz im *Zeit*-Magazin vom 2. November 1973.

19 Konrad Lorenz: Durch Domestikation verursachte Störungen arteigenen Verhaltens. In der *Zeitschrift für angewandte Psychologie und Charakterkunde,* hrsg. von Philipp Lersch, 59. Band, Leipzig 1940, S. 71.

20 Konrad Lorenz: *Die acht Todsünden der zivilisierten Menschheit.* Serie Piper Nr. 50, München 1973, S. 49.

21 Den problematischen Begriff der Sublimierung übernimmt Lorenz von den Psychoanalytikern mit der Erläuterung: »Sublimierung ist selbstverständlich durchaus nicht nur einfache Neuorientierung« (der Aggression). (Konrad Lorenz: *Das sogenannte Böse. Zur Naturgeschichte der Aggression.* Wien 1963, S. 397.)

22 Vgl. Lorenz, *Das sogenannte Böse,* S. 398.

23 Vgl. Alexander Mitscherlich: *Über Feindseligkeit und hergestellte Dummheit.* Rede zur Verleihung des Friedenspreises des Deutschen Buchhandels. Frankfurt am Main 1969, S. 49.

24 Mitscherlich: *Über Feindseligkeit und hergestellte Dummheit,* S. 50.

25 Mitscherlich: *Massenpsychologie ohne Ressentiment. Sozialpsychologische Betrachtungen.* Frankfurt am Main (Suhrkamp-TB Nr. 76) 1972, S. 162.

26 Vgl. Arno Plack: *Plädoyer für die Abschaffung des Strafrechts.* München (List) 1974.

27 So bereits Arno Plack: Läßt der Wandel der Moral sich steuern? In: *Hemmende Strukturen in der heutigen Industriegesellschaft.* Rüschlikon-Zürich (gdi) 1969, S. 71. – Vgl. auch Hans Kummer und Arno Plack in: Plack (Hrsg.), *Der Mythos vom Aggressionstrieb.* München (List) 1973, S. 90 f. und S. 116.

28 Mitgeteilt von Henning Günther in der *Deutschen Zeitung/Christ und Welt* vom 2. Juli 1976 unter der Überschrift »Mißbrauch der Nächstenliebe«.

29 Man lese hierzu den schon zitierten Bericht von HENNING GÜNTHER in der *Deutschen Zeitung/Christ und Welt* nach.

30 Vgl. JOSEF RATTNER: *Gruppentherapie. Die Psychotherapie der Zukunft.* Frankfurt am Main (Fischer-TB) 1973, S. 36.

31 RATTNER, *Gruppentherapie*, S. 98.

32 RATTNER, *Gruppentherapie*, S. 74.

33 Siehe J. MORENO: *Gruppenpsychotherapie und Psychodrama.* Stuttgart 1959.

34 Vgl. JOHANN PETER ECKERMANN: *Gespräche mit Goethe.* 11. März 1828.

35 Vgl. *Die Gesellschaft und das Böse,* München 1967, S. 131.

36 Vgl. VANCE PACKARD: *Die geheimen Verführer. Der Griff nach dem Unbewußten in jedermann. (The Hidden Persuaders* deutsch). Ullstein-Buch Nr. 402, Frankfurt am Main – Berlin 1962.

37 GEORG JELLINEK: *Allgemeine Staatslehre.* 3. Auflage, Berlin 1914, S. 338 ff.

38 HERBERT MARCUSE: Repressive Toleranz. In: ROBERT PAUL WOLFF, BARRINGTON MOORE, HERBERT MARCUSE: *Kritik der reinen Toleranz.* edition suhrkamp 181, Frankfurt am Main 1966.

39 Vgl. IMMANUEL KANT: *Was ist Aufklärung?* Akademie-Ausgabe, Band VIII, S. 37.

40 Der Gedanke einer Gen-Manipulation geht auf den amerikanischen Biochemiker HERMAN MULLER zurück. Zur Problematik einer genetischen Manipulation siehe GORDON RATTRAY TAYLOR: *Die biologische Zeitbombe.* Frankfurt am Main (Fischer-TB 1213) 1971, S. 186; sowie ARNO PLACK in der Einleitung zum *Mythos vom Aggressionstrieb,* München (List) 1973, S. 22 f.

41 Vgl. ARNOLD GEHLEN: *Anthropologische Forschung.* Rowohlt-Taschenbuch 1961, S. 81–84.

42 Vgl. EDUARD NAEGELI: Wie wird man rückfällig? Die Entlassenen in der Gesellschaft. In: *Strafe und Verbrechen.* Band 8 der St. Galler Schriften zur Strafreform. Aarau und Frankfurt am Main 1976, S. 66.

43 »Die Seele schaut in die Seele«: diese Wendung könnte sogar SCHILLER nachgesprochen werden, wenn man vergäße, daß seelische Bindung nach SCHILLER immerhin sinnliche Grundlagen hat. Siehe FRIEDRICH SCHILLER: *Über die ästhetische Erziehung des Menschen.* 27. Brief.

44 Man vergleiche hierzu meine »Kritik der herrschenden Moral« (Untertitel von: *Die Gesellschaft und das Böse),* S. 37.

45 Vgl. *Die Gesellschaft und das Böse,* S. 33.

46 In diesem Sinne besprach ROLF THIELE, im Vorspann als »Cheferotiker des deutschen Films« vorgestellt, im *Spiegel* vom 10. März 1965 das Buch von RAYMOND DURGNAT *Sexus Eros Kino – Der Film als Sittengeschichte,* Bremen (Carl Schünemann Verlag) 1964.

47 FRIEDRICH HACKER: *Aggression. Die Brutalisierung der modernen Welt.* Wien (Molden) 1971, S. 425.

48 SIGMUND FREUD: *Warum Krieg?* Gesammelte Werke, London 1955, Band XVII, S. 24.

49 ADOLF PORTMANN: Anthropologische Grundlagen der Manipulation des Menschen. In: *topics*, Monatszeitschrift des Gottlieb-Duttweiler-Instituts, Rüschlikon-Zürich 1970, Nr. 8, S. 9 ff.

50 Zur Phänomenologie des Haben-Wollens siehe ERICH FROMM: *Haben oder Sein.* Stuttgart (dva) 1976, aber auch schon ARNO PLACK: *Die Gesellschaft und das Böse.* München (List) 1967, S. 51 ff. (Abschnitt: Die besitzergreifende »Liebe«) und S. 347; ferner PLACK, *Plädoyer für die Abschaffung des Strafrechts,* München (List) 1974, S .331–332.

51 ELISABETH NOELLE-NEUMANN: Wer schweigt, hat schon verloren. Der Einfluß des Meinungsklimas auf das Wahlverhalten. In der *Deutschen Zeitung/Christ und Welt* vom 2. Juli 1976, S. 3. Vorabdruck aus dem Buch *Union alternativ,* Stuttgart (Seewald) 1976.

52 Laut *Deutschlandfunk,* Sendung »Informationen am Mittag«, 26. Februar 1975, Korrespondent KLAUS BAUKHAGE.

53 GEORG FRIEDRICH WILHELM HEGEL: *Grundlinien der Philosophie des Rechts.* In der Werkausgabe des Suhrkamp-Verlages, Band 7, Frankfurt a. M. 1970, S. 486.

54 PACKARD: siehe Anmerkung 6 dieses III. Kapitels!

55 WILHELM REICH: *Die Funktion des Orgasmus.* Leipzig/Wien/Zürich 1927, S. 15.

56 Man vergleiche hierzu das Kapitel III B »Die Unterdrückung des Bewegungstriebes« in meinem Buch *Die Gesellschaft und das Böse,* München 1967; sowie PLACK: *Plädoyer für die Abschaffung des Strafrechts.* München 1974, S. 85 ff.: »Opfermoral als Verbrechensursache«.

57 Charakteristisch dafür ist eine – als Umfangsbeschreibung vielleicht durchaus zutreffende – Erklärung der Konjunkturschwankungen Japans in etwa den letzten zehn Jahren: Sie könnten, sagt MILTON FRIEDMAN, »als ein sich selbst nährender monetärer Zyklus interpretiert werden, der eine Folge der Wandlungen in der Änderungsrate des Geldbestandes ist« (MILTON FRIEDMAN: *Die optimale Geldmenge.* »*The Optimum Quantity of Money*« deutsch als Fischer-TB 1976, S. 293). – Schon KEYNES und erst recht WALTER ADOLF JÖHR haben indessen psychische Motive in ihren Konjunkturtheorien berücksichtigt. SCHMÖLDERS schreibt von JÖHR, er habe »die Psychologie ... sowohl in die endogene wie in die exogene Erklärung der Konjunkturen eingeführt« (GÜNTER SCHMÖLDERS: *Konjunkturen und Krisen.* Hamburg [rde] 1955, S. 70).

58 Neuere Veröffentlichungen auf dieser Linie: HELMUT SCHOECK, *Wörterbuch der Soziologie.* Herder-TB 1970, S. 85 f.; ROLAND NITSCHE: *Die Überdrußgesellschaft.* München–Wien (Langen-Müller) 1971, S. 181 f.; CHRISTA MEVES: *Manipulierte Maßlosigkeit.* Herder-TB 1971, S. 40.

59 Man vergleiche hierzu ARNO PLACK: *Der Mythos vom Aggressionstrieb.* München 1973, S. 212 f.

1 Vgl. HERBERT MARCUSE: *Eros und Kultur*. Stuttgart 1957, S. 210; und: Das Veralten der Psychoanalyse, in: *Kultur und Gesellschaft 2*, Frankfurt am Main (edition suhrkamp) 1965, S. 102.

2 ALEX COMFORT: *Der aufgeklärte Eros. Plädoyer für eine menschenfreundliche Sexualmoral.* München 1964.

3 Meinungsumfrage der Zeitschrift *Capital*, Ende 1975, mitgeteilt von DIETER STRAMETZ in einem Artikel über »Arbeitsmotivation« in der *Zeit* vom 26. Dezember 1975, S. 12.

4 So ALEXANDER MITSCHERLICH zuerst in: *Auf dem Weg zur vaterlosen Gesellschaft*. München 1963, S. 243. – So wieder in: ALEXANDER und MARGARETE MITSCHERLICH: *Die Unfähigkeit zu trauern. Grundlagen kollektiven Verhaltens*. München 1967, S. 348 und 351.

5 Man vergleiche hierzu DENNIS MEADOWS: *Die Grenzen des Wachstums. Bericht des Club of Rome zur Lage der Menschheit*. Aus dem Amerikanischen von H. D. HECK. Stuttgart (dva) 1972. – Ferner: HERBERT GRUHL: *Ein Planet wird geplündert*. Frankfurt am Main (S. Fischer) 1975.

6 Vgl. MARTIN L. GROSS: *Die Seelentester (The Brain Watchers* deutsch bei Econ) Düsseldorf/Wien 1963, S. 216.

7 Laut *Capital. Das deutsche Wirtschaftsmagazin*. 11. Jahrgang, Nr. 2 (Februar 1972), S. 79.

8 HELMUT SCHOECK: *Ist Leistung unanständig?* Osnabrück 1971.

9 Zur Physiologie der Angst siehe ausführlicher: WALTER VON BAEYER und WANDA VON BAEYER-KATTE, *Angst*, Frankfurt am Main (suhrkamp-TB) 1973, S. 49 ff.

10 Vgl. VANCE PACKARD: *Die Pyramidenkletterer*. Knaur-TB 1966, S. 266.

11 Vgl. MARGARET MEAD: *Mann und Weib. Das Verhältnis der Geschlechter in einer sich wandelnden Welt*. Hamburg (rde) 1958, S. 42. Ferner MEAD: *Leben in der Südsee*, München 1965, S. 320. – Das Gefühl, überflüssig zu sein, nicht mehr gebraucht zu werden, trage bei alten Menschen wesentlich zum geistigen Verfall bei, wurde auf der 25. Jahrestagung der amerikanischen »Gerontological Society« im Jahre 1973 festgestellt.

12 MAX SCHELER: *Wesen und Formen der Sympathie*. 5. Auflage, Frankfurt am Main 1948, S. 223 f.

13 S. FREUD: *Die kulturelle Sexualmoral und die moderne Nervosität*. In: *Drei Abhandlungen zur Sexualtheorie*. Fischer-Bücherei, S. 13.

14 Wohl aus seiner Erfahrung mit Neurotikern heraus spricht ALEXANDER MITSCHERLICH von der »Unersättlichkeit und Rücksichtslosigkeit« unserer Triebbedürfnisse. *(Auf dem Weg zur vaterlosen Gesellschaft*, München 1963, S. 267 und 329).

15 FREUD schreibt wörtlich, »daß die unzweifelhafte Tatsache der intellektuellen Inferiorität so vieler Frauen auf die zur Sexualunterdrückung

erforderliche Denkhemmung zurückzuführen ist«. *(Die kulturelle Sexualmoral und die moderne Nervosität.* In den Gesammelten Werken, London 1946–1952, Band VI, S. 162). Zu der im übrigen in diesem Punkt nicht konsequenten Auffassung FREUDS siehe KATE MILLETT: *Sexus und Herrschaft. Die Tyrannei des Mannes in unserer Gesellschaft.* München (dtv) 1974, S. 260 ff.

16 Man vergleiche hierzu auch HERBERT MARCUSE: *Eros und Kultur.* Ein philosophischer Beitrag zu Sigmund Freud. Stuttgart 1957, S. 45.

17 ALBERT GÖRRES: *Methode und Erfahrungen der Psychoanalyse.* München 1958, S. 147.

18 Da ich mich nicht wiederholen möchte, sei hier auf *Die Gesellschaft und das Böse* (1967, S. 184 ff.) hingewiesen, wo ich zuerst den Zusammenhang von Sexualverdrängung und Unterdrückung des Bewegungstriebes aufgezeigt habe.

19 Vgl. MARTIN L. GROSS: *Die Seelentester (The Brain Watchers,* deutsch bei Econ), Düsseldorf/Wien 1963, S. 78 f.

20 Vgl. ARNO PLACK: *Der Mythos vom Aggressionstrieb,* München 1973, S. 19.

21 Vgl. HELMUT SCHELSKY: *Die Arbeit tun die anderen. Klassenkampf und Priesterherrschaft der Intellektuellen.* Westdeutscher Verlag 1975, passim.

22 Man vergleiche hierzu JOHANO STRASSER in der *Frankfurter Rundschau* vom 10. Januar 1976, Seite 14, Spalte 5: »*Wertneutralität« oder »Parteilichkeit«* (aus dem Abdruck eines Vortrages vor der Evangelischen Akademie Hofgeismar unter dem Titel: »Spinnerei mit praktischer Bedeutung – Von der praktischen Energie des kritischen Denkens«).

23 Vgl. KARL JASPERS: *Von der Wahrheit,* München 1947, S. 497.

24 Vgl. JASPERS a.a.O., S. 1.

25 INA S. SPIEGEL-RÖSING, PETER M. FAUSER und HELMUT BAITSCH: *Beiträge zur Messung von Forschungsleistung – Institutionen, Gruppen und Einzelpersonen.* In der Schriftenreihe »Hochschule«, Band 16, Hrsg. vom Bundesministerium für Bildung und Wissenschaft, Bonn 1975, S. 57 ff.

26 Dieser vielfach LICHTENBERG zugeschriebene Satz findet sich in abgewandelter Formulierung als »scherzhaftes Sprichwort« in: GERHARD HELLWIG, *Zitate und Sprichwörter von A–Z.* Gütersloh usw. 1974, S. 390.

27 So bereits PLACK, *Die Gesellschaft und das Böse,* München 1967, S. 102 f.

28 Vgl. ARNO PLACK: *Der Mythos vom Aggressionstrieb.* München 1973, S. 218–227.

29 NIKOLAAS TINBERGEN: On War and Peace in Animals and Man. In: *Science,* Band 160 (1968), S. 1412 und S. 1414.

30 ALEXANDER UND MARGARETE MITSCHERLICH: *Die Unfähigkeit zu trauern. Grundlagen kollektiven Verhaltens.* München 1967, S. 168 f.

31 Vgl. SIGMUND FREUD: Die kulturelle Sexmoral und die moderne Nervosität. In: *Drei Abhandlungen zur Sexualtheorie.* Fischer-Bücherei, S. 133. Man vergleiche hierzu auch PLACK: *Die Gesellschaft und das Böse,* S. 251.

32 Vgl. WALTER ADOLF JÖHR: Zur Rechtfertigung des Konkurrenzsystems. Gedanken eines Nationalökonomen zum Buch von Konrad Lorenz »Das sogenannte Böse – zur Naturgeschichte der Aggression«. In: *Sozialwissenschaftliche Untersuchungen. Festschrift zum 80. Geburtstag von Gerhard Albrecht.* Berlin 1969, bes. S. 179.

33 Vgl. ARNO PLACK: *Der Mythos vom Aggressionstrieb.* München 1973, S. 232 f.; PLACK: Kritik des Leistungsprinzips. In: *manager magazin,* Oktober 1972; PLACK: Schaden freiere Sitten der Wirtschaft? *Basler National-Zeitung* vom 20. Juli 1974.

34 Man vergleiche hierzu ARNO PLACK: *Plädoyer für die Abschaffung des Strafrechts.* München 1974, S. 45.

35 Vgl. ARNO PLACK: *Die Gesellschaft und das Böse.* München 1967, S. 34.

1 FRIEDRICH SCHILLER: *Die Verschwörung des Fiesco zu Genua*. Dritter Aufzug, zweiter Auftritt (Fiescos Monolog).

2 MICHAEL ROSTOVTZEFF: *Geschichte der alten Welt*, 2. Band, Wiesbaden 1942, S. 206.

3 Vgl. MAX SCHELER: Das Ressentiment im Aufbau der Moralen. In: *Vom Umsturz der Werte*, Band 3 der Gesammelten Werke. Bern 1955, S. 53.

4 SIGMUND FREUD: *Drei Abhandlungen zur Sexualtheorie*. Gesammelte Werke, London 1946 ff., Band V, S. 79.

5 KARL JASPERS: *Psychologie der Weltanschauungen*. 4. (unveränderte) Auflage, Berlin–Göttingen–Heidelberg 1954, S. 127.

6 Notiert in FRIEDRICH W. RIEMERS *Mitteilungen* unter dem 1. Febr. 1808.

7 Nach EGON FRIEDELL: *Aufklärung und Revolution* (3. Buch der *Kulturgeschichte der Neuzeit*). Neuausgabe: München (dtv) 1961, S. 236.

8 Vgl. ULRICH MOSER: *Psychologie der Partnerwahl*. Bern und Stuttgart 1957, S. 80.

9 Nach HERMANN RAUSCHNING: *Gespräche mit Hitler*. Zürich 1940, S. 77.

10 RUDOLF OTTO meint, auch die Nächstenliebe müsse von einem »Pflichtgefühl durchdrungen« sein (R. OTTO: Pflicht und Neigung. In den *Kantstudien* 37. Band, 1932, S. 67).

11 Vgl. ARNO PLACK: *Die Stellung der Liebe in der materialen Wertethik*. Münchener Diss. 1962, S. 20.

12 KARL KRAUS: *Sprüche und Widersprüche*. Bibl. Suhrkamp 1966, S. 14.

13 AURELIUS AUGUSTINUS: *In Epistolam Joannis ad Parthos*. Tractatus VII. (Die Stelle ist übersetzt vom Verfasser).

14 NICOLAI HARTMANN: *Ethik*. 3. Auflage, Berlin 1949, S. 536.

15 Siehe PUBLIUS CORNELIUS TACITUS: *Annalen*, Buch III, 27.

16 Nach der von GEORG MISCH im *Weg in die Philosophie*, 2. Auflage, München 1970, S. 327, gegebenen Verdeutschung.

17 WILHELM SCHMIDT: *Das Eigentum in den Urkulturen*. 3 Bände. Münster 1937.

18 Vgl. MARGARET MEAD: *Mann und Weib. Das Verhältnis der Geschlechter in einer sich wandelnden Welt*. Hamburg (rde) 1958, S. 13 und W. E. MÜHLMANN: *Homo creator*. Wiesbaden 1962, S. 266 f.

19 FRIEDRICH NIETZSCHE: *Der Wille zur Macht*. Kröners Taschenausgaben, Band 78, S. 343.

19a So sah es SCHILLER: »Die Freuden der Erkenntnis genießen wir bloß als Gattung und indem wir jede Spur des Individuums sorgfältig aus unserm Urteil entfernen ...« (FRIEDRICH SCHILLER: *Über die ästhetische Erziehung des Menschen*. 27. Brief.)

20 GOETHE zu Riemer 1803–1814, Artemis-Ausgabe der Werke und Briefe, Band 22, S. 752.

21 KARL JASPERS: *Von der Wahrheit*. München 1947, S. 513.

22 IMMANUEL KANT: *Kritik der reinen Vernunft.* Textkritische Ausgabe in der Philosophischen Bibliothek, Band 37a, Leipzig 1930, S. 95 (= Seite 75 der 2. Originalauflage von 1787).

23 Man vergleiche hierzu FRIEDRICH KAINZ: Lügenerscheinungen im Sprachleben, In: OTTO LIPMANN und PAUL PLAUT: *Die Lüge in psychologischer, philosophischer, juristischer, pädagogischer, historischer, soziologischer, sprach- und literaturwissenschaftlicher und entwicklungsgeschichtlicher Betrachtung.* Leipzig 1927, S. 235.

24 IMMANUEL KANT: *Kritik der reinen Vernunft,* a.a.O., S. 303.

25 MARTIN HEIDEGGER: *Platons Lehre von der Wahrheit.* 2. Auflage, Bern 1954, S. 50–52. – M. H.: *Identität und Differenz.* 3. unveränderte Auflage, Pfullingen 1957, S. 62.

26 MARTIN HEIDEGGER: *Sein und Zeit.* 8. unveränderte Auflage, Tübingen 1957, S. 383.

27 Vgl. JASPERS: *Von der Wahrheit,* S. 495.

28 HEIDEGGER: *Sein und Zeit,* S. 223.

29 RICHARD THURNWALD: Die Lüge in der primitiven Kultur. In: OTTO LIPMANN und PAUL PLAUT (Hrsg.), *Die Lüge* ... (Siehe Anm. 23!).

30 THURNWALD: a.a.O., S. 402.

31 BRONISLAW MALINOWSKI: *Geschlecht und Verdrängung in primitiven Gesellschaften.* Reinbek bei Hamburg (rde) 1962, S. 94 f. – Man vergleiche auch Anmerkung 1 unseres II. Kapitels!

32 RICHARD THURNWALD: a.a.O., S. 401.

33 Als »staatsnotwendige Fiktion« bezeichnete EDUARD KOHLRAUSCH *(Sollen und Können als Grundlagen der strafrechtlichen Zurechnung,* Berlin 1910, S. 26) die Idee der Willensfreiheit.

34 Gegen den Versuch DARWINS, alle Lebensvorgänge im Sinne eines »Kampfes ums Dasein« zu interpretieren, hat sich überzeugend OSKAR HERTWIG gewandt in der Schrift *Zur Abwehr des ethischen, sozialen, des politischen Darwinismus,* Jena 1918. – Zu KONRAD LORENZ' Neodarwinismus habe ich zuerst 1967 Stellung genommen in: *Die Gesellschaft und das Böse,* S. 250.

35 OTTO LIPMANN: Zur Psychologie der Lüge. In: LIPMANN-PLAUT, *Die Lüge* ..., Leipzig 1927, S. 9.

36 Vgl. WOLFGANG WICKLER: *Die Biologie der Zehn Gebote.* München 1971, S. 132–136.

37 KARL JASPERS: *Von der Wahrheit.* München 1958, S. 477–479.

38 Nach HANS KUMMER: *Primate Societies. Group Techniques of Ecological Adaptation.* Chicago/New York 1971, S. 98. Vgl. WOLFGANG WICKLER: *Sind wir Sünder? Naturgesetze der Ehe.* München/Zürich 1969, S. 224.

39 MOLIÈRE: *Tartuffe.* 4. Aufzug, 5. Auftritt.

40 So nennt PAUL PLAUT die sogenannte sexuelle Untreue die »Lüge im erweiterten Sinne«. (PAUL PLAUT: Die Lüge in der Gesellschaft. In: LIPMANN-PLAUT: *Die Lüge* ..., Leipzig 1927, S. 491.

1 PETER BRÜGGE hat in einer Studie über die Feministin Alice Schwarzer im *Spiegel* vom 21. Juni 1976 (S. 144) entsprechende Presse-Reaktionen zusammengestellt. – Man vergleiche aber schon NIETZSCHE, der die »Emanzipierten« (in Gänsefüßchen) »die *verunglückten* Weiblein« nannte, »denen das Zeug zu Kindern abgeht« *(Ecce Homo,* Kröners Taschenausgaben, Band 77, S. 344).

2 LEONA SIEBENSCHÖN: *Ehe zwischen Trieb und Trott.* In der Fischer-Bücherei, Frankfurt am Main 1970, S. 32 f. ESTHER VILAR: *Der dressierte Mann.* München 1973.

3 Aus einem Flugblatt des Frankfurter »Frauenzentrums«, 6 Frankfurt, Eckenheimer Landstraße 72, das zum Urteil im Ihns-Prozeß auf der Frankfurter Buchmesse 1974 verteilt wurde.

4 Vgl. ARNO PLACK: *Plädoyer für die Abschaffung des Strafrechts.* München 1974, S. 143.

5 in *Time,* January 5, 1976, p. 42.

6 G. W. F. HEGEL: *Phänomenologie des Geistes.* B. IV. A.

7 Vom »Prinzip des Gewährens und Versagens« sprach ich bereits in: *Die Gesellschaft und das Böse,* München 1967, S. 89.

8 ROBERT NATHAN, in der Komödie *Der Mann der Dame Jesabel.*

9 »The first modern woman dictator« nannte *Time* vom 5. Januar 1976 (S. 40) die indische Ministerpräsidentin Indira Gandhi in einem Jahresrückblick.

10 FRIEDRICH NIETZSCHE: *Ecce Homo.* Kröners Taschenausgaben, Band 77, S. 344.

11 Man vergleiche hierzu HANS VON ECKARDT: *Die Macht der Frau.* Stuttgart 1949, S. 324; und: *Die Pariser Kommune vom 18. März 1871 in Augenzeugenberichten.* Herausgegeben und eingeleitet von HELMUT SWOBODA, München (dtv) 1971, S. 331, S. 337 und S. 344.

12 München 1967, S. 277.

13 ASHLEY MONTAGU: *Die natürliche Überlegenheit der Frau (The natural Superiority of Women)* 1955, S. 150.

14 Vgl. VERRIER ELWIN: *The Muria and their Ghotul.* Oxford University Press. Bombay 1947.

15 SHULAMITH FIRESTONE: *Frauenbewegung und sexuelle Revolution.* Frankfurt am Main (Fischer-TB) 1975, S. 223.

16 ERNEST BORNEMAN: *Das Patriarchat.* Frankfurt am Main 1975, S. 534. – Man vergleiche hierzu meine Rezension im *Spiegel* vom 15. September 1975.

17 ERNEST BORNEMAN setzt darauf alle Hoffnung eines fehlorientierten Humanisten. Siehe BORNEMAN: *Das Patriarchat,* Frankfurt am Main 1975, S. 524 f.

18 So formuliert es ESTHER VILAR: *Das polygame Geschlecht*. Knaur-TB 1976, S. 38.

19 Vgl. JÖRG NIMMERGUT: *Deutschland in Zahlen*. 2. Auflage, München (Heyne-TB) 1973, S. 51. Die hier für 1968 angegebene Zahl lautet: 39,7 Prozent.

20 So der Bevölkerungswissenschaftler H. W. JÜRGENS in der Zeitschrift *Eltern* Nr. 10, 1973.

21 Vgl. JOACHIM WINKLER: Wider den Leiblichkeitswahn. Plädoyer für soziale Partnerschaft. In der *Stuttgarter Zeitung* vom 4. August 1973, S. 57 »Für die Frau«.

22 SHULAMITH FIRESTONE: *Frauenbefreiung und sexuelle Revolution (The Dialectic of Sex)*, Fischer-TB 1975, S. 129.

23 Vgl. NIETZSCHE: *Menschliches, Allzumenschliches*. Kröners Taschenausgaben, Band 72, S. 239.

24 ALICE SCHWARZER: *Der »kleine Unterschied« und seine großen Folgen*. Frankfurt am Main 1975, S. 204.

25 ALICE SCHWARZER: *Der »kleine Unterschied«* ... S. 166.

26 ESTHER VILAR: *Der dressierte Mann*. München (dtv) 1973, S. 68.

27 SIMONE DE BEAUVOIR: *Das andere Geschlecht. Sitte und Sexus der Frau.* Reinbek bei Hamburg (rde) 1968, S. 576.

28 Vgl. PLACK: *Die Gesellschaft und das Böse*. München 1967, S. 22 und S. 298 ff.

29 Vgl. MARTIN L. GROSS: *Die Seelentester*. 1963, S. 213; und OSBORN ELLIOTT: *Die Männer an der Spitze*. 1960, S. 131 (beide Bücher bei Econ); ferner VANCE PACKARD: *Die Pyramidenkletterer*. Knaur-TB 1966, S. 54.

30 Vgl. ARNO PLACK: *Der Mythos vom Aggressionstrieb*. München 1973, S. 228 f.

31 Vgl. MARTIN L. GROSS: *Die Seelentester*. S. 211.

32 Vgl. PLACK: *Die Gesellschaft und das Böse*. 1967, S. 168.

33 So eine Bankangestellte in der großen Fernseh-Diskussion zum Ausklang des »Jahrs der Frau« am 10. Dezember 1975 unter dem Titel »Ist das Ende der Männergesellschaft in Sicht?«

34 Nach *Time*, January 5, 1976, p. 31; übersetzt von A. P.

35 So argumentiert auch HANNES BURGER in der *Süddeutschen Zeitung*, Silvester 1975/Neujahr 1976, Seite 11: »Das Jahr geht – die Frau bleibt.«

36 BETTY FRIEDAN: *Der Weiblichkeitswahn* oder *Die Mystifizierung der Frau*. Reinbek bei Hamburg 1966, S. 153 ff.

37 Vgl. CHRISTIANE VAN BRIESSEN: *Der Männlichkeitswahn. Mutmaßungen über ein verirrtes Geschlecht*. Bergisch Gladbach 1971, S. 106.

38 Zahlen bei ASHLEY MONTAGU: *Die natürliche Überlegenheit der Frau*. Wien – München – Zürich 1955, S. 95 ff. und ARNO PLACK: *Die Gesellschaft und das Böse*, München 1967, S. 312.

39 J. W. GOETHE: *Zahme Xenien*.

40 namentlich von ASHLEY MONTAGU in seinem Buch *Die natürliche Über-legenheit der Frau,* Wien – München – Zürich 1955, S. 95 ff.

41 Vgl. das *Statistische Handbuch von Deutschland 1928–1944,* Hrsg. vom Länderrat des Amerikanischen Besatzungsgebiets, München 1949, S. 633.

42 THEODOR FONTANE: Ein Stündchen vor dem Potsdamer Tor. In: *Unterwegs und wieder daheim.* Sämtliche Werke, Band XVIII, München (Nymphenburger Verlagshandlung) 1972, S. 423.

43 MARY JANE SHERFEY: *Die Potenz der Frau,* Köln 1974, S. 215 f. Man vergleiche hierzu ERNEST BORNEMAN: *Das Patriarchat.* Frankfurt am Main 1975, S. 536.

44 Vgl. DAVID KATZ: *Mensch und Tier. Studien zur vergleichenden Psychologie.* Zürich 1948, S. 229. Ferner: ALFRED C. KINSEY und Mitarbeiter: *Das sexuelle Verhalten der Frau.* Berlin und Frankfurt am Main 1964, S. 497.

45 KAREN HORNEY: *The Neurotic Personality of Our Time.* New York 1937 (deutsch: *Der neurotische Mensch unserer Zeit.* München 1951).

46 Aus dem »Neujahrslied«, einem von GOETHES *Neuen Liedern.* Leipzig 1770.

47 IMMANUEL KANT: *Die Metaphysik der Sitten.* Erster Teil. *Metaphysische Anfangsgründe der Rechtslehre.* Akademieausgabe Band VI, S. 277.

48 BERT BRECHT: *Me-ti, Buch der Wendungen.* Frankfurt am Main 1969, S. 62: »In einem Land, wo der Mensch alles kaufen muß, die Tasse Tee und das Bett und das Buch und den Geschlechtsteil einer Frau, darf man ihm nicht verwehren, wenn er das Gekaufte für sich beansprucht.«

49 JOHANN GOTTLIEB FICHTE: *Grundlage des Naturrechts.* Werke (Auswahl), Hrsg. von FRITZ MEDICUS, Band II, Leipzig 1910, S. 315.

50 Noch 1967 schrieb HELLMUTH MAYER: »Vergewaltigt jemand seine eigene Ehefrau, so entsteht gar nicht die absonderliche Frage, ob so etwas durch die Ehe ›gerechtfertigt‹ sein könnte, vielmehr ist die Tat von Haus aus gar nicht strafrechtlich verboten, weil kein außerehelicher Beischlaf vorliegt.« *(Strafrecht. Allgemeiner Teil.* Stuttgart 1967, S. 83).

51 Im Auftrag der Illustrierten *stern* durchgeführt vom *Institut für Demoskopie Allensbach,* mitgeteilt im *stern* Nr. 17 vom 14. April 1976, S. 70 f.

52 ALICE SCHWARZER: *Der »kleine Unterschied« und seine großen Folgen.* Frankfurt am Main 1975, S. 166.

53 So kann ein Masochist Partnerinnen wählen, die seinem unbewußten Strafbedürfnis entgegenkommen. (Vgl. ULRICH MOSER: *Psychologie der Partnerwahl.* Bern und Stuttgart 1957, S. 165).

54 Vgl. A. SCHWARZER: *Der »kleine Unterschied« und seine großen Folgen.* Frankfurt am Main 1975, S. 206. – Vom »Sexmonopol des Mannes« sprach auch schon HANNELORE SCHÜTZ *(Die dressierte Frau.* München und Percha 1972, S. 22), freilich ohne so weitreichende Konsequenzen daraus zu ziehen.

55 *Der »kleine Unterschied«* . . . S. 208.

56 Der »kleine Unterschied« . . . S. 206.

57 GERMAINE GREER: Der weibliche Eunuch. Aufruf zur Befreiung der Frau. Frankfurt am Main (Fischer-TB) 1971, S. 284.

58 Basler National-Zeitung vom 22. November 1975, S. 4.

59 Dagegen meint ALICE SCHWARZER, freilich ohne historische oder soziologische Vergleiche anzustellen, eine Frau werde »immer an ihrem Privatleben gemessen« (Der »kleine Unterschied« . . ., S. 205).

60 So zum Beispiel HANNELORE SCHÜTZ: Die dressierte Frau. Percha 1971, S. 12; auch noch ARNO PLACK: Die Gesellschaft und das Böse, München 1967, S. 167.

61 Vgl. HANS VON ECKARDT: Die Macht der Frau. Stuttgart 1949, S. 335.

62 Vgl. HANS VON ECKARDT: a.a.O., S. 334; ferner JEAN ORIEUX: Talleyrand. Die unverstandene Sphinx. Frankfurt am Main 1972, S. 182.

63 Siehe 5 Mose 23, 17 f.; 1 Samuel 21, 6 und 2 Sam. 11, 11. – Vgl. auch GERHARD VON RAD: Theologie des Alten Testaments. I. Band: Die Theologie der geschichtlichen Überlieferungen Israels. München 1962, S. 30 f.

64 Man vergleiche hierzu PLACK: Die Gesellschaft und das Böse. München 1967, S. 155–160.

65 GOTTFRIED BENN: Ausgewählte Briefe. Wiesbaden 1957, S. 138.

66 HANS DRIESCH: Die sittliche Tat. Leipzig 1927, S. 93.

67 GORDON RATTRAY TAYLOR: Wandlungen der Sexualität. Düsseldorf/Köln 1957, S. 148; nach E. A. WESTERMARCK, A History of Human Marriage. London 1921.

68 So FREUD in einem Brief an Oskar Pfister vom 9. Februar 1909. Siehe: SIGMUND FREUD/OSKAR PFISTER, Briefe. 1909–1939. Frankfurt am Main 1963, S. 12.

69 ALPHONSE DE LAMARTINE: Geschichte der Girondisten. Stuttgart 1851, Band V, S. 279.

70 Ich habe hierzu schon Stellung genommen in meinem Plädoyer für die Abschaffung des Strafrechts, München 1974, S. 313–322.

71 Auf diesen Widerspruch hat schon RUDOLF AUGSTEIN aufmerksam gemacht im Spiegel-Essay vom 3. März 1973: »Der Weiblichkeitswahn«.

72 KATE MILLET geht einen Schritt weiter, indem sie behauptet, außer dem Stillen sei alle Zuwendung der Mutter zum Kind nicht biologisch, sondern gesellschaftlich bedingt (Sexus und Herrschaft. München [dtv] 1974, S. 261).

73 So SHULAMITH FIRESTONE: Frauenbefreiung und sexuelle Revolution. Frankfurt am Main (Fischer-TB) 1975, S. 223.

74 Vgl. bei ALICE SCHWARZER: Der »kleine Unterschied« und seine großen Folgen. Frankfurt am Main 1975, S. 171.

75 SHULAMITH FIRESTONE: Frauenbefreiung und sexuelle Revolution. Frankfurt am Main (Fischer-TB) 1975, S. 224.

76 ESTHER VILAR hat publizitätswirksam ein entsprechendes »Manifest«

am 12. November 1974 im Bundeskanzleramt einem General übergeben und vor der Presse in Bonn verlesen.

77 Siehe oben die Anmerkungen 15 und 16!

78 In den USA gibt es »Selbsthilfekliniken«, in denen sich Frauen beraten oder behandeln lassen können und in denen z. B. gezeigt wird, wie sich die Menstruation verkürzen läßt, wenn man das Blut zu Beginn absaugt (HEIDE HERING: »Ms.« – eine andere Frauenzeitschrift. In: *vorgänge. Zeitschrift für Gesellschaftspolitik.* Nr. 8, 1974, S. 105).

79 MARGARET MEAD: *Mann und Weib. Das Verhältnis der Geschlechter in einer sich wandelnden Welt.* Hamburg (rde) 1958, S. 165.

80 Der Kriminologe HANS VON HENTIG sagt: »Die vielbeklagte Ungleichheit der Frau ist auf dem Gebiet der Rechtsprechung Vorzugsbehandlung« *(Das Verbrechen I. Der kriminelle Mensch im Kräftespiel von Zeit und Raum.* Berlin–Göttingen–Heidelberg 1961, S. 57). Man vergleiche auch HANS VON HENTIG: *Probleme des Freispruchs beim Morde.* In der Sammlung »Recht und Staat in Geschichte und Gegenwart«, Heft 206/207, Tübingen 1957, S. 18 ff. – Daß Frauen bei den Gerichten glimpflicher davonkommen, gilt *per saldo.* Gegenbeispiele, die auf Frauenhaß basieren, lassen sich finden.

81 Nach ANDRÉ MALRAUX: *Eichen, die man fällt, (Les chênes qu'on abat,* deutsch von CARLO SCHMID) Frankfurt am Main (bei S. Fischer) 1972, S. 99.

1 Vgl. FRIEDRICH NIETZSCHE: Vom bleichen Verbrecher. In: *Also sprach Zarathustra.* Erster Teil. Und: *Jenseits von Gut und Böse.* Kröners Taschenausgaben, Band 76, S. 83. Ferner: *Der Wille zur Macht.* Kröners Taschenausgaben, Band 78, S. 166 und S. 498.

2 Vgl. NIETZSCHE, *Morgenröte,* Beginn des Zweiten Buches.

3 Vgl. ARNO PLACK: *Plädoyer für die Abschaffung des Strafrechts.* München 1974, S. 227 ff.

4 Man vergleiche schon PLACK, *Die Gesellschaft und das Böse,* München 1967, S. 285.

5 Vgl. PLACK (Hrsg.): *Der Mythos vom Aggressionstrieb.* München 1973.

6 HANS VON HENTIG: *Zur Psychologie der Einzeldelikte, III. Der Betrug.* Tübingen 1957, S. 32.

7 Vgl. ARMAND MERGEN: *Tat und Täter.* München 1971, S. 56.

8 MAX SCHELER: Das Ressentiment im Aufbau der Moralen. In: *Vom Umsturz der Werte.* Gesammelte Werke, Band 3, Bern 1955, S. 55.

9 Das steht im Zusammenhang mit dem, was FREUD den »Ödipuskomplex« nennt. Vgl. S. FREUD: *Über Psychoanalyse.* In Band VIII der Gesammelten Werke. London 1946 ff., S. 50. Die Theorie von der Erschlagung des »Urvaters« selbst hat FREUD ausgeführt in *Totem und Tabu,* Gesammelte Werke, Band IX, S. 192.

10 Nach MEDARD BOSS: *Sinn und Gehalt der sexuellen Perversionen.* Bern 1947, S. 65. – Man vergleiche auch EBERHARD SCHORSCH: *Sexualstraftäter.* Stuttgart 1971, S. 114.

11 Vgl. HEINRICH MENG: Präventiv-Hygiene des Verbrechens. In: *Die Prophylaxe des Verbrechens,* hrsg. von HEINRICH MENG, Basel 1948, S. 520; ferner HANS VON HENTIG: *Das Verbrechen III. Anlage-Komponenten im Getriebe des Delikts.* Berlin–Göttingen–Heidelberg 1963, S. 88 ff.

12 Diese verbreitete Gleichsetzung ermöglicht Sätze wie den folgenden: »Ethos ereignet sich stets nur im Heraustreten aus der Natur.« (HELMUTH THIELICKE, *Christliche Ethik,* München 1963, S. 97) oder die grundsätzliche Entgegensetzung von »triebbedingt« und »wertbestimmt« (so HANS WELZEL, *Um die finale Handlungslehre,* Tübingen 1949, S. 23).

13 Diesen FOUCHÉ zugeschriebenen Satz erläutert die Bemerkung TALLEYRANDS, Fouché verachte die Menschen deshalb sosehr, weil er sich selbst zu genau kenne. (So in der Formulierung von STEFAN ZWEIG: *Joseph Fouché. Bildnis eines politischen Menschen.* Leipzig 1930, S. 195.)

14 Vgl. SIGMUND FREUD: *Über Triebumsetzungen, insbesondere der Analerotik,* Gesammelte Werke (London 1946–52), Band X, S. 407.

15 Vgl. *Die Gesellschaft und das Böse,* München 1967, S. 260.

16 Vgl. RUDOLF DREIKURS – VICKI STOLTZ: *Kinder fordern uns heraus.* Stuttgart 1970, S. 79.

17 Von einer »wesentlichen Zurückverlegung der strafrechtlichen Verteidigungslinie« sprach der StGB-Kommentar von LACKNER-MAASSEN, 8. Auflage, München 1974, in einer Vorbemerkung zum neuen § 174.

18 A. QUÉTELET: *Sur l'homme et le developpement de ses facultés, un essai de physique sociale.* Brüssel 1836.

19 Nach EDMUND MEZGER: *Kriminologie.* München und Berlin 1961, S. 214.

20 Vgl. ARNO PLACK: *Plädoyer für die Abschaffung des Strafrechts,* München 1974, S. 42 f. und S. 69 ff.

21 Bemerkenswert nur die Überschrift in der *Süddeutschen Zeitung* Nr. 217 (1970), S. 32: »Schwangere Frau überfällt Bank«!

22 Nach einem Bericht von W. E. J. SCHNEIDRZIK über »die Kunst der plastischen Chirurgie« in der *Frankfurter Allgemeinen Zeitung* vom 17. Januar 1976, Seite »Natur und Wissenschaft«. – Man vergleiche hierzu auch die AP-Meldung vom 17. Dezember 1975, über eine kosmetische Operation an einer Strafgefangenen in Seattle.

23 EDUARD NAEGELI: Verbrechen und Strafe als Formen der Aggression. In: PLACK (Hrsg.), *Der Mythos vom Aggressionstrieb,* München 1973, S. 171.

24 FRANZ VON LISZT: Das gewerbsmäßige Verbrechen. In den *Strafrechtlichen Aufsätzen und Vorträgen.* 2. Band, Berlin 1905, S. 325.

25 KURT EBERHARD und GUDRUN KOHLMETZ (Verwahrlosung und Gesellschaft, Göttingen 1973, S. 86 ff.) haben diese »Unterschichttheorie« TILMANN MOSERS überzeugend widerlegt.

26 AUSTIN L. PORTERFIELD: Delinquency and its outcome in court and college. *American Journal of Sociology.* Band 49 (1943), S. 199–208.

27 AUGUST B. HOLLINGSHEAD, FREDRICK REDLICH: *Der Sozialcharakter psychischer Störungen. Eine sozialpsychiatrische Untersuchung.* Frankfurt am Main 1975, S. 150–152. Man vergleiche hierzu auch PLACK, *Die Gesellschaft und das Böse,* 1967, S. 340.

28 MAX EYRICH: Kriminal-biologische und -psychologische Untersuchungen an Mördern und Totschlägern. In: *Blätter für Gefängniskunde.* 61. Band, Heidelberg 1930, S. 260. – Von der »Erleichterung des Täters, wenn der Mord gelungen ist«, spricht HANS VON HENTIG. Sie weise wie die »Brutalität der Tatausführung« auf einen »Prozeß der Gefühlsanstauung« zurück. (HANS VON HENTIG: *Das Verbrechen II. Der Delinquent im Griff der Umweltkräfte.* Berlin–Göttingen–Heidelberg 1962, S. 424.

29 Vgl. PAUL REIWALD: *Die Gesellschaft und ihre Verbrecher.* Zürich 1948, S. 92.

30 *Die Gesellschaft und das Böse,* München 1967, S. 113. – Man vergleiche hierzu auch KLAUS LÜDERSSEN: *Strafrecht und »Dunkelziffer«.* In der Reihe »Recht und Staat in Geschichte und Gegenwart«, Tübingen 1972, S. 21.

31 KARL MENNINGER: *Strafe – ein Verbrechen? Erfahrungen und Thesen eines amerikanischen Psychiaters.* München 1970, S. 109.

32 Vgl. JOSEF ESSER: Unrecht, Schuld und Strafe im Lichte der materialen Wertlehre. In der *Zeitschrift für österreichisches Recht und vergleichende Rechtswissenschaft.* 1. Jahrgang 1946, S. 17.

33 FRIEDRICH THEODOR VISCHER: *Auch Einer.* Erster Band, Leipzig 1917, S. 75.

34 Vgl. BGHSt 7, 363 und 19, 101. – Die sogenannte Wahrscheinlichkeitstheorie zur Unterscheidung von bedingtem Vorsatz und bewußter Fahrlässigkeit hätte vielleicht nicht ganz so zwingend, jedenfalls nicht so deutlich die Verdrängung sozialschädlicher Neigungen honoriert. Man muß allerdings einräumen, daß auch die Vorhersehbarkeit einer bösen Folge verdrängt werden kann: »Es wird schon nichts passieren.«

35 Der Begriff des Fahrlässigkeitsneurotikers zuerst bei PLACK, *Plädoyer für die Abschaffung des Strafrechts,* München 1974, S. 241 f. und S. 244.

36 So argumentiert in der Absicht, den Strafdruck zu mildern, EDUARD NAEGELI in: *Das Böse und das Strafrecht.* München (1966), S. 58.

37 Vgl. ARTHUR KIELHOLZ: Verhütung von Verbrechen bei Perversionen. In: *Die Prophylaxe des Verbrechens.* Hrsg. von HEINRICH MENG, Basel 1948, S. 409; und HANS BÜRGER-PRINZ nach WOLF MIDDENDORFF: *Soziologie des Verbrechens.* Düsseldorf/Köln 1949, S. 192/193.

38 PLACK, *Plädoyer für die Abschaffung des Strafrechts,* München 1974.

39 PLACK, *Plädoyer . . .,* S. 373 ff. und 395 ff.

40 KARL MENNINGER: *Strafe – ein Verbrechen?,* München 1970, S. 109.

41 Vgl. THEODOR REIK: *Geständniszwang und Strafbedürfnis. Probleme der Psychoanalyse und der Kriminologie.* Leipzig/Wien/Zürich 1925.

42 So zum Beispiel RUDOLF AFFEMANN: *Krank an der Gesellschaft.* Stuttgart 1973, S. 30.

43 Siehe ARNO PLACK und Mitarbeiter: *Der Mythos vom Aggressionstrieb.* München 1973. Man vergleiche hierzu für viele andere Rezensionen in wissenschaftlichen Zeitschriften den *Wissenschaftlichen Literaturanzeiger* vom Juli 1974 (E. G. F. SAUER); *Monatsschrift für Deutsches Recht* vom August 1974 (EGON SCHNEIDER); *Zentralblatt für die gesamte Neurologie und Psychiatrie,* März 1976 (G. BLOCH); *Vierteljahresschrift des Schweizerischen Vereins für Straf-, Gefängniswesen und Schutzaufsicht* vom Juli 1975 (P. BRENZIKOFER) sowie die Besprechung des Lorenz-Schülers HANS HASS in der Tageszeitung *Die Welt* vom 14. Februar 1974.

44 ERNEST BORNEMAN: Der Staat, die Herrscher, der Terror. Semantische Notizen eines alten Sozialisten. In den *Frankfurter Heften,* 30. Jahrgang, Heft 10 (Oktober 1975), S. 29.

45 München (List) 1974, S. 33 f. und 56–60.

46 Vgl. den Bericht von WERNER BIRKENMAIER über den Düsseldorfer Ruhland-Prozeß in der *Zeit* vom 28. Januar 1972, S. 7.

47 FRIEDRICH NIETZSCHE: *Die Unschuld des Werdens. Der Nachlaß.* Zweiter Band. Kröners Taschenausgaben, Band 83, S. 200.

48 Man vergleiche hierzu ARNO PLACK: Kriminalitätstheorien und die

Psychologie des Strafrechts. In: *Strafe und Verbrechen*. St. Galler Schriften zur Strafreform, Band 8, Aarau und Frankfurt am Main 1976, S. 98.

49 RUDOLF AUGSTEIN: Mit den Bomben leben. Im *Spiegel* vom 2. Juni 1975, S. 26.

50 PETER NOLL: *Die ethische Begründung der Strafe*. In der Reihe »Recht und Staat in Geschichte und Gegenwart«, Heft 244, Tübingen 1962, S. 18, Anm. 36.

51 Zur Stigmatisierungs- oder Etikettierungstheorie HOWARD S. BECKER: *Außenseiter. Zur Soziologie abweichenden Verhaltens*. Frankfurt am Main 1973, S. 28 und 159 ff. – Dazu Stellung nehmend PLACK, *Plädoyer für die Abschaffung des Strafrechts*, 1974, S. 417, Anm. 201; und PLACK: Kriminalitätstheorien und die Psychologie des Strafrechts. In: *Strafe und Verbrechen*. Aarau und Frankfurt am Main 1976, S. 69 f.

52 WOLFGANG HARICH: *Zur Kritik der revolutionären Ungeduld. Eine Abrechnung mit dem alten und neuen Anarchismus*. Basel 1971.

53 im *stern* vom 22. Mai 1975.

54 So ist die Begriffsbestimmung des Überzeugungstäters in § 71 des StGB-Entwurfs von 1925.

55 *Die Gesellschaft und das Böse*, 1967, S. 344.

1   Gespräch mit den Spiegel-Redakteuren ROLF S. MÜLLER und JÜRGEN PETERMANN im *Spiegel* vom 19. April 1976, S. 34.

2   DENNIS MEADOWS, DONELLA MEADOWS, ERICH ZAHN, PETER MILLING: *Die Grenzen des Wachstums.* Bericht des *Club of Rome* zur Lage der Menschheit. Stuttgart (dva) 1972.

3   RALF DAHRENDORF: Ein neues liberales Credo. In der Wochenzeitung *Die Zeit* vom 27. Dezember 1974, S. 3.

4   JOHN KENNETH GALBRAITH: *Wirtschaft für Staat und Gesellschaft.* München/Zürich 1974, S. 122–124.

5   GALBRAITH a.a.O., S. 334.

6   FREDERIC VESTER: *Das Überlebensprogramm.* Fischer-TB Nr. 6274, Frankfurt am Main 1975, S. 221.

7   RUTH BENEDICT: *Urformen der Kultur.* Rowohlt-TB Nr. 7, Reinbek bei Hamburg 1955, S. 150.

8   HERBERT GRUHL: *Ein Planet wird geplündert.* Frankfurt am Main (S. Fischer) 1975, S. 197.

9   Zur »Unersättlichkeit der Neurotiker« siehe KAREN HORNEY: *Der neurotische Mensch unserer Zeit.* Kindler-TB o.J., S. 80.

10 FREDERIC VESTER: *Das Überlebensprogramm.* S. 221.

11 Frankfurt am Main 1975 (bei S. Fischer), besonders S. 49 ff. u. S. 162–163.

12 GRUHL, *Ein Planet wird geplündert*, S. 160.

13 Nach RUTH BENEDICT: *Urformen der Kultur.* Hamburg (rde) 1955, S. 73.

14 HANS VON HENTIG: *Das Verbrechen II. Der Delinquent im Griff der Umweltkräfte.* Berlin–Göttingen–Heidelberg 1962, S. 398. Zum Zusammenhang von Arbeitslosigkeit und Kriminalität siehe auch HANS GÖPPINGER, *Kriminologie. Eine Einführung.* München (C. H. Beck) 1971, S. 361; dort weitere Literaturangaben. – Vgl. auch PLACK, *Plädoyer für die Abschaffung des Strafrechts.* München 1974, S. 41 f.

15 KLAUS DIETER ARNDT: Wachstum ist kein Fetisch. In der *Deutschen Zeitung / Christ und Welt*, Nr. 33 vom 18. August 1972, S. 15.

16 Vgl. ERWIN K. SCHEUCH: »Bevölkerungspolitik: Fehlanzeige«, im *Rheinischen Merkur* vom 1. Oktober 1976, Seite 3. SCHEUCH plädiert – wörtlich – für »Nullwachstum« der Bevölkerung im »Wohlfahrtsstaat«: eine durchaus ernstzunehmende Perspektive.

17 So CARLO SCHMID wiederholt in Bundestagsdebatten zur Wirtschafts- und Sozialpolitik. Zum Zusammenhang von Automation und Arbeitslosigkeit auch HERMAN KAHN/ANTHONY J. WIENER: *Ihr werdet es erleben* (The year 2000 deutsch), Wien o.J. (Vorwort 1967), S. 149.

18 HERBERT GRUHL: *Ein Planet wird geplündert.* Frankfurt am Main 1975, S. 179.

19 GRUHL a.a.O., S. 160. – Ähnlich bereits HELMUT SWOBODA: *Die Qualität*

des Lebens. Vom Wohlstand zum Wohlbefinden. Suhrkamp-TB Nr. 188, Frankfurt am Main 1974 (© dva 1973), S. 100.

20 MAX SCHELER charakterisiert das *Konkurrenzsystem* im Unterschied zum mittelalterlichen Ständestaat durch den jetzt über die Berufs- und Standesgrenzen hinwegspielenden ehrgeizigen Vergleich. (Siehe SCHELER: Das Ressentiment im Aufbau der Moralen. In: *Vom Umsturz der Werte.* Gesammelte Werke, Band 3, Bern 1955, S. 48.)

21 Dieses »Gesetz« läßt sich, nur aufs Ökonomische bezogen, mit MARX dahingehend formulieren, daß es hier nicht um den einzelnen Gewinn geht, sondern nur um »die rastlose Bewegung des Gewinnens« (*Das Kapital.* Bei Ullstein 1969, S. 125).

22 OSSIP K. FLECHTHEIM: Weder Kapitalismus noch (Sowjet-)Kommunismus! In *das da*, Nr. 4, April 1976, S. 23.

23 Vgl. ARNO PLACK: Vermeintlich harmlose Formen der Aggression. In: PLACK (Hrsg.), *Der Mythos vom Aggressionstrieb*, München (List) 1973, S. 221–225.

24 Auf das semantisch Widersinnige des Begriffes »Wirtschafts*wachstum*« hat bereits GRUHL hingewiesen, a.a.O. S. 188. – Übrigens sprach auch MARX von »Wachstum« in einem ökonomischen Sinne: vom »absoluten Wachstum des gesellschaftlichen Kapitals« (KARL MARX: *Das Kapital.* Bei Ullstein 1969, S. 577).

25 Aus zahlreichen öffentlichen Erklärungen und Diskussionen hat FRIEDRICH HACKER (*Aggression.* Wien 1971, S. 57) »hemmungslose Profitgier und die Expansionslust einer dehumanisierten Technik« als die zumeist genannten Gründe der Umweltverschmutzung resümiert.

26 KARL MARX: *Das Kapital.* Bei Ullstein 1969, S. 125. – MARX selbst nennt an anderer Stelle (a.a.O. S. 541) im Anschluß an MARTIN LUTHER (*An die Pfarrherrn, wider den Wucher zu predigen...*, Wittenberg 1540) näher die »Herrschsucht als Element des Bereicherungstriebs«. Es ist aber auch damit noch kein vitales Motiv genannt, sondern nur ein vom sozialen Bewußtsein gebildetes Motiv durch ein ebenso bewußtes vertreten.

27 Die Äußerung FREUDS nach ERNEST JONES, *The Life and Work of Sigmund Freud*, Volume I, New York 1953, S. 330. Vgl. dazu auch HERBERT MARCUSE: *Eros und Kultur. Ein philosophischer Beitrag zu Sigmund Freud.* Stuttgart 1957, S. 197.

28 Vgl. ANDREJ KALTSTEIN: Luftverschmutzung – Ihre gesundheitlichen Auswirkungen – Ursachen – Abhilfemaßnahmen. In den *Blättern für Natur- und Umweltschutz*, 1972. Ferner: CH. SCHLATTER: Krebserregende Substanzen in der Umwelt. In der *Neuen Zürcher Zeitung* vom 21. April 1976, S. 33.

29 Filmbericht von HELMUT RYWELSKI unter dem Titel »PVC – die Gefahr und ihre Verharmlosung«, gesendet von der *ARD* am 5. Oktober 1976.

30 Man vergleiche hierzu MAX KOMMERELL: Schiller als Gestalter des han-

delnden Menschen. In: *Wissenschaft und Gegenwart*, Nr. 6, Frankfurt am Main 1934.

31 VANCE PACKARD: Fünf bedenkliche Aspekte des Verhaltens wirtschaftlicher Unternehmen. In: *Hemmende Strukturen in der heutigen Industriegesellschaft*. Mit Beiträgen von W. BÖCKMANN, E. DE BONO, V. E. FRANKL, B. FRIEDAN, V. PACKARD, C. N. PARKINSON, A. PLACK, W. R. POINDEXTER, H. SCHOECK, G. R. TAYLOR und E. WEBSTER. Rüschlikon–Zürich (gdi) 1969, S. 15.

32 VANCE PACKARD: *Die große Verschwendung*. Frankfurt am Main, in der Fischer-Bücherei Nr. 580, S. 81.

33 WOLFGANG SCHMIDBAUER: *Homo consumens. Der Kult des Überflusses*. Stuttgart (dva) 1972, S. 75.

34 Von den Lebensberatern in den Illustrierten. Ein besonders lächerliches Beispiel zitiert GERMAINE GREER: *Der weibliche Eunuch. Aufruf zur Befreiung der Frau*. Fischer-TB Nr. 1450, Frankfurt am Main 1971, S. 192.

35 WILLY R. LÜTZENKIRCHEN: *Verbrechen ohne Richter. Mord an der Umwelt in der Bundesrepublik*. Köln (k & w, Pocket 38) 1972, S. 136.

36 ARNOLD GEHLEN: *Urmensch und Spätkultur*. Bonn 1956.

37 GEORG CHRISTOPH LICHTENBERG: *Aphorismen*. Die zitierte Stelle findet sich nur in der *alten* Reclam-Ausgabe, herausgegeben von ERNST VOLKMANN, Leipzig 1944, S. 80.

38 Am deutlichsten von CARL AMERY (*Das Ende der Vorsehung*. Rowohlt-TB, Reinbek bei Hamburg 1974, S. 204) und HELMUT OSTERMEYER (Produktion als Aggression. In: *Technologie und Politik*, Nr. 5, 1976). – Vgl. auch G. PILLERI und G. BRENNER: Der Mensch – Mörder der Meere. *Neue Zürcher Zeitung* vom 21. April 1976.

39 *Die Gesellschaft und das Böse*, München 1967, S. 249. Das Argument gilt dem Inhalt nach – für das Jagen und Fressen von Beutetieren – nur insoweit, als LORENZ in seinen Aggressionsbegriff, entgegen seiner ausdrücklichen Definition (*Das sogenannte Böse*, 1963, S. IX) auch die außerartliche Aggression (a.a.O., S. 25, 27, 48, 63, 67) einbezieht. Zu LORENZ' uneinheitlichem Begriff der Aggression siehe auch ARNO PLACK: *Der Mythos vom Aggressionstrieb*, München 1973, S. 98.

40 KONRAD LORENZ – PAUL LEYHAUSEN: *Antriebe tierischen und menschlichen Verhaltens*. München (Piper) 1968, S. 239.

41 G. PILLERI und G. BRENNER: Der Mensch – Mörder der Meere. *Neue Zürcher Zeitung* vom 21. April 1976, Seite 32. Die beiden Verfasser haben als ihre Adresse das Hirnanatomische Institut der Universität Bern angegeben.

42 Nach RICHARD WRIGHT: *Heidnisches Spanien*. Hamburg 1958, S. 170. – Hierzu schon mein Buch *Die Gesellschaft und das Böse*, 1967, S. 310.

43 In einem Brief an Oskar Pfister vom 9. Februar 1909: Siehe: SIGMUND FREUD/OSKAR PFISTER, *Briefe 1909–1939*. Frankfurt am Main 1963, S. 12.

44 OTTO VON BISMARCK: *Gedanken und Erinnerungen*. Die drei Bände in einem Bande, Stuttgart (Cotta) 1928, S. 667, Fußnote.

45 Im *Zeit-magazin* vom 11. Juni 1976.

46 WOLF JOBST SIEDLER a.a.O., S. 36.

47 Nach einem Bericht in der *Frankfurter Rundschau* vom 22. September 1976, Seite 24, unter der Überschrift: »Im Kanzler-Wahlkreis fielen fünfzig Eichen«.

48 JULIEN OFFRAY DE LAMETTRIE: *L'homme machine*. Paris 1748.

49 ALBERT WELLEK: *Die Polarität im Aufbau des Charakters. System der Charakterkunde*. Bern 1950, S. 111.

50 JOHANNES LINDWORSKY: *Der Wille*. 2. Auflage, Leipzig 1919, S. 191.

51 So SIGMUND FREUD in den *Drei Abhandlungen zur Sexualtheorie*. Im Fischer-TB Nr. 6044, S. 44.

52 WILHELM REICH: *Charakteranalyse*. Fischer-TB Nr. 6191, Frankfurt am Main 1973, S. 280.

53 WILHELM REICH, a.a.O., S. 199.

54 Vgl. SIGMUND FREUD: *Drei Abhandlungen zur Sexualtheorie*. In der Fischer-Bücherei Nr. 422, S. 73, Fußnote. – Man vergleiche hierzu auch mein Buch *Die Gesellschaft und das Böse*, S. 98.

55 Vgl. schon PLACK: *Die Gesellschaft und das Böse*, 1967, S. 244 f. und S. 277; ebenso im *Mythos vom Aggressionstrieb*, 1973, S. 117, 204 u. 244.

56 Von einer »systematischen Verdummung von Kindern und Erwachsenen durch Reklame und Propaganda« spricht HERBERT MARCUSE: Repressive Toleranz. In: R. P. WOLFF, B. MOORE, H. MARCUSE, *Kritik der reinen Toleranz*, Frankfurt am Main (edition suhrkamp) 1968, S. 94.

57 So der Heidelberger »Sedimentforscher« GERMANN MÜLLER in einem Kolloquium des Instituts für Meeresforschung in Bremerhaven laut *dpa* vom 11. Februar 1975.

58 Vgl. mein Buch *Die Gesellschaft und das Böse*, München 1967, S. 271: »Der Preis für das traute Heim, das Leitbild strenger Gesittung, ist eine Politik, die, auf die Spitze getrieben, reihenweise dieses Heim in Schutt und Asche legt.«

59 Dichter unbekannt.

60 Vgl. DENNIS MEADOWS und Mitarbeiter: *Die Grenzen des Wachstums*, im Rowohlt-TB 1973, S. 61.

61 Vgl. WILLY R. LÜTZENKIRCHEN: *Verbrechen ohne Richter. Mord an der Umwelt in der Bundesrepublik*. Köln 1972 (k & w pocket 38), S. 140 f. und FREDERIC VESTER: *Das Überlebensprogramm*. Fischer-TB 1975, S. 85 f.

62 »Die lautstarke Musik, so heißt es, sei wie ein schützender Mantel. Sie schirme ab und bewahre davor, den anderen reden zu hören und selbst sprechen zu müssen.« (THEO LÖBSACK über den Lärm als die »lauteste aller Umweltgefahren« im *Zeit*-magazin vom 23. Oktober 1970, Seite 25.)

63 Vgl. DENNIS MEADOWS und Mitarbeiter: *Die Grenzen des Wachstums*. Rowohlt-TB 1973, S. 61.

64 So ALFRED SCHACK in den *Physikalischen Blättern*, Nr. 1/1972, S. 26 ff.: Der Einfluß des Kohlendioxyd-Gehaltes der Luft auf das Klima der Welt. Mit Bezug hierauf neuerdings K. RUDZINSKI: Kein Treibhauseffekt durch Kohlensäure. In der *Frankfurter Allgemeinen Zeitung* vom 15. September 1976, Seite »Natur und Wissenschaft«.

65 Vgl. GERHARD PREUSCHEN: Über die Lebensbedrohung der Menschheit durch die Veränderung des Sauerstoff-Kohlensäure-Verhältnisses der Atmosphäre. In der Zeitschrift *Steuerungstechnik* Nr. 2/1973.

66 Nach RALPH GRAEUB: *Die sanften Mörder. Atomkraftwerke demaskiert.* Fischer-TB 1974, S. 39.

67 HERBERT GRUHL: *Ein Planet wird geplündert.* Frankfurt am Main 1975, S. 86.

68 GRUHL a.a.O., S. 87, nach REINHARD DEMOLL: *Bändigt den Menschen!* München 1954, S. 38 f.

69 SIGMUND FREUD: *Briefe 1873–1939.* Frankfurt am Main 1960, S. 49. An dieser Stelle verwendet FREUD den Begriff der *Verfeinerung* nicht anders als FRIEDRICH SCHILLER in seinen Briefen *Über die ästhetische Erziehung des Menschen.*

70 So K. R. EISSLER: Zur Notlage unserer Zeit. In der *Psyche,* Band XXII, Stuttgart 1968, S. 645; und MARGARETE MITSCHERLICH: *Müssen wir hassen?* München (Piper) 1972, S. 113/114.

71 ERNST VON KHUON (Hrsg.): *Waren die Götter Astronauten?* Mit einem Nachwort von ERICH VON DÄNICKEN. 4. Auflage, Düsseldorf (Econ) 1972.

72 FRIEDRICH SCHILLER: *Über die ästhetische Erziehung des Menschen.* 15. Brief.

73 I. KANT: *Die Metaphysik der Sitten.* Akademieausgabe, Band VI, S. 408.

74 So FRIEDRICH HEER: Die Technik als Ausdruck des schöpferischen Geistes. In: *Technik und Gesellschaft.* Hrsg. vom VDI, Herder-Bücherei Nr. 306, 1968, S. 52.

75 Man vergleiche hierzu das Kapitel III, B: »Die Unterdrückung des Bewegungstriebes« meines Buches *Die Gesellschaft und das Böse,* München 1967, S. 184–189.

76 Vgl. URSULA WALZ: *Soziale Reifung in der Schule.* 3. Auflage, Hannover 1968, S. 208. Dazu auch HANS ULRICH WINTSCH: Erziehung zur Friedfertigkeit. In: *Der Mythos vom Aggressionstrieb.* Hrsg. von ARNO PLACK, München 1973, S. 302 f.

77 FRIEDRICH KRAUS: *Allgemeine und spezielle Pathologie der Person.* 2 Bände, Leipzig 1919 und 1926.

1 KONRAD LORENZ: *Die acht Todsünden der zivilisierten Menschheit.* Serie Piper Nr. 50, München 1973, S. 51.

2 WALTHER KILLY im Vorwort zu den satirisch-pornographischen Karikaturen *Fornicon* von TOMI UNGERER, Zürich 1971.

3 FRIEDRICH HEER: *Jugend zwischen Haß und Hoffnung.* München und Eßlingen 1971, S. 159.

4 FRIEDRICH HACKER in einem Interview mit der Wochenzeitung *Die Zeit* vom 15. Oktober 1971.

5 ARNO PLACK: *Die Gesellschaft und das Böse.* München (List) 1967, S. 177.

6 Vgl. PLACK, *Die Gesellschaft und das Böse.* S. 176.

7 ARNOLD GEHLEN: *Moral und Hypermoral. Eine pluralistische Ethik.* Bonn (Athenäum) 1969, S. 41.

8 J. W. GOETHE: *Maximen und Reflexionen.* Nr. 151 und 152 der Hamburger Ausgabe.

9 So BEATE SCHÜCKING: *Wir machen unsere Kinder krank.* München 1971, S. 69.

10 CHRISTA MEVES: *Manipulierte Maßlosigkeit.* Herderbücherei Band 401, Freiburg im Breisgau 1971, S. 92.

11 JULIUS KARDINAL DÖPFNER, so zitiert in der Wochenzeitung *Die Zeit* vom 16. Januar 1976. – Tags zuvor verbreitete die Nachrichtenagentur AP eine von der Heiligen Glaubenskongregation ausgearbeitete und von Papst Paul VI. gebilligte *Deklaration zu gewissen Fragen in bezug auf die sexuelle Ethik,* in der es hieß: »In der gegenwärtigen Periode hat die Korruption der Sitten zugenommen, und eines der ernstesten Anzeichen dieser Korruption ist die ungezügelte Aufblähung des Sex.«

12 Das Zitat ist aus NIETZSCHE: *Ecce homo.* Warum ich so gute Bücher schreibe, Nr. 5.

13 Die Parole »Rottet die Männer aus!« geht auf VALERIE SOLANAS zurück.

14 So HANS-JÜRGEN KRAHL in einem *teach-in* in der Universität Heidelberg am 13. Januar 1969. – Schon LENIN soll, wie sich CLARA ZETKIN erinnert, die Libertinage verworfen haben mit der Begründung, sie schwäche die für die Revolution dringend benötigten Kräfte. Vgl. CLARA ZETKIN: *Erinnerungen an Lenin.* In: *Ausgewählte Reden und Schriften.* Berlin 1960; zitiert nach CHARLOTTE MAACK in: *vorgänge.* Zeitschrift für Gesellschaftspolitik. Nr. 8/1974, S. 33.

15 So zum Beispiel KLAUS WAGENBACH im Nachwort zu: ULRIKE MARIE MEINHOF, *Bambule. Fürsorge – Sorge für wen?* »Rotbuch 24«, Berlin 1971, S. 105.

16 Vgl. HANS VON HENTIG: *Das Verbrechen III. Anlage-Komponenten im Getriebe des Delikts.* Berlin–Göttingen–Heidelberg 1963, S. 87. Auch ARMAND MERGEN: *Die Wissenschaft vom Verbrechen.* Hamburg 1961, S. 141. OSKAR PFISTER (Psychoanalyse und Sittlichkeit. In: *Psychoanalyse*

und Kultur, hrsg. von HEINRICH MENG, Goldmann-TB Nr. 1681, S. 157)
erinnert an FRANK WEDEKINDS *Brandstifter von Egliswil*, GERHARD
HAUPTMANNS *Rose Bernd* und an HEINRICH FEDERERS Roman *Berge und
Menschen:* Dichtungen, in denen dargestellt ist, wie »Menschen, die ihre
geschlechtliche Brunst nicht zu stillen vermochten, ... in einer Verlegung
nach außen eine Feuersbrunst anzetteln« (PFISTER a.a.O.).

17 Man vergleiche ARNO PLACK: *Plädoyer für die Abschaffung des Strafrechts.* München (List) 1974, S. 50 und S. 235.

18 Zu BERNARD DE MANDEVILLES *Bienenfabel* auch THEODOR W. ADORNO:
Zum Verhältnis von Soziologie und Psychologie. In: *Sociologica.* Frankfurt am Main 1955.

19 HELMUT KENTLER: »Lautloser Musikunterricht ist ebensowenig möglich
wie bewegungsloser Sportunterricht. Was erzogen werden soll, muß geübt werden können – es muß in Erscheinung treten dürfen und organisierten Lernprozessen ausgesetzt werden. Man sollte meinen, das gelte
auch für die Sexualerziehung.« (*Sexualerziehung.* Reinbek bei Hamburg
1970, rororo-Sexologie Nr. 8034/35, S. 155).

20 So der nordrhein-westfälische Kultusminister Jürgen Girgensohn, laut
Abendpost/Nachtausgabe vom 15. Februar 1975, Titelseite.

21 WILHELM REICH spricht von sexueller Bindung, die »einen starken Einschlag von sexueller Dankbarkeit« habe, die »sich auf die genossene, und
sexueller Anhänglichkeit (nicht zu verwechseln mit Hörigkeit), die sich
auf die noch zu erwartende Sexuallust bezieht« (*Die sexuelle Revolution,*
Fischer-TB Nr. 6093, Frankfurt am Main 1971, S. 129 f.).

22 Vgl. ARNO PLACK: Der Kriminalfilm als bevorzugtes Kulturgut. In:
PLACK (Hrsg.), *Der Mythos vom Aggressionstrieb.* München (List) 1973,
S. 206–212.

23 Die zitierten Formulierungen betreffen die Paragraphen 176, 182 und
180 des geltenden westdeutschen Strafgesetzbuches.

24 WOLFGANG SCHMIDBAUER: *Homo consumens. Der Kult des Überflusses.*
Stuttgart (dva) 1972, S. 40 f.

25 Vgl. besonders SIGMUND FREUD: *Die kulturelle Zwangsmoral und die
moderne Nervosität.* In Band VII der Gesammelten Werke, London
1946 ff.; zum zweiten vergleiche man zuletzt ARNO PLACK und Mitarbeiter: *Der Mythos vom Aggressionstrieb.* München 1973.

26 HERBERT MARCUSE: *Eros und Kultur. Ein philosophischer Beitrag zu
Sigmund Freud.* Stuttgart 1957, S. 237.

27 Man vergleiche die Besprechung im *Spiegel* vom 15. Juli 1974, S. 80.

28 So in der Talk-Show des 1. Deutschen Fernsehens am 30. Oktober 1974
sowie in einem Interview mit der Münchner *Abendzeitung* vom 30. Oktober 1974.

29 MARIE VON EBNER-ESCHENBACH: *Aphorismen.* Insel-Bücherei Nr. 543,
S. 39.

30 Schlagzeile der *tz* (München) vom 2. November 1972.

31 Die zuletzt genannte Schlagzeile in der *Abendpost/Nachtausgabe* vom 2. Juli 1976. Die davor stehende Schlagzeile, aus der Erinnerung zitiert, ist ein Paradigma, das vielfach abgewandelt wird, zum Beispiel: »Sie wollte keine Ehe zu dritt: Erstochen!« in der *Bild-Zeitung* vom 24. Juli 1974.

32 Die Behauptung EIBL-EIBESFELDTS (*Der vorprogrammierte Mensch*. 1973, S. 98), ich führte auch »alle Aggressionen auf Unterdrückung des Sexualtriebes zurück«, habe ich schon als Frucht elliptischen Lesens nachgewiesen: im *Mythos vom Aggressionstrieb*. 2. Auflage 1974, S. 382, Anm. 9.

33 Da dieser moralisierende Wortschatz, hinter dem eine entweder verständnislose oder lustfeindliche Gesinnung steht, in den genannten Disziplinen sehr weit verbreitet ist, versage ich es mir, hier einzelne Namen zu nennen, die dann, als willkürlich herausgegriffen, auch als willkürliche Zielscheiben meiner Kritik erschienen. Ich habe im übrigen zur moralisierenden Psychoanalyse schon einiges gesagt in: *Die Gesellschaft und das Böse*. München 1967, S. 152–155.

34 Vgl. dazu PETER COULMAS: Von den Grenzen der Gerechtigkeit. Die Verhältnisse sind nicht an allem schuld. In der *Deutschen Zeitung/Christ und Welt* vom 14. Juni 1974, S. 28.

35 OSCAR A. H. SCHMITZ: Die Liebe als seelische Wirklichkeit. In: FRANK THIESS (Hrsg.), *Wiedergeburt der Liebe*. Berlin–Wien–Leipzig 1931, S. 180.

36 »Aufer meretrices de rebus humanis, omnia turbaveris«, zitiert nach HELMUT SCHELSKY: *Soziologie des Verbrechens*. Düsseldorf/Köln 1959, S. 337.

37 THEODOR W. ADORNO: Sexualtabus und Recht heute. In: *Eingriffe*. Frankfurt am Main 1964, S. 113.

38 Vgl. SIGMUND FREUD: *Drei Abhandlungen zur Sexualtheorie*. In der Fischer-Bücherei Nr. 422, S. 21, Fußnote.

39 VOLKER ELIS PILGRIM: *Der selbstbefriedigte Mensch*. München 1975, besonders S. 102 ff.

40 Das ist zum Buchtitel geworden: R. E. L. MASTERS (Hrsg.), *Das heimliche Laster*. München 1969.

41 Nach KINSEY onanieren zwar 88 Prozent der Jünglinge (zwischen 16 und 20 Jahren), aber »zwischen 92 und 97 Prozent aller Männer haben irgendwann einmal die Erfahrung der Onanie gemacht« (*Das sexuelle Verhalten des Mannes!* Ausgabe S. Fischer, S. 220 und S. 305).

42 Entsprechende Belege bei PILGRIM a.a.O., S. 90 ff.

43 VOLKER ELIS PILGRIM, *Der selbstbefriedigte Mensch*. S. 17.

44 FRIEDRICH THEODOR VISCHER: *Auch Einer*. Erster Band, Leipzig 1917, S. 75.

45 Vgl. ARNO PLACK: *Die Gesellschaft und das Böse*. München 1967, S. 239.

46 Vgl. *Die Gesellschaft und das Böse*. S. 199–204.

47 »Selbstbefriedigung ist – wo sie nicht völlig stumpf ein bloßes Suchen

der Wollustempfindung ist, sondern mit Liebe verbunden – nicht notwendig autoerotisch, z. B. nicht, wenn sie nur geübt ist, weil der geliebte Gegenstand abwesend ist, aber die Richtung auf ihn durch Phantasie gegeben ist.« (MAX SCHELER: Die Idole der Selbsterkenntnis. In: *Vom Umsturz der Werte.* Gesammelte Werke, Band 3, Bern 1955, S. 263, Fußnote.)

48 Vgl. ARNO PLACK: *Die Gesellschaft und das Böse.* München 1967, S. 318 bis 321 und S. 328 f. – »Grundzüge einer Ethik der Liebe« hatte ich zuerst entwickelt in bloßer Abhebung gegen die Kantische Pflichtethik und als Weiterentwicklung der materialen Wertethik in meiner Dissertation: *Die Stellung der Liebe in der materialen Wertethik.* Druck: Landshut 1962, S. 182–212.

49 So wörtlich Pfarrer Dr. HEINZ HUNGER, Vorsitzender der »Studiengesellschaft für Sexualerziehung in Deutschland«, in einem Interview mit der Zeitschrift *Brigitte* Nr. 7 (1968), Seite 62.

49a Vgl. die *Neue Zürcher Zeitung* vom 19. Januar 1970, S. 13.

50 KONRAD LORENZ: Die Feindschaft zwischen den Generationen und ihre mutmaßlichen Ursachen (III) in *Christ und Welt* vom 9. Januar 1970, S. 12.

51 KONRAD LORENZ: *Die acht Todsünden der zivilisierten Menschheit.* Serie Piper, Nr. 50, München 1973, S. 51 ff.

52 FRIEDRICH SIEBURG: *Die Lust am Untergang. Selbstgespräche auf Bundesebene.* 2. Auflage, Hamburg 1960.

53 ERIK H. ERIKSON: Wachstum und Krisen der gesunden Persönlichkeit. Beiheft zur *Psyche,* Stuttgart 1953, S. 15 ff.

54 Vgl. HERMAN F. MEYER in: *Pediatrics,* Volume 22 (1958), S. 121 (für die Erhebung von 1956). Die genauen Zahlen für 1966 habe ich dank einer brieflichen Mitteilung von Prof. Meyer vom 4. Juni 1967 zuerst veröffentlicht in: Die Gesellschaft und das Böse. München (List) 1967, S. 360 f., Anm. 32.

55 Vgl. SIGMUND FREUD: *Abriß der Psychoanalyse.* Fischer-TB Nr. 47, S. 63.

56 Vgl. PAUL PARIN und FRITZ MORGENTHALER: Ist die Verinnerlichung der Aggression für die soziale Anpassung notwendig? In: ALEXANDER MITSCHERLICH (Hrsg.): *Bis hierher und nicht weiter. Ist die menschliche Aggression unbefriedbar?* München 1969, S. 225 f.

57 MARGARET MEAD: *Leben in der Südsee. Jugend und Sexualität in primitiven Gesellschaften.* München 1965, S. 417.

58 FRIDTJOF NANSEN: *Eskimoleben.* Leipzig und Berlin 1903, S. 98, 145 und 293 ff.

59 ORTEGA Y GASSET: *Der Aufstand der Massen (La rebelion de las masas),* Stuttgart (dva) 1949, S. 87 und 93.

60 Vgl. PLACK, *Die Gesellschaft und das Böse.* München 1967, S. 52; und *Plädoyer für die Abschaffung des Strafrechts.* München 1974, S. 79.

61 BERTRAND RUSSELL: *Why I am not a Christian.* London 1959, S. 126.

62 Vgl. Paul Parin und Fritz Morgenthaler: Ist die Verinnerlichung der Aggression für die soziale Anpassung notwendig? In: *Bis hierher und nicht weiter. Ist die menschliche Aggression unbefriedbar?* Hrsg. von Alexander Mitscherlich, München 1969, S. 225 f.

63 Vgl. Harry F. Harlow: Basic social capacity of primates. In: *The Evolution of Man's Capacity for Culture.* Ed. by J. N. Spuhler, Detroit 1959.

64 Vgl. Wilhelm Reich: *Kritik der bürgerlichen Sexualreform.* Revolutionäre Schriften, Band VI, Berlin 1968, S. 132 f.; und René König: Sittlichkeitsdelikte und Probleme der Gestaltung des Sexuallebens in der Gegenwartsgesellschaft. In: *Sexualität und Verbrechen.* Hrsg. von Fritz Bauer, Hans Bürger-Prinz, Hans Giese und Herbert Jäger, Frankfurt am Main 1963 (Fischer-Bücherei Nr. 518/519), S. 355.

65 Nach Verrier Elwin: *The Muria and their Ghotul.* Oxford University Press, Bombay 1947, S. 638.

66 J. W. Goethe: *Maximen und Reflexionen.* Nr. 1276 der Hamburger Ausgabe.

67 Das war Hermann Löns: *Der zweckmäßige Meyer. Ein schnurriges Buch.* 49.–67. Tausend, Hannover 1922, S. 9.

68 Ulrich Sonnemann über Arno Plack: »Die Gesellschaft und das Böse«, im *Spiegel,* Hamburg, 26. August 1968, S. 104.

69 Man vergleiche etwa die Rezension von Curt Hohoff »Psychoanalyse als Kulturkritik« in der *Süddeutschen Zeitung* vom 6./7. Juli 1968 oder die Glosse »Brutalität und Muttermilch« im *Münchner Merkur* vom 18. August 1971, S. 2.

70 Vgl. *Die Gesellschaft und das Böse,* besonders S. 90 f. und 96, vgl. aber auch S. 9, S. 152, 239, 268, 287 und 313!

71 Immanuel Kant: *Grundlegung zur Metaphysik der Sitten.* Akademie-Ausgabe, Band IV, S. 393.

72 Siehe Arno Plack: *Die Gesellschaft und das Böse. Eine Kritik der herrschenden Moral.* 3. Auflage, München 1968.

73 *Individualabstand:* Zu diesem Begriff, der auf E. Horstmann zurückgeht, siehe Adolf Remane: *Das soziale Leben der Tiere.* Hamburg (rde) 1960, S. 16. – Adolf Portmann (*Das Tier als soziales Wesen.* Herder-Bücherei, Band 188/189, S. 288) verwendet auch die Begriffe »Individualraum« und »Individualfeld«.

74 Carl Friedrich von Weizsäcker: Zugänge zur Friedensforschung. Soziale und politische Perspektiven. *Bergedorfer Gesprächskreis,* Protokoll Nr. 35 (1970), S. 13.

75 Packard spricht in diesem Sinne überschätzend von »Triebmanipulatoren«. (Vance Packard: *Die geheimen Verführer. Der Griff nach dem Unbewußten in jedermann. »The Hidden Persuaders«* deutsch. Ullstein-Taschenbuch Nr. 402. Frankfurt am Main–Berlin 1962, S. 204.

76 In seiner 1967 erschienenen Schrift *The Medium is the Massage* sucht
MARSHALL MCLUHAN zu suggerieren, das Medium (das so heißt, weil es
etwas *vermittelt*) sei noch wichtiger als sein Inhalt, es selbst sei die Bot-
schaft (*message*) und, indem es sich durchsetze gegen seinen eigenen Inhalt, eine *Massage* der Gesellschaft, auf die es wirkt.

77 Siehe ADOLF ARNDT: Strafrecht in einer offenen Gesellschaft. Im *Merkur.
Deutsche Zeitschrift für europäisches Denken.* Heft 12, Dezember 1968,
S. 1089. ARNDT bezog sich hier auf mein Buch *Die Gesellschaft und das
Böse* (S. 115–121), in dem er »Goldadern der Wahrheit« (*Merkur* a.a.O.,
S. 1086) entdeckte. Ich habe den Gedanken weiter begründet in meinem
Plädoyer für die Abschaffung des Strafrechts, 1974, S. 87–89, S. 122,
S. 353 u. a.

78 Vgl. WOLF MIDDENDORFF: *Soziologie des Verbrechens. Erscheinungen
und Wandlungen des asozialen Verhaltens.* Düsseldorf/Köln 1959, S. 46 f.

79 Nach VERRIER ELWIN: *The Muria and their Ghotul.* Oxford University
Press, Bombay 1947, S. 638 und 657.

80 GEORG JELLINEK: *Die sozialethische Bedeutung von Recht, Unrecht und
Strafe.* Wien 1878, S. 42.

81 THEODOR BOVET: *Die Ehe. Das Geheimnis ist groß.* 478.–527. Tausend
der Gesamtauflage. Tübingen 1965, S. 124: »Die wahre Ehe fängt da an,
wenn unser Ich zu sterben bereit ist.«

82 Vgl. ALEXANDER MITSCHERLICH laut *Psyche,* Band XVI (1962–1963),
S. 638.

83 Vgl. ABRAM KARDINER: *Sex and Morality.* New York 1954, S. 110.

84 Vgl. *Die Gesellschaft und das Böse,* München 1967, S. 346!

85 Als solche verstand SCHOPENHAUER den Egoismus. Vgl. ARTHUR SCHO-
PENHAUER: *Die beiden Grundprobleme der Ethik.* Sämtliche Werke, hrsg.
von ARTHUR HÜBSCHER, 2. Auflage, Wiesbaden 1950, Band 4, S. 196.

86 Man vergleiche hierzu JÜRGEN HABERMAS: *Strukturwandel der Öffentlichkeit.* Neuwied 1962, S. 187.

87 NAPOLEON zu Goethe, nach GOETHES eigener Aufzeichnung vom 2. Oktober 1808.

88 JOHANNES MESSNER: *Widersprüche in der menschlichen Existenz.* Inns-
bruck–Wien–München 1952, S. 71.

89 RICHARD EGENTER in EGENTER/MATUSSEK, *Ideologie, Glaube und Gewissen. Diskussion an der Grenze zwischen Moraltheologie und Psychotherapie.* München/Zürich 1965, S. 77.

90 Hirtenbrief der deutschen Bischöfe von 1973.

91 ALEXANDER UND MARGARETE MITSCHERLICH: *Die Unfähigkeit zu trauern.
Grundlagen kollektiven Verhaltens.* München 1967, S. 168 f.

ZUM NACHWORT

1   Nur wer – mit NIETZSCHE – in der Lüge einen Wert sieht, einen Wert
    für das Leben, kann diesen Zusammenhang zerreißen und »Wahrheits-
    liebe« abwertend als »Ohnmacht zur Lüge« bezeichnen. (Vgl. NIETZSCHE:
    Die Unschuld des Werdens. Der Nachlaß, Band II, Kröners Taschen-
    ausgaben, Bd. 83, S. 63.

2   KARL JASPERS: *Von der Wahrheit.* München 1947, S. 501.

3   Nach dem Bericht vom Parteitag der britischen Konservativen in Black-
    pool in der *Frankfurter Rundschau* vom 11. Oktober 1975 unter der
    Überschrift: »Margaret Thatcher preist den Kapitalismus«.

4   BERTOLT BRECHT: *Me-ti. Buch der Wendungen.* Bibliothek Suhrkamp,
    Frankfurt am Main 1966, S. 118.

AUTORENREGISTER

Müller, Rolf S. 420
Müller, Wolfgang C. 396
Muller, Herman 404
Murray, Jerome 162

Naegeli, Eduard 256, 259, 404, 417 f.
Nansen, Fridtjof 353, 428
Napoleon I. 380, 430
Nathan, Robert 200, 411
Nenning, Günther 394
Nietzsche, Friedrich 7, 80, 109, 189,
  193, 201, 214, 247, 271, 331, 393, 400,
  409, 411 f., 416, 418, 425, 431
Nimmergut, Jörg 412
Nitsche, Roland 405
Noelle-Neumann, Elisabeth 133, 405
Noll, Peter 273, 419

Orieux, Jean 394, 414
Ortega y Gasset, José 353, 428
Ostermeyer, Helmut 422
Otto, Rudolf 409

Packard, Vance 67, 107, 136, 296, 372,
  395, 399, 402, 404–406, 412, 422, 429
Pappritz, Erica 40, 395
Parin, Paul 428 f.
Parkinson, C. N. 422
Petermann, Jürgen 420
Pfister, Oskar 395, 414, 422, 425 f.
Piaget, Jean 60, 398
Picht, Georg 85
Pilgrim, Volker Elis 345 f., 427
Pilleri, G. 422
Plack, Arno 393–399, 401, 403–405,
  407–409, 411 f., 414, 416–429
Platon 21, 394
Plaut, Paul 396, 410
Poindexter, W. R. 422
Porterfield, Austin L. 257, 417
Portmann, Adolf 129, 405, 429
Preuschen, Gerhard 424

Quételet, Adolphe 254, 417
Quintilianus, Marcus Fabius 394

Rad, Gerhard von 414
Radbruch, Gustav 274
Radhakrishnan, Sarvepalli 400
Rattner, Josef 115, 404
Rauschning, Hermann 409
Rawls, John 93, 401
Redlich, Fredrick 417
Reich, Wilhelm 137, 311, 361, 405, 423,
  426, 429
Reik, Theodor 418
Reiwald, Paul 394, 417
Remane, Adolf 429
Richter, Horst-Eberhard 397, 400
Richter, Walter 399
Riemer, Friedrich W. 399, 401, 409
Rilke, Rainer Maria 401
Rostovtzeff, Michael 175, 409
Rousseau, Jean-Jacques 178
Rudzinski, K. 424
Ruest, Anselm 400
Russell, Bertrand 356, 428
Rywelski, Helmut 421

Sartre, Jean-Paul 275
Sauer, E. G. F. 418
Schack, Alfred 424
Schaetzing, Eberhard 401
Scheler, Max 66, 70, 83, 157, 176 f.,
  249, 399 f., 406, 409, 416, 421, 428
Schelsky, Helmut 164, 393, 407, 427
Scheuch, Erwin K. 420
Schiller, Friedrich 21, 175, 201, 293,
  320, 324, 394, 400, 402, 404, 409, 424
Schlatter, Ch. 421
Schmid, Carlo 287, 415, 420
Schmidbauer, Wolfgang 297, 335, 399
  422, 426
Schmidt, Ulrich 401
Schmidt, Wilhelm 409
Schmitz, Oscar A. H. 427
Schmölders, Günter 405
Schneider, Egon 418
Schneidrzik, W. E. J. 417
Schoeck, Helmut 151, 393 f., 405 f.,
  422
Schöllgen, Werner 396
Schopenhauer, Arthur 55, 398, 430
Schorsch, Eberhard 416

NAMEN- UND SACHREGISTER

Von Arno Plack sind außerdem erschienen:

Die Gesellschaft und das Böse
Eine Kritik der herrschenden Moral

1. Auflage, München 1967
12. Auflage (120. Tausend) 1977 – bei List

Die Moral der Neuen Linken

In: *Club Voltaire IV*

Herausgegeben von Gerhard Szczesny

Reinbek bei Hamburg 1970 – bei Rowohlt

Der Mythos vom Aggressionstrieb

(unter Mitarbeit von August Kaiser, Hans Kummer,
Jan-Diether Murken, Eduard Naegeli, Fritz Paepcke,
Wolfgang Schmidbauer, Ulrich Sonnemann und
Hans-Ulrich Wintsch)

1. Auflage, München 1973
2. Auflage 1974 – bei List

Plädoyer für die Abschaffung des Strafrechts

München 1974 – bei List

Kriminalitätstheorien und die Psychologie des Strafrechts

In: *Strafe und Verbrechen,*

herausgegeben von der Arbeitsgruppe für Strafreform an der
Hochschule St. Gallen unter der Leitung von Eduard Naegeli

Aarau und Frankfurt am Main 1976 – bei Sauerländer